U0107025

唐代藩镇与中央关系之研究

王寿南 著

北京大学出版社
PEKING UNIVERSITY PRESS

图书在版编目（CIP）数据

唐代藩镇与中央关系之研究 / 王寿南著 . —北京：北京大学出版社，
2023.8

ISBN 978-7-301-33965-7

Ⅰ.①唐… Ⅱ.①王… Ⅲ.①藩镇割据—研究—中国—唐代②中央
和地方的关系—研究—中国—唐代 Ⅳ.①K240.7②D691

中国国家版本馆 CIP 数据核字（2023）第 073176 号

书 名	唐代藩镇与中央关系之研究	
	TANGDAI FANZHEN YU ZHONGYANG GUANXI ZHI YANJIU	
著作责任者	王寿南 著	
责 任 编 辑	刘书广	
标 准 书 号	ISBN 978-7-301-33965-7	
出 版 发 行	北京大学出版社	
地 址	北京市海淀区成府路 205 号 100871	
网 址	http://www.pup.cn 新浪微博：@北京大学出版社	
电 子 邮 箱	编辑部 wsz@pup.cn 总编室 zpup@pup.cn	
电 话	邮购部 010-62752015 发行部 010-62750672	
	编辑部 010-62755217	
印 刷 者	北京中科印刷有限公司	
经 销 者	新华书店	
	730 毫米×980 毫米 16 开本 42.75 印张 629 千字	
	2023 年 8 月第 1 版 2023 年 11 月第 2 次印刷	
定 价	138.00 元	

自　序

在中国古代政治史中，政治权力之分散于地方或集中于中央的利弊得失，乃是一项长久争论的问题，稽诸史实，倘使政治权力过分分散于地方或集中于中央，都将导致政治上的不良后果。政治权力过分集中于中央，将造成地方的空虚与无力，如果遭遇强大外患，必无法抗御，宋代国势之不振，不能不说是深受"强干弱枝"国策的影响；政治权力过分分散于地方，则最易形成军阀割据的局面，东汉末与唐末是为显例。

唐自安史之乱以后，全国遍设节度观察使，统督数州，号为藩镇，兼理民政、财政、军政、监察，职掌广泛，权力强大，而州权日趋弱小，州县长官一切得听命于藩镇。同时，自府兵制度破坏以后，除极少数的京师禁卫军外，已没有由中央直接指挥的军队，固然有若干地方军队打起"神策行营"的旗号，只不过是贪图中央的厚赏，实际上仍然是地方军队，每次内乱外患的平定均赖地方军队的力量，中央武力的薄弱，使拥有强大军队的藩镇无所顾忌。藩镇对下既有控制能力，对上则无所顾忌，遂难免产生跋扈叛逆之态度，地方割据遂易形成。

然而，将史料作有系统的整理与统计之后，发现在唐代安史之乱以后确有若干时期和若干地区有跋扈叛逆的藩镇，但大部分的时间和地区的藩镇对中央常保持恭顺的态度，一般人印象中的藩镇之祸实际上应指特定时间（如德宗贞元年间和唐僖宗以后）和特定地区（如河北三镇）的藩镇，不能泛指安史之乱以后全部时间和全国各地的藩镇。唐玄宗以后的数次大乱事，如安史之乱、建中之乱、李师道之乱、朱玫之乱、黄巢之变，如不是藩镇出力，唐祚是否能再延续实大有问题。因此，唐末的强藩跋扈虽然是亡唐原因之一，唐末以前恭顺藩镇对李唐王朝政权的维持，亦有其不可磨灭的功绩。

本书的重心不在讨论唐代藩镇的功过问题，而在研析唐代藩镇对中央的态度——统计自唐睿宗景云二年至唐亡之间，每一时间与每一地区的藩镇对中央采取何种态度，并探讨产生该种态度的原因。为了统计资料的确实可靠，乃尽可能将唐代藩镇人物依地区与时间编列成表，是为本书的附录一"唐代藩镇总表"，本书的多项统计均以"唐代藩镇总表"的资料为基础，因此，"唐代藩镇总表"虽为本书之附录，分量却颇重，作者所费工夫亦甚大，幸勿以一般附录视之。

藩镇在唐代职官中原属使职，故无品秩，在唐代政府组织法中，藩镇地位似无明确的规定，此或由于藩镇本系差遣，不同于刺史县令之明文确定为地方官，因此，如仅从政治制度上去探求藩镇与中央政府之关系，必难得其真相。因此，本书对藩镇与中央政府关系之探讨，偏重于动态方面的研究，研究方法则着重于统计分析，但遇有必要时亦作个案之研究，例如本书第七章第四节即对河北地区若干对中央效顺之藩帅作个案之研究。本书所研究之范围，就时间而言，乃自设镇以迄唐亡，就空间而言，乃普及全国设镇之处，因此，本书研讨之结论或不致陷于以偏概全之错误。

本书为作者之博士论文，自搜集材料及编制唐代藩镇总表至写作完成，共费时四年。写作期间，指导教授王师岫庐、严师归田多所指正、启发，惠益良多，谨致最深之谢意。本论文完成后，于1968年1月通过政治大学校内博士学位候选人博士论文考试委员会口试，考试委员有王云五先生、严耕望先生、陈槃先生、张金鉴先生、李宗侗先生、萨孟武先生、邹文海先生。复于1968年7月15日通过教育主管部门博士学位考试委员会之口试，考试委员有王云五先生、萨孟武先生、萧一山先生、张金鉴先生、桂崇基先生、蓝文徵先生、邹文海先生。两次考试中，蒙各位考试委员惠示高见，使本书得以减少阙失，本书即经遵照各考试委员之指示修正后始付梓，于此谨向各位考试委员敬致最深之谢忱。本书为一纯学术性论文，印刷费用甚巨，作者本人无力负担，幸蒙嘉新水泥公司文化基金会资助，始得在 1969 年出版，当时只印 800 册，未在市面发售，至 1978 年台湾大化书局重印，亦仅印 300 册，早已销罄。今蒙北京大学出版社予以再版，此实嘉惠学界，本人敬表深深谢忱。

王寿南谨识

2018 年 7 月 24 日

目 录

CONTENTS

附表目录

第一章

绪　言

第一节　藩镇之意义与范围

　　吴廷燮氏曰："唐自中叶，天下治乱，视方镇之贤否。"① 纵览唐代史实，自安史之乱以后，方镇之地位愈形重要，国运之隆替，社会之安扰，莫不系于方镇，中央之威势渐衰，外以御寇，内以平乱，均须仰赖方镇出力，所谓"国命之重，寄在方镇"。② 诚属不虚。换言之，中唐以后的政治重心与关键，已渐由中央政府转移至方镇。

　　所谓"方镇"，指高级地方行政长官而言，③ 唐人释之曰："今之方镇，盖唐虞四岳十二牧之职，而周汉股肱爪牙之任。"④ 方镇实为唐代地方最高行政单位及长官之通称。方镇之别称甚多，如"藩镇"⑤、

---

　　① 《唐方镇年表考证叙录》。
　　② 《唐会要》卷七十七《诸使上》永贞元年八月诏曰。
　　③ 魏太武帝拓跋焘与宋太祖书："可善敕方镇，刺史守宰，严供张之具，来秋当往取扬州。"阅《宋书》卷九十五《索虏传》。又《晋书》卷七十五《范宁传》："方镇去官，皆割精兵器仗，以为送故。"均指高级地方行政长官。
　　④ 《全唐文》卷七八四穆员撰《陕虢观察使卢公墓志铭》。
　　⑤ 如《全唐文》卷四三七王纬《代路尚书贺登极表》："臣守职藩镇，不获称贺。"《全唐文》卷五一三于公异《代李令公乞朝觐南郊表》："臣于此时，独守藩镇。"

"藩翰"①、"藩方"②、"藩侯"③、"藩隅"④、"藩"⑤、"征镇"⑥、"戎镇"⑦、"节制"⑧ 等，均与"方镇"名异实同，而且唐人常名方镇为"诸侯"⑨。在诸名词之中，"方镇"与"藩镇"最为常用，唐人对"方镇"与"藩镇"每每互用而无区别，按"方镇"与"藩镇"所异者只"方"与"藩"二字，据《说文》："方，并船也。"段《注》："引申之为方圆、为方正、为方向。"⑩ 是"方"字有地理位置之意，故遂有"地方""方志"等词。据《说文》："藩，屏也。"⑪ 即捍卫之意，《左传》僖公二十四年："昔周公吊二叔之不咸，故封建亲戚以藩屏周。"《毛诗·大雅·板荡》："价人维藩，大师维垣，大邦维屏，大宗维翰。"《传》："藩：屏也。……王当用公卿诸侯及宗室之贵者为藩屏垣干，为辅弼。"魏明帝诏曰："古之帝王，封建诸侯，所以藩屏王室也。"⑫ 古来诸侯多称"藩"。⑬ 可知"方镇"一词较偏重于地理方面，而"藩镇"一词则政治意味较浓厚，《新唐书》有"方镇表"，记述地

---

① 如《全唐文》卷四十四肃宗《答颜真卿谢蒲州刺史批》："卿簪绂之端，名节素重，出镇藩翰，克效克勤。"按时真卿为蒲州刺史充河中节度使。

② 《全唐文》卷五十七宪宗《许杜佑致仕制》："累历藩方，出总戎麾，入和鼎实。"按杜佑历容管经略使、岭南节度使、徐州观察使、陕虢观察使、淮南节度使。

③ 如《旧唐书》卷一八四《杨复恭传》："（刘）季述等外结藩侯，以为党援。"

④ 如《文苑英华》卷四一二白居易《授路贯等桂州判官制》："藩隅之重，委以侯伯；军府之要，掌在宾僚。"

⑤ 如《旧唐书》卷一二六《陈少游传》："十余年间，三总大藩。"按少游历宣歙、浙东、淮南三镇。

⑥ 如《文苑英华》卷四一二白居易《授温尧卿等赐绯充沧景江陵判官制》："今之俊义，先辟于征镇，次升于朝廷。"

⑦ 如《旧唐书》卷一四六《杜兼传》："贞元中，德宗厌兵革，姑息戎镇。"

⑧ 如《文苑英华》卷八〇〇杨炎《河西节度使厅壁记》："皇帝肇建节制之任，位以上将，主四方之兵。"

⑨ 如《全唐文》卷五〇二权德舆《徐公墓志铭》："自兵兴四十年，山东诸侯，率强大骄蹇，郡二千石，多自命于辕门。"《陆宣公集》卷上《请不与李万荣汴州节度使状》："方镇之臣，事多专制……亦开谋逆之端，四方诸侯，谁不解体。"

⑩ 《说文解字诂林》八下《方部》，页3817。

⑪ 《说文解字诂林》一下，页424。

⑫ 《三国志·魏志》卷三《明帝本纪》太和六年二月诏。

⑬ 《汉书》卷三十五《吴王濞传》："吴王由是怨望，稍失藩臣礼。"《三国志·魏志》卷十九《陈思王植传》："徙封雍丘王，其年，朝京都，上疏曰：'臣自抱衅归藩……'"

理区划之变革，又有"藩镇魏博""藩镇成德"等传，记述政治人事之动态，似乎隐然对"方镇""藩镇"二词亦有所辨别。本书为便于清晰观念起见，凡所指偏重地理区域时，则称"方镇"，凡叙述政治人物时则称"藩镇"，两者微有差别，其实所指相同。

　　唐代藩镇之范围如何，即何者可视作藩镇？欲解答此一问题，不能不先约略叙述唐代——尤其是玄宗以后之地方行政系统。

　　唐初地方行政区划为州、县两级制。州有时亦改称郡，《唐会要》称："武德元年六月十九日，改郡为州，置刺史、别驾、治中各一人。天宝元年正月二十日，改州为郡，改刺史为太守。至德元载十二月十五日，又改郡为州，太守为刺史。"① 除州、县外，尚有府。府之设置大别可分为三类：一为京都及行在府，一为国内要冲地区之都督府，一为沿边重镇之都护府。唐代之京都及行在府先后有十，即京兆府（雍州）、河南府（洛州）、河中府（蒲州）、太原府（并州）、凤翔府（岐州）、成都府（益州）、江陵府（荆州）、兴元府（梁州）、兴德府（华州）、兴唐府（陕州）。府置尹，为主管长官。② 都督府分为大中下三等，各置都督一人，为其长官。③ 都护府设于沿边之地，盛唐时有安西、北庭、燕然、单于、安东、安南六都护府，府设大都护或都护为其长官。④ 不论何种府，均是州之同级单位，府实际上只是州之别名。

　　唐代地方行政区划虽以州、县为骨干，而在州、县之上，尚有一个虚级的"道"。唐代地方之分道，始于太宗，贞观元年基于山河形便，分为十道，一曰关内道，二曰河南道，三曰河东道，四曰河北道，五曰山南道，六曰陇右道，七曰淮南道，八曰江南道，九曰

① 《唐会要》卷六十八《刺史上》。

② 京兆、太原、河南三府置牧一人，以亲王领，不出阁，其实际负责长官仍为尹。阅《旧唐书》卷四十四《职官志》，关于京都及行在府之沿革，参阅杨予六著《中国历代地方行政区划》第五章第二节；《唐会要》卷六十八《诸府尹》。

③ 《唐六典》卷三〇"大中下督府官吏"："大都督府都督一人，从二品；中都督府都督一人，正三品；下都督府都督一人，从三品。"

④ 《旧唐书》卷四十四《职官志》，大都护府有大都护一人，从三品；上都护府有都护一人，正三品。关于都护府沿革，参阅严师耕望先生著《中国历代地理——唐代篇》。

剑南道，十曰岭南道。① 不过当时之"道"只是地理名称，并未成为一种地方行政区划，亦未成为地方监察区，如贞观十八年遣十七道巡察使，二十二年正月遣大理卿孙伏伽等二十二人以六条巡察天下②，均不以十道为单位。至中宗神龙二年二月"分天下为十道，置巡察使二十人，以左右台及外内官五品以下坚明清劲者为之，兼按郡县，再期而代"。③ 自此始渐有监察区之性质，至睿宗景云二年五月，"出使者以山南控带江山，疆界阔远，于是分为山南东西两道，又自黄河已西分为河西道"。④ 此时又有置二十四都督府以统天下郡县之议，既而以其权重，恐生弊端，罢之。⑤ 此后改为分道置按察使，又改为按察采访处置使、采访处置使，而道之数目亦屡有增加，⑥ 玄宗时，"道"制已予以灵活运用，⑦ 每道有采访使，"考课官人善绩"。⑧ 开元二十二年诸道采访使除京畿、都畿由御史中丞兼充外，余均由一州刺史兼充，⑨ 其性质渐接近地方官。此外，睿宗、玄宗时，于沿边之重地置节度使，授以调度军事之权，可指挥数州之军事，每一节度使之辖区亦常称"道"，肃宗乾元元年，采访处置使改曰观察处置使，其后节度使多兼观察使，于是军事区与监察行政区合而为一，⑩ 节度使数目增加，道的数目亦随之增加，旧的道制已

---

① 《旧唐书》卷三十八《地理志一》。

② 《唐会要》卷七十七《诸使上》。

③ 《通志》卷五十六《职官志六》。《唐会要》卷七十七《诸使上》略同。

④ 《唐会要》卷七十《州县分望道》。

⑤ 阅《新唐书》卷三十七《地理志》。

⑥ 关于道制之沿革，参阅《文献通考》卷五十九《职官考一三》；《通典》卷一七二《州郡典一》；严师耕望先生著《景云十三道与开元十六道》（载《"中研院"史语所集刊》第卅六本上册）；杨予六先生著《中国历代地方行政区划》第五章第二节，页188至193。又唐世言"道"，有时非指十道，而多临时定名者，如定襄道、天兵道等，阅《新旧唐书互证》卷六《兵志》。

⑦ 日野开三郎氏认为唐代道制之灵活运用，始于玄宗时代。阅《支那中世の军阀》第一章，页13—14。

⑧ 《文献通考》卷六十一《职官考十五》"采访处置使"条。

⑨ 阅严师耕望先生《景云十三道与开元十六道》，载《"中研院"史语所集刊》第卅六本上册。

⑩ 阅于鹤年《唐宋两代的道和路》，载《禹贡》第四卷第五期。

面目全非。

道之长官除节度使与观察使外，尚有都防御使及经略使。唐代防御使有两种，一为某州防御使，由一州刺史兼领，管辖范围仅为本州，一为都防御使，亦由一州刺史兼领，惟其管辖范围及于数州，如夔忠都防御使管夔、忠、涪三州，金商都防御使管金、商二州。[①] 都防御使的性质略似节度使而权较轻。经略使之置常在边防地区，经略使亦有两种，一为某州经略使，其地位与州刺史无异，隶属于节度使，[②] 一为数州经略使，以岭南最多，如容管经略使、邕管经略使、安南经略使等，其权虽较节度使为小，[③] 但所管亦有数州，其地位又高于一州刺史。

自玄宗以后，道之作用既大，虽唐政府在正式组织法令上迄未宣布道为地方政府之一级，[④] 然而事实上却已演变成道、州、县三级制，通常所谓方镇即是道的区划。[⑤]

本书所称藩镇，即指道之长官，其范围为：自睿宗景云元年起

① 均据《新唐书·方镇表》。

② 如黎州经略使、巂州经略使均隶西川节度使，阅《旧唐书》卷一四〇《韦皋传》。

③ 《文苑英华》卷七三〇韩愈《送郑权尚书序》："岭之南，其州七十，其二十二隶岭南节度府，其四十余分四府，各府置帅，然独岭南节度为大府。大府始至，四府必使其佐启问起居，谢守地不得旦贺以为礼，岁时必遣贺问，致水土物，大府帅或道过其府，府帅必戎服，左握刀，右属弓矢，帕首袴靴，迎于郊，及既至，大府帅先入据馆，帅守屏若将趋入拜庭之为者，大府与之为让，至一至再，乃敢改服，以宾主见，适位执爵，皆兴拜，不许，乃止。虔若小侯之事大国，有大事咨而后行。"按韩愈所谓四府，即邕管、容管、桂管、安南四经略使。

④ 唐初刺史直属中央，及中唐以后虽实际上刺史须受制于方镇，而刺史直属中央之理论迄未变更，换言之，即理论上刺史之上再无一更高级之地方行政长官，《册府元龟》卷六十四《帝王部》元和十二年："四月，诏曰：'列位选能，切于守土，分忧求瘼，谅在亲人，言念疲黎，载深注意，自今已后，刺史如利病可言者，不限时节，任自表奏闻，不须时节申报节度观察使。'"

⑤ 严师耕望著《中国历代地理——唐代篇》："安史乱后，军人跋扈，四郊多垒，故内地亦置节度，权轻者称防御使，皆带观察处置使之号，其非军事区，则单称观察处置使。故就行政区划而言，统称观察区可也；惟西南有经略都护之号，地位又在观察之下耳。于是旧有之道名存实亡，此种区划，通常称为方镇，亦曰道。"

至唐亡止之节度使、① 观察使、都防御使、经略使（数州）。

关于藩镇职称，有两点须加说明：第一，藩镇虽有节度使、观察使、都防御使、经略使等名号之不同，但常一人而兼带数种名号，《文献通考》曰："唐制，一道兵政属之节度使，民事属之观察使，然节度使多兼观察使。又各道虽有支度营田招讨经略等使，然亦多以节度使兼之，盖使名虽多，而主其事者，每道一人而已。"② 第二，藩镇为使职，均由本道内之府尹或所治州刺史或都督（长史）或都护兼充，且均带中央官衔。

藩镇之名号，有以地区为名者，如浙东、浙西、福建、江西、湖南、朔方、安西、北庭等；有以大府为名者，如凤翔、河中等；有合两州为名者，如魏博、宣歙、金商等；有以一州为名者，如蔡州、夔州、幽州等；有以军号为名者，如宣武、成德、横海等。有时同一藩镇名号不一，如河东节度使亦称太原节度使，泽潞节度使时或称昭义节度使，徐州节度又称武宁节度使均是，史书记载同一藩镇常用不同之名字，故甚易混淆。

第二节　藩镇建置之目的

唐初国势鼎盛，于沿边置安西、北庭、燕然、单于、安东、安

---

① 唐代使职盛行"大使"之称，如"安抚大使""巡抚大使""诸军大使"比比皆是，其实只是荣饰，及有节度使后，遂亦有"节度大使"之名，如薛讷为"和戎大武等诸军州节度大使"（《旧唐书》卷九十三本传），张说为"朔方军节度大使"（《新唐书》卷四），其实即是节度使。然而唐室诸王常兼"节度大使"之衔，并不出阁，不能算作真正的节度使，凡诸王兼"节度大使"之方镇，其"节度副大使知节度事"者乃是真正节度使。又唐有"行营节度使"，其实只是统军作战之将帅，与一般有土有民之节度使不同。因此，凡诸王兼"节度大使"及"行营节度使"，均不属本文所称节度使之范围。

② 《文献通考》卷六十一《职官考十五》。又钱大昕《跋〈新唐书纠谬〉》："唐时节度、都团练、都防御例兼本道观察使，节度、团、防主兵，观察主民，各自有印，史家省文，于节度即不称观察，于团、防则但称观察，以节镇为重也。"但偶而亦有节度不兼观察者，如朱希彩初为"开府仪同三司试太常卿兼幽州大都督府长史御史大夫持节充幽州节度兼营田等副大使知节度事经略军使兼卢龙节度并管内支度营田及押奚契丹二蕃等使上柱国"，后加"兼充管内观察处置使"，朱希彩初虽无观察使衔，但其时幽州无他人任观察使，且此种情况极少。

南六都护府，以统驭外族，至睿宗以后，东、北、西三方之邻国日强，六都护府不能防御，遂于缘边置八节度使以镇御之。《唐六典》卷五《兵部》载八节度使：一曰关内朔方节度使，二曰河东节度使，三曰河北幽州节度使，四曰河西节度使，五曰陇右节度使，六曰剑南节度使，七曰碛西节度使，八曰岭南节度使。其后分碛西为安西与北庭，又分幽州为范阳与平卢，遂有十节度之号。今据《通典》《元和郡县志》及《旧唐书》卷三十八《地理志一》、《读史方舆纪要》卷五，表列十节度使如次：

表 1 安史乱前所置十节度使表

节度名称	设置目的	治所	戍兵	衣赐	统管军府 名称	统管军府 驻所
安西节度使	抚宁西域	龟兹（新疆库车）	兵二万四千马二千七百	六十二万匹段	焉耆	安西府东八百里
					于阗	安西府南二千里
					疏勒	安西府西二千余里
					龟兹	
					葱岭守捉	
北庭节度使	防制突骑施、坚昆、默啜	庭州（新疆迪化）	兵二万马五千	四十八万匹段	瀚海军	北庭府城内
					天山军	西州城内
					伊吾军	伊州西北三百里
河西节度使	断隔羌胡	凉州（甘肃武威）	兵七万三千马一万九千四百	一百八十万匹段	赤水军	凉州城内
					大斗军	凉州西二百余里
					建康军	凉州西一百二里

（续表）

节度名称	设置目的	治所	戍兵	衣赐	统管军府	
					名称	驻所
					宁寇军	凉州东北千余里
					玉门军	肃州西二百里
					墨离军	瓜州西北千余里
					豆卢军	沙州城内
					新泉军	会州西北二百余里
					张掖守捉	凉州城南二里
					交城守捉	凉州西二百里
					白亭守捉	凉州西北五百里
朔方节度使	捍卫回纥等部	灵州（宁夏灵武）	兵六万四千七百马一万四千三百	二百万匹段	经略军	灵州城内
					丰安军	灵州西黄河外一百八十里
					定远城	灵州东北二百里
					西受降城	丰州北黄河外八千里(?)
					安北都护府	中受降城黄河北岸
					东受降城	胜州东北二百里
					振武军	单于东都护府城内

（续表）

节度名称	设置目的	治所	戍兵	衣赐	统管军府	
					名称	驻所
河东节度使	犄角朔方以御回纥	太原（山西太原）	兵五万五千马一万四千	一百廿六万匹段军粮五十万石	天兵军	太原府城内
					云中守捉	单于府西北二百七十里
					大同军	代州北三百里
					横野军	蔚州东北一百四十里
					忻州	太原府北一百八十里
					代州	太原府北五百里
					岚州	太原府西北二百五十里
					苛岚军	岚州北一百里
范阳节度使	临制奚、契丹	幽州（北平）	兵九万一千四百马六千五百	八十万匹段军粮五十万石	经略军	幽州城内
					威武军	檀州城内
					清夷军	妫州城内
					静塞军	蓟州城内
					恒阳军	恒州城内
					北平军	定州城西
					高阳军	易州城内
					唐兴军	汉州城内
					横海军	沧州城内

（续表）

节度 名称	设置目的	治所	戍兵	衣赐	统管军府	
					名称	驻所
平卢节 度使	镇抚室韦 靺鞨	营州（锦州 朝阳间）	兵三万四千 马五千三百		平卢军	营州城内
					卢龙军	平州城内
					榆关守捉	营州城西四 百八十里
					安东都护 府	营州东二百 七十里
陇右节 度使	备羌戎	鄯州（青 海都乐）	兵七万五千 马一万六百	二百五十 万匹段	临洮军	鄯州城内
					河源军	鄯州西北一 百二十里
					白水军	鄯州西北二 百卅里
					安人军	鄯州界星宿 川州西
					振威军	鄯州西三百 里
					威戎军	鄯州西北三 百五十里
					莫门军	洮州城内
					宁塞军	鄯州城内
					积石军	鄯州西一百 八十里
					镇西军	河州城内
					缓和守捉	鄯州西南二 百五十里
					合州守捉	鄯州南一百 八十里
					平夷守捉	河州西南四 千里

（续表）

节度名称	设置目的	治所	戍兵	衣赐	统管军府	
					名称	驻所
剑南节度使	西抗吐蕃南抚蛮獠	成都	兵三万九百马二千	八十万匹段军粮七十万石	团结营	成都府城内
					松州	
					维州	
					蓬州	
					恭州	
					雅州	
					黎州	
					姚州	
					悉州	
					天宝军	恭州东南九十里
					平戎城	恭州南八十里
					昆明军	嶲州南
					宁远城	嶲州西
					澄川守捉	姚州东六百里
					南江郡	
岭南五府经略使	绥静夷獠、镇抚海南诸国	广州	兵一万五千四百	轻税本镇以自给	经略军	广州城内
					清海军	恩州城内
					桂管经略使	桂州
					容管经略使	容州
					邕管经略使	邕州
					安南经略使	交州

由表 1 可知，安史乱前所置之节度使均在边境，其建置目的在防御外患，节度使之御外作用，纵在安史之乱后仍未消失，如西北边境之朔方、夏绥、鄜坊以及西川、河东等镇，遏阻外寇之功用至大，甚至中央政府不能控制之幽州卢龙节度使亦有御外寇之功能。①

安史乱起，国内成为战场，为守卫重要地区，于是节度使之设置，由边境移至内地，《元和郡县图志》卷五《河南道一》述河阳节度使之建置云："至德中，史思明之来寇也，时李光弼已至东都，闻思明将至，乃移牒留守及河南尹，并留司官坊市居人，令悉出避寇，空其城。乃率麾下士马数万，东守河阳三城，拒逆贼，贼党初谓光弼自洛而西，及闻保河阳，出其意外，疑惧久之，不敢犯宫阙，光弼训练招集，声威大振，贼虽入城，惮光弼兵威，南不出百里，西不越畿内，陕州得修戎备，关隘无虞，皆光弼保河阳之力，故自乾元已后，常置重兵，贞元后加置节度，为都城之巨防。"除守卫目的之外，又有若干节度使之设置，乃政府姑息政策下之产物，例如河北诸镇之分置即是。② 然而此姑息政策之目的，仍在安定混乱之政治局面，欲将反叛势力转变为巩卫力量。

观察处置使由按察使、采访处置使演化而来，原本之作用仅为代表中央政府监察地方官吏，③ 但按察使、采访使不仅有监察权，且

①　如会昌时张仲武为幽州节度使，大破回鹘乌介可汗，"乌介可汗既败，不敢近边，乃依康居求活，尽徙余种，寄托黑车子部，仲武由是威加北狄"。阅《旧唐书》卷一八〇《张仲武传》。又《旧唐书》卷一四三《刘济传》："（贞元时，刘济为幽州节度使）时乌桓鲜卑数寇边，济帅军击走之，深入千余里，虏获不可胜纪，东北晏然。"同书卷一七二《牛僧孺传》："（大和）五年正月，幽州军乱，逐其帅李载义，文宗以载义输忠于国，遽闻失帅，骇然，急召宰臣，谓之曰：'范阳之变奈何？'僧孺对曰：'此不足烦圣虑，且范阳得失，不系国家休戚，自安史以来，翻覆如此，前时刘总以土地归国，朝廷耗费百万，终不得范阳尺帛斗粟，入于天府，寻复为梗。至今志诚亦由前载义也。但因而抚之，俾扞奚契丹，不令入寇，朝廷所赖也。假以节旄，必自陈力，不足以逆顺治之。'帝曰：'吾初不详思，卿言是也。'"

②　史称安史降将薛嵩、张忠志、李怀仙、田承嗣等所以能分据河北诸镇，乃出于仆固怀恩固宠之私心。（阅《旧唐书》卷一四一《田承嗣传》，《新唐书》卷二二四上《仆固怀恩传》）实际上唐室兵力能否真正制服安史余党，大成疑问，因此，中央不能不以怀柔招降之办法，希望以姑息政策收安史降将之心，以安定政局。

③　《文苑英华》卷四〇八白居易《授严暮桂管观察使制》："汉置部刺史，掌奉诏条纠吏理，盖今观察使职耳。"

能停州官之职务，令人权摄，① 实已干涉及地方行政，观察处置使遂成为一道之民政长官，又有节度使兼观察使者，"总绾境内诸州军民政，为之节制"。② 其权虽大，其作用仍在藩屏中央，此一作用在黄巢起事以前确收功效，屡次乱事及中央财政之困难均赖藩镇之力而解决，及黄巢起事后，渐成尾大不掉之势，其初藩屏中央之目的遂无法达到。

第三节　方镇建置沿革

一、节度使之初置

《新唐书》称："夫所谓方镇者，节度使之兵也。"③ 方镇之范围虽包含节度使、观察处置使（简称观察使）、都防御使、经略使，其中以节度使最为重要，故史书常以节度使代表方镇。

节度使原由唐初都督嬗化而来，④ 唐初都督除专治一州外，并掌督诸州兵马，⑤ 如武德九年李神符除"使持节大都督扬润常和楚方滁七州寿苏越括歙宣舒循巢九州都督诸军事扬州刺史"。⑥ 节度使与都督之相异者，都督是职官，大都督从二品，中都督正三品，下都督从三品，⑦ 而节度使是差遣，其人另有本官，凡节度使之除授，其衔为："（检校某朝官）可持节（某）州诸军事兼（某）州刺史充（某

---

① 《全唐文》卷二五三苏颋《遣王志愔等各巡察本管内制》："诸道按察使扬州长史王志愔……各巡本管内官人……其官人有老弱及久病，妨于政理，并才用劣下，全不称职者，上佐已下，委使人便停务，其官交要者，便简清勤人权摄。"（《唐大诏令》卷一○四同，时在开元四年七月六日）《唐会要》卷七十八《采访处置使》："大历十二年五月中书门下奏，开元末，置诸采访使，许其专停刺史务，废置由己。"

② 严师耕望著《中国地方行政制度史》上篇，序言，页9。

③ 《新唐书》卷五○《兵志》。

④ 研究唐史之学者均同意此说，阅严师耕望著《中国地方行政制度史》上篇，卷中之上，第一章，页2；岑仲勉先生《续贞石证史》；贺次君先生《唐会要节度使考释》（载《禹贡半月刊》第五卷第七期）；萨孟武著《中国社会政治史》第三册，第八章，页298。

⑤ 《新唐书》卷四十九下《百官志下》："都督掌诸州兵马甲械城隍镇戍粮廪，总判州事。"

⑥ 《唐文续拾》卷十四《襄邑恭王之碑铭》。

⑦ 见《旧唐书》卷四十二《职官一》。

军或某某州）节度使。"或"（检校某朝官）可（某）大都督府长史充
（某某军或州）节度副大使知节度事管内（支度、营田、观察……）
等使。"

节度使始置于何时，史籍记载互有出入，《新唐书》卷五〇《兵
志》曰："自高宗永徽以后，都督带使持节者始谓之节度使。"《唐会
要》卷七十八《节度使》："永徽以后，除都督带使持节即是节度使，
不带节者，不是节度使。"又《唐会要》卷六十一"馆驿条"："大足
元年五月六日敕，诸军节度大使……"按大足元年即长安元年，据
此似武后时已有节度大使。《通鉴》卷二一〇唐睿宗景云元年十月：
"丁酉，以幽州镇守经略节度大使薛讷为左武卫大将军兼幽州都督，
节度使之名自讷始。"此条胡三省注云："《考异》曰：《统纪》，景云
二年四月，以贺拔延秀为河西节度使。节度使之名自此始。"《唐会
要》卷七十八《节度使》、《通典》卷三十二《职官四》、《通志》卷五
十六《职官六》，均言景云二年四月以贺拔延嗣为凉州都督河西节度
使，乃节度使之始。而《新唐书》卷六十七《方镇表》则以河西节度
使始于景云元年。《玉海》卷一三八："永徽始有节度之名，景云始有
节度之职。"苏鹗曰："及（唐）高宗，改刺史为节度使。"① 甚至柳
宗元更以唐高祖在隋代曾任河东节度使。②

以上节度使始置何时之说，其中错误最为明显者即柳宗元所记，
考《旧唐书》卷一《高祖本纪》："（隋大业）十一年，炀帝幸汾阳
宫，命高祖往山西河东黜陟讨捕，师次龙门，贼帅毋端儿帅众数千
薄于城下。"未云为河东节度使，隋代职官尚无节度使。苏鹗之说，
《唐六典》、两《唐书》、三通、《通鉴》均未言及，当是不确。"节度
使"之名始见以睿宗景云元年十月丁酉除薛讷幽州节度使及景云二
年（或元年）除贺拔延嗣为河东节度使二说较可靠。考《唐会要》
云："范阳节度使，先天二年二月，甄道一除幽州节度经略镇守

---

① 苏鹗《苏氏演义》卷下。
② 柳宗元《龙城录》"神尧皇帝破龙门贼"条："神尧皇帝拜河东节度使，九月领大
使，击龙门贼毋端儿。"按神尧皇帝即唐高祖。

使。"① 先天二年即开元元年，已是玄宗时。《新唐书·方镇表》则载开元元年"幽州置防御大使"，二年"置幽州节度诸州军管内经略镇守大使"，② 此二书所记幽州节度使之置均在睿宗景云元年以后，因此《通鉴》记景云元年十月丁酉条《考异》乃有景云二年四月贺拔延秀（嗣）为河西节度使之说，《通典》《通志》《文献通考》均采景云二年贺拔延嗣任河西节度使始有节度之号的说法，景云二年之说较为可信。

节度使初置之年代所以众说纷纭，主要原因有二：其一为唐代使职盛行，至玄宗时，杨国忠一人领四十余使，③ 节度使亦为使职之一种，任节度使者均另有本官，因此终唐之世，节度使不列于品秩。节度使既非正官，又不似采访、观察使之有正式敕文设置，于是，始设于何时，遂难确定。其二为用词之混淆，节度二字，唐代以前已屡见，今举数例如下：

（东汉末，刘虞为幽州牧，拜大司马）初，诏令公孙瓒讨乌桓，受虞节度。（《后汉书》卷七十三《刘虞传》）

（晋武帝初，将伐吴）诏书使（王）濬下建平，受杜预节度，至秣陵，受王浑节度。……濬上书曰："……前被诏书云：太尉贾充总统诸方，自镇东大将军伷及浑、濬、彬等皆受充节度，无令臣别受浑节度之文。……以日中至秣陵，暮乃被浑所下当受节度之符。……"（《晋书》卷四十二《王濬传》）

（西晋末）值天下大乱，退为坞主。……退间道遣使受元帝节度，朝廷嘉之。（《晋书》卷八十一《刘遐传》）

（北魏武泰三年十月）以平南将军中书令魏兰根兼尚书左仆射，为河北行台，定相殷三州禀兰根节度。（《魏书》卷十《敬

① 《唐会要》卷七十八《节度使》。
② 《新唐书》卷六十六《方镇表》。
③ 《旧唐书》卷一〇六《杨国忠传》："国忠自侍御史以至宰相，凡领四十余使。"《全唐文》卷五八〇柳宗元《诸使兼御史中丞厅壁记》云："古者交政于四方谓之使，今之制，受命临戎职，无所统属者，亦谓之使。凡使之号，盖专焉而行其道者也，开元以来，其制愈重。"

宗孝庄帝纪》)

　　（北魏时）诏椿以本官加侍中兼尚书右仆射，为行台，节度关西诸将。（《魏书》卷五十八《杨椿传》）

从以上所引诸条可见在唐代以前节度二字早已通用，其解释当作"节制调度"，且其范围多属军事。入唐以后，节度二字更被普遍使用，今举睿宗以前数例以见之：

　　（高祖时，授淮安王神通）可山东道安抚大使，其山东诸军事并受节度。（《全唐文》卷一，高祖《遣淮安王神通安抚山东诏》）

　　（武德时，将讨北方稽胡，高祖诏太子建成统军曰：）行军节度，期会进止者，委建成处分。（《全唐文》卷二，高祖《令太子建成统军诏》）

　　（贞观时，征高丽，诏曰：）前军大总管夔国公弘基等分统猛士，填其濠堑……分命诸军，四面云合，朕登高回瞩，授其节度。（《全唐文》卷七，太宗《克高丽辽东城诏》）

　　（贞观八年十二月大举讨吐谷浑）辛丑，以（李）靖为西海道行军大总管，节度诸军。（岷州都督盐泽道行军总管高甑生后军期，又诬靖谋反，按验无状。九年）八月庚辰，甑生坐减死徙边。或言甑生秦王府功臣，宽其罪，上曰："甑生违李靖节度，又诬其反，此而可宽，法将安施？"（《通鉴》卷一九四贞观八年十二月辛丑，九年八月庚辰）

　　（唐初，李百药上书）请于定襄置都护府为其（按指突厥降部）节度，此安边之长策也。（《全唐文》卷一四二，李百药《安置突厥议》）

当节度使之名初创前，节度二字已成术语，[①] 及节度使之名创设后，节度二字仍常作一般术语使用，如《玄宗征突厥制》："凡蕃汉

---

　　① 岑仲勉先生认为"原夫'节度'字最初之用法，只是术语，换言之，即规定其职权之范围"。阅《隋唐史》，页191。

三十万众，并取（朔方道行军大总管王）晙节度。"① 玄宗诏益州长史张敬忠："（蜀）州既在卿节度检校，勿令相侵。"② 张说为清边道大总管建安王奏失利表："不堪任使，挠失节度。"③ 节度使之名既由当时术语演化而来，且各道节度使之置又非在同一时期，玄宗时常以甲道节度使与乙道大总管并提，④ 故易使人迷惑。

二、方镇建置沿革

唐代藩镇既是使职，方镇之置废增减随时变动，非如州县之有常制，王鸣盛云："方镇之建置，分割移徙，最为纠纷，以唐一代，变更不一，竟无定制。"⑤ 又云："新方镇表与旧地志所列至德后四十七使及杜氏《通典·州郡门》，皆有互异处。……（《元和志》）其所存者与新表、旧志参对，三者已各不同，移徙分割，纷乱不可爬梳。"⑥ 诚然，《新唐书·方镇表》之疏误及与他书互异处甚多，欲求补正而得一完整无误之新方镇沿革表几不可能。但本书既研讨藩镇对中央之态度，则方镇建置沿革似不可省略，今以《新唐书·方镇表》为主，参照《唐书合钞·方镇表》《旧唐书·地理志》《元和郡县志》《通典》《唐会要》等书，另编一简明之"唐代方镇建置沿革表"（见表2），关于资料之从舍，如《新唐书·方镇表》与他书相异，则从多数之公说，如诸书各立异说，则于沿革表后另加辨说，以定取舍。本文另编"唐代方镇建置沿革表"之目的，非敢妄冀对有唐一代方镇沿革作一详备无误之补正，只欲借此以明唐代方镇建置变更之

---

① 《全唐文》卷二十一玄宗《征突厥制》。

② 《全唐文》卷三十五玄宗《赐益州长史张敬忠敕》。

③ 见《全唐文》卷二二二。

④ 如《全唐文》卷二十八玄宗《诛康待宾免从坐诏》中以"朔方军大总管王晙"，"陇右节度使郭知运"并提。《新唐书》卷一二一《王毛仲传》："开元九年，诏持节为朔方道防御讨击大使，与左领军大总管王晙、天兵军节度使张说、幽州节度使裴仙先等，数计事。"

⑤ 《十七史商榷》卷八十三"论方镇表"条。

⑥ 同前书同卷，"方镇表与他家互异"条。

趋势而已。至于各方镇所领州县之多少，因增减离合变化太大，① 故略而不论。

表 2　唐代方镇建置沿革表

旧道名	镇名	建置情形	治州
关内道	京畿	至德元载初置京畿节度使，宝应元年废。广德二年复置京畿观察使。建中四年升为京畿渭南节度使。兴元元年废。天祐元年复置佑国军节度使。	京兆府
	同州	兴元元年以同州为奉诚军节度使，贞元四年废。中和二年复置同华节度使，旋废。乾宁元年复置匡国军节度使，天祐三年废。	同州
	华州	上元二年以华州置镇国节度使，亦名关东节度使。广德元年废而复置同华节度使。大历二年废。建中四年复置潼关节度使，贞元九年废。乾宁三年复置镇国军节度使，天祐三年废。	华州
	奉天	中和时置	
	义胜	天祐三年初置。	耀州
	凤翔	上元元年置兴凤陇节度使，亦称凤翔节度使。建中四年更名保义军节度使，贞元三年降为凤翔观察使，同年升为节度使。	凤翔府
	陇州	建中四年以陇州置奉义军节度使，寻废。天复元年复置保胜节度使。	陇州
	泾原	大历三年置泾原节度使，乾宁元年更名彰义军节度使。	泾州
	邠宁	乾元二年置邠宁节度使，大历三年废。大历十四年复置，光启元年更名静难军节度使。	邠州

① 《通鉴》卷二二〇"唐肃宗乾元元年九月庚午朔"条，胡注："去年置河中节度使领蒲绛等七州，今赵泚节度蒲同虢三州而已，盖兵兴之际，分命节帅，以扼险要，其所统之增减离合，随时制宜耳。"

（续表）

旧道名	镇名	建置情形	治州
	鄜坊	上元元年置渭北鄜坊节度使,大历六年更名渭北节度使,大历十四年降为渭北观察使,建中四年升为渭北节度使,同年降为观察使。贞元三年复升为节度使,通称鄜坊节度。中和二年更名为保大军节度使。	初治坊州,建中四年徙治鄜州。
	丹延	永泰元年置丹延观察使,大历六年废。	延州
	延州	中和二年以延州置保塞军节度使,光化元年更名宁塞军节度使,光化三年更名为卫国军节度使。	延州
	夏绥	贞元三年置夏州节度使,中和二年更名定难军节度使。	夏州
	关内	至德元载置关内节度使,乾元二年废。	安化郡(庆州)
	朔方	开元九年置朔方节度使。	灵州
	振武	乾元元年置振武节度使,广德二年废,大历十四年复置。	初治镇北大都护府后治单于都护府
	天德	贞元十二年置天德军都团练防御使,会昌二年升为归义军节度使,同年复降为都防御使。(亦称丰州都防御使)	丰州
	威胜	乾宁元年以乾州置威胜军节度使。	乾州
	保义	元和元年置保义节度使,寻废。	秦州
河南道	东畿	至德元载置东畿观察使,广德二年废。大历十四年复置,建中四年升为东畿汝观察使。贞元元年降为东畿汝都防御使,贞元二年升为东畿汝观察使,贞元五年复降为东畿汝都防御使,元和三年废。元和十三年复置东畿汝都防御使,光启元年升为东畿观察使,光启三年升为佑国军节度使,光化三年降为东畿观察使,天祐元年废。	东都

（续表）

旧道名	镇名	建置情形	治州
	陕虢	乾元元年置陕虢华节度使,上元元年更名陕西节度使,同年降为观察使,大历十四年废。建中二年复置都防御使,四年升为节度使,贞元元年废,同年复置陕虢观察,大和五年废,开成元年复置陕虢观察使,中和三年升为节度使,龙纪元年更名保义军节度使。	陕州
	义成	上元二年置滑卫节度使,广德元年更名滑亳节度使。大历七年更名永平节度使,贞元元年更名义成军节度使,光启二年更名宣义军节度使。	滑州
	宣武	天宝十四载置河南节度使,乾元元年降为汴州都防御使,乾元二年升为汴滑节度使,上元二年废。宝应元年复置河南节度使,大历十一年废。建中二年复置宋颖节度使,同年更名宣武节度使。	初治汴州,建中二年治宋州,兴元元年徙治汴州。
	忠武	乾元二年置郑陈节度使,上元二年废。贞元二年复置陈许节度使,贞元二十年更名忠武军节度使。	初治郑州,贞元二年治陈州。
	天平	至德元载置郓齐兖都防御使,乾元二年升为节度使,宝应元年废。建中三年复置曹濮观察使,兴元元年废。元和十四年置郓濮曹节度使,元和十五年更名天平军节度使。	初治齐州,乾元二年治兖州,建中三年治濮州,元和十四年治郓州。
	泰宁	元和十四年置沂海观察使,长庆元年升为兖海节度使,大和九年降为观察使,大中五年升为节度使,乾符三年更名泰宁军节度使。	初治沂州,长庆元年徙治兖州。
	感化	乾元二年置河南节度使,上元二年废。建中三年徐海观察使,兴元元年废。贞元四年置徐泗濠节度使,贞元十六年废。同年复置徐州节度使,永贞元年更名武宁军节度,咸通三年废。咸通五年置徐州观察使,十年升为节度使,同年复降为观察使,十一年升为感化节度使,光化元年更名武宁节度使,同年更名感化节度使,天复二年更名武宁节度使。	徐州

（续表）

旧道名	镇名	建置情形	治州
	淄青	至德元载置青齐节度使，上元二年更名淄青平卢节度使，建中三年降为淄青观察使，兴元元年升为淄青平卢节度使。	青州
	淄沂	上元元年置淄沂节度使，上元二年废。	沂州
	豫许	乾元元年置豫许汝节度使，上元二年废。	
	淮西	至德元载置淮南西道节度使，乾元二年废。同年复置，大历十四年更名淮宁军节度使，同年再更名申光蔡节度使。贞元十四年更名彰义军节度使，元和十二年更名淮西节度使，元和十三年废。	初治许州，乾元元年徙治郑州，乾元二年治寿州，上元二年徙治安州，大历八年徙治蔡州。
	蔡州	代宗初置蔡汝节度使，大历八年废，中和二年置奉国军节度使。	蔡州
河东道	河东	景云二年置和戎大武等军州节度使，开元八年更名天兵军节度使，十一年更名为太原府以北诸军州节度使，开元十八年更名河东节度使，兴元元年更名保宁军节度使，贞元三年更名河东节度使。	太原府
	大同	会昌四年置大同都防御使，乾符五年升为节度使，大顺二年废。	云州
	代北	中和二年置雁门节度使，中和三年更名代北节度使，光启末废。	代州
	河中	至德元载置河中防御使，二载升为节度使，广德二年降为观察使。兴元元年升为节度使，贞元十五年降为观察使，贞元十六年升为节度使，元和十四年降为观察使，元和十五年升为节度使，光启元年更名护国军节度使。	蒲州（时或改名河中府）
	晋慈	兴元元年置晋绛慈隰节度使，贞元初废。贞元四年置晋慈观察使，元和三年废。长庆二年复置晋慈观察使，大和元年升为保义军节度使，同年废。	晋州

（续表）

旧道名	镇名	建置情形	治州
河北道	昭义	至德元载置泽潞沁节度使，建中元年更名昭义节度使。	潞州
	河阳	建中二年置河阳三城节度使，贞元元年废，贞元十二年置河阳怀节度使。	怀州
	相卫	广德元年置相卫节度使，大历元年更名昭义节度使，建中元年废。大和三年置相卫澶节度使，同年废。	相州
	邢洺	中和三年昭义分为二，孟方立移军邢州，天复元年复并入泽潞。	邢州
	成德	宝应元年置成德军节度使，建中三年降为恒冀观察使，兴元元年升为成德军节度使，天祐二年更名武顺军节度使。	镇州
	深赵	建中三年自成德分置深赵观察使，兴元元年复并入成德。	赵州
	德棣	贞元元年置德棣观察使，同年并入成德。元和四年复置保信军节度使，同年并入成德。长庆二年置德棣观察使，同年并入横海。	德州
	义昌	建中三年置横海军节度使，大和三年更名齐德沧节度使，大和五年更名义昌节度使。	初治沧州，大和三年徙治德州
	魏博	广德元年置魏博都防御使，同年升为节度使，天祐元年更名天雄军节度使。	魏州
	幽州	开元元年置幽州防御大使，二年升为幽州节度使，天宝元年更名范阳节度使，宝应元年更名幽州节度使（兼卢龙）。	幽州
	瀛莫	长庆元年自幽州分置瀛莫观察使，同年升为节度使，二年并入幽州，天复元年置平营瀛莫观察使。	瀛州
	平卢	开元七年置平卢军节度使，上元二年其地陷蕃，平卢军额移至青州。	营州
	义武	建中三年置义武军节度使。	定州

（续表）

旧道名	镇名	建置情形	治州
山南道	山南东	至德元载置南阳节度使,二载废。同年置山南东道节度使,元和十年更名襄阳节度使,十二年再更名山南东道节度使。会昌四年废。同年复置,文德元年更名忠义节度使,天祐三年仍称山南东道节度使。	初治南阳郡至德二载治襄州
	唐随	元和十年自山南东分置唐随邓节度使,十一年废,同年复置,十二年并入山南东道。	唐州
	兴平	至德元载置兴平节度使,宝应元年废。	商州
	武关	上元二年置武关内外四州观察使,宝应元年废。	商州
	金州	兴元元年置金商都防御使,光启元年升为节度使,旋降为昭信军防御使,光化元年升为昭信军节度使。天祐二年更名戎昭军节度使,同年更名武定军节度使,三年废。	金州
	山南西	至德元载置山南西道防御使,广德元年升为节度使,同年降为观察使,建中元年升为节度使。	梁州(兴元府)
	感义	光启元年置兴凤都防御使,二年升为感义军节度使,乾宁四年更名昭武军节度使。	凤州
	武定	光启元年置武定军节度使。	洋州
	利州	天复三年置利州节度使,天祐三年更名利阆节度使。	利州
	巴州	天祐二年置渠巴开观察使。	巴州
	兴文	天祐三年置兴文节度使。	兴州
	荆南	至德二载置荆南节度使,大和六年降为观察使,开成三年升为节度使。	荆州(江陵府)
	夔州	至德二载置夔峡节度,乾元元年废。广德二年置夔忠都防御使,天祐三年升为镇江节度使。	夔州

（续表）

旧道名	镇名	建置情形	治州
陇右道	陇右	开元二年置陇右节度使,广德元年陇右诸州陷蕃。	鄯州
	天雄	大中三年置秦成经略使,咸通五年升为天雄军节度使。	秦州
	归义	大中五年置归义节度使。	沙州
	河西	景云二年置河西诸军州节度使,大历时河西诸州陷于吐蕃。	凉州
	安西	景云元年置四镇经略大使,开元六年置四镇节度使,开元十九年置安西四镇北庭节度使,开元廿九年置安西四镇节度使,至德二载更名镇西节度使,大历二年更名安西节度使,贞元时安西陷吐蕃。	龟兹
	碛西	先天元年置伊西(碛西)节度使,开元廿九年改置北庭伊西节度使,贞元六年陷于吐蕃。	西州(开元十九年徙治北庭都护府)
	北庭	开元十五年自碛西分置北庭节度使,开元十九年并入碛西。	北庭都护府
剑南道	西川	开元二年置剑南道防御经略使,开元七年升为剑南节度使,至德二载分剑南为东西川,各置节度使。	成都府
	邛南	大历元年置邛南防御使,同年升为节度使,同年废并入西川。	邛州
	定边	咸通八年置定边军节度使,十一年废并入西川。	邛州
	永平	文德元年置永平军节度使,大顺二年废并入西川。	邛州
	威戎	文德元年置威戎军节度使。	彭州
	东川	至德二载自剑南分置东川节度使,广德二年废并入西川。大历元年复置,二年降为观察使,同年升为节度使。	梓州
	龙剑	光启时置龙剑节度使。	龙州
	武信	光化二年置武信军节度使。	遂州

（续表）

旧道名	镇名	建置情形	治州
江南道	浙西	至德元载置江东节度使，乾元元年更名浙江西道节度使，乾元二年降为观察使，建中二年升为镇海军节度使，贞元三年降为浙西观察使，永贞元年升为镇海军节度使，元和二年降为浙西观察使，大和九年升为镇海军节度使，同年降为观察使，大中十二年升为镇海军节度使，十三年降为浙西观察使，咸通三年升为镇海军节度使，八年降为浙西观察使，十一年升为镇海军节度使。	初治杭州，乾元元年徙治升州，寻徙治苏州，上元二年徙治宣州，大历元年徙治苏州，建中二年徙治润州，景福二年徙治杭州
	忠国	乾宁三年置忠国军节度使。	湖州
	苏杭	景福二年置苏杭观察使，同年废并入浙西。	苏州
	浙东	乾元元年置浙江东道节度使，大历五年降为观察使，十四年废并入浙西。建中元年复置浙东观察使，二年废并入浙西。贞元三年复置观察使，中和三年升为义胜军节度使，光启三年更名威胜军节度使，乾宁三年更名镇东节度使。	越州
	福建	开元二十一年置福建经略使，乾元元年置福建都防御使，上元元年升为节度使，大历六年降为观察使，乾宁四年升为威武节度使。	福州
	江西	乾元元年置洪吉观察使，广德二年更名江南西道观察使，建中四年升为节度使，贞元元年降为观察使，咸通六年升为镇南军节度使，乾符元年降为江南西道观察使，龙纪元年升为镇南军节度使。	洪州
	宣歙	乾元元年置宣歙观察使，上元元年废并入浙西，大历元年复置宣歙观察使，十四年废。贞元三年复置，大顺元年升为宁国军节度使，天复三年降为宣歙观察使。	宣州
	歙婺	天祐二年置歙婺衢睦观察使。	歙州

（续表）

旧道名	镇名	建置情形	治州
	鄂岳	永泰元年置鄂州观察使，大历十四年废。建中四年复置鄂州观察使，元和元年升为武昌军节度使，元和三年降为鄂岳观察使，宝历元年升为武昌军节度使，大和五年降为鄂岳观察使，大中元年升为武昌军节度使，三年降为鄂岳观察使，四年升为武昌军节度使，六年降为鄂岳观察使，文德元年升为武昌军节度使。	鄂州
	湖南	至德二载置衡州都防御使，上元二年废。广德二年置湖南观察使，中和三年升为钦化军节度使，光启元年更名武安军节度使。	初治衡州，大历四年徙治潭州
	武贞	光化元年置武贞军节度使。	朗州
	黔中	开元二十六年置五溪诸州经略使，大历十二年升为黔中节度使，大顺元年升为武泰军节度使。	初治黔州，贞元元年徙治辰州，三年复治黔州
	辰锦	大历四年置辰锦观察使，十二年废并入黔中。	辰州
淮南道	淮南	至德元载置淮南节度使。	扬州
	寿庐	兴元元年置寿濠庐观察使，贞元四年废并入淮南。	寿州
	安黄	贞元十五年置安黄节度使，十九年更名奉义军节度使，元和元年废并入鄂岳。	安州
岭南道	岭南东道	景云时已置岭南五府经略使，至德元载初置岭南节度使，咸通三年更名岭南东道节度使，乾宁二年更名清海军节度使。	广州
	岭南西道	天宝十四载置邕管经略使，乾元元年置邕管都防御使，二年升为邕管节度使，上元元年复为邕管都防御使，广德二年废并入桂管。大历五年复置邕管都防御使，元和十五年废。长庆二年复置邕管经略使，咸通三年升为岭南西道节度使。	邕州

（续表）

旧道名	镇名	建置情形	治州
	容管	天宝十四载置容管经略使，乾元二年升为容管都防御使，上元元年置容管观察使，咸通元年废并入邕管。同年复置容管观察使，乾宁四年升为宁远军节度使。	容州
	桂管	景云时置桂管经略使，广德二年置桂管观察使，贞元八年废。贞元末复置桂管观察使，光化三年升为静江军节度使。	桂州
	安南	天宝十载置安南经略使，乾元元年升为安南节度使，广德二年降为镇南观察使，大历元年置安南经略使，咸通七年升为静海军节度使。	交州

本表附释

华州：《新唐书·方镇表》（以下简称《新表》）光化元年以华州置镇国军节度使，考《旧纪》乾宁三年九月丙午，"制以镇国军节度使韩建检校太尉中书令（下略）"，则乾宁三年已有镇国军节度使。按乾宁三年车驾驻跸华州，其置节度当在此时。又《新表》光化三年罢镇国军节度及兴德尹，按《旧纪》与《通鉴》均在天祐三年闰十二月，《新表》恐误。

奉天：《新表》无奉天节度使。《通鉴》卷二五四中和二年三月："以右神策将军齐克俭为左右神策内外八镇兼博野奉天节度使。"

朔方：《新表》开元九年置朔方节度使。《唐会要》卷七十八《节度使》则云："朔方节度使，开元元年十月六日敕：朔方行军大总管宜准诸道例，改为朔方节度使。"考《通鉴》卷二一一开元二年以后朔方尚是大总管之职称，《通鉴》卷二一二开元九年十二月，"置朔方节度使"。《会要》恐误。

感化：《新表》天复二年"罢感化军节度"。按《旧纪》及《旧五代史》，天复二年以后均有武宁（感化）节度除授明载，是《新表》有误，当为改感化节度为武宁节度也。

淄沂：《新表》淄沂置节度使在上元二年，今据《唐书合钞》改为元年。

淮西：《唐会要》卷七十八，"贞元二年二月，改淮西节度为淮宁军"。与《新表》不同，今从《新表》（《合钞》同《新表》）

代北：《新表》中和二年更大同节度为雁门节度。但其时大同乃赫连铎所据，治云州，代北节度治代州，虽曰更名，实即新置。大同与雁门二节度并存，至大顺二年，赫连铎为李克用所败，弃云州，大同节度始取消，并入河东节度。

河阳：《新表》元和十三年罢河阳节度。《唐书合钞》卷八十五《方镇表》，河阳，元和十三年，沈炳震按："《旧书·本纪》是后河阳节度迁除历历，此云罢，未详，盖是年乃罢领汝州，复治河阳耳，非并河阳节度而罢之也。《表》疑误。"今从《合钞》之说。

邢洺：《新表》中和二年，昭义"节度使孟方立徙昭义军于邢州而兼领潞州，自是五州有二昭义节度"。《唐书合钞》卷八十八泽潞中和元年："李克用取潞州，以弟克修为留后，治潞州，后昭义有二节度。"按《合钞》乃据《旧纪》孟方立于中和元年移军邢州。然《通鉴》李克用取潞州事在中和三年九月，盖李克用取潞州后，乃有二昭义节度，孟方立移军于邢州，不过迁徙治所，未有另一昭义节度对抗也。故邢洺之分镇当始于中和三年。

成德：《唐会要》卷七十八，"镇州节度使，大历十四年四月，名其军曰成德"。恐误，说见贺次君《〈唐会要·节度使〉考释》。（《禹贡》1936 年第 6 期）

德棣：《新表》贞元元年，"置德棣二州都团练守捉使"。按《旧唐书》一四二《王士真传》："德宗还京，进位检校兵部尚书充德州刺史德棣观察使。"是贞元元年有德棣观察之置。

义昌：《新表》贞元三年始置横海军节度，按《唐书合钞》，置横海节度使在建中三年，今从合钞。

陇右：《新表》置陇右节度使在开元五年。《通鉴》卷二一一开元二年十二月"甲子，置陇右节度大使"。《唐会要》卷七十八："开元元年十二月，鄯州都督杨矩除陇右节度，自此始有节度之号。"按《旧纪》开元二年七月薛讷"摄左羽林将军陇右防御使"。是尚无节度使之号。《旧唐书》卷一〇三《郭知运传》，于开元二年为陇右节度使，与《通鉴》合。则陇右置节度使当据《通鉴》在二年十二月。

河西：《新表》景云元年河西置节度。据《唐会要》卷七十八："景云二年四月，贺拔延嗣为凉州都督充河西节度使，自此始有节度之号。"《通典》《通志》《文献通考》均同。河西置节度使当采景云二年之说。

龙剑：《新表》景福元年置龙剑节度使。按《新唐书·杨守亮传》，杨复恭收京师，以假子杨守贞为龙剑节度使。又《通鉴》二五八，大顺二年八月已有"龙剑节度使杨守贞"。是则《新表》恐误。据《新唐书·杨守亮传》，龙剑之置，当在光启时。

武信：《新表》乾宁四年置武信军节度使。《通鉴》在光化二年，今从《通鉴》。

浙西：《新表》乾元元年置浙江西道节度使。按《通鉴》至德元载十二月已有"江东节度使韦陟"。《唐书合钞》卷九十二浙西至德元载"分江南为东西道，东道领余杭，西道领豫章等郡"。则浙西置节度使在至德元载。又大历以后浙西之建置《新表》多误，《合钞》已有辨正，今从《合钞》。

忠国：《新表》文德元年置忠国军节度使，治湖州。按《通鉴》卷二六〇乾宁三年十一月："湖州刺史李师悦求旌节，诏置忠国军于湖州，以师悦为节度使，赐告身旌节者未入境，戊子，师悦卒。"今从《通鉴》。

宣歙：《新表》乾元二年废宣歙观察使。按《通鉴》上元元年十一月尚有宣歙节度使郑炅之，宣歙之废镇似在上元元年以后。

桂管：《新表》大历八年罢桂管观察使，贞元元年复置桂管经略招讨使。按李昌巙任桂管观察，自大历八年至建中二年，卢岳于建中二年继任接管观察，《旧纪》有明文记载。此期间实未废桂管观察，《唐书合钞》云："疑复废邕管以隶桂管耳。"然无确证，而桂管之未废则为事实。

第四节　研究重点与方法

一、研究重点

欧阳修曰："方镇之患始也，各专其地以自世，既则迫于利害之谋，故其喜则连衡而叛上，怒则以力而相并。及其甚，则起而弱王室。唐自中世以后，收功弭乱，虽常倚镇兵，而其亡也，亦终以此。"[①] 欧阳修之言似包含两种意思：其一，藩镇对中央之态度，非跋扈即叛逆；其二，藩镇为唐室大患，唐终亡于藩镇。固然，从政权之传递观察，唐确亡于藩镇，[②] 然而导致唐室灭亡之原因甚多，藩镇只不过是一个较为明显之原因，除藩镇之祸外，举凡宦官专权、中央政府之无能、制度之不良等均为亡唐之要因，如以亡唐之责，全归咎于藩镇之祸，不仅有失公平，且不能得事之真相。实际上，藩镇之跋扈叛逆，多由各种因素所促成。换言之，藩镇对中央采取跋扈叛逆态度，往往是其他亡唐要因所导致的一种外在现象。如果对唐代藩镇之全体作纵的（即时间上）与横的（即地域上）观察，当不难发现所谓藩镇之跋扈叛逆，并非始置即然，亦非全国皆是。在不同的时间与不同的地区，藩镇对中央有不同的态度，绝非全为跋扈叛逆，其为恭顺者实多。且唐室屡次濒于危亡而复振，未尝非藩镇之力，顾亭林有言："世言唐亡于藩镇，而中叶以降，其不遂并

① 《新唐书》卷六十四《方镇表》序。

② 唐亡于后梁，后梁太祖朱温唐末为宣武节度使。

于吐蕃回纥，灭于黄巢者，未必非藩镇之力。"① 赵青黎亦曰："唐藩镇得古封建遗意，而谓其亡在此，非也，亡唐者，宦竖耳。"② 对于藩镇对唐室之功过，涉及主观看法较重，本书不欲多论，本书之重点在以客观方法分析唐代藩镇与中央之关系及其对中央之态度，并研讨何以藩镇对中央采取恭顺、跋扈、叛逆等不同态度之原因。

二、研究方法

本书将藩镇对中央之态度类分为恭顺、跋扈、叛逆三种，并作统计分析，为统计之方便，遂作成"唐代藩镇总表"（见附录一），依据"唐代藩镇总表"，分别作成各种统计，就各项统计之结果予以分析，从而研讨其所以有此结果之原因。

"唐代藩镇总表"之人物系以吴廷燮氏《唐方镇年表》（简称吴《表》）为基干，然吴《表》仅列年代及藩镇姓名，而"唐代藩镇总表"则增列"相职""在镇时间""任前官职""任后官职或情形""受镇原因""去镇原因""对中央态度""文武职""碑传"等项，并兼及与他镇间之依附关系，因此"唐代藩镇总表"在内容方面较吴《表》远为复杂，绝非抄袭吴《表》者。其次，吴《表》所列方镇单位共七十八镇，而"唐代藩镇总表"则有八十六镇，较吴《表》增多八镇，在增多之八镇中，"唐随"一镇，吴《表》原并于山南东道，今为阅览方便起见，特自山南东道中析出。另相卫、深赵、德棣、寿庐、辰锦、天德、兴平等七镇则为吴《表》所无而新增者，因此，在方镇单位方面，"唐代藩镇总表"亦较吴《表》为多。复次，吴《表》不乏错误，岑仲勉先生《唐方镇年表正补》（简称岑《补》）已多有更正，然当编制"唐代藩镇总表"之时，发现吴《表》尚有不少错漏之处，岑《补》未予更正订补，因此，"唐代藩镇总表"除兼采岑《补》外，实已对吴《表》作一再补正之工作。最后，"唐代藩镇总表"所认定之藩镇范围较吴《表》为广，吴《表》所指藩镇包含节度使、观察使，安史乱后岭南五管经略使，而"唐代藩镇总表"则增入都防御

---

① 《日知录》卷九《藩镇》。
② 《星阁史论·唐论》。

使，因此，"唐代藩镇总表"所列藩镇人数亦较吴《表》为多。

"唐代藩镇总表"所列藩镇人物，总数共有 1333 人，如以任数计达 2335 任，就整个唐代藩镇而言，虽人物仍有缺漏，但为数不多，且主要方镇之人物均属完整无遗，作为统计分析之依据，其结果之可靠性当无疑问。在"唐代藩镇总表"中，对于藩镇人物均加编号，一人一号，其姓名全同而编号非同一号时，则为同名异人，[①] 如一人曾任数镇，则于号码之后加 A、B、C…… 以别之，例如丁公著曾任浙东、浙西两镇，其人物编号为（1A）（浙东）、（1B）（浙西），倘文中遇有（1A）符号时，即指丁公著浙东之任，可检索"人物编号"后查阅"唐代藩镇总表"，甚为方便。

本书探讨藩镇对中央之各种态度形成的原因，除以统计结果说明一般原因外，必要时并作个案研讨。例如河北三镇（魏博、成德、幽州）之跋扈，主要系当时河北地区文化与中央脱节而形成，从河北三镇藩帅中之籍贯种别的统计中发现多属河北地区，对中央多有隔膜。在河北三镇藩帅中田弘正对中央态度恭顺，是最突出之一人，遂不能不对田弘正之文化程度作个案研讨，以明此一现象的原因。（参阅第七章第四节）

本书所使用藩镇之职称，凡节度使兼观察使、经略使者，只称节度使；都防御使兼观察使者，只称观察使；观察使兼经略使者，只称观察使。节度使或称藩帅，观察使或称廉使，此属唐人惯称，使用亦颇方便。

本书所采资料，以新旧《唐书》《资治通鉴》《全唐文》《册府元龟》《唐会要》《唐六典》《通典》及金石文字等为主，并参考唐宋人所著笔记小说、诗文集及其他有关史料，近代学者对唐史中有关藩镇之研究成果，尽量采用，西方之政治理论其能适合中国古代国情者亦略予采用，以作为本文若干理论之基础。

---

① 唐代同姓名人物甚多，阅钱大昕《十驾斋养新录》卷十二"唐人同姓名"条以下各条，可见一斑。

第二章

唐代藩镇对中央态度之分类统计

第一节　藩镇对中央态度之分类

唐代盛行使职，最初使职之授任，乃是为了某一特定任务而派遣官员临时充任，例如贞观八年太宗欲"延问疾苦，观风俗之得失，察政刑之苛弊"，而命萧瑀等为观风俗使，巡省天下。仪凤二年五月，河南、河北旱，遣御史中丞崔谧等，分道存问赈给。① 此等使职任务较为单纯，代表中央出使，任期短暂，事毕即罢，因此任使者莫不恭谨从事，布达朝旨，执行朝令。及至玄宗之时，节度使、采访使设置渐多，节度采访虽亦为使职，但任期较长，② 又有土地人民，职权较大，于是使职渐重，李肇称："开元以前，有事于外，则命使臣，否则止。自置八节度，十采访，始有坐而为使，其后名号益广。大抵生于置兵，盛于兴利，普于衔命，于是为使则重，为官则轻。"③ 藩镇均为使职，其权日重，其位日荣，④ 但其性质与唐初代表中央临时出使者已有差异，尤其在安史之乱以后，藩镇与其说是代表中央之使臣，毋宁说是最高地方行政长官。终唐之世，节度

---

① 阅《唐会要》卷七十七《诸使上》"观风俗使"条及"巡察按察巡抚等使"条。

② 如李祎于开元时任朔方节度使九年，张守珪开元时任范阳节度使七年，安禄山开元天宝时任平卢节度使达十四年之久。

③ 《唐国史补》卷下。

④ 《全唐文》卷六六七，白居易《论孙璹张辅国状》："方镇之荣，无人不爱。"

使、观察使、都防御使、经略使在名义上均为使职，但实质上其地方官之性质远较中央使臣之性质为重，因此，任藩镇者无不以地方首长自视（藩镇例兼所治州刺史，为一州长官自无疑义，同时更自视为一道行政长官）；既为地方长官，藩镇对中央之态度便不同于唐初任使者之唯命是从。

总观唐代藩镇对中央之态度大别可分为三类：跋扈、叛逆与恭顺。今将跋扈、叛逆与恭顺之意义说明如下：

跋扈：凡不禀朝命，不向中央政府输纳赋税，或对中央态度蛮横，侮辱中央政府或皇帝之藩镇，其态度为跋扈。

叛逆：凡公开反对李唐王朝，或从事推翻李唐王朝之行动，或参加附和推翻李唐王朝行动之藩镇，其态度为叛逆。

恭顺：凡无跋扈、叛逆之事迹，或积极对巩固中央政权曾尽力之藩镇，其态度为恭顺。

藩镇对中央之态度，有时会随地域随时间而有不同，换言之，某人在甲镇任藩帅时，其对中央之态度为跋扈，但调任乙镇藩帅后对中央之态度却表现为恭顺，甚至藩帅在同一任上前后对中央之态度亦有不同。例如李载义在幽州节度使任上其态度为跋扈，及为山南西道节度使，对中央态度恭顺；泾原节度使姚令言于建中二年初任，并无跋扈叛逆之迹，及建中四年十月，泾师兵变，令言竟为乱首，其态度由恭顺变为叛逆。本书为统计时处理方便，以一任为准，不涉及他任，凡一藩镇在一任之中如前后具有叛逆、跋扈、恭顺三种态度时，则此任视作叛逆，如前后有跋扈、恭顺两种态度时，则此任视作跋扈。但是，如果一个藩镇历经两个皇帝在位时期，而在此两个皇帝在位时期中有不同之态度，则予以标明不同时期之不同态度，例如李怀光自代宗大历十四年至德宗兴元元年任邠宁节度使，兴元元年李怀光叛变，其态度自属"叛逆"，但当代宗之时，李怀光忠于唐室，因此，于代宗朝李怀光之态度自应标明为"恭顺"。所以采取此种方式之目的，乃是希望更能符合事实及使本书若干统计更能正确。

本书所谓藩镇对中央之态度，限于藩镇在其任上之一段时间，不涉及其任镇以前或卸镇以后对中央之态度。例如：《新唐书》将陈少游列入叛逆传，按陈少游历任桂管（763A）、宣歙（763B）、浙东（763C）、淮南（763D）四镇，其中桂管观察使一任，仅有朝命，少游并未赴任，即因贿赂宦官董秀及元载子仲武而改授宣歙观察使，后徙浙东，其在宣歙、浙东两任上并无跋扈、叛逆之迹，及迁淮南节度使，值李希烈（321A）叛变，少游阴上表希烈而附逆，于是少游对中央态度遂变为叛逆。① 少游叛逆仅为淮南一任之事，其宣歙、浙东两任，均属恭顺。又如朱泚两《唐书》均入叛臣传，但其叛逆在建中四年以后，其前在幽州任上只是跋扈，并无叛逆之事，因此朱泚幽州之任的态度为跋扈，不作叛逆。

自昭宗以后，在全国藩镇中出现了数个强藩，其他藩镇多投靠强藩旗下，形同附庸，此类依附强藩之藩镇对中央之态度乃以强藩之意见为马首，而唐末强藩均属跋扈，此类附庸藩镇自然亦属跋扈。

第二节　藩镇对中央态度之统计

元和十四年淄青节度使李师道为其部下刘悟所杀，传首京师，淄青一镇重归朝廷，《通鉴》称："自广德以来，垂六十年，藩镇跋扈，河南北三十余州，自除官吏，不供贡赋，至是尽遵朝廷约束。"② 代、德二朝，姑息藩镇，致藩镇多跋扈，此为史家所共认，然当代、德二朝全国之中究竟有若干藩镇跋扈，尚少人予以统计，而李唐一代藩镇对中央之态度如何，更少有人统计，今据"唐代藩镇总表"中"对中央态度"栏，将李唐一代藩镇对中央之态度，作成统计如下：

---

① 参阅《新唐书》卷二二四上《陈少游传》。
② 《通鉴》卷二四一元和十四年二月己巳条。

表 3　唐代藩镇对中央之态度统计表

朝别	旧道别 态度	关内道	河南道	河东道	河北道	山南道	陇右道	剑南道	淮南道	江南道	岭南道	总计
睿宗朝	恭顺	0	0	0	0	0	2	0	0	0	0	2
	跋扈	0	0	0	0	0	0	0	0	0	0	0
	叛逆	0	0	0	0	0	0	0	0	0	0	0
	不明	0	0	0	0	0	0	0	0	0	0	0
玄宗朝	恭顺	18	1	17	19	0	48	21	0	1	7	132
	跋扈	0	0	0	0	0	0	0	0	0	0	0
	叛逆	0	0	1	2	0	1	0	0	0	0	4
	不明	0	0	0	0	0	3	0	0	0	0	3
肃宗朝	恭顺	15	31	19	3	24	11	12	5	20	11	151
	跋扈	1	0	0	3	0	0	0	0	0	0	4
	叛逆	0	1	0	2	0	0	0	0	0	0	3
	不明	0	0	0	0	0	1	0	0	1	0	2
代宗朝	恭顺	36	15	14	1	12	5	11	4	37	17	152
	跋扈	0	3	0	6	1	0	1	0	0	0	11
	叛逆	2	0	0	0	0	0	0	0	0	0	2
	不明	0	0	0	0	0	1	0	0	0	0	1
德宗朝	恭顺	52	43	23	8	15	1	5	5	61	41	254
	跋扈	0	4	1	11	2	0	0	0	0	0	18
	叛逆	4	2	0	3	0	0	0	1	0	0	10
	不明	1	1	0	0	0	2	0	0	0	0	4
顺宗朝	恭顺	8	4	3	3	2	0	3	2	14	5	44
	跋扈	0	3	1	5	1	0	1	0	0	0	11
	叛逆	0	0	0	0	0	0	0	0	0	0	0
	不明	0	0	0	0	0	0	0	0	0	0	0

（续表）

朝别	旧道别 态度	关内道	河南道	河东道	河北道	山南道	陇右道	剑南道	淮南道	江南道	岭南道	总计
宪宗朝	恭顺	54	37	21	15	25	0	11	5	54	33	255
	跋扈	0	5	1	6	1	0	1	0	0	0	14
	叛逆	0	0	0	0	0	0	0	0	1	0	1
	不明	0	0	0	0	0	0	0	0	0	0	0
穆宗朝	恭顺	20	26	6	18	9	0	5	2	16	11	113
	跋扈	0	0	1	4	0	0	0	0	0	0	5
	叛逆	0	0	0	0	0	0	0	0	0	0	0
	不明	0	0	0	0	0	0	0	0	0	0	0
敬宗朝	恭顺	11	15	6	4	5	0	3	1	11	6	62
	跋扈	0	0	2	4	0	0	0	0	0	0	6
	叛逆	0	0	0	0	0	0	0	0	0	0	0
	不明	0	0	0	0	0	0	0	0	0	0	0
文宗朝	恭顺	48	65	15	13	24	0	12	6	54	32	269
	跋扈	0	0	1	6	0	0	0	0	0	0	7
	叛逆	0	0	0	1	0	0	0	0	0	0	1
	不明	1	0	0	2	0	0	0	0	0	0	3
武宗朝	恭顺	20	38	12	9	11	0	7	4	19	9	129
	跋扈	0	0	1	4	0	0	0	0	0	0	5
	叛逆	0	0	0	0	0	0	0	0	0	0	0
	不明	0	0	1	0	0	0	0	0	0	0	1
宣宗朝	恭顺	44	58	20	11	15	3	12	5	54	30	252
	跋扈	0	0	0	8	0	0	0	0	0	0	8
	叛逆	0	0	0	0	0	0	0	0	0	0	0
	不明	0	0	0	0	0	0	0	0	1	0	1

（续表）

朝别	旧道别／态度	关内道	河南道	河东道	河北道	山南道	陇右道	剑南道	淮南道	江南道	岭南道	总计
懿宗朝	恭顺	24	47	22	9	22	6	18	4	49	27	228
	跋扈	0	0	0	7	0	0	0	0	0	0	7
	叛逆	0	0	0	0	0	0	0	0	0	0	0
	不明	2	3	0	0	0	0	0	0	0	0	5
僖宗朝	恭顺	22	31	17	14	14	2	7	2	33	17	159
	跋扈	6	11	7	19	12	0	6	2	10	0	73
	叛逆	2	3	1	0	1	0	0	1	1	0	9
	不明	7	8	3	1	2	0	0	0	3	3	27
昭宗朝	恭顺	5	0	0	0	2	2	0	0	1	7	17
	跋扈	17	26	13	25	16	3	12	2	18	3	135
	叛逆	2	0	0	0	0	0	0	0	2	0	4
	不明	9	0	1	2	0	2	0	0	2	6	22
哀帝朝	恭顺	0	0	0	0	0	2	0	0	0	0	2
	跋扈	13	18	4	7	7	0	4	2	14	2	71
	叛逆	0	0	0	0	0	0	0	0	0	0	0
	不明	2	0	0	0	0	1	0	0	0	3	6

说明：

一、本表参照"唐代藩镇总表"制成，其中数字为藩镇任数，如有兼任数镇时，则分别计算。

二、一个藩镇如在一任之中经历两个或两个以上之皇帝在位时期，则此一藩镇之态度分别在各朝中列入。例如严砺自贞元十五年七月至元和元年九月为山南西道节度使，历经德宗、顺宗、宪宗三朝，其态度始终恭顺，本表之统计乃将严砺分别列入德宗、顺宗、宪宗三朝恭顺一栏中，此法形式上似将一人分为三人，但却更易获致真实结果。

三、本表所列各皇帝朝别，其划分全以完整年数为准：

睿宗朝：景云元年至二年。

玄宗朝：先天元年至天宝十四年。

肃宗朝：至德元年至宝应元年。

代宗朝：广德元年至大历十四年。

德宗朝：建中元年至贞元廿年。

顺宗朝：永贞元年。

宪宗朝：元和元年至十五年。

穆宗朝：长庆元年至四年。

敬宗朝：宝历元年至二年。

文宗朝：大和元年①至开成五年。

武宗朝：会昌元年至六年。

宣宗朝：大中元年至十三年。

懿宗朝：咸通元年至十四年。

僖宗朝：乾符元年至文德元年。

昭宗朝：龙纪元年至天复三年。

哀帝朝：天祐元年至四年。

本文其他各表如有皇帝朝别时，均依此划分。

四：本表未含未至镇之藩镇。

上表中有三点最可注意：（一）由于各朝皇帝在位时间长短互有不同，设镇多寡亦不相同，表中恭顺一栏数字之多寡有时并不一定显示出该朝中央控制力之强弱，例如德宗朝态度恭顺之藩镇计 254 任，玄宗朝仅 132 任，穆宗朝仅 113 任，此并非表示德宗朝中央对藩镇之控制力较玄宗、穆宗二朝为大，乃是由于德宗朝设镇数目较玄宗朝为多，德宗朝之年数较穆宗朝为长的缘故。但是昭宗朝、哀帝朝恭顺藩镇任数之急剧减少，则可看出当此二朝时之藩镇多已不服从中央了。（二）从上表各朝跋扈、叛逆二项统计数字中隐约可看出各朝对藩镇控制力的强弱，玄宗朝无跋扈之藩镇，叛逆者 4，为（183A）、（183B）、（183C）、（1135），（参对附录一中之藩镇人物编号）实际上只有 2 人，其中（1135）之谋叛在开元二十二年，结果被诛，另 3 任均为安禄山一人，时在天宝十四载，已是玄宗末年；玄宗朝大体说来，全国藩镇对中央几无不服从，为各朝中中央对藩镇控制力最强之一朝（睿宗朝仅陇右道设镇，不予比较）。代宗、德宗、顺宗、宪宗四朝跋扈、叛逆之藩镇较多，其中尤其德宗朝跋扈 18、叛逆 10 为最多，显示出德宗时代为藩镇不服从中央之一高潮时间，顺宗、宪宗二朝藩镇跋扈、叛逆之多，乃是德宗遗风的延续。事实上宪宗一朝对跋扈、叛逆之藩镇绝不姑息，每每以兵力相加，当宪宗初即位之时，河南道、河东道、河北道、剑南道、江南道均有跋扈、叛逆之藩镇，及至末年除河北道之幽州外，其余跋扈、叛逆之藩镇或为中央征服，或自愿效顺。穆宗朝跋扈藩镇只有五人，

---

① 文宗年号有二，即大和、开成。"大和"今人多写作"太和"，《抱经堂文集》卷十五《唐西平郡王李晟神道碑跋》："唐文宗年号大和，本是大小之大……魏明帝与北魏孝文帝年号是太和，而文宗则是大和，他碑版咸可据，旧本《新唐书》亦然，今人皆一例作太和矣。"

并非由于穆宗朝君臣驾驭藩镇之得法，而是由于宪宗朝压制藩镇之遗泽所赐。及至僖宗以后，跋扈、叛逆藩镇数目急增，昭宗时跋扈、叛逆藩镇与恭顺藩镇之人数比例为 8：1，哀帝时跋扈藩镇 71 人，而恭顺只 2 人，全国为藩镇割据，大势已去，终于灭亡。（三）就地区而言，从上表中可以看出在僖宗朝以前，旧河北道之跋扈、叛逆藩镇最多，代宗朝旧河北道藩镇跋扈与恭顺人数之比竟达 6：1，实为唐代控制力最弱的地区。在僖宗朝以前，剑南、淮南、江南、岭南诸道甚少跋扈、叛逆藩镇（剑南道跋扈 2 人、淮南道叛逆 1 人、江南道叛逆 1 人、岭南道全无），可见南方地区之藩镇对中央最为服从。

第三节　唐中央政府对藩镇控制力的演变

唐初置节度使，目的在于御边，节度使人选极为朝廷所重视，开元时为节度使者多为文儒大臣，王晙、萧嵩、杜暹、张嘉贞等由节度使而至宰相，薛讷、王晙、崔日用等以旧相而任节度使，张说、王晙、牛仙客等更以宰相兼领节度使，此时节度使莫不向心朝廷，绝无跋扈之事。及李林甫为相，任用蕃将安禄山、哥舒翰、安思顺等为节度使，在天宝十四载安禄山叛乱以前，中央政府之威势尚能控制各藩镇。安史之乱平定，唐室中央并未能以兵力收服叛乱根据地的河北地区，河北地区之收复，乃是由于安史部将之归降，唐室只得任命安史降将为节度使，于是李宝臣据成德，田承嗣据魏博，李怀仙据幽州，各拥重兵，自署将吏，贡赋不入朝廷，自此以后，迄至唐亡，此河北三镇除有极短暂之时间受命中央外[1]，均呈跋扈、

---

① 安史乱后，唐室中央对河北三镇取得极短暂之控制，其时间如下：

成德：张孝忠（建中二年九月至三年二月）、田弘正（元和十五年十月至长庆元年七月）、牛元翼（长庆元年八月至二年二月）共计一年零十个月。

魏博：田弘正（元和七年十月至十五年十月）、李愬（元和十五年十月至长庆元年）、田布（长庆元年八月至二年正月）共计九年零三个月。

幽州：王缙（大历三年闰六月至八月）、张弘靖（长庆元年三月至七月）共计八个月。

以上中央控制之时间，不过指藩帅对中央态度恭顺，实际上纵在此数位恭顺藩镇在任时期，中央对该镇有多少控制力亦大有疑问，如王缙为幽州节度使，不过"劳军旬日而还"（《旧唐书》卷一四三《朱希彩传》）。张孝忠为成德节度使，其时成德一镇之大部仍在李惟岳控制下，孝忠不过空有节度使名号而已（《旧唐书》卷一四一《张孝忠传》）。因此，在此短暂时间中，中央亦不过是形式上得到控制权而已。

叛逆相继之状态，史称："安史乱天下至肃宗大难略平，君臣皆幸安，故瓜分河北地，付授叛将，护养孽萌以成祸根，乱人乘之，遂擅署吏，以赋税自私，不朝献于廷，效战国肱髀相依，以土地传子孙，胁百姓加锯其颈，利怵逆污，遂使其人自视由羌狄然，一寇死，一贼生，讫唐亡，百余年，卒不为王土。"① 中央对河北三镇失去了控制力，当会昌中，宰相李德裕公开承认河北三镇嗣袭②，即是承认中央无力控制河北三镇。《八琼室金石补正》有"成德军节度使李宝臣碑"，其中纪年用"惟二年"，而不用唐历纪年，"皆自以方镇纪年，不用广德永泰年号，大书刻石，当日之跋扈可知"。③ 蓝文徵先生云："方镇既世袭，遂互相表里，连衡叛国，其跋扈有过于六朝拥兵之悍帅。"又云："其僚属知有府主，而不知有朝廷。"④ 诚非虚语。

代宗朝不仅河南道、河北道、山南道、剑南道均有跋扈之藩镇，甚且环卫京师的关内道亦生叛逆之藩镇，代宗朝叛逆之藩镇为朔方节度使仆固怀恩与同华节度使周智光，其中周智光之乱因同华地近京师，智光"擅留关中所漕米二万斛，藩镇贡献，往往杀其使者而夺之"。⑤ 不仅直接危及京师，且打击中央之威势，因此，素为中原重地的河南道于代宗一朝已感难以控制，大历十一年汴宋节度留后李灵曜作乱，"河南节帅所据多不奉法令，征赋亦随之"。⑥ 中央亦莫可奈何，惟行姑息，因此，代宗朝可称为唐中央对藩镇之控制力薄弱的第一个时期。

德宗初立，"不假借方镇，诸将稍惕息"，⑦ 压制政策的结果，遂与跋扈藩镇之利害相冲突，若干跋扈藩镇遂起而叛乱，建中三年十一月，幽州节度使朱滔自称冀王，魏博节度使田悦自称魏王，恒冀

---

① 《新唐书》卷二一〇《藩镇魏博传》序。
② 阅《旧唐书》卷一七四《李德裕传》。
③ 《八琼室金石补正》卷六十"成德军节度使李宝臣碑"引《平津读碑记》。
④ 蓝文徵先生《隋唐五代史》第四章，页149。
⑤ 《通鉴》卷二二四"大历元年正月"条。
⑥ 《册府元龟》卷四八三《邦计部》。
⑦ 《新唐书》卷二一〇《田悦传》。

观察使王武俊自称赵王，淄青节度使李纳自称齐王，[1] 河北三镇之叛乱立即鼓动其他藩镇的野心，同年，淮西节度使李希烈自称："天下都元帅"，[2] 建中四年十月，诏泾原节度姚令言率泾原兵五千东征，过京师，军士以赏薄哗变，德宗仓卒奔奉天，乱兵奉朱泚为主，围攻奉天，幸赖朔方节度使李怀光率兵入援，解奉天之围，德宗下诏赦王武俊、田悦、李纳，以为羁縻，三镇藩帅皆去王号，上表谢罪。兴元元年三月李怀光叛，大掠泾阳等十二县，德宗由奉天再奔梁州，五月戊戌，京畿渭北节度使李晟收复京师，贞元元年七月甲戌，李怀光以军势衰微自杀，唐室终度过此一濒临灭亡之危机。[3] 然而大难之后，德宗英气全消，只务姑息，宪宗与杜黄裳论及藩镇，黄裳曰："德宗自经忧患，务为姑息，不生除节帅，有物故者，先遣中使察军情所与，则授之。中使或私受大将赂，归而誉之，即降旌钺，未尝有出朝廷之意者。"[4] 因此，德宗时藩镇任期多甚长，唐代藩镇任期以一至三年最多，其在镇十年以上之藩镇共 114 任（参阅表 4），而德宗时在镇十年以上之藩镇达 45 任之多（包括经历代宗德宗、德宗顺宗宪宗之藩镇），占全部久任藩镇之 39.5%（参阅表 5）。

表 4　主要方镇藩臣任期统计表

镇别	任镇年数					
	不及 1 年	1 年至 3 年	4 年至 6 年	7 年至 9 年	10 年以上	不明
凤翔	12	21	5	4	4	2
泾原	14	10	12	2	2	2
邠宁	13	24	12	3	1	0
鄜坊	11	26	13	0	2	0
夏绥	0	12	8	1	3	2
朔方	8	22	18	4	3	0

---

① 《通鉴》卷二二七"建中三年十一月"条。
② 《通鉴》卷二二七"建中三年十二月丁丑"条。
③ 关于泾师兵变以后诸事，参阅《通鉴》卷二二八"建中四年十月丙午"以后有关诸条。并参阅章群先生《唐史》第九章第二节页 123 至 125。
④ 《通鉴》卷二三七元和元年正月。

（续表）

镇别	任镇年数					
	不及 1 年	1 年至 3 年	4 年至 6 年	7 年至 9 年	10 年以上	不明
振武	3	14	9	3	2	0
东畿	19	18	5	1	1	11
陕虢	12	31	7	3	1	1
义成	7	21	11	3	3	0
宣武	17	22	7	0	4	0
忠武	10	21	11	1	2	0
天平	6	23	8	0	1	0
泰宁	2	16	5	2	1	0
感化	9	21	7	2	3	0
平卢淄青	3	22	5	3	5	1
淮西	4	2	1	1	2	0
河东	19	29	17	5	1	1
河中	21	27	8	4	2	1
昭义	9	21	9	2	4	1
河阳	15	15	14	1	0	0
成德	3	1	0	1	8	0
义昌	7	4	5	3	5	0
魏博	2	0	4	3	7	0
幽州	8	10	7	5	6	1
义武	0	8	4	3	4	2
山南东道	11	29	8	2	3	1
山南西道	4	40	9	2	1	0
荆南	14	26	12	1	3	0
西川	12	38	9	2	4	1
东川	7	22	12	0	2	2
淮南	4	13	13	5	3	0
浙西	10	15	11	5	2	2

（续表）

镇别	任镇年数					
	不及 1 年	1 年至 3 年	4 年至 6 年	7 年至 9 年	10 年以上	不明
浙东	5	28	10	3	3	0
福建	4	26	8	2	2	8
江西	7	36	7	3	1	1
宣歙	6	28	11	1	2	4
鄂岳	1	20	11	1	2	1
湖南	16	36	9	1	2	1
黔中	1	15	11	2	2	5
岭南东道	4	35	14	4	0	6
岭南西道	10	14	6	0	0	11
容管	1	9	8	1	1	16
桂管	10	29	5	3	1	10
安南	7	12	3	0	3	15
合计	368	912	389	98	114	109

说明：

一、本表参照"唐代藩镇总表"中"任镇时间"栏制成，不含未至镇之藩镇。

二、本表所选取之方镇，不仅设镇时间较长，非时设时废，且政治上亦居重要地位，故称之为主要方镇。

三、本表以藩镇任次为单位。

表 5 唐各帝朝主要方镇在镇十年以上之藩镇统计表

在镇所历帝朝	人物编号	任数	百分比
玄宗朝	（183A）（183B）	2	1.8%
玄宗肃宗代宗朝	（1082）	1	
肃宗代宗朝	（137）（330A）	2	
代宗朝	（802A）（745F）（164C）（333A）（745C）（336B）（1263）（161）（1206）（906A）（207）（1261）（83A）	13	14.0%

（续表）

在镇所历帝朝	人物编号	任数	百分比
代宗德宗朝	（652）（371E）（285）（337）（493）（197A）（719）（1234B）（763D）	9	
德宗朝	（1073A）（202）（1124）（88）（1286）（247）（561A）（1126B）（175）（817B）（376）（933D）（64A）（940）（167）（803B）（1314）（1049C）（65）（246D）（119）（565B）（225）	23	39.5%
德宗顺宗宪宗朝	（833）（505）（1272A）（1125）（380）（235）（941）（162）（1147）（813A）（7B）（610B）（874）	13	
顺宗宪宗朝	（942A）	1	
宪宗朝	（383）（61）	2	
宪宗穆宗朝	（1149B）	1	
穆宗敬宗文宗朝	（59C）（106A）（86）	3	
敬宗文宗武宗朝	（1132）	1	12.3%
文宗朝	（230）（843）	2	
文宗武宗宣宗朝	（36）	1	
文宗武宗宣宗懿宗朝	（227）	1	
宣宗懿宗朝	（102）（782）	2	
懿宗僖宗朝	（105）	1	
僖宗昭宗朝	（363B）（827）（355）（356）（793B）（80）（188B）（200）（201）（632）（313B）（130）（1220）（1304）（99A）（171）（776）（969）（1269）（250）	20	32.4%
昭宗朝（含哀帝）	（501B）（298）（144）（188D）（87A）（1117）（1305）（1110）（1069）（69B）（985C）（1191A）（1191B）（120）（169）（677）	16	
合计		114	100%

说明：

一、本表参照"唐代藩镇总表"中主要方镇之"在镇时间"栏十年以上者制成。

二、所谓主要方镇，见（表4）说明。

三、本表人物编号，请与"唐代藩镇总表"中之"唐代藩镇人物编号"对照。

藩镇之久任，表示中央对藩镇控制力之薄弱，于是有野心者遂乘机倔强跋扈。《旧唐书》卷一五六《于頔传》：

> （于頔为山南东道节度使）广军籍，募战士，器甲犀利，偪然专有汉南之地，小失意者，皆以军法从事，因请升襄州为大都督府，府比郓魏，时德宗方姑息方镇，闻頔事状，亦无可奈何，但允顺而已。頔奏请无不从，于是公然聚敛，恣意虐杀，专以凌上威下为务。邓州刺史元洪，頔诬以赃罪，奏闻，朝旨不得已为流端州，命中使监焉，至隋州枣阳县，頔命部将领士卒数百人，劫洪至襄州，拘留之，中使奔归京师，德宗怒，笞之数十。頔又表洪其责太重，复降中使景忠信宣旨慰谕，遂除洪吉州长史，然后洪获赴谪所。又怒判官薛正伦，奏贬峡州长史，及敕下，頔怒已解，复奏请为判官，德宗皆从之。

由此事例可看出德宗朝中央对藩镇之姑息及莫可奈何之境况。对于态度恭顺之藩镇，德宗亦尽量姑息，因此态度恭顺之藩镇亦敢抗拒中央之决策。贞元初，以崔造之奏请，将诸道盐铁转运，归各观察使，然仍以两浙节度使韩滉为江淮转运使，户部侍郎元琇"以滉性刚难制，乃复奏江淮转运其江南米自江至扬子凡十八里，请滉主之，扬子以北，琇主之。滉闻之，怒，搞撼琇盐铁司事论奏。德宗不获已，罢琇判使"。[①] 纵容藩镇的结果，遂使藩镇自大自傲，而德宗又"不欲生代节度使"。[②] 于是藩镇乘机固位，不愿入朝，贞元末，振武节度使范希朝"累表请修朝觐，时节将不以他故自述职者，惟希朝一人"。[③] 自藩镇之不入朝，不难窥出藩镇自求固位之一般心理。吴廷燮氏云："德宗返自梁洋，益讳言兵事，崇奉方镇，视大历有加。

---

① 《旧唐书》卷一三〇《崔造传》。
② 《通鉴》卷二三五贞元十二年八月。
③ 《旧唐书》卷一五一《范希朝传》。

镇帅薨谢，辄遣中人察军情所与者用之，是以韩宏（弘）等起兵马使都虞候而为镇帅矣。刘昌裔先拥立而后降制矣，于是有地一州，有戎一旅者，皆已胁上命己，逼下留己，邀官爵，僭舆服，以自尊异，若张建封杜佑之展觐帝都，投章请代，则天子褒之，天下称之，以为一时盛事焉，唐制所行，两京而已。"① 所言虽嫌夸大，但德宗朝藩镇之独立性较大则为事实。

从表 3 可看出德宗朝藩镇跋扈、叛逆者之多，在僖宗朝以前，居于首位，加以德宗对态度恭顺之藩镇亦加纵容，遂使德宗朝成为唐中央对藩镇控制力薄弱的第二个时期。

顺宗于永贞元年（即贞元二十一年）正月二十六日丙申即位，同年八月四日庚子禅位宪宗，在位时间不及八个月，且"寝疾践祚，近习弄权"，② 其于中央对藩镇之控制力，并无显著改变，此段时期实为德宗朝之延长。

宪宗朝为安史之乱后最能控制藩镇之一朝。宪宗对付藩镇的策略，一方面收回中央主动任免藩镇之权力，元和二年正月至三年九月李吉甫为相，史称："德宗以来，姑息藩镇，有终身不易地者，吉甫为相，岁余，凡易三十六镇。"③ 一方面对跋扈叛逆的藩镇以武力制服之，宪宗之制裁跋扈叛逆藩镇主要有数事：

1. 平西川节度使刘辟之乱。《旧唐书》卷一四〇《刘辟传》云：

> 永贞元年八月（西川节度使）韦皋卒，辟自为西川节度留后，率成都将校上表请降节钺，朝廷不许，除给事中，便令赴阙，辟不奉诏。时宪宗初即位，以无事息人为务，遂授辟检校工部尚书充剑南西川节度使。辟益凶悖，出不臣之言，而求都统三川，与同幕卢文若相善，欲以文若为东川节度使，遂举兵围梓州。宪宗难于用兵，宰相杜黄裳奏："刘辟一狂躁书生耳，王师鼓行而俘之，兵不血刃。臣知神策军使高崇文骁果可任，举必成功。"帝数日方从之。于是令高崇文、李元奕，将神策京

---

① 吴廷燮《唐方镇年表考证》叙论。
② 《旧唐书》卷十四《顺宗本纪》"史臣韩愈曰"。
③ 《新唐书》卷一四六《李吉甫传》。

西行营兵，相续进发，令与（山南西道节度使）严砺、（东川节度使）李康犄角相应，以讨之，仍许其自新。元和元年正月，崇文出师，三月，收复东川。……六月，崇文破鹿头关，进收汉州。九月，崇文收成都府，刘辟以数十骑遁走，投水不死，骑将郦定进入水擒辟于成都府西洋灌田，卢文若先自刃其妻子，然后缒石投江，失其尸，辟槛送京师。……徇于京，即日戮于子城西南隅。

2. 平夏绥节度留后杨惠琳之拒命。《通鉴》卷二三七元和元年三月：

初，（夏绥节度使）韩全义入朝，以其甥杨惠琳知夏绥留后，（宰相）杜黄裳以全义出征无功，骄蹇不逊，直令致仕，以右骁卫将军李演为夏绥节度使，惠琳勒兵拒之，表称将士逼臣为节度使。河东节度使严绶表请讨之。诏河东天德军合击惠琳。绶遣牙将阿跌光进及弟光颜，将兵赴之。光进本出河曲步落稽，兄弟在河东军，皆以勇敢闻。辛巳，夏州兵马使张承金斩惠琳，传首京师。

3. 平镇海（浙西）节度使李锜之乱。《新唐书》卷二二四上《李锜传》云：

（李锜为镇海军节度使）宪宗即位，不假借方镇，故倔强者稍稍入朝。锜不自安，亦三请觐，有诏拜尚书左仆射，以御史大夫李元素代之。中使驰驿劳问，兼抚慰其军。锜署判官王澹为留后。锜无入朝意，称疾迁延不即行。澹及中使数趣之，锜不悦，乘澹视事有所变更者，讽亲兵图澹。因给冬服，锜坐幄中，以挽硬、蕃落自卫，澹与中使入谒，既出，众持刃嫚骂，杀澹食之。监军使遣牙将赵琦慰谕，又食之。以兵注中使颈，锜阳惊，扈解，乃囚别馆。蕃落兵薛颉主之，挽硬兵李钧主之，又以公孙玠、韩运分总余军。室五剑授管内镇将，令杀五州刺史，属别将庾伯良兵三千，筑石头城，谋据江左。……宪宗以淮南节度使王锷为诸道行营兵马招讨处置使，中官薛尚衍为都监招讨宣慰使，发宣武、武宁、武昌、淮南、宣歙、江西、浙东兵，自宣、杭、信三州进讨。……（锜之四院随身兵马使张子良效顺，擒锜）送京师……腰斩于城西南。

4. 擒跋扈之昭义节度使卢从史。元和四年十月成德节度使王承宗不奉诏命，制削承宗官爵，以左神策中尉吐突承璀为招讨处置等使，昭义节度使卢从史素狂恣不道，献计讨承宗，宪宗乃诏允从史出兵，《旧唐书》卷一三二《卢从史传》载：

> 及诏下讨贼，（从史）兵出，逗留不进，阴与承宗通谋，令军士潜怀贼号，又高其刍粟之价，售于度支，讽朝廷求宰相，且诬奏诸军与贼通，兵不可进，上深患之。护军中尉吐突承璀将神策兵与之对垒，从史往往过其营博戏。从史昏贪好得，承璀出宝带奇玩以炫耀之，时其爱悦而遗焉，从史喜甚，日益狎。上知其事，取裴垍之谋，因戒承璀伺其来博，揖语，幕下伏壮士，突起持掼出帐后缚之，内车中，驰以赴阙，从者惊乱，斩十数人，余号令乃定。……贬（从史）骥州司马。

5. 收复淮西。元和九年闰七月，彰义（淮西）节度使吴少阳卒，子元济自总军务，求袭，宪宗不允，十月，以山南东道节度使严绶充申光蔡等州招抚使，令宣武、武宁、淮南、宣歙等道兵，合山南东道及魏博、荆南、江西、东川兵马，犄角相应，同期进讨。十年六月，宪宗命裴度为宰相，淮右用兵之事，一以委之。十二年十一月，唐邓节度使李愬夜出军，施奇袭，陷蔡州，擒吴元济，械诣京师处斩。淮西自吴少诚于贞元二年据地阻兵，三十余年王师未至蔡州城下，又自大历十四年李希烈拥兵夺位以来，淮西一镇藩帅割据跋扈前后达三十九年（自大历十四年五月至元和十二年十一月，其间仅贞元二年四月至七月的四个月陈仙奇在镇效顺中央），名为方镇，实非唐土，至宪宗而收复，[①] 自此迄至僖宗时秦宗权作乱，淮西

---

① 关于宪宗平淮西事，参阅《旧唐书》卷一四五《吴少诚传附吴元济传》，同书卷一七〇《裴度传》；《新唐书》卷二一四《吴少阳传附子元济传》；《通鉴》卷二三九"元和九年闰月丙辰"条以下有关诸条。

均在中央政府控制之下。

6. 收复淄青。当讨伐淮西吴元济之时，平卢淄青节度使李师道阴助吴元济，"使贼烧河阴仓，断建陵桥"，谋阻挠王师，及诛吴元济，师道惧，"上表乞听朝旨，请割三州，并遣长子入侍宿卫，诏许之"。既而师道悔，宪宗乃诏诸军讨伐，元和十年十二月武宁军节度使李愿遣将王智兴击破师道之众九千，斩首二千余级，获牛马四千。十三年七月沧州节度使郑权破淄青兵于齐州福城县。十月，徐州节度使李愬、兵马使李祐于兖州鱼台县破淄青兵三千余人。魏博节度使田弘正亦于郓州破淄青兵三万余。十四年二月，淄青都知兵马使刘悟杀李师道，斩其首送于魏博军，因弘正乃献于京师。① 淄青一镇，自永泰元年李正己据地，藩帅跋扈叛逆相继，达五十五年（参阅"唐代藩镇总表—平卢淄青"），"虽外奉王命，而啸引亡叛，有得罪于朝者，厚纳之"②。实为跋扈藩镇之祸根，至宪宗朝而革除，淄青重受唐室控制。

以上宪宗朝对强藩叛镇使用武力之成功，对于其他藩镇亦产生甚大的影响力，使恭顺者更为恭顺，跋扈亦有变为恭顺。跋扈藩镇之自愿向中央效顺，有唐一代为数极少，而宪宗一朝，宣武、山南东道、魏博、横海、成德等五大强藩均由跋扈转而效顺中央，尤为难得。宣武节度使韩弘当讨淮西之时，任"淮西诸军行营都统，使扞两河，而令李光颜、乌重胤击贼，弘不亲屯，遣子公武领兵三千属光颜，然阴为逼挠计，以危国邀功者，每诸将告捷，辄累日不怡。元济平，以功加兼侍中，封许国公。李师道诛，弘大惧，因请入朝"。③ 后弘为宰相，再出为河中节度使，转为恭顺。山南东道节度使于頔德宗时态度跋扈，朝廷不能制，"及宪宗即位，威肃四方，頔稍戒惧，以第四子季友求尚主，宪宗以长女永昌公主降焉，其第二子方屡讽其父归朝入觐，册拜司空平章事"。④ 亦转为对中央恭顺。

---

① 平李师道事，详阅《旧唐书》卷一二四《李正己传附李师道传》。

② 《新唐书》卷二一三《李师道传》。

③ 《新唐书》卷一五八《韩弘传》。

④ 《旧唐书》卷一五六《于頔传》。

河北三镇安史乱后素称跋扈，常与朝廷为敌，元和七年十月，魏博兵乱，拥立田弘正为帅，弘正一反自田承嗣以来藩帅跋扈之态度，遵奉朝命，且助中央讨伐跋扈藩镇，史称："天子讨蔡，弘正遣子布以兵三千进战，数有功，李师道疑其袭己，不敢显助蔡，故元济失援，王师得以致诛焉。（成德节度使）王承宗叛，诏弘正以全师压境，破其众南宫，承宗惧，归穷于弘正，弘正表诸朝，遂献德棣二州以谢，纳二子为质。俄而李师道拒命，诏弘正与宣武等五节度兵进讨，弘正自扬刘渡河，距郓四十里，坚壁，师道大将刘悟率精兵屯河东，战阳谷，再遇再北，斩万余级，贼势蹙，悟乃反兵斩师道首，诣弘正降，取十有二州以献。"① 田弘正之效忠，不仅使魏博置于中央控制之下，且协助中央扩大其控制力，平淮西平淄青均功不可没。横海（义昌）一镇自程日华据地以来，至元和末，几四十年，藩帅均为跋扈（参阅"唐代藩镇总表—义昌"，元和十三年，横海节度使程权，"自以世袭沧景，与河朔三镇无殊，内不自安，（二月）己酉，遣使上表，请举族入朝，许之，横海将士乐自擅，不听权去，掌书记林蕴谕以祸福，权乃得出"。② 此后横海遂受中央节制，而程权移邠宁节度使，态度恭顺。元和十五年成德节度使王承宗卒，军中立其弟承元，承元泣不受，密请朝廷命帅，承元入朝，朝命魏博节度使田弘正移镇成德，成德亦受中央之节制。③

当宪宗朝末年，全国藩镇除幽州外，均受制于中央，而幽州节度使刘总于元和十三年即计划归顺中央，④ 因此宪宗朝可说是安史乱后中央对藩镇控制力较强的一段时间。

---

① 《新唐书》卷一四八《田弘正传》。

② 《通鉴》卷二四〇元和十三年二月。

③ 参阅《旧唐书》卷一四二《王武俊传附王承元传》。

④ 《通鉴》卷二四〇元和十三年"夏四月甲寅朔，魏博遣使送（成德节度使王）承宗子知感、知信，及德棣二州图印至京师。幽州大将谭忠说（节度使）刘总曰：'自元和以来，刘辟、李锜、田季安、卢从史、吴元济，阻兵冯险，自以为深根固蒂，天下莫能危也，然顾盼之间，身死家覆，皆不自知，此非人力所能及，殆天诛也。况今天子神圣威武，苦身焦思，缩衣节食，以养战士，此志岂须臾忘天下哉! 今国兵骎骎北来，赵人已献城十二，忠深为公忧之。'总泣且拜曰：'闻先生言，吾心定矣。'遂专意归朝廷。"

宪宗卒，穆宗、敬宗相继即位，史称"穆敬昏童失德"，[①] 藩镇跋扈气焰再起，中央复失去对河北三镇之控制力，今据《通鉴》，说明河北三镇由恭顺变为跋扈之经过：

> 穆宗长庆元年三月癸丑，以卢龙节度使刘总兼侍中，充天平节度使。以宣武节度使张弘靖为卢龙节度使。（按：卢龙即幽州，幽州自此由跋扈变为恭顺，但刘总之立意效顺中央，是在宪宗时，说见前文。）
>
> 乙卯，以权知京兆尹卢士玫为瀛莫观察使。（按：瀛莫观察乃自幽州节度中分出，别置一镇。）
>
> 七月甲辰，幽州军乱，卢龙节度使张弘靖被囚，乱军立朱克融为留后。（按：自此中央复失幽州。）
>
> 壬戌，成德军乱，都知兵马使王庭凑杀节度使田弘正，自称留后。（按：自此中央复失成德。）
>
> 八月丙子，瀛州军乱，执观察使卢士玫。（按：自此瀛莫复入幽州，中央亦不能制。）
>
> 二年正月，魏博节度使田布自杀，军众奉史宪诚为留后，寻为节度使。（按：自此中央复失魏博。）

除河北三镇外，昭义节度使刘悟亦渐跋扈，敬宗宝历元年，悟卒，子从谏袭位，跋扈更甚。[②] 因此穆敬二朝中央对藩镇之控制力远不如宪宗时之坚强。

自文宗至僖宗乾符年间，全国藩镇，除河北三镇仍不禀朝命，昭义一镇，初期尚跋扈外，均属恭顺。此段时期中，除大和初讨李同捷及会昌时对昭义用兵外，中央与藩镇均能和平相处。武宗朝对昭义之用兵，起源于中央不允该镇之世袭，《旧唐书》卷一七四《李德裕传》：

> 泽潞节度使刘从谏卒，军人以其侄稹擅总留后，三军请降旌钺，帝与宰臣议可否。德裕曰："泽潞，国家内地，不同河

---

① 《新唐书》卷八《本纪八》赞曰。
② 参阅《旧唐书》卷一六一《刘悟传》。

朔，前后命帅，皆用儒臣。顷者，李抱真成立此军，身殁之后，德宗尚不许继袭，令李缄护丧归洛，洎刘悟作镇，长庆中颇亦自专，属敬宗因循，遂许从谏继袭。开成初，于长子屯军，欲兴晋阳之甲，以除君侧，与郑注、李训交结至深，外托效忠，实怀窥伺。自疾病之初，便令刘稹管兵马，若不加讨伐，何以号令四方，若因循授之，则藩镇相效，自兹威令去矣。"帝曰："卿算用兵必克否？"对曰："刘稹所恃者，河朔三镇耳，但得魏镇不与稹同，破之必矣。请遣重臣一人，传达圣旨，言泽潞命帅，不同三镇，自艰难以来，列圣皆许三镇嗣袭，已成故事，今国家欲加兵诛稹，禁军不欲出山东。其山东三州委镇魏出兵攻取。"上然之。乃令御史中丞李回使三镇，谕旨，赐魏镇诏书云："卿勿为子孙之谋，欲存辅车之势。"何弘敬、王元逵承诏，耸然从命。……至会昌四年八月，平泽潞。

刘稹之袭位不成，由于河北三镇之遵武宗谕旨，可反映出此一段时间中，不仅中央对藩镇尚有控制力，且河北三镇跋扈之程度实较代、德二朝为缓和。

僖宗乾符二年，黄巢起事，捣江淮，陷两京，僖宗幸蜀，唐室几至沦亡，武将悍卒，乘机蜂起，一时"关东方镇牙将，皆逐主帅，自号藩臣，时溥据徐州，朱瑄据郓州，朱瑾据兖州，王敬武据青州，周岌据许州，王重荣据河中，诸葛爽据河阳，皆自擅一方，职贡不入，赏罚由己，既逐贼出关，尤恃功伐，朝廷姑息不暇"。① 藩镇跋扈的形势渐渐扩大。光启元年三月，僖宗自蜀返京，"时李昌符据凤翔，王重荣据蒲陕，诸葛爽据河阳、洛阳，孟方立据邢洺，李克用据太原上党，朱全忠据汴滑，秦宗权据许蔡，时溥据徐泗，朱瑄据郓齐曹濮，王敬武据淄青，高骈据淮南八州，秦彦据宣歙，刘汉宏据浙东，皆自擅兵赋，迭相吞噬，朝廷不能制，江淮转运路绝，两河江淮赋不上供，但岁时献奉而已，国命所能制者，河西、山南、剑南、岭南西道数十州，大约郡将自擅，常赋殆绝，藩侯废置，不

---

① 《旧唐书》卷一六四《王播传》。

自朝廷，王业于是荡然"。①

　　自黄巢之变以后，中央对藩镇之控制力日渐薄弱，终于完全消失（参阅表3），② 甚至中央反受藩镇之控制。当代宗时，中央对藩镇控制力亦弱，但跋扈之藩镇对中央宰相大臣，仍极敬畏，愿与交结。崔宁任西川节度使十余年，跋扈自恣，然多结京中权贵。③ 而元载丈人事，④ 更可见跋扈成习之河北藩镇对宰相威权尚存敬畏。及僖宗时，朝廷任免宰相且受制于藩镇，⑤ 昭宗之宰相崔昭纬为凤翔节度使李茂贞传达朝廷之情报，⑥ 宰相成为强藩之附庸，"天子如笼中鹦鹉"，⑦ 中央威势之衰弱可知。光化三年九月，"崔胤以太保门下侍郎同平章事徐彦若位在己上，恶之，彦若亦求引去。时藩镇皆为强臣所据，惟嗣薛王知柔在广州，乃求代之"。同月乙巳，"彦若同平章事充清海（岭南东道）节度使"。⑧ 及天复元年刘隐领清海节度，中央连岭南东道都无法控制。唐末跋扈强藩中，凤翔节度使李茂贞、

---

① 《旧唐书》卷十九下《僖宗本纪》。参阅《册府元龟》四八三《邦计部》；《唐会要》卷八十七《转运盐铁总叙》"中和元年"条。

② 表3中昭、宣帝朝恭顺之藩镇尚有二人，是山南东道节度使赵匡凝，及荆南节度使赵匡明，赵匡凝、匡明兄弟二人均于天祐二年被朱全忠所逐。故天祐二年后已无一恭顺之藩镇。且匡凝、匡明之恭顺，并非由于中央能控制山南东道及荆南二镇，事实上匡凝之父德諲早于中和四年据有山南东道，态度跋扈，匡凝兄弟之恭顺态度实出自本心情愿，参阅《新唐书》卷一八六《赵德諲传》《赵匡凝传》。

③ 阅《旧唐书》卷一一七《崔宁传》。

④ 《通鉴》卷二二四大历六年三月："元载既诛鱼朝恩，上宠任益厚。……载有丈人自宣州来，从载求官，载度其人不足任事，但赠河北一书而遣之，丈人不悦，行之幽州，私发书视之，书无一言，惟署名而已，丈人大怒，不得已试谒院僚，判官闻有载书，大惊，立白节度使，遣大校以箱受书，馆之上舍，留宴数日辞去，赠绢千匹，其威权动人如此。"

⑤ 《通鉴》卷二五五中和三年七月，"司徒门下侍郎同平章事郑畋，虽当播越，犹谨法度。田令孜为判官吴圆求郎官，畋不许。（西川节度使）陈敬瑄欲立于宰相之上，畋以故事使相品秩虽高，皆居真相之下，固争之。二人乃令凤翔节度使李昌言，上言军情猜忌，不可令畋扈从过此（时僖宗自蜀还京经凤翔）。"胡注："元年，昌言逐畋以攘凤翔，故二人嗾之上言，以罢畋相。自是之后，朝廷进退宰相，率受制于藩镇矣。"

⑥ 昭宗时，杜让能、崔昭纬为相，"宰相崔昭纬阴结邠歧为城社，凡让能出一言，即日达于（李）茂贞、（王）行瑜。"阅《旧唐书》卷一七七《杜审权传》。

⑦ 此乃张玄羽语，阅《唐藩镇指掌》卷上。

⑧ 《通鉴》卷二六二光化三年九月条。

邠宁节度使王行瑜地近京师，最为难制，景福二年中央讨伐李茂贞失败后，"自是朝廷动息，皆禀于邠歧，南北司往往依附二镇，以邀恩泽"。[①] 天复元年韩全诲迫昭宗幸凤翔，天子旦夕"不能自保"，[②] 境遇凄惨，昭宗自言："今诏令不出城门，国制挠弱。"[③] 可见当昭宗之时，中央对藩镇之控制力业已完全瓦解。

以上所述为中央对藩镇控制之演变情形，今再以藩镇受镇原因、藩镇未至镇者、中央贬诛藩镇等三种统计数字以为前文之佐证。

（一）藩镇受镇原因：唐代藩镇之受镇原因，约可类分为四：朝命（出于朝廷之意志而任命者）、拥兵据位（以兵力强据一地，迫使中央任命者）、强藩所命（由另一有力藩镇所支持或授命）、袭位（承袭其某一亲人之位）。今将唐代藩镇受镇原因统计如下：

表 6　唐代藩镇受镇原因统计表

时代	原因				
	朝命	拥兵据位	强藩所命	袭位	不明
睿宗朝	1	0	0	0	1
玄宗朝	136	0	0	0	3
肃宗朝	144	7	0	0	2
代宗朝	126	11	0	2	1
德宗朝	229	14	0	10	2
顺宗朝	14	1	0	1	0
宪宗朝	221	2	0	3	1
穆宗朝	75	4	0	0	0
敬宗朝	25	1	0	1	0
文宗朝	236	4	0	2	0
武宗朝	101	1	0	0	1
宣宗朝	226	3	0	3	2

① 《通鉴》卷二五九景福二年十月。

② 《全唐文》卷九十二昭宗《赐王建制》："朕罹此多难，播迁无常，旦夕栗栗，不能自保，而况保天下事。"

③ 《新唐书》卷九十六《杜让能传》。

（续表）

时代	原因				
	朝命	拥兵据位	强藩所命	袭位	不明
懿宗朝	198	2	0	3	7
僖宗朝	152	44	4	8	17
昭宗朝	9	33	65	15	13
哀帝朝	0	6	25	2	2
合计	1893	133	94	50	52

说明：

一、本表参照"唐代藩镇总表"中"受镇原因"栏制成，不含未至镇之藩镇。

二、本表单位为藩镇任次。

拥兵据位、强藩所命与袭位之人数愈多，愈表示中央对藩镇之控制力弱，从上表中可看出，拥兵据位、强藩所命与袭位者以僖、昭、哀三朝最多，尤其昭宗与哀帝两朝，由朝命而受镇者仅得9人，由拥兵据位、强藩所命与袭位而受镇者则多达146人，此乃唐末"诏令不出城门"的现象。拥兵据位、强藩所命与袭位者次多的时代为德宗朝共24人，代宗朝14人，此正足以反映出代德二朝中央对藩镇控制力较弱。

（二）藩镇未至镇者：所谓未至镇者，即藩镇虽有授镇诏命却并未亲至该镇且未能过问该镇之事。玄宗时多有遥领节度使者，唐末强藩有兼领数镇者，或均未亲至本镇，但不论遥领、兼领，如实际上确能过问其镇内之事，有指挥调度之权，则与亲身在镇无异，不能视作未至镇。今将唐代各朝藩镇未至镇者其未至镇原因统计如下：

表 7　唐代藩镇未至镇原因统计表

别朝	未至镇即卒		未至镇即改官		本人不愿至镇		原藩拒代（含三军不受）		他人据镇		道路阻兵		未至镇即叛		不明		任数总计
	人物编号	任数	人物编号	任数	人物编号	任数	人物编号	任数	人物编号	任数	人物编号	任数	人物编号	任数	人物编号	任数	
玄宗朝			（820）	1	（1056）	1	（555C）（555D）（688B）	3									5

（续表）

别朝	未至镇即卒		未至镇即改官		本人不愿至镇		原藩拒代（含三军不受）		他人据镇		道路阻兵		未至镇即叛		不明		任数总计
	人物编号	任数	人物编号	任数	人物编号	任数	人物编号	任数	人物编号	任数	人物编号	任数	人物编号	任数	人物编号	任数	
肃宗朝	（1051）	1	（609）（520C）（1020A）	3			（299B）（299D）	2	（789B）	1							7
代宗朝			（763A）	1			（48C）	1	（371F）	1							3
德宗朝					（847C）	1	（682B）（64B）	2	（241C）（321B）（246E）	3					（933B）	1	7
顺宗朝									（649A）	1							1
宪宗朝			（453C）（135B）（819）（1188C）（1325B）	5													5
穆宗朝	（1149A）	1	（445D）（1048D）（1048C）（389A）	4					（1128C）	1							6
敬宗朝																	0
文宗朝	（746）（121B）（152B）（651E）（950B）（1194）	6	（503I）（289）（982）（468D）（883A）	5	（295）（1279A）（305G）（1279B）	4	（951A）（305）	2	（503E）	1					（326B）	1	19
武宗朝	（1120C）	1															1
宣宗朝			（679C）（480C）	2													2
懿宗朝			（1151）（968B）	2													2
僖宗朝	（1008C）（132D）	2	（1162B）	1	（77B）（398C）	2	（1203B）（1190A）（126）（606）（1091B）（1030B）（99B）	7	（1230D）（761B）（1169B）（188C）	4	（1091A）（1091C）（1060）	3	（1190B）	1			20

（续表）

别朝	未至镇即卒		未至镇即改官		本人不愿至镇		原藩拒代（含三军不受）		他人据镇		道路阻兵		未至镇即叛		不明		任数总计
	人物编号	任数	人物编号	任数	人物编号	任数	人物编号	任数	人物编号	任数	人物编号	任数	人物编号	任数	人物编号	任数	
昭宗朝	（319D）	1	（24）（887C）（887B）（845）（1063）	5	（908）（538B）	2	（1133A）（667）（656A）（109A）（193）（674B）（761A）（437）（187）（674A）（877A）（547）（467）	13	（2C）（1133B）（866E）（109B）	4	（497）（1207）（466）（361）（496）	5			（772）	1	31
哀宗朝									（943B）（73B）	2	（189）（1198）	2					4

说明：

一、本表参照"唐代藩镇总表"制成。人物编号参照"唐代藩镇人物编号"。

二、表中"原藩拒代"，指前任藩镇不肯受代，致无法至镇。"他人据镇"，则指本镇中已为他人（不含前任藩镇）所据，致无法至镇。"道路阻兵"，指赴镇道路因受兵灾阻绝，致无法至镇。

在上表藩镇未至镇原因中，"原藩拒代""他人据镇"与"道路阻兵"等三项之人数愈多，即表示中央对藩镇之控制力愈弱。玄宗朝原藩拒代而未至镇之藩镇中，（555C）（555D）同为封常清一人，兼任幽州、平卢两镇，以安禄山据幽州、平卢叛逆，而未至镇，故实际只有二人。肃宗朝原藩拒代项之（299B）（299D）同为李光弼一人，朝命两度为幽州节度使，均因安史据幽州而未得至镇。德宗朝原藩拒代项有二人，他人据镇项三人，而地区分别为幽州、魏博、宣武、感化、淄青等镇，情势较为严重，正表示德宗朝对藩镇之控制力弱。顺宗朝他人据镇项（649A）为袁滋（西川），时刘辟据西川，滋不敢至镇。自宪宗至懿宗朝近七十年间，因原藩拒代与他人据镇原因而未至镇之藩镇共四人：（1128C）为刘悟（幽州），（951A）为傅毅（义武），（305）为李仲迁（义武），（503E）为李听（魏博），均属河北地区之方镇，可见唐中央始终对河北地区控制乏力。僖、昭、哀三朝不仅因原藩拒代与他人据镇而不能至镇之藩镇增多，更有因道路阻兵而不能至镇者，正反映出唐末战乱频繁，中央无力平定。中央力不能令跋扈之藩镇听命，因此由朝命派出之藩镇对前任藩镇或据镇者发生恐惧心理，由于此种恐惧心理而不敢至镇，[①] 岑仲勉先生云："晚唐悍将拥兵，蔑视王命，故节镇除授，往往观望不行。"[②] 原藩拒代、他人据镇与道路阻兵之事既多，新得镇者对诏命除拜又观望稽延，于是唐末藩镇之未至镇者数量便形增多，亦正是中央无力控制藩镇之表现。

（三）贬诛藩镇：中央能贬谪或诛杀藩镇，即表示中央对该镇具有控制力，固然，不贬诛藩镇并非即是中央对该镇不能控制，但能行贬诛却可显示中央诏命能及该镇。今将唐代藩镇之被贬被诛者，列表如下：

表 8　唐代藩镇被贬被诛表

时代	姓名	镇别	贬或诛	原因	备注
玄宗朝	王晙	朔方	贬梓州刺史	兰池州胡反	《旧唐书》卷九三本传
玄宗朝	王晙	朔方	贬蕲州刺史	坐党引疏族	《通鉴》卷二一二开元十一年十二月庚申条
玄宗朝	李祎	朔方	贬衢州刺史	坐与温春交游	《通鉴》卷二一四开元廿四年四月乙丑条
玄宗朝	张齐邱	朔方	贬济阴太守	给军粮失宜	《通鉴》卷二一六天宝九载八月癸亥条
玄宗朝	薛讷	河东	削官爵	防边战败	《旧唐书》卷九三本传

---

① 《通鉴》卷二五五中和二年十二月，"朝廷以右仆射庸使王徽同平章事，充昭义节度使，徽以车驾播迁，中原方扰，（原昭义节度使孟）方立专据山东邢洺磁三州，度朝廷力不能制，辞不行"。是为恐惧原据镇者而不敢至镇之例。

② 《唐方镇年表正补·年表六·湖南》"乾宁元年邓处讷"条。

（续表）

时代	姓名	镇别	贬或诛	原因	备注
玄宗朝	田仁琬	河东	贬舒州刺史	在边陲行暴政	《册府元龟》卷四五〇《将帅部》
玄宗朝	赵含章	幽州	流壤州	坐盗用库物	《册府元龟》卷一五二《帝王部》
玄宗朝	张守珪	平卢	贬栝州刺史	守珪败于奚，不上闻，玄宗遣谒者牛仙童按实，守珪厚赂仙童，后仙童以赃败，事逮守珪，坐贬。	《新唐书》卷一三三本传
玄宗朝	皇甫惟明	陇右	贬播川太守	因李林甫之诬	《新唐书》卷一三四《韦坚传》
玄宗朝	杨执一	河西	贬许州刺史	不明	《全唐文》卷二二九张说《杨君神道碑》
玄宗朝	王忠嗣	河西	贬汉阳太守	因李林甫之诬	《新唐书》卷一三三本传
玄宗朝	张嘉贞	剑南	贬台州刺史	坐与王守一交往	《旧唐书》卷九九本传
玄宗朝	王昱	剑南	贬栝州刺史	为吐蕃大败	《通鉴》卷二一四开元廿六年九月条
玄宗朝	裴伷先	岭南	贬官	坐事	《新唐书》卷一一七本传
玄宗朝	刘巨鳞	岭南	贬官	坐赃	《旧唐书》卷九八《卢奂传》
玄宗朝	彭果	岭南	长流湊溪郡	坐赃	《旧唐书·玄宗本纪》天宝六载三月戊戌条
肃宗朝	李巨	东畿	贬遂州刺史	坐赃	《新唐书》卷七九本传
肃宗朝	崔圆	东畿	削官爵	为安史军败弃镇	《旧唐书》卷一〇八本传

（续表）

时代	姓名	镇别	贬或诛	原因	备注
肃宗朝	崔光远	宣武	贬魏州刺史	不明	《旧唐书·肃宗本纪》乾元元年十二月癸卯条
肃宗朝	颜真卿	河中	贬饶州刺史	为御史中丞唐旻所构	《旧唐书》卷一二八本传
肃宗朝	王政	山南东道	贬饶州长史	军乱被逐	《通鉴》卷二二一乾元二年八月乙巳、戊午条
肃宗朝	李岘	荆南	贬扶风太守	不明	新旧《唐书》卷一三一本传
肃宗朝	杜鸿渐	荆南	贬湖州刺史	张嘉延叛乱，破荆州，鸿渐弃城走。	《旧唐书》卷一〇八本传
肃宗朝	李勉	山南西道	贬大理少卿	党项寇梁州，勉弃城走。	《旧唐书》卷一三一本传
肃宗朝	侯令仪	浙西	流康州	刘展乱，升州军士谋应，令仪弃镇。	《通鉴》卷二二二上元二年六月丙子
肃宗朝	张万顷	岭南	贬龙标县尉	坐赃	《册府元龟》卷七〇〇《牧守部》
肃宗朝	高武光	山南西道	贬绛州刺史	不明	《全唐文》四四四卢虔《高公碑》
代宗朝	崔涣	京畿	贬道州刺史	加税地青苗钱物使，时以此钱充京百官料，涣为属吏希中以下估为使料上估为百官料，为皇城副留守张清发之，坐贬。	《旧唐书》卷一〇八本传

（续表）

时代	姓名	镇别	贬或诛	原因	备注
代宗朝	周智光	华州	贬澧州刺史	叛乱	《新唐书》卷二二四上本传
代宗朝	李国清	陕虢	贬官	军乱被逐	《旧唐书·代宗本纪》大历十年三月甲午条
代宗朝	李灵曜	宣武	被诛	叛逆	《通鉴》卷二二五大历十一年十一月甲寅条
代宗朝	来瑱	山南东道	长流播州赐死	为中官程元振诬告	《旧唐书·代宗本纪》广德元年正月壬寅条
代宗朝	穆宁	鄂岳	贬虔州司马	杖死沔州别驾薛彦伟	《旧唐书》卷一五五本传
德宗朝	袁高	京畿	贬韶州长史	以论事失旨	《旧唐书》卷一五三本传
德宗朝	姚令言	泾原	被诛	叛逆	《旧唐书》卷一二七本传
德宗朝	田希鉴	泾原	被诛	叛逆	《旧唐书》卷二二五中《朱泚传》
德宗朝	杜亚	河中	贬睦州刺史	刘晏败，坐与晏善	《新唐书》卷一七二本传
德宗朝	吴诜	福建	贬涪州刺史	兵乱被逐	《通鉴》卷二三三贞元四年五月辛未条
德宗朝	李模	黔中	贬雅王傅	未奉命擅离所部至京师	《册府元龟》卷一五三《帝王部》
宪宗朝	卢从史	昭义	贬驩州司马	伐王承宗时执两端，跋扈，为吐突承催所擒而贬	《新唐书》卷一四一本传
宪宗朝	浑镐	义武	贬循州刺史	讨吴元济时失律	《旧唐书·宪宗本纪》元和十二年正月癸未条

（续表）

时代	姓名	镇别	贬或诛	原因	备注
宪宗朝	高霞寓	唐随	贬归州刺史	讨吴元济兵败	《旧唐书·宪宗本纪》元和十一年七月丁丑条
宪宗朝	袁滋	唐随	贬抚州刺史	以上疏请罢讨淮西兵	《旧唐书·宪宗本纪》元和十二年正月甲申条
宪宗朝	刘辟	西川	被诛	跋扈，为高崇文讨伐擒斩。	《旧唐书》卷一四〇本传
宪宗朝	李锜	浙西	被诛	叛逆	《新唐书》卷二二四上本传
宪宗朝	李少和	江西	贬官	坐赃	《新唐书》卷一六三《孔戣传》
宪宗朝	李众	湖南	贬恩王傅	众举按属内刺史崔简罪，御史卢则就鞫得实，使还，而众以货遗所推令史，至京，有告者，坐贬。	《唐会要》卷六十二
宪宗朝	窦群	黔中	贬开州刺史	辰锦二州蛮叛	《旧唐书·宪宗本纪》元和六年九月戊戌条
宪宗朝	崔能	黔中	贬永州刺史	为南蛮所败陷郡邑	《旧唐书》卷一七七《崔慎由传》
宪宗朝	房启	桂管	太仆少卿	启初得桂管，启吏略吏部主者私得官告	《旧唐书·宪宗本纪》元和八年七月丁丑条
宪宗朝	李逊	山南东道	贬太子宾客分司	讨吴元济，高霞寓兵败，言逊阻挠，坐贬。	《新唐书》卷一六二本传
宪宗朝	孟简	山南东道	贬太子宾客分司	坐赃	《新唐书》卷一六〇本传

（续表）

时代	姓名	镇别	贬或诛	原因	备注
穆宗朝	李愿	宣武	贬隋州刺史	军乱被逐	《新唐书》卷一五四本传
穆宗朝	杜叔良	义昌	贬归州刺史	伐王庭凑，兵败丧师	《旧唐书·穆宗本纪》长庆二年正月壬子条
穆宗朝	张弘靖	幽州	贬太子宾客分司	军乱被逐	《新唐书》卷一二七本传
穆宗朝	崔群	感化	贬秘书监分司	兵乱被逐	《旧唐书·穆宗本纪》长庆二年三月条
文宗朝	郑注	凤翔	被诛	甘露之变被牵连	《旧唐书》卷一六九本传
文宗朝	萧洪	鄜坊	长流驩州	诈称国舅事发	《旧唐书·文宗本纪》开成元年八月甲戌条
文宗朝	王晏平	朔方	贬康州司户	父丧擅取马四百匹兵械七千自卫归洛阳御史劾之	《新唐书》卷一七二本传
文宗朝	浑鐬	天德	贬袁州司户	坐赃七千贯	《旧唐书·文宗本纪》大和四年九月丁酉条
文宗朝	李泳	河阳	贬澧州长史	军乱被逐	《旧唐书·文宗本纪》开成二年六月丙午条
文宗朝	杨志诚	幽州	流岭外被诛	军乱被逐	《新唐书》卷二一二本传
文宗朝	杜元颖	西川	贬韶州刺史	南诏上言蜀帅暴虐	《新唐书》卷九六本传
文宗朝	董昌龄	岭南西道	贬叙州司户	诬杀参军衡方厚	《新唐书》卷九七《魏暮传》
文宗朝	裴弘泰	桂管	贬饶州刺史	以除镇淹程不进被劾	《旧唐书·文宗本纪》大和五年十二月甲申条

（续表）

时代	姓名	镇别	贬或诛	原因	备注
文宗朝	李德裕	浙西	贬太子宾客分司	为左丞王璠所诬	《新唐书》卷一八〇本传
武宗朝	杨嗣复	湖南	贬潮州刺史	中人诬谮	《新唐书》卷一七四本传
武宗朝	李珏	桂管	贬昭州刺史	中人诬谮	《通鉴》卷二四六会昌元年三月甲戌条
武宗朝	蒋系	桂管	贬唐州刺史	为宰相李德裕所恶	《新唐书》卷一三二本传
宣宗朝	刘潼	朔方	贬郑州刺史	给边兵衣粮不及时	《旧唐书·宣宗本纪》大中十一年六月条
宣宗朝	卢简辞	山南东道	贬衢州刺史	坐事	《新唐书》卷一七七本传
宣宗朝	李讷	浙东	贬朗州刺史	军乱被逐	《新唐书》卷一六二本传
宣宗朝	李回	湖南	贬贺州刺史	坐与李德裕善	《旧唐书》卷一七三本传
宣宗朝	杨发	岭南东道	贬婺州刺史	为都将王公寰所囚	《新唐书》卷一八四本传
宣宗朝	郑亚	桂管	贬循州刺史	坐吴湘狱不能直冤	《新唐书》卷一八五《郑畋传》
宣宗朝	郑薰	宣歙	贬棣王府长史分司	军乱被逐	《新唐书》卷一七七本传
懿宗朝	韦澳	邠宁	贬秘书监分司	坐吏部侍郎时，吏盗簿书为奸。	《新唐书》卷一六九本传
懿宗朝	崔碣	陕虢	贬怀州司马	军乱被逐	《新唐书》卷一二〇本传

（续表）

时代	姓名	镇别	贬或诛	原因	备注
懿宗朝	康承训	河东	贬蜀王傅	宰相路岩劾承训讨庞勋之乱逗挠贪赇不时上功	《通鉴》卷二五二咸通十一年正月辛酉条
懿宗朝	柳仲郢	山南西道	贬雷州刺史	杖死南郑令权奕	《新唐书》卷一六三本传
懿宗朝	窦滂	定边	贬康州司户	南诏入寇,滂弃镇走	《通鉴》卷二五二咸通十一年二月辛卯条
懿宗朝	杨严	浙东	贬邵州刺史	坐兄收贪赃事	《新唐书》卷一八四本传
懿宗朝	严譔	江西	贬官处死	贿赂宰相杨收事发	《旧唐书·懿宗本纪》咸通十年正月条
懿宗朝	杨收	宣歙	贬端州司马	坐赃为相时收严譔贿赂	《新唐书》卷一八四本传
懿宗朝	于璙	湖南	贬袁州刺史	为韦保衡所恶	《旧唐书·懿宗本纪》咸通十三年五月辛巳条
懿宗朝	李弘源	岭南西道	贬建州司户	蛮入寇	《通鉴》卷二五〇咸通二年七月条
懿宗朝	蔡京	岭南西道	贬崖州司户	兵乱被逐	《通鉴》卷二五〇咸通三年八月条
懿宗朝	李鄠	安南	贬儋州司户	南诏陷交趾	《通鉴》卷二五〇咸通二年六月癸丑条
懿宗朝	李福	西川	贬蕲王傅	为蛮所败	《新唐书》卷一三一本传
懿宗朝	于琮	山南东道	贬普王傅分司	与宰相韦保衡不合	《新唐书》卷一〇四本传
懿宗朝	于瑄	平卢淄青	贬凉王府长史分司	与宰相韦保衡不合	《通鉴》卷二五二咸通十三年五月甲申条

（续表）

时代	姓名	镇别	贬或诛	原因	备注
僖宗朝	崔荛	陕虢	贬端州司马	军乱被逐	《新唐书》卷一四四本传
僖宗朝	高湜	昭义	贬连州司马	军乱被逐	《新唐书》卷一七七《高铢传》
僖宗朝	李琢	河阳	贬州刺史	讨沙陀坐逗挠	《新唐书》卷一五四本传
僖宗朝	张公素	幽州	贬复州司户参军	军乱被逐	《旧唐书》卷一八〇本传
僖宗朝	杨师立	东川	被诛	拒命，为高仁厚讨诛。	《新唐书》卷一八九《高仁厚传》
僖宗朝	李瓒	桂管	贬官	军乱被逐	《新唐书》卷一七四《李宗闵传》
僖宗朝	李昌符	凤翔	被诛	谋叛	《旧唐书·僖宗本纪》光启三年六月条
僖宗朝	朱玫	邠宁	被诛	叛逆	《旧唐书》卷一七五本传
昭宗朝	王行瑜	邠宁	贬官削夺官爵	将兵入朝胁君	《通鉴》卷二六〇乾宁二年八月戊戌条

说明：

一、本表参照"唐代藩镇总表"制成。藩镇均为使职，其原带品职各有不同，其调任他职是否贬官，有时甚难确定，本表所指藩镇被贬指有下列情形之一者：

1. 凡史籍明载"贬""降授""左授""下迁"等字样者。

2. 凡藩镇调任非方镇治州之刺史，及刺史以下官职者（同华二州刺史及京兆河南二府尹除外）。

3. 凡被削夺官职者。

4. 凡被责长流边州者。

其由节度使改观察使者，本表不算作贬官。

二、本表所称藩镇贬官，系指实质上能产生效果者，凡仅有贬官诏命而无效果者不算，如中央对田悦、王武俊、安禄山等之削官并无实效，故不列表。

三、凡未至镇之藩镇并未具藩镇之特性，故凡有诏命授镇而未至镇即被贬者，不列入本表。

四、本表藩镇贬官指藩镇罢镇后未转任他职而被贬者，倘转任他职后纵因在镇时过失而被贬者不算，例如元和四年杨凭为京兆尹，被劾前为江西观察使时贪赃，贬贺州临贺县尉，应视作贬京兆尹，不能算作贬藩镇。

五、凡兼任数镇之藩镇只计其本任，以免重复。

六、唐末由强藩奏贬或强藩自贬之藩镇，其贬不出中央本意，不予列表。

从上表中可看出各朝贬诛藩镇以玄宗朝最多，地区则以黄河以南为最多，兹将各朝各地区藩镇被贬被诛人数统计如下：

表9 唐代藩镇被贬被诛统计表

朝别	旧道别										
	关内道	河北道	陇右道	河东道	河南道	淮南道	山南道	剑南道	江南道	岭南道	合计
玄宗朝	4	2	3	2	0	0	0	2	0	3	16
肃宗朝	0	0	0	1	3	0	5	0	1	1	11
代宗朝	2	0	0	0	2	0	1	0	1	0	6
德宗朝	3	0	0	1	0	0	0	0	2	0	6
宪宗朝	0	1	0	0	0	0	4	1	5	1	13
穆宗朝	0	2	0	0	2	0	0	0	0	0	4
文宗朝	4	2	0	0	0	0	0	1	1	2	10
武宗朝	0	0	0	0	0	0	0	0	1	2	3
宣宗朝	2	0	0	0	0	0	0	1	0	3	2	8
懿宗朝	1	0	0	0	1	2	0	2	2	4	3	15
僖宗朝	2	2	0	1	0	1	0	0	0	0	1	8
昭宗朝	1	0	0	0	0	0	0	0	0	0	1
合计	19	9	3	7	10	0	13	7	18	15	101

说明：本表参照表8制成。

玄宗时方镇设置只在沿边地区，旧河南、淮南、山南、江南道除一二经略守捉使外，别无方镇设置，方镇数目远较安史乱后各朝为少，但被贬被诛之藩镇却居各朝之首，且地区包括当时设镇之诸道，可反映出玄宗时对全国藩镇控制力均强。代、德二朝跋扈、叛逆之藩镇为僖宗以前最多者，（参阅表 3 "唐代藩镇对中央之态度统计表"）但此朝贬诛藩镇仅仅各有六人，在各朝中为较少者，此乃中央无力制裁藩镇之表现。宪宗在位十五年，较代、德二宗在位时间均短，但贬诛藩镇达十三人，此并非宪宗时不法藩镇较代、德二朝为多，乃由于中央敢于制裁不法藩镇，亦是中央对藩镇控制力强之反映。宪宗至懿宗贬诛藩镇尚多（敬宗朝无，穆宗朝四人，武宗朝三人，但此三朝时间均短），僖宗朝虽有八人，而其中四人为军乱被逐者，中央易于制裁。及昭宗时，中央全失贬诛藩镇之力，乾宁二年，华州节度使韩建、凤翔节度使李茂贞、邠宁节度使王行瑜称兵犯阙，时河东节度使李克用勤王，屡败李茂贞、王行瑜，于是诏削夺王行瑜官爵，[①] 王行瑜之削官实系仰赖李克用之兵力，中央本身已无力制裁藩镇。[②]

就地区而言，以关内道及黄河以南地区之藩镇被贬诛者较多，在僖宗以前，关内道及黄河以南地区为中央控制力较强之地区。旧河北道被贬被诛之藩镇共九人，若除去玄宗朝之二人，即安史乱后共得七人，其中张弘靖（幽州）、杨志诚（幽州）、张公素（幽州）三人均属军乱被逐而被贬，军乱被逐之藩镇在本镇已失去其势力，与匹夫无异，求活于中央，故中央得轻而贬之，并非中央真能对幽州藩帅行使贬谪权力，魏博、成德二镇藩帅跋扈叛逆相继，中央未能有效加以制裁，实由于中央对魏博、成德缺乏控制力。表 9 中陇右道只三人，盖陇右道于代、德后陷吐蕃，其少置镇。淮南道无一人被贬诛，此因淮南道地域甚小，长期置镇者仅淮南一镇，其无贬

---

① 阅《通鉴》卷二六〇乾宁元年七月至十一月。

② 昭宗时除贬王行瑜外，实际上尚有其他藩镇，但所贬藩镇皆由一二强藩主动操纵，例如《通鉴》卷二五九景福元年二月，"朱全忠奏贬河阳节度使赵克裕"。并非出中央本意，其贬亦非中央力所能制。

诛，非中央不能控制也。

僖宗末年，全国藩镇，"半出群盗，强弱相噬，怙众邀宠，国法莫能制"。[1] 及昭、哀二朝，藩镇几莫不跋扈，中央政府不仅丧失了发号施令指挥监督之权力，且处处受制于藩镇，天子播迁，宰相任免，均得听命于强藩之调度，因此当时的政治重心遂由中央朝廷转移至少数强大藩镇，中央政府形同虚设，其对藩镇之控制力全告瓦解。

---

[1] 《旧唐书》卷一七九《萧遘传》。

第三章

藩镇职权之广泛及对所属州县之控制力

　　《文献通考》释唐代节度观察使之权力曰："兵甲、财赋、民俗之事，无所不领，谓之都府，权势不胜其重。"① 唐代藩镇权力之强大，唐人屡有明言，颜真卿曰："国家设观察使，即古州牧部使之职，代朝廷班导风化而宣布德意，振举万事而沙汰百吏者也，民俗之舒惨、兵赋之调发、刑狱之冤滥、政治之得失，皆得观察而行之，其任可谓重矣。"② 刘三复亦曰："诸侯之升坛胙土，服天子休命者，有弓矢铁钺之赐，生杀刑赏之柄，其为任也，盖重矣。"③ 从藩镇实例中可看出藩镇权力之强大与职掌之广泛，严震为山南西道节度使，柳宗元赞之曰："公之始来，属当恶岁，府庾甚虚，器备甚殚，饥馑昏札，死徙充路，赖公节用爱人，克安而生，老穷有养，幼乳以遂，不问不使，咸得其志。公命鼓铸，库有利兵；公命屯田，师有余粮；徒徒练旅，有众孔武；评刑议狱，有众不黩。增石为防，膏我稻粱，岁无凶灾，家有积仓。"④ 韩愈称："（广州）刺史（按：即岭南节度观察使兼广州刺史）常节度五岭诸军，仍观察其郡邑，于南方事，无所不统。"⑤ 在唐代政治制度中，藩镇职掌既"无所不领""无所不

---

① 《文献通考》卷六十一《职官考十五》"采访处置使"条。
② 《全唐文》卷三三七颜真卿《送福建观察使高宽仁序》。
③ 《全唐文》卷七四六刘三复《滑州节堂记》。
④ 《文苑英华》卷八一三柳宗元《兴州江运记》。
⑤ 《金石续编》卷十韩愈《南海广利王庙碑》。

统"，遂成为其管辖区内最高之权力者，藩镇权力之强大，乃演成藩镇跋扈叛逆之局面。赵翼尝论唐节度使之祸曰："景云二年，以贺拔延嗣为凉州都督、河西节度使，节度使之官由此始。然犹第统兵，而州郡自有按察等使，司其殿最。至开元中，朔方、陇右、河东、河西诸镇，皆置节度使，每以数州为一镇，节度使即统此数州，州刺史尽为其所属，故节度多有兼按察使、安抚使、支度使者，既有其土地，又有其人民，又有其甲兵，又有其财赋，于是方镇之势日强，安禄山以节度使起兵几覆天下。及安史既平，武夫战将，以功起行阵为侯王者，皆除节度使，大者连州十数，小者犹兼三四，所属文武官，悉自置署，未尝请命于朝，力大势盛，遂成尾大不掉之势，或父死子握其兵而不肯代，或取舍由于士卒，往往自择将吏，号为留后，以邀命于朝，天子力不能制，则含羞忍耻，因而抚之，姑息愈盛，方镇愈骄，其始为朝廷患者，只河朔三镇，其后淄青、淮蔡无不据地倔强，甚至同华逼近京邑，而周智光以之反，泽潞亦连畿甸，而卢从史、刘稹等以之叛，迨至末年，天下尽分裂于方镇，而朱全忠遂以梁兵移唐祚矣。推原祸始，皆由于节度使掌兵民之权故也。"①

固然，藩镇拥有强大之权力未必一定跋扈叛逆，然而无可讳言，强大的权力乃是若干藩镇能够跋扈叛逆之凭借。藩镇所以拥有强大的权力，其原因甚多，主要却是基于制度上的安排，使藩镇一人兼任军政长官、民政长官、财政长官等职务，因而取得军政、民政、财政各方面的权力。今试就府兵制度破坏后藩镇兵力之增强、藩镇之职权、藩镇对所属州县之控制等三方面略加观察，以明藩镇权力之强大。

第一节　府兵制度之破坏与藩镇兵力之增强

《新唐书·兵志》云："唐有天下二百余年，而兵之大势三变，

---

① 《廿二史札记》卷二十"唐节度使之祸"条。

其始盛时有府兵，府兵后废而为彍骑，彍骑又废而方镇之兵盛矣。"①
府兵之制起于西魏大统，废于唐之天宝，前后凡二百年，其初实模
拟鲜卑部落旧制，北周建国，兼采鲜卑部落与汉族城郭之制，其府
兵与农民迥然不同，在境内为一特殊集团及阶级，及至隋代，府兵
制度渐有变革，由原来之鲜卑兵制变为华夏兵制，由兵农分离制变
为兵农合一制，由部酋分属制变为君主直辖制，唐代府兵遂承袭隋
代之制。②

唐代府兵之制，据《新唐书》卷五〇《兵志》：

> 盖古者兵法起于井田，自周衰，王制坏而不复，至于府兵，
> 始一寓之于农。……府兵之制起自西魏后周，而备于隋，唐兴
> 因之。……武德初，始置军府，以骠骑、车骑两将军府领之，
> 析关中为十二道，曰：万年道、长安道、富平道、醴泉道、同
> 州道、华州道、宁州道、歧州道、豳州道、西麟州道、泾州道、
> 宜州道，皆置府。三年，更以万年道为参旗军、长安道为鼓旗
> 军、富平道为玄戈军、醴泉道为井钺军、同州道为羽林军、华
> 州道为骑官军、宁州道为折威军、歧州道为平道军、豳州道为
> 招摇军、西麟州道为苑游军、泾州道为天纪军、宜州道为天节
> 军，军置将副各一人，以督耕战，以车骑府统之。六年，以天
> 下既定，遂废十二军，改骠骑曰统军，车骑曰别将。居岁余，
> 十二军复，而军置将军一人，军有坊，置主一人，以检察户口，
> 劝课农桑。太宗贞观十年，更号统军为折冲都尉，别将为果毅
> 都尉，诸府总曰折冲府。凡天下十道，置府六百三十四，皆有
> 名号，而关内二百六十有一，皆以隶诸卫。凡府三等，兵千二
> 百人为上，千人为中，八百人为下。府置折冲都尉一人，左右果
> 毅都尉各一人，长史兵曹别将各一人，校尉六人。士以三百人为
> 团，团有校尉，五十人为队，队有正，十人为火，火有长。……
> 凡民年二十为兵，六十而免。……每岁季冬，折冲都尉率五校

---

① 《新唐书》卷五十《兵志》。
② 府兵制之渊源非本文所论，故仅略及之，可详阅陈寅恪先生《隋唐制度渊源略论
稿》"兵制"，页91—103。

兵马之在府者，置左右二校尉，位相距百步，每校为步队十，骑队一，（教习战阵）……其隶于卫也，左右卫皆领六十府，诸卫领五十至四十，其余以隶东宫六率。凡发府兵，皆下符契，州刺史与折冲勘契乃发。若全府发，则折冲都尉以下皆行，不尽则果毅行，少则别将行。……凡当宿卫者番上，兵部以远近给番，五百里为五番，千里七番，一千五百里八番，二千里十番，外为十二番，皆月上。……初，府兵之置，居无事时耕于野，其番上者宿卫京师而已。若四方有事，则命将以出，事解辄罢，兵散于府，将归于朝，故士不失业，而将帅无握兵之重，所以防微渐，绝祸乱之萌也。

府兵之任务有三：一为宿卫，即守卫宫城、王府、诸司；二为镇戍，即戍守边镇要地；三为征伐，即出征作战。府兵至高宗显庆以后，战斗力已弱，且有逃亡，总章初，刘仁轨将伐高丽，上表云：[①]

臣今睹见在兵士，手脚沉重者多，勇健奋发者少，兼有老弱，衣服单寒，唯望西归，无心展效，臣因往问海西，见百姓人人投募，争欲征行，乃有不用官物，请自办衣粮，投名义征，何因今日兵士如此惛弱。皆报臣云：今日官府与往日不同，人心亦别。贞观、永徽年中，东西征役，身死王事，并蒙敕使吊祭，追赠官职，亦有回亡者官爵与其子弟，从显庆五年以后，征役身死，更不惜问。往前度辽海者即得一转勋官，从显庆五年以后，频经渡海，不被纪录，州县发遣百姓充兵者，其身少壮家有钱财，赂与官府，任自东西藏避，即并得脱，无钱用者，虽是老弱，推皆令来。显庆五年破百济勋，及向平壤北口战勋，当时将士号令并与高官重赏，百方购募，无种不道，泊到西岸，唯闻枷锁推禁，夺赐破勋，州县追呼，求住不得，公私困弊，不可言尽，发海西之日，已有自害逃走，非独海外始逃。又本

---

① 此文无年月，唯《旧唐书》卷五《高宗纪下》，麟德三年（即乾封元年）十月，命司空英国公勣为辽东道行军大总管，以伐高丽。总章元年正月壬子，以右相刘仁轨为辽东道副大总管。仁轨上表或在此时。

为征役，蒙授勋级，将为荣宠，频年征役，唯取勋官，牵挽辛苦，与白丁无别，百姓不愿征行，特缘于此。（《全唐文》卷一五八刘仁轨《陈破百济军事表》）

自高宗以后，府兵益加破坏，至开元十一年张说奏请置长从宿卫兵，十三年改名彍骑，《唐会要》载："（开元）十一年十一月二十日，兵部尚书张说，置长从宿卫兵十万人于南衙，简京兆、蒲、同、岐等州府兵及白丁，准尺八例，一年两番，州县更不得杂使役，仍令尚书左丞萧嵩，与本州长官同拣择以闻。至十三年二月二十日，始名彍骑，分隶十二卫。"① 及天宝以后"彍骑之法又稍变废，士皆失拊循。八载，折冲诸府至无兵可交，李林甫遂请停上下鱼书，其后徒有兵额官吏，而戎器、驮马、锅幕、糗粮并废矣"。② 府兵之制至此完全破坏。③

府兵之制破坏的原因主要有三：

一、均田制度之破坏：府兵制度为兵农合一制，与均田制息息相关，府兵皆为农民，府兵有田，一如平民，特其属籍军府耳。武后、玄宗以后，土地之兼并激烈，④ 均田制度破坏，任兵者无以自给，生活维持尚感困难，但是在府兵制之下，兵器装备均须自备，⑤ 虽然任府兵者可免赋役，其实负担较平民为重，非贫弱者所能负担，因此《唐律疏议》云："拣点之法，财均者取强，力均者取富，财力又均，先取多丁。"⑥ 任府兵者在均田制破坏后，失去田地，不仅生活无着，更难自置军事装备，于是唯有逃亡，逃至不置府之地区，

---

① 《唐会要》卷七十二《府兵》。

② 《新唐书》卷五〇《兵志》。

③ 关于府兵制破坏之经过，参阅粟原益男《府兵制の崩潰と新兵種》，（载《史学杂志》第73编第2至3号）及滨口重国《府兵制度とり新兵制へ》（载《史学杂志》第41编第11至12号）。

④ 关于唐代土地之兼并，参阅吴章铨《唐代农民问题研究》，第一章第七节，页34—45。

⑤ 《新唐书》卷五〇《兵志》："（府兵每）人具弓一、矢三十、胡禄、横刀、砺石、大觿、毡帽、毡装、行縢皆一、麦饭九斗、米二斗，皆自备。"

⑥ 《唐律疏议》卷十六《擅兴》。

遂可免去兵役，府兵亦因此而有额无人。①

二、府兵之惧久戍远征：戍守边塞要镇与出征，均为府兵任务，然而，初期之府兵不论戍边或出征，行期均短，及高宗以后，始有久戍长征，李泌云："行者近不踰时，远不经岁。高宗以刘仁轨为洮河镇守使，以图吐蕃，于是始有久戍之役。"②久戍远征的结果，戍卒多死于边地，少能生还，史称："山东戍卒，多赍缯帛自随，边将诱之，寄于府库，昼则苦役，夜絷地牢，利其死而没入其财，故自天宝以后，山东戍卒还者，什无二三。"③边将虐待戍卒，使府兵对戍边视为畏途。除戍边外，尚须征伐外族，亦是九死一生之事，天宝十载，南诏王阁罗凤反，"征关辅、河南、京兆人讨之，去者万不一全，连枷赴役"。④求生避死原属人之常情，戍边远征既然死多生少，因此任府兵者莫不怨恨，读下列三诗，即可看出当时人此种怨恨心理之强烈：

> 车辚辚，马萧萧，行人弓箭各在腰，耶娘妻子走相送，尘埃不见咸阳桥，牵衣顿足拦道哭，哭声直上干云霄，道旁过者问行人，行人但云点行频，或从十五北防河，便至四十西营田，去时里正与裹头，归来头白还戍边，边庭流血成海水，武皇开边意未已，君不闻汉家山东二百州，千村万落生荆杞，纵有健妇把锄犁，禾生陇亩无东西，况复秦兵耐苦战，被驱不异犬与鸡。长者虽有问，役夫敢伸恨？且如今年冬，未休关西卒，县官急索租，租税从何出？信知生男恶，反是生女好，生女犹得

---

① 章群先生认为府兵制之破坏，最根本之原因，乃为均田制之破坏。参阅《唐史》第十九章第一节，页449。又日人日野开三郎认为唐中叶后，均田制破坏，流民日多，政府为收容流民，以防外患，遂行募兵，阅《支那中世の军阀》，第一章页16。又日人粟原益男认为军府州县之编户逃亡为府兵制难以维持之重要原因，阅《府兵制の崩溃と新兵种》。

② 《全唐文》卷三七八李泌《议复府兵》。又《玉海》卷一三八引《邺侯家传》云："太宗明于知人，拔诸蕃酋渠执失思力、契芯何力、阿史那社尔等，委爪牙之任，皆为良将，不愧由余石碏。时出征多不逾时，远不经岁，而能克捷，高宗始以刘仁轨为洮河镇守使，以图吐蕃，于是始屯军于境，而师老厌战矣。"

③ 《全唐文》卷三七八李泌《议复府兵》。

④ 《通典》卷七《食货七》。

嫁比邻，生男埋没随百草，君不见，青海头，古来白骨无人收，新鬼烦冤旧鬼哭，天阴雨湿声啾啾。（原诗朱注：玄宗季年，穷兵吐蕃，征戍绎骚内郡几遍，诗故托为从征者自愬之辞。）（《杜诗镜铨》卷一《兵车行》）

新丰老翁八十八，头鬓眉须皆似雪，玄孙扶向店前行，左臂凭肩右臂折。问翁臂折来几年，兼问致折何因缘？翁云贯属新丰县，生逢圣代无征战，惯听梨园歌管声，不识旗枪与弓箭。无何天宝大征兵，户有三丁点一丁，点得驱将何处去？五月万里云南行。闻道云南有泸水，椒花落时瘴烟起，大军徒涉水如汤，未过十人二三死。村南村北哭声哀，儿别爷娘夫别妻，皆云前后征蛮者，千万人行无一回。是时翁年二十四，兵部牒中有名字，夜深不敢使人知，偷将大石锤折臂，张弓簸旗俱不堪，从兹始免征云南。骨碎筋伤非不苦，且图拣退归乡土，臂折来来六十年，一肢虽废一身全，至今风雨阴寒夜，直到天明痛不眠，痛不眠，终不悔，且喜老身今独在，不然当时泸水头，身死魂飞骨不收，应作云南望乡鬼，万人冢上哭呦呦。老人言，君听取，君不闻，开元宰相宋开府，不赏边功防黩武。又不闻，天宝宰相杨国忠，欲求恩幸立边功，边功未立生人怨，请问新丰折臂翁。（《白氏长庆集》卷三《新丰折臂翁》）

负薪老翁住北州，北望乡关生客愁，自言老翁有三子，两人已向黄沙死，如今少男新长成，明年闻道更征兵，定知此别必零落，不及相随同死生，尽将田宅借邻伍，且复伶俜去乡土。在生本求多子孙，及有谁知更辛苦，近传天子尊武臣，强兵直欲静胡尘，安边自合有长策，何必流离中国人。（《唐文粹》卷十七上张谓《代北州老翁答》）

以上所举唐人诗三首均反映出玄宗时人民极度恐惧戍边远征，基于此种恐惧心理，逃避兵役者众多，至开元中，终致"逃亡略尽"，而不得不改用募兵办法[①]

---

① 阅《通鉴》卷二一二"开元十年八月，张说请募长从兵"条。其实募兵在唐初已有，但不重要，仍以府兵为主，及府兵坏，始重用募兵。

三、府兵在社会上地位之低落：当太宗之时，府兵颇受重视，可于其中求取功名，"每府番上，（太宗）必引于殿庭，亲自教射，加以赏赐，由是用之，所向无敌。自初属六柱国家，及分隶十二卫，皆选勋德信臣为将军，有事则命总出征，故抚绥训练备至，以取功名"。及高宗以后，"时承平既久，诸卫将军自武太后之代，多以外戚无能者及降虏处之。而卫佐之官以为（番上府兵）有权朝要子弟解褐及次任之美官，又多不旋踵而据要津，将军畏其父兄之势，恣其所为，自置府以其番上宿卫，礼之，谓之侍官，言侍卫天子也，至是卫佐悉以借姻戚之家为僮仆执役，京师人相诋訾者即呼为侍官。时关东富实，人尤上气，乃耻之，至有熨手足以避府兵者"。[①] 府兵在社会上成为一种被羞辱的人物，又有谁肯为府兵？此亦使府兵制破坏之一大原因。

府兵制度破坏后，改行彍骑，但彍骑很快便告无用，于是国防武力便全由边兵肩负，陈傅良《历代兵制》卷六：

> 天宝之后，复稍变废，（彍骑）应募者皆市井无赖，未尝习兵，承平日久，议者谓兵可稍减。是时民间挟兵者有禁，子弟为武官，父兄摈而不齿，猛将精兵，皆聚于西北边，中国亦无武备。

天宝元年，全国兵力共五十七万人，而边地镇兵占四十九万人，边兵几占全国兵数百分之九十。[②] 此所谓"府兵内铲，边兵外作"[③] 是也，边兵即是藩镇之兵，自此以后，捍御外患，全倚藩镇之兵。[④]

藩镇之兵与府兵在本质上有四点不同：

一、府兵系直属中央之军队，藩镇兵则系隶属地方之军队。《文献通考》卷一五一《兵制三》：

---

　　① 《玉海》卷一三八引《郳侯家传》。

　　② 《通鉴》卷二一五，天宝元年正月壬子，"凡镇兵四十九万人"。《考异》曰："此兵数《唐历》所载也。《旧纪》是岁天下健儿团结彍骑等总五十七万四千七百三十三。此盖止言边兵，彼并京畿诸州彍骑数之耳。"

　　③ 《全唐文》卷七五四杜牧《原十六卫》。

　　④ 参阅朱礼《汉唐事笺后集》卷三。

府兵平日皆安居田亩……国家有事征发，则以符契下其州及府，参验发之，至所期处，将帅按阅，有教习不精者，罪其折冲，甚者罪及刺史。

又引章氏曰：

唐之府兵，虽散在诸道，然折冲都尉并遥隶于诸卫，乃是内任官，故官志系之于诸卫之后，不与外官同。

是府兵平日虽散居各地，折冲都尉与刺史均负练兵之责，但对府兵之调动，权在中央，折冲都尉又遥隶于中央，因此府兵实是直隶中央之军队。至于藩镇军，《通鉴》卷二一一"开元二年八月辛巳"条：

大募勇士，诣河陇，就（陇右防御使薛）讷教习。

又《全唐文》卷二八四张九龄《敕薛泰书》：

卿既身在边镇，深练兵权，进退动静，惟变所适。

是不但平日接受边将藩镇之训练，而且调动指挥之权，亦在边将。尤其安史之乱以后，藩镇多自行募兵，自行训练，如淮西李希烈骡子军，[①] 河东马燧练河东兵，[②] 西川李德裕之选雄边子弟，[③] 均为藩镇兵，地方色彩浓厚，由节度使指挥调动。

二、府兵之部署，以关内居多，旨在保卫京师。唐折冲府之数目说法不一：

《新唐书·百官志》：六百三十三

《新唐书·兵志》：六百三十四

《新唐书·地理志》：五百六十六

《旧唐书·职官志》：五百九十四

《通典·州郡典》：五百九十三

《通典·职官典》：五百七十四

《玉海》引杜佑《理道要诀》：五百九十三

---

① 阅《新唐书》卷二一四《吴少诚传》。
② 阅《通鉴》卷二二五"大历十四年五月辛卯"条。
③ 阅《新唐书》卷一八〇《李德裕传》。

《玉海》引《邺侯家传》：六百三十

《唐会要》：六百三十三

杜牧《原十六卫》：五百七十四

《陆宣公奏议》：八百余

以上诸说数目虽不一致，但多在五六百之间，不论全国府数多少，关内置府最多当无疑问。（参阅表10）

表 10　唐折冲府分置表

旧道名	府数
关内道	273
河东道	141
河南道	62
河北道	30
陇右道	29
山南道	10
剑南道	10
淮南道	6
江南道	2
岭南道	3
合计	566

说明：

一、本表府数系根据《新唐书·地理志》。

二、《唐折冲府考》（劳经原撰，罗振玉补）、《唐折冲府考拾补》（谷霁光）对《新唐书·地理志》折冲府数均有增补，但无确实统计数字，故不列。

关内置府特多之用意，据陆贽所称，乃"举天下不敌关中，则居重驭轻之意明矣"。① 《唐会要》亦称："关内置府三百六十一，积兵士十六万，举关中之众，以临四方。"② 在府兵制下，中央所控制以及护卫京师之武力特强。

① 《陆宣公集》卷上《论关中事宜状》。

② 《唐会要》卷七十二《府兵》。

及府兵制度破坏后，节度使地位渐形强固，[①] 藩镇兵力扩张，开元时缘边镇兵常六十余万，[②] 及天宝元年，边兵共达四十九万，（参阅表 11）中央兵力反而空虚，[③] 原先内重外轻之势，遂一变而为外重内轻。

表 11 天宝元年边镇兵力表

军镇名称	兵数	马数
朔方节度	64700	14300
河东节度	55000	14000
安西节度	24000	2700
北庭节度	20000	5000
河西节度	73000	19400
范阳节度	91000	6500
平庐节度	37500	5500
陇右节度	75000	10600
剑南节度	30900	2000
岭南五府经略	15400	
长乐经略	1500	
东莱守捉	1000	
东牟守捉	1000	
合计	490000	80000

说明：

一、本表据《通鉴》卷二二五"天宝元年正月壬子"条资料制成。

二、本表兵数单位：人；马数单位：匹。

---

① 蓝文徵先生认为节度使之制盛行，主要原因即为府兵制度之破坏。阅蓝先生著《隋唐五代史》第四章，页146。

② 阅《旧唐书》卷九十七《张说传》。

③ 《唐会要》卷七十二《军杂录》："天宝末，天子以中原太平，修文教，废武备，销锋镝，以弱天下豪杰。于是挟军器者有辟，蓄图谶者有诛，习弓矢者有罪，不肖子弟为武官者，父兄摈之不齿，惟边州置重兵，中原乃包其戈甲，示不复用，人至老不闻战声，六军诸卫之士，皆市人白徒，富者贩缯彩、食粱肉，壮者角抵、拔河、翘木、扛铁，日以寝斗，有事乃股栗不能授甲，其后盗乘而反，非不幸也。"

三、府兵纪律良好，纵使受到不平待遇，心虽怀怨，但以顾恋家园，终不敢为叛作乱。藩镇之兵出于召募，当兵者既无家园，又无宗族，遂无所顾忌，唯利是图，于是军纪败坏，祸乱易生，以致下陵上替。李泌云：

> （开元初）山东戍卒（按：谓府兵戍边者），多赍缯帛自随，边将诱之，寄于府库，昼则苦役，夜絷地牢，利其死而没入其财，故自天宝以后，山东戍卒还者什无二三，其残虐如此，然未尝有外叛内侮，杀帅自擅者，诚以顾恋家园，恐累宗族故也。……及李林甫为相，奏请军皆募人为之，（按：谓藩镇兵也）兵不土著，又无宗族，不自重惜，忘身徇利，祸乱遂生，至今为梗，向使府兵之法常存不废，安有如此下陵上替之患哉！（《全唐文》卷三七八李泌《议复府兵》）

此实为极中肯之观察，尤其安史乱后，藩镇兵骄，每每逐帅为乱，军纪荡然。藩镇兵既不直接受中央指挥，军纪又坏，中央对国防武力，遂失去控制之力。

四、在府兵制度下，将帅皆临时派遣，无事之时，将居于卫，兵散于各折冲府，兵不识将，将亦无兵，平时兵受折冲都尉教练，有事则受将帅指挥，专毕辄将归于卫，兵散于府，《新唐书》卷六十四《方镇表》序：

> 高祖太宗之制，兵列府以居外，将列卫以居内，有事则将以征伐，事已，各解而去。兵者，将之事也，使得以用而不得以有之。

将不能长期专兵，府兵才真正是属于国家的军队。藩镇军由召募而来，不仅无退伍之规定，且常驻一地，不许逃亡，又不许逃入他军，《唐大诏令》卷一〇七《禁诸道将士逃入诸军制》：

> 如闻诸节度及团练使下官健，多有逃入诸军，亡且不追，侵以成弊。

兵既久戍一地，而节度使之任期时间又渐久①，于是将与兵之间关系密切，将帅遂能利用兵士以维持其地位，天宝十载，诏以安西节度使高仙芝为河西节度使，"代安思顺，思顺讽群胡割耳劓面请留己，制复留思顺于河西"。② 肃宗时，来瑱为山南东道节度使，"上元三年，肃宗召瑱入京，瑱乐襄州，将士亦慕瑱之政，因讽将吏州牧县宰上表请留之，身赴诏命，行及邓州，复诏归镇"。③ 甚且安史乱后，若干藩镇竟利用藩镇军以扩张一己势力，对抗中央，藩镇军遂成为地方或私人之军队。

从以上所述府兵与藩镇兵在本质上四点之不同，不难发现府兵制度乃是一种有利于中央之制度，而藩镇军对于中央之控制力却是有害，藩镇军愈强，对中央愈不利，唐人论藩镇之祸，每归咎于府兵之破坏与藩镇军之强大，④ 信然。

固然，拥有强兵之藩镇未必一定跋扈，但跋扈之藩镇却一定拥有强大兵力（叛逆亦须强大之武力，但如甲藩镇叛逆，乙藩镇附逆，则乙藩镇有时不须强大兵力）。安禄山为挑起唐代藩镇祸乱的第一人，在反叛之前，"养同罗及降奚、契丹曳落河八千余人为假子，及家童教弓矢者百余人，以推恩信，厚其所给，皆感恩竭诚，一以当百"。⑤ 同时，"于范阳北筑雄武城，外示御寇，内贮兵器，积谷为保守之计，战马万五千匹，牛羊称是"。及天宝十四载十一月，遂领马步十五万而叛乱。⑥ 周智光代宗时为同华节度使，跋扈权暴，"聚不逞数万，恣剽掠以甘其欲"。⑦ 代德之世，淮西节度使李希烈、吴少

---

① 自开元末以后，节度使任期渐久，如张守珪兼领平卢、范阳两节度使七年，安禄山任平卢节度使十四年（其中兼领范阳节度使共十二年），安思顺任河西节度使六年，夫蒙灵詧任安西节度使七年，盖嘉运任碛西节度使七年，玄宗以后久任之藩镇更多。参阅"唐代藩镇总表"。

② 《通鉴》卷二一六"天宝十载正月"条。

③ 《旧唐书》卷一一四《来瑱传》。

④ 如李泌、陆贽、杜牧等均认为藩镇之祸，主要由于府兵之破坏。参阅《全唐文》卷三七八李泌《议复府兵》；《陆宣公集》卷上《论关中事宜状》；《全唐文》卷七五四杜牧《原十六卫》。

⑤ 《安禄山事迹》卷上。

⑥ 《旧唐书》卷二○○上《安禄山传》。

⑦ 《新唐书》卷二二四上《周智光传》。

诚，山南东道节度使梁崇义、于頔，平卢淄青节度使李正己、李纳，魏博节度使田承嗣、田悦，成德节度使李宝臣，幽州节度使李怀仙均跋扈难制，且均各树强兵。《新唐书》卷二一四《吴少诚传》：

> 自（李）希烈以来，申、蔡人劫于苛法而忘所归，及耆长既物故，则壮者习见暴掠，恬于搏斗，地少马，乘骡以战，号"骡子军"，尤悍锐。甲皆画雷公星文以厌胜，诅詈王师。

《新唐书》卷一七二《于頔传》：

> （于頔为山南东道节度使）应募战士，储良械，阗然有专汉南意。

《通鉴》卷二二五大历十二年十二月：

> 平卢节度使李正己……拥兵十万，雄据东方，邻藩皆畏之。是时田承嗣据魏、博、相、卫、洺、贝、澶七州，李宝臣据恒、易、赵、定、深、冀、沧七州，各拥众五万，梁崇义据襄、邓、均、房、复、郢六州，有众二万，相与根据蟠结，虽奉事朝廷，而不用其法令。

《旧唐书》卷一四三《李怀仙传》：

> （李怀仙为幽州节度使）与（安史）贼将薛嵩、田承嗣、张忠志等分河朔而帅之……怀仙等四将各招合遗孽，治丘缮邑，部下各数万劲兵。

宪宗时浙西节度使李锜由跋扈而叛逆，亦曾厚蓄兵力，《新唐书》卷二二四上《李锜传》：

> 锜得志，无所惮，图久安计，乃益募兵，选善射者为一屯，号"挽硬随身"，以胡、奚杂类虬须者为一将，号"蕃落健儿"，皆锜腹心，禀给十倍，使号锜为假父，故乐为其用。

及至唐末，全国藩镇，"半出群盗"，[①]跋扈叛逆愈甚，而藩镇兵力愈强。

---

① 《旧唐书》卷一七九《萧遘传》。

第二节　藩镇职权之广大

唐代藩镇为使职，唐初常为某一特定目的而遣使，藩镇之使称，节度、防御、经略均为军事性质，观察处置使由采访处置使演化而来，偏重监察性质，其初节度与采访各置一人，至天宝中始一人兼领之①，其权渐重。

开元时，置采访使之目的，在于监察地方官吏，改革地方秕政，但不许干涉地方行政，《唐大诏令》卷一〇〇《置十道采访使敕》（开元二十二年二月十九日）：

> 其天下诸道宜依旧逐要便置使令采访处置，若牧宰无政，不能纲理，吏人有犯，所在侵渔，及物土异宜，人情不便，差科赋税，量事取安，朕所责成，贵在简要，其余常务，不可横干。

可见初置采访使时，并不欲在数州之上更加一高级行政长官，因此，玄宗之时，州刺史直接向中央负责，《全唐文》卷三十六玄宗《禁采访使兼理郡县敕》：

> 本置采访使，令举天下大纲，若大小必由，是一人兼理数郡。自今以后，采访使考察善恶，举其大纲，自余郡县，所有奏请，并委郡守，不须干及。

然而，事实上采访使之权甚大，开元末，置采访使，许其"专停刺史务，废置由己"。② 及乾元元年将采访处置使改为观察处置使，虽其职责表面上仍为"掌察所部善恶，举大纲，凡奏请皆属于州"③，实际上其权之大又超过采访使，"有利于国者必行"，"有害于人者必去"，④ 似乎无所不管。

肃宗以后，藩镇多为节度兼观察使，或观察带都团练（或都防

---

① 《通志》卷五十六《职官六》。
② 《唐会要》卷七十八《采访处置使》"大历十二年五月"条。
③ 《新唐书》卷四十九下《百官志》。
④ 《唐会要》卷七十九《诸使杂录下》"大中六年十二月"条。

御）使，其职权统括军民大政。大历初，魏少游为江西都团练守捉观察处置等使，"停车决讼，闭阁生风，明示升黜，蠲除疾苦，清静而百城自化，讲艺而三军知礼，定其赋税之差，勤于转输之役"。① 是则刑法、军政、财税无不兼管。曲环为陈许等州节度观察等使，"陈蔡二州以（李）希烈扰乱，遭剽劫颇甚，人多逃窜他邑以避祸，环动身恭俭，赋税均平，政令宽简，不三二岁，襁负而归者相属，训农理戎，兵食皆丰羡"。② 亦是军民财政兼统。这种例子，两唐书极多，所谓"事关军旅，并属节制，务系州县，悉归廉察，二使所领，孰非管辖"。③ 藩镇之职权强大，自易于对中央逆命跋扈。

藩镇之职权大约可分为六方面观察：

一、在军事方面，节度、防御、经略使之任务，显然属于军事之目的，其职权亦在管制军旅，《新唐书》卷四十九下《百官志》云：

> 节度使掌总军旅，专诛杀。初授，具帑抹兵仗诣兵部辞见，观察使亦如之。辞日，赐双旌双节，行则建节、树六纛，中官祖送，次一驿辄上闻。入境，州县筑节楼，迎以鼓角，衙仗居前，旌幢居中，大将鸣珂，金钲鼓角居后，州县赍印迎于道左。……岁以八月考其治否，销兵为上考，足食为中考，边功为下考。

防御使、经略使皆治军旅，惟其权较轻而已，④ 且安史乱后经略使惟岭南常设，他区少有，防御多由观察兼带，因此，唐称藩镇，多笼统指节度观察使而言。

节度使都防御使既然掌理军政，其对于本镇藩军之征募、配备、

---

① 《文苑英华》卷四〇八常衮《加江西魏少游刑部尚书制》。
② 《旧唐书》卷一二二《曲环传》。
③ 《全唐文》卷六十宪宗《罢诸道节度使兼支度营田使诏》。
④ 《通志》卷五十六《职官六》："其非节度使者，谓之防御使，以采访使并领之，采访理州事，防御理军事。"《全唐文》卷五八〇柳宗元撰《岭南节度飨军堂记》："唐制，岭南为五府，府部州以十数，其大小之戎，号令之用，则听于节度使焉。"是岭南诸管经略虽权较岭南节度为小，然亦理兵。

将校之任免、战争策略拟定与指挥、城寨之修筑等，遂握有大权。① 乾元二年六月，颜真卿为浙西节度使，上谢表曰："即赴升州（按浙西节度使治升州），即当修缮甲兵，抚循将士，观察要害，以备不虞。"② 贞元十二年，王翃为东都留守东畿汝都防御使，"凡开置二十余屯，市劲筋良铁以为兵器，简练士卒，军政颇修"。③ 代德之时，鲜于叔明为东川节度使，先树牙幢，期足军实，而训藩军。④

理论上，藩镇在本镇虽有甚大之军事权，但重大的军事措施必须由中央最后裁定，例如军队之增减，须经中央命令。⑤ 然而，事实上，只有对中央态度恭顺之藩镇重视中央之最后裁定权，跋扈之藩镇，尤其是河北三镇（成德、魏博、幽州）某镇内一切军事措施皆由节度使自行决定，中央最多只能作形式上之认可而已。甚至对于态度恭顺的藩镇，中央由于鞭长莫及与实际的需要，也尽量给予其统驭一镇之军事全权，前述王翃、鲜于叔明即是其例。因此，藩镇在其本镇内实有其强固之兵权。

二、在监察方面，观察使由采访使演变而来，均为"察所部善恶"，其属监察官之性质至为明显。《唐大诏令》卷八十六咸通七年大赦文：

> 自今以后，委观察使专刺举之职，如郡守不理，或临财不廉，酒食是营，狱讼靡息，以时奏劾。

可见观察使监察之对象，主要为本道内之州县官。其实在懿宗以前观察使早有监察州县官之职权，《全唐文》卷四十八代宗《谕诸道考察所属官敕》：

---

① 参阅日野开三郎《支那中世の軍閥》第二章，页70—71。
② 《全唐文》卷三三六颜真卿《谢浙西节度使表》。
③ 《旧唐书》卷一五七《王翃传》。
④ 《文苑英华》卷七七六于邵《唐剑南东川节度使鲜于公经武颂》："大历三年夏六月，分命渔阳伯鲜于公拥旌仗钺，总统东川八州之地。……一之岁，二之岁，葺郡邑，正疆理，而树牙幢；三之岁，四之岁，辟田畴，阗帑藏而耀军实；五之岁而甲兵大振；六之岁而勇可贾余；七之岁而人有取（聚）训有常矣。"
⑤ 《唐会要》卷七十二《军杂录》："（大历）十年正月诏，诸道军甲，每年秋末冬首一申，春夏不须申，其官健逃亡，非承正制敕，不得辄召募。"

自今后，别驾县令录事参军有犯赃私，并暗弱老耄疾患不称其职，户口流散者，并委观察节度等使与本州刺史计会访察，闻奏与替，其犯赃私者，并禁身推问，具状闻奏，其疾患者，准式解所职，老耄暗弱及无赃私才不称职者，量资考改与员外官，余官准前后敕处分，其刺史不能觉察，观察节度使具刺史名品闻奏。

又《唐大诏令》卷八十四《大历四年大赦文》：

闻州县官比来率意恣行粗杖，不依格令，致（囚）使殒毙，深可哀伤，频有处分，仍闻乖越，自今已后，非灼然蠹害者，不得辄加非理，仍委观察节度等使严加捉搦，勿令有犯，如违录名闻奏。

观察使既握有监察大权，又因例兼一州刺史，长驻一地，被监察之刺史遂不敢不听命于观察使。

三、因与监察权连带有关，藩镇遂对本道州县官有荐举、考第之权。《唐会要》卷八十二《冬荐》：

元和七年八月，中书门下奏，请州府五品以上官替后，委本道观察使及长吏，量其材行干能，堪奖用者，具人才资历，每年冬季，一度闻荐。

《全唐文》卷七十九宣宗《委观察选择县令制》：

县令员数至广，朝廷难悉谙知，吏部三铨，只凭资考，访于近日，多不得人，委观察使于前资摄官内，精加选择，当具荐论。

不仅对州县官之荐举，甚至州县官之任用，观察使亦能控制，此点将于本章第三节内申论。

观察使对州县官有考第权，诏敕屡有明文，《唐会要》卷六十八《刺史上》：

其（开成元）年八月，中书门下奏，致治亲民，属在守宰，朝廷近日命官，颇加推择，从今以后，望令诸观察使，每岁终，具部内刺史县令司牧方策政事工拙上奏。……敕旨，依奏。

《册府元龟》卷六三六《铨选部·大中元年正月制》曰：

> 自今以后，其巡内刺史请并委本道观察使定其考第，然后录申。

《唐会要》卷八十二《考》下"大中六年七月"条：

> 其巡内刺史，请并委本道观察使定其考第。

四、藩镇对于刑罚事宜，可根据国家法令而执行之，如天宝元年裴宽为范阳节度使，"时北平军使乌承恩恃以蕃酋，与中贵通，恣求货贿，宽以法按之"。① 实际上，唐代藩镇多有滥施刑罚之事，兹举数例如下：

> 严武代宗时为剑南节度等使，前后在蜀累年，肆志逞欲，恣行猛政，梓州刺史章彝，初为武判官，及是小不副意，召赴成都，杖杀之。（《册府元龟》卷四四八《将帅部》）

> 王珙唐末为陕州节度使，为政苛暴。且多猜忌，残忍好杀，不以生命为意，内至妻孥宗属，外则宾幕将吏，一言不合，则五毒将施，鞭笞刳斲，无日无之。（《册府元龟》卷四四八《将帅部》）

> 于頔为陕虢观察使，自以为得志，益恣威虐，官吏日加笞罚。（《册府元龟》卷六七九《牧守部》）

> 令狐彰为滑州节度使，性识猜阻，人有忤意，不加省察，辄至毙踣。（同前）

> 李翼为江西观察使，狗喜怒，无辜而毙踣者不可胜纪。（同前）

> 浙西观察使韩皋封杖决湖州安吉令孙澥，四日内死。（《旧唐书》卷一六六《元稹传》）

> （肃宗时，张镐为河南节度使）会张巡宋州围急，倍道兼进，传檄濠州刺史闾丘晓，引兵出救，晓素慢戾，驭下少恩，好独任己，及镐信至，略无禀命，又虑兵败，祸及于己，遂逗留不进，镐至淮口，宋州已陷，镐怒晓，即杖杀之。（《旧唐书》卷一一一《张镐传》）

---

① 《旧唐书》卷一〇〇《裴漼传》。

由上数例，可见藩镇刑罚权力甚大。固然，节度观察使杖杀巡内官吏，"典法无文"，[①] 然而当时藩镇常有责罚刑杀巡内官吏之事，甚少受到中央之驳斥或抑制，偶而中央对藩镇之滥施刑杀表示不满，亦不过略予薄惩。[②] 赵翼曰："张镐杖杀刺史闾丘晓，严武杖杀梓州刺史章彝，则节度使并可杖杀刺史矣。杨炎为河西节度使掌书记，以县令李太简醉辱之，炎令左右反接，榜二百几死，则节度书记并可杖县令矣。《旧唐书》本纪元和元年，（浙西）观察使韩皋杖安吉令孙澥致死，罚一月俸料。《新唐书》穆宁为转运使，杖死沔州别驾，坐贬平集尉，是虽有降罚处分，然以杖之至死，故稍示罚，而长官得杖僚属之制自在也。"[③]

五、中央政府之赋税课征命令由观察使发布，虽课额由中央裁定，而观察使可拟议，《唐会要》卷八十四《租税下》"会昌元年正月"条：

> 仍委本道观察使每年秋成之时，具管内垦辟田地顷亩，及合征上供、留州若使斛斗数，分析闻奏。

同书卷八十三《租税上》，有下列两条：

> （建中）三年五月，初加税，时淮南节度使陈少游请于当道两税钱，每一千加税二百。

> （贞元）八年四月，剑南西川观察使韦皋奏，请加税什二，以增给官吏，从之。

又《全唐文》卷六十六穆宗《南郊改元德音》：

> 河北诸道管内，自艰难以来，久无刑法，各随所在，征敛不时，色目至多，都无艺极，宜委本道观察使勘实，据桑产及先各征配，量轻重团定两税，务令均济。

可见观察使对本管内课税之拟议权甚大。而且有时地方赋税之是否

---

① 《全唐文》卷六五一元稹《论浙西观察使封杖决杀县令事》。
② 如韩皋杖决安吉令，经御史元稹弹劾，始罚俸一月。
③ 赵翼《陔余丛考》卷十七《唐时簿尉受杖》。

输中央，权亦在藩镇。郓、曹、濮等州自元和末李师道后，赋税尽留赡军，不输中央，大和六年天平节度使殷侑"乃上表始大和七年请岁供两税榷酒等钱十五万贯，粟五万硕"。① 则郓、曹等州之税是否供输中央及供输多少几全由节度使决定。至于成德、魏博、幽州等镇赋税之课额及支用，中央全不能过问。

藩镇对于本管内州县间之赋税课额得酌量作增减，如大和二年山南西道节度使王涯以兴元府南郑两税钱额素高，乃使管内四州均摊，代纳二千五百贯文，配蓬州七百五十贯，集州七百五十贯，通州五百贯，巴州五百贯。② 而且藩镇对管内州县赋税之调用及蠲免，均握有大权，例如德宗初，义武节度使张孝忠令管内沧州刺史程日华"每岁以沧州税钱十二万贯供义武军"。③ 卫次公为陕虢观察使，"蠲横租钱岁三百万。"④ 孔戣为岭南节度使，"免属州逋负十八万缗，米八万斛，黄金税岁八百两。先是，属刺史俸率三万，又不时给，皆取部中自衣食，戣乃倍其俸，约不得为贪暴，稍以法绳之"。⑤ 固然蠲免或须追报中央，但此为形式，中央几无不照准。

六、藩镇为一道之最高行政长官，因此对管内州县大小行政无不具有管辖之权，兹任举数例如下：

> （李叔明为东川节度使）时东川兵荒之后，凋残颇甚，叔明理之近二十年，招抚耗庶，夷落获安。（《旧唐书》卷一二二《李叔明传》）

> （李复为岭南节度使）教民作陶瓦，镌谕蛮獠，收琼州，置都督府，以绥定其人。（《新唐书》卷七十八《李复传》）

> 裴度为蔡州节度使，吴元济平，度乃视事，蔡人大悦，其俗旧令途无偶语，夜不燃烛，人有经过醉饮者，皆以军法论。度始

---

① 《旧唐书》卷一六五《殷侑传》。
② 《唐会要》卷八十四《租税下》。
③ 《旧唐书》卷一四一《张孝忠传》。
④ 《新唐书》卷一六四《卫次公传》。
⑤ 《新唐书》卷一六三《孔戣传》。又《金石续编》卷十韩愈《南海神广利王庙碑云》："（孔戣为岭南节度使）始公之至，尽除他名之税……免属州负逋之缗钱廿有四万，米三万二千斛……加西南守长之俸，诛其尤无良不听令者。"其钱米数与新传不同。

至，惟盗贼斗杀外，余尽除之，其往来者，不复以昼夜为限，于是百姓始知王人之乐。(《册府元龟》卷六八九《牧守部》)

(李皋为荆南节度使)江陵东北有废田，傍汉古堤二处，每夏则溢，皋始命塞之，广田五千顷，亩得一钟。规江南废洲为庐舍，架江为二桥，流人自占二千余户，自荆至乐乡凡二百里，旅舍乡聚，凡十数，大者皆数百家。楚俗佻薄！不穿井，饮陂泽，皋始命合钱开井，以便人。(《旧唐书》卷一三一《李皋传》)

宝历二年二月凤翔陇州观察使上言，当管缘兴元新回斜谷路，创置驿三所，岐山县南界置渭阳驿，郿县北界置过蜀驿，宝鸡县南界置安途驿。(《唐会要》卷六十一《馆驿》)

甚且在特殊情况下，藩镇得决定应变措施，例如王起为河中节度使时，"方蝗旱，粟价腾踊，起下令家得储三十斛，斥其余以市，否者死。神策士怙势不从，置于法，由是廥积咸出，民赖以生"。[1] 王起为应付蝗旱粮荒而作之措施，原为藩镇之命令，凡不从者均"置于法"，藩镇之行政命令即等于法，可知其在本管内权力之强大。

藩镇除对管内州县拥有强大之行政权力外，有时由于中央之授命，尚兼带其他职衔而增加其权力。例如陇右节度使开元十五年后常兼经略、支度、营田等使，河西节度使开元十二年后常兼赤水九姓经略、本道支度、营田、长行转运等使，幽州节度使天宝元年后常兼经略河北、支度、营田、河北海运等使，平卢节度使开元二十八年至肃宗时常兼押两蕃及渤海黑水等四府经略处置、管内诸军诸蕃及支度、营田等使，剑南西川节度使贞元十一年后常兼统摄近略诸蛮、兼西山八国云南安抚等使，[2] 元和十四年五月至大和二年十一月，置临海监牧使，淮南节度使兼领，元和十四年八月至大和七年正月山南东道节度使兼临汉监牧使，[3] 贞元十三年四月至元和六年十月陕虢观察使兼陕州水陆运使，[4] 开元十五年五月后朔方节度使常兼

---

[1] 《新唐书》卷一六七《王起传》。
[2] 阅《唐会要》卷七十八《节度使》有关诸条。
[3] 阅《唐会要》卷六十六《群牧使》有关诸条。
[4] 《唐会要》卷八十七《陕州水陆运使》"先天二年十月"条。

关内盐池使。①

以上就藩镇在所管州县内之职权观察，其权力不可谓不大，杜牧谓藩镇"贵土地兵甲，及生杀与夺，在一出口"，② 可想见其权势之强大。固然，一个人拥有强大的权力后未必一定会对中央跋扈叛逆，然而强大的权力总是藩镇跋扈叛逆之资本。有些藩镇在受镇之前对中央并无跋扈之事，及受镇之后，自满于权力之强大而对中央表示倔强抗命，例如于頔初为湖州刺史、苏州刺史，皆兴水利，有善政，及为陕虢观察使，自以为得志，渐骄横，又改山南东道节度使，更广军籍，募战士，有专汉南地之意。③ 李锜为李唐宗室，初任杭、湖二州刺史，均极力讨好宰臣，对中央无不恭顺，及为浙西节度使，乃得志无所惮，募军积财，欲谋自据，终逆朝命。④ 皆因迷于强大权力而违抗中央之显例。韩非曰："大臣之禄虽大，不得藉威城市，党与虽众，不得臣士卒。"⑤ 唐之藩镇有土有兵，既可"威城市"，又能"臣士卒"，跋扈叛逆自易造成。

第三节　藩镇对州县之控制

唐代藩镇对本管州县之控制力至强，州县官对于节度观察使无不俯首听命，其原因主要由于前节所述藩镇之职权太大，同时，也是由于州权太小，无法抗拒节度观察使之控制。

唐代刺史之职权，《唐六典》卷三十载：

> 京兆、河南、太原牧及都督、刺史掌清肃邦畿，考核官吏，宣布德化，抚和齐人，劝课农桑，敦谕五教，每岁一巡属县，观风俗，问百姓，录囚徒，恤鳏寡，阅丁口，务知百姓之疾苦，部内有笃学异能闻于乡闾者，举而进之，有不孝弟悖礼乱常不

---

① 《唐会要》卷八十八《盐池使》"开元十五年五月"条。
② 《全唐文》卷七五一杜牧《上宣州崔大夫书》。
③ 阅《旧唐书》卷一五六《于頔传》。
④ 阅《新唐书》卷二二四上《李锜传》。
⑤ 《韩非子》卷一《爱臣第四》。

率法令者，纠而绳之，其吏在官公廉正己、清直守节者必察之，其贪秽谄谀、求名徇私者，亦谨而察之，皆附于考课，以为褒贬，若善恶殊尤者，随即奏闻。若狱讼之枉疑，兵甲之征遣，兴造之便宜，符瑞之尤异，亦以上闻，其常则申于尚书省而已，若孝子顺孙，义夫节妇，志行闻于乡闾者，亦随实申奏，表其门闾，若精诚感通，则加优赏，其孝悌力田者，考使集日，具以名闻。其所部有须改更，得以便宜从事。

据仁井田陞云《六典》此条为开元七年令，[①] 在开元初以前，藩镇尚未在唐行政系统上占一席之地，因此，刺史为地方最高行政长官，直接对中央负责，其职权并不算小。但到玄宗以后，藩镇之地位日渐重要，权势日渐扩大，于是成为高于刺史之地方行政长官，虽然在理论上，迄至唐末刺史仍为最高地方行政长官且直属中央，[②] 但事实上刺史事事受制于节度观察使，甚至成为节度观察使之部属。李华谓："汉制：刺史部领郡国，迁为太守，太守课最，入为公卿。及魏晋以来，或称州牧。国朝州刺史、郡太守更相为名，亲贤如宁、岐，弼谐如狄、宋，皆拜焉，在部视侯伯，入朝亚卿尹。其车服皂盖朱轓、华虫七旒、进贤两梁冠、玉佩青绶，古有铜兽竹使符，太守不假节，刺史临兵则持节，今虽无事，亦称使持节，戒不虞也。"[③]事实上，唐代刺史较之汉代太守，其权势相差甚远，故杜佑云："今刺史皆使持节，按前代使持节，得戮二千石，其王公以下封国，皆南面臣人，分茅建社，其开府仪同三司，则礼教班秩，皆如三公，置府辟吏，今并岂有其实乎？"[④] 唐代州权既小，藩镇自易于控制。[⑤]

　　唐代州的区划甚小，不论面积与人口，唐州均不如汉郡，汉唐

---

① 《唐令拾遗·户令第九》。

② 《旧唐书》卷四十四《职官志》"刺史"条其职权与六典略同，可见在理论上，刺史之职权前后相同。

③ 《全唐文》卷三一六李华《常州刺史厅壁记》。

④ 《通典》卷二十二《职官四》。

⑤ 曾繁康先生《中国政治制度史》第五章第二节第一目，亦认为唐代州之权位卑微，于是虚级的"道"遂得统率道内诸州，而节度使之权遂重。

疆域之比较，当开元天宝之时，"南北如汉之盛，东不及，而西过之"，[1] 版图至为相似。汉孝平时，户千二百二十三万三千六十二，口五千九百五十九万四千六百七十八，郡国一百三，[2] 县道国邑共千五百八十七。[3] 唐开元二十八年户部帐，凡郡（州）府三百二十八，县千五百七十三，户八百四十一万三千八百七十一，口四千八百一十四万三千六百九。[4] 汉唐州郡比较，汉郡数目较唐为少，至于每一州郡所统县、户、口数平均比较：汉代每郡平均约有十五、六县，户一十一万八千七百七十七，口五十七万八千五百八十九；唐代每郡（州）平均约有四五县，户二万五千六百四十九，口一十四万六千七百七十九。可见汉郡面积较唐州大，户口亦较多，因此汉太守之力量远较唐刺史为大，钱宾四先生云："唐制四万户以上为上州，二万户以上为中州，二万户以下为下州。西汉太守一郡户口有多至二百万以上者，西汉一县户口亦有四、五万以上者，可见汉唐太守权位之迥乎不侔。"[5] 唐代州郡区划既小，刺史所能运用之人力、财力有限，一旦地方发生内忧外患，刺史实难应付，因此，睿宗、玄宗之时，为加强边界之防御力而设统辖数州之节度使，及安史之乱，为应付国内乱事，在内地亦并数州或数十州之地而设节度观察使。藩镇集数州乃至数十州之人力财力，足以霸居一方，抗拒朝命，刺史却以地小人寡，无法摆脱藩镇强力控制，因此，唐代藩镇跋扈叛逆层出不穷，却鲜有刺史能跋扈叛逆。

藩镇控制州县之方法甚多，一方面是中央授予藩镇监督州县之大权，同时藩镇自己也设计控制州县之办法。唐制，州县官吏有能政者，由观察使呈报中央。《全唐文》卷四十七，代宗《委观察使安辑流亡诏》：

---

① 《新唐书》卷三十七《地理志》。
② 《汉书》二十八下《地理志下》。
③ 《汉书》十九上《百官公卿表上》。
④ 《新唐书》卷三十七《地理志》。
⑤ 《国史大纲》第五编第廿三章，页 289。

> 如刺史县令有能政字人民，使流亡日还，户口岁益，宜委观察使录状奏闻。

《文苑英华》卷六二八，令狐楚《荐昭州刺史张愻状》亦云：

> 贞元六年十一月八日敕旨，自今以后，诸州刺史县令以肆考，如理术尤异，实效可称，考满日，委观察使录事迹以闻。

州县官有能政，由观察使呈报中央，倘使州县官有过失弊政，亦由观察使呈报中央，《文苑英华》卷四三六《赈救诸道百姓德音》（大和九年三月三十二日）：

> 其有牧宰非才，贪残为害，及承前积弊，须有条流，或冤狱留滞，速宜疏决者，并委观察使纠察详访，具状闻奏。

《全唐文》卷五十五，德宗《南郊赦文》：

> 近日州县官吏，专杀立威，杖或踰制，自今已后，有责情决罚致死者，宜令本道观察使具事縣闻奏。

固然，对州县官之能政弊政，其奖惩决之于中央，然既须经观察使呈报，州县官自不能不尽力讨好观察使，以期观察使代为"隐恶扬善"，于是州县官甚少敢于对观察使倔强。如果刺史县令敢违藩镇之意愿，为藩镇所恶，即可能遭遇贬谪之命运，[1] 甚至被杀。[2] 德宗贞

---

[1]　刺史为藩镇所恶而被贬谪之例甚多，如邓州刺史元洪为山南东道节度使于頔所恶，頔奏贬洪吉州长史。（《旧唐书》卷一五六《于頔传》）凤州刺史马勋为山南西道观察使严砺所恶，砺奏贬勋贺州司户参军。（《新唐书》卷一四四《严砺传》）

[2]　刺史忤藩镇之意而被杀者，如本章第二节所举剑南节度使严武杀梓州刺史章彝即是。另刺史不禀藩镇节制而被杀者，如本章第二节所举河南节度使张镐杀濠州刺史闾丘晓即是。又《册府元龟》卷一五〇《帝王部》："李宗奭为沧州刺史，与本道节度郑权不叶，不禀节制，权奏之，宪宗令中使追之，宗奭讽州留己，上言惧乱未敢离郡，沧州将吏惧，共逐宗奭，宗奭奔归京师，诏以悖乱之罪斩于独柳之下。"《通鉴》卷二二四（大历三年九月）："颍州刺史李岵，以事忤滑亳节度使令狐彰，彰使节度判官姚骥，按行颍州，因代岵领州事。且曰：'岵不受代，即杀之。'岵知之，因激怒将士使杀骥，与骥同死者百余人。岵走依河南节度使田神功于汴州，冬十月乙巳，彰表言其状，岵亦上表自理，上命给事中贺若察往按之。……（大历四年正月）壬午，流李岵于夷州。……辛卯，赐李岵死。"亦是因违节度使命令而导致之结果。

元时，令狐峘为吉州刺史，地属江西，"齐映廉察江西，行部过吉州，故事，刺史始见观察使，皆戎服趋庭致礼。映虽尝为宰相，然骤达后进，峘自恃前辈，有以过映，不欲以戎服谒，入告其妻韦氏，耻抹首趋庭，谓峘曰：'卿自视何如人？白头走小生前，卿如不以此礼见映，虽黜死，我亦无恨。'峘曰：'诺。'即以客礼谒之。映虽不言，深以为憾。映至州，奏峘纠前政过失，鞫之无状，不宜按部临人。贬卫州别驾。"① 刺史对观察使礼仪之小失，竟因而被贬，无怪乎刺史对观察使畏惧如鬼神，莫敢逆命。高承简为邢州刺史，观察使责赋急，承简竟代下户数百输租。② 阳城为道州刺史，"观察使遣判官督其赋，至州，怪城不出迎，以问州吏，吏曰：'刺史闻判官来，以为有罪，自囚于狱，不敢出。'判官大惊，驰入，谒城于狱曰：'使君何罪，某奉命来候安否耳。'留一、二日未去，城因不复归，馆门外有故门扇横地，城昼夜坐卧其上，判官不自安，辞去。"③ 刺史畏观察使之督赋，正表示观察使对刺史控制之严密。元结为道州刺史，作《舂陵行》一首，其序云："癸卯岁（按：为代宗广德元年），漫叟授道州刺史，道州旧四万余户，经贼已来，不满四千，大半不胜赋税。到官未五十日，承诸使征求符牒二百余封，皆曰：失其限者，罪至贬削。于戏！若悉应其命，则州县破乱，刺史欲焉逃罪，若不应命，又即获罪戾，必不免也。"④ 可见刺史在藩镇控制下，自全之不易。刺史倘若贪恋官爵，权衡二者对本身之利害，州县破乱，拖延时日较长，且可推诿责任，或求藩镇包庇，如拒藩镇之命，则贬削立至，因此，为求保官位全身家，藩镇有求，靡敢不应。藩镇对刺史之威势遂日益增强。

此外，藩镇尚利用其他两种办法以加强其对州县之控制，一是将州县之军队置于藩镇之统驭之下，一是控制州县官吏之任用。

藩镇对于一道之内之军队有指挥运用之权，同时更将直隶藩镇

---

① 《旧唐书》卷一四九《令狐峘传》。
② 《新唐书》卷一七〇《高承简传》。
③ 《旧唐书》卷一九二《阳城传》。
④ 《唐元次山文集》卷四《舂陵行》。

之镇将镇兵，分驻各州县，刺史不能制镇将，镇将则监视刺史，刺史在军人监视下不敢违抗藩镇。[①] 李正己为淄青节度使，"以子纳及腹心将守诸州"，[②] 浙西节度使李锜谋逆，"室五剑，授管内镇将，令杀五州刺史"。[③] 唐制刺史兼带"使持节"之号，但却不能擅自发兵，凡欲发兵须经节度观察使之同意。宝历二年，李繁为亳州刺史，"州境尝有群贼，剽人庐舍，劫取货财，累致擒捕不获，繁潜设机谋，悉知贼之巢穴，出兵尽加诛斩，时议责繁以不先启闻廉使，涉于擅兴之罪"。[④] 州县军队由藩镇控制，刺史失权，不敢不听命于藩镇。唐人论藩镇之势强力大，易于跋扈，多认为基因于刺史之失权。宪宗末，横海军节度使乌重胤上言曰："臣以河朔能拒朝命者，其大略可见，盖刺史失其职，反使镇将领兵事，若刺史各得职分，又有镇兵，则节将虽有禄山思明之奸，岂能据一州为叛哉？所以河朔六十年能拒朝命者，只以夺刺史县令之职，自作威福故也。"[⑤]陆亘亦曰："凡节度使握兵分屯属郡者，刺史不能制，遂为一州之弊。"[⑥]李德裕亦主张刺史得主兵权，免受藩镇牵制。[⑦] 其实，当元和十四年，中央已命令军权分属所管州郡，《册府元龟》卷六十《帝王部》（《唐会要》卷七十八《诸使杂录上》略同，惟时间为元和十四年二月）：

> （元和十四年四月）丙寅，诏："诸道节度、都团练、防御、经略等使，所管支郡，除本州军使外，别置镇遏、守捉、兵马者，并令属刺史，如刺史带本州团练、防御、镇遏等使，其兵马名额，便隶此使，如无别使，即属军事，其有边于溪洞，接

---

① 日野开三郎氏认为唐代藩镇利用镇将网以树立管内之专制权，阅《支那中世の军阀》第三章，页138—142。

② 《新唐书》卷二一三《李正己传》。

③ 《新唐书》卷二二四上《李锜传》。

④ 《旧唐书》卷一三〇《李泌传》。

⑤ 《旧唐书》卷一六一《乌重胤传》。《全唐文》卷五四六乌重允《请德棣景三州归刺史收管奏》，同。

⑥ 《旧唐书》卷一六二《陆亘传》。

⑦ 《会昌一品集》卷十六《潞磁等四州县令录事参军状》："以前并是积久之弊，且要改张，所冀刺史得主兵权，免受牵制。"

连蛮蕃之处，特建城镇，不关州郡者，则不在此限。（原注：自艰难以来，天下右武，节将权尤重，遂于所管诸郡，别置镇兵，以大将主之，干扰郡政，或为奸盗，其弊日久，至是宰臣因乌重胤之请，始奏罢之。）

显然此一命令之目的在抑制藩镇，然而能服从此一命令者为河南、淮南、江南、岭南、山南、剑南等地及河东、河北之一部分态度恭顺之方镇，至于长庆初对中央仍表示跋扈不恭之昭义、魏博、成德、幽州四镇则并未因此项命令而将对州县军队之控制权放下，因此李德裕在武宗会昌时尚主张将昭义一镇之州县兵权归属刺史。元和十四年抑制藩镇军权之命令的确产生甚大效果，将州县兵权归隶于刺史之拟议者为横海节度使乌重胤，《通鉴》谓自元和十四年，"其后河北诸镇惟横海最为顺命，由重胤处之得宜故也"。[1] 自宪宗末至僖宗初之五十余年间，藩镇跋扈叛逆者甚少（参阅表3），其原因之一即是受元和十四年州县兵权归属刺史命令之影响，藩镇既缺少州县兵力之支持，自不敢对中央称霸倔强。

及至黄巢起事以后，地方强藩崛起，以武力行割据，不再遵守州县兵权归属刺史之命令。龙纪元年，中央以给事中杜孺休为苏州刺史（属浙西），镇海（浙西）节度使钱镠不悦，以知州事沈粲为制置指挥使，以制杜孺休，[2] 即是表示藩镇又以镇将控制刺史，而加强藩镇之权力。朱礼曰："（唐）兵在镇将，权在镇牧，镇将夺司马之职，镇牧收刺史之权，凡镇牧本自有兵权，又兼总其隶州之兵权，由是相望内地，各为之号。"[3] 藩镇既能掌握所隶州郡之兵权，于是，上有违抗中央之资，下无顾虑刺史之忧，跋扈叛逆态度自易造成。

藩镇除能掌握州县兵权外，尚能借州县官之任用，以达成控制

---

① 《通鉴》卷二四一元和十四年三月。

② 《通鉴》卷二五八龙纪元年十月，"以给事中杜孺休为苏州刺史，钱镠不悦，以知州事沈粲为制置指挥使"。《胡注》："沈粲制其兵权，杜孺休直寄坐耳。"

③ 《汉唐事笺后集》卷三。

州县之目的。唐制官员之任命，其形式均出自中央，① 地方无授官之权。但自广德以后，州县缺官应报告节度观察使，《唐会要》卷七十五《选部下·杂处置》：

> 广德元年二月，敕诸州府及县令，今后每有阙官，宜委本州府，常日牒报本道观察节度及租庸使。

州县缺官既向节度观察使报告，节度观察使对于所管州县内官吏之缺员，可派人假摄，② 此种假摄者为数不少，既任假摄，中央亦不多加过问，于是假摄者不仅人数多，且任职时间亦长。张延赏于代德之时为西川节度使，"当管州县，阙官员者或数十年，吏部未尝补校，但令一官假摄"。③ 至于河北跋扈之藩镇，其所管州县官员阙，更是由藩帅择人兼摄。④ 节度观察使得以差人兼摄，无异对州县官之任用，予以控制。

节度观察使差人假摄之州县官，主要为刺史与县令，次及州县佐史。例如关播大历中以淮南判官摄滁州刺史，⑤ 刘昌以宣武行营诸军马步都虞候摄濮州刺史，⑥ 张汾以西川安抚巡官摄广德县令。⑦ 李商隐有《为荥阳公桂州署防御等官牒》，其中有差人摄知州县官者：崔兵曹摄观察巡官兼知某县事、李文俨摄丰水县令、凌绰知蕃州事、

---

① 自隋代，州郡无辟署之制，一命以上之官均由中央任命。阅《通典》卷十四《选举二·历代制中》。又《通典》卷十五《选举三·历代制下》："（唐制）凡诸王及职事正三品以上，若文武散官二品以上，及都督、都护、上州刺史之在京师者，册授；五品以上皆制授；六品以守五品以上，及视五品以上，皆敕授。凡制、敕授及册拜，皆宰司进拟。自六品以下，旨授，其视品及流外官皆判补之。凡旨授官，悉由于尚书，文官属吏部，武官属兵部。"是则品官之任命，形式上均出于中央。

② 《云麓漫钞》卷四："选人之制，始于唐，自中叶以来，藩镇自辟召，谓之版授，时号假版官，言未授王命，假摄之耳。"

③ 《册府元龟》卷四三九《将帅部》。

④ 《文苑英华》卷九七六李翱《徐申行状》："河北之俗，刺史阙，其帅辄以僚属将校自为之。"《旧唐书》卷一四二《李宝臣传》："（宝臣为成德节度使）与薛嵩、田承嗣、李正己、梁崇义等联结姻娅，互为表里，意在以土地传付子孙，不禀朝旨，自补官吏。"《旧唐书》卷一四三《李怀仙传》："（怀仙为幽州节度使）文武将吏，擅自署置。"事实上魏博、成德、幽州等镇州县官自安史乱后均由节度使自行差人摄任。

⑤ 《册府元龟》卷六八〇《牧守部》。

⑥ 《旧唐书》卷一五二《刘昌传》。

⑦ 《太平广记》卷四九六《杂录类》"邢君牙"条。

卢韬摄灵川县主簿、林君霈知环州事、李克勤摄修仁县令、韦重摄柳州录事参军、曹谠摄昭州录事参军、陈积中摄荔浦县令、李遇摄严州刺史。① 权德舆云："自兵兴四十年，山东诸侯率强大骄蹇，郡二千石多命于辕门。"② 所谓"命于辕门"，即是刺史由节度观察使差摄，实际上全国各道此种差摄官均有。

节度观察使遇州县官出阙时，究竟差何人往摄？据大历十二年五月一日敕："刺史有故及缺，使司不得差摄，但令上佐依次知州事。"③ 事实上此一敕令并未被真正遵守，大历以后，由节度观察使府文武僚佐出摄州县官者极多。使府僚佐得由藩镇自行辟署，职掌府事，自属节度观察使之亲信人物，（参阅表 12）遣其摄任州县官即是直接控制州县。

表 12　节度使观察使僚佐表

节度使僚佐	观察使僚佐	职掌	备注
副使一人	副使一人	副贰使职	开元天宝间，节度副使为首席僚佐。安史乱后，司马以掌武而渐权要，德宗以为储帅，位在副使之上。
行军司马一人		掌弼戎政，居则习搜狩，战则申法令。凡器械军粮皆得专之。	开成四年省司马员。后唐同光天成间复置，但不复权要。
判官本二人。开成四年减少一人。	判官本二人。大历十二年减一人。	一云尽总府事。一云分判仓兵骑胄四曹事。一云判尚书六行事。职务广泛可知。又有勾覆判官、作坊判官等名目。盖有要务则额外置之。	位次副使司马，亦得掌留务。
掌书记一人	支使一人	掌表笺书翰，为府主之喉舌。	《新志》云节度观察皆有支使。疑误。
推官一人	推官一人	掌推勾狱讼。	《通典》不载。

---

① 参阅《全唐文》卷七七八李商隐《为荥阳公桂州署防御等官牒》有关诸人条。

② 《文苑英华》卷九三九权德舆《徐申墓志铭》。

③ 《唐会要》卷六十八《刺史上》"大和四年八月"条。

（续表）

节度使僚佐	观察使僚佐	职掌	备注
巡官一人	巡官一人	不详。有掌屯田者。	《通典》无节度巡官，然大历中已见有之。
馆驿巡官四人	转运巡官	掌馆驿转运事。	《通典》皆无。《新志》有馆驿巡官。
衙推一人	衙推一人	不详。	《通典》无节度推官，然中叶已见有之。
同副使一人		盖散职	《通典》不载。
参谋一人或二人	参谋人数不详	参议谋划。	开成四年省。故《新志》不载。
都孔目官 孔目官		军府事无巨细皆掌之，尤以财计出纳为要务，似为判官之属。	《通典》《新志》皆不载。
府院法直官一人			惟见《新志》。
要藉一人		亲近职但不详所在。	《通典》不载，但安史乱前已有之。
逐要一人			《通典》不载。始见于永泰年间。
驱使官			《通典》《新志》皆不载。
随军四人		分使出入。	《通典》《新志》皆见。又有随使随身，盖亦随军之类。
别奏若干人			安史前后有之，末期不复见。

说明：本表录自严耕望先生《唐代方镇使府之文职僚佐》。

藩镇以使府僚佐为州县官之例极多，如张万福以淮南节度副使摄濠州刺史，[1] 李芃以永平节度判官摄陈州刺史，[2] 关播以淮南判官摄滁州刺史（见前文所引），张迅以成德节度随军摄藁城县令，[3] 郭筠以义武军事判官摄易州长史，[4] 韦皋为西川节度使，"其僚掾官虽显，

---

[1]　《通鉴》卷二二四大历三年十二月："平卢行军司马许某，将卒三千人，驻濠州不去，有窥淮南意，淮南节度使崔圆令副使元城张万福摄濠州刺史，杲闻，即提卒去。"

[2]　阅《旧唐书》卷一三二《李芃传》。

[3]　阅《八琼室金石补正》卷四十二。

[4]　阅《金石续编》卷十二《开元寺陇西公经幢赞》文末题名。

不使还朝，即署属州刺史"。① 祖辅以幽州节度要藉摄安次县令。②

除使府僚佐以外，藩镇亦常以军将兼任属州刺史（有时为假摄，有时奏请中央任命，但均为军将与刺史互兼），例如幽州节度使刘总之外祖张懿为瀛州刺史卢龙军兵马使。③《八琼室金石补正》卷六十八《诸葛武侯祠堂碑》，元和四年二月二十九日立，时武元衡为西川节度使，碑阴记题名有：

> 左厢兵马使开府仪同三司使持节邛州诸军事行刺史兼御史大夫充镇南军使郇国公韦良金
>
> 藩落营兵马使朝请大夫使持节都督巂州诸军事守刺史兼御史大夫充本州经略使清溪关南都知兵马使临淮郡王陈孝阳
>
> 中军兵马使兼西山中北路兵马使特进使持节都督茂州诸军事行刺史兼侍御史上柱国陇西郡开国公李广诚

按"左厢兵马使""蕃落营兵马使""中军兵马使"均系西川节度使府军将④而又任刺史，是一人身兼军将与刺史二职。

使府僚佐与军将乃节度观察使属官，既兼任刺史州县官，则是将刺史州县官成为节度观察使之部属，州县更无力违抗藩镇。日人松井秀一认为卢龙（幽州）之彻底执行以军将及幕僚兼摄州县官之策略，乃是确保其强力军事体制之原因，⑤ 其实除卢龙之外，全国其他藩镇无不可以幕僚军将兼摄州县官，达成其藩镇控制之目的。

于此尚须略予提及者，为墨敕之制。当战乱之时，中央朝命每不能到达战区，为了能适应战区之需要，中央特允许战区统帅（如都统、招讨使等）以墨制授官，唐行墨敕以唐末最甚，王铎、郑畋、

---

① 《新唐书》卷一五八《韦皋传》。按岑仲勉先生《玉溪生年谱会笺》卷三大中二年，有云："唐时州县阙官，幕府得自置署，史传中以幕职摄郡县者颇有之，如旧书《薛戎传》，福建观察使柳冕表为从事，累月，转殿中侍御史，会泉州阙刺史，冕署戎权领州事。"凡由藩镇自置署者，均系差摄。

② 阅《唐文拾遗》卷三十二徐胶《大唐故幽州节度要藉祖君夫人宏农杨氏墓志铭》。

③ 《白氏长庆集》卷五十一《中书制诰五》，《刘总外祖故瀛州刺史卢龙军兵马使张懿赠工部尚书制》。

④ 参阅严师耕望先生《唐代方镇使府军将考》。

⑤ 阅松井秀一著《卢龙镇考》，载《史学杂志》第 68 编第 12 号。

高骈以都统之任，均行墨敕，以授有功将士官职。① 自《桂苑笔耕集》卷十三，可计算出高骈以墨敕授与之官职有：刺史、节度副使、都指挥使、巡官、右司马、县令、县丞、县尉、接应使、都知兵马使、虞候、讨击使、催阵使及镇将。及后，不仅都统可行墨敕，即强藩如西川节度使王建、福建节度使王审知等均行墨敕。② 其实墨敕与差摄在实质上并无不同，只是表面上使藩镇对州县之控制更合法化而已。

总之，唐代藩镇对州县之控制至为严紧，使刺史之地位低落，中央虽曾努力提高刺史之地位，使刺史尽量少受藩镇之控制，结果效果甚小。③ 白居易曰："自武德已来，庶官以便宜制事，大摄小，

---

① 参阅《平巢事迹考》，页9。

② 王建行墨敕始于天祐元年二月，阅《通鉴》卷二六四。王审知行墨敕在昭宗幸凤翔时，阅《新唐书》卷一九〇《王潮传》。其他藩镇亦有行墨敕者，如镇海节度使钱镠即是。《容斋四笔》卷十"唐藩镇行墨敕"条："池州铜陵县旱睨候庙，有唐中和二年二月一碑，其词云：敕宣歙池等州都团练观察使牒。当道先准诏旨，许行墨敕，授管内诸州有功刺史大将等，宪官具件如后。"宣歙非强藩，亦可墨敕，唐末可行墨敕之藩镇实不可数矣。

③ 《唐会要》卷七十八《采访处置使》，"大历十二年五月，中书门下奏，开元末，置诸采访使，许其专停刺史务，废置由己，请自今以后，刺史有犯赃等色，本道但具状闻奏，不得辄追赴使，及专擅停务，差人权摄。"刺史受藩镇牢牢控制，不许藩镇停刺史务与不许刺史诣使出界之规定，并未能提高刺史之地位。河北之成德、魏博、幽州三镇，刺史地位尤低，处处须候节度使之颜色，张读《宣室志》有一段记载："贞元中，有李生者，家河朔间，少有膂力，恃气好侠，不拘细行，常与轻薄少年游。年二十余，方折节读书，为歌诗，人颇称之，累为河朔官，后至深州录事参军。生美风仪，善谈笑，曲晓吏事，廉谨明干，至于击鞠饮酒，皆号为能，雅为太守所知。时王武俊帅成德军，恃功负众，不顾法度，支郡守畏之侧目。尝遣其子士真巡属郡，至深州，太守大具牛酒，所居备声乐，宴士真。太守畏武俊而奉士真之礼甚谨，又虑有以酒忤士真者，以故像其宾客，一不敢召。士真大喜，以为他郡莫能及。饮酒至夜，士真乃曰：'幸使君见待之厚，欲尽欢于今夕，岂无嘉宾，愿得召之。'太守曰：'偏郡无名人，惧副大使之威，不敢以他客奉宴席。唯录事参军李某足以待谈笑。'士真曰：'但命之。'于是召李生，入趋拜。士真目之，色甚怒，既而命坐，貌益恭，士真愈不悦，瞪顾攘腕，无向时之欢矣。……有顷，士真叱左右缚李某系狱。……有顷，士真醉悟，急召左右往取李某首来，左右即于狱中斩其首以进，士真熟视而笑。既而又与太守大饮于郡斋，酒醉。太守因欢乃起曰：'某不才，幸得守一郡，而副大使下察弊政，宽不加罪，为恩厚矣。昨日副大使命某召他客，属郡僻小无客，不足奉欢宴者，窃以李某善捧酒，故请召之，而李某愚戆不习礼法，大忤于明公，实某之罪也。今明公既已诛之，宜矣，窃有所未晓，敢以上问，李某之罪为何，愿得明数之，且用诫于将来也。'士真笑曰：'李生亦无罪，但吾一见之，遂忿然激吾心，已有戮之之意，今既杀之，吾亦不知其所以然也。'"从此段记载不仅可见河北藩镇之任意杀戮，且可见属郡刺史对藩镇卑恭，惟恐得罪之态。

重侵轻，郡守之职，总于诸侯帅，郡佐之职，移于部从事。"① 诚非虚言。固然，在黄巢起事以前，江南、剑南、山南、淮南、岭南各地藩镇亦有足够控制州县之力量，却少跋扈叛逆，然而此等藩镇之少跋扈叛逆，乃是由于客观环境之不许可与主观意识之不愿为，② 以及宪宗元和十四年后州县兵权归属刺史，藩镇财政权之削弱等原因。当黄巢一起，客观环境与主观意识均有改变，藩镇又乘机自擅兵权与财政权，于是当时藩镇纷纷割地自据，其对州县强大之控制力正成为其跋扈倔强之资本。朱礼曰："方镇之祸，岂特唐世然哉，原其所以致之之由，由夫郡守之无权尔。"③ 州县事权收归藩镇，藩镇视一镇若一国，只要藩镇具有非分之野心，加上有利于违抗中央之环境，藩镇之跋扈叛逆事件必然发生。

---

① 《文苑英华》卷八〇三白居易《江州司马厅记》。

② 江南等地在黄巢起事以前，并无一地曾被跋扈藩镇久据生根，因此如李锜、梁崇义等人虽欲据一镇以倔强，但四面皆为王土，难以久抗王师，终归失败，且江南等地素少战乱，人恶为逆，藩镇欲行不逞而势孤不能，此客观环境之不许。又江南等地藩镇其出身多与中央有密切关系，且多文人，是以心向中央，此藩镇主观意识之不愿为也。

③ 《汉唐事笺·后集》卷四。

第四章

藩镇武力之强大与其对中央之态度

第一节　战乱中藩镇武力之增强及其对中央之离心力

欧阳修曰："夫置兵所以止乱；及其弊也，适足为乱；又其甚也，至困天下以养乱，而遂于亡焉。"[①] 唐自玄宗以后，兵力散在藩镇，原意在捍卫国家，防止外患，然而藩镇之兵力强盛，反能引起战乱，而在战乱之时，藩镇又乘机扩张武力。

开元天宝之时，东北、西北边防屯重兵，其时只有河西、陇右、安西、朔方、河东、范阳、平卢等节度使，然已发生将帅不和现象，例如郭虔瓘与阿史那献之不和，[②] 王㕙与郭知运之不协，[③] 对于安内攘外，均属不利，因此玄宗遂常令一人兼领数镇节度使，如王忠嗣曾一人兼领朔方、河东、陇右、河西四节度使，"劲兵重地，控制万

---

① 《新唐书》卷五十《兵志》。

② 开元时，郭虔瓘为安西都护，与安抚招慰十姓可汗使阿史那献数持异，交诉诸朝，玄宗诏书谕解曰："朕闻师克在和不在众，以虔瓘、献宿将，当舍嫌室隙，戮力国家……或云突骑施围石城，献所致也，葛逻禄称兵，虔瓘所沮也，大将不协，小人以逞，何功可图，昔相如能屈廉颇，寇恂不念贾复，宜各旷然，终承朕命。"阅《新唐书》卷一三三《郭虔瓘传》。

③ 开元九年，兰池州胡苦于赋役，诱降虏余烬攻夏州反叛，诏陇右节度使郭知运与朔方军大总管王㕙共讨之，"㕙奏：'朔方军兵自有余力，其郭知运请还本军。'未报，而知运兵至，与㕙颇不相协，㕙所招抚降者，知运纵兵击之，贼以为㕙所卖，皆相率叛走"。阅《旧唐书》卷九十三《王㕙传》。

里"①，王君㚟亦兼领河西、陇右二节度使，张守珪兼领平卢、范阳二节度使，安禄山兼领平卢、范阳、河东三节度使（参阅"唐代藩镇总表"）。藩帅武力愈强，愈有跋扈叛逆之虞，天宝末，高力士谓玄宗曰："臣间至阁门，见奏事者言云南数丧师，又北兵悍且强，陛下何以制之，臣恐祸成不可禁。"② 安禄山身兼三镇，遂乘讨伐外蕃之时，自植势力，终酿成其后之叛乱。③

唐代中叶以后内乱甚多，其中规模最大者计有三次，而在此三次大战乱之中及其后，均出现不少武力强大之藩镇。此三次大战乱为玄、肃时的安史之乱，德宗初建中之乱，以及僖、昭时的唐末之乱。

代宗广德元年史朝义自杀，安史之乱平定。然而，安史之乱得以平定，乃由于安史部将张献诚、薛嵩、张忠志、田承嗣、李怀仙等之归降，而非唐室兵力之自行敉平。④ 且当时回纥兵在中国横行骚扰，唐室难于应付，⑤ 因此对于安史降将不能不加优容姑息，于是裂河北地，分命降将为节度使。张忠志为成德节度使，赐名李宝臣；薛嵩为相卫节度使；田承嗣为魏博节度使；李怀仙为幽州卢龙节度使。此等归降之节度使仍拥有战乱时之武力，且于战乱之后更加扩充兵力。⑥ 如田承嗣"既得志，即计户口，重赋敛，厉兵缮甲，使老弱耕，壮者在军，不数年，有众十万，又择趫秀强力者万人，号牙

---

① 《新唐书》卷一三三《王忠嗣传》。

② 《新唐书》卷二〇七《高力士传》。

③ 《安禄山事迹》卷中："禄山专制河朔已来，七年余，蕴蓄奸谋，潜行恩惠，东至靺鞨，北及匈奴，其中契丹委任尤重，一国之柄，十得二三，行军用兵皆在掌握，蕃人归降者以恩煦之，不伏者以劲兵讨之，生得者皆释而待，锡以衣资，赏之妻妾……夷人朝为俘囚，暮为战士，莫不乐输死节，而况幽蓟之士乎？及狼顾负恩，其所由来者渐矣。"

④ 王夫之《读通鉴论》卷十二《肃宗》："安史之灭，自灭也，互相杀而四贼夷，唐不能俾馘之也。"

⑤ 《通鉴》卷二二二广德元年闰月："回纥登里可汗归国，其部众所过抄掠，禀给小不如意，辄杀人无所忌惮。"

⑥ 仆固怀恩之叛，"边羌挈战不解，朝廷方勤西师，故（李）怀仙与田承嗣、薛嵩、张忠志等，得招还散亡，治城邑甲兵"。（《新唐书》卷二一二《李怀仙传》）亦是因战乱而扩张军备。

兵"。① 李宝臣"有恒、定、易、赵、深、冀六州地，马五千，步卒五万。财用丰衍。益招来亡命，雄冠山东"。② 当安史之乱时，李正己已乘机据有淄、青、齐、海、登、莱、沂、密、德、棣十州，③ 广德元年梁崇义据有山南东道，④ 均是战乱中藩镇拥兵据地之例。

大历十一年汴宋节度留后李灵曜"悉以其党为管内八州刺史县令，欲效河北诸镇，（八月）甲申，诏淮西节度使李忠臣、永平节度使李勉、河阳三城使马燧，讨之。淮南节度使陈少游、淄青节度使李正己，皆进兵击灵曜"。⑤ 此一战乱给予邻近藩镇增强实力之机会，《册府元龟》载："李灵曜之乱也，河南节帅所据多不奉法令，征赋亦随之。"⑥ 尤以兵力原已强大之藩镇，更乘此乱，扩地征兵，进而表露其跋扈之态度，《通鉴》卷二二五大历十二年十二月：

> 平卢节度使李正己，先有淄、青、齐、海、登、莱、沂、密、德、棣十州之地，及李灵曜之乱，诸道合兵攻之，所得之地，各为己有，正己又得曹、濮、徐、兖、郓五州……拥兵十万，雄据东方，邻藩皆畏之。是时田承嗣据魏、博、相、卫、洺、贝、澶七州，李宝臣据恒、易、赵、定、深、冀、沧七州，各拥众五万；梁崇义据襄、邓、均、房、复、郢六州，有众二万。相与根据蟠结，虽奉事朝廷，而不用其法令，官爵、甲兵、租赋、刑杀，皆自专之。上宽仁，一听其所为。朝廷或完一城，增一兵，辄有怨言，以为猜贰，常为之罢役，而自于境内筑垒、缮兵无虚日。

所以李灵曜之乱后，若干藩镇以兵力已强而益形跋扈。

代宗对于安史之乱所余留之骄兵悍将，宽容姑息。及德宗初即

---

① 《新唐书》卷二一〇《田承嗣传》。
② 《新唐书》卷二一一《李宝臣传》。
③ 阅《新唐书》卷二一三《李正己传》。
④ 阅《通鉴》卷二二二广德元年闰月至三月。
⑤ 《通鉴》卷二二五大历十一年八月。
⑥ 《册府元龟》卷四八三《邦计部》。

位,不姑息藩镇,[①] 遂与跋扈之藩镇利害冲突,藩镇乃以其武力对抗中央。《旧唐书》卷一四四《阳惠元传》:

> 及德宗即位,严察神断,自诛刘文喜之后,知朝法不可犯,四盗(按:指李正己、李宝臣、田悦、梁崇义)俱不自安,奏计者空还无所赏赐,归者多怨。或传说飞语,云帝欲东封,汴州奏以城隘狭,增筑城郭。李正己闻之,移兵万人屯于曹州,田悦亦加兵河上,河南大扰,羽书警急。

《阳惠元传》所言汴州城隘,增筑城郭之事,《通鉴》置于建中二年正月,自此以后,拥有强大兵力而跋扈之藩镇遂渐次作乱,今据《通鉴》卷二二六以下,择要条列于下:

建中二年　正月,成德节度使李宝臣卒,子惟岳请继袭,德宗不许。

五月,魏博节度使田悦与淄青节度使李正己、李惟岳连兵拒命。

六月,山南东道节度使梁崇义拒命,阻兵襄阳。

八月,淮西节度使李希烈破梁崇义陷襄阳,崇义死。平卢节度使李正己卒,子纳求继袭,德宗不许,纳遂与田悦相结。

三年　闰二月甲辰,成德兵马使王武俊杀李惟岳。

二月甲子,以王武俊为恒冀都团练观察使,以张孝忠为易定沧三州节度使,以康日知为深赵都团练观察使,以德棣二州隶幽州节度使朱滔。滔固请深州,不许,由是怨望,大军留屯深州。王武俊亦怨不得节度使。

三月,王武俊复叛,朱滔亦叛,率兵南侵。

十一月朱滔自称冀王,田悦称魏王,王武俊称赵王,李纳称齐王。

---

① 《新唐书》卷二一〇《田悦传》:"德宗立,不假借方镇。"

　　　　　　十二月丁丑，朱滔等劝淮西节度使李希烈称帝，希
　　　　　　烈遂自称天下都元帅太尉建兴王。
　　四年　三月，李希烈兵围攻东畿汝州节度使哥舒曜于襄城。
　　　　　　四月，哥舒曜败李希烈军于襄城。
　　　　　　八月丁未，李希烈将兵三万围哥舒曜于襄城。

由上所引，可见在建中四年八月之时，河北、山南、河南之地尽成战场，其中以李希烈之骚扰河南而至山南，对中央之威胁最大，于是，德宗令泾原节度使姚令言率兵救襄阳，建中四年十月丙午泾原兵路经京师，哗变，德宗仓卒出奔奉天，是为泾原兵乱。[1] 泾原之乱兵以前任泾原节度使朱泚在京师，"昔在泾有恩，且失权久"，众遂奉为主，朱泚因"僭即皇帝位于宣政殿，号大秦，建元应天"。以兵围攻德宗于奉天。[2] 朔方节度使李怀光率兵倍道至奉天，屡败朱泚军，遂解奉天之围，"怀光为人疏而愎，诵言：'宰相谋议乖剌，度支赋敛重，京兆尹刻薄军食，天下之乱皆由此。吾见上，且请诛之'"。宰相卢杞惧，于德宗前计沮怀光入觐，怀光自以大功而不得朝帝，自疑惧，遂领兵退守河中，拒朝命。[3] 其后幸赖李晟之力，克复京师，朱泚被杀。至于魏博节度使田悦、成德节度使王武俊、平卢节度使李纳均因德宗诏赦加官，遂归顺。李怀光以朔方军士多不愿叛逆，于贞元元年七月自杀。幽州节度使朱滔于贞元元年六月病死。淮西节度使李希烈亦于贞元二年四月为大将陈仙奇所杀，自建中二年正月起始之一场战乱，至贞元二年四月，大致安定。

　　德宗建中时之战乱实际上是安史之乱的余烬复燃，而小小之火苗，竟酿成连环之爆炸，遂成为一场大战乱，此一战乱由成德节度使李宝臣之子李惟岳之求继袭，而引起魏博、成德、平卢、幽州之联合叛乱，遂导致李希烈称帝之野心，又因关东之大乱，而引起泾原兵乱及朱泚之称帝，又因讨朱泚之乱而引起李怀光之乱。

　　在建中战乱之中，各藩镇兵力多少，史书未曾明载，然参与叛

---

　　① 关于泾原兵乱，详阅《通鉴》卷二二八"建中四年十月丙午"条。
　　② 阅《新唐书》卷二二五中《朱泚传》。
　　③ 阅《新唐书》卷二二四上《李怀光传》。

乱之藩镇，除朱泚系为中央军力所讨服外，其他如非以内部不和被杀或自杀，则为朝廷所赦免而归顺，均非由中央以兵力征服，参与叛乱之藩镇拥有强兵，当无疑义。

僖、昭时唐末之乱，藩镇莫不乘机扩充军备。唐末大乱，约始于黄巢，黄巢死后，秦宗权继而作乱，秦宗权死后，藩镇之间又争地不休，实际上自黄巢以后，大战乱迄至唐亡并未终止，在此一长时期战乱之中[①]，藩镇为求自保，并事侵略，强大兵力势所必需。例如天平节度使朱瑄"有众三万"。[②] 幽州节度使刘仁恭以步骑十万徇魏镇。[③] 景福元年李克用侵成德，幽州节度使李匡威以兵三万救成德，成德节度使王镕亦"引骑十万"夜袭李克用军，斩二万级。[④] 魏博节度使罗绍威夷灭魏博牙军"凡八千族"。[⑤] 镇海节度使钱镠有"精兵三万"。[⑥] 淮南节度使杨行密，"搜兵练将，以图霸道，所得孙儒之众，皆淮南之骁果也。选五千人，豢于府第，厚其衣食，驱之即战，靡不争先，甲胄皆以黑缯饰之，命曰：'黑云都'"。[⑦] 天复时，东川节度使王宗涤"将兵五万，声言迎驾，以攻兴元"。[⑧] 荆南节度使成汭"畜兵五万"。[⑨] 义胜（浙东）节度使刘汉宏将攻董昌，"悉军十万"。[⑩] 唐末两大强藩李克用、朱全忠兵力未有统计，但以势力强大，兵数当亦不少。[⑪] 在战乱中，朝廷法令已失去维持秩序之能力，欲求保位，惟有依赖武力，于是建立强大武力为唐末藩镇致力之重

---

① 黄巢之变引起的战乱始于僖宗乾符二年（公元 875）黄巢起兵应王仙芝，至哀帝天祐四年（公元 907），唐亡，其间共 33 年。但在黄巢以前，实际上已有乱事，如以咸通九年（公元 868）庞勋之乱为始，则唐末之战乱长达 40 年。

② 《旧唐书》卷一八二《朱瑄传》。

③ 《新唐书》卷二一二《刘仁恭传》。

④ 《新唐书》卷二一一《王镕传》。

⑤ 《新唐书》卷二一〇《罗绍威传》。

⑥ 《旧五代史》卷一三三《钱镠传》。

⑦ 《旧五代史》卷一三四《杨行密传》。

⑧ 《新五代史》卷六三《前蜀世家》。

⑨ 《新唐书》卷一九〇《成汭传》。

⑩ 《新唐书》卷一九〇《刘汉宏传》。

⑪ 《旧五代史》卷二十六《唐武皇纪下》，天复二年二月乙未，"汴将朱友宁、氏叔琮将兵十万营于蒲县之南"，则朱全忠兵力必在十万以上。李克用兵力似较少，史书未有统计，惟每次晋军出，均在十万以下。

心，天平节度使朱瑄、泰宁节度使朱瑾与宣武节度使朱全忠相善，"瑄、瑾以帝（全忠）军士勇悍，私心爱之，乃密于曹、濮界上，悬金帛以诱之，帝军利其货而赴者甚众，帝乃移檄以让之"。① 朱瑄、朱瑾诱夺朱全忠军士，无疑削弱朱全忠势力，终至双方由友为敌。

由上所述，可知战乱对于藩镇——尤其是跋扈之藩镇，是最易培养自己之军事武力的时机。中唐以后之三次大战乱，其结果均出现大批跋扈叛逆之藩镇，安史之乱后的代宗朝、建中之乱后的德宗朝、黄巢之变后的僖、昭、哀朝，乃是唐代跋扈叛逆藩镇最多的三个时期（参阅表 3 "唐代藩镇对中央之态度统计表"），战乱实是跋扈、叛逆藩镇之温床。

藩镇之扩张武力，有时系为了自保本镇之安全，未必会对中央跋扈叛逆，例如大历十四年河阳镇遏使马燧为河东节度使，"悉召牧马厮役，得数千人，教之数月，皆为精骑，造甲必为长短三等，称其所衣，以便进趋。又造战车，行则载兵甲，止则为营陈，或塞险以遏奔冲，器械无不精利，居一年，得选兵三万"。② 李皋为江西观察使，缮甲兵，具战舰，有军二万余。③ 德宗时，浙西节度使韩滉"于两浙置子弟军，大州一千，小州八百，强者习弓弩，弱者习排枪"④。元和十二年三月，义武节度使陈楚"新置子弟义军一万"⑤。虽均握重兵，却对中央极为恭顺。大历末，昭义节度使李抱真有兵二万，雄冠诸军，其后成为建中末讨河北三镇（成德、魏博、幽州）之主力。⑥ 然而，当藩镇拥有强大之武力后，如果藩镇个人有更大之权力野心，或有利于违抗中央之环境，则必然表现出其跋扈叛逆之态度。河北三镇"相与根据蟠结"，⑦ 相互呼应，造成跋扈之有利环

① 《旧五代史》卷一《梁太祖纪》。
② 《通鉴》卷二二五"大历十四年五月辛卯"条。
③ 《旧唐书》卷一三一《李皋传》。
④ 《玉海》卷一三八引《柳氏家学录》。
⑤ 《册府元龟》卷一二四《帝王部》。
⑥ 阅《旧唐书》卷一三二《李抱真传》。
⑦ 《通鉴》卷二二五大历十二年十二月。

境，因此安史乱后，除极短之一段时间外，河北三镇均呈跋扈叛逆相继之状态。（参阅"唐代藩镇总表—成德、魏博、幽州"）其他跋扈叛逆之藩镇如梁崇义、李希烈、卢从史、李纳、李师古、李师道等亦莫不与河北三镇相勾结，以利用此一有利环境（参阅第七章）。高骈于懿宗时为安南都护，"匡合五管之兵，期年之内，招怀溪洞，诛其首恶，一战而蛮卒遁去，收复交州郡邑"，迁天平节度使，"治郓之政，吏民歌之"，改西川节度使，"传檄云南，以兵压境，讲信修好，不敢入寇"。乾符四年，改镇海节度使，讨草贼王仙芝有功，再改淮南节度使，"招募军旅，土客之军七万"，时黄巢猖獗，陷河洛，中原大乱，复陷京师，"骈大阅军师，欲兼并两浙，为孙策三分之计"。① 高骈屡历藩镇，对中央均极恭顺，每立战功。及为淮南节度使以兵力强盛，又逢战乱之有利环境，遂对中央由恭顺改为跋扈，且思自立割据。可见拥有强兵之藩镇在战乱之时，易由恭顺转为跋扈。

战乱之时，中央武力不能达到地方，对于地方上之不守法纪之掠夺，无可奈何，每每只得承认拥有武力者掠夺之结果，于是逐帅而自据之藩镇日多，唐末战乱最炽，以武力夺得藩镇之位者极多（阅表6"唐代藩镇受镇原因统计表"中僖、昭、哀三朝），朝廷不能维持法纪，一切权力之取得，均以武力为赖。昭宗时，成汭为荆南节度使，"初澧、朗二州本属荆南，乾宁中为土豪雷满所据，汭奏请割隶，唐宰相徐彦若执而不行，汭由是衔之。及彦若出镇南海，路过江陵，汭虽加延接，而犹怏怏，尝因对酒语及其事，彦若曰：'令公位尊方面，自比桓文，雷满者偏州一草贼尔，令公何不加兵，而反怨朝廷乎？'"② 州县割隶，其权当属中央，③ 成汭奏请自合法定程

---

① 《旧唐书》卷一八二《高骈传》。

② 《旧五代史》卷一七《成汭传》。

③ 《唐会要》卷七十《州县改置上·河南道·宿州》："……大和七年二月敕，宜准元和四年正月，割徐州符离、蕲、泗州虹县，依前置宿州，隶属徐泗濠等州观察使。"同书同卷《河东道·晋州》："大和元年十一月廿四日，敕晋州割隶河东（？）观察使收管，改属河中府。"同书卷七十一《州县设置下·淮南道·沔州》："建中元年四月，析入黄州。四年三月复置。宝历三年，武昌节度使牛僧孺奏，沔州、鄂州隔江，相去才余一里，其州请并省，汉阳仪州两县，并割隶鄂州。从之。"州县之割隶，决定权属之中央。

序，徐彦若身为宰相，竟轻轻放弃中央应有之权柄，反责成汭不能以兵夺取，无异鼓励藩镇之强夺强占，此亦反映中央对强夺者战利品所有权之承认，在如此情况之下，藩镇何能不积极扩增武力。

战乱之中武力既受重视，武臣之地位遂凌驾文臣之上，武人之声势，朝廷常有顾忌，[①] 武人能控制武力，易于得官爵，[②] 杜甫所谓"王室比多难，高官皆武臣"，[③] 稽诸史书，随处可证。因此，在战乱中，文士被轻视，章碣于乾符时登进士第，时值兵乱，乃作《焚书坑》诗云："竹帛烟销帝业虚，关河空锁祖龙居，坑灰未冷山东乱，刘项原来不读书。"[④] 正表示战乱时文人之自叹。于是，许多有才能者遂弃文从武，刘蜕云："昔雍邱不能以才达，求讨吴蜀以自试，班超不能守其家儒，然后得官校尉。夫文家之不遇清世，不免操弓矢而擐甲胄也。"[⑤] 此正说明战乱不安中文人之没落及武人众多之原因。

武人在战乱时得势，因此，安史之乱、建中之乱、唐末之乱期间，战乱地区之藩镇多为武人出身（参阅表 13）。

表 13　安史之乱、建中之乱及唐末之乱战乱地区主要藩镇出身之文武职统计表

安史之乱（至德元载—大历元年）						
镇别	文职	武职	不明	镇别	文职	武职	不明
魏博	0	1	0	昭义	0	4	0
幽州	0	2	0	淄青	1	3	3

① 《新唐书》卷七十六《玄宗元献皇后杨氏传》："（安禄山之乱）西幸，至马嵬，陈玄礼等以天下计，诛（杨）国忠，已死，军不解，帝遣力士问故。曰：'祸本尚在。'帝不得已，与（杨贵）妃诀，引而去，缢路祠下，裹尸以紫茵，瘗道侧，年三十八。帝至自蜀，道过其所，使祭之，且诏改葬，礼部侍郎李揆曰：'龙武将士以国忠负上速乱，为天下杀之，今葬妃，恐反仄自疑。'帝乃止。"可见武人顾忌之深。

② 《钓矶立谈》："自杨氏奄有江淮，其牧守多武夫悍人，类以威骛相高，平居斋几之间，往往以斩代为事，有位居侯伯，而目不识点画，手不能捉笔者。"按唐末其他强藩亦多类此。郭子仪亦曰："自艰难以来，朝廷姑息，方镇武臣，求无不得。"阅《因话录》卷二。

③ 《杜诗镜铨》卷十《送陵州路使君之任》诗。

④ 《全唐诗话》卷五《章碣》。

⑤ 《唐文粹》卷八十八刘蜕《献南海崔尚书书》。《唐语林》卷三："张万福以父祖力儒不达，因焚书从军辽东有功，累官至右散骑常侍致仕。"亦是弃文从武之一例。

（续表）

镇别	文职	武职	不明	镇别	文职	武职	不明
成德	0	1	0	宣武	5	2	2
河东	1	5	1	忠武	0	3	0
河中	4	5	1	天平	0	1	1
淮西	0	4	0	东畿	4	2	0
义成	0	1	0	山南东	1	4	3
				合计	16	38	11

建中之乱（建中二年—贞元二年）

镇别	文职	武职	镇别	文职	武职
魏博	0	2	忠武	0	1
幽州	0	3	天平	0	1
成德	0	2	淮西	0	1
河东	0	1	义成	2	1
河中	3	3	东畿	4	1
昭义	0	1	山南东	3	1
淄青	0	1	义武	0	1
宣武	0	1	凤翔	1	3
河阳	2	0	合计	15	24

唐末之乱（广明元年—天祐四年）

镇别	文职	武职	不明	镇别	文职	武职	不明
魏博	1	3	0	蔡州	0	4	1
幽州	0	5	0	义成	1	2	1
成德	0	0	2	东畿	2	2	0
河东	1	1	1	山南东	0	4	0
河中	1	3	1	义武	0	2	1
昭义	2	8	2	凤翔	1	3	0
淄青	1	4	1	河阳	1	13	2
宣武	0	1	1	泰宁	0	3	2

（续表）

镇别	文职	武职	不明	镇别	文职	武职	不明
忠武	1	10	0	感化	0	9	1
天平	0	4	2	邢洺	0	7	1
荆南	1	8	1	浙西	0	2	0
西川	1	2	0	鄂岳	0	2	2
东川	0	7	0	宣歙	1	5	3
淮南	0	4	1	湖南	0	5	2
				合计	15	123	28

说明：

一、本表参照"唐代藩镇总表"制成。

二、本表单位为任数。

三、本表不含未至镇之藩镇。

武人出身之藩镇对镇内兵力较能控制，且能自行领兵作战，易于引起跋扈叛逆之企图，唐代藩镇之跋扈叛逆者，武人远较文人为多（参阅表14）。

表 14　跋扈与叛逆之藩镇出身文武职统计表

态度	文武职		
	文职	武职	不明
跋扈	7	351	34
叛逆	4	24	2
合计	11	375	36

说明：

一、本表参照"唐代藩镇总表"制成。

二、跋扈、叛逆之藩镇如有兼领二镇时，只计本任。

三、本表单位为藩镇任次。

出身文职而态度跋扈者共七任六人：刘辟（西川）、王师范（淄青、河阳）、孙揆（昭义）、罗绍威（魏博）、刘济（幽州）、李师悦（忠国）。在此六人之中，王师范（淄青）、罗绍威、刘济均为袭父之位，其跋扈态度乃承袭其父之传统，虽为文人，却拥有其父之军队。王师范（河阳）、孙揆则因附庸于朱全忠，有汴军为其后援。李师悦于任忠国节度使前早已为湖州刺史，乾宁三年十一月诏置忠国军于湖州，以师悦为节度使，① 师悦卒于同年，在任时间极短，由其子彦徽袭位，不及一年，湖州便为钱镠所夺。西川节度使刘辟以文人未能确实掌握兵力，竟敢对中央跋扈不逊，仅在任数月，即被神策军使高崇文讨平。当刘辟跋扈之时，宰相杜黄裳云："刘辟一狂獠书生耳，王师鼓行而俘之，兵不血刃。"② 其后果然。杜黄裳所言，实为出身文职之藩镇较少跋扈之一般原因。叛逆乃是企图推翻旧王朝，在中国古代专制政体下，企图改变王朝，必须以"力"为后盾，"力"的种类虽多，最明显最直接最具体的"力"乃是"兵力"，历代创业帝王莫不依赖兵力而得国。③ 唐代藩镇之叛逆者共三十人，武职出身者计二十四人，均握有武力，不明者二人：刘涣（碛西北庭）与许叔冀（宣武），刘涣之叛在开元二十二年，④ 开元之时不论文人武人，出任边帅，均能掌握兵力，但刘涣谋反即行伏诛，亦是力量不足；许叔冀之叛逆，系降于史思明，⑤ 非敢自行叛乱。以文人而叛逆之藩镇四人：李锜（浙西）、刘允章（东畿）、陈少游（淮南）、李都（河中），其中刘允章、李都系降于黄巢，⑥ 陈少游系降于李希烈，⑦ 均非主动谋叛立国，自不须强大武力，文人武人实无关系，浙西节度使李锜乃主动谋叛，因此，李锜虽为文人，仍不能不"益募兵，选善射者为一屯，号挽硬随身，以胡奚杂类虬

① 阅《通鉴》卷二六〇乾宁三年十一月。

② 《旧唐书》卷一四〇《刘辟传》。

③ 参阅拙著《中国历代创业帝王》第三章第四节，页116。

④ 《旧纪》开元二十二年四月"甲寅，北庭都护刘涣谋反，伏诛"。

⑤ 《通鉴》卷二二一乾元二年九月，汴滑节度使许叔冀"与濮州刺史董秦及其将梁浦、刘从谏、田神功等降之，（史）思明以叔冀为中书令"。

⑥ 《旧纪》广明元年，"十一月辛亥朔，己巳，贼（黄巢）陷东都，留守刘允章率分司官属迎谒之"。《旧唐书》卷一八二《王重荣传》："广明初，重荣为河中马步军都虞候，巢贼据长安，蒲帅李都不能拒，称臣于贼。"

⑦ 《旧唐书》卷一二六《陈少游传》："（李希烈之乱平）刘洽收汴州，得希烈伪起居注，某月日陈少游上表归顺。"

须者为一将，号蕃落健儿"。① 然而李锜实不能真正控制其军队，终为其兵马使张子良、李奉仙、田少卿及牙将裴行立所执，自反至被执械送京师，不及一月。② 总计跋扈与叛逆之藩镇共 422 任，而武职者达 375 任，占全部跋扈叛逆藩镇 88.9%，可见武人任职藩镇，对中央之威胁实较文人为大。

唐代藩镇之敢于恃兵跋扈，尚有一战术上的原因。唐代之军事防御工事，多用"栅"，例如建中二年河东节度使马燧讨魏博，以火车焚其将杨朝光之栅，斩朝光。③ 建中四年李希烈作乱，栅蔡山。④ 伊慎破李希烈兵于苟莽栅，⑤ 陈许节度使李光颜讨李师道，攻取杜庄栅及其他城栅，⑥ 宪宗时讨吴元济，元济列置文成栅、道口栅、汶港栅、兴桥栅……⑦ 易定节度使柳公济讨王廷凑，"焚栅十五"。⑧ 栅在当时战术上极具重要性，常能决定战争之胜负，建中末，李希烈叛乱，"遣骁将杜少诚，将步骑万余来寇黄梅，以绝江道，（伊）慎兵七千，遇于永安戍，慎列树三栅，相去数里，偃旗卧鼓。于中栅声鼓，三栅悉兵以击，贼军大乱，少诚脱身以免。"⑨ 当元和十一年讨淄青李师道，师道闻凌云栅被拔，"乃惧，伪贡款诚"。⑩ 栅为一种坚强之防守工事，易守难攻，宪宗时，讨吴元济，官军围攻淮西四年而不能下，原因固多，而淮西之有栅防御，不易攻破，亦属一因。⑪ 藩镇之抗拒力既强，自易骄恣无恐。

战乱最足以破坏原有之安宁秩序，削弱中央之威信，对于已存政府是不利的。罗·麦基弗说，一个帝王的智力有时不及常人，但

① 《新唐书》卷二二四上《李锜传》。
② 李锜之反及被执，《通鉴》均置于元和二年十月（卷二三七）。
③ 《通鉴》卷二二七"建中二年七月癸未"条。
④ 《通鉴》卷二二八"建中四年三月辛卯"条。
⑤ 《旧唐书》卷一五一《伊慎传》。
⑥ 《旧唐书》卷一二四《李师道传》。
⑦ 《新唐书》卷一五四《李愬传》。
⑧ 《新唐书》卷二一一《王庭凑传》。
⑨ 《旧唐书》卷一五一《伊慎传》。
⑩ 《旧纪》"元和十一年十月丙寅"条。
⑪ 关于栅之运用及吴元济以栅而坚守四年之久，参阅日野开三郎《支那中世の军阀》第三章第五项，页 143。

却能统治千万子民，这乃是一种神异的魔力（Magic），上古时代，人民相信帝王系直接来自上天，甚至相信帝王是神的化身（Incarnations of deity），此一流行的想法不仅存在于原始部落，且普及于有文化的古代世界，《荷马史诗》中的领袖，乃是神人的后裔，印度王乃是克里希纳神（Krishna）的化身，埃及王乃太阳神（Ra）之子。① 中国古代所谓"真命天子"，亦认为出自天授，不可强争。中国古代王朝每每凭借着此种神意，建立帝王笼罩全国之威势，臣民慑于此种威势，而对王室输忠效死，将帅纵使握兵，亦不敢妄起非念。然而战乱最容易损坏帝王的尊严，进而削弱中央的威势。安禄山之乱，玄宗出奔，途中"中使征召吏民，莫有应者"，"令军士散诣村落求食"，"至金城，县令亦逃，县民皆脱身走，饮食器皿具在，士卒得以自给。时从者多逃，内侍监袁思艺亦亡去，驿中无灯，人相枕藉而寝，贵贱无以复辨"，在此情形下，军士遂敢于杀玄宗最宠信之杨国忠与杨贵妃。② 黄巢陷京师，宦官田令孜挟僖宗出奔，宰相萧遘等皆不得从，"次大散关，道险涩，帝危及难数矣"。③ 昭宗亦数避难，当时长安"自石门之奔，宫殿焚圮，及岐人再逆，火闾里皆尽，宫城昏夜狐狸鸣啼，无人迹"。④ 在战乱中皇帝控制臣民之威仪荡然不存。藩镇武臣，甲兵雄盛，心中对王室又不存敬畏之念，遂有问鼎之志，跋扈非望，更属常事。⑤ 景福二年，昭宗以凤翔节度使李茂贞过于跋扈，起兵征讨，茂贞上表曰："军情易变，戎马难羁，唯虑徇服生灵，因兹受祸，未审乘舆播越，自此何之？"⑥ 完全表露轻视中央，讥蔑皇帝之心理，具有此种心理，藩镇何能效忠王室？何能不思谋自固？

总之，唐中叶以后之战乱，常造成藩镇武力的增强，亦常削弱

---

① R. M. MacIver, *The Web of Government*, p. 13.

② 阅《通鉴》卷二一八至德元载六月乙未。

③ 《新唐书》卷二○八《田令孜传》。

④ 《新唐书》卷二一八《沙陀传》。

⑤ 凤翔节度使李茂贞得山南诸郡，"甲兵雄盛，凌弱王室，颇有问鼎之志"。阅《旧纪》"乾宁元年正月乙丑"条。当僖宗逃蜀之时，魏博节度使韩简"恃强完，欲拓地，觊望非常"。阅《新唐书》卷二一○《何进滔传》。

⑥ 《通鉴》卷二五九景福二年七月。

中央的威势，在此一长一消的对比下，加上个人的野心和欲望，以及有利于违抗中央之环境，藩镇对中央的离心力便会愈来愈大，终演成跋扈叛逆的局面。

第二节　玄宗以后中央武力之薄弱与对藩镇之迁就

在府兵制度未破坏之时，全国府兵均直接受中央之指挥，中央固无须顾虑地方武力之强大。及玄宗以后，府兵破坏，中央与地方全用募兵制，藩镇遂渐拥有地方性的军队，于是，中央与地方的武力便各自分开。唐代直隶中央之军队为南北衙兵，《新唐书》卷五十《兵志》：

> 夫所谓天子禁军者，南北衙兵也。南衙，诸卫兵是也；北衙者，禁军也。

南衙卫兵共十六卫：左右卫（掌宫掖禁御）、左右骁卫（掌宫掖禁御）、左右武卫（掌宫掖禁御）、左右威卫（掌宫掖禁御）、左右领军卫（掌宫掖禁御）、左右金吾卫（掌巡警京城）、左右监门卫（掌宫殿门禁及守卫）、左右千牛卫（掌侍卫左右供御兵仗）。[①] 十六卫之兵本由折冲府番上，开元时当番卫士逃亡略尽，乃募士宿卫，号长从宿卫，复更名彍骑。《唐会要》卷七十二《府兵》：

> （开元）十一年十一月廿日，兵部尚书张说置长从宿卫兵十万人于南衙，简京兆、蒲、同、岐等州府兵及白丁，准（五）尺八例，一年两番，州县更不得杂使役，仍令尚书左丞萧嵩与本州长官同简择以闻。至十三年二月二十一日，始名彍骑，分隶十二卫。

《新唐书》卷五十《兵志》：

> 玄宗开元六年，始诏折冲府兵每六岁一简，自高宗武后时，天下久不用兵，府兵之法寖坏，番役更代多不以时，卫士稍稍

---

① 阅《通典》卷二十八《职官十·武官上》。关于南衙兵制，参阅金兆丰《中国通史·兵政编》，第五章，页557。

亡匿，至是益耗散，宿卫不能给。宰相张说乃请一切募士宿卫，十一年，取京兆、蒲、同、岐、华府兵及白丁，而益以潞州长从兵，共十二万，号长从宿卫，岁二番，命尚书左丞萧嵩与州吏共选之。明年，更号曰"彍骑"。

《旧唐书》卷九十七《张说传》：

> 时当番卫士浸以贫弱，逃亡略尽，（张）说又建策，请一切罢之，别召募强壮，令其宿卫，不简色役，优为条例，逋逃者必争来应募，上从之。旬日得精兵一十三万人，分系诸卫，更番上下，以实京师，其后彍骑是也。

以上所引三段，所称长从宿卫或彍骑数各有不同，大约总在十万至十三万之间（《通鉴》卷二一二"开元十三年二月乙亥"条，亦称彍骑十二万人）。自天宝后，彍骑之法又稍变废，"六军宿卫皆市人，富者贩缯彩，食粱肉，壮者为角抵、拔河、翘木、扛铁之戏，及禄山反，皆不能受甲矣"[1]。自此以后，南衙卫兵废阙，唯将军名号尚存，成为文武勋臣出入迁转之地，[2] 不能为捍卫中央之武力。

北衙禁兵原为天子之私兵，较诸卫兵更为亲近。北衙兵共有十军：左右羽林军、左右龙武军、左右神武军、左右神威军、左右神策军。《新唐书》卷五十《兵志》：

> 初，高祖以义兵起太原，已定天下，悉罢遣归，其愿留宿卫者三万人，高祖以渭北白渠旁民弃腴田分给之，号元从禁军。后老不任事，以其子弟代，谓之父子军。及贞观初，太宗择善射者百人，为二番于北门长上，曰百骑，以从田猎。又置北衙七营，选材力骁壮，月以一营番上。十二年，始置左右屯营于玄武门，领以诸卫将军，号飞骑。……高宗龙朔二年，始取府兵越骑、步射置左右羽林军。大朝会则执仗以卫阶陛，行幸则

---

① 《新唐书》卷五〇《兵志》。
② 《唐大诏令》卷一〇一《置上将军及增诸卫禄秩诏（贞元十年）》："左右金吾及十六卫将军，故事皆择勋贤，出镇方隅，入居侍卫。其左右金吾等卫，自天宝艰难以后，虽卫兵废阙，而品秩本高，此诚文武勋臣出入迁转之地。"

夹驰道为内仗。武后改百骑曰千骑。中宗又改千骑曰万骑，分左右营。及玄宗以万骑平韦氏，改为左右龙武军，皆用唐元功臣子弟，制若宿卫兵。是时，良家子避征戍者，亦皆纳资隶军，分日更上如羽林。……至德二载，置左右神武军，补元从、扈从官子弟，不足则取它色带品者，同四军，亦曰"神武天骑"，制如羽林，总曰北衙六军。又择便骑射者，置衙前射生手千人，亦曰"供奉射生官"，又曰"殿前射生"，分左、右厢，总号曰"左右英武军"。……上元中，以北衙军使卫伯玉为神策军节度使，镇陕州，中使鱼朝恩为观军容使，监其军。初，哥舒翰破吐蕃临洮西之磨环川，即其地置神策军，以成如璆为军使，及禄山反，如璆以伯玉将兵千人赴难。伯玉与朝恩皆屯于陕，时边土陷蹙，神策故地沦没，即诏伯玉所部兵号"神策军"，以伯玉为节度使，与陕州节度使郭英乂皆镇陕。其后伯玉罢，以英乂兼神策军节度，英乂入为仆射，军遂统于观军容使。……广德元年，代宗避吐蕃幸陕，朝恩举在陕兵与神策军迎扈，悉号"神策军"，天子幸其营。及京师平，朝恩遂以军归禁中，自将之，然尚未与北军齿也。永泰元年，吐蕃复入寇，朝恩又以神策军屯苑中，自是寖盛，分为左、右厢，势居北军右，遂为天子禁军，非它军比。……自肃宗以后，北军增置威武、长兴等军，名类颇多，而废置不一，惟羽林、龙武、神武、神策、神威最盛，总曰左右十军矣。

可知北衙军名号甚多，然而自代宗以后，北衙军中以神策军独盛，神策军遂成为直属中央（天子）之最强的一支军队。神策军曾为中央立过两次大功，一为德宗建中之乱时，神策行营节度使李晟以神策兵击败朱泚，收复京师；[①]　一为宪宗元和元年西川节度使刘辟作乱，左神策行营节度使高崇文以神策兵讨平辟乱。[②]　除此以外，神策

---

① 事见《通鉴》卷二二九建中四年十一月以下。

② 《通鉴》卷二三七元和元年正月戊子，"命左神策行营节度使高崇文将步骑五千为前军，神策京西行营兵马使李元奕，将步骑二千为次军，与山南西道节度使严砺同讨辟"。其后立功破辟，全为高崇文之神策兵。

兵虽亦参与远戍近征，但无显赫功。在李晟、高崇文的两次大功中，有一点堪可注意，即所立功者，均是神策"行营"兵，所谓神策"行营"，《通鉴》卷二三五"贞元十四年八月"条：

> 初置左右神策统军。时禁军戍边，禀赐优厚，诸将多请遥隶神策军，称行营，皆统于中尉，其军遂至十五万人。

可知所谓神策行营，实际上是地方军队，只不过贪图优厚之禀赐而打起神策之旗号，① 神策行营既"皆统于中尉"，中尉乃由宦官担任，唐代宦官无不贪虐，只重私利，神策行营及神策兵在宦官统御之下，绝不能维持其一贯之坚强战斗力，偶尔遇有才能者如李晟、高崇文辈为将领时，或能有暂时良好的表现，但无法持久，因此，神策兵在其他战乱中，并未能树立大功。

当天宝之时，中央兵力业已微弱，"六军诸卫之士，皆市人白徒"，② 安禄山之反，玄宗出奔，"禁军从者裁千人，肃宗赴灵武，士不满百"。③ 广德元年十月，吐蕃入寇，代宗出奔陕州，郭子仪分析吐蕃得以入侵京师而不能抗御的原因，即在中央军力的薄弱。④《唐文拾遗》卷二十四，有邵说撰《唐故开府仪同三司清河张公（维岳）神道碑》，言及代宗时中央军政之败坏：

> （代宗时，张维岳）拜左羽林军将军知军事……前此军政坏，蠹习以生，常有无其人而私入其食与其衣者，有市井屠沽之伍，避属所征役而冒趋戎行者。

不仅代宗时情况不佳，在德宗即位之初，中央军力也并未增强。《通鉴》卷二二八"建中四年十月丙午"条：

---

① 神策兵较一般军队禀赐之优厚达三倍之多，《文献通考》卷五十八《职官十二》"左右神策军"条："（德宗时）边兵衣饷多不赡，而神策禀赐赢三倍。"陆宣公亦曰："又有素非禁旅，本是边军，将校诡为媚词，因请遥隶神策，不离旧所，惟改虚名，其于禀赐之饶，遂有三倍之益。"见《陆宣公集》卷上《论缘边守备事宜》。
② 《唐会要》卷七十二《军杂录》。
③ 《新唐书》卷五十《兵志》。
④ 《册府元龟》卷四〇七《将帅部》："（郭子仪上言）近因吐蕃凌逼，銮驾东巡，盖以六军之兵，素非精练，皆市肆屠沽之人，务挂虚名，苟冒征赋，及驱以就战，百无一堪。"《新唐书》卷一三七，《旧唐书》卷一二〇《郭子仪传》，所言大意略同。

（泾原士卒在京哗变）初，神策军使白志贞掌召募禁兵，东征死亡者，志贞皆隐不以闻，但受市井富儿赂而补之，名在军籍受给赐，而身居市廛为贩鬻。司农卿段秀实上言："禁兵不精，其数全少，卒有患难，将何待之？"不听。至是，上召禁兵以御贼，竟无一人至者。

禁兵不精，在兵变发生后，中央毫无力量对付，德宗惟有出奔避难。朱泚之乱得以平定，神策行营兵固功不可没，但当时神策行营兵未必众多，李怀光轻李晟兵微位下，[①] 德宗亦以李晟兵少为虑。[②] 李怀光有异谋，李晟以神策军"孤军独当强寇，恐为二贼（按指李怀光、朱泚）之所并，乃卑词厚币，伪致诚于怀光，外示推崇，内为之备"。[③] 可知李晟之神策兵不如李怀光之朔方军众多。李晟神策军之能够平定朱泚之乱，一方面由于朱泚对其军队不能完全控制，屡战屡败，泚大将张光晟领精兵，又密约降于李晟，致无斗志，[④] 终于自灭。另一方面由于李晟个人之才能及"忠义感于人心"，使诸道藩镇军队齐心合力，受晟节度，以平乱事。[⑤]

在平定朱泚叛乱之时，又引起朔方节度使李怀光的叛变。当朱泚以大军围德宗于奉天之时，幸李怀光率朔方军及时赶至，解奉天之围，李怀光有大功而旋即谋叛，固由于卢杞等人之离间，亦由于朔方军与神策军之禀赐不均所引起，兴元元年李怀光攻长安，久不进兵，德宗促之，怀光奏言"诸军粮赐薄，神策独厚，厚薄不均，难以进战"。[⑥]

---

① 《通鉴》卷二三〇兴元元年二月。
② 《通鉴》卷二三一兴元元年五月。
③ 《旧唐书》卷一三三《李晟传》。
④ 《新唐书》卷二二五中《朱泚传》："（泚称帝后）贼所用唯卢龙、神策、团练兵，而泾原军骄不可制，但完守所获，不出战，故泚数北。忧甚，欲出走。……（泚将）张光晟以精兵壁九曲，距东渭桥十里，密约降于（李）晟，晟之入（长安），光晟劝泚等出奔，故泚挟（姚）令言、（张）廷芝、（源）休、（李）子平、朱遂引残军西走，光晟卫出之，因诣晟降。"
⑤ 阅《旧唐书》卷一三三《李晟传》。
⑥ 《通鉴》卷二三〇兴元元年二月。

终激起朔方军不满之心，而为叛乱。① 因禀赐不公而致军心动摇，其实不止李怀光之叛，元和十五年十月，吐蕃寇泾州，诏以右军中尉梁守谦为左右神策京西北行营都监，将兵四千人，并发八镇全军救之，赐将士装钱二万缗，李光颜亦发邠宁兵救泾州，"邠宁兵以神策受赏厚，皆愠曰：'入给五十缗，而不识战斗者，彼何人邪？常额衣资不得，而前冒白刃者，此何人邪？'汹汹不可止"。② 此种情形正如陆宣公所云："事业未异而给养有殊，人情不能甘也，况乎矫佞行而禀赐厚，绩艺劣而衣食优，苟未忘怀，孰能无愠，不为戎首，则已可嘉，欲使其协力同心，以攘寇难，虽有韩白孙吴之将，臣知其必不能焉。"③ 此是神策军赏赐优厚而引发出的中央军与藩镇军相冲突之一大问题。

禁军赏赐丰厚，却缺乏战斗力，在建中之乱以后，禁军内部仍是败坏，且骄横不法，《通鉴》卷二三三贞元七年二月：

> 初，上还长安，以神策等军有卫从之劳，皆赐名兴元元从奉天定难功臣，以官领之，抚恤优厚。禁军恃恩骄横，侵暴百姓，陵忽府县，至诟辱官吏，毁裂案牍，府县官有不胜忿而刑之者，朝笞一人，夕贬万里，由是府县虽有公严之官，莫得举其职，市井富民，往往行赂寄名军籍，则府县不能制。

禁军的骄横不法，不仅"府县不能制"，即使朝廷监察官也不能制，李肇《唐国史补》卷下：

> 崔薳为监察，巡囚至神策军，为吏所陷，张盖而入，又讽军中索酒食，意欲结欢，窦文场怒，奏立，敕就台，鞭于直厅而流之，自是巡囚不至禁军。

禁军败坏而无战斗力，贞元八年柏良器为神策大将军曾有意改良，

---

① 陈寅恪先生《论李怀光之叛》："怀光之所以能激发军心，与之同叛者，必别有一涉及全军共同利害之事实，足以供其发动，不止其个人与卢杞之关系而已，故神策军与朔方军禀赐之不均，要为此大事变之一主因。"载《清华学报》第12卷第3期。
② 《通鉴》卷二四一"元和十五年十月癸未"及"丙戌"条。
③ 《陆宣公集》卷上《论缘边守备事宜状》。

结果由于宦官的阻挠而未能成功，《全唐文》卷六三八，李翱撰《柏
公神道碑》：

> （柏良器为神策大将军）士卒之在市贩者，悉挥斥去，募勇
> 者代之，故为所监者不悦。明年，公之故人有犯禁宿于望仙门
> 者，卫使奏言，遂转右领军卫大将军，所监者乃用其衙将魏循
> 代为将军，自是军中之政，不复在于将军矣。

柏良器之改革未能成功，遂使禁军在贞元以后败坏如故，元和元年
高崇文讨平西川节度使刘辟之乱虽借神策军之力，但刘辟实未有顽
强之抵抗，自高崇文元和元年三月至东川，至九月便入成都，不过
半年，刘辟军将降者万计，[①] 西川之功，未必即表示神策军之武力强
大。元和四年十月，朝廷谋伐成德王承宗，议欲出神策兵东征，权
德舆上言曰："神策等兵在城中，多是市井屠沽，庇身军籍，未经战
阵，难以成功，经途既远，所虑非细，或中路溃扰，结为萑蒲，未
至交锋，别有此虑。"[②] 坦白说明代表中央武力的神策军不仅不可能
平定河北藩镇的叛乱，反有沦为盗贼之虞。白居易亦以为神策军最
为乌杂，不惯劳苦，难于作战，[③] 其后讨王承宗卒未能成功。

僖宗时，宦官田令孜掌神策兵，"众号七万，皆长安豪民，以货
赂求隶六军，不能负矛戟甲铠之重"。[④] 此种军队毫无战斗力，广明
元年，黄巢以大军攻潼关，中央以禁军御敌，结果大败，潼关京师
均陷。《旧唐书》卷二〇〇下《黄巢传》：

> （巢军逼潼关）朝廷以田令孜率神策、博野等军十万，守潼
> 关。时禁军皆长安富族，世籍两军，丰给厚赐，高车大马，以
> 事权豪，自少迄长，不知战阵。初闻科集，父子聚哭，惮于出

---

① 《通鉴》卷二三七"元和元年九月壬寅"条。

② 《全唐文》卷四八八权德舆《恒州招讨事宜状》。

③ 《全唐文》卷六六七白居易《请罢兵第二状》："今天时已热，兵气相蒸，至于饥渴
疲劳，疫疾暴露，衣甲暑湿，弓箭疮痍，上有赤日，前有白刃，驱以就战，人何以堪，纵
不惜身，亦难忍苦，况神策官健，又最乌杂，以城市之人，例皆不惯如此，忽思生路，或
有奔逃，一人若出，百人相扇，一军若散，诸军必摇，事忽至此，悔将何及。"

④ 《册府元龟》卷三三六《宰辅部》。

征，各于两市出直万计，佣雇负贩屠沽及病坊穷人，以为战士，操刀载戟，不知锻锐，复任宦官为将帅，驱以守关。关之左有谷，可通行人，平时捉税，禁人出入，谓之禁谷，及贼至，官军但守潼关，不防禁谷，以为谷既官禁，贼无得而踰也。（巢将）尚让、林言率前锋由禁谷而入，夹攻潼关，官军大溃，博野都径还京师，燔掠西市。十二月三日，僖宗夜自开远门出，趋骆谷，诸王官属相次奔命。观军容使田令孜、王若俦收合禁军扈从。四日，贼至昭应，金吾大将军张直方率在京两班迎贼灞上。五日，贼陷京师。

此次京师陷落，完全表露禁军之无能，此后朝廷虽亦曾有意重整禁军，[1] 但以禁军掌握于宦官之手，只求胁君，未计图强，终唐之世，中央军力寡弱不能自保。

中央兵力既弱，而安史之乱以后，藩镇兵力日强。藩镇所属军队主要可分三部分，如下表：[2]

$$
藩帅\begin{cases}牙军（本镇治州）\\军使、镇将等\rightarrow外镇军（全道）\\属内刺史（防、团、守捉使等）\rightarrow军团\end{cases}\Big\}藩军
$$

藩帅对本道之藩军有完全调度指挥之权，兵力常甚强大（参阅本章第一节），因此，每逢战乱，惟有征藩镇军以应付。讨安史之乱，固已动员全国各地方兵力，在安史之乱以后，中央遇有征讨，莫不征调藩镇兵力。例如大历十年四月，贬魏博节度使田承嗣为永州刺史，并令诸道合围魏博：

> 承嗣宜贬授永州刺史……委河东节度使兼御史大夫薛兼训简练马步一万五千人，即赴邢州，取（李）承昭处分，逐便招抚，应变权宜；成德军节度使检校左仆射宝臣精选骁雄马步三

---

① 《册府元龟》卷一二四《帝王部》："（光启元年三月诏曰）神策军自经乱离，久未训整，孤儿渐散，壮骑多亡。羽林之垂象，空存天阵而疾雷不震，虽言无战，岂忘有虞，宜委中书门下与本军商量，案旧籍裁减兄数，惟务撼实，仍令三司资助，各修营垒，贵使缮完。"

② 本表参考日野開三郎《支那中世の軍閥》第二章页59所列之表改订而成。

万二千人，屯集深冀贝州等路进取；幽州节度使留后兼御史大夫朱滔举马步军二万五千人进逼沧瀛，权宜招讨；淄青等节度使检校左仆射正己率所管马步三万人，北临德博；淮西节度检校右仆射忠臣、永平节度使兼御史大夫李勉、汴宋节度使留后兼御史大夫中丞田神玉并河阳泽潞等道兵马共六万五千人，直据淇园，皆擐甲整戈，犄角相应，如承嗣不时就职，尚在执迷，则所在进师，按于军法。（《全唐文》卷四十七代宗《贬田承嗣永州刺史诏》）

德宗建中时，诏讨淮阳（淮西）节度使李希烈，征诸道兵齐进：

> 敕神策、汴滑、河阳、东畿汝州、淮南、山南、荆南、湖南、剑南、江西、鄂岳等道十五万众，克日齐进。（《全唐文》卷五十德宗《讨李希烈诏》）

贞元十五年，诏讨淮西节度使吴少诚，征诸道兵进伐：

> 宜令宣武军、河阳三城、郑滑等州节度，东都汝州等军犄角相应，同逼申、光、蔡州。常冀、幽州、淄青、魏博、易定、泽潞、太原、淮南等州，徐泗、山南东道、鄂岳等军，各发士马，逐便犄角齐进，同为讨伐。（《全唐文》卷五十三德宗《讨吴少诚诏》）

元和时讨吴元济，亦令诸道军并进：

> 宜令宣武、忠武、太原、武宁、淮南、宣歙等兵马合势，山南东道及魏博、荆南、江西、剑南东川等道兵马与鄂南计会，东都防御使与怀汝郑节度及剑南、义成军兵马，犄角相应，同为进讨。（《全唐文》卷五十七宪宗《讨吴元济诏》）

吴元济之乱平定后，又令诸道兵讨平卢节度使李师道：

> 宜令宣武、魏博、义成、武宁、横海等军节度兵马，分路并进，同力攻讨。（《全唐文》卷六十一宪宗《讨李师道诏》）

除上引数段外，自宪宗以后，讨平战乱，无不征用诸道兵力。且西北、西南防边武力亦由藩镇兵力分配担任，[①] 于是藩镇兵在国防武力上亦负重责。所以，自玄宗以后，外患之抗御与内乱之平定，无不赖藩镇兵力，而屡次战乱之平定，立功最大者，多是藩镇，其为中央官者甚少（参阅表15）。

表 15　玄宗以后平定重要战乱主要功臣表

战乱名称	战乱时间	功臣姓名	当时主要官职
安史之乱	玄宗—代宗	郭子仪	朔方节度使
		仆固怀恩	朔方节度使
		李嗣业	四镇伊西北庭行营节度使
		李光弼	朔方、河东、河中节度使
		王思礼	邠宁、河东节度使
		荔非元礼	四镇北庭行营节度使
		卫伯玉	四镇北庭行营节度使
		白孝德	鄜坊节度使
		来瑱	淮西、山南东道、陕虢节度使
		鲁炅	山南东道节度使
		李光进	鄜坊节度使
		李祗	河南节度使
		李奂	兴平节度使
		张镐	河南节度使
		李抱玉	陈许、泽潞节度使
		许远	睢阳太守
		张巡	真源令
刘展之乱	肃宗	田神功	平卢兵马使

----

① 《旧纪》大历九年五月乙丑诏书，其中有诸道防秋兵数：淮南四千人、浙西三千人、魏博四千人、昭义二千人、成德三千人、山南东道三千人、荆南二千人、湖南三千人、山南西道二千人、剑南西川三千人、东川二千人、鄂岳一千五百人、宣歙三千人、福建一千五百人、岭南、浙东、浙西若干人。其后防秋兵数虽有变动，但最早在昭义以前均有各镇之防秋兵。如咸通十年十二月南诏入寇嘉州，杀忠武都将颜庆师，定边节度使窦滂率兵拒敌，忠武、徐宿两军亦结阵抗蛮。（《通鉴》卷二五一）忠武、徐宿两军即是防秋兵。

（续表）

战乱名称	战乱时间	功臣姓名	当时主要官职
仆固怀恩之叛	代宗	郭子仪	朔方、河中节度使
		白孝德	邠宁节度使
		辛云京	河东节度使
吐蕃入寇	代宗（广德元年十月）	郭子仪	关内副元帅
建中战乱（含河北三镇之叛、朱泚、李怀光、李希烈之乱）	德宗	李晟	神策行营、鄜坊、凤翔节度使
		马燧	河东节度使
		李抱真	泽潞节度使
		张孝忠	义武节度使
		李怀光	朔方节度使
		刘玄佐	宣武节度使
		李皋	江西节度使
		李建徽	鄜坊节度使
		浑瑊	鄜坊节度使
		韩游瓌	邠宁节度使
		骆元光	华州节度使
		尚可孤	京畿、神策节度使
		韩滉	浙西节度使
		曲环	陇右行营节度使
刘辟之乱	宪宗	高崇文	神策行营节度使
		严砺	山南西道节度使
吴元济之乱	宪宗	裴度	宰相
		李愬	唐邓节度使
		李光颜	忠武节度使
		乌重胤	河阳节度使
李师道之乱	宪宗	李愬	武宁节度使
		田弘正	魏博节度使
		李光颜	义成节度使

（续表）

战乱名称	战乱时间	功臣姓名	当时主要官职
刘稹之逆命	武宗	刘沔	河东、义成节度使
		王宰	忠武节度使
		石雄	河中节度使
		卢钧	山南东道节度使
		王元逵	成德节度使
		何弘敬	魏博节度使
庞勋之乱	懿宗	康承训	义成节度使
		李国昌	沙陀三部落使
		马举	淮南节度使
		曹翔	泰宁节度使
黄巢之变	僖宗	李克用	代北、河东节度使
		王铎	荆南、义成节度使
		郑畋	凤翔节度使
		王重荣	河中节度使
		时溥	感化节度使
秦宗权之乱	僖宗	朱全忠	宣武节度使
		时溥	感化节度使
		赵犨	蔡州节度使

由上表可知，玄宗以后平定大乱之功臣多属藩镇或地方官，其为朝臣或中央军将领者，仅李晟、尚可孤、高崇文、裴度等四人。李晟、尚可孤、高崇文均为神策行营节度使，其能立大功，与敌手（朱泚、刘辟）之软弱不无关系（参阅前文）。裴度讨吴元济时，以宰相出领戎务，但战场争斗，仍借藩镇兵力。[1] 安史乱后，国内乱事

---

① 王赓武认为宪宗时中央对跋扈藩镇获得许多次胜利，乃是由于中央大军与地方军队驻临反叛地区压制成功。阅 *The Structure of Power in North China During the Five Dynasties*，p. 9。然而，实际上除平刘辟外，宪宗之胜利，主要是由于中央政策与藩镇兵力密切配合运用的成功。

多由藩镇引起，而乱事之平定，却又借另一群藩镇之兵力，王谠曰："唐之乱，非藩镇无以平之，而亦藩镇有以乱之。其初跋扈陆梁者，必得藩镇而后可以戡定其祸乱，而其后戡定祸乱者，亦足以称祸而致乱，故其所以去唐之乱者，藩镇也，而所以致唐之乱者，亦藩镇也。"① 正是因为中央武力薄弱，唯有借藩镇武力之定乱，亦唯有武力强大之藩镇始有作乱之资本。

当国家承平之时，中央对于官爵禄位，较能重视，未必滥授，王锷由河中节度使入朝，求兼宰相，李藩以为不可，权德舆亦奏言："平章事非序进宜得，比方镇带宰相，必有大忠若勋，否则强不制者，不得已与之。今锷无功，又非姑息时，一假此名，以开后人，不可。"事遂不成。② 天宝十三载正月，范阳节度使安禄山入朝，时禄山立破奚、契丹功，玄宗尤加宠异，禄山求带平章事，下中书拟议，杨国忠言于玄宗曰："禄山诚立军功，然眼不识字，制命若行，臣恐四夷轻国。"玄宗乃只加禄山左仆射而已。③ 然而，在战乱之时，尤其是当中央政府因战乱而处于风雨飘摇的危机之中时，官爵的赏赐便无法慎重。

陆宣公曰："诱人之方，唯名与利。"④ 当战乱之时，中央政府军费浩繁，地方且或乘机不上贡赋，中央入少出多，必然困窘，此时如欲以利诱人，势非中央政府能力所及。德宗时，朱泚之乱，朔方节度使李怀光率兵赴难，与李晟神策兵共同作战，神策兵赏厚，朔方兵饷薄，李怀光因怨不平，德宗"以财用方窘，若粮赐皆比神策，则无以给之"，⑤ 未加朔方兵之赏，终引致李怀光之叛。德宗被朱泚围于奉天，"城中资粮俱尽，上尝遣健步出城觇贼，其人恳以苦寒为辞，跪奏乞一襦袴，上为之寻求不获，竟悯默而遣之"。⑥ 中央既无实"利"以赏人，则欲求将士藩镇之效死争胜，惟有尽量给人以虚

---

① 王谠《唐语林》卷八。
② 《新唐书》卷一六五《权德舆传》。
③ 《旧唐书》卷九十七《张说传》。
④ 《陆宣公集》卷上《又论进瓜果人拟官状》。
⑤ 《通鉴》卷二三〇兴元元年二月。
⑥ 《通鉴》卷二二九建中四年十一月。

"名"，于是官爵之赏赐，不能不滥。《通鉴》卷二一九"至德二载五月癸丑条"（《文献通考》卷四十七《职官一》，同）：

> 是时（按：《通考》作"肃代以后，盗起兵兴"）府库无蓄积，朝廷专以官爵赏功，诸将出征，皆给空名告身，自开府、特进、列卿、大将军，下至中郎、郎将，听临事注名。其后又听以信牒授人官爵，有至异姓王者。诸军但以职任相统摄，不复计官爵高下。及清渠之败（按：在至德二载四月），复以官爵收散卒，由是官爵轻而货重，大将军告身一通，才易一醉，凡应募入军者，一切衣金紫，至有朝士僮仆衣金紫，称大官，而执贱役者。名器之滥，至是而极焉。

德宗时，朱泚之乱，德宗在奉天，亦以官爵诱人，《旧唐书》卷一三四《浑瑊传》：

> （德宗被围于奉天）召瑊勉谕之，令赍空名告身自御史大夫、实封五百户以下者千余轴，募诸军突将敢死之士以当之，兼赐瑊御笔一管，当战胜，量其功伐，即署其名授之，不足者，笔书其身，因命以位。

赵翼认为爵赏太滥遂失驭人之柄，《陔余丛考》卷十七"唐时王爵之滥"条：

> 古来王爵之滥，未有如唐中叶以后之甚者。唐初如李靖、李勣、尉迟敬德、秦叔宝等战功，皆只封公，其膺王爵，惟外番君长内附，如突利封北平郡王，思摩封怀化郡王，以及群雄中有来降者如高开道封北平郡王、罗艺封燕郡王而已。自武后欲大其族，武氏封王者二十余人，于是王爵始贱。中宗复位，遂亦封敬晖、张柬之等五王，并李多祚亦王，韦后外戚追王者亦五人，然不久皆革除。开元以来，无复此事，直至天宝末，安禄山封北平郡王、哥舒翰封西平郡王、火拔归仁封燕山郡王，于是又有王爵之制，然亦尚未滥也。自肃宗起兵灵武，其时府库空竭，专以官爵赏功，诸将出征，皆给空名告身，自开府、特进、列卿、大将军，皆听临事注授，有至异姓王者。及德宗

奉天之难，危窘万状，爵赏尤殷，尝授浑瑊诏书千余，自御史大夫实封五万户以下募士击贼，又赐瑊笔，使量功署诏，不足则署衣以授，是时王爵几遍天下，稍有宣力，无不王者矣。……张巡守雍州，不过一真源令，其下大将六人，官皆开府、特进，可见是时爵命虽荣，人皆不以为贵，即身受者亦不以为荣，故大将军告身才易一醉，爵赏驭人之柄，于是乎穷。

洪迈《容斋三笔》卷七"冗滥除官"条：

自汉以来，官曹冗滥之极者，如更始"灶下养，中郎将，烂羊头，关内侯"。晋王伦"貂不足，狗尾续"。《北史》周世"员外常侍，道上比肩"。唐武后"补阙连车，拾遗平斗"之谚，皆显显著见者。中叶以后，尤为泛滥，张巡在雍丘，才领一县千兵，而大将六人，官皆开府特进，然则大将军告身博一醉，诚有之矣。德宗避难于奉天，浑瑊之童奴曰黄芩，力战，即封渤海郡王。至于僖、昭之世，遂有"捉船郭使君""看马李仆射"，周行逢据湖、湘，境内有"漫天司空、遍地太保"之讥，李茂贞在凤翔，内外持管籥者，亦呼为司空、太保。

爵赏既已滥施，对于藩镇，中央更是无所爱惜，然王侯勋爵，不足为贵，能使藩镇略感满足者惟有加"使相"官衔。赵绍祖释使相曰："唐中叶以后，节镇加宰相衔者极多，谓之使相，亦称外宰相，非真宰相也。"①叶梦得曰："唐制节度使加中书门下平章事，为使相，自郭元振始，李光弼等继之，盖平章事宰相之名，以节度使兼，故云尔也。"② 叶梦得释使相为节度使兼宰相之名，极为正确，然使相自郭元振始，则恐有误，郭元振于玄宗即位时流新州，开元元年起为饶州司马，道病卒，未尝为节度使，③ 当不能兼使相。马端临曰："自唐开元以来，郭子仪、李光弼相继以平章事为节度使，

---

① 《新旧唐书互证》卷七。
② 叶梦得《石林燕语》卷四。
③ 阅《新唐书》卷一二二《郭震传》，《旧唐书》卷九十七《郭元振传》。

谓之使相，而宰相之职侪于他官，自此始。"①其说较为可信。唐自玄宗以后，中书令、侍中与同中书门下平章事为宰相，则所谓使相，即是节度使加"中书令""侍中"或"同中书门下平章事"衔之称谓。②

　　唐代藩镇得使相之原因，约可分为战乱军功、跋扈难制、宰相（旧相）出任、朝廷宠任、强藩奏请等。在战乱中立军功而加使相如李光弼、郭子仪等是，跋扈难制之藩镇中央政府多加之使相以为姑息，河北之成德、魏博、幽州三镇多是；朝廷宠任乃非由宰相出任藩镇，亦非由军功，而系朝廷主动授任以提高该藩镇的地位；强藩奏请仅唐末有之，系由强藩代为奏请而得者，如王重师即是。兹将唐代藩镇初加使相衔之时期及原因表列如下（参阅表16）。

表 16　藩镇初加使相衔表

人物编号	姓名	镇别	初加使相衔之时期	初加使相衔原因	备注
76B	王重师	京畿	哀帝时	朱全忠奏授	《新书》二一八
1123	刘知俊	同州	哀帝时	朱全忠奏授	《旧史》一三
1278A	韩建	华州	昭宗时	跋扈难制	《通鉴》二六〇乾宁三年八月
1029	齐克让	奉天	僖宗时	不明	《通鉴》二五五中和二年十二月
197B	朱泚	凤翔	德宗时	平刘文喜之乱	《旧书》二〇〇下
147D	白敏中	凤翔	懿宗时	宰相出任	《新书》一一九
254I	杜悰	凤翔	懿宗时	宰相出任	《旧书》一四七

---

①　《文献通考》卷四十九《职官三》。

②　《通鉴》卷二五五中和三年七月，胡《注》："唐末凡节度使带平章事及检校三省长官，三公、三师者，皆谓之使相。"其说恐误。三公、三师固非宰相，而玄宗以后尚书省长官左右仆射如不带"同平章事"衔并不算宰相。孙逢吉《职官分纪》卷五："国朝（宋）凡以检校官兼中书令、侍中、同中书门下平章事者，并谓之使相。"则宋代使相之兼衔与唐同。又《五代会要》卷十三《中书门下》："后唐天成四年八月敕，朝廷每有将相恩命，准往例，诸道节度使带平章事，兼侍中、中书令，并列衔于敕牒后侧书使字。"五代官制沿袭唐代，故使相兼官亦与唐同。

（续表）

人物编号	姓名	镇别	初加使相衔之时期	初加使相衔原因	备注
138D	令狐绹	凤翔	懿宗时	旧相出任	《旧书》一七二
1162A	郑畋	凤翔	僖宗时	破黄巢军功	《旧书》一七八
340	李昌言	凤翔	僖宗时	跋扈难制	《通鉴》二五五中和三年二月
363B	李茂贞	凤翔	僖宗时	跋扈难制	《通鉴》二五七光启三年八月
840	张珪	泾原	昭宗时	讨李茂贞军功	《通鉴》二六一乾宁四年九月
489A	李怀光	邠宁	德宗时	讨朱泚之乱	《新书》二二四上
700C	高崇文	邠宁	宪宗时	平刘辟之乱	《旧书》一五一
342D	李光颜	邠宁	宪宗时	平吴元济之乱、防吐蕃功	《旧书》一六一
147A	白敏中	邠宁	宣宗时	宰相出任	《新书》一一九
190	朱玫	邠宁	僖宗时	讨黄巢功	《新书》二二四下
41	王行瑜	邠宁	昭宗时	平杨守亮之乱功	《旧书》一七五
1319B	苏文建	邠宁	昭宗时	跋扈难制	《通鉴》二六〇乾宁二年十一月
511	东方逵	鄜坊	僖宗时	讨黄巢功	《通鉴》二五五中和三年五月
355	李思孝	鄜坊	僖宗时	讨黄巢功	《新书》二二〇上
356	李思恭	夏绥	僖宗时	讨黄巢功	《新书》二二〇上
298	李成庆	夏绥	昭宗时	不明	《通鉴》二六二光化三年四月
299E	李光弼	朔方	肃宗时	讨安史之乱	《旧书》一一〇
745E	郭子仪	朔方	肃宗时	讨安史之乱	《新书》一三七
1020D	仆固怀恩	朔方	肃宗时	讨史朝义之乱	《新书》二二四上
745F	郭子仪	朔方	代宗时	宰相出任	《新书》一三七
933C	浑瑊	朔方	德宗时	讨朱泚之乱	《新书》一五五
793B	张全义	东畿	昭宗时	跋扈难制	《通鉴》二五八大顺元年十月

（续表）

人物编号	姓名	镇别	初加使相衔之时期	初加使相衔原因	备注
75A	王重盈	陕虢	僖宗时	跋扈难制	《通鉴》二五六光启元年五月
186	朱友谦	陕虢	昭宗时	不明	《新书》一八七王重荣传
371E	李勉	义成	德宗时	朝廷宠任	《新书》一三一
737C	康承训	义成	懿宗时	讨庞勋之乱军功	《新书》一四八
1126B	刘玄佐	宣武	德宗时	讨李希烈之乱	《旧书》一四五
972B	董晋	宣武	德宗时	旧相出任	《旧书》一四五
1272A	韩弘	宣武	宪宗时	跋扈难制	《旧书》一五六
918C	崔龟从	宣武	宣宗时	宰相出任	《旧书》一七六
1037D	裴休	宣武	宣宗时	宰相出任	《旧书》一七七
132A	王铎	宣武	懿宗时	宰相出任	《旧书》一六四
188B	朱全忠	宣武	僖宗时	讨黄巢	《通鉴》二五六中和四年九月
1091D	赵犨	忠武	昭宗时	讨秦宗权之乱	《旧史》一四
1078	赵昶	忠武	昭宗时	讨秦宗权之乱	《旧史》一四
1081A	赵珝	忠武	昭宗时	不明	《旧史》一四
200	朱瑄	天平	昭宗时	跋扈难制	《旧史》一三
106A	王智兴	武宁	文宗时	讨李同捷之乱	《旧书》一五六
632	时溥	武宁	僖宗时	讨黄巢	《旧书》一八二
285	李正己	平卢淄青	代宗时	跋扈难制	《旧书》一二四
376	李纳	平卢淄青	德宗时	跋扈难制	《旧书》一二四
380	李师古	平卢淄青	德宗时	跋扈难制	《旧书》一二四
112	王敬武	平卢淄青	僖宗时	讨黄巢	《新书》一八七
87A	王师范	平卢淄青	昭宗时	跋扈难制	《新书》一八七
333A	李忠臣	淮西	代宗时	平李灵曜之乱	《旧书》一四五
321A	李希烈	淮西	德宗时	平梁崇义之乱	《旧书》一四五
235	吴少诚	淮西	顺宗时	跋扈难制	《旧书》一四五

（续表）

人物编号	姓名	镇别	初加使相衔之时期	初加使相衔原因	备注
876	崔洪	蔡州	昭宗时	不明	《通鉴》二六一乾宁四年五月
209	辛云京	河东	代宗时	御回纥功	《新书》一四七
682A	马燧	河东	德宗时	讨伐田悦功	《新书》一五五
125E	王锷	河东	宪宗时	朝廷宠任（自营求）	《旧书》一五一
790C	张弘靖	河东	宪宗时	宰相出任	《新书》一二七
1048B	裴度	河东	宪宗时	宰相出任	《旧书》一七〇
409B	李程	河东	敬宗时	宰相出任	《新书》一三一
1244D	萧邺	河东	懿宗时	旧相出任	《新书》一八二
458D	李蔚	河东	僖宗时	平太原军乱	《新书》一八一
1174D	郑从谠	河东	僖宗时	宰相出任	《旧书》一五八
313B	李克用	河东	僖宗时	讨黄巢功	《新书》二一八
372A	李晟	河中	德宗时	讨朱泚之乱	《旧书》一三三
258	杜黄裳	河中	宪宗时	宰相出任	《旧书》一四七
767	陈夷行	河中	武宗时	旧相出任	《旧书》一七三
138A	令狐绹	河中	宣宗时	宰相出任	《旧书》一七二
1103A	蒋伸	河中	懿宗时	宰相出任	《旧书》一四九
717E	毕諴	河中	懿宗时	旧相出任	《旧书》一七七
643C	夏侯孜	河中	懿宗时	宰相出任	《新书》宰相表
260C	杜审权	河中	懿宗时	旧相出任	《旧书》一七七
391	李都	河中	僖宗时	朝廷宠任	《通鉴》二五三乾符五年九月
77A	王重荣	河中	僖宗时	跋扈难制	《通鉴》二五五中和二年十二月
71	王珂	河中	昭宗时	跋扈难制	《通鉴》二六〇乾宁三年十月
337	李抱真	昭义	德宗时	讨河北三镇之叛	《通鉴》二二九兴元元年正月

（续表）

人物编号	姓名	镇别	初加使相衔之时期	初加使相衔原因	备注
453E	李愬	昭义	宪宗时	朝廷宠任	《旧纪》元和十五年九月戊午
1128B	刘悟	昭义	穆宗时	跋扈难制	《旧纪》长庆三年九月丙辰
1132	刘从谏	昭义	文宗时	跋扈难制	《旧书》一六一
1190C	诸葛爽	河阳	僖宗时	跋扈难制	《旧书》一八二
319B	李罕之	河阳	僖宗时	跋扈难制	《旧史》一五
835	张汉瑜	河阳	哀帝时	不明	《通鉴》二六五天祐元年五月
493	李宝臣	成德	代宗时	跋扈难制	《旧书》一四二
64A	王武俊	成德	德宗时	跋扈难制	《旧书》一四二
33B	王士真	成德	德宗时	跋扈难制	《旧书》一四二
36	王元逵	成德	文宗时	跋扈难制	《旧书》一四二
105	王景崇	成德	僖宗时	跋扈难制	《旧书》一四二
161	田承嗣	魏博	代宗时	跋扈难制	《旧书》一四一
167	田绪	魏博	德宗时	跋扈难制	《旧书》一四一
162	田季安	魏博	德宗时	跋扈难制	《旧书》一四一
157A	田弘正	魏博	宪宗时	朝廷宠任	《旧书》一四一
152A	史宪诚	魏博	文宗时	跋扈难制	《旧书》一八一
230	何进滔	魏博	文宗时	跋扈难制	《旧书》一八一
227	何弘敬	魏博	宣宗时	跋扈难制	《旧书》一八一
228	何全皞	魏博	懿宗时	跋扈难制	《旧书》一八一
1276	韩允中	魏博	僖宗时	跋扈难制	《旧书》一八一
1288	韩简	魏博	僖宗时	跋扈难制	《旧书》一八一
1092	乐彦祯	魏博	僖宗时	跋扈难制	《旧书》一八一
1304	罗弘信	魏博	昭宗时	跋扈难制	《旧书》一八一
1305	罗绍威	魏博	昭宗时	跋扈难制	《旧书》一八一
488	李怀仙	幽州	代宗时	跋扈难制	《旧书》一四三

（续表）

人物编号	姓名	镇别	初加使相衔之时期	初加使相衔原因	备注
197A	朱泚	幽州	代宗时	跋扈难制	《旧书》二〇〇下
1147	刘济	幽州	德宗时	跋扈难制	《旧书》一四三
1149B	刘总	幽州	宪宗时	跋扈难制	《旧书》一四三
790E	张弘靖	幽州	穆宗时	朝廷宠任	《旧纪》长庆元年三月癸丑
440A	李载义	幽州	文宗时	跋扈难制	《新书》二一二
795	张仲武	幽州	宣宗时	破回纥功	《通鉴》二四八大中元年二月
284	李可举	幽州	僖宗时	跋扈难制	《旧书》一八〇
782	张允伸	幽州	宣宗时	跋扈难制	《旧书》一八〇
1110	刘仁恭	幽州	昭宗时	朱全忠奏授	《通鉴》二六一乾宁四年十月
803B	张孝忠	义武	德宗时	讨朱泚之乱	《旧书》一四一
813A	张茂昭	义武	顺宗时	朝廷宠任（奖忠顺）	《旧书》一四一
99A	王处存	义武	僖宗时	讨黄巢	《新书》一八六
81	王郜	义武	昭宗时	跋扈难制	《旧书》一八二
719	梁崇义	山南东道	德宗时	跋扈难制	《旧书》一二一
7B	于頔	山南东道	德宗时	跋扈难制	《旧书》一五六
1041B	裴均	山南东道	宪宗时	朝廷宠任	《新书》一〇八
402C	李逢吉	山南东道	敬宗时	宰相出任	《旧书》一六七
1323D	窦易直	山南东道	文宗时	宰相出任	《旧书》一六七
1048F	裴度	山南东道	文宗时	宰相出任	《旧书》一七〇
18D	牛僧孺	山南东道	文宗时	旧相出任	《旧书》一七二
1166E	郑涯	山南东道	懿宗时	朝廷宠任	《通鉴》二五〇咸通二年十一月
1222D	卢耽	山南东道	懿宗时	朝廷宠任	《通鉴》二五二咸通十二年七月

（续表）

人物编号	姓名	镇别	初加使相衔之时期	初加使相衔原因	备注
6B	于琮	山南东道	僖宗时	旧相出任	《通鉴》二五二乾符元年正月
442E	李福	山南东道	僖宗时	讨王仙芝之乱	《通鉴》二五三乾符五年二月
1086	赵德谔	山南东道	昭宗时	讨秦宗权之乱	《通鉴》二五八龙纪元年三月
1069	赵匡凝	山南东道	昭宗时	不明	《通鉴》二六一光化二年十一月
1314	严震	山南西道	德宗时	朝廷宠任	《旧书》一一七
1048E	裴度	山南西道	穆宗时	旧相出任	《旧书》一七〇
440B	李载义	山南西道	文宗时	朝廷宠任	《新书》二一二
343	李宗闵	山南西道	文宗时	宰相出任	《旧书》一七六
82E	王起	山南西道	武宗时	朝廷宠任	《旧书》一六二
1224F	卢钧	山南西道	宣宗时	朝廷宠任	《旧纪》大中十一年九月
990B	杨守亮	山南西道	僖宗时	讨黄巢复京师功	《新书》一八六
1022	满存	感义	僖宗时	讨朱玫之乱	《新书》一八六
363A	李茂贞	武定	僖宗时	讨朱玫之乱	《旧史》一三二
278A	李石	荆南	文宗时	宰相出任	《旧书》一七二
468H	李德裕	荆南	武宗时	宰相出任	《旧书》一七四
1176D	郑肃	荆南	武宗时	宰相出任	《旧书》一七六
1244A	萧邺	荆南	宣宗时	宰相出任	《新书》宰相表
659C	徐商	荆南	懿宗时	宰相出任	《通鉴》二五一咸通十年六月
132B	王铎	荆南	僖宗时	宰相出任	《新书》宰相表
171	成汭	荆南	昭宗时	跋扈难制	《通鉴》二五九景福元年九月
364A	李茂庄	天雄	昭宗时	跋扈难制	《通鉴》二五九景福二年七月
824	张淮深	归义	僖宗时	朝廷宠任	苏莹辉《敦煌学概要》
906A	崔宁	西川	代宗时	跋扈难制	《旧书》一一七

（续表）

人物编号	姓名	镇别	初加使相衔之时期	初加使相衔原因	备注
801D	张延赏	西川	德宗时	讨朱泚之乱	《旧纪》兴元元年四月甲寅
610B	韦皋	西川	德宗时	抗吐蕃功	《旧书》一四〇
517	武元衡	西川	宪宗时	宰相出任	《旧书》一五六
575A	段文昌	西川	穆宗时	宰相出任	《旧纪》长庆元年二月壬申
244	杜元颖	西川	穆宗时	宰相出任	《新书》宰相表
335B	李固言	西川	文宗时	宰相出任	《旧纪》开成二年十月戊申
910B	崔郸	西川	武宗时	宰相出任	《新书》宰相表
287A	李回	西川	宣宗时	宰相出任	《通鉴》二四八大中元年八月
1297	魏谟	西川	宣宗时	宰相出任	《新书》宰相表
643B	夏侯孜	西川	懿宗时	宰相出任	《新书》宰相表
442D	李福	西川	懿宗时	御蛮入侵	《新书》一三一
968A	路岩	西川	懿宗时	宰相出任	《通鉴》二五二咸通十二年四月
776	陈敬瑄	西川	僖宗时	讨黄巢迎乘舆功	《新书》二二四下
69B	王建	西川	昭宗时	跋扈难制	《通鉴》二五九景福二年二月
1000	杨师立	东川	僖宗时	不明	《通鉴》二五五中和三年六月
1331	顾彦朗	东川	僖宗时	朝廷宠任	《新书》一八六
55	王宗涤	东川	昭宗时	王建奏授	《九国志》六
763D	陈少游	淮南	德宗时	讨李纳之乱	《旧书》一二六
246D	杜佑	淮南	德宗时	朝廷宠任	《旧纪》贞元十六年六月
294	李吉甫	淮南	宪宗时	宰相出任	《新书》宰相表
296C	李夷简	淮南	宪宗时	宰相出任	《新书》宰相表
117B	王播	淮南	穆宗时	宰相出任	《新书》宰相表
575B	段文昌	淮南	文宗时	朝廷宠任	《旧书》一六七
18B	牛僧孺	淮南	文宗时	宰相出任	《新书》宰相表

（续表）

人物编号	姓名	镇别	初加使相衔之时期	初加使相衔原因	备注
389E	李绅	淮南	武宗时	宰相出任	《新书》宰相表
506	李让夷	淮南	武宗时	旧相出任	《新书》宰相表
898C	崔铉	淮南	宣宗时	宰相出任	《新书》宰相表
1144A	刘邺	淮南	僖宗时	宰相出任	《新书》宰相表
710G	高骈	淮南	僖宗时	讨黄巢	《旧书》一八二
985C	杨行密	淮南	僖宗时	讨孙儒之乱	《新书》一八八
1005B	杨渥	淮南	哀宗时	跋扈难制	《新书》一八八
1284A	韩滉	浙西	德宗时	讨朱泚之乱，供输京师	《旧书》一二九
965	路随	浙西	文宗时	宰相出任	《新书》宰相表
260B	杜审权	浙西	懿宗时	宰相出任	《新书》宰相表
1088	赵隐	浙西	僖宗时	宰相出任	《通鉴》二五二乾符元年二月
546B	周宝	浙西	僖宗时	讨黄巢	《新书》一八六
1191A	钱镠	浙西	昭宗时	跋扈难制	《通鉴》二五九乾宁元年五月
969	董昌	浙东	昭宗时	黄巢事变后贡输不断	《新书》二二五下
120	王审知	福建	昭宗时	跋扈难制	《通鉴》二六二光化三年二月
1269	钟传	江西	僖宗时	跋扈难制	《新书》一九〇
169	田頵	宣歙	昭宗时	讨孙儒之乱	《新书》一八九
18A	牛僧孺	鄂岳	敬宗时	宰相出任	《新书》宰相表
677	马殷	湖南	昭宗时	跋扈难制	《旧史》一三二
961	雷满	武贞	昭宗时	跋扈难制	《通鉴》二六一光化元年七月
605B	韦宙	岭南东道	懿宗时	御南诏功	《新书》一九七
328	李知柔	岭南东道	昭宗时	宰相出任	《新书》宰相表
656B	徐彦若	岭南东道	昭宗时	宰相出任	《新书》宰相表

（续表）

人物编号	姓名	镇别	初加使相衔之时期	初加使相衔原因	备注
1150	刘隐	岭南东道	哀帝时	不明	《通鉴》二六五天祐二年三月
174	曲承裕	安南	哀帝时	不明	《通鉴》二六五天祐三年正月

说明：

一、本表参照"唐代藩镇总表"，但不含未至镇者。其为兼领者，只计本任。

二、本表所列为初次"加使相衔"之藩镇，凡在甲镇任上初加使相衔，及转任乙镇仍带使相衔者，其乙镇任上之使相衔并非初加，不予表列，例如王智兴在武宁节度使任上初次加使相衔，其后由武宁转任忠武节度使，再转河中节度使，再转宣武节度使，均带使相衔，本表只列其武宁任上初加使相衔之时间及原因，其他忠武、河中、宣武均非初加，故不列表。但如果有使相衔之藩镇，以转任朝官后，再出为藩镇而加使相衔时，因前使相衔已中断，故仍视为初加，例如大中五年三月白敏中以宰相出为邠宁节度加使相衔，其后又入朝任相，咸通二年二月再出为凤翔节度使加使相衔，本表以敏中邠宁、凤翔二任均为初加使相衔。

三、本表所称使相衔，指藩镇加"同平章事""中书令""侍中"等衔者。

四、本表不列以宰相兼领藩镇者，如（329C）李林甫等均为宰相兼领，不列入。

根据上表，可将藩镇初加使相衔之原因及地区统计如下（表17）：

表17　藩镇初加使相衔原因及地区统计表　　　　（单位：人）

时代	原因					地区（旧道别）										合计
	战乱军功（含内乱与外患）	跋扈难制	强藩奏请	宰相出任（含旧相出任）	朝廷宠任	不明	关内道	河南道	河东道	河北道	山南道	陇右道	剑南道	淮南道	江南道	岭南道	
肃宗朝	3	0	0	0	0	0	3	0	0	0	0	0	0	0	0	0	3
代宗朝	2	6	0	1	0	0	1	2	1	4	0	0	1	0	0	0	9

（续表）

时代	原因						地区（旧道别）										合计
	战乱军功（含内乱与外患）	跋扈难制	强藩奏请	宰相出任（含旧相出任）	朝廷宠任	不明	关内道	河南道	河东道	河北道	山南道	陇右道	剑南道	淮南道	江南道	岭南道	
德宗朝	13	9	0	1	3	0	3	6	3	6	3	0	2	2	1	0	26
顺宗朝	0	1	0	0	1	0	0	1	0	1	0	0	0	0	0	0	2
宪宗朝	2	2	0	6	4	0	2	1	5	2	1	0	1	2	0	0	14
穆宗朝	0	1	0	4	1	0	0	0	1	1	1	0	2	1	0	0	6
敬宗朝	0	0	0	3			0	0	0	1	0	1	0	1	0	0	3
文宗朝	1	5	0	8	2	0	0	1	1	4	6	0	1	2	1	0	16
武宗朝	0	0	0	6	1	0	0	0	1	0	3	0	1	2	0	0	7
宣宗朝	1	2	0	8	1	0	1	2	1	3	2	0	2	1	0	0	12
懿宗朝	3	1	0	13	2	0	3	2	5	1	3	0	3	0	1	1	19
僖宗朝	19	12	0	5	3	3	9	4	5	8	6	1	3	3	3	0	42
昭宗朝	7	16	2	2	0	4	4	8	1	4	3	1	2	0	6	2	31
哀帝朝	0	1	2	0	0	3	2	0	0	1	0	0	0	1	0	2	6
合计	51	56	4	57	18	10	28	27	25	35	29	2	18	14	13	5	196

　　由上表之统计，初加使相衔以僖宗朝最多，共四十二人，昭宗、德宗朝次之。其中僖宗、德宗朝以"战乱军功"加使相衔者最多，次为"跋扈难制"，昭宗朝则以"跋扈难制"最多，"战乱军功"次之，实际上，"跋扈难制"往往是战乱之结果，战乱少，跋扈难制者亦少，以此二原因加使相衔者亦愈少。从宪宗至懿宗，战乱较少，在此段时期内，以"战乱军功"与"跋扈难制"而得使相之藩镇较少，文宗、宪宗、宣宗、懿宗等朝加使相衔之藩镇并不太少，然多属"宰相出任"，可见宪宗至懿宗时中央以宰相外出任藩镇者较多，亦显示

出此一段时期中，中央对方镇之控制力较强，故藩镇之跋扈叛逆在此一段时期中出现较少（参阅表 3 "唐代藩镇对中央之态度统计表"）。其次，就地区观察，陇右道加使相衔之藩镇最少，这是因为自代宗初陇右即陷于吐蕃的缘故，至宣宗时，由于张义潮的入贡，唐室在陇右遂增加一较强大之方镇（归义军），僖、昭时陇右道各加使相衔一人，其中之一即归义军节度使张淮深。岭南道在懿宗以前未有初加使相衔者，江南道在懿宗以前亦甚少初加使相衔者，其原因主要是由于僖宗以前江南道、岭南道战乱甚少，"战乱军功""跋扈难制"而加使相衔之藩镇均未能出现于江南道、岭南道。淮南道在僖宗前亦少战乱，因此淮南道初加使相衔之藩镇，多属"宰相出任"（参阅表 16 "藩镇初加使相衔表"中"淮南"）。河北道初加使相衔者最多，正显示出安史乱后迄至唐亡，河北道对中央态度跋扈、叛逆之藩镇的众多（参阅表 3 "唐代藩镇对中央之态度统计表"中"河北道"一栏），中央对河北道控制力薄弱（参阅第二章第三节）便只得赏以使相衔，作为羁縻的法宝。山南道初加使相衔者亦多，但以"宰相出任"而加者共十三人，"朝廷宠任"而加者占七人，此两种原因占全部山南道初加使相衔者三分之二强，则山南道初加使相衔藩镇之多，并不表示中央对山南道控制无力。代宗、德宗及懿宗以后，关内道、河南道、河东道之战乱炽烈，加使相衔之藩镇亦多，正是以使相衔羁縻因战乱立功与跋扈难制之藩镇的现象。

由上面分析，可知因为中央武力薄弱，遇有战乱，不能不借藩镇兵力来平定，进而对藩镇给予高官厚爵之赏赐。倘若藩镇真能向心协力，效忠中央，则所有战乱，不难迅速平定，而跋扈之藩镇亦不易产生，如武宗时，昭义节度使刘从谏卒，侄稹求嗣袭，宰相李德裕力谋讨伐，在河中节度使石雄、义成节度使刘沔、成德节度使王元逵、魏博节度使何弘敬四面围攻之下，刘稹逆命终未得逞。然而，藩镇实际上并非必然对中央忠心效死，藩镇军队终非中央直属指挥，而系受藩镇节度，藩镇拥有强大兵力以后，有时会自存私心，而不全力作战。李吉甫谓自安史之乱后而兵戈未戢者，以"将帅养寇藩身也"。① 征诸仆固怀恩"虑贼平宠衰，欲留贼将为援"，② 确然可信，吉甫为宪宗时名相，所言当是表示中央政府对藩镇在战争中之未能全力以赴深感不满。然而，中央政府纵有不满，藩镇为一己私利着想，在此后之战乱中，仍是未肯尽力，甚至互相勾结，以取私利。元和四年十月，成德节度使王承宗跋扈逆命欺诈朝廷，诏诸道兵讨伐王承宗，时"藩邻观望养寇，空为逗挠，以弊国赋"，③ 历久无功，不得不罢兵，赦宥王承宗。其后，讨吴元济之乱，以宣武节度使韩弘为淮西诸军行营都统，"弘虽居统帅，常不欲诸军立功，阴为逗挠之计。每闻献捷，辄数日不怡，其危国邀功如是"。④ 吴元济大将董重质曾谓，唐室中央征藩镇兵太杂，藩镇与藩镇之间利害冲突，致师久无功。⑤ 黄巢起事，陷长安，僖宗奔蜀，是时中央政府任命淮南节度使高骈为都统，"诛讨大计悉属骈，骈内幸多难，数偃蹇而外逗挠"。⑥ 山南东道节度使刘巨容以兵大败黄巢，几擒巢，但心存"留贼为富贵作地"，遂舍而不擒。⑦

　　藩镇作战之逗挠观望，中央由于本身缺乏强大武力，对之亦无法加以制裁，而且在战乱之中或战乱以后，常使藩镇武力更为增强（参阅本章第一节），中央唯有姑息。藩镇既恃立功，又受中央姑息政策鼓励，有时遂更为跋扈难制。⑧

　　范祖禹曰："官爵者，人君所以驭天下，不可以虚名而轻用也，君以为贵，则人贵之，君以为贱，则人贱之。"⑨ 唐末中央武力益弱，

---

　　① 《新唐书》卷一三六《张伯仪传》。
　　② 《旧唐书》卷一四一《田承嗣传》。
　　③ 《旧纪》"元和五年七月丁未"条。又讨伐王承宗时，幽州节度使刘总虽遵诏旨出兵，但"持两端，以利朝廷供馈赏赐"。阅《旧唐书》卷一四三《刘总传》。
　　④ 《旧唐书》卷一五六《韩弘传》。
　　⑤ 阅《唐文粹》卷八十杜牧《上司徒李相公论用兵书》。
　　⑥ 《新唐书》卷一八五《王铎传》。
　　⑦ 《新唐书》卷一八六《刘巨容传》。
　　⑧ 德宗初，山南东道节度使梁崇义纵恣倨慢，淮西节度使李希烈请征伐之，淮西黜陟使李承上言曰："希烈将兵讨伐，必有微勋，但恐立功之后，纵恣跋扈，不禀朝宪，必劳王师问罪。"（《旧唐书》卷一一五《李承传》）其后李希烈果恃功跋扈，终至叛逆。唐末藩镇更于黄巢起事后，建立武力，朝廷姑息，因而愈形跋扈。
　　⑨ 范祖禹《唐鉴》卷十一《肃宗》。

官赏更滥，藩镇拥有兵力，则官爵无不可得，致跋扈无所不为，蔑视朝廷。《旧唐书》卷一七九《韦昭度传》：

> 先是，邠州王行瑜求为尚书令，昭度奏议云："国朝已来，功如郭子仪，未省曾兼此官。"乃赐号"尚父"。崔昭纬宗人铤曾为行瑜从事，朝廷每降制勅不便于昭纬者，即令铤诉于行瑜，俾上章论列，朝旨小有依违，即表章不逊。

王行瑜之所为实为唐末跋扈藩镇之通例，中央畏惧其武力，不能不格外"施恩"，然而跋扈藩镇对于中央的"施恩"并不感激，却对其他拥有强大兵力而肯效忠中央的藩镇发生畏惧。昭宗之时，凤翔节度使李茂贞、华州节度使韩建素称跋扈，凌辱朝廷，乾宁二年，李茂贞与邠宁节度使王行瑜军逼京师，昭宗出奔石门，此时河东节度使李克用拥强兵，却能对中央恭顺，昭宗乃诏李克用讨茂贞等，由于李克用之兵强善战，李茂贞等均惧而请罪，克用诛王行瑜，昭宗诏赦李茂贞、韩建，令克用归藩，"克用既去，李茂贞骄横如故，河西州县，多为茂贞所据"。[①] 韩建、李茂贞自李克用去后，对中央又表露其轻侮态度。[②]

　　僖宗时的中央禁兵，全掌握在宦官之手，兵力薄弱，不能抗拒强藩，至昭宗时，掌禁兵之宦官与禁兵将领且与跋扈强藩勾结，各挟天子以谋自利，枢密使刘季述竟以禁兵之力，废昭宗。《通鉴》卷二六二"光化三年十一月"条：

> 上猎苑中，因置酒，夜醉归，手杀黄门、侍女数人。明旦，日加辰巳，宫门不开，（枢密使刘）季述诣中书，白（宰相）崔胤曰："宫中必有变，我内臣也，得以便宜从事，请入视之。"乃帅禁兵千人，破门而入，访问，具得其状。出，谓胤曰："主上所为如是，岂可理天下。废昏立明，自古有之，为社稷大计，非不顺也。"胤畏死，不敢违。庚寅，季述召百官，陈兵殿庭，

---

① 《通鉴》卷二六〇乾宁二年十二月。
② 《通鉴》卷二六〇乾宁三年六月："初，李克用屯渭北，李茂贞、韩建惮之，事朝廷礼甚恭，克用去，二镇贡献渐疏，表章骄慢。"

作胤等连名状，请太子监国，以示之，使署名；胤及百官不得已皆署之。上在乞巧楼，季述、（王）仲先伏甲士千人于门外，与宣武进奏官程岩等十余人入请对。季述、仲先甫登殿，将士大呼，突入宣化门，至思政殿前，逢宫人辄杀之。上见兵入，惊堕床下，起，将走，季述、仲先掖之令坐。宫人走白皇后，后趋至，拜请曰："军容勿惊宅家，有事取军容商量。"季述等乃出百官状白上，曰："陛下厌倦大宝，中外群情，愿太子监国，请陛下保颐东宫。"上曰："昨与卿曹乐饮，不觉太过，何至于是。"对曰："此非臣等所为，皆南司众情，不可遏也。愿陛下且之东宫，待事小定，复迎归大内耳。"后曰："宅家趣依军容语。"即取传国宝以授季述。宦官扶上与后同辇，嫔御侍从者才十余人，适少阳院。季述以银槌画地数上曰："某时某事，汝不从我言，其罪一也。"如此数十不止。乃手锁其门，镕铁锢之，遣左军副使李师虔将兵围之，上动静辄白季述，穴墙以通饮食，凡兵器针刃皆不得入。上求钱帛俱不得，求纸笔亦不与。时大寒，嫔御公主无衣衾，号哭闻于外。

原为拱卫皇室的中央禁军，竟用以对付皇室，禁军之不忠，使中央政府之武力完全消失，马端临谓唐末之神策禁军，"外不足以定寇而内徒以胁君"。① 如此禁军，对中央政府反而有害。

当乾宁三年时，昭宗已有意在神策军以外，另建新军，使其成为真正可用的中央武力，然而，李茂贞、韩建等跋扈藩镇深恐中央兵力强盛，将对自己不利，遂立加破坏，使中央无法重振武力。《通鉴》卷二六〇乾宁三年六月：

上自石门还，于神策两军之外，更置安圣、捧宸、保宁、宣化等军，选补数万人，使诸王将之。嗣延王戒丕、嗣覃王嗣周又自募麾下数千人。（李）茂贞以为欲讨己，语多怨望。……上命通王滋及嗣周、戒丕，分将诸军，以卫近畿。……丙寅，茂贞引兵逼京畿，覃王与战于娄馆，官军败绩。秋七月，茂贞

---

① 《文献通考》卷五十八《职官十二》。

> 进逼京师。……辛卯，诏幸鄜州。……丙申，至华州（依
> 韩建）。

昭宗走依韩建，韩建也破坏昭宗的新中央军，《通鉴》卷二六一"乾宁四年春正月甲申"条：

> 韩建奏："防城将张行思等告睦、济、韶、通、彭、韩、
> 仪、陈八王谋杀臣，劫车驾幸河中。"建恶诸王典兵，故使行思
> 等告之。上大惊，召建谕之。建称疾不入。令诸王诣建自陈。
> 建表称："诸王忽诣臣理所，不测事端，臣详酌事理，不应与诸
> 王相见。"又称："诸王当自避嫌疑，不可轻为举措，陛下若以友
> 爱含容，请依旧制，令归十六宅，妙选师傅，教以诗书，不令
> 典兵预政。"且曰"乞散彼乌合之兵，用光麟趾之化"。建虑上
> 不从，引麾下精兵围行宫，表疏连上，上不得已，是夕，诏诸
> 王所领军士并纵归田里，诸王勒归十六宅，其甲兵并委韩建收
> 掌。建又奏："陛下选贤任能，足清祸乱，何必别置殿后四军，
> 显有厚薄之恩，乖无偏无党之道，且所聚皆坊市无赖奸猾之徒，
> 平居犹思祸变，临难必不为用，而使之张弓挟刃，密迩皇舆，
> 臣窃寒心，乞皆罢。"诏亦从之，于是殿后四军二万余人悉散，
> 天子之亲军尽矣。

昭宗乾宁三年之建军计划失败以后，至天复三年崔胤为宰相时，再度有建军计划。《通鉴》卷二六四天复三年五月：

> （宰相）崔胤奏："左右龙武、羽林、神策等军，名存实亡，
> 侍卫单寡，请每军募步兵四将，每将二百五十人，骑兵一将百
> 人，合六千六百人，选其壮健者，分番侍卫。"从之。令六军诸
> 卫副使、京兆尹郑元规立格召募于市。

崔胤之计划只募兵六千六百人，势不能使中央军武力足以抗御藩镇强大的兵力。然而这支小小中央军仍为跋扈藩镇所不能容，次年正月朱全忠便逼使昭宗予以解散。①

---

① 阅《通鉴》卷二六四"天祐元年正月丙午"条。

昭宗尝问张濬致治之要，濬对曰："在强兵，兵强天下服矣。"①
在专制时代，中央政府欲维持全国一统的局面，须依靠"力"，"力"
主要可分为"物质的力"与"精神的力"两种，在"物质的力"中
以"兵力"最实际最能产生立即的效果。唐自安史乱后，中央武力
薄弱，每逢战乱，多须借藩镇兵力，中央唯有以爵赏恩情，笼络藩
镇，姑息藩镇，然而其结果却未必能使藩镇对中央恭顺。② 在中央武
力薄弱的情况之下，倘若藩镇个人具有争权夺利之野心或护位自保
之企图，加上有利于违抗中央的环境，跋扈、叛逆之态度乃易于
产生。

第三节　军纪之不良与中央对藩镇控制力之削弱

唐自玄宗以后，兵乱极多，史书所载，比比皆是（参阅表18），
军纪之不良，为历代所少见。代宗之时，邠州驻重兵，士卒暴恶，
"吏不得问，日群行丐取于市，不嗛，辄奋击折人手足，椎釜鬲瓮盎
盈道上，袒臂徐去，至撞杀孕妇人"。③ 元结评当时之军纪曰："今日
之兵，不可以礼义节制，不可以盟誓禁止。"④ 军纪之败坏使人民畏
官军过于盗贼，对于当时存在的政权自属有害，而且军纪之不良，
最易引起兵乱，以下叛上，破坏政治秩序，亦是不利于当时存在的
政权。

唐代军纪之不良而兵乱屡生，其始在安史战乱之时。自府兵制
度破坏以后，中央军弱，藩镇军强，中央欲平战乱，不能不赖藩镇
之兵力，于是，在战乱之中或战乱之后，中央最易姑息藩镇。然而

---

① 《新唐书》卷一八五《张濬传》。
② 萨孟武先生说："以力制力乃政治上的原则，以恩情笼络叛徒，只是姑息，不但
不能钳束其人，反将引起更严重的叛变。"（《西游记与中国古代政治》，页50）又说："专
制政府的权威是用'力'维持的，不能依靠恩情，天子姑息臣下，也许出于恩情，而由方
镇看来，必以朝廷柔弱无力，朝廷愈姑息，方镇愈跋扈，这是必然之势。"（《中国社会政
治史》第三册，第八章第四节，页166—167）
③ 《唐文粹》卷一〇〇柳宗元《段太尉逸事状》。
④ 《唐文粹》卷三十五元结《管仲论》。

战争之胜败并非藩镇一人所能决定，尚须靠部属将士之用命，倘若将士效死，争得胜利，则藩镇能向中央邀得更多荣宠，如果将士反戈，兵变作乱，则藩镇性命尚且难保，藩镇自不能不对将士亦加以姑息安抚，自安史乱后，遂养成兵骄将悍之风气。[1]

中央对藩镇任命权的放松，常是造成将士骄悍、兵乱迭起的一个原因。代宗时安史之乱初平，又经吐蕃之乱（广德元年、永泰元年）、仆固怀恩之叛（广德二年）、周智光之乱（大历元年）、李灵曜之乱（大历十一年）等乱事，对藩镇乃行姑息。[2] 德宗贞元以后，"每命节制，必令采访本军为其所归者"，[3] 代、德二宗常承认由地方将士所拥立之人为藩镇。僖、昭二宗之时，天下大乱，朝命不能及于地方，藩镇之得位，常以武力为依据。因此，在代、德、僖、昭之时，中央对藩镇之任命权最为放松，于是，有野心者便每勾结将士，制造兵乱，以夺取藩镇之位，如宣武之李灵曜、刘士宁、李万荣皆是。同时，藩镇因为恐惧将士作乱，不能不对将士加倍施恩，将士既见力能逐帅，又能立帅，自觉权势在我，难免自骄自大，动辄为乱，所以唐代兵乱以僖宗朝为最多，其次即为德、昭、代宗三朝（参阅表19）。如以地区观察，旧河北道为唐中央控制力最为薄弱之地区（参阅第二章第二节），藩镇更易，全赖兵力决定，不能取得镇内将士之支持即无法登上藩帅之位，因此，河北藩帅在得位之前后，均须讨好将士（参阅第七章第四节），将士遂最为骄横，所谓"长安天子，魏府牙军"，[4] 即将魏博之牙军比之长安天子，逐帅立帅，威权在手。河北道军士最为骄横，所以玄宗以后河北道之兵乱最多，而且不集中于代、德、僖、昭四朝（参阅表19），可见兵乱之多少与中央对藩镇之控制力强弱实成正比例。

---

[1]　关于姑息政策而养成兵骄将悍之意见，参阅萨孟武先生《西游记与中国古代政治》，页46。

[2]　范祖禹称代宗为"唐世姑息之主"。阅《唐鉴》卷十二《代宗》。

[3]　《旧唐书》卷一三二《卢从史传》。

[4]　沈炳巽《续唐诗话》卷末之五，页9，魏博语。

表 18 玄宗以后兵乱表

时代	镇别	兵乱经过及结果	备注
至德元载	平卢	平卢节度使刘正臣为部将王玄志所杀,以王玄志为平卢节度使。	《旧书》一四五《刘正臣传》
至德元载正月	剑南	剑南健儿贾秀反,伏诛。	《新纪》
至德元载七月	剑南	剑南行营健儿李季、郭千仞反,伏诛。	《新纪》
至德二载正月	河西	河西兵马使盖庭伦与武威九姓商胡安门物等,杀节度使周泌。武威大城之中,小城有七,胡据其五,二城坚守,支度判官崔称与中使刘日新以二城兵攻之,旬有七日,平之。	《通鉴》二一九
乾元二年八月	山南东道	襄州将康楚元作乱,逐襄州刺史王政,商州刺史韦伦发兵讨之,生擒楚元。	《通鉴》二二一
上元元年四月	山南东道	襄州将张维瑾、曹玠杀山南东道节度使史翙,据州反,诏以来瑱为山南东道节度使,瑱至襄州,张维瑾等皆降。	《通鉴》二二一
上元二年四月	东川	东川节度兵马使段子璋反,陷绵州,遂州刺史嗣虢王巨死之,节度使李奂奔成都,剑南节度使崔光远克东川,段子璋伏诛。	《新纪》
宝应元年建卯月	河东	河东军乱,杀其节度使邓景山,乱兵拥都知兵马使辛云京为留后,诏授节度使。	《新纪》
宝应元年建卯月	河中	河中军乱,杀都统李国贞及其节度使荔非元礼,郭子仪至河中,诛首恶者。	《新纪》
宝应元年七月	西川	西川兵马使徐知道作乱,次月伏诛。	《新纪》
广德元年三月	山南东道	襄州右兵马使梁崇义杀大将李昭,据城自固,乃授崇义山南东道节度使。	《旧纪》

（续表）

时代	镇别	兵乱经过及结果	备注
广德元年十一月	岭南	广州市舶使吕太一作乱,逐其节度使张休,官军讨平之。	《通鉴》二二三
广德二年九月	河中	诏征河中兵讨吐蕃,将发,军众喧噪,劫节度使崔寓(寓)家财及民家财产殆尽,皆重装而行,吏不能禁。	《旧纪》
永泰元年七月	淄青	平卢淄青兵马使李怀玉逐其节度使侯希逸,诏以怀玉为平卢淄青节度使。	《新纪》
永泰元年闰十月	西川	西川兵马使崔旰杀节度使郭英乂,诏授旰茂州刺史充剑南西川防御使。	《旧纪》
大历三年二月	山南西道	商州兵马使刘洽杀防御使殷仲卿,寻讨平之。	《通鉴》二二四
大历三年六月	幽州	幽州兵马使朱希彩杀节度使李怀仙,自为留后,诏以王缙为幽州节度使,缙以希彩不可制,劳军而回,诏以希彩为节度使。	《旧书》一四三《李怀仙传》
大历三年十二月	邠宁	以邠宁节度使马璘为泾原节度使,移镇泾州,其邠宁割隶朔方军,邠州将吏以烧马坊为乱,兵马使段秀实斩其凶首八人而定	《旧纪》
大历五年二月	凤翔	山南西道节度使李抱玉徙镇盩厔,军士愤怒,大掠凤翔坊市,数日乃定。	《通鉴》二二四
大历五年四月	湖南	湖南兵马使臧玠以给粮储与判官达奚觊忿争,作乱,杀观察使崔瓘。	《旧书》一一五
大历七年秋	幽州	幽州将李怀瑗杀其节度使朱希彩,经略军副使朱泚自称留后,怀瑗仍为大将。	《新纪》
大历八年九月	岭南	岭南将哥舒晃杀节度使吕崇贲,诏路嗣恭为岭南节度使,嗣恭至广州,斩晃及其同恶者万余人。	《旧书》一二二
大历九年二月	河南	徐州兵乱,逐其刺史梁乘。	《新纪》

时代	镇别	兵乱经过及结果	备注
大历九年二月	河南	汴宋防秋兵千五百人盗库财溃归。	《通鉴》二二五
大历十年正月	昭义	昭义兵马使裴志清逐其帅薛萼，叛附于田承嗣。	《新纪》
大历十年二月	河阳	河阳三城使常休明，苛刻少恩，其军士防秋者归，休明出城劳之，防秋兵与城内兵合谋攻之，休明奔东都，军士奉兵马使王惟恭为帅，大掠数日乃定，上命监军冉庭兰慰抚之。	《通鉴》二二五
大历十年三月	陕虢	陕州军乱，逐兵马使赵令珍，观察使李国清不能禁，卑词偏拜将士，乃得脱去，军士大掠库物。	《通鉴》二二五
大历十一年三月	河阳	河阳军乱，逐监军冉庭兰出城，大掠三日，庭兰复入城，诛乱者数十人乃定。	《通鉴》二二五
大历十一年五月	汴宋	汴宋留后田神玉卒，都虞候李灵曜杀兵马使孟鉴，诏以灵曜为濮州刺史，灵曜不奉诏，复以灵曜为汴宋留后，遣使宣慰。	《通鉴》二二五
大历十三年三月	河阳	河阳将士劫回纥辎重，因与相斗，纵兵大掠，久之方定。	《旧纪》
大历十四年三月	汴宋	汴宋将李希烈逐其节度使李忠臣，诏以希烈为淮宁节度使。	《新纪》
建中二年二月	振武	振武节度使彭令芳苛虐，监军刘惠光贪婪，军士共杀之。	《通鉴》二二六
建中四年十月	山南西道	商州军乱，杀其刺史谢良辅。	《新纪》
建中四年十月	京畿	泾原师变于浐水，倒戈谋叛，德宗奔奉天，乱军迎朱泚为帅。	《旧纪》
建中四年十月	凤翔	凤翔军乱，后营将李楚琳杀节度使张镒，自为节度使，降于朱泚。	《通鉴》二二八

（续表）

时代	镇别	兵乱经过及结果	备注
建中四年十一月	西川	西山兵马使张胐以兵入成都为乱,逐节度使张延赏,鹿头戍将叱干遂等讨之,斩胐。	《旧书》一二九《张延赏传》
兴元元年三月	魏博	魏博兵马使田绪杀其节度使田悦,自称留后。	《新纪》
兴元元年四月	泾原	泾原兵马使田希鉴杀其节度使冯河清,自称留后,诏以为节度使,李晟至泾原,杀希鉴。	《通鉴》二三一
兴元元年五月	义武	沧州刺史李固烈请归恒州,义武节度使张孝忠遣牙将程华交其州事,固烈悉取军府绫缣珍货数十车,将行,军士大噪,杀固烈,请程华知州事。	《通鉴》二三一
贞元元年六月	陕虢	陕虢兵马使达奚抱晖鸩杀节度使张劝,邀求旄节,诏以李泌为陕虢节度使,泌至陕州,逐抱晖,械乱者林滔等五人送京师。	《通鉴》二三一
贞元元年	河南府	河南府兵乱,府尹哥舒曜挺身免。	《新书》一三四《哥舒曜传》
贞元二年七月	淮西	淮西兵马使吴少诚杀节度使陈仙奇,诏以少诚为留后。	《通鉴》二三二
贞元四年四月	福建	福建兵乱,逐观察使吴诜,官军数月平之。	《册府》七二四
贞元四年七月	邠宁	邠宁节度使韩游瓌求代,诏以张献甫为邠宁节度使,邠军惧献甫之严,乘无帅之际,作乱,剽掠城市,都虞候杨朝晟平之,诛乱首。	《通鉴》二三三、《新书》一五五《杨朝晟传》
贞元八年三月	山南东道	山南东道军将杨清潭作乱,夜焚掠城中,都将徐诚平之,收清潭等六人斩之。	《通鉴》二三四
贞元八年三月	宣武	宣武节度使刘玄佐卒,军乱,拥立玄佐之子士宁,诏以士宁为宣武节度使。	《通鉴》二三四

（续表）

时代	镇别	兵乱经过及结果	备注
贞元九年十二月	宣武	宣武军将李万荣逐其节度使刘士宁，诏以万荣为节度留后。	《新纪》
贞元十年二月	郑滑	郑滑节度使李融病，军乱，乱卒溃，皆诛斩之。	《旧书》一七八《赵隐传》
贞元十年七月	宣武	汴州军乱，节度留后李万荣平之。	《旧纪》
贞元十年七月	邕管	钦州守将黄少卿逐邕管经略使孙公器。	《旧纪》
贞元十一年九月	横海	横海兵马使程怀信逐其兄节度使怀直，自为留后。	《新纪》
贞元十二年七月	宣武	宣武节度使李万荣病，子迺自为兵马使，军人逐迺，诏以东都留守董晋为宣武节度使。	《旧纪》
贞元十四年闰五月	夏绥	长武城军乱，逐其使韩全义，军虞候高崇文诛乱首，众乃定。	《新书》一四一《韩全义传》
贞元十四年六月	泾原	归化堡军乱，逐大将张国诚，泾原节度使刘昌入堡，诛数百人，复使国诚统之。	《新书》一七〇《刘昌传》
贞元十四年十二月	浙东	明州将栗锽杀其刺史卢云，后为官军讨诛。	《新纪》
贞元十五年二月	宣武	宣武军乱，杀行军司马陆长源，宋州刺史刘逸准以兵入汴州平乱。	《通鉴》二三五
贞元十六年四月	黔中	黔中观察使韦士宗政令苛刻，牙将傅近等逐之。	《通鉴》二三五
贞元十六年五月	徐泗	徐泗节度使张建封卒，军乱，立其子愔为留后，诏淮南兵讨之，兵败，诏以愔为徐州团练使。	《通鉴》二三五
贞元十七年三月	黔中	黔中观察使韦士宗复为三军所逐。	《旧纪》

（续表）

时代	镇别	兵乱经过及结果	备注
贞元十七年六月	邠宁	邠宁军乱,杀宁州刺史刘南金,拥兵马使高固,诏以固知邠宁军事。	《通鉴》二三六
贞元十八年十月	鄜坊	鄜坊节度使王栖曜卒,军将何朝宗作乱,都虞候裴玢擒朝宗,斩之。	《通鉴》二三六
贞元十九年二月	安南	安南牙将王季元逐其观察使裴泰,左兵马使赵匀斩季元及其党,迎泰而复之。	《通鉴》二三六
贞元十九年五月	泾原	泾原节度使刘昌入朝,兵乱,昌从事郑权平乱,杀乱者数人。	《册府》七二四
元和元年三月	夏绥	诏以李演为夏绥节度使,夏绥留后杨惠琳勒兵拒之,表称将士逼臣为节度使,诏河东、天德军合击惠琳,惠琳为夏州兵马使张承金所杀。	《通鉴》二三七
元和元年十月	山南西道	山南西道兵讨刘辟还,未至城,诏复遣戍梓州,军士怨怒,谋作乱,节度使柳晟以言辞定之。	《通鉴》二三七
元和五年七月	幽州	瀛州刺史刘总毒杀其父节度使刘济,自领军务,诏以总为节度使。	《通鉴》二三八
元和五年十月	义武	义武军都虞候杨伯玉,兵马使张佐元作乱,伏诛。	《新纪》
元和七年十月	魏博	魏博节度使田季安卒,军乱,奉田兴为留后。	《通鉴》二三八
元和八年十二月	振武	振武军乱,逐其节度使李进贤,张煦以夏州兵平乱,诛乱者二百五十三人。	《旧书》一二二《张献甫传》
元和十年二月	天德	河东戍天德兵作乱,杀丰州刺史燕重旰,归太原,河东节度使王锷斩乱者八十余人。	《册府》四〇一
元和十一年五月	夏绥	宥州军乱,逐刺史骆怡,夏绥节度使田进(缙)讨平之。	《通鉴》二三九

（续表）

时代	镇别	兵乱经过及结果	备注
元和十一年十二月	义武	义武节度使浑镐讨王承宗,大败,诏以易州刺史陈楚代镐为节度使,军中闻之,掠镐及家人衣,至于裸露,陈楚驰入定州,镇遏乱者。	《通鉴》二三九
元和十四年七月	沂海	兖海兵乱,杀节度使王遂,诏以曹华为节度使,华至镇,尽诛乱者。	《旧书》一六二《王遂传》
元和十四年十月	安南	安南都护李象古为牙门将杨清所杀,诏命唐州刺史桂仲武为安南都护,仲武以兵攻杀清。	《旧书》一三一《李皋传》
长庆元年七月	幽州	幽州都知兵马使朱克融囚其节度使张弘靖,自为留后。	《新纪》
长庆元年七月	成德	成德大将王庭凑杀其节度使田弘正,自为留后。	《新纪》
长庆元年八月	瀛莫	瀛州兵乱,执其观察使卢士玫,叛附于朱克融。	《新纪》
长庆元年八月	幽州	冀州刺史吴昕潜为幽州兵所逐。	《旧纪》
长庆元年九月	魏博	相州军乱,杀刺史邢泚。	《通鉴》二四二
长庆元年十一月	淄青	淄青突将马廷崟作乱,伏诛。	《通鉴》二四二
长庆二年正月	魏博	魏博军乱,节度使田布自杀,史宪诚自为留后。	《旧纪》
长庆二年二月	武宁	武宁节度副使王智兴逐其节度使崔群,朝廷不能讨,诏智兴为节度使。	《新纪》
长庆二年二月	成德	成德将王庭凑围节度使牛元翼于深州,诏以庭凑为成德节度使。	《通鉴》二四二
长庆二年三月	昭义	昭义监军刘承偕阴与磁州刺史张汶谋缚节度使刘悟送阙下,以汶代之,悟知之,讽其军士作乱,杀汶,囚承偕。	《通鉴》二四二

（续表）

时代	镇别	兵乱经过及结果	备注
长庆二年七月	宣武	宣武牙将李臣则等作乱,节度使李愿踰城走,乱兵推都押牙李齐为留后,诏诸道兵讨平之。	《通鉴》二四二
长庆二年九月	浙西	浙西将王国清作乱,观察使窦易直自将牙兵拒之,国清众溃,斩于京口,余党连亲兵,复为乱,皆诛之。	《册府》六九四
宝历二年五月	幽州	幽州军乱,杀其节度使朱克融,其子延嗣自称留后。	《新纪》
宝历二年九月	幽州	幽州兵马使李载义杀朱延嗣,自称留后,诏授节钺。	《新纪》
大和二年九月	安南	安南军乱,逐其都护韩约。	《新纪》
大和二年十二月	魏博	魏博行营都知兵马使开志绍谋杀节度使史宪诚,不果,志绍败出奔。	《旧纪》
大和三年六月	魏博	魏博军乱,杀其节度使史宪诚,都知兵马使何进滔自称留后。	《新纪》
大和四年二月	山南西道	山南西道兵乱,杀节度使李绛,诏以温造为山南西道节度使,造至镇,诛乱者。	《旧书》一六五《温造传》
大和五年正月	幽州	幽州兵乱,逐其节度使李载义,兵马使杨志诚为留后。	《新纪》
大和八年十月	幽州	幽州大将史元忠逐其节度使杨志诚,自为留后。	《新纪》
大和八年十一月	幽州	莫州军乱,逐其刺史张惟汛。	《新纪》
开成二年六月	河阳	河阳军乱,逐节度使李泳,大掠数日,诏以李执方为河阳节度使,执方斩乱首七十余人。	《通鉴》二四五
开成三年十月	义武	易定军乱,不纳新节度使李仲迁,立张元益为留后。	《旧纪》

（续表）

时代	镇别	兵乱经过及结果	备注
开成五年八月	义武	易定军乱,逐节度使陈君赏,君赏纠合豪杰数百人,复入城,尽诛谋乱兵士。	《旧纪》
会昌元年九月	幽州	幽州军乱,大将陈行泰杀其节度使史元忠,大将张绛又杀行泰,自主军务。	《新纪》
会昌元年十月	幽州	幽州军逐张绛,雄武军使张仲武入幽州,授节度使。	《新纪》
会昌三年十一月	安南	安南军乱,逐其节度使武浑。	《新纪》
会昌四年正月	河东	河东横水军都头杨弁逐其节度使李石,监军吕义忠以兵复太原,斩乱首。	《旧纪》
会昌五年七月	昭义	诏昭义军戍振武,军不愿远戍,作乱,逐节度使卢钧,昭义大将李文矩谕定之,迎钧返,斩首恶。	《新书》一八二《卢钧传》
大中三年五月	武宁	徐州军乱,逐节度使李廓,以义成节度使卢弘止为武宁节度使,弘止至镇,都虞候胡庆方复谋作乱,弘止诛之,抚循其余。	《通鉴》二四八
大中三年十一月	幽州	幽州军乱,逐其节度留后张直方,推牙将周綝为留后。	《旧纪》
大中九年七月	浙东	浙东军乱,逐其观察使李讷。	《新纪》
大中十一年五月	容管	容管军乱,逐其经略使王球。	《新纪》
大中十二年四月	岭南东	岭南军乱,逐其节度使杨发,官军平之。	《新纪》
大中十二年五月	湖南	湖南都将石载顺杀都押牙王桂直,逐观察使韩悰。	《通鉴》二四九
大中十二年六月	江西	江西都将毛鹤逐其观察使郑宪,旋平之。	《新纪》

（续表）

时代	镇别	兵乱经过及结果	备注
大中十二年七月	宣歙	宣州都将康全泰作乱，逐观察使郑薰，诏以崔铉为宣歙观察使，斩康全泰等乱者。	《通鉴》二四九
大中十二年七月	安南	交趾兵乱，安南都护王式捕诛乱者。	《通鉴》二四九
大中十三年四月	武宁	武宁节度使康季荣不恤士卒，士卒噪而逐之。	《通鉴》二四九
咸通三年七月	武宁	武宁军乱，逐其节度使温璋，新帅王式诛乱者。	《通鉴》二五〇
咸通三年八月	岭南西	岭南西道节度使蔡京暴虐，为将士所逐。	《通鉴》二五〇
咸通四年十二月	昭义	昭义节度使沈询之奴私侍儿，询将戮之，奴惧，结牙将为乱，夜攻询，灭其家，诏以刘潼为昭义节度使，潼至，刳奴心祭询。	《新书》一三二《沈传师传》
咸通九年七月	桂管	桂林徐州戍卒作乱，推庞勋为首，叛归徐州，杀节度使崔彦曾，诏发诸道兵讨平之。	《旧纪》
咸通十一年八月	魏博	魏博军乱，杀其节度使何全皞，其将韩君雄自称留后。	《新纪》
咸通十三年二月	幽州	幽州牙将张公素夺节度留后张简会军政，自称留后。	《旧纪》
乾符二年四月	浙西	浙西突阵将王郢反，诏诸道兵讨平之。	《新纪》
乾符二年四月	西川	西川节度使高骈以刑罚严酷，突将作乱，天平军谋卫骈，乱平，骈还突将职名衣粮，后阴使人杀之。	《通鉴》二五二
乾符二年六月	幽州	幽州将李茂勋逐其节度使张公素，自为留后。	《新纪》

（续表）

时代	镇别	兵乱经过及结果	备注
乾符二年十月	昭义	昭义军乱，大将刘广逐节度使高湜，自为留后，僖宗不允，诏以左金吾大将军曹翔为昭义节度使。	《通鉴》二五二
乾符三年正月	天平	天平军乱，都将张思泰等平定乱事，诏本军宣慰，一切无得穷诘。	《通鉴》二五二
乾符三年四月	泾原	原州刺史史怀操贪暴，军士作乱，逐之。	《通鉴》二五二
乾符三年十二月	桂管	青沧军士戍安南，至桂州，逐观察使李瓒。	《通鉴》二五二
乾符四年九月	朔方	盐州军乱，逐其刺史王承颜。	《新纪》
乾符四年十月	河中	河中军乱，逐其节度使刘侔。	《新纪》
乾符五年三月	湖南	湖南军乱，都将高杰逐观察使崔瑾。	《通鉴》二五三
乾符五年五月	河东	河东军乱求赏，节度使窦澣借商人钱五万缗以赏军，始定，诏以曹翔为河东节度使，翔至镇，杀乱者。	《通鉴》二五三
乾符五年七月	河东	义武兵至晋阳，防沙陀，不解甲，讙噪求优赏，河东节度使曹翔斩其将十一人乃定。	《通鉴》二五三
乾符五年九月	河东	河东节度使曹翔暴卒，昭义兵大掠晋阳，坊市民自共击之，杀千余人，乃定。	《通鉴》二五三
乾符六年二月	河东	河东军至静乐，士卒作乱，杀孔目官石裕等，河东节度使崔季康逃归晋阳，都头张锴、郭朏，领兵攻东阳门，入府杀季康。	《通鉴》二五三

（续表）

时代	镇别	兵乱经过及结果	备注
乾符六年五月	河东	勅赐河东军士银,牙将贺公雅所部士卒作乱,焚掠三城,执孔目官王敬,送马步司,节度使李侃自出慰谕,为之斩敬于牙门,乃定。	《通鉴》二五三
广明元年二月	河东	河东兵乱,杀节度使康传圭,监军周从寓自出慰谕,乃定。以乱首张彦球为府城都虞候,朝廷闻之,遣使宣慰曰:所杀节度使事出一时,各宜自安,勿复忧惧。	《通鉴》二五三
广明元年三月	安南	安南军乱,节度使曾衮出城避之。	《通鉴》二五三
广明元年九月	忠武	忠武军乱,杀其节度使薛能,大将周岌自称留后,诏以岌为节度使。	《通鉴》二五三
广明元年十一月	河中	河中都虞候王重荣作乱,逐节度使李都,诏以重荣为河中留后。	《通鉴》二五四
中和元年七月	西川	黄头军使郭琪作乱,命诸军讨平之。	《通鉴》二五四
中和元年八月	感化	徐州兵乱,牙将时溥杀感化节度使支详,诏以溥为节度使。	《通鉴》二五四
中和元年八月	昭义	昭义十将成璘杀节度使高浔。	《通鉴》二五四
中和元年八月	凤翔	凤翔行军司马李昌言逐节度使郑畋,诏以昌言为节度使。	《通鉴》二五四
中和元年十二月	湖南	江西将闵勖戍湖南还,过潭州,逐观察使李裕,自为留后。	《通鉴》二五四
中和元年	湖南	淮南裨将雷满逃归湖南,杀朗州刺史崔翥,诏授朗州兵马留后。	《新书》一八六《邓处讷传》
中和二年五月	江西	抚州刺史钟传逐江西观察使高茂卿,据洪州,诏以传为江西观察使。	《通鉴》二五五
中和二年六月	荆南	荆南监军杀节度使段彦暮。	《新纪》

（续表）

时代	镇别	兵乱经过及结果	备注
中和二年九月	岭南西	岭南西道军乱，逐其节度使张从训。	《新纪》
中和二年九月	淄青	平卢军将王敬武逐其节度使安师儒，诏以敬武为节度使。	《新纪》
中和二年十一月	荆南	荆南军乱，牙将陈儒自称留后。	《新纪》
中和二年十一月	宣歙	和州刺史秦彦逐宣歙观察使窦潏，以彦为节度使。	《新纪》
中和二年十一月	淮南	庐州将杨行密逐其刺史郎幼复。	《新纪》
中和三年二月	魏博	魏博军乱，杀其节度使韩简，其将乐彦祯自称留后。	《新纪》
中和三年十二月	山南西	忠武军将鹿晏弘逐兴元节度使牛勖，自称留后。	《新纪》
中和四年三月	鄂岳	武昌牙将杜洪逐岳州刺史而代之。	《通鉴》二五五
中和四年五月	福建	福建团练副使陈岩逐其观察使郑镒，自称观察使。	《新纪》
中和四年十二月	天平	濮州刺史朱瑄逐天平军节度使曹存实，自称留后。	《新纪》
中和四年	浙西	余杭镇使陈晟逐睦州刺史柳超，诏晟为刺史。	《通鉴》二五六
中和四年	宣武	颍州都知兵马使王敬尧逐其刺史，诏命敬尧为刺史。	《通鉴》二五六
光启元年正月	荆南	荆南行军司马张瑰逐节度使陈儒，自为留后。	《通鉴》二五六
光启元年六月	幽州	幽州军乱，杀其节度使李可举，其将李全忠自称留后。	《新纪》

（续表）

时代	镇别	兵乱经过及结果	备注
光启元年七月	义昌	沧州军乱,逐节度使杨全玫,立牙将卢彦威为留后。	《通鉴》二五六
光启二年正月	镇海	镇海牙将张郁作乱,攻陷常州,自为刺史。	《通鉴》二五六
光启二年五月	镇海	武宁将丁从实陷常州,逐其刺史张郁。	《新纪》
光启二年六月	湖南	淮西戍将黄皓杀钦州军节度使闵琐,衡州刺史周岳陷潭州,自称节度使。	《新纪》
光启二年十月	义成	滑州军乱,逐其帅安师儒,推衙将张骁主留后,朱全忠攻下滑,遂并之。	《旧纪》
光启三年三月	镇海	镇海军将刘浩逐其节度使周宝,度支催勘使薛朗自称知府事。	《新纪》
光启三年四月	淮南	淮南左厢都知兵马使毕师铎,以兵逐吕用之,攻广陵。	《通鉴》二五七
光启三年六月	河中	河中兵乱,牙将常行儒杀节度使王重荣,王重盈为节度使,诛行儒。	《通鉴》二五七
光启三年六月	宣武	亳州将谢殷逐其刺史宋衮。	《新纪》
文德元年二月	魏博	魏博军乱杀其节度使乐彦祯,其将罗弘信自称权知留后。	《新纪》
文德元年	荆南	归州刺史成汭逐荆南节度使王建肇,自为节度使。	《新书》一九〇《成汭传》
龙纪元年正月	奉国	宣武军将郭璠杀奉国军留后申丛,自称留后。	《新纪》
大顺元年正月	西川	简州将杜有迁执其刺史员虔嵩,叛于王建。	《新纪》
大顺元年二月	西川	资州将侯元绰执其刺史杨戡,叛于王建。	《新纪》

（续表）

时代	镇别	兵乱经过及结果	备注
大顺元年四月	武宁	宿州将张筠逐其刺史张绍光。	《新纪》
大顺元年四月	西川	戎州将文武坚执其刺史谢承恩，叛于王建。	《新纪》
大顺元年五月	昭义	昭义军将安居受杀其节度使李克恭，叛于朱全忠。	《新纪》
大顺元年六月	西川	雅州将谢从本杀其刺史张承简，叛于王建。	《新纪》
大顺二年十一月	淄青	曹州将郭铢杀其刺史郭词，叛于朱全忠。	《新纪》
景福二年三月	幽州	幽州兵马留后李匡筹，逐其兄节度使李匡威，自称节度留后。	《新纪》
景福二年四月	幽州	幽州将刘仁恭将兵戍蔚州，过期未代，士卒思归，会李匡筹立，戍卒奉仁恭为帅，还攻幽州，至居庸关，为府兵所败，仁恭奔河东。	《通鉴》二五九
景福二年五月	福建	泉州刺史王潮陷福州，杀节度使范晖，自为留后。	《新纪》
景福二年十二月	湖南	邵州刺史邓处讷陷潭州，钦化军节度使周岳死之，处讷为节度使。	《新纪》
乾宁三年四月	湖南	湖南兵乱，杀其帅刘建锋，三军立大将马殷为兵马留后。	《旧纪》
光化二年二月	蔡州	蔡将崔景思等劫节度使崔洪奔扬州。	《通鉴》二六一
光化二年六月	陕虢	陕州军乱，节度使王珙被杀，乱军推都将李璠，自为留后。	《通鉴》二六一
光化二年十一月	陕虢	保义军将朱简杀其节度使李璠，自为留后。	《新纪》

（续表）

时代	镇别	兵乱经过及结果	备注
光化三年五月	邕管	邕州军乱，逐岭南西道节度使李鐬，鐬借兵邻道，讨平之。	《通鉴》二六二
光化三年十月	义武	义武兵变，兵马使王处存逐节度使王郜，自为留后。	《旧书》一八二《王处存传》
天复二年五月	振武	振武节度使石善友为部将契苾让所逐，李嗣昭讨平之。	《旧史》五十二《李嗣昭传》
天复二年十二月	浙东	温州将丁章逐其刺史朱敖，自知州事。	《新纪》
天复三年正月	华州	华州军乱，杀州将娄敬思。	《旧纪》
天复三年四月	浙东	知温州事丁章为木工李彦所杀，其将张惠据温州。	《通鉴》二六四
天复三年	河东	云州都将王敬晖杀刺史刘再立，以地予刘仁恭。	《新书》二一八《沙陀传》
天祐二年七月	魏博	天雄牙将李公佺与牙军谋乱，罗绍威觉之，公佺焚府舍，剽掠奔沧州。	《通鉴》二六五

说明：

本表所称兵乱，指管内军士作乱。其他藩镇之攻伐，不视作兵乱。

表 19　玄宗以后兵乱统计表

时代	关内道	河南道	河东道	河北道	山南道	陇右道	剑南道	淮南道	江南道	岭南道	合计
肃宗朝	0	0	2	1	2	1	4	0	0	0	10
代宗朝	2	6	2	5	2	0	1	0	1	2	21
德宗朝	10	10	0	3	2	0	1	0	4	2	32
宪宗朝	4	1	0	4	1	0	0	0	0	1	11
穆宗朝	0	3	1	7	0	0	0	0	1	0	12
敬宗朝	0	0	0	2	0	0	0	0	0	0	2
文宗朝	0	0	0	8	1	0	0	0	0	1	10

（续表）

时代	关内道	河南道	河东道	河北道	山南道	陇右道	剑南道	淮南道	江南道	岭南道	合计
武宗朝	0	0	2	2	0	0	0	0	0	1	5
宣宗朝	0	2	0	1	0	0	0	0	4	3	10
懿宗朝	0	1	1	2	0	0	0	0	0	2	6
僖宗朝	3	10	10	5	5	0	2	2	13	3	53
昭宗朝	2	6	2	3	0	0	4	0	5	1	23
哀帝朝	0	0	0	1	0	0	0	0	0	0	1
合计	21	39	20	44	13	1	12	2	28	16	196

说明：

一、本表根据表 18 制成。

二、本表单位为兵乱次数。

唐代兵乱之另一原因，乃是军士久任一地，自相结党，以植势力。在唐末以前，兵乱最多者为德宗朝，此时不仅藩镇久任（参阅表 5 及第二章第三节），且军士亦久在军中。《襄阳冢墓遗文》有卢子政撰《卜璀墓志》，璀在山南东道任军职几三十年，历经十一任节度使（山南东道节度使自于頔至牛元翼凡十一任，参阅"唐代藩镇总表——山南东道"），《卜璀墓志》云：

> 我唐贞元末，司空于公节制汉南，为诸侯帅，凡所奖用，非硕才宏略，固无阶而进矣。署君以节度总管，充车坊使。……二十年余，日有能事。及司空严公主是邦，复重其才，补充同押衙防城及车坊都知兵马使，并勾当官园马禾等。……元和十一年，蔡师反侧，王命以尚书高公充唐随等州节度使，时所任使，实难其才，君以职属，尚书补君充三城都虞候，部署兵马。……及仆射李公领襄阳，……又补宜阳栅都知兵马使。……前后节制，委用悉如左右手。……以长庆二年九月十四日疾终于襄阳私第。

又《襄阳冢墓遗文》另有潘聿撰《杨孝直墓志》：

家于燕垂，因职业在斯，曾祖模、祖翰，皆委身卢龙军，名居列将。……考达，成德军节度征马野牧使兼中军都知兵马使。……公既生于将门，幼习武略，故王令公武俊临镇之岁，从事戎旃，获居将校……自令公至司空，服事三代，终始如一。……元和十二年，权深州刺史，至十四年改摄冀州刺史，皆班列牙门，官带郡守。……（次子）邈，镇州衙前兵马使。

据墓志，杨孝直世代为河北军将，孝直有三代（其父、孝直本人、其子）在成德军，孝直于王武俊初任成德节度使时（建中三年，782）即任职成德军，历经王武俊、王士真、王承宗三任节度使，至元和十四年（819），前后在成德军中达三十八年之久。军士久任一地，自易于厚结地方势力，史称魏博牙军"父子世袭，姻党盘牙，悍骄不顾法令"，① 便是久任一地之结果。

最常引起兵乱之直接原因，则为军士勇于争夺经济上的利益。藩镇常以"利"诱军士以效忠于自己，或以"利"收买军士以助自己得位，例如田绪杀其族兄魏博节度使田悦，下令军中曰："我先王（按：谓田承嗣）子，能立我者赏。"众乃共推绪为留后。② 元和初，王绍为武宁节度使，"裨将安进达、唐重靖谋乱，绍以计取之，出家赀赏士，举军安赖"。③ 淄青节度使李师道欲诛大将刘悟，悟在郓州城外，亦谋入郓杀师道，乃下令曰："入郓，人赏钱十万，听复私怨，财蓄恣取之。"④ 长庆元年，薛平为平卢节度使，遣兵讨幽镇，兵败溃归，至青州，青州城中兵少，平"悉府库，并家财，厚赏二千精卒"，逆击溃兵，终止溃乱。⑤ 贞元三年，宣武节度使刘玄佐卒，军乱，拥其子士宁为帅，士宁乃"以财物分赐将士"。⑥ 贞元十年，大将李万荣谋逐士宁，乃谓众曰："有诏，征大夫（按：指士宁）入朝，俾吾掌留务，汝辈人赐钱三千贯，无他忧也。"兵士皆拜，又召

---

① 《新唐书》卷二一〇《罗绍威传》。
② 《新唐书》卷二一〇《田绪传》。
③ 《新唐书》卷一四九《王绍传》。
④ 《新唐书》卷二一四《刘悟传》。
⑤ 《册府元龟》卷四二三《将帅部》。
⑥ 《旧唐书》卷一四五《刘玄佐传附子士宁传》。

各营兵，以是言令之，军士皆听命，于是，万荣得逐士宁，而自为宣武节度留后。① 军士每受藩镇财利之诱惑，又自恃武力，法令莫奈我何，于是唯财利是急，凡有害于财利之事，军士便起而作乱，杀帅逐帅，有时且不问是非曲直。《新唐书》卷七十八《李国贞传》：

> （拜）河中节度都统处置使，治于绛，寻加晋、绛、慈、隰、沁等州观察处置使。既至，粮乏，而所储陈腐，民贫不忍遽敛，上书以闻，而军中谨谤，突将王振乘众怨，绐曰：“具畚锸以待役事。”众皆怒，夜烧牙门，左右奔告，请避之，国贞曰：“吾被命为将，其可弃城乎？”固请，乃逃狱中，振引众劫而取之，置食其前曰：“食是而役其力，可乎？”国贞曰：“与尔等方讨贼，何事役为？正缘储食腐俭，已请诸朝，吾何所负？”众服其言，且引去，振曰：“都统不死，吾曹殆矣。”遂害之。

李国贞之被害极为冤枉，可见军士之唯问利害，不问是非。贞元十年，以董晋为宣武节度使，宣武兵骄，德宗乃以陆长源为宣武行军司马，长源欲以峻法绳骄兵，及晋卒，遂发生兵乱。《旧唐书》卷一四五《陆长源传》：

> 旧例，使长藑，放散布帛于三军制服。至是，人请服，长源初固不允，军人求之不已，长源等议给其布直，（判官孟）叔度高其盐价而贱为布直，每人不过得盐三二斤，军情大变。或劝长源，故事有大变皆赏三军，三军乃安。长源曰：“不可使我同河北贼，以钱买健儿，取旌节。”兵士怨怒滋甚，乃执长源及叔度等脔而食之，斯须骨肉糜散。

陆长源之被害主要是未能顾及军士之经济利益。陆长源之吝赏，动机不在利己，然而，甚多藩镇苛刻士卒以自肥，剥夺军士之财利，当然更易引起兵乱。此种事例极多，谨就《通鉴》举数例如次：

> 山南东道节度判官李实，知留后事，性刻薄，裁损军士衣食。鼓角将杨清潭帅众作乱，夜焚掠城中。（《通鉴》卷二三四

① 《旧唐书》卷一四五《刘玄佐传附李万荣传》。

贞元八年三月）

　　振武节度使李进贤，不恤士卒，判官严澈，绥之子也，以刻核得幸于进贤。进贤使牙将杨遵宪将五百骑趣东受降城，以备回鹘，所给资装多虚估。至鸣沙，遵宪屋处，而士卒暴露，众发怒，夜，聚薪环其屋而焚之，卷甲而还。庚寅夜，焚门，攻进贤，进贤踰城走，军士屠其家，并杀严澈。进贤奔静边军。（《通鉴》卷二三九元和八年十月）

　　初，张弘靖为宣武节度使，屡赏以悦军士，府库虚竭。李愿继之，性奢侈，赏劳既薄于弘靖时，又峻威刑，军士不悦。愿以其妻弟窦瑗典宿直兵，瑗骄贪，军中恶之，牙将李臣则等作乱。（长庆二年）秋七月壬辰夜，即帐中斩瑗头，因大呼，府中响应。愿与一子踰城奔郑州，乱兵杀其妻，推都押牙李岕为留后。（《通鉴》卷二四二长庆二年六月）

　　（成德节度使田）弘正厚于骨肉，兄弟子侄在两都者数十人，竞为侈靡，日费约二十万，弘正辇魏镇之货以供之，相属于道，河北将士颇不平。诏以钱百万缗赐成德军，度支辇运不时至，军士益不悦。（军遂乱，害田弘正。）（《通鉴》卷二四二长庆元年七月）

　　（河东节度使李石发横水戍卒千五百人讨刘稹，以都将杨弁将之）先是军士出征，人给绢二匹，刘沔之去，竭府库自随，石初至，军用乏，以己绢易之，人才得一匹，时已岁尽，军士求过正旦而行，监军吕义忠累牒趣之，杨弁因众心之怒，又知城中空虚，遂作乱。（《通鉴》卷二四七会昌三年十二月壬午）

　　浙西狼山镇遏使王郢等六十九人，有战功，节度使赵隐赏以职名，而不给衣粮，郢等论诉不获，遂劫库兵作乱。（《通鉴》卷二五二乾符二年四月）

以上数例，皆是军士未能得到应得或既得之利益而发生兵乱，[1] 此种

---

[1]　日人堀敏一氏认为如果节度使的行为威胁了军队既得的权利，军队便会更换其节帅。亦是说明唐兵乱主因在于军士利益之争夺。阅《藩镇亲卫军の权力构造》，页 92，载《东洋文化研究所纪要》第 20 册。

原因而引起之兵乱，为数甚多。①

军纪之不良与兵乱之频繁，在社会上与政治上均发生甚大的影响。在社会上，破坏了社会秩序，增加了人民的痛苦，《册府元龟》卷四四五《将帅部》有两段军纪不良而危及人民之记载：

> 崔光远，肃宗上元中为剑南节度使，梓州刺史段子章反，东川节度使李奂败走，投光远，光远率将花惊定等讨平之，将士肆其剽劫，妇女有臂串金银钏，兵皆断其腕以取之，乱杀数千人，光远不能禁。

> 郭英乂为神策军节度使，代宗初，元帅雍王自陕统诸军讨贼洛阳，留英乂在陕为后殿，东都平，以英乂权知东都留守，时东都再经贼乱，朔方军及英乂、鱼朝恩等军不能禁暴，与回纥纵掠坊市及郑、汝等州，比屋荡尽，人悉以纸为衣，或有裸身者。

社会不安与民生痛苦对于李唐王朝政权均属不利。在政治上，军纪不良与兵乱频生且直接关系中央政府之存亡。《册府元龟》卷六九四《牧守部》：

> 韦伦为商州刺史，充荆襄等道租庸使，会襄州裨将康楚元、张嘉延拥众为叛，凶党万余人，自称东楚义王，襄州刺史王政弃城遁走，嘉延又南袭破江陵，汉、沔馈运阻绝，朝廷旰食。

《新唐书》卷二二五下《黄巢传》：

> 诏天下兵屯溵水，禁贼（巢）北走。于是徐兵三千道许，其帅薛能馆徐众城中，许人惊谓见袭，部将周岌自溵水还，杀能，自称留后，徐军闻乱，列将时溥亦引归，囚其帅支详。兖海齐克让惧下叛，引军还兖州，溵水屯皆散。（巢遂得陷两京）

---

① 《通鉴》卷二四九"大中十二年七月丁卯"条："右补阙内供奉张潜上疏，以为藩府代移之际，皆奏仓库蓄积之数，以羡余多为课绩，朝廷亦因而甄奖，窃惟藩府财赋，所出有常，苟非赋敛过差，及停废将士，减削衣粮，则羡余何从而致？比来南方诸镇数有不宁，皆此故也。"

除上引两段外，建中四年泾原兵在浐水哗变，使德宗仓皇出奔，唐祚几绝，其后幸未灭亡，而德宗从此姑息藩镇，成为唐末以前藩镇最跋扈的一个时期。咸通九年，桂林徐州戍卒兵乱，推庞勋为首，此一乱事，遂引发唐末之藩镇割据，为亡唐之祸基。[①]

总之，军纪之不良与兵乱之频生，削减唐室政府之控制力，使中央政府易趋于衰微，[②] 尤其在唐末，中央政府无力平定兵乱，更唯有姑息，乾符三年正月，天平军乱，"诏本军宣慰，一切无得穷诘"。[③] 广明元年二月，河东兵乱，杀节度使康传圭，"朝廷闻之，遣使宣慰曰：'所杀节度使，事出一时，各宜自安，勿复忧惧'"[④]。作乱而不受惩罚，无异鼓励军士作乱，于是有野心者遂利用兵乱而夺取权位，唐末如此，德宗时代如此，河北诸镇亦复如此。军纪不良，使国家武力不仅不能发挥保国卫民之功效，反足以破坏原有的政治秩序与政治伦常，[⑤] 中央因而减少对地方之控制力，唐代在代宗、德宗及僖宗以后兵乱最多（参阅表19），同时在此三个时期中跋扈、叛逆藩镇亦最多（参阅表3），可见在军纪不良兵乱频繁之环境下，易于产生跋扈、叛逆之藩镇。

第四节　藩镇之间的勾结与跋扈叛逆之态度

贞元十五年徐州节度使张建封卒，子愔求嗣袭，朝议讨伐，权德舆奏云："张愔狂愚，敢阻朝命，但虑强邻潜导，故使之然。或闻移牒出军，屯于境上，外示攻胁，其实卫之。倘诸军进攻，事至危迫，度其不能济也，则必执以为功，既居将相之崇，又有讨伐之绩，

---

① 参阅陈寅恪先生《唐代政治史述论稿》下篇，页115。
② 刘伯骥先生说："唐之盛衰治乱，其关键在于对军事措施之得失，而其弊又咎于朝廷之不能统摄军权。"（《唐代政教史》结论，页346）从中央政府对兵乱频生之无法处置，则不仅不能统摄军权，更不能整饬军纪，终由小乱而成为大乱。
③ 《通鉴》卷二五二"乾符三年正月"条。
④ 《通鉴》卷二五三"广明元年二月壬戌"条。
⑤ 陆宣公曰："兵不足恃，与无兵同，将不为用，与无将同。将不能使兵，国不能驭将，非止费财玩寇之弊，亦有不戢自焚之灾。"即是说明军纪不良对国家之害。阅《陆宣公集》卷上《论两河及淮西利害状》。

不待朝廷加地进律，而徐方去矣。"① 唐于僖宗以前，跋扈藩镇，常相互勾结，以增强违抗中央之力量。在相互勾结的跋扈藩镇之中，成德、魏博、幽州等河北三镇勾结时间最长，自安史之乱平定后，至昭宗以前，其中除偶而短暂之时间外，几乎是共同一致对抗中央。建中二年，魏博节度使田悦叛乱，朝命马燧等伐魏，悦使王侑、许士则说幽州节度使朱滔曰："（王师）今日破魏，则取燕赵如牵辕下马耳。夫魏博全，则燕赵安，邺州尚书（按：指田悦）必以死报德，且合纵连横，救灾恤患，不朽之业也。"滔允与田悦合叛，并遣使王郅说恒冀（成德）观察使王武俊曰："今若举魏博，则王师北向，漳滏势危，诚能连营南施，解田悦于倒悬，大夫之利也。"② 在唇亡齿寒之想法下，田悦、朱滔、王武俊遂相互勾结，对抗王师。自代宗至唐亡，中央虽屡次对河北三镇用兵，却未曾一次赢得真正的胜利，其原因之一便是河北三镇唇齿相依，存亡与共，相互勾结③，使中央对此一地广兵强之区域莫可奈何。翟灏谓宪宗可在取蔡州之前先平河北三镇，④ 未为允论，其实在元和四年至五年，曾诏讨成德王承宗，终以师久无功，赦宥承宗。李绛于讨王承宗之前，即上言不可令人易代承宗，以免引起诸镇合谋同叛，绛谓河北诸镇，"平居或相积恨，及闻代易，必合为一心，盖各为子孙之谋，亦虑他日及此故也，万一余道或相表里，兵连祸结，财尽力竭，西戎北狄，乘间窥窬，其为忧患，可胜道哉！"⑤ 即是了解河北三镇"平时相忌，危时相救"之心理。

其他跋扈、叛逆藩镇，亦常与河北三镇相勾结，如梁崇义、卢从史均有意借河北三镇势力以巩固地位。淄青、淮西二镇跋扈、叛

---

① 《全唐文》卷四八八权德舆《徐州事宜奏》。

② 《新唐书》卷二一〇《田悦传》。

③ 宪宗时，魏博节度使田弘正谋向中央效顺，"幽、恒、郓、蔡有齿寒之惧，屡遣客间说，多方诱阻"。阅《旧唐书》卷一四一《田弘正传》。又成德节度使王廷凑"与（幽州节度使朱）克融、（魏博节度使史）宪诚深相结，为辅车"。阅《新唐书》卷二一一《王廷凑传》。

④ 阅翟灏《九曜史论·唐藩镇论》。

⑤ 《通鉴》卷二三八元和四年七月。参阅《李相国论事集》卷三《论镇州事宜》；《全唐文》卷六四六李绛《论河北三镇及淮西事宜状》。

逆之藩镇较多（参阅"唐代藩镇总表——平卢淄青、淮西"），在元和以前此二镇向被中央视为难制者，淄青与淮西即经常与河北三镇勾结。淄青一镇，自李正己起，即与河北三镇"递相胶固，联结姻好"。[①] 淮西李希烈与田悦、朱滔、王武俊等于建中末相互勾结，以利叛乱，各自称王，及吴少阳死，淄青节度使李师道、成德节度使王承宗皆助少阳子元济求袭为淮西节度使。

然而，由于受地理之限制，若干跋扈、叛逆藩镇有时亦形成孤立状态，未能与其他跋扈、叛逆藩镇互相勾结，此种孤立的跋扈、叛逆藩镇，因为势单力弱，不易抵抗四周忠于中央之藩镇大军围攻，常在短时期内败亡，如朔方节度使李怀光、同华节度使周智光、西川节度使刘辟、镇海节度使李锜均为及身而败，西川节度使崔宁、武宁节度使王智兴均由跋扈而效顺中央，改移他镇。

甚且在若干方镇中，有意图不遵朝旨强行夺位，或求袭父位者，由于未能与邻藩勾结，致为邻藩所反对，而未能达到目的。兴元元年十二月，淮南节度使陈少游死，大将王韶欲自为留后，浙西节度使韩滉遣使谓之曰："汝敢为乱，吾即日全军度江诛汝矣。"韶惧而止。[②] 贞元二年，义成节度使李澄死，子克宁求嗣袭，宣武节度使刘玄佐屯兵境上，告谕克宁，克宁之嗣袭遂未能成功。[③] 贞元末，安黄节度使伊慎入朝，其子宥主留事，朝廷未能去，会宥母卒于京师，宥贪其土，不发丧，鄂州观察使郗士美"命从事托他故，过其境，宥果迎之，告以凶问，先备宥监，即日遣之"。[④] 反之，宣武节度使刘玄佐卒，子士宁"挟（淄青）李纳以邀命"，而得袭宣武节度使之位。[⑤] 可见藩镇间之勾结，最能助长其跋扈不逞之气焰，对中央甚为不利。

黄巢起事以后，政治秩序大乱，纲纪不存，藩镇莫不以兵力强行割据。此时，战乱不止，拥兵者多具夺地之野心，据守一地，即

① 《旧唐书》卷一二四《李正己传》。
② 阅《通鉴》卷二三一"兴元元年十二月乙亥"条。
③ 阅《旧唐书》卷一三二《李澄传》。
④ 阅《册府元龟》卷六九一《牧守部》。
⑤ 阅《旧唐书》卷一四五《刘玄佐传》。

被他人攻击，僖宗以前河北三镇之间及与淄青、淮西等镇之勾结，性质偏重于保守，即增加"违抗"中央之力量，确保已得之权力，及至黄巢起事后，此种保守性之勾结因藩镇野心之扩张与战乱之普遍而逐渐消失，代之而起的是一种新形式的结合，此种新形式的结合系以一个强大藩镇为中心，若干力量较小的藩镇便依附于此一强藩。

自黄巢起事后，中央失去维持政治秩序之能力，地方政治权位之把持惟"力"是赖，于是弱小之藩镇与刺史既不能依靠中央之号令以维持地位，只有投靠一个强大的藩镇，以为自保。例如昭宗时，高州刺史刘昌鲁为岭南东道节度使刘隐所逼，乃投身依附于湖南节度使马殷，[①] 黄州刺史吴讨畏鄂岳节度使杜洪而纳印于淮南节度使杨行密。[②] 素称跋扈之河北三镇，至唐末亦无法与宣武节度使朱全忠、河东节度使李克用两大强藩抗衡，而不能不谋依附，以资自全。成德节度使王镕先屈附于李克用，后又屈附于朱全忠[③]，魏博节度使罗绍威附于朱全忠，[④] 幽州节度使刘仁恭附于李克用，[⑤] 河中节度使王珂初附于李克用，后为朱全忠所败，至举室徙于汴。[⑥] 当时地处河北、河东、河南等冲要区域之藩镇，如本身缺乏强大武力，又不欲倚赖一强藩，几不可能立足。光化三年，宣武大军攻义武，义武三军推王处直为帅，"汴将张存敬攻城，梯冲云合。处直登城呼曰：'敝邑于朝廷未尝不忠，于藩邻未尝失礼，不虞君之涉吾地，何也？'朱温遣人报之曰：'何以附太原而弱邻道？'处直报曰：'吾兄与太原同时立

---

① 《全唐文》卷八三九刘昌鲁《致马殷书》："岭南不宾，刘隐乱常，僭兴师律，举蛮貊之众，成吞噬之心，仆常训励甲兵，躬当矢石，扫垒一战，刘岩遁走，虽仗义者必胜，恃力者必亡，然而山越之人，疮痍众矣，残民以骋，所不忍为。……窃惟明公负江湖之固，有桓文之业，土宇至广，仁风素厚，愿以所部归款于执事，谨刺血染翰，上达诚悃，惟明公图之。"

② 阅《通鉴》卷二五九乾宁元年十二月。

③ 阅《旧唐书》卷一四二《王廷凑传附王镕传》。

④ 阅《新唐书》卷二一〇《罗绍威传》。

⑤ 阅《新唐书》卷二一二《刘仁恭传》。

⑥ 阅《新唐书》卷一八七《王重荣传附王珂传》。

勋王室，地又亲邻，修好往来，常道也，请从此改图。' 温许之"。[1]
义武一镇遂依附于朱全忠。

至哀帝时，全国藩镇除少数由于地处边陲，能以一镇拥兵自保外，[2] 其余分为数个集团，每个集团以一个强藩为中心，或兼领他镇，或结合附庸藩镇。（参阅表 20）

表 20　天祐三年时之强藩及其附庸藩镇表

中心强藩 姓名	强藩主 领镇名	强藩兼 领镇名	附庸藩镇
朱全忠	宣武	义成、 天平、 河中	京畿（王重师）、同州（刘知俊、冯行袭）、华州（？）、陕虢（朱友谦）、忠武（张全义）、泰宁（刘仁遇）、感化（张慎思）、平卢淄青（王重师、韩建）、蔡州（？）、河阳（王师范）、成德（王镕）、魏博（罗绍威）、义武（王处直）、山南东（杨师厚）、荆南（贺瓌、高季兴）
李克用	河东		振武（李克宁）、昭义（丁会、李嗣昭）、幽州（刘仁恭）、义昌（刘守文）
李茂贞	凤翔	泾原	邠宁（李继徽）、鄜坊（李彦博）、延州（？）、天雄（？）
王建	西川		金州（王宗朗）、山南西（？）、感义（？）、武定（王宗绾）、东川（王宗佶）、武信（王宗侃）、黔中（王宗本）
杨渥	淮南	江西	宣歙（？）
马殷	湖南		鄂岳（？）、桂管（李琼）
钱镠	浙西	浙东	

说明：

一、本表请与"唐代藩镇总表"对照参阅。

二、本表有（？）者，表示该镇之当时藩帅姓名不明。

---

① 《旧唐书》卷一八二《王处存传》。

② 当时能以一镇拥兵自保之藩镇，计有：夏绥（李成庆、李思谏）、朔方（韩逊）、归义（张承奉）、福建（王审知）、武贞（雷彦恭）、岭南东道（刘隐）、岭南西道（叶广略）、容管（庞巨昭）、安南（曲承裕），均地处边陲。

僖宗以前彼此勾结的藩镇，各处于平等的地位，唐末藩镇的结合，强藩与附庸藩镇则不处于平等地位，附庸藩镇全受强藩之控制，强藩对其附庸藩镇可以任意调度指挥。如氏叔琮、杨师厚、葛从周、庞师古，尽是朱全忠之部将，虽为节度使，仍受命于全忠，随军征战，其任镇去镇全由全忠安排。李克用尝怒笞昭义节度使李克修。①王宗佶、王宗绾等则全为王建之假子。② 附庸藩镇虽仍称节度使，但其地位实在强藩之下。③ 吴廷燮氏称唐末强藩"皆就以部将知留后，请节于朝，名为节度，实同军校，迁徙予夺，胥由统府"，④ 洵非虚语。

唐末藩镇结合之目的，乃是强藩为求扩张自己之地盘。以武力扩张地盘，即是欲建立一个新的政治权力系统，因此，在本质上，唐末藩镇之结合乃是一种反中央势力之结合。虽然，僖宗以前跋扈藩镇间之勾结也是反中央的力量，但却能维持几个跋扈藩镇之间势力的均衡，所以虽曾屡次"威胁"中央，却无问鼎取代之力，唐末反中央势力之结合，形成少数强藩，其地广兵强，不仅足以"威胁"中央，且有问鼎取代之力，⑤ 于是，结合范围愈大，附庸藩镇愈多，强藩力量愈强，则跋扈之气焰愈盛，及至全国各地均呈跋扈，无人效忠中央之时，最强大的藩镇自敢于取李唐王朝而代之。

---

① 《通鉴》卷二五八大顺元年二月："李克用巡潞州，以供具不厚，怒昭义节度使李克修，诟而笞之，克修惭愤成疾。三月，薨。"

② 阅《九国志》卷六王宗佶等传。

③ 如葛从周为兖州（泰宁）节度使兼邢洺留后，有战功，授宣义节度使朱全忠之行军司马。行军司马为僚佐职，可见附庸藩镇与强藩之僚佐相等。

④ 《唐方镇表考证》叙论。

⑤ 古代史家，有认为"唐之亡，以河北之弱也"。阅顾祖禹《读史方舆纪要》卷六《历代州域形势六》；顾炎武《日知录》卷九《藩镇》。实即唐末强藩之出现，使藩镇之间失去相互制衡之力，最大之强藩乃敢实行篡代。

第五章

唐末藩镇之本质与其跋扈之态度

第一节　吏治之败坏与唐末盗贼之蜂起

江南、岭南、山南、剑南诸道乃是唐中央政府控制力最强之地域，立国以来，战乱甚少，经济繁荣，社会安定，因此，地方官甚少跋扈叛逆之事，纵有一二藩镇刺史敢于称乱，必迅速被中央所平定。然及武宣之世，江淮盗贼，已成大患，杜牧言当时江贼之患，"江南江北，凡名草市，劫杀皆遍，只有三年再劫者，无有五年获安者"，[①] 宣宗之时，江南兵乱增多，显示政治之不稳定，此种政治之不稳定，王夫之认为应归因于"观察使慢上残下，迫民于死地，民乃视之如仇雠"，[②] 换言之，由于吏治之败坏，而导致兵乱民变，终造成盗贼蜂起之现象。

唐太宗曰："为君之道，必须先存百姓，若损百姓以奉其身，犹割股以啖腹，腹饱而身毙。"[③] 太宗自奉俭薄，体恤百姓，读《贞观政要》及两唐书《太宗本纪》处处可见。然而，当太宗之时，地方吏治已被轻视，贞观初，外官卑品尚未有俸禄，何能责其清廉？高季辅尝上言太宗曰："仕以应务代耕，外官卑品，犹未得禄，既离乡

---

① 《全唐文》卷七五一杜牧《上李太尉论江贼书》。
② 王夫之《读通鉴论》卷十四《唐宣宗》。
③ 《贞观政要》卷一《论君道第一》。

家，理必贫匮，但妻子之恋，贤达犹累其怀，饥寒之切，夷、惠罕全其行，为政之道，期于易从，若不恤其匮乏，唯欲责其清勤，凡在末品、中庸者多，止恐巡察岁去，辎轩继轨，不能肃其侵渔，何以求其政术？"① 因此，自唐初始，士人多不乐外任，朝廷亦轻刺史县令之选，于是刺史县令多非其人。太宗时，马周曾上疏云："今朝廷独重内官，县令刺史，颇轻其选，刺史多是武夫勋人，或京官不称职，方始外出，而折冲果毅之内，身材强者，先入为中郎将，其次始补州任，边远之处，用人更轻，其材堪宰莅，以德行见称擢者，十不能一。"② 不止太宗，实际上有唐一代，仕宦多轻外职，③ 胡震亨云："唐人仕宦，每重内轻外，如领郡辄无色，欲把一麾江海去，见诸诗不一，至州县亲民吏尤视为轻，铨曹不甚加意。"④ 唐代一命之官皆由吏部择任，在玄宗以前，吏部对刺史县令之选任已不注意，致地方吏治渐趋败坏。中宗时，卢怀慎上疏云：

> 臣窃见内外官人，有不率宪章，公犯赃污，侵牟万姓，剥割蒸人，鞫按非虚，刑宪已及者，或俄复旧资，虽负残削之名，还膺牧宰之任，或江淮岭碛，微示惩贬，而徇财黩货，罕能悛革。……犯罪之吏，作牧远方，便是屈法惠奸，恤近遗远矣。（《旧唐书》卷九十八《卢怀慎传》）

陈子昂亦上言县令之选太轻，不可以化人：

> 窃见吏部选人，补一县令，如补一县尉尔，但以资次考第从官游历，即补之，不论贤良德行可以化人。（《全唐文》卷二一一陈子昂《上军国利害事》）

韦嗣立亦以为刺史县令所任非人，景龙二年上疏云：

---

① 《旧唐书》卷七十八《高季辅传》。
② 《全唐文》卷一五五马周《请简择县令疏》。
③ 唐人重内轻外以玄宗时为最，《新唐书》卷一二八《倪若水传》："时天下久平，朝廷尊荣，人皆重内任，虽自冗官擢方面，皆自谓下迁。班景倩自扬州采访使入为大理少卿，过州，若水饯于郊，顾左右曰：'班公是行若登仙，吾恨不得为驺仆。'"若水之言，可反映时人之心理。
④ 胡震亨《唐诗谈丛》卷二。

> 刺史县令，治人之首，近年已来，不存简择，京官有犯罪声望下者，方遣牧州。吏部选人，暮年无手笔者，方拟县令，此风久扇，上下同知。（《唐会要》卷六十八《刺史上》）

睿宗时，宁原悌上疏云：

> 今天下诸州，良牧益寡，何者？古难其选，今侮其职也。（《全唐文》卷二七八宁原悌《论时政疏》）

良牧益寡，官守益败，朝廷并非不知，毕构为剑南益州大都督府长史，政号清严，睿宗闻而善之，玺书劳曰：

> 咸亨、垂拱之后，淳风渐替，征赋将急，调役颇繁，选吏举人，涉于浮滥，省阁台寺，罕有公直，苟贪禄秩，以度岁时，中外因循，纪纲弛紊，且无惩革，弊乃滋深，为民既不择人，非亲即贿，为法又不按罪，作孽宁逃，贪残放手者相仍，清白洁己者斯绝，盖由赏罚不举，生杀莫行，更以水旱时乖，边隅未谧，日损一日，征敛不休。……昔闻当官，以留犊还珠为上，今之从职，以充车联驷为能，或交结富豪，抑弃贫弱，或矜假典正，树立腹心，邑屋之间，囊箧俱委，或地有椿干梓漆，或家有畜产资财，即被暗通，并从取夺，若有固吝，即因事以绳，粗杖大枷，动倾性命，怀冤抱痛，无所告陈。比差御史委令巡察，或有贵要所嘱，未能不避权豪，或有亲故在官，又罕绝于颜面，载驰原隰，徒烦出使之名，安问狐狸，未见埋车之节，扬清激浊，泾渭不分，嫉恶好善，萧兰莫别，官守既其若此，下人岂以聊生！（《旧唐书》卷一〇〇《毕构传》）

此种官守不良情形，及至玄宗之时尤烈，甚至"职事委于郡胥，货贿行于公府"，[1] 政治之清浊，与政风之良窳关系最大，[2] 货贿遍地，成为风气，使唐中叶以后，吏治更为败坏。

贞观中虽颁外官俸禄，但降京官一等，肃宗至德初，以物用不

---

[1]　《通典》卷七《食货七》。
[2]　参阅浦薛凤先生《政治论丛》"政风为致治之本"，页96。

足，"内外官不给料钱，郡府县官给半禄"。乾元元年，"亦给外官半料及职田，京官给手力课而已"。代宗永泰末，"取州县官及折冲府官职田苗子三分之一，市轻货以赈京官"，及李泌为相，"州县官有手力杂给钱，然俸最薄者也"。① 若干荒僻地区，更是全无俸料，人不愿往，文宗大和四年五月中书门下奏曰：

> 宁夏、邠宁、鄜坊、泾原、振武、丰州，全无俸料，有出身人及正员官悉不肯去，吏部从前多不注拟。（《全唐文》卷九六六《请定诸道奏补事例奏》）

缺少俸料，何以维持生活？欲求其清廉不苟，事不可能。②

玄宗以后，地方最高长官为节度、观察、经略、都防御使，然在对中央恭顺听命之地区，藩镇之选任多出禁军中尉，贿赂以得，举债至镇，自不能不贪污以偿。《旧唐书》卷一六二《高瑀传》：

> 自大历以来，节制之除拜，多出禁军中尉，凡命一帅，必广输重赂。禁军将校当为帅者，自无家财，必取资于人，得镇之后，则膏血疲民以偿之。

《旧唐书》卷五十二《穆宗贞献皇后萧氏传》：

> 有自神策两军出为方镇者，军中多资其行装，至镇，三倍偿之。

藩镇既多举债到官，州县官亦多如此，武宗时，李德裕曰："选人官成后，皆于城中举债，到任填还，致其贪求，罔不由此。"③ 同时，藩镇为求保位，常搜刮厚敛，以结托权幸。例如郑权因郑注而得广

---

① 阅《新唐书》卷五十五《食货志五》。

② 《唐会要》卷七十五《南选》："（开成五年）其年十一月，岭南节度使卢钧奏：'……臣当管二十五州，唯诏广两州官僚，每年吏部选授，道途遥远，瘴疠交侵，选人若家事任持，身名真实孰不自负，无由肯来。更以俸入单微，每岁号为比远，若非下司贫弱令史，即是远处无能之流，比及到官，皆有积债，十中无一，肯识廉耻'。"

③ 《会昌一品集》卷十二《论河东等道比远官加结俸料状》。又《唐会要》卷九十二《内外官料钱下》"会昌元年中书门下奏"条，《旧唐书》卷十八上《武宗纪》"会昌二年二月丙寅"条，同。

州节度使，"权至镇，尽以公家珍宝赴京师以酬恩地"。① 王智兴为武宁节度使，"掣索财赂，交权幸无，以贾虚名"。② 李愿于长庆时历凤翔、宣武、河中三镇，"结托权幸，厚行赂遗"。③ 自代宗以后，皇帝亦喜藩镇进奉（赋税以外之贡物，直接呈送皇帝），于是藩镇亦尽力刮敛，以为进奉，期固恩宠，史称代宗时"诸道节度观察使，竞剥下厚敛，制奇锦异绫，以进奉为名。又贵人宣命，必竭公藏以买其欢"。④ 德宗最好藩镇进奉，名进奉物为羡余，于是诸镇进奉不绝，韦皋为西川节度使，"重赋敛无，以事月进"。⑤ 刘赞为宣歙观察使，"厚敛殖货，务贡奉以希恩"。⑥ 敬宗时，杜元颖为西川节度使，"元颖求蜀中珍异玩好之具，贡奉相继，以固恩宠。以故箕敛刻削，工作无虚日"。⑦ 阅两唐书，以进奉固宠之藩镇，其例证极多，进奉实质上即是贿赂，皇帝率身提倡，臣下自会争相效法，于是造成唐中叶以后贪污贿赂风气之盛行。王船山有言："凡唐之藩镇，类以数州之土，一旅之众，抗天下之威，而朝傀俛以从其欲，非兵力之果强也，皆贿也。非李德裕折元实之奸，则弁之纳贿亦掩而不著，史氏无从记之矣。贿行于中涓，而天子慴；贿行于宰相，而百官不能争；贿行于省寺台谏，而天子宰相亦不能胜。前此之讨淮蔡、讨平卢，廷议纷然，唯恐兵之不罢者，此也。德宗窥见其情，厚疑群臣，孤愤兴兵，而中外坐视其败者，亦此也。唐之乱，贿赂充塞于天下为之耳。"⑧ 朝廷官位既以贿赂而得，欲求升迁，亦不能不贿赂，贿赂须要财富，愈富则官位愈安全，求安全必须多加贪赃，何况皇帝平日鼓励进奉，战时鼓励助军，于是地方官便借口进奉助军，公然大事搜括，一方面系"为皇帝而贪污"，一方面更自行中饱，李翱曾言

① 《旧唐书》卷一五三《薛存诚传》。
② 《新唐书》卷一七二《王智兴传》。
③ 《旧唐书》卷一三三《李晟传附李愿传》。
④ 《旧唐书》卷一二二《裴胄传》。
⑤ 《旧唐书》卷一四〇《韦皋传》。
⑥ 《旧唐书》卷一三六《刘赞传》。
⑦ 《旧唐书》卷一六三《杜元颖传》。
⑧ 王夫之《读通鉴论》卷二十六《唐武宗》。

进奉之弊云：

> 今受进献，则节度使、团练使皆多方刻下为蓄聚，其自为
> 私者三分，其所进献者一分也。（《全唐文》卷六三四，李翱
> 《疏绝进献》）

搜括之结果，自得三分，皇帝只得一分，利益多归搜括者。同时，
进奉既可"固宠"，又能"富身"，于是为官者多乐于进奉，贪污风
气愈加不可阻遏。

　　藩镇之贪刻与虐民，史书所载极多，例如令狐楚为宣武节度使
以前，"汴帅前例，始至率以钱二百万实其私藏"。① 而任岭南节度使
者少有清廉自俭。② 现在所见唐代最详细的贪污记录，是元稹的《弹
奏剑南东川节度使状》与《弹奏山南西道两税外草状》，在《弹奏剑
南东川节度使状》中，元稹弹劾剑南东川节度观察处置等使严砺，
在任日擅没管内将士官吏百姓及前资寄住等庄宅一百二十二所，奴
婢二十七人，又于两税外加征百姓钱米草等，悉自干没，而东川判
官度支副使崔廷、东川观察判官卢诩、东川节度判官裴讽、遂州刺
史柳蒙、绵州刺史陶锽，剑州刺史崔实成、普州刺史李怂、合州刺
史张平、荣州刺史陈当、渝州刺史邵膺、泸州刺史刘文翼，及资州、
简州、陵州、龙州刺史均参与此一贪污又虐民之案件。③ 从元稹此一
弹劾案中，其贪赃之巨与共犯之多，可看出当时吏治已普遍地败坏。

　　不仅贿赂贪污之风败坏吏治，许多藩镇——尤其是中央文儒大
臣出任藩镇，常不亲政事，兹举《北梦琐言》中二则故事以见之：

> 唐路侍中严，风貌之美，为世所闻。镇成都日，委执政于
> 孔目吏边咸，日以妓乐自随。（卷三，"路侍中巾裹"条）
> （杜悰）凡莅方镇，不理狱讼，在凤翔洎西川，系囚毕政，
> 无轻无重，任其殍殂。（卷三，"杜邠公不恤亲戚"条）

---

① 《旧唐书》卷一七二《令狐楚传》。
② 关于任岭南节度使者多贪财致富，参阅《旧唐书》卷九十八《卢奂传》，同书卷一
七七《卢钧传》，同书卷一三七《徐浩传》。
③ 阅《全唐文》卷六五一元稹《弹奏剑南东川节度使状》。

如此藩镇何能使管内吏治清明。

从两唐书中常可见到中央放免百姓赋税之诏令，然而，细读这些诏令，每每可以发现所放免之赋税是指很久以前的欠税，而非当年之赋税，元和十四年赦文中有放免远年欠税之条文：

> 其京畿……从元和五年已前，诸县百姓欠负钱物草斛斗等，共一十三万五千一百一十三贯石，速委京兆府疏理，具可放数闻奏。……（淮南等十道）度支元和五年已前，诸道州府监院送省，除前制放免外，诸色欠负逋县钱物等，共四百二十八万八千八百贯石等，监院铁盐使从贞元五年已后至元和五年已前，制疏理量放外，应负诸色钱物斛斗，共三百三十二万二千一百五十一贯石等，户部从建中三年已后至元和九年已前，除前制疏理外，诸色欠负钱物，共计五十三万九千四百六十四贯石等，并委本司疏理，具征可放数闻奏。（《全唐文》卷六十三宪宗《上尊号赦文》）

赦文中放免欠负的时间最远溯及三十八年前，最近在五年以前，此种放免在赦文中常可见到，目的是解除人民过重的负担，然而许多贪赃之税物，亦被官吏推到百姓欠负逃税项下。[1] 有时，赦文所放免者为当年赋税，但官吏或为贪没，或为邀功，往往先期征税，及赦免诏文下达，税已收毕，官府不予退还，于是中央德泽，形同虚文，白乐天有《杜陵叟》一首，原咏述吏治之不良及农民深受官吏催税逼赋之苦，遇有放免德音，却未能真领受其实惠：

> 杜陵叟，杜陵居，岁种薄田一顷余。三月无雨旱风起，麦苗不秀多黄死。九月降霜秋早寒，禾穗未熟皆青干。长吏明知不申破，急敛暴征求考课。典桑卖地纳官租，明年衣食将何如？剥我身上帛，夺我口中粟，虐人害物即豺狼，何必钩爪锯牙食人肉！不知何人奏皇帝，帝心恻隐知人弊；白麻纸上书德音，

---

① 《全唐文》卷七五七魏扶《请委录事参军专判钱物斛斗文案奏》，其中有云："钱物斛斗，散在天下州府，缘当司无巡院觉察，多被官吏专擅破除，岁久之后，即推在所由腹内，徒烦勘诘，终无可征。"

> 京畿尽放今年税。昨日里胥方到门，手持勅牒榜乡村，十家租
> 税八九毕，虚受吾君蠲免恩。（《白氏长庆集》卷四《杜陵叟》）

从上诗中可以看出唐代吏治不良而造成人民困苦之深。

《书》云："德惟善政，政在养民。"① 中国古代政治，在儒家仁政思想熏陶之下，是以爱民重农为理想，尤其地方官吏，最为接近人民，一举一动，直接影响到人民的利害，所以，古代人民莫不希望本地有一个爱民如子的好官，久而久之，遂将地方官称之为父母官。唐代由于不重地方官吏，地方官吏的素质甚差，且政风败坏，贪赃枉法，贿赂公行，重私利而忘公义，渐失去了传统的仁政理想，唐太宗虽有"先存百姓"之心，后世子孙却尽是"割股啖腹"之人，吏无善治，官少爱民，遂使百姓受害蒙屈。虽有少数爱民官吏，在风气之下，必集谗谤于一身，终至以同流合污为正常。此种由善变恶之现象，在史书文集中很少留下痕迹，然而从齐映之自诉中不难发现若干蛛丝马迹，《全唐文》卷四五〇齐映《河南府论被谤表》：

> 臣伏以邻近数州，去年皆同水旱，惟当府一境，前年先有水灾，既已积忧，又加再歉，其间数县人户，顷者实多逃移，据两税案所有未归人户，尚有一千五百已下，有负奖任，不胜忧惶。自蒙陛下恩慈，特发仓储赈贷，安业者无不欢欣，逐食者渐已迁还。幸灾之人，腾谤益甚，致滋嫌怒，实此根由，盖缘臣到任以来，事有不幸，曾正冤狱，尝奏贪官。……今则彝章虽举，众怒遂深，乃于道路邮亭造其飞语，又于往来使客扬此虚声，转至沸腾，布于远近，且谤臣者以去臣为限，臣不去不休。

地方遇有水旱灾情，在法律上与道义上均有报告和赈济的责任，② 平反冤狱与奏劾贪污亦向为中国古代官吏的本分，然而齐映却因此而

---

① 《尚书·大禹谟》。

② 《唐律疏议》卷十三《户婚中》："诸部内有旱涝霜雹，虫蝗为害之处，主司应言而不言及妄言者，杖七十，覆检不以实者，与同罪。"《疏议》又曰："旱谓亢阳，涝谓霖霪，霜谓非时降霜，雹谓损物为灾，虫蝗谓螟螽蟊贼之类。依令，十分损四以上，免租；损六，免租、调；损七以上，课、役俱免，若桑、麻损尽者，各免调。"

受谤，可见在当时风气之中，同流合污易，守身独善难，无怪乎齐映晚年为江西观察使时，一改作风，"掊敛贡奉，及大为金银器以希旨"，① 风气之逼人，诚为可叹。

吏治不良，造成百姓生活的困苦，中宗时，即因官吏"不务公谨，专于割剥"，而有"人不聊生"的现象。② 玄宗时，人民生活较为安乐，但这只是国内社会秩序安定和少有灾荒的结果，并不是此一时期中吏治清明的反映，事实上，天宝以后，政府官员奢侈成习，以致"物务多废"，③ 只是社会安定，经济繁荣，贪赃虐政，人民尚能忍受而已。肃代以后，兵乱频繁，吏治更为不修，元结为道州刺史，见井邑丘墟，生人几尽，"试问其故，不觉涕下，前辈刺史，或有贪猥懦弱，不分是非，但以衣服饮食为事，数年之间，苍生蒙以私欲，侵夺兼之，公家驱迫，非奸恶强富，殆无存者。"④ 地方长官已失去父母官的意味，反成了百姓的毒害，如此政府，何能受到百姓的爱戴？试看唐德宗对百姓赵光奇的问话和赵光奇的回答，便不难体会出当时一般人民对政府之不满和怨恨。《通鉴》卷二三三"贞元三年十二月庚辰"条载：

> 上畋于新店，入民赵光奇家，问："百姓乐乎？"对曰："不乐。"上曰："今岁颇稔，何为不乐？"对曰："诏令不信，前云两税之外，悉无他徭，今非税而诛求者殆过于税。后又云和籴，而实强取之，曾不识一钱。始云所籴粟麦纳于道次，今则遣致京西行营，动数百里，车摧马毙，破产不能支。愁苦如此，何乐之有？每有诏书优恤，徒空文耳。"

诏令的无信，加上执行官吏的暴虐，虽遇丰年，人民亦无乐可言，这对于当时存在的政权，实是一个危亡的警报，惜乎唐室君臣耽于

① 《旧唐书》卷一三六《齐映传》。
② 阅《全唐文》卷一七六袁楚客《规魏元忠书》。
③ 《旧唐书》卷十六《穆宗本纪》长庆元年二月丙子条，丁公著对穆宗曰："国家自天宝以后，风俗奢靡，宴席以喧哗沉湎为乐，而居重位、秉大权者，优杂倨肆于公吏之间，曾无愧耻。公私相效，渐以成俗，由是物务多废。"
④ 《元次山文集》卷九《刺史厅记（道州）》。

逸乐，早已忘却太宗的遗训，毫不恤民之苦，让吏治继续败坏下去。

中国古代人民中为数最多者是农民，农民受制于土地，无法随意迁移，养成了善良温顺的习性。农民不仅人数众多，且古代人民的消费品，大多数由农民生产供应，于是，政府征税的主要对象自然是农民，苛捐杂税，农民首当其冲，如果遇上吏治不良，税外敛求，强征暴夺，农民受害之深，更为四民之首，农民最为善良，生活却最为困苦，读白居易《秦中吟》，令人不由不同情在吏治败坏中唐代农民的痛苦遭遇：

> 厚地植桑麻，所要济生民。生民理布帛，所求活一身。身外充征赋，上以奉君亲。国家定两税，本意在忧人。厥初防其淫，明敕内外臣：税外加一物，皆以枉法论。奈何岁月久，贪吏得因循。浚我以求宠，敛索无冬春。纤绡未成匹，缫丝未盈斤；里胥迫我纳，不许暂逡巡。岁暮天地闭，阴风生破村。夜深烟火尽，霰雪白纷纷。幼者形不蔽，老者体无温；悲端与寒气，并入鼻中辛。昨日输残税，因窥官库门：缯帛如山积，丝絮似云屯。号为羡余物，随月献至尊。夺我身上暖，买尔眼前恩。进入琼林库，藏久化为尘。（《白氏长庆集》卷二《秦中吟》十首之二《重赋》）

当僖宗乾符元年时，翰林学士卢携上言百姓之困苦情形，请发义仓赈济，竟未能行。《通鉴》卷二五二乾符元年正月丁亥条：

> 翰林学士卢携上言，以为："陛下初临大宝，宜深念黎元……臣窃见关东去年旱灾，自虢至海，麦才半收，秋稼几无，冬菜至少，贫者硙蓬实为面，蓄槐叶为齑，或更衰羸，亦难收拾。常年不稔，则散之邻境；今所在皆饥，无所依投，坐守乡间，待尽沟壑。其蠲免余税，实无可征；而州县以有上供及三司钱，督趣甚急，动加捶挞，虽撤屋伐木，雇妻鬻子，止可供所由酒食之费，未得至于府库也。或租税之外，更有他徭；朝廷傥不抚存，百姓实无生计。乞敕州县，应所欠残税，并一切停征，以俟蚕麦；仍发所在义仓，亟加赈给，至深春之后，有菜叶木

牙，继以桑椹，渐有可食；在今数月之间，尤为窘急，行之不可稽缓。"勅从其言，而有司竟不能行，徒为空文而已。

百姓困苦若此，政府又不恤民，与其坐为良民，便为官府俎肉，不如奋起为盗，尚可苟活存身，于是便造成唐末盗贼蜂起的现象。

唐自安史乱后，盗贼时有，但均未成大患，只是少数无赖之徒，不事生产，利于剽劫而已。唐末盗贼则不同，不仅人数众多，且由于大量农民的加入，[①] 削减了农村生产力，粮食减少，政府赋税随之减少，财政匮乏，不能不用苛捐杂税来括索人民，地方官也乘机榨取牟利，政府成了怨府，更多的农民加入了盗贼集团，盗贼因之愈来愈多，[②] 这是吏治败坏与盗贼蜂起的恶性循环，在这个循环之下，政治愈来愈腐败，盗贼愈来愈猖獗，盗贼由小股变成大股，由地区性变为全国性，终至使中央政府完全丧失了对地方的控制力。

唐末群盗约始于会昌之时，会昌二年四月及会昌五年正月赦文中均曾提及江淮盗贼众多，[③] 杜牧对江淮盗贼更有详细叙述，[④] 不过当时盗贼尚为零星小股，未能成为严重的威胁。唐末群盗的相互勾结，由小股而成为大股，第一次当为裘甫之乱，大中十三年十二月甫有众百人，攻陷浙东州县，及咸通元年二月，"山海诸道及他道无赖亡命之徒，四面云集，众至三万"，而且"群盗皆遥通书币，求属麾下。甫自称天下都知兵马使，改元曰罗平，铸印曰天平。大聚资粮，购良工，治器械，声震中原"。[⑤] 裘甫在三个月之间，徒众由百人增至三万，其中多是饥民。[⑥] 僖宗即位以后，吏治不良与盗贼蜂起

---

①　《通鉴》卷二五〇咸通元年五月壬申："右拾遗内供奉薛调上言，以为：'兵兴以来，赋敛无度，所在群盗，半是逃户。'"关于农民加入盗贼，参阅堀敏一，《黄巢的叛乱》；松井秀一，《唐代后半期の江淮について——江贼及び庞全泰裘甫の叛乱を中心として》。

②　参阅萨孟武先生《水浒传与中国社会》，"梁山泊的社会基础篇"，页 5。

③　阅《全唐文》卷七十八武宗《加尊号赦文》《加尊号后郊天赦文》。

④　阅《全唐文》卷七五一杜牧《上李太尉论江贼书》。

⑤　阅《通鉴》卷二四九大中十三年十二月，及同书卷二五〇"咸通元年二月辛卯"条。

⑥　据统兵平乱的浙东观察使王式称，裘甫以粮诱饥人为乱，薛调亦言群盗半是逃户。阅《通鉴》卷二五〇"咸通元年五月壬申"条，"七月丁巳"条。

的循环圈加速运转，乾符元年时，"赋敛愈急，关东连年水旱，州县不以实闻，上下相蒙，百姓流殍，无所控诉，相聚为盗，所在蜂起"。① 至乾符二年，"群盗侵淫，剽掠十余州，至于淮南，多者千余人，少者数百人"。②

唐末最大"盗贼"为黄巢，黄巢初起乃利用岁荒人饥，相聚为盗，与王仙芝合流，仙芝自称大将军，"檄诸道，言吏贪沓，赋重，赏罚不平"，黄巢亦作露表言弊政。③ 黄巢之变实际上仍是吏治败坏与盗贼蜂起循环圈中的一环，所可注意者，是黄巢遍扰湖广江淮，连陷两京，称帝建国，已由地区性起事扩展到全国。江南、岭南、河南等地自宪宗以后，中央控制力甚强，少有跋扈、叛逆藩镇出现（参阅表3），然而江南、岭南、河南都是黄巢骚扰最烈的地区，俘掳或驱逐甚多由唐室中央任命的藩镇，促使这些地区唐朝控制下之藩镇解体，由拥兵军将或归降贼将取代了中央任命之藩镇的地位，④这一情势的造成，使得唐中央政府纵使在扑灭黄巢以后，也永远无法再恢复对这些地区的控制权力。

第二节　穆宗之销兵政策与恭顺藩镇兵力之削弱

在武宗以前，亦时有盗贼为乱，但均能迅速平定，如宝应元年八月台州贼帅袁晁作乱，有众近二十万，广德元年四月即被李光弼部将张伯仪所讨平，⑤ 前后共八九个月；广德二年十一月讨平南山群盗，群盗为乱不过一年。⑥ 乱事未蔓延，当不致酿成大患。武宗以后盗贼久久不能平定，使盗贼由小股变为大股，由小乱变为大乱，终致中央失去了对地方的控制权力。何以武宗以后盗贼无法迅速平定，

① 《通鉴》卷二五二乾符元年十二月。
② 《通鉴》卷二五二乾符二年十一月。
③ 阅《新唐书》卷二五五下《黄巢传》。
④ 关于黄巢渡江后，造成唐朝控制下藩镇的解体，日人堀敏一氏论之甚详，阅氏著《黄巢の叛乱》，页62。
⑤ 阅《通鉴》卷二二二宝应元年八月，广德元年四月庚辰条。
⑥ 阅《通鉴》卷二二三广德二年十一月。

甚至不能平定？主要是当时对中央恭顺之藩镇兵力过于薄弱，而藩镇兵力的薄弱，与穆宗时销兵政策又有密切的关系。

自安史之乱以后，内地藩镇常拥重兵，藩镇拥兵既须耗费国家大量军费，又有恃兵跋扈之虑。因此中央朝臣常有销兵之论，代宗时，独孤及曾请求销兵：

> 臣一昨陈奏，请减江淮山南等诸道兵马，以赡国用，陛下初不以臣言为愚妄，许即施行，然及今竟未有沛然之诏，臣窃迟之。今天下唯朔方、陇西有吐蕃、仆固之虞，邠泾凤翔等兵足当之矣。自此以往，东洎海，南至番禺，西尽巴蜀，万里无鼠窃之盗，已积岁矣，而兵不为之解，倾天下之货，竭天下之谷，以给不用之军，而为无端之费，臣不知其故。假令居安思危，用备不虞，自可于扼要之地，少置屯御，余悉休之，以其粮储扉屦之资，充疲人贡赋，岁可减国赋之半，陛下岂迟疑于改作，遂巡于旧贯，使大议有所壅，而率土之患日甚一日，是益其弊而厚其疾也，臣窃惑焉。夫疗痈者必决之使溃，今兵之为患，犹痈也，不以渐戢之，其害滋大，大而图之，必力倍而功寡。（《全唐文》卷三八四独孤及《直谏表》）

宪宗末，李翱亦曾上销兵之议：

> 比年天下皆厚留度支钱蓄兵士者，以中原之有寇贼也。今吴元济、李师道皆枭斩矣，中原无虞而蓄兵如故，以耗百姓，臣以为非是也。若选通达吏事之臣三五人，往诸道与其节度使团练使言，每道要留兵数，以备镇守，责其兵士见在实数，因使其逃亡不补，自可以每年十销一矣。（《全唐文》卷六三四李翱《论事疏表》）

穆宗初即位，由于宪宗时用兵军费浩大，造成财政上的危机，为解救此一危机，遂有销兵密诏，[①] 销兵密诏的拟议者为当时宰相萧俛、

---

① 穆宗销兵密诏之目的，日人松井秀一认为是要解救当时的财政危机，其说可信。详阅松井秀一著《唐代后半期の江淮について》，页3。

段文昌，《旧唐书》卷一七二《萧俛传》：

> 穆宗乘章武恢复之余，即位之始，两河廓定，四鄙无虞。
> 而俛与段文昌屡献太平之策，以为兵以静乱，时已治矣，不宜
> 黩武，劝穆宗休兵偃武。又以兵不可顿去，请密诏天下军镇有
> 兵处，每年百人之中，限八人逃死，谓之消（销）兵。

穆宗的销兵密诏下达后，藩镇遵旨办理，如天平节度使马总于长庆
元年二月"奏当道见管军士三万三千五百人，从去年正月已后，情
愿居农者放，逃亡者不捕"。①，浙东亦"准诏，停老弱官健，收衣
粮"。② 然而销兵政策几乎立刻产生一个不良的结果，即造成河北三
镇——魏博、成德、幽州由恭顺而再跋扈。在长庆元年七月至长庆
二年二月之间，魏博、成德、幽州等镇对中央恭顺的藩帅相继因兵
乱被杀或被逐或被囚，代之而起的是河北三镇的军将，使中央复失
对河北三镇的控制力。③（中央复失河北三镇控制权之经过参阅第二
章第三节）中央随即于长庆二年三月诏"应天下诸军，各委本道据
守旧额，不得辄有减省"，④ 目的在安抚军人，阻止河北三镇之乱事
扩大蔓延。

　　穆宗销兵密诏虽然在河北三镇造成不良结果，但在黄河以南诸
镇却产生另一种结果。穆宗即位之时，黄河以南藩镇对中央态度均
属恭顺，销兵密诏的下达，藩镇大概都能遵办，及长庆二年三月中
央再颁"据守旧额"的诏旨时，藩镇又得再行补充军队，然而这时所
补充者不是真正能作战的兵将，而是商贾胥吏，⑤ 商贾胥吏实际上只
是挂名军中，以享地方上的特权，逃避州县官的管制。⑥ 此种军队之
组成，一如德宗以后的中央神策军（参阅第四章第二节），其战斗力

---

① 《旧唐书》卷十六《穆宗本纪》"长庆元年二月乙酉"条。
② 《册府元龟》卷四八四《邦计部·经费》。
③ 长庆时复失河北，而归咎于销兵政策，参阅《旧唐书》卷一七二《萧俛传》。
④ 《通鉴》卷二四二"长庆二年三月壬辰"条。
⑤ 同前注："应天下诸军，各委本道据守旧额，不得辄有减省。于是商贾胥吏，争
赂藩镇，牒补列将而荐之。"
⑥ 《册府元龟》卷五四七《谏诤部》，开成三年，谏议大夫韦力仁云："今富商大贾，
名隶军司，着一紫衫，府县莫制。"

之薄弱，可想而知。

长庆二年三月虽有"据守旧额"之诏旨，然而销兵政策在长庆以后，似仍在暗中进行，只是非硬性规定每年销兵若干而已。大和三年十一月赦文中即指示诸道诸州将吏，"务从简省"，[1] 殷侑文宗时为山南东道节度使，"准诏停减军卒千余人"，[2] 均是销兵政策的表现。销兵政策的结果，是黄河以南藩镇兵力大为削弱，会昌初，已有"营垒多虚"的现象，[3] 至于诸道军队数目史书并无统计，但裘甫之乱，浙东军"见卒不满三百"，[4] 大中咸通间，邕管军才五百余人，[5] 而西川亦"兵食单寡"，[6] 乾符二年《南郊赦文》中指出："诸道兵士，非惟阙额不堪，兼又军将数多，一员敌官健数分，又占官健当直，遣纳课钱。"[7]

黄河以南藩镇受销兵政策的影响而成为兵力薄弱，其结果对中央确属有利，藩镇兵力薄弱，便缺少对中央抗命的资本。从穆宗朝至懿宗朝的五十多年间，黄河以南的河南、关内、淮南、山南、江南、剑南、岭南等诸道藩镇，对中央态度全属恭顺，无一跋扈叛逆者（参阅表3），此一时期藩镇兵力薄弱，是为原因之一。

唐末盗贼之蜂起，主要是由于吏治不良，而非官军之寡弱，如果政风良好，吏治修明，人民的困苦受到政府的重视与抚恤（不是口头上的重视与抚恤），则纵遇饥荒，也不会有大量的盗贼出现，政治秩序安定的局面当然可以在懿宗以后继续保持下去。然而，吏治的败坏终引起盗贼的蜂起，盗贼横行须令官军剿讨，于是官军寡弱的缺点便暴露出来，"州县兵少，加以承平日久，人不习战，每与盗

---

① 《全唐文》卷七十五文宗《南郊赦文》。

② 《册府元龟》卷四五〇《将帅部》："殷侑为山南东道节度使，文宗大和中，侑准诏，停减军卒千余人。"按侑任山南东道节度使在开成元年七月至开成二年三月，《册府》云"大和中"，有误。

③ 《全唐文》卷七十八武宗《加尊号赦文》（会昌二年四月）。

④ 《通鉴》卷二五〇咸通元年正月乙丑条。

⑤ 《通鉴》卷二五〇咸通二年七月条。

⑥ 同term注。又有关懿宗以前蜀兵及山南西道兵寡弱情形，详阅松井秀一《唐代后半期の四川》，载《史学杂志》第73篇第10号。

⑦ 《全唐文》卷八十九僖宗《南郊赦文》（乾符二年正月）。

遇，官军多败"。① 中央对于官军（藩镇军）战斗力薄弱早有所知，乾符四年勅文中即曾明言，王仙芝、尚君长等盗贼得以扩大乱事，攻占州城，"皆由时平不务于构兵，岁久遂至于忘战，以致望风丧败，迎刃歼夷，县道皆空"。② 于是，欲平盗贼，除一面积极招募军士外，尚须倚赖地方上的自卫武力。

唐代地方自卫武力，最普遍之名称为"土团"，并非正规军队，《新唐书》卷一九〇《杜洪传》：

> 乾符末，黄巢乱江南，永兴民皆亡为盗，刺史崔绍募民强
> 雄者为土团军，贼不敢侵。

其实土团在唐末以前已有，如会昌时雄武军使张仲武有土团五百人，③ 及至唐末，盗贼众多，地方防御武力更为重要，且有土豪组织乡民以自卫。《北梦琐言》卷四"赵师儒与柳大夫唱和"条载：

> （柳玭）沂舟经马骁镇，土豪赵师儒率乡兵数千，凭高立
> 寨，刑讼生杀，得以自专，本道署以军职。闻五马经过，乃棹
> 扁舟，被褐衫，把杖子迎接。参状云："百姓赵师儒。"亚台以其
> 有职，非隶属邑，怪而辞之。师儒曰："巴蜀乱离，某怀集乡人
> 拒他盗，非敢潜幸，妄徼戎职。"

《九国志》卷十一《邓进忠传》：

> 进忠，湘阴人，世为土豪。兄进思，唐中和初为浏阳镇将。
> 黄巢之乱，江湖荒馑，进思阴养死士千人，以防寇盗，会巢弟
> 黄浩领恶少数千，剽劫江左，号浪宕军，转入湖外，大掠浏阳，
> 进思患之，乃与进忠谋率壮士伏山冢间，候浩军过半，横出击
> 之，浩军大败，前后皆遁走，浩仅以身免，县以事闻于州，奏
> 授进思岳州刺史。

---

① 《通鉴》卷二五二乾符元年十二月。
② 《唐大诏令集》卷一乾符四年九月《遣使宣慰蕲黄等州勅》，《全唐文》卷八十八同。
③ 《通鉴》卷二四六会昌元年十月。

又同书同卷《彭玕传》：

> 玕，吉州卢陵人，世居赤石洞为酋豪。黄巢之后，江表寇
> 盗蜂起，玕于乡里保聚徒众，得数千人，自为首领，捕逐群盗
> 有功，本州补玕永新制置使。

代表地方自卫武力的土团军在唐末讨盗贼中曾被重用，咸通元年浙东观察使王式讨平裘甫之乱，即借土团之力，[1] 王郢之乱，董昌亦以土团讨贼有功。[2]

土团军在咸通乾符之时立功最多，至乾符以后，新的藩镇崛起，由盗贼改编的官军势力日强，土团军在战场上渐失去其重要地位。然而，由盗贼改编的官军其地方割据性极强，于是唐末藩镇对中央之态度亦由懿宗以前的恭顺改为跋扈。

第三节　唐末藩镇之本质与其跋扈之态度

刘昫曰："土运之将亡也，五常殆尽……粢丰而犬豕转狞，肉饱而虎狼逾暴，五侯九伯，无非问鼎之徒；四岳十连，皆畜无君之迹。虽萧屏之臣扼腕，严廊之辅痛心，空衔毁室之悲，宁救丧邦之祸，及扶风西幸，洛邑东迁，如寄珠于盗跖之门，蓄水于尾闾之上，往而不返，夫何言哉！"[3] 此为史家感叹唐末藩镇之不忠不臣，致使李唐王朝灭亡。如果对唐末藩镇之出身与得镇方式，加以观察分析，便可以发现唐末藩镇在本质上即具有违抗中央的特性，其对唐室之不忠不臣，乃是自其本质中表露出来极其自然的现象。

就唐末藩镇出身而言，以盗贼与地方军将为最多。自乾符始，盗贼日多，战乱不息，在战乱之中，安分守己之百姓受害最大。战乱之时，法律早失其权威，唯武力是问，安分守己者最依赖法律，最缺少武力，于是，遭遇战乱，安分守己者便成了全无保护的羔羊，

---

① 阅《通鉴》卷二五〇"咸通元年四月乙未"条；《新唐书》卷一六七《王式传》。
② 阅《通鉴》卷二五三乾符五年十二月。
③ 《旧唐书》卷二十下《哀帝本纪》史臣曰。

不仅盗贼会随时加以杀害，即使遇上官军亦有性命不保之虞。兹举唐末数例以见之：

> 朱友宁攻博昌，月余不拔，朱全忠怒，遣客将刘捍往督之。捍至，友宁驱民丁十余万，负木石，牵牛驴，诣城南筑土山，既成，并人畜木石排而筑之，冤号声闻数十里。俄而城陷，尽屠之。（《通鉴》卷二六四天复三年五月）

> （黄巢据长安）王铎将两川、兴元之军屯灵感寺……官军四集。黄巢势已蹙，号令所行，不出同、华。民避乱，皆入深山筑栅自保，农事俱废。长安城中斗米直三十缗，贼卖人于官军以为粮，官军或执山寨之民鬻之，人直数百缗，以肥瘠论价。（《通鉴》卷二五四中和二年四月）

> （黄巢弃长安东走）时民间无积聚，贼掠人为粮，生投于确硙，并骨食之，号给粮处曰"舂磨寨"。纵兵四掠，自河南许、汝、唐、邓、孟、郑、汴、曹、濮、徐、兖等数十州，咸被其毒。（《通鉴》卷二五五中和三年四月）

> （李）罕之保泽州，数出钞怀、孟、晋、绛，无休岁，人匿保山谷，出为樵汲者，罕之俘斩略尽，数百里无舍烟。（《新唐书》卷一八七《李罕之传》）

> 蜀人罗浑擎、句胡僧、罗夫子各聚众数千人，以应阡能，（西川捕盗使）杨行迁等与之战，数不利，求益兵，府中兵尽，（西川节度使）陈敬瑄悉搜仓库门庭之卒以给之。是月，大战于乾溪，官军大败。行迁等恐无功获罪，多执村民为俘送府，日数十百人，敬瑄不问，悉斩之。其中亦有老弱及妇女，观者或问之，皆曰："我方治田绩麻，官军忽入村，系虏以来，竟不知何罪。"（《通鉴》卷二五五中和二年六月）

在战乱中，谁为良民，便成鱼肉，欲谋自保，只有两途，一为投身军旅，一为加入盗贼。投身官军，不仅可以自保，且有升官封爵、割据称霸之望；加入盗贼，亦可自保，一旦势力雄厚，朝廷招降，立得高官，而据地称雄依旧。所以唐末凡无以为生或稍有野心之人，若不投身军旅，便是加入盗贼，李罕之少学儒不成，为僧，"曾乞食于酸枣县，自旦至晡，无与之者，乃掷钵于地，毁弃僧衣，亡命为盗"，[1] 此正与明太祖因救死而"就凶"的行为如出一辙，亦是战乱中最常见之现象。在战乱中，地方军将、盗贼不仅人数众多，而且唯有地方军将、盗贼可过问政治，把持地方政府，文士以缺少武力凭借，朝臣以王命鞭长莫及，均难插足地方政治，因此唐末藩镇以出身地方军将、盗贼者为数最多。如以昭宗、哀帝两朝藩镇统计，出身盗贼者 22 人，占同时期中藩镇人数的 13.2%；出身地方军将者 127 人，占 75.14%；中央军将 4 人，占 2.37%；朝臣 3 人，仅占 1.77%。（参阅表 21）

表 21　昭宗哀帝两朝藩镇出身统计表

类别	人数	百分比（%）
盗贼	22[2]	13.02
地方军将	127[3]	75.14
中央军将	4[4]	2.37
朝臣	3[5]	1.77

[1]　《旧五代史》卷十五《李罕之传》。

[2]　出身盗贼者：氏叔琮、张全义、朱全忠、葛从周、庞师古、张慎思、李罕之、丁会、张归霸、赵德谌、杨守亮、成汭、孙儒、杨行密、王建、王潮、王审知、钟传、刘建锋、马殷、朱友谦、高季兴。

[3]　出身地方军将者：王重师、刘知俊、韩建、冯行袭、赵珝、李继塘、苏文建、王行约，李存、娄敬思、朱友裕、张钧、张镐、张琏、张珂、王行瑜、李思谏、李继徽、李思孝、李思敬、李继颜、李茂勋、刘鄩、李彦博、李孝恭、胡敬璋、李思恭、李成庆、韩□□（朔方）、韩逊、韩逊、石善友、李克宁、王琪、李璠、胡真、赵犨、赵昶、朱瑄、康怀英、刘仁遇、时溥、张廷范、王敬荛、朱友恭、杨师厚、王敬武、王师范、申丛、郭璠、李克用、王重盈、王珂、王克修、李克恭、朱崇节、康君立、薛志勤、李嗣昭、孟迁、张宗厚、赵克裕、张汉瑜、孟方立、安金俊、安知建、李存孝、马师素、王镕、刘守文、卢彦威、罗弘信、罗绍威、李匡威、李匡筹、刘仁恭、王处存、王郜、王处直、赵匡凝、李继密、李茂庄、王宗贺、满存、李继忠、王宗绾、赵匡明、贺环、李继勋、索勋、张浚深、张淮兴、张承奉、杨渥、杨晟、顾彦朗、顾彦晖、王宗涤、王宗裕、王宗佶、王宗瑶、王宗侃、钱镠、李师悦、李彦徽、董昌、陈岩、范晖、钟匡时、田頵、台濛、王茂章、路审中、杜洪、刘存、周岳、邓处讷、雷满、雷彦威、雷彦恭、王建肇、赵武、王宗本、刘隐、滕存兔、刘士政、李琼。

[4]　出身中央军将者：李茂贞、杨守忠、陈敬瑄、杨守贞。

[5]　出身朝臣者：刘崇龟、李知柔、徐彦若。

（续表）

类别	人数	百分比(%)
不明	13①	7.70
合计	169	100

说明：

一、本表参照"唐代藩镇总表"。

二、本表不含未至镇之藩镇。

三、地方军将中含袭位之藩镇。

上表中朝臣三人（刘崇龟、李知柔、徐彦若）全为岭南东道节度使，岭南东道僻处东南，对其他藩镇少有影响力，且徐彦若去任后刘隐据位，隐即出身地方军将。② 昭宗哀帝两朝出身盗贼者 22 人，唐末主要强藩多在其中，朱全忠为唐末最强大的藩镇，先在黄巢军中屡立战功，巢署为同州防御使。③ 张全义、张慎思、葛从周、张归霸、高季兴亦在黄巢军中，后均成朱全忠开国功臣。④ 成汭"使酒杀人，亡为浮屠，后入蔡贼中，为贼帅假子"，⑤ 杨行密"年二十亡入盗中"⑥；王建"微时，贩醝于均房间，仍行小窃，号曰贼王八"；⑦ 王潮、王审知、钟传、刘建锋、马殷亦先为盗贼。⑧ 其后均成割据一方之强藩。

盗贼原是政治社会固有秩序的破坏者，唐末盗贼起于政治腐败吏治不良，其对唐室之不满情绪自极强烈，《通鉴》卷二五四中和二年三月载：

---

① 　出身不明者：安师儒、孙揆、崔洪、憘实、李鑛、陈璠、周元静、彭□（桂管）、裴璩、安友权、叶广略、庞巨昭、曲承裕。

② 　刘隐父谦为岭南东道封州刺史，谦死，隐袭父位，李知柔为岭南东道节度使，表隐行军司马。阅《新五代史》卷六十五《南汉世家》。

③ 　阅《旧五代史》卷一《梁太祖纪一》。

④ 　参阅《旧五代史》卷六十三《张全义传》，卷十五《张慎思传》，卷十六《葛从周传》《张归霸传》，卷一三三《高季兴传》。

⑤ 　《新唐书》卷一九〇《成汭传》。

⑥ 　《新唐书》卷一八八《杨行密传》。

⑦ 　《太平广记》卷二二四"僧处弘"条。

⑧ 　阅《新唐书》卷一九〇《王潮传》《钟传传》《刘建锋传》。

（西川节度使）陈敬瑄多遣人历县镇诇事，谓之寻事人，所至多所求取。有二人过资阳镇，独无所求，镇将谢弘让邀之，不至；自疑有罪，夜，亡入群盗中。明旦，二人去，弘让实无罪也。捕盗使杨迁诱弘让出首而执以送使，云讨击擒获以求功，敬瑄不之问，杖弘让脊二十，钉于西城二七日，煎油泼之，又以胶麻挈其疮，备极惨酷，见者冤之。又有邛州牙官阡能，因公事违期，避杖，亡命为盗，杨迁复诱之。能方出首，闻弘让之冤，大骂杨迁，发愤为盗，驱掠良民，不从者举家杀之。逾月，众至万人，立部伍，署职级，横行邛、雅二州间，攻陷城邑，所过涂地。先是蜀中少盗贼，自是纷纷竞起，州县不能制。

从上段记载，可以发现两个现象：一是吏治败坏，已经贪污成风，"无所求"者反被视为可惊可疑，谢弘让竟因寻事人"无所求"而恐惧，致投身为盗；二是政府无信致盗贼竞起，阡能即因此而"发愤为盗"。吏治败坏而逼人为盗，则为盗者必"不满"政府，政府无信而使盗贼猖獗，则为盗者必"不信"政府。黄巢、王仙芝露表天下，责朝廷不公无能之极弊，[①] 川贼韩秀昇为高仁厚所擒，仁厚诘以反因，秀昇曰："自大中皇帝晏驾，天下无复公道，纽解纲绝，今日反者岂惟秀昇。"[②] 均是盗贼对政府"不满""不信"之表现。对政府"不满""不信"之盗贼，与纯粹迫于饥寒抢掠以求生的盗贼又不相同，后者只求衣食温饱，则自化为良民，前者则将破坏当时存在的政治秩序，甚至欲建立一个新的权力系统（全国的或地方的）。换言之，对政府"不满""不信"的盗贼较具政治野心，迫于饥寒的盗贼则较偏重于经济目的。因此，对政府"不满""不信"的盗贼愈多，对当时存在的政府愈是不利、不幸，唐末盗贼属于此类者甚多。同时，唐末盗贼之肯于归顺，并非其改变想法而为政府效忠尽力，乃是一种投机的行为，即归顺后自己可以获得更大的利益，如朱全忠受黄巢任为同州防御使，为河中节度使王重荣所败，"请济师于巢，

---

① 阅《新唐书》卷二二五下《黄巢传》。
② 《通鉴》卷二五五中和三年三月。

表章十上，为伪左军使孟楷所蔽，不达。又闻巢军势蹙，诸校离心"，知其必败，乃定计归顺。① 赵德諲为蔡贼秦宗权列校，"德諲审宗权必败，乃举汉南之地归唐朝"。② 诸葛爽从庞勋为盗，勋势蹙，乃归顺。③ 孙儒更是因势强弱，反复无常。④ 盗贼归顺后，仍然保留其兵力与地盘，而且朱全忠、赵德諲、孙儒等立即被唐室任为节度使，既可保全势力，又能获得高官，这是唐末盗贼归顺的动机。

理论上，地方军将当代表政府，维持地方安宁，巩固其政府权力。然而，唐末地方军将均凭借其掌握的武力，扩张其一己的权力，破坏政治秩序，打击政府威信，中央政府之不能制，遂因而取得藩帅的地位。兹举二例以见之：

> 雷满……始为朗州小校，唐广明初，王仙芝焚劫江陵，是时朝廷以高骈为节度使，骈擢满为裨将……中和初，擅率部兵自广陵逃归于朗，沿江恣残暴，始为荆人大患矣。率一岁中三四移，兵入其郛，焚荡驱掠而去。唐朝姑务息兵，即以沣朗节度使授之。（《旧五代史》卷十七《雷满传》）

> 邓处讷……少从江西人闵顼防秋安南。中和元年还，道潭州，逐观察使李裕，召诸州戍校徇曰："天下未定，今与君等安护州邑，以待天子命，若何？"众称善，乃推顼为留后，请诸朝。僖宗方在蜀，遣使者抚慰。当是时，抚州刺史钟传据洪州，议者欲二盗相噬，即复置镇南军，擢顼节度使。顼悟，不受命。更为检校尚书右仆射钦化军节度使，以处讷为邵州刺史。（《新唐书》卷一八六《邓处讷传》）

由上二例极易发现唐末地方军将对当时的秩序与唐室威信，均有破坏作用，名为官员，实与盗贼无异。

其次，就唐末藩镇之得镇方式而言，唐末藩镇多是以武力强夺，事后再逼中央追认其强夺的成果为合法。中和二年，宣歙观察使窦

---

① 阅《旧五代史》卷一《梁太祖纪一》。
② 《旧五代史》卷十七《赵德諲传》。
③ 阅《新唐书》卷一八七《诸葛爽传》。
④ 阅《新唐书》卷一八八《孙儒传》。

滴病，和州刺史秦彦以兵袭取之，遂代滴为观察使，朝廷因而命之。① 中和四年，鄂州刺史崔绍卒，前杭州刺史路审中客居黄州，闻之，募兵三千入据之。② 光启中，朱瑾"求婚于兖州节度使齐克让，托亲迎，载兵窃发，逐克让，据府自称留后，天子即授以帅节"。③ 中和四年忠武将鹿晏弘率兵入据许州，忠武节度使周岌惧而出奔，朝廷不能讨，因而命鹿为忠武节度使。④ 此种以武力强夺，自僖宗起便成为藩镇得位之最普遍方式（参阅表 6，僖宗、昭宗、哀帝三朝之"拥兵据位"与"强藩所命"栏），⑤ 此种以武力强夺之方式即是蔑视政府法纪，破坏中央权威的表现。

由上所述，唐末藩镇之出身既多为与唐室中央为敌的盗贼与目无法纪的地方军将，其得镇方式又多为摧毁当时政治伦理秩序的武力强夺。因此，唐末藩镇在本质上即是"抗中央"的，马端临曰："唐末宇内皆为节镇，而所谓节镇者，非士卒杀主帅，则盗贼逐牧守，朝廷不能讨，因而命之，大概皆欲互相噬吞，广自封殖，以为子孙传袭之计"，⑥ 此现象正是抗中央本质的表现。

唐末藩镇的本质既具有抗中央性，因此其所作所为莫不以本身利害为优先考虑，对于唐室的存亡毫不关心。黄巢起事时，已是"藩伯勤王，赴难者率有声而无实"。⑦ 当时主持讨巢军事的淮南节度使高骈竟乘黄巢陷长安时，"欲兼并两浙，为孙策三分之计"。⑧ 凤翔节度使李茂贞畏河东节度使李克用，克用北还太原，乾宁三年，茂贞又绝贡贼，欲兴兵入朝，昭宗遣使促克用迎驾赴太原，克用以刘仁恭叛于幽州，有内顾忧，遂不迎护昭宗。⑨ 甚且许多藩镇处处打击唐室中央，如李茂贞、王行瑜、韩建之兵制京师，逼胁昭宗，杀

---

① 阅《旧唐书》卷一八二《秦彦传》。
② 阅《通鉴》卷二五五中和四年三月。
③ 《新唐书》卷一八八《朱宣传》。
④ 阅《通鉴》卷二五六中和四年十一月。
⑤ 由"强藩所命"原因而得镇之藩镇，实际上均由兵力支持，以武力强取。
⑥ 《文献通考》卷二七六《封建十七》。
⑦ 《旧唐书》卷一八二史臣曰。
⑧ 《旧唐书》卷一八二《高骈传》。
⑨ 阅《新唐书》卷二一八《沙陀传》。

害宰相；① 韩建之解散中央禁军；② 朱全忠之杀宰相，逼昭宗幸洛阳，③ 均是弱唐亡唐的举动。唐末弱小藩镇不能不依附于强藩，于是其对中央之效忠亦转移至强藩，协助强藩以削弱中央，如金州节度使冯行袭杀勅使，收诏勅送于朱全忠；④ 鄂岳节度使杜洪附于朱全忠，绝东南贡路。⑤ 均是其例。

由于唐末藩镇之本质，具有抗中央性，因此藩镇之强者有争天下之心，弱者有攀附强藩之意，纵使有一二藩镇欲输忠王室，亦将为其他藩镇所不满而失败，⑥ 在这种情形之下，唐末藩镇对中央遂少有恭顺者。

同时，唐末在数大强藩抗衡之下，相互监视，于是，唐末藩镇敢于叛逆者甚少（参阅表3），纵使中央衰微，藩镇如敢叛逆，将被其他藩镇利用"勤王"之名义，出兵讨伐，乘机扩张势力，因此唐末藩镇虽力强势大，叛逆却少，于是，造成跋扈藩镇之众多。

---

① 阅《通鉴》卷二六〇乾宁二年五月。
② 阅《通鉴》卷二六一乾宁四年正月甲申条。
③ 阅《通鉴》卷二六四天复三年十二月。
④ 阅《旧五代史》卷十五《冯行袭传》。
⑤ 阅《新唐书》卷一九〇《杜洪传》。
⑥ 山南东道节度使赵匡凝岁贡赋天子，朱全忠方图天下，遣人谕止之，其后匡凝终为朱全忠所逐。阅《新唐书》卷一八六《赵匡凝传》。

第六章

中央与藩镇间之经济关系

第一节　玄宗以后中央经济对江淮之依赖性与
中央对江淮藩镇之选任

唐代建都长安，关中成为全国政治中心。关中在秦汉之时，由于水利工程之发达，灌溉便利，农产丰富，经济力雄厚。及至唐代，关中灌溉工程渐渐废损，经济力量随之减弱。《通典》卷一七四《州郡第四》古雍州风俗：

> 秦开郑渠，溉田四万顷。汉开白渠，复溉田四千五百余顷。关中沃衍，实在于斯。圣唐永徽中，两渠所溉，唯万许顷。泊大历初，又减至六千二百余顷，比于汉代，减三万八九千顷。每亩所减石余，即仅校四五万石矣。地利损耗既如此……欲求强富，其可得乎?

《元和郡县志》卷一《关内道一》云：

> （秦时，郑国渠成）溉泽卤之地四万顷，亩皆一钟，关中无凶年。……大唐永徽六年，雍州长史长孙详奏言：往日郑白渠溉田四万余顷，今为富僧大贾竞造碾硙，止溉一万许顷。于是高宗令分检渠上碾硙，皆毁撤之。未几，所毁皆复。广德二年，臣（李）吉甫先臣文献公为工部侍郎，复陈其弊，代宗亦命先臣拆去私碾硙七十余所。岁余，先臣出牧常州，私制如初，至

大历中，利所及才六千二百余顷。

关中农业生产力日削，粮食常不足以自给，尤其遭遇荒年，皇帝与政府官员常要迁往洛阳以就食。高宗曾七次行幸洛阳，玄宗亦前后五次行幸洛阳，高宗、玄宗之所以屡次离开京城长安，久居洛阳，主要都是因为经济上的原因，即裴耀卿所云："关中帝业所兴，当百代不易，但以地狭谷少，故乘舆时幸东都（洛阳）以宽之。"[①] 长安须赖其他地方粮食的供输，而各地粮食至长安运输至为不便，劳民费财，因此皇帝与中央官员遂主动地暂时移居至运输便利的洛阳，以避关中粮荒之危机。[②]

关中既然生产力不足，粮食物资自须外界供输，在玄宗以前，其供输主要来源为北方、江淮及巴蜀，而北方仓储富足，能够供京师之需，在安史乱前，中央仅赖北方粮储已足，江淮巴蜀所贡绮锦，只供后宫玩好而已。[③] 及至安禄山叛乱，北方尽为战场，玄宗幸蜀，肃宗屈居灵武，当时惟赖巴蜀江淮财富，而江淮尤为重要，成为中央主要财源之处。王夫之曰："自唐以上，财赋所自出，皆取之豫、兖、冀、雍而已足，未尝求足于江、淮也。恃江、淮以为资，自第五琦始。当其时，贼据幽、冀，陷两都，山东虽未尽失，而隔绝不通。蜀赋既寡，又限以剑门栈道之险，所可资以赡军者惟江、淮，故琦请督租庸自汉水达洋州，以输于扶风，一时不获已之计也，乃自是以后，人视江、淮为腴土，刘晏因之輦东南以供西北。"[④]

---

① 《通鉴》卷二一三开元二十一年九月。

② 关于关中经济状况不佳，而使高宗、武后、玄宗屡次行幸洛阳，全汉昇先生有详细的研究，见《唐宋帝国与运河》第二章页20—27。

③ 关于安史乱前，中央仅赖北方粮储已足，严师耕望已有论述，详见《中国历史地理·唐代篇》，产业一——农林，页20。关于河北河南仓储，参阅杜希德著《唐末の藩镇と中央财政》页5，载《史学杂志》第74编第8号。

④ 王夫之《读通鉴论》卷十二《肃宗》。按安史之乱，巴蜀曾尽输财赋，以供王师。《全唐文》卷三五九杜甫《为阆州王使君进论巴蜀安危表》："然河南河北贡赋未入，江淮转输异于曩时，惟独剑南自用兵以来，税敛则殷，部领不绝，琼林诸库，仰给最多，是蜀之土地膏腴，物产繁富，足以供王命也。"只是与关中间交通险阻，供输不便，故安史乱后中央几乎全赖江淮财赋。

安史之乱以后，河北地区沦入安史降将手，巴蜀则以运输路线之困难，中央不易从此二处获得物资供应，于是中央一切粮食物资均唯江淮是赖。

江淮及江淮以南经济之开发，可以从水利灌溉工程的建设中看出来，唐中叶以后，江南水利灌溉工程兴建甚多，大者溉田万顷，少者数百顷，对促进农业生产影响极大。如宪宗时，韦丹为江西观察使，在南昌附近"灌陂塘五百九十八，得田万二千顷"。[1] 德宗时，于頔为湖州刺史，作塘贮水，溉田三千顷。[2] 孟简于宪宗时为常州刺史，开古孟渎，长四十一里，得沃壤四千余顷。[3] 李吉甫元和中为淮南节度使，引高邮县筑堤为塘，溉田数千顷。[4] 穆宗时温造在朗州开渠九十七里，溉田二千顷。德宗时嗣曹王皋为荆南节度使，修堤得良田五千顷，亩收一钟。[5] 均为较大之水利灌溉工程。严师耕望论唐代水利工程曰："就兴建次第而言，北方工程几皆天宝以前所兴建，长江以北者亦前期为多，江南东道则中叶兴建者为多，而江南西道则尽中叶之工程矣。于此亦可窥见唐代经济开发经济中心转移之趋向。"[6] 因此，玄宗以后，政治中心虽仍在关中，而经济中心则在江淮。[7]

玄宗以后，关中仰赖江淮物质之供应，江淮成为李唐王朝国用之根本，唐人屡有明言，权德舆曰："赋取所资，漕挽所出，军国大计，仰于江淮。"[8] 王播曰："军兴之时，在系财赋，国用之本，出于

---

① 《全唐文》卷五六六韩愈《江西观察使韦公墓志》。按《全唐文》卷七五四，杜牧《韦公遗爱碑》则作"灌田一万顷"。

② 阅《全唐文》卷五二九顾况《湖州刺史厅壁记》。

③ 阅《册府元龟》卷六七三《牧守部》。

④ 阅《册府元龟》卷六七八《牧守部》。

⑤ 均阅《唐会要》卷八十九《疏凿利人》。

⑥ 《中国历史地理·唐代篇·农林》，页 21。

⑦ 玄宗以后政治中心与经济中心分离，学者多有详说。参见严师耕望《中国历史地理·唐代篇》；萨师孟武《中国社会政治史》第七章；全汉昇先生《唐宋帝国与运河》；满颖之《唐代大都市发展之地理因素》，载《志林》第 4 期。

⑧ 《全唐文》卷四八六权德舆《论江淮水灾上疏》。

江淮。"① 陆宣公曰："国家赋税，多出江淮。"② 第五琦曰："方今之急在兵，兵之强弱在赋，赋之所出，江淮居多。"③ 萧颖士与崔圆书曰："兵食所资，独江南两道耳。"④ 杜牧曰："江淮赋税，国用根本。"⑤ 玄宗以后，中央之所以独赖江淮财赋，一方面是由于江淮之物产丰富，同时也由于北方多跋扈藩镇，不上供，北方之恭顺藩镇则因须养兵，亦无余财上供，元和元年罗让曾分析全国贡赋，唯江淮为国之根本：

> 今国家内王畿，外诸夏，水陆绵地，四面而远，而输明该之大贵，根本实在于江淮矣。何者？陇右、黔中、山南已还，硗瘠音薄，货殖所入，力不多也。岭南、闽蛮之中，风俗越异、珍好继至，无大胆也。河南、河北、河东已降，甲兵长积，农厚自任，又不及也。在最急者，江淮之表里天下耳，陛下得不念之乎？（《全唐文》卷五二五罗让《对才识兼茂明于体用策》，时在元和元年四月二十八日）

元和二年，李吉甫撰《元和国计簿》，亦分析当时赋税情形：

> 是岁，李吉甫撰《元和国计簿》上之。总计天下方镇四十八，州府二百九十五，县千四百五十三。其凤翔、鄜坊、邠宁、振武、泾原、银夏、灵盐、河东、易定、魏博、镇冀、范阳、沧景、淮西、淄青等十五道七十一州不申户口外，（胡注：凤翔、鄜坊、邠宁、振武、泾原、银夏、灵盐、河东皆被边，易定、魏博、镇冀、范阳、沧景、淮西、淄青皆藩镇世袭，故并不申户口，纳赋税。）每岁赋税倚办，止于浙江东西、宣歙、淮南、江西、鄂岳、福建、湖南八道四十九州，一百四十四万户。（《通鉴》卷二三七元和二年）

---

① 《全唐文》卷六一五王播《请令程异出巡江淮奏》。
② 《陆宣公集》卷上《奉天论解萧复状》。
③ 《旧唐书》卷一二三《第五琦传》。
④ 《全唐文》卷三二三萧颖士《与崔中书圆书》。
⑤ 《全唐文》卷七五一杜牧《上李太尉论江贼书》。

中央政府之赋税收入既全赖江淮供应，江淮至长安的主要运输线是运河，次为汉水，如果运输线有了阻碍，将立即引起关中的经济恐慌，造成财政之困窘，甚至使中央政府有颠覆之虑。[①] 江淮物资对于大唐国势能产生决定性之影响力，即江淮物资如果能大量供输京师，则大唐帝国国势兴隆，当江淮物资不能大量供输京师，则大唐帝国国势衰微，全汉昇先生《唐宋帝国与运河》一书中对江淮物资借运河而供输京师与大唐帝国国势之兴衰的关系，有详尽之论述，兹不赘言。

江淮既成为大唐帝国之经济基础，中央对于江淮藩镇之选任自不能不特加注意。中央为确保江淮之财赋，其江淮藩镇人选的条件，最重要者为对中央之向心力强，即其人对李唐王朝政权能够坚定而尽力地拥护。在当时对中央之向心力较强之人物，是中央朝臣或其荣达系因在中央任职者，同时文人又较武人对中央向心力强。因为由中央朝臣出任藩镇者，其显达全出中央政府之宠信，如果意欲求取更高的政治权位，唯有对中央作更大的效忠，以冀中央政府能加奖擢。而且在中央任官愈久者，每每在感情上易于对中央政府产生倾心的心理，许多朝臣不愿外放或外放后即请回京，声言"恋阙"，即是对中央倾心心理的表现。中央朝臣对中央在感情上既有倾心之心理，在功利上又有效忠之意念，其外任藩镇时，自然易于对中央产生强大的向心力。此外，文人出任藩镇，对地方武力不易确实掌握，少有敢于主动地跋扈叛逆（参阅表14），因此文人出任藩镇，对中央而言实较安全。统计自玄宗以后，至僖宗乾符六年江淮大乱以前，江淮藩镇之任前任后情形如下表（如表22）：

---

① 《通鉴》卷二三二贞元二年四月："关中仓廪竭，禁军或自脱巾呼于道曰：'拘吾于军而不给粮，吾罪人也。'上忧之甚。会（浙西节度使）韩滉运米三万斛至陕，李泌即奏之，上喜，遽至东宫，谓太子曰：'米已至陕，吾父子得生矣。'"即是因关中经济恐慌几乎引起变乱，而江淮粮食之及时运到，遂解除中央政府严重危机的实例。

表 22　僖宗乾符六年以前江淮藩镇任前任后情形表

情形		镇别								
		淮南	浙西	浙东	江西	宣歙	鄂岳	湖南	合计	百分比
任镇前官职	宰相	8	4	0	0	1	2	2	17	5.56
	中央朝臣	12	14	17	21	13	18	26	121	39.54
	他镇	9	10	11	12	8	6	6	62	20.26
	州县官（地方官）	1	11	17	11	15	3	14	72	23.53
	本镇属官	1	1	0	0	0	0	1	3	0.98
	不明	2	3	0	8	7	3	8	31	10.13
总计		33	43	45	52	44	32	57	306	100
去镇后官职或情形	宰相	7	0	0	0	0	1	0	8	2.61
	中央朝臣	8	21	19	16	14	11	18	107	34.97
	他镇	7	6	10	11	8	5	13	60	19.61
	州县官（地方官）	0	1	3	2	1	2	6	15	4.90
	死亡	10	8	7	12	11	7	8	63	20.59
	不明	1	7	6	11	10	6	12	53	17.32
任镇前曾任宰相		16	6	2	2	4	4		39	
去镇后官至宰相		10	7	2	5	4	3	6	37	
文职		31	36	33	41	35	28	43	247	80.71
武职		1	2	1	1	0	0	2	7	2.29
文武职不明		1	5	11	10	9	4	12	52	17.00

说明：

一、本表参照"唐代藩镇总表"中淮南、浙西、浙东、江西、宣歙、鄂岳、湖南诸镇制成。

二、本表不含未至镇藩镇。

三、凡再任者，作二人计算。

四、京兆尹及入朝，视作中央朝臣，其他府尹视作州县官。

五、本表百分比，系以总人数 306 人为百分之一百。

从上表可看出在乾符六年以前，江淮藩镇由宰相与中央朝臣出任者最多，共 138 人（宰相 17 人，中央朝臣 121 人），占乾符六年以前全部江淮藩镇的 45.1%（宰相 5.56%，中央朝臣 39.54%）。其卸任后至中央供职者亦最多，共 115 人（宰相 8 人，中央朝臣 107 人），占 37.58%（宰相 2.61%，中央朝臣 34.97%）。卸任后多至中央任职，即是提高藩镇对中央之向心力。其中淮南藩镇在任镇前即曾任宰相者多达 16 人，在罢镇后官至宰相者亦有 10 人，杜牧云："淮南……护天下饷道，为诸道府军事最重……命节度使皆以道德儒学，来罢宰相，去登宰相。"① 足征与中央关系之密切。同时，乾符六年以前江淮藩镇由文职官员出任者达 247 人，占 80.71%，居绝大多数，武职官员出任藩镇者仅 7 人，占 2.29%，为数极少。

虽然在乾符六年以前江淮藩镇中有不由中央朝臣（含宰相）出任亦未在卸任后立即转至中央任职者，然而这些藩镇常早已久历京官，与中央关系甚深，例如：

崔圆，由汾州刺史拜淮南节度使，卒于镇。但圆在任汾州刺史以前，于天宝末为剑南节度使，拜中书侍郎同中书门下平章事，"肃宗即位，玄宗命圆同房琯、韦见素并赴肃宗行在所，玄宗亲制遗爱碑于蜀以宠之。从肃宗还京，以功拜中书令"。②

陈少游，由桂管观察使拜宣歙观察使，改浙东观察使，再迁淮南节度使，卒于淮南任上。然而少游早年"为崇玄馆学生"，宝应元年"为金部员外郎，寻授侍御史、回纥粮料使"。③

崔郸，由西川节度使转淮南节度使，卒于淮南。但郸"登进士第，累迁监察御史，三迁考功郎中，大和三年，以本官充翰林学士，转中书舍人。六年，罢学士。八年，为工部侍郎、集贤殿学士、权知礼部，真拜兵部侍郎，本官判吏部东铨事"。寻拜吏部侍郎，开成二年，出为宣歙观察使。四年，入为太常卿，后加同中书门下平章事。④

---

① 《全唐文》卷七五三杜牧《淮南监军使院听壁记》。
② 《旧唐书》卷一〇八《崔圆传》。
③ 阅《旧唐书》卷一二六《陈少游传》。
④ 阅《旧唐书》卷一五五《崔邠传附崔郸传》。

韩滉，由晋州刺史迁浙西节度使，卒于任。但滉在任晋州刺史前，曾历任太子通事舍人、殿中侍御史、祠部员外郎、考功员外郎、吏部员外郎，吏部郎中、给事中、兵部选事、尚书左丞、知吏部选事、户部侍郎判度支、太常卿等职，及在镇海节度任上，又兼江淮转运使、加判度支兼充诸道转运盐铁使。①

白志贞，由果州刺史迁浙西观察使，卒于浙西。但志贞前已历任司农少卿、司农卿、神策军使，德宗幸奉天，志贞为行在都知兵马使。②

李锜，由常州刺史迁浙东观察使，以谋反诛。锜为宗室，曾任宗正少卿、雅王傅。③

薛戎，由常州刺史迁浙东观察使，卒于浙东。戎于元和四年曾拜尚书刑部员外郎。④

陆亘，由苏州刺史迁浙东观察使，移宣歙观察使，卒于宣歙。亘曾"以书判，授集贤殿正字"，又拜太常博士，任虞部员外郎、户部郎中、秘书少监、太常少卿等职。⑤

王式，由安南都护为浙东观察使，改武宁节度使。式"擢贤良方正科，累迁殿中侍御史"。⑥

王龟，由同州刺史为浙东观察使，卒于浙东。龟曾历官右补阙、屯田员外郎、祠部郎中、史馆修撰、知制诰、太常少卿等职。⑦

张镐，由抚州刺史为江西观察使，卒于江西。镐于肃宗即位时曾任宰相，久在朝廷。⑧

李皋，由衡州刺史迁湖南观察使，改江西观察使，转荆南节度

① 阅《全唐文》卷五三〇顾况撰《赠太傅韩公行状》；严师耕望先生撰《唐仆尚丞郎表》卷三度支、盐运栏，贞元元年至三年。

② 阅《旧唐书》卷一三五《白志贞传》。

③ 阅《新唐书》卷二二四上《李锜传》。

④ 阅《全唐文》卷五六三韩愈撰《越州刺史薛公墓志》；《旧唐书》卷一五五《薛戎传》。

⑤ 阅《旧唐书》卷一六二《陆亘传》。

⑥ 阅《新唐书》卷一六七《王式传》。

⑦ 阅《新唐书》卷一六七《王龟传》。

⑧ 阅《旧唐书》卷一一一《张镐传》。

使。皋为唐宗室，曾任都水使者，三迁至秘书少监。①

齐映，由桂管观察使改江西观察使，卒于江西。映久任京职，历御史中丞、给事中、中书舍人、拜平章事。②

韦丹，由晋慈观察使改江西观察使，卒于江西。丹前曾历太子舍人、驾部员外郎、司封郎中兼御史中丞。③

周墀，由华州刺史迁江西观察使，改郑滑节度使。墀历官中书舍人、考功员外郎、兼翰林学士、职方郎中、中书舍人、工部侍郎。④

穆赞，由常州刺史迁宣歙观察使，卒于宣歙。赞曾在京历刑部郎中、御史中丞。⑤

房式，由河南尹迁宣歙观察使，卒于宣歙。式在京历起居郎、吏部郎中、给事中等职。⑥

王质，由河南尹迁宣歙观察使，卒于宣歙。质在京历户部郎中、谏议大夫、给事中等职。⑦

温璋，由宋州刺史迁宣歙观察使，转武宁节度使。璋曾历大理丞、侍御史等京职。⑧

王凝，由河南尹迁宣歙观察使，卒于宣歙。凝曾累历礼部员外郎、兵部考功员外郎、司封郎中、考功郎中、中书舍人、礼部侍郎、兵部侍郎。⑨

韦悫，由郑滑节度使改鄂岳观察使，卒于鄂岳。悫"亟历台阁，大中四年拜礼部侍郎，五年，选士颇得名人。"⑩

萧复，由常州刺史迁湖南观察使，改同州刺史。复为故相嵩之

---

① 阅《旧唐书》卷一三一《李皋传》。
② 阅《旧唐书》卷一三六《齐映传》。
③ 阅《全唐文》卷五六六韩愈撰《江西观察使韦公墓志》。
④ 阅《全唐文》卷七五五杜牧撰《故东川节度周公墓志》。
⑤ 阅《旧唐书》卷一五五《穆宁传附穆赞传》。
⑥ 阅《旧唐书》卷一一一《房琯传附房式传》。
⑦ 阅《全唐文》卷六〇九刘禹锡撰《宣歙观察使王公神道碑》。
⑧ 阅《新唐书》卷九一《温璋传》。
⑨ 阅《全唐文》卷八一〇司空图撰《宣歙观察使王公行状》。
⑩ 阅《旧唐书》卷一七七《韦保衡传附韦悫传》。

孙，世居京师，初为宫门郎，累至太子仆，后至尚书郎。①

李承，由山南东道节度使改湖南观察使，卒于湖南。承曾任吏部郎中、淮南西道黜陟使。②

张正甫，由苏州刺史迁湖南观察使，改河南尹。正甫早历京职殿中侍御史、户部员外郎、司封员外郎、户部郎中等。罢镇后，复久任京官。③

袁滋，由抚州刺史为湖南观察使，卒于湖南。滋久历京职，为宰相，后出为方镇。④

李回，由西川节度使改湖南观察使，贬贺州刺史。回累历职方员外郎判户部案，四迁中书舍人，又以刑部侍郎兼御史中丞、户部侍郎判户部事，进中书侍郎同中书门下平章事。⑤

由上所述，可知江淮藩镇大多数与中央关系深厚，其政治事业奠基于中央，此与河北三镇（魏博、成德、幽州）藩帅几全出身地方军将未涉朝廷之门，未履京师之地，全凭本镇兵力拥护而得位的情形恰恰相反，于是江淮藩镇与河北三镇藩帅对中央态度也完全相反。在僖宗以前，遇有国内战乱，河北三镇常站在与中央对抗的一方，而江淮藩镇则立于协助中央的一方。建中之乱，镇海节度使韩滉以江南两浙粟帛转输关中，使中央政府得以转危为安。⑥ 江西节度使李皋以兵讨李希烈，"下州四、县十七，大小十余阵，未尝败衄"。⑦ 元和时讨淮西吴元济，平卢节度使李师道谋挠沮王师，淮南节度使李鄘"以兵二万分壁郊境，赏饷不仰于有司。是时兵兴，天子忧财乏，使程异驰驿江淮，讽诸道输货助军。鄘素富强，即籍府库留一岁储，余尽纳于朝，诸道由是悉索以献，繄鄘倡之"。⑧ 此

---

① 阅《旧唐书》卷一二五《萧复传》。
② 阅《旧唐书》卷一一五《李承传》。
③ 阅《旧唐书》卷一六二《张正甫传》。
④ 阅《旧唐书》卷一八五下《袁滋传》。
⑤ 阅《新唐书》卷一三一《李回传》。
⑥ 阅《旧唐书》卷一二九、《新唐书》卷一二六《韩滉传》。
⑦ 阅《旧唐书》卷一三一《李皋传》。
⑧ 《新唐书》卷一四六《李鄘传》。

时，浙西观察使李翛亦"设法鸠聚财货，淮西用兵，颇赖其赋"。①
可见江淮藩镇多能积极地支持中央政府以平乱事。

总之，唐中央政府由于江淮为中央之经济基础，对江淮藩镇多
选中央朝臣或与中央有深厚关系的文官出任，而且多给予江淮藩镇
罢任后调至中央任职的机会，借以减少中央与江淮间的隔膜，使江
淮镇在个人感情上与政治利害上均能对中央产生强大的向心力，这
是僖宗朝以前江淮藩镇极少跋扈、叛逆的原因之一。

第二节　中央经济力量强弱与对藩镇控制力之关系

《大唐新语》载："肃宗初即位，在彭原，第五琦以言事得召见，
请于江淮分置租庸使，市轻货以济军须。肃宗纳之，拜监察御史。
房琯谏曰：'往者杨国忠厚敛以怒天下，今已乱矣。陛下即位以来，
人未见德。琦，聚敛臣也，今复宠之，是除一国忠，用一国忠也，
将何以示远方，收人心乎？'肃宗曰：'今天下方急，六军之命若倒
悬然，无轻货则人散矣。卿恶琦可也，何所取财？'琯不能对，卒用
琦策。"② 在中国古代，一个政权的维持与对地方的控制，有赖于中
央经济力量的强大，唐代中央政府经济力量之强弱常与对藩镇控制
力之大小成正比，中央政府经济力量愈强则对藩镇（尤其是不恭顺
之藩镇）之控制力愈大。屡次藩镇跋扈气焰的高涨，都当中央政府
经济力量衰竭之时，及中央经济力量雄厚，藩镇之跋扈气焰即被
抑制。

中央经济主要依赖赋税收入，赋税来源散在全国各地，当承平
之时，中央与地方间的交通无阻，中央政府的命令受到地方政府的
尊重和服从，中央政府自然掌握全国财力。然而，当安史之乱发生，
河北、河东、河南、关中成为战场，供输赋税的交通线被切断，而
各地方政府又乘乱以赋税自养，使中央财力大为削弱。《旧唐书》卷

① 《旧唐书》卷一六二《李翛传》。
② 《大唐新语》卷十《厘革第二十二》。又《旧唐书》卷一一一、《新唐书》卷一三九
《房琯传》、《唐会要》卷八十四《租庸使》至德元年十月条，略同。

一一八《杨炎传》云：[1]

> 至德后，天下兵起，因之饥疠，百役并作，人户凋耗，版图空虚。军国之用，仰给度支、转运二使；四方征镇，又自给于节度、都团练使。赋敛之司数四，莫相统摄，纲目大坏，朝廷不能覆诸使，诸使不能覆诸州。……河南、山东、荆襄、剑南有重兵处，皆厚自奉养，王赋所入无几。

又《全唐文》卷四六五陆贽《论两税之弊须有厘革》云：

> 大历中，纪纲废弛，百事从权，至于率税少多，皆在牧守裁制。邦赋既无定限，官私惧有阙供，每至征配之初，例必广张名数，以备不时之命，且为施惠之资。

又《通鉴》卷二二六建中元年七月：

> 初，安史之乱，数年间，天下户口什亡八九，州县多为藩镇所据，贡赋不入，朝廷府库耗竭。

及后安史之乱虽平，而河南北之地，付授安史降将，这些藩镇"以赋税自私，不朝献于廷"。[2] 中央政府之赋税来源遂告减少。

除了由于战乱而减少中央赋税收入外，肃宗、代宗之时，因为回纥之患，中央政府的支出反而大量增加，更造成肃宗、代宗时中央经济的困窘。自乾元以后，回纥曾出兵助唐平定安史之乱，于是恃功求赏，乘机抢掠中国财物，《旧唐书》卷一三四《马燧传》：

> 是时回纥大军还国，恃复东都之功，倔强恣睢，所过或虏掠廪粟，供饩小不如意，恣行杀害。

除抢掠外，回纥每年以马匹易唐之缣帛，数量庞大，成为唐中央政府经济上一个沉重的负担。《新唐书》卷五十一《食货志》：

> 时（永泰）回纥有助收西京功，代宗厚遇之，与中国婚姻，岁送马十万匹，酬以缣帛百余万匹，而中国财力屈竭，岁负马价。

---

① 《新唐书》卷一四五《杨炎传》、《唐会要》卷八十三《租税上》，略同。

② 《新唐书》卷二一〇《藩镇传序》。

《通鉴》卷二二四大历八年五月：

> 回纥自乾元以来，岁求和市，每一马易四十缣，动至数万匹，马皆驽瘠无用，朝廷苦之，所市多不能尽其数，回纥待遣、继至者常不绝于鸿胪。至是，上欲悦其意，命尽市之。秋七月辛丑，回纥辞归，载赐遗及马价，共用车千余乘。

回纥市马在代宗以后仍多，建中三年"诏以帛十万匹，金银十万两"，偿回纥马值。① 《白氏长庆集》卷四《阴山道》：

> 阴山道，阴山道，迄逻敦肥水泉好。每至戎人送马时，道旁千里无纤草。草尽泉枯马病羸，飞龙但印骨与皮。五十匹缣易一匹，缣去马来无了日。养无所用土非宜，每岁死伤十六七。缣丝不足女工苦，疏织短截充匹数。藕丝蛛网三丈余，回鹘诉称无用处。咸安公主号可敦，远为可汗频奏论。元和二年下新勅，内出金帛酬马直。仍诏江淮马价缣，从此不令疏短织。合罗将军呼万岁，捧授金银与缣彩。谁知黠虏启贪心，明年马多来一倍。缣渐好，马渐多。阴山虏，奈尔何！

可见至元和时售马之患仍在。

肃宗、代宗之时既有战乱，藩镇自擅财赋，又有回纥售马之患，中央经济遂陷于困难之境地。《新唐书》卷五一一《食货志》：

> 自两京陷没，民物耗弊，天下萧然。肃宗即位，遣御史郑叔清等籍江淮、蜀汉富商右族訾畜，十收其二，谓之率贷。……及两京平……而百姓残于兵盗，斗米至钱七千，鬻粰为粮，民行乞食者属路，乃诏能赈贫乏者，宠以爵秩。

又《旧唐书》卷四十九《食货志》：

> 自兵兴以来，凶荒相属，京师米斛万钱，官厨无兼时之食，百姓在畿甸者，拔谷授穗；以供禁军。

中央财力之匮乏，甚至连官吏俸料亦无法支付，肃宗至德二年以后，

---

① 《通鉴》卷二二七建中三年五月己卯。

内外官不给料钱。① 《唐会要》卷九十一《内外官料钱上》：

> 乾元元年，外官给半料，与职田。京官不给料，仍勅度支使量闲剧，分给手力课，员外官一切无料。至二年九月五日诏：京官无俸料，桂玉之费，将何以堪？……顷者，急在军戎，所以久亏禄俸。

代宗广德二年曾"税天下青苗钱以给百官俸"。② 但百官似乎并未真实得到俸料，永泰元年闰十月回纥进马请市，"时帑藏空虚，朝官无俸禄，随月给手力，谓之资课钱，税朝官闰十月、十一月、十二月课以供之"。③ 同时，百官纳职田以充军粮。④ 永泰二年（即大历元年）十一月诏云："在京诸司官员久不请俸，颇闻艰辛。"⑤ 可见还是无俸。至大历二年十月，"减京官职田三分之一，给军粮"。⑥ 十一月"率百官京城士庶出钱以助军"。⑦ 中央经济状况仍未好转。

刘晏于广德元年任转运使，负责改革漕运的任务，在刘晏之努力下，江淮物资得以源源由江淮运至关中，每年运米最多时达一百一十万石，少时五十万石。实际上真正运抵关中的只有四十万石，其余的分别留贮于河阴和陕州的仓库。如果与玄宗时裴耀卿、韦坚的漕运相比，刘晏时代每年由运河运往关中的米，只有裴耀卿时代的六分之一，韦坚时代十分之一。⑧ 可知代宗时中央所能得到的物资供应远不如玄宗时，可是战争军费与回纥马价之支出却又较玄宗时为巨，所以代宗时中央经济力量远较玄宗时薄弱。然而代宗时魏博、成德、幽州、淄青、山南东道等藩镇却自私贡赋，厚植势力，代宗

---

① 阅《唐会要》卷九十一《内外官料钱上》，天宝十四载八月四日条："至德二年已后，内外官并不给料钱，郡府县官给半禄。"

② 《通鉴》卷二二三广德二年七月庚子条。《旧唐书》卷四十八《食货志上》，则以永泰二年五月诸道税地钱，以充百司课料。

③ 《旧唐书》卷一九五《回纥传》。

④ 《通鉴》卷二二四永泰元年闰十月丁未条。《旧纪》则作十月丁亥。

⑤ 《旧纪》永泰二年十一月丙辰条。

⑥ 《旧纪》大历二年十月甲申条。

⑦ 《旧纪》大历二年十一月己丑条。

⑧ 详阅全汉昇先生《唐宋帝国与运河》第四章第二、三节，页48—53。

惟有姑息，遂成为唐中央对藩镇控制力薄弱的第一个时期。（参阅第二章第二节）

德宗建中时由讨河北三镇而引起的一连串叛乱，亦与中央经济力量之薄弱有极大的关系。当时中央政府最大的开支，一为官俸，一为军费。建中二年，德宗欲于中书门下两省分置待诏官三十员，左拾遗沈既济上疏以为不可："当今关辅大病，皆为百司息钱，伤人破产，积于府县。实思改革，以正本源。又臣尝计天下财赋耗斁之大者，唯二事焉，最多者兵资，次多者官俸。其颇杂费，十不当二事之一。所以黎人重困，杼轴犹空。方斯缉熙，必借裁减。"① 按唐官俸禄，置公廨本钱以取息，多使人破产。② 中央对官俸负担仍重，《通典》卷三十五《职官十七》卷末原注：

> 自大历以来，关中匮竭。时物腾贵，内官不给。乃减外官职田三分之一，以给京官俸。每岁通计，文武正员、员外官及内侍省、闲厩、五坊、南北衙宿卫并教坊内人家粮等，凡给米七十万石。

可见官俸支出庞大。除官俸外，最大的开支厥为军费，建中三年讨李希烈、田悦、王武俊，"时诸道讨贼，兵在外者，度支给出界粮，每军以台省官一人为粮料使，主供亿。士卒出境，则给酒肉。一卒出境，兼三人之费"。③ 军费浩繁，"度支使杜佑计诸道用军月费一百余万贯，京师帑廪不支数月"。④ 中央经济枯竭，而战争却不能不继续，于是唯有加征苛捐杂税，大肆搜刮，《旧纪》建中三年四月：

> 甲子，诏京兆尹、长安万年令大索京畿富商，刑法严峻。长安令薛苹荷校乘车，于坊市搜索，人不胜鞭笞，乃至自缢。

---

① 《旧唐书》卷一四九《沈既济传》。
② 阅《通典》卷三十五《职官十七》。陶希圣先生著《唐代官私贷借与利息限制法》，载《社会科学》第 2 卷第 1 期。
③ 《新唐书》卷五十二《食货志》。参阅《通鉴》卷二二八建中四年八月壬戌条胡《注》引宋白曰。《通鉴》卷二二八建中四年五月庚戌条。
④ 《旧唐书》卷一三五《卢杞传》。参阅《旧纪》建中三年四月。又《新唐书》卷二二三下《卢杞传》作"才支三月"。

京师嚣然，如被盗贼。搜括既毕，计其所得才八十万贯，少尹韦祯又取傚柜质库法拷索之，才及二百万。①

当时最为扰民致怨者为税间架与除陌钱法，《通鉴》卷二二八建中四年六月庚戌条载：

> 所谓税间架者，每屋两架为间，上屋税钱二千，中税千，下税五百，吏执笔握算，入人室庐计其数。或有宅屋多而无他资者，出钱动数百缗。敢匿一间，杖六十，赏告者钱五十缗。所谓除陌钱者，公私给与及卖买，每缗官留五十钱，给他物及相贸易者，约钱为率。敢隐钱百，杖六十，罚钱二千，赏告者钱十缗。其赏钱皆出坐事之家。于是愁怨之声，盈于远近。

强征厚敛已招致民怨，建中四年十月泾原兵经京师，又以"粝食菜啖"而叛变，德宗仓卒奔奉天。其后朔方节度使李怀光将兵援奉天，见神策军粮赐厚，不平，德宗"以财用方窘，若粮赐皆比神策，则无以给之"。② 中央因经济困难不能给予朔方军厚赏，终引起李怀光的叛变。

贞元元年，虽然田悦、王武俊、李纳已因德宗诏赦而自愿归顺，李晟亦已收复京师，但因李希烈仍切断运河交通，使江淮物资不能输至京师，造成中央经济的大恐慌，几乎使中央政权整个动摇起来，③ 贞元元年七月，"度支奏中外经费才支七旬"。④ 经费窘绌，难以应付战争，为了挽救中央政权的倾覆，最急切而安全的方法便是停止战争，姑息那些违命的藩镇，早在贞元元年六月，即有请赦李怀光之论。⑤ 后因李晟坚持不可，未行诏赦。同年八月，怀光为其部

---

① 参阅《旧唐书》卷一三五、《新唐书》卷二二三下《卢杞传》。
② 《通鉴》卷二三〇兴元元年二月。
③ 关于李晟收复京师后由于漕运不通，而致引起京师经济大恐慌，详见全汉昇先生《唐宋帝国与运河》第四章第三节，页59—61。
④ 《通鉴》卷二三一贞元元年七月。
⑤ 《通鉴》卷二三一贞元元年六月，"时连年旱、蝗，度支资粮匮竭，言事者多请赦李怀光"。

将所杀。① 怀光之乱既平，中央即罢讨李希烈，② 李希烈屡绝漕运，为害最大，③ 竟罢进讨，可想见当时中央之财力困绌，难于应付长期战争。

贞元二年四月李希烈为其部将陈仙奇所毒杀，自建中以来的战乱大体平定，江淮漕运渐通，中央获得江淮物资供应，政治局面渐渐稳定，虽然自此以后，德宗鼓励藩镇进奉，中央经济力量因之而有增进，但贞元时中央经济命脉的运河线上却因军纪不良而常有兵乱，尤其是宣武治所汴州，地扼江淮运路要冲，④ 在贞元八年至十五年，短短八年之间，竟发生五次重大兵乱（参阅表 18），使得漕运物资遭受到损失，且有切断江淮至关中运路之虞，所以贞元二年以后中央政权的经济基础甚弱。全汉昇先生以运河航运情形说明德宗时中央经济基础，极有见解，全先生说："建中年间中央与藩镇间接不断的冲突，运河的交通线常被藩镇切断，以致南方出产的物资不能大量输送到北方去。位于关中的中央政府，既然因运河的切断而不能得到江淮物资的充分供应，便要因财政艰窘和粮食恐慌而遭遇到空前严重的危机。这种危机后来虽随着运河的重新打通而平安渡过，可是此后运河航运仍不断的遭受跋扈军人的阻扰。因为政府鉴于过去因运河被切断而感受到的痛苦，于运河重新打通后，便在足以控制运河交通线的徐州和汴州配置重兵，以免再受藩镇的侵略；可是这两地距离中央很远，在那里配置好的劲兵每因中央政府的不易控制而时常发生变乱，以致危害到运河航运的安全。总之，安史

---

① 《旧唐书》卷一二一《李怀光传》："贞元元年秋，朔方部将牛名俊斩怀光首以降。"《新唐书》卷二二四上《李怀光传》、《通鉴》卷二三二皆称在八月。

② 《通鉴》卷二三二贞元元年八月丁卯："诏……诸道与淮西连接者，宜各守封疆，非彼侵轶，不须进讨。"

③ 李希烈之乱对唐中央之威胁较河北三镇之乱更大，《新唐书》卷一五七《陆贽传》，贽云："希烈果于奔噬，忍于伤残，让蔡、许富全之地，而益以邓、襄虏获之实，东寇则饷道阻，北窥则都邑震，此谓急也。"

④ 《全唐文》卷六六四白居易《与韩宏诏》："梁宋之地，水陆要冲，运路咽喉，王室藩屏。"同书卷七四〇刘宽夫《汴州纠曹厅壁记》："大梁当天下之要，总舟车之繁，控河朔之咽喉，通淮湖之运漕。"同书卷六五〇元稹《贺汴州诛李齐表》："汴州扼吴楚之津梁，据咽喉之要地。"

乱后的运河，虽然跟着刘晏关于漕运的改革而恢复联系南北的作用，可是由于战后形势的特殊，他这种作用每因跋扈军人的阻扰而不能尽量发挥，从而削弱了中央政权的经济基础。因此，军事政治重心的关中，不能常借运河的沟通而与经济重心的江淮取得密切联系的结果，这个大统一的帝国便渐因不能真正统一而力量锐减，从而此后她的势运便渐渐走向下坡路。"① 势运走向下坡路的表现，便是德宗时代跋扈、叛逆藩镇的众多（参阅表3）。

宪宗时为玄宗以后中央对藩镇控制力最强的一个时期（参阅第二章第三节），宪宗时之所以能使德宗时许多跋扈藩镇转变为恭顺，原因固然很多，而中央经济力量之增强乃为一重要的因素。宪宗抑制藩镇之成功，其关键在对强藩叛镇使用武力之获得胜利，然而，战争须要财力支援，宪宗朝战争的胜利，正显示此时中央经济力量之强。

宪宗对德宗时所留下之跋扈藩镇早有意征讨，为了应付征讨时庞大的军费，宪宗即位之初即聚财。《通鉴》卷二三八元和五年十二月己丑条：

> 以（李）绛为中书舍人，学士如故。绛尝从容谏上聚财。上曰："今两河数十州，皆国家政令所不及，河、湟数千里，沦于左衽。朕日夜思雪祖宗之耻，而财力不赡，故不得不蓄聚耳。……"

其实在德宗贞元时，皇帝已开始聚积财赋，对中央恭顺之藩镇不断向中央奉献，以求得固恩泽。《旧唐书》卷四十八《食货志上》：

> 先是兴元克复京师后，府藏尽虚，诸道初有进奉，以资经费，复时有宣索。其后诸贼既平，朝廷无事，常赋之外，进奉不息。韦皋剑南有日进，李兼江西有月进，杜亚扬州、刘赞宣州、王纬李锜浙西，皆竞为进奉，以固恩泽。

贞元中除曾讨吴少诚外，未尝有大规模战争，因此德宗所聚之财，尽藏中央，及德宗末，皇帝私藏虽无估计，相信为数当不在少。宪

---

① 全汉昇先生《唐宋帝国与运河》第四章第四节，页70—71。

宗既承德宗遗财，而自己又行聚敛，帑藏当甚充实。

同时，宪宗时中央尽力维持运河的畅通无阻，又积极地整顿江淮各地的财赋，于是每年由运河向北输送的物资大量增加，使得军事政治重心的关中与经济重心的江淮间之联系，又由代德时的松懈变为密切。[①] 中央由于江淮物资的不断供应，经济力量大为增强。宪宗时政府正当的税收，虽比天宝年间为少，但较德宗建中元年之岁入为多。（参阅表 23）

表 23　天宝、建中元年、元和二年岁入表[②]

时代	岁入额	种类	数据来源
天宝时	52300000	布、绢、丝、绵、钱、粟	《通鉴》卷二三七元和二年《注》宋白曰
建年元年	13056070[③]	钱、粟	《旧纪》建中元年
元和二年	35151228	钱、粟	《通鉴》卷二三七元和二年《注》宋白曰

说明：

本表岁入额单位，布为匹，绢为端，丝绵为屯，钱为贯，粟为石。惟古人常将不同单位者相加，《通鉴》卷二三七元和二年《元和国计簿》条《注》："宋白曰：'天宝租税、庸、调，每年计钱、粟、绢、布、丝、绵约五千二百三十余万端匹、屯、贯、石，元和两税、榷酒、斛斗、盐利、茶利总三千五百一十五万一千二百二十八贯、石。'"是则古人所计岁入额乃将不同单位之数目相加，其分项数目不明。

宪宗在位的十五年中，中央对藩镇的用兵，前后主要有六次，其中除讨成德王承宗之两次用兵未能成功外，其余四次用兵之结果

---

① 参阅全汉昇先生《唐宋帝国与运河》第五章，页 79—83。

② 参阅全汉昇先生《唐宋政府岁入与货币经济的关系》。

③ 据《通鉴》卷二二六建中元年该岁入为："税钱一千八十九万八千余缗，谷二百一十五万七千余斛"，与表中数目相近。按《旧纪》建中元年："赋入一千三百五十六万六千七十贯。盐利不在此限。"按《旧唐书》卷四十九《食货志》云，刘晏领盐务，"初年入钱六十万，季年则十倍其初，大历末，通天下之财，而计其所入，总一千二百万贯，而盐利过半。"则盐利在六百万贯之谱，建中元年为德宗即位之第一年，其盐利当与大历末所差无几，如仍以六百万贯计，则建中元年全部税入亦不及二千余万贯石。

均能制服违命之藩镇，虽然两次讨伐王承宗均未能成功获胜，但王
承宗在第二次用兵之后却上表献德棣二州，表示效顺。[①] 因此，宪宗
对藩镇的用兵是成功的，不像德宗建中时对藩镇用兵而引起连续的
叛乱。宪宗屡次用兵，均能致胜，固然由于策划成功用人得当，同
时也有宪宗时中央经济力量强大，足以支持作战费用之故。不过宪
宗对藩镇用兵时中央能一直维持其经济力量以支持战争，夺取最后
胜利，是基于两个附带因素：第一是宪宗对藩镇用兵，除讨伐淮西
吴元济和第二次讨伐王承宗外，每次用兵的时间均未超过一年。（参
阅表 24）

表 24　宪宗时讨伐藩镇用兵时间表

名称	用兵开始年月日	用兵终止年月日	用兵时间	用兵结果
讨西川刘辟	元和元年正月戊子（二十三日）	元和元年九月辛亥（二十一日）	八个多月	诛刘辟
讨浙西李锜	元和二年十月乙丑（十一日）	元和二年十月癸酉（十九日）	九天	诛李锜
讨成德王承宗	元和四年十月癸未（十一日）	元和五年七月丁未（九日）	九个多月	赦王承宗
讨淮西吴元济	元和九年十月甲子（二十一日）	元和十二年十月甲戌（十八日）	两年十一个多月	诛吴元济
讨成德王承宗	元和十一年正月癸未（十七日）	元和十二年五月丙子（十七日）	一年四个月	赦王承宗
讨淄青李师道	元和十三年七月乙酉（初三日）	元和十四年二月丙辰（初八日）	七个多月	杀李师道

说明：

一、本表年月日全据《通鉴》。其中干支日之推算系据董作宾先生《中国历
年总谱》。

二、用兵终止年月日指被讨藩镇被擒、被部将所杀或诏罢兵之日。

用兵时间短暂，既可节省军费，又可予中央喘息及补充物资财
力的机会。元和用兵军费平均较建中时为少，建中四年用兵"月费

---

① 王承宗之献德、棣二州，乃是讨平淮西吴元济的结果。元和十二年十月平淮西，
次年三月，承宗惧，献德、棣二州，输租税，请官吏。阅《通鉴》卷二四〇。

钱百三十万缗"，① 而元和元年平刘辟，师出九月，共用钱六七十万
缗，平均每月不及十万缗。② 讨王承宗时，"师出半年，费缗钱五百
万"，③ 平均每月约八十万缗。平均军费既少，用兵时间又短，中央
经济力量自易于支持。第二是宪宗的用兵，战火从未真正切断运河
的漕运，因此在战争中或战争后，江淮物资源源不断运至关中，使
中央经济力量大为充实，作战力量因之大为增强。《旧唐书》卷一五
七《李鄘传》：

> （元和）五年冬，出为扬州大都督府长史，淮南节度使。……
> 至淮南数岁……府廪充积。及王师征淮夷，郓寇李师道表里相
> 援。鄘发楚、寿等州二万余兵，分压贼境，日费甚广，未尝请
> 于有司。时宪宗以兵兴，国用不足，命盐铁副使程异乘驿谕江
> 淮诸道，俾助军用。鄘以境内富实，乃大藉府库，一年所蓄之
> 外，咸贡于朝廷。诸道以鄘为倡首，悉索以献，自此王师无匮
> 乏之忧。

又《旧唐书》卷一六二《王遂传》：

> 用兵淮西，天子藉钱谷吏以集财赋，知遂强干，乃用为宣
> 州刺史、宣歙观察使。……及郓贼（按指李师道）诛，遂进羡
> 余一百万。

又《旧唐书》卷一六二《李翛传》：

> 时宿师于野，馈运不集。浙西重镇，号为殷阜。乃以翛为
> 润州刺史、浙西观察使，令设法鸠聚财货。淮西用兵，颇赖
> 其赋。

又《新唐书》卷一六七《王播传》：

---

① 《通鉴》卷二二八建中四年六月庚戌条。
② 《全唐文》卷五三一韦贯之《南平郡王高崇文神道碑》："（高崇文之平刘辟）师人
赀费，皆仰给有司……凡计缗百四十余万。其用未半，而寇难平。主者请私赢，公曰：'有
土实可以奉军，国财非所宜隐。'尽命列上归之县官。"
③ 《新唐书》卷二一一《王士真传》。

> 领诸道盐铁转运使。……帝讨淮西也，切于馈饷，播引程
> 异自副。异尤通万货盈虚，使驰传江淮，裒财用以给军兴，兵
> 得无乏。

又《通鉴》卷二四〇元和十二年闰五月己亥条：

> （盐铁转运副使）程异还自江、淮，得供军钱百八十五
> 万缗。

在元和用兵之时，运河线上唯一受到违命藩镇严重破坏的事件，是元和十年河阴物资的被王承宗、李师道焚毁。《通鉴》卷二三九元和十年三月：

> 吴元济遣使求救于恒、郓，王承宗、李师道数上表请赦元
> 济，上不从。……师道素养刺客奸人数十人，厚资给之，其人
> 说师道曰："用兵所急，莫先储粮。今河阴院积江、淮租赋，请
> 潜往焚之。……此亦救蔡一奇也。"师道从之。……辛亥暮，盗
> 数十人攻河阴转运院，杀伤十余人，烧钱帛三十余万缗匹，谷
> 三万余斛。于是人情恇惧，群臣多请罢兵。上不许。

河阴仓储之被焚虽使中央物资损失甚巨，然而江淮运路仍通，损失的物资得以补充，所以不致演成建中时经济艰窘的局面，中央继续讨吴元济，终于全获胜利，生擒吴元济。

当宪宗末年，全国藩镇几乎全对中央表示恭顺，素来不禀朝命的河北三镇，除幽州外，魏博、成德二镇亦向中央效顺。（参阅第二章第三节）不过，宪宗时魏博、成德之效顺耗费中央财力甚巨，中央亦欲以厚赏收买河北三镇久失的人心。元和七年，魏博节度使田兴举六州归顺，申版籍，请官吏，宰相李绛请赏魏博一百五十万缗，以收人心。《通鉴》卷二三九元和七年十月：

> 李绛又言："魏博五十余年不沾皇化，一旦举六州之地来
> 归，剜河朔之腹心，倾叛乱之巢穴，不有重赏过其所望，则无
> 以慰士卒之心，使四邻劝慕。请发内库钱百五十万缗以赐之。"
> 左右宦官以为"所与太多，后有此比，将何以给之？"上以语绛，

绛曰："田兴不贪专地之利，不顾四邻之患，归命圣朝，陛下奈何爱小费而遗大计，不以收一道人心？钱用尽更来，机事一失不可复追。借使国家发十五万兵以取六州，期年而克之，其费岂止百五十万缗而已乎？"上悦曰："朕所以恶衣菲食，蓄积货财，正为欲平定四方；不然，徒贮之府库何为？"十一月辛酉，遣知制诰裴度至魏博宣慰，以钱百五十万缗赏军士。

中央的厚赏确使魏博将士一时感恩拜泣。《李相国论事集》卷五《论魏博》：

> 及诏书到魏博，钱帛随路而至。军中踊跃，向阙拜泣。时田兴初受节旄，诸道专使数十人在魏州，成德、兖郓使各十余辈，见制书钱帛到，皆垂手失色，惊叹曰："自艰难以来，未曾闻此处置，恩泽如此之厚，反叛有何益？"①

所谓"自艰难以来，未曾闻此处置"，乃是肃、代、德诸朝中央经济力量较弱无法实行厚赏的反映，宪宗时能行厚赏，可见其中央府库必较丰实。然而，宪宗时屡次用兵，又对魏博厚赏，及至元和末，中央财力已渐虚竭，穆宗初即位，复赏赐过当，② 遂使中央的经济力量大为削弱，不能不加紧敛财。《旧唐书》卷十六《穆宗纪》元和十五年五月癸卯条（按元和十五年正月庚子宪宗崩，丙午穆宗即皇帝位）：

> 诏以国用不足，应天下两税、盐利、榷酒、税茶及户部阙官、除陌等钱，兼诸道杂榷税等，应合送上都及留州、留使、诸道支用、诸司使职掌人课料等钱，并每贯除旧垫陌外，量抽五十文。仍委本道、本司、本使据数逐季收计。其诸道钱便差纲部送付度支收管，待国用稍充，即依旧制。其京百司俸料，文官已抽修国学，不可重有抽取；武官所给校簿，亦不在抽取之限。

---

① 参阅《通鉴》卷二三九元和七年十一月辛酉条。

② 《旧唐书》卷一四二《王廷凑传》："国家自宪宗诛除群盗，帑藏虚竭，穆宗即位，赏赐过当。"又《通鉴》卷二四二长庆元年十一月："自宪宗征伐四方，国用已虚，上（穆宗）即位，赏赐左右及宿卫诸军无节……府藏空竭。"

此时，中央财力既感短绌，而长庆元年至二年河北三镇复叛，元年七月十日幽州军乱，因节度使张弘靖，拥朱克融为留后；二十八日成德军乱，节度使田弘正遇害，拥王廷凑为留后；二年正月魏博军乱，节度使田布自杀，史宪诚自为留后。当朱克融、王廷凑作乱之时，出兵征讨，然已感财力殚竭，难以长期作战。《旧唐书》卷一四二《王廷凑传》：

> 自宪宗诛除群盗，帑藏虚竭，穆宗即位，赏赐过当。及幽、镇共起，征发百端，财力殚竭。时诸镇兵十五万余，才出其境，便仰给度支，置南北供军院，既深入贼境，辇运艰阻，刍粮不继，诸军多分番樵采。俄而度支转运车六百乘，尽为廷凑邀而虏之，兵食益困。[①]

军费浩繁，为了维持军费开支，中央不得不令"诸道除上供外，留州、留使钱内每贯割二百文以助军用"，[②] 然而并不足以维持同时讨伐朱克融、王廷凑之费用，朝廷在"府藏空竭，势不能支"的情势下，赦朱克融，专讨王廷凑。[③] 其后进讨的官军因"乏粮不能进"，不得已而任廷凑为成德节度使。[④] 固然，长庆初之复失河北，与中央政策之错误关系极大，而中央经济力量不能充分支援战争，亦为一重要原因。

建中元年以前行租庸调法，但天宝后，户籍不理，征赋不公，"天下之人，苦而无告，则租庸之法弊久矣"，及安史乱起，财税系统也陷于混乱，"军国之用，仰给于度支、转运二使，四方征镇又自给于节度都团练使，赋敛之司数匹而莫相统摄，于是纲目大坏，朝廷不能覆诸使，诸使不能覆诸州"，这种财税系统混乱的情形，造成"有重兵处皆厚自奉养，王赋所入无几"，于是杨炎作两税法，以为整顿，"凡百役之费，一钱之敛，先度其数而赋于人，量出以制入"，如此则中央可以控制财税收入，地方不得任意征敛，"自是轻重之

---

① 参阅《新唐书》卷二一一《王廷凑传》。《唐会要》卷五十九《度支使》。
② 《旧唐书》卷十六《穆宗纪》长庆元年十二年乙亥条。
③ 阅《通鉴》卷二四二长庆元年十二月。
④ 阅《通鉴》卷二四二长庆三年正月至二月甲子。

权，始归于朝廷"。① 同时，两税法还明白规定中央与地方之财税划分，所有收入分为上供、送使、留州三部分，各有定额。《元氏长庆集》卷三十四《钱货议状》：

> 自国家置两税以来，天下之财，限为三品：一曰上供，二曰留使，三曰留州。皆量出为入，定额以给资。

又《唐会要》卷八十三《租税上》：

> 先是，天下百姓输赋于府，一曰上供，二曰送使，三曰留州。

按两税法规定除两税外，"敢有加敛，以枉法论"，② 是则中央政府控制全国赋税总额，地方不得多征，③ 又定留州、送使之数额，则地方亦不能多有余财。所以，两税法及税收三分制的用意乃在中央加强对地方经济之控制力，使藩镇无法蓄积强大的财力物力，防止藩镇跋扈、叛逆之可能发生。④ 然而，唐中央政府之财政实际需要，殊非专赖两税收入所能维持，因此两税法初定而杂征众敛旋即繁兴，⑤ 并且税收三分制在德宗时由于战乱与姑息藩镇政策，藩镇遂敢擅留应上供于中央户部之钱物，⑥ 因此，两税法虽含抑制藩镇之用意，实行

---

① 阅《旧唐书》卷一一八《杨炎传》。参阅《唐会要》卷八十三《租税上》。

② 《新唐书》卷五十二《食货志》。

③ 其实唐代税法，不论租庸调法或两税法，税收在理论上全由中央政府控制及支配，地方政府经费全赖中央支拨，地方政府少有"合法"的税收。鞠清远先生云："在唐代财政史，也是中国财政史上的一大特点，是没有中央与地方财政的划分，租税之收入与支出，是在中央一大系统之下运用着，地方官吏的俸禄等等，或桥渡津堰之维持，都在中央支出数目以内，在征收得的租税之中，中央根据地方应支出的数目，令其留下，其余的则在中央指挥之下，指定何者运京，何者留备边军。……商税、椿程，有些在创始时，便是属于诸军镇节度观察使的，似是一种地方税。他如酒税之类，则多数由州县管辖经理，税收也往往是按上供、留州等项目分割。总之，在唐代，除去一点附加税，即'加配'或'摊配'以外，还没有看到确切的是属于地方的税赋。"见《唐代财政史》第六章财务行政。

④ 参阅日野开三郎《藩镇时代の州税三分制に就いて》，载《史学杂志》第 65 编第 7 号。

⑤ 参阅杨联陞先生《中唐以后税制与南朝税制之关系》，载《清华学报》第 12 卷第 3 期。

⑥ 《新唐书》卷五十二《食货志》："当是时（按指德宗时）户部钱物，所在州府及巡院皆得擅留。"

却不理想。及至宪宗即位，对税收三分制之实行极为注意，元和四年对上供、送使、留州钱之分配办法略有变动。《全唐文》卷九六四《请停实估奏》（元和四年二月度支）：

> 准今年正月十五日旨条处分，应带节度观察使州府合送上都两税钱，既须差纲发遣，其留使钱又配管内诸州供送，事颇重叠。其诸道留使钱，伏请各委节度观察使，先以本州旧额留使及送上都两税钱充，如不足，即由管内诸州两税钱内据贯均配，其诸州旧额供使钱，即请随夏税旨限，收送上都。①

令各州旧额供使钱改为上供，似有意削弱藩镇对所属州之经济控制力，更有抑制藩镇之用意。② 在宪宗以后迄至懿宗，中央对税收三分制仍极注意执行，在诏书中屡可见到此种财税划分办法的存在。长庆时且征用部分留使钱以给军需。《全唐文》卷六十六穆宗《命诸道留使钱减贯勅》：

> 诸道州府每年征纳两税，除送上都外，留州留使钱，缘草贼未殄，费用滋广，两税之外，难议加征。然其馈运之间，又须得济，诸道留使钱宜令长史于诸色给用中，每贯量减二百文，以资军用，事平之后，即任仍旧。

文宗时，定郓、曹、濮、淄、青等十二州两税，仍采税收三分制。《全唐文》卷七十二文宗《令王彦威定郓曹等州税务诏》：

> 郓、曹、濮、淄、青、登、齐、莱、兖、海、沂、密等十二州，自顷年收复已来，属中外多故，征赋轻重，或未均平。……宜令谏议大夫王彦威充勘定两税使，仍与（天平节度使）令狐楚等审商，量其两税、榷酒及征物匹数、虚实估价，并留州、留使、上供等钱物斛斗，比类诸道，一一开项分析，平均摊配，立一定额，使人知常数，不可加减。

---

① 参阅《唐会要》卷八十三《租税上》元和四年十二月、六年二月诸条。
② 关于元和四年令诸州将送使钱改为上供，有抑制藩镇用意之说，参阅日野开三郎《藩镇时代の州税三分制に就いて》。

此后，中央对税收三分制仍执行不懈。《全唐文》卷七十八武宗《加尊号赦文》（会昌二年四月）：

> 州府两税物斛斗，每年各有定额，征科之日，皆申省司，除上供之外，留使、留州任于额内方圆给用，纵有余羡，亦许州使留备水旱，其留使钱物更令诸道分析破用去处。

又《全唐文》卷八十宣宗《两税外不许更征诏》：

> 留州留使钱物纳匹段等虚实估价及见钱，从来皆有定额。……

又《全唐文》卷八十一宣宗《赈恤江淮百姓德音》：

> 今年合征两税钱物，量百姓疾疫处，各委逐州准分数于上供、留州、留使三色钱内均摊放免。

在税收三分制下，藩镇的收入为留使钱，然而只凭定额的留使钱往往不够，尚须靠诸州进献，如果诸州不献，藩镇费用便感困难。浙西素号富裕，然而李德裕为浙西观察使，却诉费用不足。《旧唐书》卷一七四《李德裕传》：

> 唯臣当道，素号富饶，近年已来，比旧即异。……准元和十五年五月七日赦文，诸州羡余不令送使，唯有留使钱五十万贯，每年支用，犹欠十三万贯，不足常须，是事节俭，百计补填，经费之中，未免悬欠。

可见宪宗以后在税收三分制严格实行之时，藩镇财力实受到相当大的抑制。

自德宗以后，藩镇多向皇帝"进奉"，以博取皇帝之欢心，"进奉"须要搜括，重税压榨，所得财物，小部分贡献皇帝，大部分自行吞没，于是造成藩镇个人财富的增加。《旧唐书》卷四十八《食货志上》：

> 节度使或托言密旨，乘此盗贸官物，诸道有谪罚官吏入其财者，刻禄廪，通津达道者税之，荷蔬艺果者税之，死亡者税

之。节度观察交代，或先期税入以为进奉，然十献其二三耳，
其余没入，不可胜纪。

藩镇既可借"进奉"而自肥，自易成为富豪，藩镇个人家财累万者极
多，如王锷之"家财富于公藏"，① 胡证之"童奴数百，于京城修行里
起第，连亘闾巷，岭表奇货，道途不绝，京邑推为富家"，② 均是其
例。元和十二年，勅京师士庶、官员、王侯家藏钱不得过五千贯，
"时京师里闾区肆所积多方镇钱，王锷、韩弘、李惟简，少者不下五十
万贯，于是竞买第屋，以变其钱，多者竟里巷，佣僦以归其值"。③

"进奉"的结果对皇帝与藩镇个人确是有利，但因此却削弱了地
方的经济与军事基础，如韦皋"在蜀二十一年，重赋敛以事月进，
卒致蜀土虚竭"；④ 张潜称藩镇所进奉之羡余，乃是"赋敛过差，及
停废将士，减削衣粮"的结果；⑤ 李兼为江西观察使，竟罢南昌卒千
余人，收资禀为月进。⑥ 地方（对中央恭顺的地区）经济在藩镇之
搜刮下削弱，地方武力亦为之减弱，经济与武力之不足，地方官即
缺少抗拒朝命的本钱，这种结果乃是造成宪宗至懿宗间跋扈、叛逆
藩镇不多的原因之一。

当宣宗之时，中央经济力量已感困绌，《新唐书》卷五十二《食
货志》：

> 宣宗既复河、湟，天下两税、榷酒茶盐钱，岁入九百二十
> 二万缗，岁之常费率少三百余万，有司远取后年乃济。

此种经济困难，及至懿宗，益为加深，庞勋之乱以后，运输江
淮物资以济关中的运河常因兵乱或跋扈者的强据要津而被切断，以
致运河运输的效能锐减，中央经济趋于崩溃。⑦

---

① 《旧唐书》卷一五一《王锷传》。
② 《旧唐书》卷一六三《胡证传》。
③ 《旧唐书》卷四十八《食货志上》。
④ 《旧唐书》卷一四〇《韦皋传》。
⑤ 阅《通鉴》卷二四九大中十二年七月丁卯条。
⑥ 阅《新唐书》卷一三〇《裴胄传》。
⑦ 关于庞勋以后运河之阻绝，以致大唐帝国趋于崩溃。详阅全汉昇先生《唐宋帝国
与运河》第六章，页85—91。

唐末藩镇具有抗中央性的本质（参阅第五章第三节），自然不会对中央上输赋税，税收三分制完全破坏，中央赋税来源日渐缩小，经费不足。《旧唐书》卷十九下《僖宗纪》光启元年三月：

> 丁卯，车驾至京师。……时李昌符据凤翔，王重荣据蒲、陕，诸葛爽据河阳、洛阳，孟方立据邢、洺，李克用据太原、上党，朱全忠据汴、滑，秦宗权据许、蔡，时溥据徐、泗，朱瑄据郓、齐、曹、濮，王敬武据淄、青，高骈据淮南八州，秦彦据宣、歙，刘汉宏据浙东，皆自擅兵赋，迭相吞噬，朝廷不能制。江淮转运路绝，两河、江淮赋不上供，但岁时献奉而已。国命所能制者，河西、山南、剑南、岭南西道数十州。大约郡将自擅，常赋殆绝，藩侯废置，不自朝廷，王业于是荡然。

中央既少收入，连养兵费用亦无法支付，中官田令孜募兵数万，隶神策军，以赏赉不时，致士卒怨言，于是令孜意欲使中央收回河东盐利。按盐利为唐代财政中一极大收入，其中主要两个盐利来源地区，一为江淮，一为河东，江淮盐利最多，河东较少，[①] 然而河东盐

---

① 据掘敏一氏《黄巢の叛乱》（载《东洋文化研究所纪要》第十三册）中引余井之忠氏"唐之盐法"唐代盐利之统计如下：（单位百万缗）

年代	河东盐利	江淮盐利	全部盐利
宝应元年			60
大历十四年	80	600余	680余
贞元二年		263	
贞元中（785—804）			360
永贞元年		301	
元和元年		451	600余
元和二年		522	
元和三年	150	727	877
元和四年		722	
元和五年		698	
元和六年		685	
元和七年		687	
大和三年	100		
大中中（847—859）	121	360	481

利每年亦在一百万贯以上，① 且河东近京师，易收其利，但自僖宗幸蜀时，河东的安邑、解县盐利为河中节度使王重荣所擅，田令孜欲收盐利于中央，遂与王重荣利害相冲突，于是王重荣上章论诉，终而拒命。《通鉴》卷二五六光启元年闰月：

> 初，田令孜在蜀募新军五十四都，每都千人，分隶两神策，为十军以统之。又南牙、北司官共万余员。是时藩镇各专租税，河南·北、江、淮无复上供，三司转运无调发之所，度支惟收京畿、同、华、凤翔等数州租税，不能赡，赏赉不时，士卒有怨言。令孜患之，不知所出。先是安邑、解县两池盐，皆隶盐铁，置官榷之，中和以来，河中节度使王重荣专之，岁献三千车以供国用，令孜奏复如旧制隶盐铁。夏四月，令孜自兼两池榷盐使，收其利以赡军，重荣上章论诉不已。遣中使往谕之，重荣不可。

又《新唐书》卷五十四《食货志》：

> 其后兵遍天下，诸镇擅利，两池为河中节度使王重荣所有，岁贡盐三千车。中官田令孜募新军五十四都，饷转不足，乃倡议两池复归盐铁使，而重荣不奉诏，至举兵反，僖宗为再出，然而卒不能夺。

不仅王重荣，其他藩镇除不上赋税外，亦自擅利权，因而富强，如成汭擅取云安榷盐铁，"故能畜兵五万"；② 马殷"铸铅铁钱，十当铜钱一，民得自摘山，收茗算，募高户置邸阁居茗，号八床主人，岁入算数十万，用度遂饶"，乃得以霸居湖南。③ 藩镇经济力量强大，中央却连养一支禁军都感困难，中央经济力量的过于薄弱而致无法维持武力，也是造成唐末中央对藩镇控制力弱的原因之一。

---

① 河东盐利数字，除参阅前注外，《元和郡县志》卷十二《河东道一·河中府》："（河东解县女盐池与安邑县池）官置使以领之，每岁收利纳一百六十万贯。"
② 《新唐书》卷一九〇《成汭传》。
③ 《新唐书》卷一九〇《刘建锋传》。

第三节　西北藩镇对中央恭顺之经济因素

自设镇起至僖宗以前，西北藩镇（指凤翔、泾原、邠宁、鄜坊、夏绥、朔方、振武、天德诸镇。旧陇右道代德时陷蕃，不计。）无跋扈者，而叛逆者仅仆固怀恩、李楚琳、姚令言、李怀光等四人。除仆固怀恩外，其余三人均是建中大叛乱中的叛臣，而姚令言之叛在京师（即泾原兵浐水之变），李怀光逆命在河中，真正据镇而叛者只仆固怀恩与李楚琳二人。可见西北藩镇在僖宗以前叛逆者甚少，跋扈者更无，大体说来，西北藩镇对中央甚为恭顺。西方边防为守御回纥、吐蕃，驻有重兵，而西北藩镇又多为武人（参阅表25），具有违抗中央之凭借，然而却无人跋扈，少有叛逆，此固然与中央选任西北藩镇时之"先求易制"[1] 有关，而西北方镇在经济上不能不仰赖中央之支援，亦为造成西北藩镇对中央恭顺的原因之一。

表 25　乾符元年以前西北藩镇出身文武职统计表

文武职别	凤翔	泾原	邠宁	鄜坊	夏绥	朔方	振武	天德	合计
文职	20	5	9	6	2	18	2	3	65
武职	19	28	28	27	14	27	19	9	171
不明	5	1	7	8	5	5	4	3	38

说明：

一、本表参照"唐代藩镇总表"制成。

二、本表不含未至镇之藩镇。如藩镇兼领二镇则予以分别计算。

西北方镇并非不毛之地，多处有水利工程及屯田，如元和十五年李听为灵盐节度使，"境内有光禄渠，废塞岁久，欲起屯田以代转输，听复开决旧渠，溉田千余顷"。[2] 李元谅于贞元时为陇右节度使，屯田于良原，"岁收粟菽数十万斛"。[3] 刘昌于贞元初为泾原节度

---

① 《陆宣公集》卷上《论边缘守备事宜状》。

② 《旧唐书》卷一三三《李听传》。

③ 《旧唐书》卷一四四《李元谅传》。

使，"躬率士众，力耕三年，军食丰羡。"① 懿宗时毕諴为邠宁节度使，"开置屯田，岁收谷三十万石，省度支钱数百万。"② 元和末高霞寓为振武节度使，"浚金河，溉卤地数千顷。"③ 这些西北地区的屯田其性质多为军屯，④ 所生产的粮食在供军需。然而，西北屯田的生产量实在不足供应西北边兵的需要，仍须仰给于度支。《新唐书》卷五十三《食货志》：

> 贞观、开元后，边土西举……缘边数十州戍重兵，营田及地租不足以供军。

又《陆宣公集》卷上《请减京东水运收脚价于沿边州镇储蓄军粮事宜状》：

> 今陛下广征甲兵，分守城镇，除所在营田税亩自供外，仰给于度支者，尚八九万人。

西北屯田的生产不足以自给，固然与边军太多有关，同时也由于许多地区土地贫瘠，民不知耕。⑤ 并且外敌不断侵扰，破坏屯田，使西北屯田工作倍感困难。如《通鉴》卷二三三贞元三年九月：

> 吐蕃寇华亭及连云堡，皆陷之。甲戌，吐蕃驱二城之民数千人，及邠、泾人畜万计而去，置之弹筝峡西。泾州恃连云为斥候，连云既陷，西门不开，门外皆为虏境，樵采路绝。每收获，必陈兵以扞之，多失时，得空穗而已。由是泾州常苦乏食。

又同书卷二三四贞元八年四月：

---

① 《旧唐书》卷一五二《刘昌传》。
② 《旧唐书》卷一七七《毕諴传》。
③ 《新唐书》卷一四一《高霞寓传》。
④ 参阅唐启宇《历代屯垦研究》，第五章第五节。
⑤ 关于西北若干地区土地贫瘠，民不知耕，如丰州"穷边气寒，土瘠民贫"，见《通鉴》卷二三五贞元十二年九月甲午条。夏绥银宥等州"民不耕织"，见《全唐文》卷六三八李翱《横海军节度传公神道碑》。大历五年"泾原节度使马璘诉地瘠军廪不给，遥领郑、颖二州"，见《新唐书》卷六十四《方镇表》泾原栏。夏绥朔方振武天德等镇"土无丝蚕，地绝征赋"，见《全唐文》卷八十一宣宗《给夏州等四道节度以下官俸敕》。

壬子，吐蕃寇灵州，陷水口支渠，败营田。

又同书卷同年：

六月，吐蕃千余骑寇泾州，掠田军千余人而去。（胡《注》：田军，屯田之军也。）

又《旧唐书》卷一六一《杨元卿传》：

授检校左散骑常侍、泾州刺史，泾原渭节度观察等使，兼充四镇北庭行军。元卿乃奏置屯田五千顷，每屯筑墙高数仞，键闭牢密，卒然寇至，尽可保守。

在外寇虎视眈眈之下，屯田成绩自难理想，物质供应绝大部分须仰赖中央，不仅兵士衣粮草料须中央供给，而且官俸、修筑均靠中央负担。《册府元龟》卷四八四《邦计部》：

大历二年九月，吐蕃寇灵州，命有司运米二万石供灵州军。是年冬，率城百官、士庶钱，充朔方军粮。

又《册府元龟》卷四一三《将帅部》：

王承元，大和中为凤翔节度使，奏当军应管兵三万人，内军一千五百骑，今更添置一千五百骑，请度支给衣粮草料。

又《文苑英华》卷九一六路岩《义昌军节度使浑公神道碑》：

边兵之衣辇自京师，吏缘为奸，纩帛悉滥。

又《册府元龟》卷四一〇《将帅部》：

张惟清为振武军节度使，请户部钱一十四万贯，充修筑东受降城。

又《全唐文》卷八十一宣宗《给夏州等四道节度以下官俸敕》：

夏州等四道，士无丝蚕，地绝征赋……夏州、灵武、振武节度使宜每月各给料钱厨钱共三百贯文，监军每月一百五十贯文，别勅判官每月五十贯文，节度副使每月……赏设每道每年给五千贯文，修器械每道给二千贯文。天德军使料钱厨钱每月

> 共给二百贯文，监军每月……赏设每年给三千贯文，修器仗每
> 年一千贯文。……其所给料钱等，并以户部钱物充。起十月支
> 给，一年以后，仍每秋一度，差御史一人，点简兵士器仗闻奏。

西北方镇经济不能自足，必须接受中央之支援，于是亦不能不接受
中央之控制（包括"点检兵士器仗"），任藩帅者遂不能不听命于中
央，表示恭顺。钱宾四先生说："关中自李茂贞以外，别无割据之
雄，此足证西北一带之残破，至是已不够割据建国之资力。"① 唐末
中央权威全失之时，西北一带尚且"不够割据建国之资力"，则唐末
以前，中央威势犹在，财力犹富，西北藩镇更缺乏跋扈、叛逆之条
件。因此，西北地区经济力量之薄弱，乃是促使西北藩镇对中央恭
顺的原因之一。

---

① 《国史大纲》第五编第三十章，页三六三。

| 第七章 |

河北三镇之独立性在文化上的原因

　　唐世藩镇之跋扈，始于安史之乱，尤其安史之根据地河北地区更成为跋扈势力之代表性地区，自安史之乱以后，迄至唐亡，河北三镇（河北三镇指幽州、魏博、成德三镇）始终跋扈，不奉朝旨。[①]而且唐室中央更视河北三镇为其他跋扈藩镇之支援地，会昌三年，李德裕谋伐刘稹，[②]事先即力使河北三镇不暗中支持刘稹。[③]考诸史实，在僖宗以前，河南、河东藩镇之跋扈、叛逆，常得到幽州、魏博、成德三镇之支助。如代德时山南东道节度使梁崇义，"与田承嗣、李正己、薛嵩、李宝臣为辅车之势"；[④]建中时淮西节度使李希烈拥兵不顺，"希烈遣使者约河北朱滔（幽州）、田悦（魏博）等连

---

　　① 河北三镇虽亦间有效顺，如田弘正者，但为时极短，而所谓效顺，只是形诸于外表，朝廷并未能控制该地。《旧唐书》卷二〇〇下《朱泚传》："幽州及河北诸镇，自天宝末，便为逆乱之地。"终唐之世，河北三镇对中央之态度，非跋扈即叛逆。参阅本文附录唐代藩镇总表，幽州、魏博、成德三镇"对中央之态度"栏。

　　② 会昌三年四月，昭义节度使刘从谏卒，子稹谋袭昭义节度使之位，时李德裕执政，力主讨伐刘稹。阅《通鉴》卷二四七会昌三年四月以下。

　　③ 李德裕于讨刘稹之前，即促使成德、魏博、幽州三镇勿助刘稹，且不惜承认河北三镇世袭半独立之制度（德裕为武宗草诏赐成德节度使王元逵、魏博节度使何弘敬，其中有"勿为子孙之谋，欲存辅车之势"之语）。阅《通鉴》卷二四七会昌三年四月至卷二四八会昌四年十一月以前有关诸条。《新唐书》卷一八〇《李德裕传》："泽潞刘从谏死，其从子稹擅留事，以邀节度。德裕曰：'泽潞内地，非河朔比……舍而不讨，无以示四方。'帝曰：'可胜乎？'对曰：'河朔，稹所恃以唇齿也，如令魏、镇不与，则破矣……'"参阅《会昌一品集》。

　　④ 《旧唐书》卷一二一《梁崇义传》。

和"①；元和九年，淮西节度使吴少阳卒，子元济自领军务，朝廷讨元济，"元济遣人求援于镇州王承宗、淄郓李师道，二帅上表于朝廷，请赦元济之罪，朝旨不从，自是两河贼帅所在窃发，冀以沮挠王师。（元和十年）五月，承宗、师道遣盗烧河阴仓……六月，承宗、师道遣盗伏于京城，杀宰相武元衡"；②宪宗初，昭义节度使卢从史"狂恣不道"，"属（成德节度使）王士真卒，从史窃献诛承宗计……阴与承宗通谋，令军士潜怀贼号，又高其刍粟之价，售于度支，讽朝廷求宰相，且诬奏诸军与贼通，兵不可进，上深患之"。③因此，河北三镇成为唐代中原地区藩镇跋扈的祸根，古来史家学者道及黄巢起事前的藩镇跋扈，所指常是河北三镇。④河北三镇遂成为唐代藩镇跋扈之代表。

安史之乱后，河北三镇所以长期跋扈叛逆而成为半独立状态，其原因甚多，而文化上与中央及河南以南地区脱节，厥为一重大因素。

第一节　唐人之种族观念

《通鉴》载：安禄山称乱，玄宗问封常清以讨禄山之方略，常清大言曰："计日取逆胡之首献阙下。"⑤唐人亦每喜将安史之乱称之为胡乱，⑥不能不令人连想到安史之乱是否是汉族以外之异族欲推翻汉族政权之举动？安史之乱以后，河北三镇之跋扈，是否是外族反抗汉族政权之表现？欲解答此一问题，必须先了解唐人之种族观念。

---

① 《新唐书》卷二二五中《李希烈传》。
② 《旧唐书》卷一四五《吴少诚传附吴元济传》。
③ 《旧唐书》卷一三二《卢从史传》。
④ 明张玄羽著《唐藩镇指掌》（卷下）称"唐自安史以来，军镇久在藩镇，朝廷羁縻之，酷似夏秋之世矣"。即指河北诸镇。
⑤ 阅《通鉴》卷二一七天宝十四载十一月辛未。
⑥ 唐人称安史为"逆胡""戎"者，史籍文集中随处可见，兹任举数例以问之：《全唐文》卷二三一李华《扬州司马李公墓志铭》："属狂胡首乱，悉众来攻。"《全唐文》卷四三〇李翰《苏州嘉兴屯田纪颂》："自羯戎乱常，天步多艰。"《册府元龟》卷四〇七《将帅部》，郭子仪奏："间者羯胡构乱。"《高常侍集》卷四《酬裴员外以诗代书》："胡骑犯龙山。"《岑嘉州诗》卷一《行军》："胡兵夺长安……胡雏尚未灭，诸将悬征讨。"

唐太宗曰："自古皆贵中华，贱夷狄，朕独爱之如一，故其种落皆依朕如父母。"① 李华亦云："国朝一家天下，华夷如一。"② 如从唐代史籍观察，唐代政治上绝无种族歧视之事，此或与时代背景及李唐王室血统有关。就时代背景而言，隋唐承南北朝胡人乱华之后，原有的汉族大量渗入了胡族的血液，而胡人也打入了汉人社会，胡人与汉人的隔阂由于长时期的相处而消除，③ 汉人与胡人在感情上与血源上的新结合，自然使汉人对胡人（尤其是居于中国境内的胡人）不会有种族歧视。就李唐王室血统而言，李渊、李世民均非纯粹之汉族，其血统为汉胡混杂者，而李渊、李世民所娶皇后更系胡族女子④，因此，唐代皇帝自无歧视胡人之想法，表现在政治上，便是唐代将相不分途，蕃族习文者可以为相，习武者可以为将。根据《唐书·宰相世系表》，九十八族三百六十九人中，其为外族者有十七姓三十二人。⑤ 唐代蕃将之多实不可胜纪，甚至天子禁卫亦用蕃兵，"初，太

---

① 《通鉴》一九八贞观二十一年五月庚辰条。

② 《文苑英华》卷八〇一李华《寿州刺史厅壁记》。

③ 钱宾四先生认为北朝的府兵制，使得种族上胡人与汉人的隔阂取消。见《国史大纲》第四编第二十章页249。

④ 关于李唐王室之种族问题，参阅陈寅恪先生著《李唐氏族之推测》《李唐氏族之推测后记》《三论李唐氏族问题》《唐代政治史述论稿》。根据《三论李唐氏族问题》及《唐代政治史述论稿》，李唐血统其初本为华夏，其后娶胡族女子，遂杂有胡族血统，其李唐皇室血统世系表如下：（妻族为汉族者标以□，确知为胡族者标以回，虽有胡族嫌疑，但在未能确切证明前，姑仍认为汉族者则标以□符号）

王桐龄先生著《杨隋李唐先世系统考》，更认为李唐先世家于武川，其地为匈奴、鲜卑人杂居地，故唐先世未必中国人。此说不若陈说之稳健，但无论如何，李唐皇室具有胡族血统，则无疑义。

⑤ 蓝文徵先生著《隋唐五代史》，称唐代将相多蕃人，《新唐书·宰相世系表》所列之宰辅，其出自蕃族者共17姓，32人，与《新唐书·宰相表》所列唐代宰相总数369人凡89族相比较，则蕃人占十二分之一，蕃族占五分之一，其中如房玄龄、李靖、长孙无忌、于志宁等皆开国元勋，窦怀贞、关立本、源乾曜、宇文融、令狐楚等，并卓然名卿。至于文武名勋，草野名臣，出自蕃族之裔者不胜其数，如元德秀、白居易、独孤及、高瑀、高崇文、豆卢琢、长孙顺德、仆固怀恩等均是。详见第一章，页24—30。

宗贞观中，择官户蕃口中少年骁勇者百人，每出游猎，令持弓矢于御马前射生，令骑豹文韂，着画兽文衫，谓之百骑"。① 玄宗开元八年诏曰："于两京及诸州且拣取十万人，务求灼然骁勇，不须限以蕃汉，皆放番役差科，唯令团伍教练。"② 国防武力既由蕃汉共同肩负，③ 足征在政治上蕃汉地位并无不同。李林甫欲杜边帅入相之路，乃重用安禄山。其原因并非胡族不能任宰相，实际上唐初宰相长孙无忌、李靖均出于胡族，只是安禄山不知书，乃无入相之由。④

　　同时，在当时社会中，外族人数甚多，唐代外族人之来源大约有三：一为唐代以前已归化者，一为外族来降者，一为外族来华经商者。唐代以前已归化之胡人，由于岁月久积，华化已深，且改籍贯中国，与汉人几无不同。外族来降者，人数甚多，此或由于唐代国势之鼎盛，沿中国边境之外族，或屈于唐朝之武力，或慕唐朝的富庶，因而归降，如贞观三年，户部奏言中国人自塞外来归及突厥前后内附者男女一百二十余万口。⑤ 贞观四年太宗乘突厥内乱，使李靖率军讨之，二月，李靖破突厥颉利可汗于阴山，俘男女十余万，颉利率万余人欲度碛，李世勣军于碛口，颉利至，不得度，其大酋长皆帅众降，世勣虏五万余口而还，三月，突厥思结俟斤帅众四万

---

　　① 《旧唐书》卷一〇六《王毛仲传》。

　　② 《全唐文》卷二八玄宗《命两京及诸州简兵诏》。《册府元龟》卷一二四《帝王部》开元八年八月诏，同。

　　③ 开元初，西、北方边兵亦已蕃汉杂处。参阅《新唐书》卷一三三《郭虔瓘传》，《新唐书》卷二二五上《安禄山传》。

　　④ 《通鉴》卷二一六天宝六载十二月，"李林甫欲杜边帅入相之路，以胡人不知书，乃奏言，文臣为将，怯当矢石，不若用寒畯胡人……诸道节度使尽用胡人"。《新唐书》卷二二三上《李林甫传》："擢安禄山、高仙芝、哥舒翰等专为大将。林甫利其虏也，无入相之资。"所谓"无入相之资"，即《通鉴》所称"不知书"。《旧唐书》卷一〇六《李林甫传》更明言："自是高仙芝、哥舒翰皆专任大将，林甫利其不认文字，无入相由也。"《通鉴》卷二一七天宝十三载正月，"上欲加安禄山同平章事，已令张垍草制，杨国忠谏曰：'禄山虽有军功，目不知书，岂可为宰相，制书若下，恐四夷轻唐。'上乃止"。此条充分说明安禄山未得为宰相，乃由于"目不知书"，而非由于种族的关系。《唐史论断》（卷中）谓李林甫用安禄山等"利其夷狄贱类，无入相之路"。如只是"夷狄贱类"，仍可入相，其不能入相，当在目不知书一点。

　　⑤ 《旧唐书》卷二《太宗纪》贞观三年。《通鉴》卷一九三贞观三年十二月，同。

来降，及突厥亡，其降唐者尚十万口，其突厥酋长降者，拜大将军、将军、中郎将，"布列朝廷，五品以上百余人，殆与朝士相半，因而入居长安者近万家"。① 贞观六年，党项羌前后内属者三十万口。② 总章二年，"移高丽户二万八千二百，车一千八十乘，牛三千三百头，马二千九百匹，驼六十头，将入内地，莱、营二州般次发遣，量配于江、淮以南，及山南、并、凉以西诸州空闲处安置"。③ 开元三年，"突厥十姓，降者前后万余帐，高丽莫离支文简，十姓之婿也。二月，与跌跌都督思泰等亦自突厥帅众来降；制皆以河南地处之"。④ 会昌三年破回鹘，其降者三万余人，皆散隶诸道。⑤ 此外，胡人使者来长安，达四千人，多不愿归国。贞元三年，李泌令胡使归国，否则给俸禄为唐臣，胡使均愿留居。⑥ 以上所举数例，可见外族归降中国之人数众多。至于唐代之胡商，其数亦多，代宗时，长安商胡在千人以上，⑦ 肃宗时，江淮有刘展之乱，田神功率兵讨展，"神功至扬州，大掠居人资产，鞭笞发掘略尽，胡商大食、波斯等商旅死者数千人"。⑧ 而广州胡商更众，"蕃獠与华人错居，相婚嫁，多占田营第舍"。⑨ 唐末黄巢起事，广州胡商被杀者达十二万人以上。⑩

唐时胡人在中国者既多，汉族又掺杂了胡族血统，遂使当时汉人亦有从胡习，《旧唐书》卷四十五《舆服志》称："开元来……太常乐尚胡曲，贵人御馔，尽供胡食，士女皆竞衣胡服。"甚至皇子

① 阅《通鉴》卷一九三贞观四年正月至五月。参阅《贞观政要》卷九《安边略》。
② 《旧唐书》卷三《太宗纪》贞观六年。《新唐书》卷二《太宗纪》，《通鉴》卷一九四贞观六年，同。
③ 《旧唐书》卷五《高宗纪》总章二年五月庚子。
④ 《通鉴》卷二一一开元三年二月。
⑤ 《通鉴》卷二四七会昌三年三月。
⑥ 《通鉴》卷二三二贞元三年七月。
⑦ 《通鉴》卷二二五大历十四年七月庚辰。
⑧ 《旧唐书》卷一一〇《邓景山传》。参阅《新唐书》卷一四四《田神功传》。
⑨ 《新唐书》卷一八二《卢钧传》。
⑩ 阅方豪先生《中西交通史》，第二册，页37—39。

亦崇胡尚。① 当时长安习俗生活及娱乐多杂有胡风。②

从唐代政治和社会上观察，唐人之种族观念甚为淡薄，因此，皇帝娶外族女子有之，公主下嫁外族男子亦有之。③ 唐室君臣不仅对国内汉胡等视，且"其于抚绥夷落，怀柔远人，实有一视同仁之慨"。④ 于是，在唐太宗时，中国与西北边外邻国遂产生一种近于维系国际和缓关系之机构，即所谓天可汗制度。⑤

然而，如以唐人全无种族观念，则又不然，阅两唐书及唐人诗文集，随处可见"胡""蕃""虏""戎""羯"等含有种族意识之文字，似仍有华夷之分。然而，如略加细察，则可发现唐人所谓之"胡""虏"……等字，其意义未必全指血统而言，乃侧重于文化之区别。换言之，凡外族已接受汉化者，即视同汉人，不再追究血统来源，而已汉化之胡人亦常自视与未汉化之胡人不同，凡未汉化之胡人，始被视作"异族"。此种论文化不论血统之种族观念，春秋以后即有，至唐仍然。高适有《同李员外贺哥舒大夫破九曲之作》诗："遥传副丞相，昨日破西蕃。作气群山动，扬军大旆翻。奇兵邀转战，连弩绝归奔。泉喷诸戎血，风驱死虏魂。"⑥ 按《通鉴》卷二一六天宝十二载五月，"陇右节度使哥舒翰击吐蕃，拔洪济、大漠门等城，悉取九曲部落"。高适诗之"哥舒大夫"即是"哥舒翰"，哥舒翰乃"突骑施首领哥舒部落之裔也"，⑦ 明是蕃人，而高适诗中竟不讳"戎""虏"等字，乃因哥舒翰已归化中国，高适不将哥舒翰视作异族人也。《通鉴》贞观十六年载："先是左领军将军契苾何力母姑臧

---

① 太宗子承乾，"使户奴数十百人习音声，学胡人椎髻剪采为舞衣"，"又好突厥言及所服，选貌类胡者被以羊裘辫发，五人建一落，张毡合，造五狼头纛，分戟为阵，系幡旗，设穹庐自居，使诸部敛羊以烹，抽佩刀割肉相啖"。阅《新唐书》卷八十《常山愍王承乾传》。关于唐人生活乐舞之胡化，参阅严耕望先生《唐代文化约论》及冯承钧著《唐代华化蕃胡考》。

② 关于长安生活之胡化，详见向达《唐代长安与西域文明》，《燕京学报》专号之二。

③ 参阅王桐龄先生著《杨隋李唐先世系统考》。

④ 柳诒徵《中国文化史》，第十一章，页119。

⑤ 关于天可汗制度，参阅罗香林先生著《唐代文化史》之《唐代天可汗制度考》。

⑥ 《高常侍集》卷七。

⑦ 《旧唐书》卷一〇四《哥舒翰传》。

夫人及弟贺兰州都督沙门皆在凉州。上（太宗）遣何力归觐，且抚其部落。时薛延陀方强，契苾部落皆欲归之，何力大惊曰：'主上厚恩如是，奈何遽为叛逆？'其徒曰：'夫人、都督先已诣彼，若之何不往？'何力曰：'沙门孝于亲，我忠于君，必不汝从。'其徒执之诣薛延陀，置真珠牙帐前。何力箕倨，拔佩刀东向大呼曰：'岂有唐烈士而受屈虏廷，天地日月，愿知我心。'因割左耳以誓。"① 契苾何力乃铁勒哥论易勿施莫贺可汗之孙，② 系归化之蕃人，竟自称"唐烈士"，指薛延陀为"虏廷"，可表达出当时已归化之外族自视为唐人，对其他未归化之外族，虽血统相近，反目为胡虏。此可以说明唐人对种族之观念，乃是文化重于血源。所以贞观之时，突厥归降，"朝士多言：'北狄自古为中国患，今幸而破亡，宜悉徙之河南兖、豫之间，分其种落，散居州县，教之耕织，可以化胡虏为农民。'"③ 开元时，王晙亦请安置北方降虏于淮南河南，"二十年外，渐染淳风，持以锐兵，皆为劲卒"，④ 凡此均是以文化为重之种族观念的表现。

陈黯撰《华心》一文，最足以看出唐人对华夷之辨的观点：

> 大中初年，大梁连帅范阳公得大食国人李彦升，荐于阙下，天子诏春司考其才。二年，以进士第名显，然常所宾贡者不得拟。或曰："梁大都也，帅贤硕也，受命于华君，仰禄于华民，其荐人也，则求于夷，岂华不足称也耶？夷人独可用耶？吾终有惑于帅也。"曰："帅真荐才而不私其人也。苟以地言之，则有华夷也，以教言，亦有华夷乎？夫华夷者，辨在乎心。辨心在察其趣向，有生于中州而行戾乎礼义，是形华而心夷也。生于夷域而行合乎礼义，是形夷而心华也。若卢绾少卿之叛亡，其夷人乎？金日磾之忠赤，其华人乎？繇是观之，皆任其趣向耳！"（《全唐文》卷七六七陈黯《华心》）

所谓"华夷者，辨在心"，乃是唐人种族观念之关键。唐人对于已华

---

① 《通鉴》卷一九六贞观十六年十月。
② 《新唐书》卷一一〇《契苾何力传》。
③ 《通鉴》卷一九三贞观四年四月戊戌。
④ 《全唐文》卷二九八王晙《请移突厥降人于南中安置疏》。

化之"夷人",绝无因其血源不同而有仇视之事,但对于国境之外,尚未接受华化之"夷人",均采敌对防备的态度。

了解唐人之种族观念以后,便不难推测出安史之乱及其后河北三镇之半独立状态,并不是单纯的"种族革命",主要乃是由于河北地区与中原地区文化的差异。事实上,安禄山叛变之后,玄宗"亲征安禄山诏",并未斥之为胡族之叛乱,甚至未称安禄山为胡人,只言"安禄山本自细微,擢之行伍",① 可见安禄山之叛,并非以外族对抗汉族。纵在安史之乱平定以后,河北三镇跋扈之势形成,朝廷亦从未指责河北藩帅为胡人,河北藩镇之跋扈不全由种族之相异,不难揣知。

第二节　唐代之重用蕃将

安禄山之乱,史家多称植源于李林甫固位之私谋,② 诚然,李林甫重用安禄山之动机,其心可诛,但如以当时之环境及观念观察,李林甫之重用安禄山与其他蕃将,并无不合当时政治习惯之处。唐人对种族观念原极淡薄,因此唐初军中多用蕃将,③ 且使之担任边防任务。④ 唐初蕃将不仅人数多,且表现良好,兹举数例以明之:

> 突厥阿史那忠,擒颉利以降,累迁右骁卫大将军。所历皆以清谨见称,时人比之金日䃅。(《旧唐书》卷一○九《阿史那忠传》)

> (贞观)七年,(契苾何力)与凉州都督李大亮、将军薛万均同征吐谷浑,万均兵败,何力勇战致胜。而万均排毁何力,自称己功,何力大怒,几欲杀万均。太宗闻之而责问其故,何力言万均败恶之事,太宗怒,将解其官回授,何力固让曰:"以臣之故而解万均,恐诸蕃闻之,以为陛下厚蕃薄汉,转相诬告,

---

① 阅《全唐文》卷三十三玄宗《亲征安禄山诏》。
② 阅《通鉴》卷二一六天宝六载十二月,"李林甫欲杜边帅入相之路"条。
③ 参阅《陔余丛考》卷十七"唐初多用蕃将"条。
④ 关于唐初边镇所任用之蕃将,可参阅万斯同《唐边镇年表》。

驰竞必多。又夷狄无知，或谓汉臣皆如此辈，固非安宁之术也。"太宗乃止。（《旧唐书》卷一〇九《契苾何力传》）

（高宗时黑齿常之为河源军大使），以河源军正当贼冲，欲加兵镇守，恐有转运之费，遂远置烽戍七十余所，度开营田五千余顷，岁收百余万石。……常之在军七年，吐蕃深畏惮之，不敢复为边患。（《旧唐书》卷一〇九《黑齿常之传》）

（李多祚掌禁兵北门宿卫二十余年），与（张）柬之等定谋诛易之兄弟。（《旧唐书》卷一〇九《李多祚传》）

（执失思力贞观时），领突厥扞薛延陀，延陀兵十万寇河南，思力示羸，不与确，贼深入至夏州，乃整阵击败之，追蹑六百里。（《新唐书》卷一一〇《执失思力传》）

不仅蕃将人数多，同时唐军之中，亦多蕃兵，贞观十三年侯君集、契苾何力讨高昌，"率突厥、契苾骑数万讨之"。[1] 二十一年阿史那社尔、契苾何力讨龟兹，"发铁勒十三部兵十万讨之"，[2] 可见外族人在唐服兵役者之多。其后，唐军多以蕃汉兵混合组成，乾封元年，契苾何力讨辽东，"引蕃汉兵五十万先临平壤"[3]。开元以后更为普遍，如开元十年，北庭节度使张嵩讨吐蕃，"将蕃汉步骑四千"。[4] 开元初，郭虔瓘为安西都护，与安抚招慰十姓可汗使阿史那献不和，诏书谕解曰："卿等所统，蕃汉杂之。"[5] 牛仙客任河西节度使时，玄宗诏仙客，"密令安西征蕃汉兵一万人"，"河西节度内发蕃汉二万人，取瓜州"。[6] 天宝十载，高仙芝"将蕃汉三万众击大食"，十一载，"安禄山发蕃汉步骑二十万击契丹"。[7] 且政府命令招募边兵，亦包括有蕃兵。[8]

---

[1]　《新唐书》卷二二一上《西域传·高昌》。

[2]　《新唐书》卷二二一上《西域传·龟兹》。

[3]　《旧唐书》卷一〇九《契苾何力传》。

[4]　《通鉴》卷二一二开元十年八月癸未条。

[5]　《新唐书》卷一三三《郭虔瓘传》。

[6]　《全唐文》卷二八四张九龄《敕河西节度牛仙客书》。

[7]　《通鉴》卷二一六天宝十载四月，十一载三月。

[8]　《全唐文》卷二八六张九龄《敕四镇节度使王斛斯书》："四镇蕃汉健儿，并委卿随所召募。"

内部蕃兵既多，又须外抚蕃族，边帅之任自当熟悉蕃情。而天宝之初，汉人专崇文事，"子弟为武官，父兄摈不齿"。[①] 欲以汉将守边而能融洽蕃情，日难其人。[②] 在玄宗之前，蕃将既已有良好表现，功勋亦著，且又有任"总管""大总管""经略使""都护"之重职者。（参见表26）

表 26　唐初任用蕃将表

姓名	种别	立功时代	重要功绩	历任重要官职	备考
史大奈	突厥	高祖	助唐开国	右武卫大将军	《新唐书》一一〇本传
突地稽	靺鞨	高祖	助平刘黑闼之乱。高开道引突厥来攻幽州，率兵破之。	右卫将军	《太平寰宇记》卷一七五《东夷·勿吉国》
冯盎	南蛮	高祖太宗	平定岭南罗窦诸洞獠。	高罗总管	《旧唐书》一〇九本传
阿史那社尔	突厥	太宗	随太宗征辽有殊勋。贞观二十二年征服龟兹。	镇军大将军、昆丘道行军大总管	《旧唐书》一〇九本传
阿史那苏尼失	突厥	太宗	擒颉利可汗	北宁州都督、右卫大将军	《旧唐书》一〇九本传
阿史那忠	突厥	太宗	擒颉利可汗	右骁卫大将军	《旧唐书》一〇九
执失思力	突厥	太宗	抗薛延陀之入侵	左领军将军、驸马都尉	《旧唐书》一一〇本传
契苾何力	回纥	太宗高宗	贞观七年征吐谷浑有大功。贞观十四年讨平高昌。随太宗征辽东有功。永徽年平处月处密。龙朔元年平九姓之叛。乾封元年平高丽。	葱山道副大总管、征辽前军总管、弓月道大总管、辽东道行军大总管	《旧唐书》一〇九本传

---

① 《通鉴》卷二一六天宝八载四月。

② 汉将之中，王君㚟号称骁勇，但不能融洽蕃情，竟为瀚海州司马护输等袭杀。详阅《新唐书》卷一三三《王君㚟传》。

（续表）

姓名	种别	立功时代	重要功绩	历任重要官职	备考
契苾明	回纥	高宗	讨吐蕃	柏海道经略使、左威卫大将军	《新唐书》卷一一〇本传
阿史那道真	突厥	高宗	讨吐蕃	左屯卫大将军	《旧唐书》卷一〇九本传
黑齿常之	百济	高宗	屡破吐蕃、突厥。任河源军大使七年，吐蕃不敢寇边。	河源军大使、朔方大总管	《旧唐书》卷一〇九本传
李多祚	靺鞨	高宗武后	少以军功显，前后掌禁兵北门宿卫二十余年，助诛张易之兄弟。	右羽林军大将军	《旧唐书》卷一〇九本传
李谨行	靺鞨	高宗	高宗上元三年大破吐蕃数万于青海。	积石道经略大使、营州都督	《新唐书》一一〇本传
阿史那弥射	突厥	高宗	讨西域	昆陵都护	《新唐书》二一五下《突厥传》
阿史那步真	突厥	高宗	讨西域	濛池都护	《新唐书》二一五下《突厥传》
泉男生	高丽	高宗	伐辽东	右卫大将军	《新唐书》一一〇本传
任雅相	渤海	高宗	显庆初伐突厥	燕然都护	《新唐书》二一五下《突厥传》
阿史那献	突厥	高宗中宗睿宗玄宗	平十姓之叛	右骁卫大将军、北庭大都督、碛西节度使	《新唐书》二一五下《突厥传》
李楷固	契丹	武后	破契丹。伐渤海。	左玉钤卫大将军	《新唐书》二二九《北狄传》
骆务整	契丹	武后	破契丹	右威卫将军	《新唐书》二二九《北狄传》

（续表）

姓名	种别	立功时代	重要功绩	历任重要官职	备考
论弓仁	吐蕃	中宗睿宗	抗御吐蕃	左骁卫大将军、朔方副大使	《新唐书》一一〇本传

玄宗时节度使之设始多，其职亦"总管""经略"之等，以蕃将担任，最能融洽蕃情，适应环境，纵使李林甫不发其端，后世以时势需要，亦必有行其事者[1]。

安史之乱，固是以河北蕃兵骚扰中国，而唐室赖以平乱者，除朔方及西北边兵外，亦藉回纥兵力。[2] 朔方为唐室主要兵力，平安史乱，实立大功，[3] 然而朔方兵仍是蕃汉混杂的军队，[4] 非纯粹汉兵。因此概括而言，平定安史之乱，实乃以蕃兵制蕃兵的结果。

在安史之乱中，蕃将为唐室立功者甚多，唐室得以复兴，除郭子仪外，以李光弼尽力最多，史称李光弼"战功推为中兴第一"。[5]此外如王思礼、白孝德、论惟贤、论惟节、仆固怀恩、白元光、哥舒曜、荔非元礼、李抱玉、浑瑊等亦功不可没，这些功臣均为蕃将。

---

[1] 陈寅恪先生认为河朔之地"民族已脱离汉化，而又包括东北及西北之两种胡，唐代政府若欲羁縻统治，而求一武力与权术兼具之人才，为此复杂胡族方隅之主持，则柘羯与突厥合种之安禄山者，实为适应当时环境之唯一上选也，玄宗以东北诸镇付之禄山，虽尚有他故，而禄山之种姓与河朔之情势要必为其主因，岂得仅如旧史所载，一出于李林甫固位之私谋而已耶？"阅《唐代政治史述论稿》，页36。陈先生所论虽仅安禄山，实则当时西北边境情势相似，惟胡化或不如河北边境之深而已。

[2] 《通鉴》卷二一八至德元载九月，"上（肃宗）虽用朔方之众，欲借兵于外夷以张军势，以豳王守礼之子承寀为敦煌王，与仆固怀恩使于回纥以请兵。又发拔汗那兵，且使转谕城郭诸国，许以厚赏，使从安西兵入援"。关于回纥助平安史之乱，阅《通鉴》卷二一九以下有关记载。

[3] 《全唐文》卷四六三陆贽《招谕河中诏》："肃宗代宗，再复京邑，皆是朔方将士之功。"《新唐书》卷一三七《郭子仪传》："（安史之乱，肃宗）唯倚朔方军为根本。"

[4] 《通鉴》卷二二二上元二年二月，"朔方节度使仆固怀恩勇而愎，麾下皆蕃汉劲卒"。可见朔方军乃蕃汉混合组成。《册府元龟》卷三七四《将帅部》："戴休颜为盐州刺史，奉天之难，休颜以所部蕃汉三千号泣赴难。"盐州隶朔方，亦是朔方军之一部。

[5] 《新唐书》卷一三六《李光弼传》。

安史之乱以后，蕃将立功者更多，而且屡次挽救李唐王朝的危亡。①
其详请参看下表。

表 27 唐玄宗以后蕃将立功唐室表

姓名	种族	立功时代	重要功绩	历任重要官职	备考
高仙芝	高丽	玄宗	抗御吐蕃、虏小勃律王。	安西节度使、右羽林大将军	《旧唐书》卷一〇四本传
哥舒翰	突骑施	玄宗	抗御吐蕃	陇右、河西节度使	《旧唐书》卷一〇四本传
白道生	突厥	玄宗	抗御吐蕃	宁朔州刺史	《全唐文》卷三七一于益撰《左武卫将军白公神道碑》
夫蒙灵詧	羌	玄宗	讨突骑施、防边。	河西节度使	《通鉴》卷二一五
安忠敬	安息	玄宗	防边	河西节度使	《全唐文》卷二三〇张说撰《河西节度副大使鄯州都督安公神道碑》
安思顺	安息	玄宗	防边	河西、朔方节度使	《通鉴》卷二一六
赵国珍	苗	玄宗肃宗	在五溪十余年，天宝末中原兴师黔中封疆无虞。	黔中经略使、工部尚书	《旧唐书》卷一一五本传
浑释之	回纥	玄宗、肃宗、代宗	防吐蕃	试太常卿	《新唐书》卷一五五《浑瑊传》

① 如建中末泾原兵乱，德宗奔奉天，朱泚围攻奉天，旦暮且下，李怀光兵至，遂解奉天之围。僖宗时，黄巢陷两京，唐室几不能再兴，平定黄巢使唐祚再延者，李克用居功第一。

（续表）

姓名	种族	立功时代	重要功绩	历任重要官职	备考
李光弼	契丹	肃宗代宗	平安史之乱	户部尚书同中书门下平章事、河东、朔方节度使	《旧唐书》卷一一〇本传
王思礼	高丽	肃宗	平安史之乱	关内、河东节度使、户部尚书	《旧唐书》卷一一〇本传
仆固怀恩	回纥	肃宗	平安史之乱	天下兵马副元帅、朔方节度使	《旧唐书》卷一二一本传
荔非元礼	羌	肃宗	平安史之乱	镇西北庭行营节度使	《新唐书》卷一三六本传
论惟贞	吐蕃	肃宗	平安史之乱	左领军卫大将军、英武军使	《新唐书》卷一一〇本传
论惟贤	吐蕃	肃宗	平安史之乱	右领军卫大将军	《全唐文》卷四七九吕元膺撰《论公惟贤神道碑》
论诚节	吐蕃	肃宗	平安史之乱	朔方节度副使	《全唐文》卷四七九吕元膺撰《论公惟贤神道碑》
尉迟胜	于阗	肃宗	平安史之乱	右威卫大将军	《旧唐书》卷一四四本传
白孝德	安西胡	肃宗	平安史之乱	鄜坊、邠宁节度使	《旧唐书》卷一〇九本传
白元光	突厥	肃宗代宗	平安史之乱	朔方节度留后	《新唐书》卷一三六本传
浑瑊	回纥	肃宗代宗德宗	平安史之乱。平仆固怀恩之叛。大破吐蕃。平周智光之乱。平朱泚之乱。平李怀光之叛。	振武、京畿、渭北、河中节度、朔方行营兵马副元帅	《旧唐书》卷一三四本传

（续表）

姓名	种族	立功时代	重要功绩	历任重要官职	备考
哥舒曜	突骑施	肃宗、代宗、德宗	平安史之乱。讨李希烈。	东畿汝节度使、河南尹	《新唐书》卷一三五本传
李抱玉	安息	肃宗代宗	平安史之乱	泽潞、凤翔节度使	《旧唐书》卷一三二本传
李抱真	安息	代宗德宗	建中末，田悦、王武俊、朱滔叛，称王，抱真力抗群贼，说服武俊归顺。	昭义节度使	《旧唐书》卷一三二本传
李怀光	靺鞨	代宗德宗	防御吐蕃。泾原兵乱赴难解奉天之围。	邠宁、朔方节度使	《旧唐书》卷一二一本传
张孝忠	奚	代宗德宗	力御河北三镇之叛乱,保全易定。	义武节度使	《旧唐书》卷一四一本传
尚可孤	鲜卑	代宗德宗	以禁兵镇于扶风武功十余年军邑安之。平朱泚之乱。	神策京畿节度使	《旧唐书》卷一四四本传
李光进	契丹	代宗	防御吐蕃。掌禁兵。	邠宁节度使	《新唐书》卷一三六《李光弼传》
李元谅	安息	德宗	平朱泚之乱。平李怀光之乱。防御吐蕃。	镇国军、陇右节度使	《旧唐书》卷一四四本传
裴玢	疏勒	德宗	屡为藩帅，以公清苦节为政，廪库饶实，三军百姓安乐。	鄜坊、山南西节度使	《旧唐书》卷一四六本传
李洧	高丽	德宗	讨李纳	徐海观察使	《新唐书》卷一四八本传

（续表）

姓名	种族	立功时代	重要功绩	历任重要官职	备考
论惟明	吐蕃	德宗	平朱泚之乱	鄜坊节度使	《全唐文》卷四七九吕元膺撰《论公惟贤神道碑》
张茂昭	奚	德宗宪宗	讨王承宗之叛	河中节度使	《旧唐书》卷一四一本传
李光进（阿跌光进）	回纥	宪宗	讨王承宗之叛	振武节度使	《新唐书》卷一七一本传
李光颜	回纥	宪宗穆宗	平吴元济之逆。平李师道之逆。御吐蕃。讨王廷凑之逆。平李齐之乱。	朔方、邠宁、凤翔、忠武、河东节度使	《旧唐书》卷一六一本传
高崇文	渤海	宪宗	平刘关之乱	东川、西川、邠宁节度使	《旧唐书》卷一五一本传
高承简	渤海	宪宗	平吴元济之逆	沂海密观察使、义成节度使	《旧唐书》卷一五一本传
浑镐	回纥	宪宗	军政吏职修明	义武节度使	《旧唐书》卷一三四本传
史宪忠	奚	宪宗至宣宗	讨吴元济之逆。防御吐蕃。备突厥。	泾原、振武节度使	《新唐书》卷一四八本传
王承元	契丹	穆宗敬宗	防御吐蕃	凤翔、鄜坊节度使	《新唐书》卷一四八本传
拓拔思恭	党项	僖宗	讨黄巢	夏绥节度使	《新唐书》卷二二一上《西域·传党项》
李国昌	沙陀	懿宗僖宗	讨庞勋	金吾上将军、振武节度使	《旧五代史》卷二五《武皇纪》
李克用	沙陀	僖宗	平黄巢	河东节度使	《旧五代史》卷二五《武皇纪》

蕃将之多及其功勋之显赫，正表示唐室中央并不因为安史叛乱而对蕃将歧视与防范，蕃将本身亦无以种族不同而生自疑之心。

自上表中可以看出唐玄宗以后立功唐室之蕃将，其种族包罗甚广，虽出自西北、西南者较多，其属高丽、渤海者亦有。但却有一共同相似之处，即其人为久居中国而接受汉化，或虽在边外而向慕汉化者。如哥舒翰"好读《左氏春秋传》及《汉书》"，① 浑瑊"雅好《左氏春秋》、班氏史"，"又尝慕太史公自叙，著作行纪一篇，词不矜大，而事皆明备"。② 李光弼"能读班氏《汉书》"，③ 张茂昭"好儒书"，④ 李抱玉"安兴贵之裔，代居河西，善养名马，为时所称。群从兄弟，或徙居京华，习文儒，与士人通婚者，稍染士风"，⑤ 皆为华化已深之藩将。亦有久居中国或久服役唐军中而华化者，如论惟贞、论惟贤、论惟明、论诚节，自武后时论弓仁归唐即居中国；⑥ 尚可孤为鱼朝恩养子，将兵屯扶风武功历十余年；⑦ 王思礼自父虔威即在朔方军中效力，思礼少在河西隶王忠嗣帐下；⑧ 李怀光之先祖即常为朔方列将；⑨ 李国昌、李克用之先人赤耶执宜于元和初即入为金吾将军。⑩ 高仙芝"少随父至安西，以父有功授游击将军，年二十余即拜将军，与父同班秩。"⑪ 亦有向慕汉化者，如于阗王尉迟胜闻安禄山反，即将兵入援，命弟曜行国事，及乱平，胜愿以王位让曜而请留居京师。⑫ 亦有蕃将其言行表现之忠君勤职，连汉人亦不及者，

---

① 《旧唐书》卷一〇四《哥舒翰传》。

② 《全唐文》卷四九八权德舆《太师忠武公浑瑊碑》。

③ 《旧唐书》卷一一〇《李光弼传》。

④ 《旧唐书》卷一四一《张孝忠传附子茂昭传》。

⑤ 《旧唐书》卷一三二《李抱玉传》。

⑥ 阅《新唐书》卷一一〇《论弓仁传》。《全唐文》卷四七九吕元膺《论公惟贤神道碑》。

⑦ 《新唐书》卷一一〇《尚可孤传》。

⑧ 《旧唐书》卷一一〇《王思礼传》。

⑨ 《旧唐书》卷一二一《李怀光传》。

⑩ 《旧五代史》卷二十五《后唐武皇纪》。

⑪ 《旧唐书》卷一〇四《高仙芝传》。

⑫ 阅《旧唐书》卷一四四《尉迟胜传》。

如李光进、李光颜之友恭孝悌，"事君许国之心"，[①] 李元谅之守边屯田，[②] 均是。

蕃将接受汉化后，不仅效忠李唐王朝，捍卫边疆，而且常以叛逆之外族人为羞。[③] 可见唐时汉人对蕃将并无歧视之心，而蕃将汉化后亦以效忠唐室为念，此足以明白安史乱后出身西北或久在中国之蕃将何以多立功唐室，而河北三镇藩帅因胡化而对唐室多采跋扈叛逆之态度。

第三节　唐中央政府轻河北重西北的态度

太宗贞观元年，因山川形便，分天下为十道，一曰关内、二曰河南、三曰河东、四曰河北、五曰山南、六曰陇右、七曰淮南、八曰江南、九曰剑南、十曰岭南。[④] 河北道之范围，东濒海，南临河，西距太行恒山，北尽边塞。[⑤] 河北道在地理位置上的重要性，主要在防御北方的外患。

自太宗以来，唐室中央对于河北道即未十分重视，甚至有时还加以歧视，其原因一方面是由于皇帝的感情问题，一方面是由于中

① 光进兄弟"少以孝睦推于军中"。元和时，光颜率军讨吴元济，"时韩弘为汴帅，骄矜倔强，常倚贼势索朝廷姑息，恶光颜力战，阴图挠阻，计无所施，遂举大梁城求得一美妇人，教以歌舞弦管六博之艺，饰之以珠翠金玉衣服之具，计费数百万，命使者送遗光颜，冀一见悦惑而怠于军政也。……光颜乃大宴军士，三军咸集，命使者进妓，妓至，则容止端丽，殆非人间所有，一座皆惊。光颜乃于座上谓来使曰：'令公怜光颜离家室久，舍美妓见赠，诚有以荷德也，然光颜受国家恩深，誓不与逆贼同生日月下，今战卒数万，皆背妻子，蹈白刃，光颜奈何以女色为乐。'言讫，涕泣呜咽，堂下兵士数万，皆感激流涕。乃厚以缣帛酬其来使，俾领其妓自席上而回，谓使者曰：'为光颜多谢令公，光颜事君许国之心，死无贰矣。'"阅《旧唐书》卷一六一《李光颜传》。

② 李元谅为陇右节度使，"身执苦与士卒均，葺薙榛莽，辟美田数十里，劝士垦艺，岁入粟菽数十万斛，什具毕给。又筑连弩台，远烽侦，为守备，进摧势胜，列新壁。虏至无所掠，战又辄北，由是泾、陇以安，西戎惮之"。阅《新唐书》卷一五六《李元谅传》。

③ 李抱玉本安息安兴贵后裔，上言"臣贯属凉州，本姓安氏，以禄山构祸，耻与同姓"。遂改李氏。阅《旧唐书》卷一三二《李抱玉传》。

④ 《新唐书》卷三七《地理志》。

⑤ 阅《中国历史地理》，严耕望先生撰《唐代篇》，页9。

央政策问题。

先就皇帝的感情而言，太宗之得位，乃因玄武门事变击杀太子建成之成功，然而事变之前，建成早已培养势力，罗致党羽，事变时，太宗所杀的仅是建成和齐王元吉，其他建成之党羽并未消灭，只以首领既失，建成党羽遂渐次为太宗所消灭。

史称太子建成"荒色嗜酒，畋猎无度"，[①] 然观建成之战功及能任用人才如王珪、魏徵等，则建成必非庸碌之人，其在玄武门之变以前，为防秦王世民之夺位，早已培养自己的势力，以与秦王对抗。唐之开国，秦王固功不可没，而太子建成亦亲临征战，观《册府元龟》卷二五九《储宫部》所载有关建成之戎事数条，即可见建成对唐立国后之巩固国基，亦曾尽力：

> （武德三年）七月，遣皇太子建成镇蒲州，以备突厥。
>
> （武德）四年五月，诏曰：稽胡部类，居近北边，习恶之徒，未悉从化，潜窜山谷，空怀首鼠，寇抄居民，侵扰亭候。可令太子建成总统诸军，以时致讨。
>
> （武德）五年八月辛未，突厥进寇并州。庚申，皇太子建成出幽州道。
>
> （武德五年）十一月甲申，遣太子建成总戎讨刘黑闼，仍下制曰："……其陕西东道大行台及山东道行军元帅、河南河北诸州，并受建成处分。……"十二月壬申，皇太子建成与刘黑闼战于魏州城下，破之。（刘黑闼平）
>
> （武德）六年七月，突厥颉利寇朔州，遣皇太子建成师屯北边。
>
> （武德六年）九月丙子，突厥寇并州，命皇太子往幽州以避之。

同时，从上举《册府元龟》诸条，可以发现建成在唐立国之初，带兵征伐，多在河北。尤其平刘黑闼之役，更为建成巩固势力于河北之

---

① 《新唐书》卷七九《隐太子建成传》。

时，《旧唐书》卷六十四《隐太子建成传》："及刘黑闼重反，王珪、魏徵谓建成曰：'……今黑闼率破亡之余，众不盈万……愿请讨之，且以立功，深自封植，因结山东英俊。'建成从其计，遂请讨黑闼，擒之而旋。"至玄武门之变时，河北一带成为建成旧部最多之地区，隐然是建成势力的根据地，[①] 玄武门之变，建成虽死，而河北旧部仍在，此辈旧部心怀疑惧，而太宗成功后，对河北地区亦难免疑虑猜忌，庐江王瑗之反，[②] 及李艺之叛变，[③] 均是双方心理互相疑惧的结果。建成初败，"当是时，河北州县素事隐、巢者不自安，往往曹伏思乱，（魏）徵白太宗曰：'不示至公，祸不可解。'帝曰：'尔行安喻河北。'"[④] 可见河北与中央之间确有不协。

由于皇帝对河北道有感情上的猜疑，因此在安史之乱以前，河北道一向被朝廷所歧视，朝廷虽并未采取严厉的高压政策，猜忌的心理却始终没有完全摒除，河北的府兵甚少，即是中央对河北不能放心的表现，[⑤] 及玄宗时，契丹渐强，幽州防务空虚，张说奏言："臣熟闻幽州兵马寡弱，卒欲排比，未可即戎，城中仓粮，全无贮

---

① 关于太子建成之在河北培养势力，参阅李树桐先生著《唐史考辨》之《唐隐太子建成军功考》及《玄武门之变及其对政治的影响》。

② 《新唐书》卷七八《庐江郡王瑗传》："庐江郡王瑗……更为幽州都督……时隐太子有阴谋，厚结援。太子死，太宗令通事舍人崔敦礼召瑗，瑗惧有变……（右领军将军王君廓）谓瑗曰：'事变未可知，大王国懿亲，受命守边，拥兵十万，而从一使者召乎？且赵郡王前已属吏，今太子、齐王又复尔！大王势能自保耶？'因泣。瑗信之，曰：'以命累公。'乃囚敦礼，勒兵，召北燕州刺史王铣以计事。兵曹参军王利涉说瑗曰：'王今无诏擅发兵，则反矣。当须权结众心，若诸刺史召之不至，将何以全？'瑗曰：'奈何？'对曰：'山东豪杰尝为窦建德所用，今失职与编户夷，此其思乱，若旱之望雨。王能发使，使悉复旧职，随在所募兵，有不从，得辄诛之，则河北之地可呼吸而有。……'"《旧唐书》卷六〇《庐江王瑗传》，略同。可知瑗之反确由前与建成厚结而疑惧自保，且瑗之反，将以河北力量为根据，则河北对唐室中央之离心力大，并可知矣。

③ 李艺于武德五年，引兵从太子建成讨刘黑闼，其为建成之旧部无疑。后艺入朝，秦王（世民）左右入其营，艺无故殴之，高祖怒，收艺系狱，既而释之。太宗即位，艺遂据泾州反。阅《通鉴》卷一九二贞观元年正月辛丑条。史虽未言艺之反由于自疑建成旧部，但若仅恐曾殴秦王左右，遂反叛，恐不合人情，艺之反当为恐惧太宗以己为建成旧部而借机诛杀。

④ 《新唐书》卷九七《魏徵传》。

⑤ 关于中唐以前唐室中央对河北道的猜忌，参阅谷霁光先生著《安史乱前之河北道》，载《燕京学报》第 19 期。

积，设若来迫，臣实忧之。"① 为了防御外患，河北军力始渐增强。

安史之乱以后，中央对河北已失去控制力，便无所谓重视轻视了。

次就中央政策而言，李唐定都长安，其政治重心在关内，偏于东北的河北道，远不如关内道、陇右道之受到中央重视，陈寅恪先生认为："唐代继承宇文泰关中本位之政策，西北边疆本重于东北，至于玄宗之世，对于东北更取消极维持之政策，而对于西北，则取积极进展之政策。"② 西北受到重视，于是西北的经济与文化遂得迅速发展。

当两晋南北朝时代，中原之地悉为战区，而河陇一带，自前凉张氏以后，尚称治安，在安定之中，不仅河陇旧有之儒学得以保存，而且外来避乱之儒英，亦得就之传授，③ 及至唐代，西北地区的文化程度甚高，汉人亦多，其对中央之向心力极强，《旧五代史》卷一三八《吐蕃传》载：

> 初，唐分天下为十道，河西、陇右三十三州，凉州最为大镇。天宝置八监，牧马三十万，又置都护以控制之。安禄山之乱，肃宗在灵武，悉召河西戍卒收复两京，吐蕃乘虚取河西、陇右，华人百万皆陷于吐蕃。开成时，朝廷尝遣使至西域，见甘、凉、瓜、沙等州城邑如故，陷吐蕃之人见唐使者旌节，夹道迎呼涕泣曰："皇帝犹念陷蕃生灵否？"其人皆天宝中陷吐蕃者子孙，其语言小讹，而衣服未改。至五代时，吐蕃已微弱，回纥、党项诸羌夷分侵其地，而不有其人民。值中国衰乱，不能抚有，惟甘、凉、瓜、沙四州常自通于中国。甘州为回纥牙帐，而凉、瓜、沙三州将吏犹称唐官，数来请命。

可看出西北地区人民对唐室之效忠心理，历久不衰。

当安史之乱以前，西北一带极为富庶，《通鉴》卷二一六天宝十

---

① 《全唐文》卷二二四张说《论幽州边事书》。
② 陈寅恪先生《隋唐制度渊源略论稿》，页107。
③ 同前注，页14。

二载八月条：

> 是时中国盛强，自安远门西尽唐境万二千里，（胡《注》：
> 西尽唐境万二千里，并西域内属诸国言之。）闾阎相望，桑麻翳
> 野，天下称富庶者无如陇右。

《文献通考》卷三三四《四裔考十一》：

> 初，太宗平薛仁杲，得陇上地；虏李轨，得凉州；破吐谷
> 浑、高昌，开四镇。玄宗继收黄河碛石、宛秀等军，中国无斥
> 候警者几四十年，轮台伊吾屯田，禾菽弥望。

经济的繁荣与文化程度的提高，原有密切关系，而文化（指汉化）
程度的提高，必然加强对中央的向心力，前引《旧五代史》卷一三八
《吐蕃传》之文中，河陇陷吐蕃后数十年，河陇人民仍然一心向阙，
衣冠不改，盖自觉我为汉族，异于蕃类，自渴望得效忠于汉族政权，
此文化因素而影响及西北之政治倾向。因此，当唐宣宗时，沙州人
张义潮一得机会，便"阴结豪杰归唐，一日，众擐甲噪州门，汉人
皆助之，虏守者惊走，遂摄州事，缮兵甲，耕且战，悉复余州"，遂
献瓜沙等十一州地图归唐。[1] 张义潮之成功，固然由于吐蕃之衰弱，
亦由于河陇一带人心之归向中央。否则，义潮自可称王立国，何必
献地图归唐？可见在陷蕃之后，河陇人心向唐之强。

同时，中央对于西北地区也极为关切，[2] 当河陇陷蕃之后，唐室
君臣亦谋恢复，[3] 只是力不足而已。

当河陇陷于吐蕃后，中央为了巩卫京师，对关内道之朔方、泾
原、鄜坊、夏绥等镇，即更为注意，关内道原为唐代政治中心，代

---

[1] 阅《通考》卷三三四《四裔考十一》。

[2] 日人日野开三郎认为唐室注意西北，乃因西北之外蕃入侵，即能动摇京师。（《支
那中世の军阀》，第四章，页183）此确为事实。而西北汉化地区之沦蕃，亦使唐室中央
在感情上有"失土失民"之痛。《文苑英华》卷二九三有吕温《经河源军汉村作》诗一首：
"行行忽到旧河源，城外千家作汉村。樵采未侵征虏墓，耕耘犹就破羌屯。金汤天险长全
设，伏腊华风亦略存。暂驻单车空下泪，有心无力复无（《吕衡州集》作何）言。"

[3] 《樊川文集》卷二《河湟》："元载相公曾借箸，宪宗皇帝亦留神。"

宗以后为加强边防，于是每年调河南江淮兵赴西北边，谓之防秋，[①]
大批汉人调往朔方等镇，使得原已汉化之关内道边镇，其汉化程度
不致衰退。

西北地区地近京师，中央控制较易，而且汉化程度较高，因此
西北之藩镇迄至僖宗以前，甚少有跋扈、叛逆者，甚至出身（或久
居）西北之外族藩帅亦多为唐室效忠。

第四节　河北三镇与中央的文化脱节及其
政治上独立性的关系

安史之乱以后，河北三镇实际上脱离了中央的控制，一方面固
然是因为在安史之乱以后，中央一直未能以兵力制服河北三镇，同
时，也由于文化上河北地区的鄙野与中央的文雅发生脱节的现象，
由于文化的脱节而造成了河北地区与中央政治的不协。[②]

唐代为中国历史上文治鼎盛之时期，在安史乱前，唐人已形成
重文轻武之观念，人人习文赋诗，用文章为耕耘，[③] 甚至蔑视武职，

---

① 《新唐书》卷一五七《陆贽传》："西北边岁调河南、江淮兵，谓之防秋。"至于防
秋兵之数目，《唐大诏令集》卷一百十一大历元年五月《命诸道平籴敕》："诸道每岁皆有防
秋兵马，其淮南四千人、浙西三千人、魏博四千人、昭义二千人、成德三千人、山南东道
三千人、荆南二千人、湖南三千人、山南西道二千人、剑南西川三千人、剑南东川三千
人、鄂岳一千五百人、宣歙三千人、福建一千五百人。"

② 陈寅恪先生曰："唐代中国疆土之内自安史乱后，除拥护李氏皇室之区域，即以
东南财富及汉化文化维持长安为中心集团外，尚别有一河北藩镇独立之团体，其政治军事
财政等与长安中央政府实际上固无隶属之关系，其民间社会亦未深受汉族文化之影响，即
不以长安洛阳之周孔名教及科举仕进为其安身立命之归宿，故论唐代河北藩镇问题必于民
族及文化二端注意，方能得其真相所在也。"见《唐代政治史述论稿》上篇《统治阶级之氏
族及其升降》，页19。已言及河北藩镇在文化上与中央脱节，而造成政治上与中央"无隶
属之关系"。

③ 《文苑英华》卷九二七独孤及《高平郡别驾权幼明神道碑》："（开元天宝之际）天
下无兵二十余载，缙绅之徒，用文章为耕耘，登高不能赋者，童子大笑。"又《文苑英华》
卷九四三穆员《刑部郎中李府君墓志》："（天宝时）海内无事，缙绅之徒以能赋为贤，及
门为贵。"

竟崇文职，① 天宝以后，由于战乱频繁，武职渐受重视，然而尚文仍为风气，武将如王智兴亦曾赋诗。②

安史乱前，河北降胡已多，降胡又精于武艺，③ 安禄山遂利用此批未染华风的胡人，起而叛乱，④ 而且"养同罗及降奚、契丹曳落河。八千余人为假子，及家童教弓矢者百余人，以推恩信，厚其所给，皆感恩竭诚，一以当百"，⑤ 则安禄山之核心部队亦为胡人。

史思明继安禄山领导河北叛乱，且自立称帝，"令其妻为亲蚕之礼于蓟城东郊，以官属妻为命妇，燕羯之地不闻此礼，看者填街塞路。燕蓟间军士多不识京官名品，见称黄门侍郎者曰：'黄门何得有髭须？'皆此类也"。⑥ 可见河北对中央之礼俗及政治常识认识之缺乏。

安史之乱以后，河北三镇表面虽为唐臣，然而中央教化及政令丝毫未能影响河北，遂使河北与中央之间的文化程度益形脱节。史孝章言于其父魏博节度使史宪诚曰："大河之北号富强，然而挺乱取

---

① 刘𫗧《隋唐嘉话》："徐彦伯常侍，睿宗朝以相府之旧，拜羽林将军。徐既文士，不悦武职，及迁，谓贺者曰：'不喜有迁，且喜出军耳。'"又《文苑英华》卷九一四《唐太原节度使韦凑神道碑》："（开元八年凑由将作大匠东都留守迁右卫大将军，玄宗谓凑曰：）皇家故事，诸卫大将军共尚书交互为之，近日渐贵文物，乃轻此职，卿声实俱美，故暂用卿以光此官，勿辞也。"

② 王智兴出身行伍，为武宁节度使，曾赋诗："三十年前老健儿，刚被郎官遣作诗。江南花柳从君咏，塞北烟尘独我知。"一时四座惊嗟。见《全唐诗话》卷四"王智兴"条。

③ 《高常侍集》卷一《睢阳酬别李大判官》："降胡满蓟门，一一能射雕。军中多燕乐，马上何轻趫。"同书卷八《营州歌》："营州少年厌原野，皮裘蒙茸猎城下。虏酒千钟不醉人，胡儿十岁能骑马。"

④ 《太平寰宇记》卷七十一载："自燕州以下十七州（按即威州、慎州、思顺州、归顺州、元州、崇州、夷宾州、师州、鲜州、带州、黎州、活州、昌州、归义州、瑞州、青山州、凛州）皆东北蕃降胡散处幽州、营州界内，以州名羁縻之，无所役属。安禄山之乱，一切驱之为寇，遂扰中原。"《新唐书》卷二二五上《安禄山传》："禄山谋逆十余年，凡降蕃夷皆接以恩，有不服者，假兵胁制之，所得士，释缚给汤沐、衣服，或重译以达，故蕃夷情伪悉得之，禄山通夷语，躬自尉抚，皆释俘因为战士，故其下乐输死，所战无前。"《通鉴》卷二一七天宝十四载"二月辛亥，安禄山使副将何千年入奏，请以蕃将三十二人代汉将，上命立进画，给告身"。

⑤ 《安禄山事迹》卷上。

⑥ 《安禄山事迹》卷下。

地，天下指河朔若夷狄然。"①《全唐文》卷七五五有杜牧撰《唐故范阳卢秀才墓志》，今撷取其中一段，以见当时河北之一般文化程度：

> 秀才卢生，名霈，字子中。自天宝后三代，或仕燕，或仕赵，两地皆多良田畜马。生年二十，未知古有人曰周公、孔夫子者，击毬饮酒，策马射走兔，语言习尚，无非攻守战斗之事。镇州有儒者黄建，镇人敬之，呼为先生，建因语生以先王儒学之道，因复曰："自河而南，有土地数万里，可以燕赵比者百数十处，有西京东京，西京有天子公卿，士人睢居两京间，皆亿万家，万国皆持其土产，出其珍异，时节朝贡，一取约束。"……

卢秀才家境富有，年二十尚不知有周公、孔子，终日习武射猎，其生活习惯，与河南之"登高不能赋者，童子大笑"相比，无异为两个世界，且年二十而不知有京师朝廷，如何能使其有慕化效忠之心？其实对于中央政治情形的隔阂非仅卢秀才一人，几乎大部分的河北之人对中央政治情形及礼俗均缺乏基本应有的认识，② 在此情形之下，对中央政治的向心力自无由产生。

自安史之乱以后，成德、魏博、幽州三镇蕃帅多为外族或本地人。关于河化三镇藩帅之种族籍贯请阅下表：（表28）

表28 安史之乱以后成德、魏博、幽州三镇藩帅种族籍贯表

成德			
姓名	种族或籍贯	姓名	种族或籍贯
李宝臣	奚	王士真	契丹

---

① 《新唐书》卷一四八《史孝章传》。又《文苑英华》卷九一六刘禹锡《邠宁庆等州节度使史孝章神道碑》："（孝章言于其父宪诚曰）臣功惟大河之北，地雄兵精，而天下贤士心侮之，目河朔间视犹夷狄。"

② 幽州节度使杨志诚由检校工部尚书进检校吏部尚书，而"军中不识朝廷仪，惟知尚书改仆射为进秩"，志诚遂不受检校吏部尚书之职。见《新唐书》卷二一二《杨志诚传》。朝廷迁官，军士竟然不知，可见对中央制度隔阂之深。

（续表）

姓名	种族或籍贯	姓名	种族或籍贯
张孝忠	奚	王承宗	契丹
王武俊	契丹	田弘正	平州卢龙
牛元翼	赵州	王绍懿	回鹘阿布思之种族
王廷凑	回鹘阿布思之种族	王景崇	回鹘阿布思之种族
王元逵	回鹘阿布思之种族	王镕	回鹘阿布思之种族
王绍鼎	回鹘阿布思之种族		

魏博

姓名	种族或籍贯	姓名	种族或籍贯
田嗣	平州卢龙	田布	平州卢龙
田悦	平州卢龙	史宪诚	奚
田绪	平州卢龙	何进滔	灵武
田季安	平州卢龙	何弘敬	灵武
田弘正	平州卢龙	何全皞	灵武
李愬	陇右临洮	韩允中	魏州
韩简	魏州	罗弘信	魏州
乐彦祯	魏州	罗绍威	魏州

幽州

姓名	种族或籍贯	姓名	种族或籍贯
史思明	宁夷州突厥种	朱滔	幽州　昌平
李怀仙	柳城胡	刘怦	幽州　昌平
王缙	河中	刘济	幽州　昌平
朱希彩	（不详）	刘总	幽州　昌平
朱泚	幽州　昌平	张弘靖	幽州
卢士玫	山东	张允伸	幽州
朱克融	幽州　昌平	张公素	幽州
李载义	赵郡	李茂勋	回鹘阿布思之裔
杨志诚	（不详）	李可举	回鹘阿布思之裔
史元忠	（不详）	李全忠	幽州

（续表）

姓名	种族或籍贯	姓名	种族或籍贯
张仲武	幽州	李匡威	幽州
张直方	幽州	李匡筹	幽州
周綝	（不详）	刘仁恭	深州

说明：

一、本表资料来源根据新旧《唐书》各该人之本传。

二、本表不含"未至镇"之藩帅。

今根据表 28 将河北三镇藩帅籍贯种族作一统计：

表 29　安史之乱以后成德、魏博、幽州三镇藩帅种族籍贯统计表

类别	成德	魏博	幽州	合计人数	占全人数之百分比
河北三镇	2 人	11 人	15 人	28 人	50.9%
外族	11 人	1 人	4 人	16 人	29.1%
外地		4 人	3 人	7 人	12.7%
不详			4 人	4 人	7.3%
总计	13 人	16 人	26 人	55 人	100%

河北三镇藩帅其籍贯种族为本地（即河北三镇人）和外族者共占80%之多，其籍贯既非河北三镇又非胡族者仅占 12.7%，共 7 人，比例甚小。然而其籍贯为外地者，也多生长于河北三镇，例如：

> 何进滔，灵武人……少客魏，委质军中，事田弘正。弘正攻王承宗，夜以兵压镇州，承宗使健将以铁冒面，引精骑千余驰魏壁，进滔率猛士逐之，几获，镇人大惧。（《新唐书》卷二一〇《何进滔传》）

> 李载义，自称恒山愍王之后……刘济在幽州，高其能，引补帐下，从征伐，积多为牙中兵马使。（《新唐书》卷二一二《李载义传》）

至于何弘敬、何全皞，其籍贯虽亦灵武，然弘敬袭其父何进滔之位，全皞又为弘敬子，袭弘敬位，则弘敬、全皞必久居魏博无疑。至于

籍贯外地而又未久居河北三镇之藩帅，只李愬、王缙、卢士玫三人，张弘靖虽亦范阳人，然祖嘉贞、父延赏先后任宰相，久为朝官，世居京师，因此，弘靖籍为幽州，实非河北之人。李愬、王缙、卢士玫、张弘靖四人之得为藩帅，均出于"朝命"，而四人之任期极短，均不及一年（参阅"唐代藩镇总表"）。

籍贯不详之四人（朱希彩、杨志诚、史元忠、周綝），均为幽州节度使，似皆久居幽州。朱希彩为李怀仙部将，杀怀仙而拥兵自称留后；[①] 杨志诚事李载义为牙将；[②] 史元忠为幽州将，大和八年幽州兵乱，逐杨志诚，推元忠为留后；[③] 周綝在幽州为牙将，大中三年十一月幽州兵乱逐张直方，推綝为留后。[④]

如以生活居住之时间而论，何进滔、何弘敬、何全皞、李载义、杨志诚、史元忠、周綝、朱希彩等均可视作河北三镇之人，因此，安史之乱以后，河北三镇之藩帅几全为本地人及外族人。

河北三镇藩帅之文化程度如何，史籍未有详载，如观察其性格言行，则可发现有两点为大多数藩帅所共同具有者，一为尚武好斗，一为无礼教轻法纪。[⑤] 此二点正反映出当时河北的习俗，而河北习俗

---

① 阅《新唐书》卷二一二《李怀仙传》。

② 阅《新唐书》卷二一二《杨志诚传》。

③ 同前注。

④ 阅《通鉴》卷二四八大中三年十一月。

⑤ 如田承嗣之"不习教义，沉猜好勇"。田悦"骁勇有膂力，性残忍好乱"，见《旧唐书》卷一四一《田承嗣传》。田绪"凶险多过"，见《新唐书》卷二一〇《田绪传》。田季安"击鞠从禽，酣嗜欲，军中事率意轻重。…… 有丘绛者，父时宾佐，与同府侯臧争权，季安怒，斥为下县尉，俄召还，先坎道左，既至，生瘗之，忍酷无忌惮，大抵如此"，见《新唐书》卷二一〇《田季安传》。史宪诚"狡谲"，且"素怀向背"，见《旧唐书》卷一八一《史宪诚传》。乐彦祯"志满骄大，动多不法"，见《旧唐书》卷一八一《乐彦祯传》。李宝臣"善骑射"，且"猜忌"，见《新唐书》卷二一一《李宝臣传》。王武俊"善骑射"，见《新唐书》卷二一一《王武俊传》。王廷凑"骁果善斗"，且"凶毒好乱，无君不仁"，见《旧唐书》卷一四二《王廷凑传》。李怀仙"善骑射，智数敏给"，见《新唐书》卷二一二《李怀仙传》。朱希彩"惊恣不轨，人不堪"，见《新唐书》卷二一二《李怀仙传附朱希彩传》。李载义"有勇力，善挽强角抵"，且"骄恣惨暴一万"，见《旧唐书》卷一八〇《李载义传》。杨志诚之衣被"皆绣饰鸾凤日月之形，或为王字"，见《旧唐书》卷一八〇《杨志诚传》。张直方"动多不法"，见《旧唐书》卷一八〇《张仲武传》。李茂勋"善骑射"，见《旧唐书》卷一八〇《李可举传》。

与唐室中央的重文教修德行的风尚恰恰相反。长庆元年幽州节度使刘总请以张弘靖自代，朝廷遂任弘靖为幽州节度使，"弘靖之入幽州也，蓟人无老幼男女，皆夹道而观焉。河朔军帅冒寒暑，多与士卒同，无张盖安舆之别。弘靖久富贵，又不知风土，入燕之时，肩舆于三军之中，蓟人颇骇之。弘靖以禄山、思明之乱，始自幽州，欲于事初尽革其俗，乃发禄山墓，毁其棺柩，人尤失望。从事有韦雍、张宗厚数辈，复轻肆嗜酒，常夜饮醉归，烛火满街，前后呵叱，蓟人所不习之事。又雍等诟责吏卒，多以'反虏'名之。谓军士曰：'今天下无事，汝辈挽得两石力弓，不如识一丁字。'军中以意气自负，深恨之。刘总归朝，以钱一百万贯赐军士，弘靖留二十万贯充军府杂用，蓟人不胜其愤，遂相率以叛，囚弘靖于蓟门馆"。[①] 弘靖之得入幽州复为军士所囚，使中央失去了夺回幽州统治权的机会，而此机会一失，终唐之世不复再得。张弘靖之失败，其原因乃是治理幽州的手段与方式违背幽州的习俗。如将张弘靖治理幽州的手段与方式使用于河北以南的中央统治地区，必无不良结果，换言之，张弘靖入幽州后的行为，乃是中央统治地区之习俗，然而竟与河北地区大相迥异，违反习俗的权力，必不能为人民所忍受，[②] 于是，张弘靖所代表的中央权力，便为当地人所推翻。这是河北习俗与中央习俗相冲突的结果。

元和十五年十月魏博节度使田弘正移镇成德，长庆元年，成德军乱，都知兵马使王廷凑害弘正，自为留后，朝廷以弘正子泾原节度使田布为魏博节度使，使率魏博军伐成德以报父仇。田布至魏博，"以牙将史宪诚出麾下可任，乃委以精锐。时中人屡趣战，而度支馈饷不继，布辄以六州租赋给军。引兵三万进屯南宫，破贼二垒，于是朱克融据幽州，与王廷凑唇齿。河朔三镇旧连衡，桀骜自私，而宪诚蓄异志，阴欲乘衅，又魏军骄，惮格战，会大雪，师寒乏粮，

---

① 《旧唐书》卷一二九《张延赏传附子弘靖传》。

② 邹文海先生说："权力和人民的关系，暗暗中有个承认的痕迹在。这个承认的痕迹，就是习俗。习俗是人群经验的结晶，权力能合乎习俗，就合乎人群的经验，大家自然可以服从权力了，权力而不合乎习俗，或甚至反乎习俗，这一定不能为一般人容忍，而谋起而反抗了。"见邹文海先生政治科学文集上册《政治权力的基础》，页20—21。

军中谤曰：'它日用兵，团粒米尽仰朝廷，今六州刮肉与镇、冀角死生，虽尚书（按指田布）瘠己肥国，魏人何罪？'宪诚得间，因以摇乱。会有诏分布军合李光颜救深州，兵怒，不肯东，众遂溃，皆归宪诚，唯中军不动，布以中军还魏。明日，会诸将议事，众哗曰：'公能行河朔旧事，则生死从公，不然，不可以战。'布度众且乱，叹曰：'功无成矣。'即为书谢帝曰：'臣观众意，终且负国。臣无功，不敢忘死，愿速救元翼（按牛元翼时为王廷凑围于深州），毋使忠臣义士涂炭于河朔。'哭授其从事李石讫，乃入，至几筵，引刀刺心曰：'上以谢君父，下以示三军。'言讫而绝。"① 所谓"河朔旧事"，胡三省云："谓行田承嗣、李宝臣之事也。"② 按田承嗣、李宝臣皆擅地自据，使河北三镇互相勾结，以抗朝命，行"河朔旧事"，意即据地以抗朝命。河北三镇赋税自专而不上供，日久成习，遂有"瘠己肥国，魏人何罪"之语，而此正亦表现不受中央管理——即"河朔旧事"——已成为当地人视为当然的习俗了。但是中央任命田弘正为成德节度使，任命田布为魏博节度使，正是欲收回对魏博的统治权，此一目的自然与"河朔旧事"相左，亦即违反当地的习俗，其结果造成田布的自杀，中央的权力由于不合习俗，在魏博亦告失败。

杜牧曰："山东之人，叛且三五世矣，今之后生所见，言语举止，无非叛也，以为事理正当如此，沉酣入骨髓，无以为非者。"③以叛为正，无以为非，此实非河北以南之人所能理解，此亦可以说明张弘靖在幽州与田布在魏博的失败，是中央与河北三镇习俗的不同，亦是文化上中央的文雅与河北三镇的鄙野有所脱节之结果。

河北三镇藩帅中，其出身本地而对中央自愿效顺者，安史之乱以后，只有成德节度使张孝忠与魏博节度使田弘正（参阅"唐代藩镇总表"）二人。④ 观新旧《唐书》所载，张孝忠、田弘正二人之文

---

① 《新唐书》卷一四八《田布传》。又《旧唐书》卷一四一《田弘正传附田布传》，《全唐文》卷六一五庚承宣《魏博节度使田布碑》略同。
② 《通鉴》卷二四二长庆二年正月癸卯条胡注。
③ 《全唐文》卷七五四杜牧《罪言》。
④ 田布为魏博节度使，亦对中央恭顺，虽为田弘正之子，但历转河阳、泾原等镇节度，且布之受镇，得之朝命，不可视作出身魏博。张孝忠之为成德节度使虽亦由于朝命，但其任成德节度使之前为易州刺史，时易州隶成德，故孝忠实出身于成德军中。

化程度甚高，尤其具有中原文化的忠君报国之观念，与其他出身于
河北三镇之藩帅大不相同。史称张孝忠"性宽裕，事亲恭孝"，且能
忠君。① 不过，孝忠任成德节度使只六个月，即割易定沧等州置义武
军，移孝忠为义武节度使，而孝忠为成德节度使时，李惟岳仍逆朝
命，② 孝忠实未真正控制全部成德属地，因此，孝忠在河北三镇的地
位不甚重要。魏博节度使田弘正由军士拥立而得位，在魏博任上八
年，其在河北三镇中的地位自较张孝忠重要。关于田弘正得位之经
过与文化程度，据《旧唐书》卷一四一《田弘正传》载：

> 田弘正，本名兴……少习儒书，颇通兵法，善骑射，勇而
> 有礼。……（魏博节度使田）季安卒，（子田）怀谏委家僮蒋
> 士则改易军政，人情不悦，咸曰："都知兵马使田兴可为吾帅
> 也。"衔兵数千诣兴私第陈请，兴拒关不出，众呼噪不已，兴
> 出，众环而拜，请入府署，兴顿仆于地，久之，度终不免，乃
> 令于军中曰："三军不以兴不肖，令主军务，欲与诸军前约，当
> 听命否？"咸曰："惟命是从。"兴曰："吾欲守天子法，以六州版
> 籍请吏，勿犯副大使（按：指田怀谏），可乎？"皆曰："诺"。
> 是日，入府视事，杀蒋士则十数人而已。……翌日，具事上闻，
> 宪宗嘉之，加兴银青光禄大夫、检校工部尚书、魏州大都督府
> 长史、兼御史大夫、上柱国、沂国公，充魏、博等州节度观察
> 处置支度营田等使，仍赐名弘正。……弘正既受节钺，上表曰：
> "臣闻君臣父子，是谓大伦，爰立纪纲，以正上下，其或子不为
> 子，臣不为臣，覆载莫可得容，幽明所宜共殛。臣家本边塞，
> 累代唐人，从乃祖乃父以来，沐文子文孙之化，臣幸因宗族，
> 早列偏裨，驱驰戎马之乡，不睹朝廷之礼，惟忠与孝，天与臣
> 心，常思奋不顾生，以身殉国，无由上达。……伏自天宝以还，
> 幽陵肇乱，山东奥壤，悉化戎墟。外抚车马，内怀枭獍，官封代

---

① 阅《旧唐书》卷一四一《张孝忠传》。

② 德宗建中二年正月，成德节度使李宝臣卒，子惟岳据恒州，求袭成德节度使之
位，朝廷不允，张孝忠时为易州刺史，遣使入朝输忠，德宗乃命孝忠为成德节度使。参阅
《旧唐书》卷一四一《张孝忠传》，《新唐书》卷二一一《李惟岳传》。

袭，刑赏自专，国家含垢匿瑕，垂六十载，臣每思此事，当食忘餐。……"……弘正乐闻前代忠孝立功之事，于府舍起书楼，聚书万余卷，视事之隙，与宾佐讲论古今言行可否。……宾僚参佐，请之于朝，颇好儒书，尤通史氏，《左传》、《国史》知其大略。自弘正归国，幽、恒、郓、蔡有齿寒之惧，屡遣客间说，多方诱阻，而弘正终始不移其操。……（元和十四年）八月，弘正入觐……弘正三上章，愿留阙下，（宪宗不许）……弘正每惧有一旦之忧，嗣承之风不革，兄弟子侄，悉仕于朝。……

观《田弘正传》，有两点值得注意：第一，田弘正既好儒书，又通史传，其受中国文化熏陶之深，自非"忠义之谈闾经耳目，以暴乱为事业，以专杀为雄豪"[1] 之其他河北三镇藩帅所能比拟。第二，由于田弘正之文化水准高，遂对文风鼎盛的中央产生仰慕之心，"三上章愿留阙下"，此与擅地自专之其他河北藩帅不愿朝觐蔑视王命的态度恰恰相反，此亦可证河北藩帅之文化程度与其对中央之态度有密切之关系。

田弘正之请命归国，欲革"嗣承之风"，是要更易河北三镇之习俗，其聚书好儒，议论古今，是要提高河北三镇之文化水准，田弘正之计划确为根治河北三镇跋扈叛逆的良法，可惜旧习太深，长庆二年正月，田弘正之子田布继李愬而任魏博节度使之时，竟然抗拒不过"河朔旧事"之压力而自杀，田弘正的努力未能成功，河北三镇继续保持其半独立之状态。

淄青一镇，地属旧河南道，但自李正己以兵逐侯希逸而自据以后，[2] 至李师道死，五十五年间（代宗永泰元年至宪宗元和十四年，即公元七六五年至八一九年），节度使之位形同世袭（李正己死，传位其子纳，纳死，传位其子师古，师古死，传位其弟师道），"盗据

---

① 《旧唐书》卷一四三《李全略传》史臣曰。
② 《通鉴》卷二二三唐代宗永泰元年，"平庐节度使侯希逸镇淄青，好游畋，营塔寺，军州苦之。兵马使李怀玉得众心，希逸忌之，因事解其军职。希逸与巫宿于城外，军士闭门不纳，奉怀玉为帅，希逸奔滑州，上表待罪，诏赦之，召还京师。秋七月，壬辰，以郑王邈为平庐、淄青节度大使，以怀玉知留后，赐名正己"。

青、郓，得计则潜图凶逆，失势则伪奉朝旨，向背任情"。[1] 淄青之所以跋扈，或亦与李正己之胡化有关，李正己系高丽人，生于平卢，[2] 其所率兵士来自平卢，亦是胡化集团，其文化习俗与河北三镇相同，遂效河北三镇对中央跋扈叛逆，成为唐室之祸患。[3] 当李正己统治淄青之时，青郓等州"人俗顽嚣，不知礼教"，及宪宗平李师道后，将淄青等十二州分为三镇，各选良吏，宣扬教化，[4] 淄青等十二州文教复行，其与中央之关系亦由跋扈叛逆变为恭顺。（参阅"唐代藩镇总表——淄青"）。

易定（即义武节度）一镇，距幽州镇州甚近，原隶成德，自德宗建中三年置镇以来，至僖宗时，均为中央所控制，藩帅亦无跋扈事（参阅"唐代藩镇总表——义武"）。既然地域邻近，何以义武不与成德、魏博、幽州等三镇相勾结以拒命？究其原因，主要在义武一镇所染胡化不如魏博、成德、幽州三镇之深，且日渐接受汉文化的薰陶，藩帅与人民对中央之向心力甚强。

义武置镇后之首任、次任节度使张孝忠、张茂昭，任镇时间甚长，张孝忠在镇十年，张茂昭在镇二十年，此二人对义武之倾向中央抑倒向河北三镇，有决定性之影响，如果张孝忠、张茂昭与河北三镇合流，此后中央必无能控制义武。张孝忠虽为"奚之种类"，但性忠贞，建中末，幽州节度使朱滔、成德节度使王武俊谋叛，朱滔遣蔡雄往说孝忠，欲相勾结，孝忠曰："李惟岳背国作逆，孝忠归国，今为忠臣。孝忠性直，业已效忠，不复助逆矣。"其后"滔又啗以金帛，终拒而不从。易定居二凶之间，四面受敌，孝忠修峻沟垒，感励将士，竟不受二凶之荧惑"，后朱滔侵逼易定，诏神策兵马使李

---

[1] 《旧唐书》卷一二四史臣曰。

[2] 《旧唐书》卷一二四《李正己传》。

[3] 陈寅恪先生认为："侯希逸至少其母系出自高丽，虽其初不从安禄山之命，然其种族含有胡人血脉，其部下兵众亦是胡化集团，是以自李正己袭夺其业后，淄青一镇亦与河朔同风，遂为唐代中央政府之巨患，推求其故，实由其统治者本从河朔胡化集团中分出者也。"见《唐代政治史述论稿》，页 28。

[4] 《旧唐书》卷一六二《曹华传》："初，李正己盗有青、郓十二州，传袭四世，垂五十年，人俗顽嚣，不知礼教。（曹华为兖海观察使）华令将吏曰：'邹、鲁儒者之乡，不宜忘于礼义。'乃躬礼儒士，习俎豆之容，春秋释奠于孔子庙，立学讲经，儒冠四集。"

晟率师援之，孝忠"与晟戮力同心，整训士众，竟全易定，贼不敢深入"，"贞元二年，河北蝗旱，米斗一千五百文，复大兵之后，民无蓄积，饿殍相枕。孝忠所食豆䴚而已，其下皆甘粗粝，人皆服其勤俭"。① 自张孝忠言行观察，孝忠虽胡人却颇有"华心"（"华心"之义见本章第一节），易定倾向中央而北抗幽州，南抗成德，军民未有生变，亦可见易定之风尚与幽州、成德不同。张孝忠卒，子茂昭为节度使，茂昭"幼有志气，好儒书"，建中二十年、元和二年茂昭两度入觐京师，数请留京师，当建中二十年入觐京师之时，"德宗方欲委之以边任，明年晏驾，茂昭入临于太极殿，每朝晡预列，声哀气咽，人皆奖其忠恳"。元和五年，茂昭请举族还朝，并请中央命人自代，"自安史之乱，两河藩帅多阻命自固，父死子代；唯茂昭表请举族还朝，邻藩累遣游客间说，茂昭志意坚决，拜表求代者数四。上乃命左庶子任简迪为其行军司马，乘驿赴之，以两郡之簿书、管钥、符印付简迪，遣其妻季氏、男克让克恭等先就路，将行，诫之曰：'吾使尔曹侍亲出易者，庶后之子孙不为风俗所染，则吾无恨矣。'"② 茂昭既好儒书，又慕朝阙，毫无胡化之习，与河北三镇以南之士人相同，加之茂昭刻意不使义武有承袭帅位之习，此种教忠向化，遂使义武一镇，虽近幽镇，却未有跋扈叛逆之风。

总之，安史之乱以后，河北三镇文化上与中央之脱节，形成"魏、燕、赵之地，莽为盗区，挈叛百年，夷狄其人，而不能复"③的现象，河北三镇成为胡化地区，其地"王道寖微，教化不及"，④人民军士，尚武轻法，"染禄山思明之风"，"多务逐君，习苦忘非"，⑤ 而且"不知君臣之理"，⑥ 自然造成政治上对中央强大的离心力。田弘正曰："自二寇（指安史）乱常以来，六十余载矣，河北之

---

① 所引均见《旧唐书》卷一四一《张孝忠传》。
② 所引均见《旧唐书》卷一四一《张孝忠传附张茂宗传》。
③ 《新唐书》卷二一四赞曰。
④ 《旧唐书》卷一四三史臣曰。
⑤ 《旧唐书》卷一八〇史臣曰。
⑥ 《全唐文》卷六四六李绛《论河北三镇及淮西事宜状》。

地，教化之所不行，冀赵常山，又河北之尤者，日月积习，遂为匪人。"① 田弘正为当时河北三镇藩帅，亲身感受，所言自属可信。文化的脱节可导致一个政权的内部分裂，唐代以前已有先例，如北魏孝文帝迁都洛阳，推行汉化，而太子恂以胡化太深而轻骑奔代；北魏末年，洛阳汉化渐深，代北胡化却愈固，两种文化之冲突，终演成六镇之乱。② 唐代河北三镇与中央之间的文化脱节，遂呈现河北三镇政治上半独立之状态。③

在此有一问题须进一步加以研讨，即河北三镇文化既与中央脱节，习俗上又仰慕安史之为乱，④ 不服朝命，则何以不完全脱离唐室而自立？

欲解答此一问题，须先认识河北三镇虽为胡化地区，但其生活方式并不似吐蕃、突厥等边外胡族之逐水草而居。边外胡族之游牧生活方式，其政权之建立，可以全藉武力，一旦武力衰竭，政权即告瓦解，观汉代匈奴、唐代突厥之破亡可以证明。严格言之，边外胡族只是部落组织，而非国家，因此其政权之维持，与国家不同。然而在居有定所、土有城廓的河北三镇，欲组织成一国家，其政权的建立绝不能只凭借武力。一个政权之所以能安定与长时间的维持，有赖于人民对此一政权愿意服从与信任，换言之，即是将武力转变为权力。⑤ 武力是立国所不可缺少，然而武力并不可恃，任何一个强有力的人亦不能只凭借武力而成为长时间的统治者，必须使人民对

① 《唐文粹》卷八十六田弘正《与李渤书》。

② 阅陈寅恪先生《隋唐制度渊源略论稿》，页 30。

③ 现代学者亦曾注意及此一问题。陈寅恪先生说："唐代安史乱后之世局，凡河朔及其他藩镇与中央政府之问题，其核心实属种族文化之关系也。"见《唐代政治史述论稿》，页 21。所称"其他藩镇"，跋扈叛逆之原因甚多，亦未必种族文化所引起，但河北三镇则属确然。

④ 魏博节度使田承嗣为安史父子立祠堂，谓之四圣。阅《通鉴》卷二二四唐代宗大历八年九月。

⑤ 所谓权力，依据浦薛凤先生所下之定义，"指凡能使人服从，亦即凡能使人接受命令与遵行意志的一切力量"。阅《政治权力之构成与保持》，页 3，载《政治大学卅周年纪念论文集》。

统治者所拥有的权力视为一种统治者应享的"权利",① 然后,此种权力才可长久保持。所以,浦薛凤先生说政治权力的保持,"理智、心理、道德与社会权力较武力尤为重要"。②

河北三镇自安史之乱以后,藩帅之得位,多凭借武力,强行夺位。兹作受镇凭借表如次:

表 30　安史之乱以后成德、魏博、幽州三镇藩帅受镇凭借表

镇别	人物编号	姓名	受镇凭借	经过情形	资料来源
成德	493	李宝臣	兵力	宝臣为安史大将,原名张忠志,史思明死,"忠志不肯事朝义,使裨将王武俊杀万宝,挈恒、赵、深、易、定五州以献。……朝义平,擢礼部尚书,封赵国公,名其军曰成德,即拜节度使"。	《新唐书》卷二一一本传
	803A	张孝忠	兵力	李宝臣死,子惟岳求袭,孝忠为易州刺史,拥兵不助惟岳,遣使入朝输忠,德宗即授孝忠成德节度使。	《旧唐书》卷一四一本传
	64A	王武俊	兵力	李惟岳谋袭位,信任兵马使王武俊,武俊谋执惟岳,惟岳自杀,武俊遣使入朝,德宗即以武俊为恒冀观察使,武俊怨不得节度,遂与幽州朱滔合叛,建中四年德宗赦武俊,兴元元年以武俊为成德节度使。	《新唐书》卷二一一本传

---

① 卢梭(J. J. Rousseau)指出"force does not create right",并且说"the strongest is never strong enough to be always the master, unless he transforms strength into right",引自 R. M. Maclver, *The Web of Government*, P. 17。

② 阅浦薛凤先生《政治权力之构成与保持》,页11。

（续表）

镇别	人物编号	姓名	受镇凭借	经过情形	资料来源
成德	33B	王士真	荫袭	王武俊死，子士真袭为成德节度使。	《新唐书》卷二一一本传
	61	王承宗	荫袭	王士真死，"军中推其子承宗为留后"。	《新唐书》卷二一一本传
	157B	田弘正	朝命	元和十五年朝命魏博节度使田弘正移镇成德。	《旧唐书》卷一四一本传
	14A	牛元翼	朝命	"王廷凑叛，穆宗以元翼在成德，名出廷凑远甚，自深州刺史擢为深冀节度使。"	《新唐书》卷一四八本传
	86	王廷凑	兵力	长庆元年，成德兵乱，害节度使田弘正，牙将王廷凑自称留后，朝命杜叔良为深冀行营节度使，讨王廷凑，叔良军大败，廷凑进而围深州，长庆二年，穆宗不得已乃赦廷凑，授成德节度使。	《新唐书》卷二一一本传
	36	王元逵	荫袭	王廷凑死，军中推其子元逵为留后。	《新唐书》卷二一一本传
	101	王绍鼎	荫袭	王元逵死，子绍鼎袭。	《新唐书》卷二一一《王元逵》传
	102	王绍懿	荫袭	王绍鼎死，军中立其弟绍懿为留后。	《新唐书》卷二一一《王元逵传》
	105	王景崇	荫袭	王绍懿死，侄景崇袭为留后。	《新唐书》卷二一一《王元逵传》
	130	王镕	荫袭	王景崇死，子镕袭为留后。	《新唐书》卷二一一本传

（续表）

镇别	人物编号	姓名	受镇凭借	经过情形	资料来源
魏博	161	田承嗣	兵力	田承嗣为安史降将，仆固怀恩恐功高，贼平朝任不重，因仍以安史降将守旧地，承嗣授贝博等州节度使。	《新唐书》卷二一〇本传
	163	田悦	荫袭	田承嗣将死，顾诸子弱，乃命侄田悦知节度事，命诸子佐之，代宗因命悦为节度使。	《新唐书》卷二一〇本传
	167	田绪	兵力	田绪为承嗣子，田悦为节度使，绪怨望，乘隙杀悦，"众乃共推绪为留后"。	《新唐书》卷二一〇本传
	162	田季安	荫袭	季安为绪少子，"绪死时，年十五，匿丧观变，军中推为留后，因授节度使"。	《新唐书》卷二一〇本传
	157A	田弘正	兵力	田季安死，子怀谏欲袭，会兵变，众推兵马使田弘正为留后。	《新唐书》卷一四八本传
	453F	李愬	朝命	元和十五年十月，田弘正移镇成德，朝命昭义节度使李愬为魏博节度使。	《旧唐书》卷一三三本传
	155C	田布	朝命	长庆元年魏博节度使李愬病，朝命泾原节度使田布为魏博节度使。	《新唐书》卷一四八本传
	152A	史宪诚	兵力	田布自杀，"军乱且嚣，时宪诚为中军兵马使，颇言河朔旧事以摇其众，众乃逼还府，擅总军务"。	《新唐书》卷二一〇本传
	230	何进滔	兵力	进滔为魏博大将，史宪诚死，众推进滔为留后。	《新唐书》卷二一〇本传

（续表）

镇别	人物编号	姓名	受镇凭借	经过情形	资料来源
魏博	227	何弘敬	荫袭	何进滔卒,子弘敬袭为节度使。	《新唐书》卷二一〇《何进滔传》
	228	何全皞	荫袭	何弘敬死,子全皞袭拜节度使。	《新唐书》卷二一〇〇《何进滔传》
	1276	韩允中	兵力	咸通十一年八月,魏博军乱,害节度使何全皞,"众推韩君雄以总军事",懿宗即以君雄为留后,擢节度使,后改名允中。	《新唐书》卷二一〇本传
	1288	韩简	荫袭	韩允中死,"子简,袭留后。俄授节度使。"	《新唐书》卷二一〇《韩允中传》
	1092	乐彦祯	兵力	乐彦祯为魏博大将,时诸葛爽为黄巢守河阳,韩简率兵攻爽,"简大败,乐彦祯以一军先还,简奔归,疽发背死。彦祯代之"。	《新唐书》卷二一〇本传
	1304	罗弘信	兵力	文德元年,魏博军乱,杀乐彦祯,众推大将赵文玠总留后,彦祯子从训求救于朱全忠,全忠出师魏博,文玠不敢出,众惧,杀之,更推罗弘信帅军。	《新唐书》卷二一〇《乐彦祯传》
	1305	罗绍威	荫袭	罗弘信死,子绍威袭为节度使。	《新唐书》卷二一〇本传
幽州	488	李怀仙	兵力	李怀仙为安史降将,斩史朝义以降,仆固怀恩即表怀仙为幽州节度使。	《新唐书》卷二一二本传

（续表）

镇别	人物编号	姓名	受镇凭借	经过情形	资料来源
幽州	122A	王缙	朝命	李怀仙为朱希彩所杀，代宗诏宰相王缙为幽州节度使。	《新唐书》卷二一二《李怀仙传》
	191	朱希彩	兵力	王缙至幽州，朱希彩搜卒伍，大陈戎备，缙度不可制，劳军阅旬乃还，希彩即领节度。	《新唐书》卷二一二《李怀仙传》
	197A	朱泚	兵力	幽州兵乱杀朱希彩，军人共进朱泚为留后。	《旧唐书》卷二〇〇下本传
	199	朱滔	兵力	朱滔为泚弟，领兵戍泾州还，诡说泚入朝而夺其兵，自为留后。	《新唐书》卷二一二本传
	1122	刘怦	兵力	朱滔叛，为成德王武俊、昭义李抱真所败，归幽州，卒，军中推雄武军使刘怦总军事，俄诏为节度副大使。	《新唐书》卷二一二本传
	1147	刘济	荫袭	刘怦死，子济袭位。	《新唐书》卷二一二本传
	1149B	刘总	荫袭	刘济为其子总所毒杀，总自袭为节度使。	《新唐书》卷二一二本传
	790E	张弘靖	朝命	长庆元年，刘总以幽州归朝，朝命张弘靖为幽州节度使。	《新唐书》卷二一二《刘总传》
	1209	卢士玫	朝命	刘总归国，分幽州为二镇，朝命士玫为瀛莫观察使。	《旧唐书》卷一六二本传
	192	朱克融	兵力	幽州军乱，囚张弘靖，时克融父洄，号有智谋，以疾废卧家，众往请为帅，洄辞老且病，因推克融领军务，诏以刘悟为节度使，驰往，俄而瀛莫皆附克融，悟不得入，诏以克融为幽州节度使。	《新唐书》卷二一二本传

（续表）

镇别	人物编号	姓名	受镇凭借	经过情形	资料来源
幽州	440A	李载义	兵力	幽州兵乱，杀朱克融，载义时为牙中兵马使，克融既死，"次子延嗣立，领留后"，为李载义杀而代之。	《新唐书》卷二一二本传
	994	杨志诚	兵力	杨志诚事李载义"为牙将，载义宴天子使者鞠场，志诚与其党噪而起，载义走，因自为都知兵马使。文宗更以嘉王领节度，用志诚为留后"。	《新唐书》卷二一二本传
	148	史元忠	兵力	大和八年杨志诚为部下所逐，"推部将史元忠总留后"。	《新唐书》卷二一二《杨志诚传》
	795	张仲武	兵力	会昌初，史元忠为部将陈行泰所杀，行泰又为次将张绛所杀，时雄武军使张仲武拥兵求自效，乃诏以仲武为留后，幽州军乱杀张绛，即拜仲武节度副大使。	《新唐书》卷二一二本传
	809	张直方	荫袭	张仲武死，子直方袭节度留后。	《新唐书》卷二一二《张仲武传》
	542	周綝	兵力	张直方暴忍，"军中将作乱，直方知之，托言出猎，遂举族逃归京师；军中推牙将周綝为留后"。	《通鉴》卷二四八，大中三年闰十一月
	782	张允伸	兵力	周綝卒，军中表请以押牙兼马步都知兵马使张允伸为留后，宣宗从之。	《通鉴》卷二四九，大中四年八月
	783	张公素	兵力	张允伸病，诏许其子简会为副大使。允伸卒，平州刺史张公素来会丧，军士素附其威望，简会知不可制，即出奔，诏公素为节度使。	《新唐书》卷二一二本传

（续表）

镇别	人物编号	姓名	受镇凭借	经过情形	资料来源
幽州	365	李茂勋	兵力	茂勋为幽州大将,举兵入府,逐张公素,众因推主州务,诏即拜节度使。	《新唐书》卷二一二本传
	284	李可举	荫袭	李茂勋以病致仕,表子可举代,遂领留后,进为节度使。	《新唐书》卷二一二《李茂勋传》
	292	李全忠	兵力	李可举攻义武,为王处存大败,大将李全忠反攻幽州,可举自杀,众推全忠领留后。	《新唐书》卷二一二本传
	306	李匡威	荫袭	李全忠死,子匡威嗣领留后。	《新唐书》卷二一二《李全忠传》
	307	李匡筹	兵力	李匡威出兵救成德,弟匡筹以兵据城,自为留后,诏即以为节度使。	《新唐书》卷二一二《李全忠传》
	1110	刘仁恭	兵力	李匡筹为河东大将刘仁恭所败,奔京师,李克用遂表仁恭为幽州节度使。	《新唐书》卷二一二本传

说明：

一、本表可与"唐代藩镇总表——成德、魏博、幽州"中之"受镇原因"栏对照。

二、本表不含"未至镇"之节度使,盖未至镇之节度使只有名义,对该镇实际政治毫无影响也。

从上表中可看出安史乱后的河北三镇藩帅以凭借兵力得位者最多,共 29 人,荫袭者次之,共 18 人,朝命者最少,只 7 人,而以朝命受镇之 7 人,其任期均短,不及一年(参阅"唐代藩镇总表——成德、魏博、幽州")。在河北三镇中,荫袭亦常须兵力之拥护,如成德节度使王士真卒，"军中推其子承宗总留后"，① 王廷凑卒，"军中以（其子）元逵请命"。② 如果得不到军中之拥戴，则荫袭必然失败，如魏博节度使田季安卒，子怀谏未能承袭其位，即由于军中反对；③ 成德节度使李宝臣卒，其子惟岳袭位之未能成功，固然由于中央之坚决不许，但更重要的原因，乃是未得到军中的完全支持。④ 幽州节度史张允伸卒，子简会将袭位，会平州刺史张公素来会丧，"军士素附其威望，简会知不可制，即出奔"。⑤ 据此，则知河北三镇藩帅之得位，除少数出于朝命外，几全需要兵力支持，无怪乎河北三镇藩帅在得位前几全为本镇军将或前帅子弟（见表31），盖惟有本镇军将或前帅子弟方能常与军中接触，博取军中支持。

表 31　安史之乱以后成德、魏博、幽州三镇藩帅任前官职统计表

镇别	职别								
	本镇属官				朝官		他镇藩帅		他镇属官
	前帅弟子		军将						
	人数	人物编号	人数	人物编号	人数	人物编号	人数	人物编号	人数	人物编号
成德	7	（33B）（61）（36）（101）（105）（102）（130）	5	（493）（803A）（14A）（86）（64A）					1	（157B）		

① 《新唐书》卷二一一《王士真传》。
② 《新唐书》卷二一一《王廷凑传》。
③ 《旧唐书》卷一四一《田季安传》："季安卒，（妻）元氏召诸将欲立（其子）怀谏，众皆唯唯。怀谏幼，未能御事，军政无巨细皆取决于私白身蒋士则，数以爱憎移易将校。衙军怒，取前临清镇将田兴为留后，遣怀谏归第，杀蒋士则等十数人。田兴葬季安毕，送怀谏于京师。"
④ 李宝臣属下大将张孝忠与王武俊，均不支持李惟岳之承袭，转而归附中央，讨伐惟岳，惟岳终告失败。阅《旧唐书》卷一四二《李宝臣传》。
⑤ 《新唐书》卷二一二《张公素传》。

（续表）

镇别	职别									
	本镇属官				朝官		他镇藩帅		他镇属官	
	前帅弟子		军将							
	人数	人物编号	人数	人物编号	人数	人物编号	人数	人物编号	人数	人物编号
魏博	7	（163） （167） （162） （227） （228） （1305） （1288）	7	（161） （157A） （152A） （230） （1276） （1092） （1304）			2	（453F） （155C）		
幽州	7	（199） （1147） （1149） （809） （284） （306） （307）	14	（488） （197A） （191） （1122） （192） （440A） （994） （148） （795） （542） （782） （783） （365） （292）	2	（122A） （1029）	1	（790E）	1	（1110）
合计人数	21		26		2		4		1	
	47									
占全部人数之百分比	38.9%		48.1%		3.7%		7.4%		1.9%	
	87%									

说明：

一、本表参照"唐代藩镇总表"。其中幽州一镇起自（488）。

二、本表不含未至镇之节度使。

三、（493）、（161）、（488）均为安史降将，据地拥兵，并视作"本镇军将"。

四、（1209）为京兆尹，本表视作朝官。

河北三镇藩帅之得位固然凭借兵力，但是，有一点必须认识清楚，即河北三镇藩帅凭借兵力之作用，主要在要挟中央，使中央因畏惧该镇之兵力而承认其政治地位。实际上，藩帅对于该镇之兵力常常不能控制，换言之，藩帅之得位并非由于完全受自己控制之军队压服该镇的其他军队，而只是受该镇大多数军队的支持与拥护。所以，许多藩帅之得位并不一定是主动地争夺，而是出于被动地受到推戴，田弘正之受镇由军众之固请（见前引《旧唐书》卷一四一《田弘正传》），何进滔、刘怦、朱克融、张公素等均为被动地受到军中拥戴而得位。① 其中亦有由于自己之营求而得位者，但亦不是拥有一支足以威服全镇的武力，而是想法谋取原不受自己控制之军队的支持，如朱泚之阴谋得位，② 罗弘信之愚众受推，③ 皆是，甚且如田绪之得位，更以金钱引诱军士。④

一个政治团体内部的安定，有赖于其权力系统之确立，统治者有了为共同所承认的权力后，其权力受到每个人的尊重与服从，而后此一政治团体的基础才能巩固，才能对内对外发挥力量，然而只

---

①　关于何进滔、刘怦、朱克融、张公素等人被军中推戴而为藩帅之情形如下：

何进滔："少客魏，委质军中……宪诚死，军中传呼曰：'得何公事之，军安矣。'进滔下令曰：'公等既迫我，当听吾令。'众唯唯。"（《新唐书》卷二一〇《何进滔传》）

刘怦：朱滔时，刘怦知幽州留后事，"滔败归，（怦）终不贰，益治兵，人嘉怦忠于所奉。及滔死，军中尽推怦，乃总军事"。（《新唐书》卷二一二《刘怦传》）

朱克融：克融在幽州军中，幽州军乱因张弘靖，"时克融父洄，号有智谲，以疾废卧家，众往请为帅，洄辞老且病，因推克融领军务"。（《新唐书》卷二一二《朱克融传》）

张公素：公素为平州刺史，前幽州节度使张允伸卒，公素以兵来会丧，军士素附其威望，遂推主军务。（《新唐书》卷二一二《张公素传》）

②　朱泚为幽州大将，"大历七年（节度使朱）希彩为下所杀，众未有属，泚方外屯，而（朱）滔主牙兵，尤狡谲，乃潜谂数十人大呼军门曰：'帅非朱公莫可。'众愕眙，因共诣泚，推知留后。"见《新唐书》卷二二五中《朱泚传》。

③　罗弘信为魏博军将，魏博军众废节度使乐彦祯，"推赵文玠权州事，众复以为不便，因推弘信为帅。先是，有邻人密谓弘信曰：'某尝夜遇一白须翁，相告云，君当为土地主。如是者再三。'弘信窃异之。及废文玠，军人聚呼曰：'孰愿为节度使者？'弘信即应之曰：'白须翁早已命我。'众乃环而视之，曰：'可也。'由是立之。"见《旧唐书》卷一八一《罗弘信传》。

④　田绪杀其从兄前魏博节度使田悦，"惧众不附，以其徒数百将出奔，邢曹俊率众追还。绪乃下令军中曰：'我先王子，能立我者赏。'众乃共推绪为留后。"见《新唐书》卷二一〇《田绪传》。

凭暴力并不能建立权力，① 何况河北三镇之藩帅连其本镇之武力尚不能控制。纵使藩帅任镇时间甚长，或由于其才能不足，组织能力不够，仍不能将本镇之武力完全控制。魏博田氏自田承嗣至田季安，居魏博统治者之位达五十年（广德元年至元和七年，前后合计五十年），三世四传，但及田季安一死，季安子怀谏幼弱，军士乃视怀谏如敝屣，弃之不顾，另拥立大将田兴，可见田氏在魏博虽经长期统治，其权力仍未巩固。② 史宪诚之被杀，亦是河北三镇藩帅权威不立之例证：

> （大和三年）沧景平（按：平李同捷也），（魏博节度使）宪诚不自安，请纳地，进检校司徒兼侍中，徙河中，封千乘郡公。以（义武节度使）李听代。
>
> 初，宪诚将族行，惧魏军之留，问策于弟宪忠，宪忠教分相、卫，请置帅，因以弱魏。复请诏听引军声图志沼（按：沧景大将丌志沼，为乱，附于成德王廷凑）而假道清河，帝从之。宪诚因欲倚听公去魏。及听次清河，魏人惊，宪忠曰："彼假道取贼，吾军无负朝廷，何惧为？"乃稍安。然魏素聚兵清河，听至，悉出其甲，将入魏，魏军闻之惧，明日尽甲而出。听按军馆陶不进，众谓宪诚卖己，曰：'绐我以沽恩耶。'夜攻杀之。（《新唐书》卷二一〇《史宪诚传》）

史宪诚任魏博节度使前后八年（长庆二年至大和三年），竟然欲出魏博之地而不能，至为魏军以"绐我以沽恩"的罪名杀害，可见藩帅对于自己属下军队控制力之薄弱。成德节度使李宝臣为安史降将，首任成德节度使，在镇十九年（宝应元年至建中二年），有"马五千，步卒五万，财用丰衍，益招来亡命，雄冠山东。与薛嵩、田承嗣、

---

① 梅里亚姆说 "No power could stand if it relied upon violence alone"，Charles E. Merriam, *Political Power*, P. 102。

② 日人堀敏一氏称："自田承嗣至田怀谏，节度使的政策，乃在争取兵士之支持，以冀在魏博得以世袭节度使之位，对抗唐朝中央政府。然而由于内部兵士之对立与外部唐朝之强硬政策，致有田弘正之拥立，此表示出争取兵士政策之失败。"阅氏著《藩帅亲卫军の权力构造》，载《东洋文化研究所纪要》第二十册。

李正己、梁崇义相姻缘，急热为表里"。不能不谓厚植势力，然而，宝臣卒后，其子惟岳竟以无法控制本镇中张孝忠、王武俊等军队而未能达到承袭成德节度使之位的愿望。[①] 幽州自安史乱后，节度使共二十五人（不含史思明及未至镇之李光弼、王武俊、刘悟），其因兵乱被逐被杀者共十三人，占全人数 52%（参阅表 32），亦可征幽州藩帅对属部军队之无力控制。

表 32　安史之乱以后幽州节度使去镇原因统计表

去镇原因	人数	人物编号	百分率
兵乱被杀	六	（488）（191）（1147）（192）（148）（284）	24%
兵乱被逐	七	（790E）（1209）（440A）（994）（809）（783）（306）	28%
他镇所逐	一	（307）	4%
朝命	一	（122A）	4%
自请	四	（197A）（1122）（1149B）（365）	16%
死亡	五	（199）（795）（542）（782）（292）	20%
唐亡	一	（1110）	4%

说明：

一、本表根据"唐代藩镇总表——幽州"制成，人物包括李怀仙以下迄至唐亡。全部以二十五人为基础，不含未至镇之节度使。

二、（1147）乃为其子刘总所杀，时刘总在军中，故仍视作军乱被杀。

藩帅之不能完全控制所属军队，正表示河北三镇军队之骄横无法纪，拥立或逐杀节度使形同儿戏，使藩帅不仅在得位前须争取军队之支持，即在得位之后亦不敢得罪军队，以免被逐被杀。因此，藩帅虽得军队之支持，以此种支持换得中央的正式任命，实际上，藩帅最恐惧自己属下的军队，[②] 最后，竟有藩帅不惜假借外力以消灭自己属下军队。《新唐书》卷二一〇《罗绍威传》：

———————

① 《新唐书》卷二一一《李宝臣传》。参阅同书同卷《李惟岳传》《王武俊传》，《旧唐书》卷一四一《张孝忠传》。

② 《新唐书》卷一五二《李绛传》："（绛曰）两河所惧者，部将以其兵图己也。故委诸将总兵，皆使力敌任均，以相维制，不得为变。"

　　魏牙军，起田承嗣募军中子弟为之，父子世袭，姻党盘互，悍骄不顾法令，（史）宪诚等皆所立，有不慊，辄害之无噍类。厚给廪，姑息不能制。时语曰："长安天子，魏府牙军。"谓其势强也。（罗）绍威惩曩祸，虽外示优假，而内不堪。俄而小校李公佺作乱，不克，奔沧州。绍威乃决策屠翦，遣杨利言与（朱）全忠谋。全忠乃遣符道昭将兵合魏军二万攻沧州，求公佺，又遣李思安助战，魏军不之疑。绍威子，全忠婿也，会女卒，使马嗣勋来助葬，选长直千人纳盟器，实甲以入。全忠自滑济河，声言督沧景行营。绍威欲出迎，假锐兵以入，军中劝毋出而止。绍威遣人潜入库，斩弦解甲，注夜，将奴客数百与嗣勋攻之，军趋库得兵，不可战，因夷灭凡八千族，阛市为空。平明，全忠亦至，闻事定，驰入军。魏军在行者闻变，于是史仁遇保高唐，李重霸屯宗县，分据贝、澶、卫等六州。仁遇自称魏博留后，全忠解沧州兵以攻高唐，仁遇引众走，为游骑所获，支解之，进拔博、澶二州。李重霸走，俄斩其首，相、卫皆降。绍威虽除其逼，然势弱，为全忠牵制，比州刺史矣。

罗绍威以朱全忠之兵力诛杀魏军，这是藩帅对属下军队恐惧心理结果，然而内患既除，魏博强大兵力亦失，朱全忠之外患继至，罗绍威无法抗拒，惟有附庸依顺而已，此正是河北三镇藩帅心理上的矛盾。

　　河北三镇藩帅在得位前既然要得到不完全受自己控制之军队的推戴，有时为了增加自己的声望，不得不极力讨好中央，希望中央迅速给予自己正式的委任而夸示于军中，以增强军队对自己的支持。成德节度使王士真卒，子承宗求袭，"朝廷伺其变，累月不问。承宗惧，累上表陈谢。至（元和四年）八月，上（宪宗）令京兆少尹裴武往宣谕，承宗奉诏甚恭，且曰：'三军见迫，不候朝旨，今请割德、棣二州上献，以表丹恳。'"及诏书正式任命承宗为成德节度使之后，承宗即一反恭顺态度，虏朝廷任命之德棣二州观察使薛昌朝，收回德棣二州。^① 会昌元年张绛据幽州，上表朝廷求节钺，时雄武军（属幽州）使张仲武亦遣其属吴仲舒入朝输忠款，宰相李德裕谓仲舒曰："即以为帅，军得无复乱乎？"仲舒答曰："仲武得士心，受命必有逐绛者。"朝廷遂诏以仲武领幽州兵马留后，"诏下，绛果为军中所逐"。^② 王承宗、张仲武之例实可以说明河北三镇藩帅一方面以本地兵力要挟朝廷，请朝廷正式任命，一方面又利用朝廷之诏命以收本地之军心。李德裕言于武宗曰："河朔事势，臣所熟谙。比来朝廷遣使赐诏常太速，故军情遂固。若置之数月不问，必自生变。"^③ 李德裕能洞悉河北三镇藩帅利用朝命以固军情，无愧为一代贤相。

及至唐末，河北三镇藩帅已渐能控制属下之军队，然而内外情势又有了改变。成德自王廷凑以后，累代世袭，迄于唐亡，历八十五年（长庆二年至天祐四年），成德一军效忠王氏，但河东李克用崛起，虎视山东，宣武朱全忠亦经略河北，当此二强敌之间，成德自救不暇，至王镕为成德节度使，终投身依附朱全忠。^④ 魏博军队势力强盛，藩帅无以制之，及罗绍威引朱全忠以消灭魏军，魏博藩帅虽自此能控制属下军队，但力量已削，不得不听命朱全忠矣（详见本节前引）。幽州自刘仁恭为藩帅后，初为李克用之附庸，后乃归依朱全忠，已少自主之力。^⑤

综观上述，自安史乱后，河北三镇藩帅跋扈叛逆相继，对中央保持其半独立状态，可是却始终未曾完全脱离唐室而独立建国，^⑥ 其

----

① 详阅《旧唐书》卷一四二《王武俊传附王承宗传》。

② 详阅《新唐书》卷二一二《张仲武传》。

③ 《通鉴》卷二四六武宗会昌元年闰月。

④ 成德自王元逵之后，对中央态度较为忠顺。如王元逵时，"岁时贡奉，结辙于途"。平刘稹亦有功。王绍懿临终告王景崇曰："下礼藩邻，上奉朝旨。"黄巢之乱，王景崇以兵讨贼，"奔问行在，贡输相继"。此或与成德藩帅汉化渐深而萌忠君之念有关。及王镕时，李克用胁山东，镕不得已而依朱全忠。参阅《旧唐书》卷一四二，《新唐书》卷二一一王元逵、玉景崇、王镕等传。

⑤ 参阅《新唐书》卷二一二，《旧五代史》卷一三五《刘仁恭传》。

⑥ 建中三年十一月，河北三镇叛，与淄青共建为四国，幽州节度使朱滔称冀王、魏博节度使田悦称魏王、成德节度使王武俊称赵王、淄青节度使李纳称齐王。但"俱称王而不改年号，如昔诸侯奉国家正朔"。是仍未敢完全脱离唐室而独立。阅《通鉴》卷二二七唐德宗建中三年十一月。

原因乃是河北三镇藩帅未能完全控制其属下之军队，在得位之初，常须仰赖朝廷之诏命，以增加自己的威望，维持其地位，既得位之后，又不能掌握"武力"，巩固"权力"，造成"威势"，奠定立国基础。[1] 及至唐末，河北三镇藩帅对内控制力渐强，但李克用、朱全忠前后威胁，河北三镇自图救亡，遂沦为强藩之附庸。因此，河北三镇对中央虽呈半独立状态，却始终未能真正脱离唐室而独立。

---

[1] 一个新王朝之建立，兵力为其不可缺少的凭借，但只凭借兵力有时却不足以建立一个新王朝，而须要加上其他的因素，使武力变为"威势"。参阅拙著《中国历代创业帝王》第三章第四节。

| 第八章 |

中央之策略措施与藩镇对
中央态度的关系

第一节　黄巢起事前中央之策略措施与
藩镇对中央态度的关系

　　魏徵曰："社稷安危，国家理乱，在于一人而已。"① 所谓"一人"，即指皇帝。在中国古代，皇帝为政治权力的泉源，其作为对全国政治自能产生极大的影响力。然而，中央策略与措施之决定虽然形式上以皇帝的诏令发布，实质上宰相有甚大的参预权。中央策略与措施之成败得失，皇帝固应负责，宰相关系亦大。裴度曰："华夏安否，系于朝廷；朝廷轻重，在于宰相。"② 即是强调宰相对国家治乱之重要性。唐代中央策略与措施之决定，虽然宦官与翰林学士有时有左右的力量，③ 但理论上则由皇帝与宰相共同决定。所谓"兴废系于时主，主之得失，资于台辅"。④ 即是国家大政得失与皇帝宰相关系密切的说明。

　　唐代藩镇对中央态度之顺逆其造成的原因很多，而皇帝宰相的

---

　　① 《全唐文》卷一四〇魏徵《十渐疏》。
　　② 《全唐文》卷五三七裴度《请罢知政事疏》。
　　③ 中唐以后翰林学士益重，有内相之称。详阅李肇《翰林志》、孙国栋《唐代三省制之发展研究》。
　　④ 《全唐文》卷五十五德宗《台衡铭》。

作为与中央的策略措施对藩镇态度之顺逆影响亦极大。兹先就皇帝宰相所定中央策略与措施对藩镇态度所发生的影响略加析论。

一、代宗、德宗时对付藩镇之政策

代宗与德宗贞元年间为中央对藩镇采取姑息政策之时期。代宗之时，外患正炽，两河藩镇倔强违命，中央财力困竭，因此对于藩镇不能不采姑息政策，以为安抚。例如宝应二年三月，梁崇义擅据襄州，"朝廷因授其（山南东道）节度焉，以襄州荐履兵祸，屈法含容，姑务息人也"。[①] 同华节度使周智光杀鄜州刺史张麟及鄜坊节度使杜冕家属，永泰元年十月，智光入朝，代宗竟不问。[②] 德宗初即位时，有果断，思制藩镇，[③] 然而至建中四年发生了泾原兵乱，而导致朱泚的叛乱。

朱泚之叛，泚围德宗于奉天，情势急迫，"上（德宗）与浑瑊对泣，群臣惟仰首祝天"，[④] 幸赖朔方节度使李怀光率所部奔命，奋厉军士，屡败泚军，解奉天之围，使唐室渡过一次覆亡之危机，怀光对王室之忠贞，无可怀疑，然而却因宰相卢杞之谗一变而为叛逆。《新唐书》卷二二四上《李怀光传》：

> 帝狩奉天，怀光率所部奔命，方雨淖，奋厉军士倍道进，自蒲津绝河，败泚军于醴泉 …… 又败贼于鲁店，泚解围去。……怀光为人疏而愎，诵言："宰相谋议乖剌，度支赋敛重，京兆尹刻薄军食，天下之乱皆由此。吾见上，且请诛之。"或以告（京兆尹）王翃，翃等计："怀光有大功，上且访以得失，使其言入，岂不殆哉。"遂告（宰相）卢杞，杞即说帝曰："怀光兵威已振，逆贼破胆，若席胜，可一举灭贼。今入朝，则必宴劳留连，贼得从容完备，卒难图也。"帝不得其情，因然之。乃敕怀光屯便

① 《旧唐书》卷一二一《梁崇义传》。
② 阅《通鉴》卷二二二永泰元年十月甲申条。
③ 《新唐书》卷二一〇《田悦传》屡言德宗英明。《杜阳杂编》卷上亦称"德宗皇帝英明果断，无以比德"。均是初即位时。
④ 《通鉴》卷二二九建中四年十一月戊子。

桥，督诸将进讨。怀光自以径千里赴难，为奸臣根隔不得朝，颇恚怅，去屯咸阳。①

怀光之叛固然尚有神策军与朔方军赏赐不均之原因，而卢杞的离间实为最主要原因，宰相的自保和皇帝的愚昧终使一个忠诚藩镇变为叛逆。

德宗经历建中四年大乱以后，英气全消，贞元年间，"虽一州一镇有兵者，皆务姑息"。② 按《旧唐书》卷一三五《韦渠牟传》：

> 陆贽免相后，上（德宗）躬亲庶政，不复委成宰相，庙堂备员，行文书而已。除守宰、御史，皆帝自选择。

又《旧唐书》卷一六〇《韩愈传》：

> 德宗晚年，政出多门，宰相不专机务。

是自陆贽罢相后，一切庶政均由德宗亲理亲决，则对藩镇姑息政策之制定者似为德宗本人。

姑息政策目的在求中央与藩镇之间的和平相处，相安无事，然而姑息政策之实行，中央遇事必须处处对藩镇让步，代宗之时已是"朝廷或完一城，增一兵"藩镇"辄有怨言，以为猜贰，常为之罢役"。③ 德宗时更是对藩镇"务为姑息，不生除节帅；有物故者先遣中使察军情所与则授之"。④ 以致"凡有土地甲兵者，皆畏缩而不敢治"。⑤ 姑息政策的结果，使得中央对藩镇之威势丧失，权力削弱，而藩镇势力日渐增大。韦贯之曰："自至德已还，天下多垒，拥旄守土者，至五十余镇，每主帅就世，将吏有得其柄者，多假众怙力，以求代袭，朝廷每不得已，因而命之。"⑥ 朝廷已失去对许多藩镇的主动任免权，只能被动地作形式上的任免，此种事例甚多。如《通

---

① 《旧唐书》卷一三五《卢杞传》，以卢杞之谗，"怀光大怒，遂谋异志"。
② 《通鉴》卷二三五贞元十五年十二月辛未。
③ 《通鉴》卷二二五大历十二年十二月。
④ 《通鉴》卷二三七元和元年正月戊子条，杜黄裳对宪宗论德宗语。
⑤ 范祖禹语，见《唐鉴》卷十六《德宗》。
⑥ 《全唐文》卷五三一韦贯之《南平郡王高崇文神道碑》。

鉴》卷二三四贞元八年四月：

> （宣武节度使）刘玄佐之丧，将佐匿之，称疾请代，上亦为
> 之隐，遣使即军中，问："以陕虢观察使吴凑为代可乎？"监军孟
> 介、行军司马卢瑗皆以为便，然后除之。凑行至氾水，玄佐之
> 柩将发，军中请备仪仗，瑗不许，又令留器用以俟新使，将士
> 怒。玄佐之壻及亲兵皆披甲，拥玄佐之子士宁释衰绖，登重榻，
> 自为留后。执城将曹金岸、凌仪令李迈曰："尔皆请吴凑者。"遂
> 扄之。卢瑗逃免。士宁以财赏将士，劫孟介以请于朝。上以问
> 宰相，窦参曰："今汴人指李纳以邀制命，不许，将合于纳。"庚
> 寅，以士宁为宣武节度使。

举此一例，即不难意会其他。中央对于藩镇任免权尚且不能完全掌
握，于是许多拥有强兵的藩镇对于中央之法令便加以漠视，不仅两
河藩镇不奉朝命，即所谓"内地"藩镇亦目无朝法，淮西、宣武、山
南东道多跋扈、叛逆者（参阅"唐代藩镇总表——淮西、宣武、山
南东道"）。韩非曰："明主之所导制其臣者，二柄而已矣。二柄者，
刑德也。何谓刑德？曰杀戮之谓刑，庆赏之谓德。"[1] 在姑息政策之
下，律令不行，刑德不公，中央遂无以制藩镇，杜牧评代德时姑息
政策曰：

> 大历贞元之间，有城数十，千百卒夫，则朝廷贷以法，故
> 于是阔视大言，自树一家，破制削法，角为尊奢。天子不问，
> 有司不呵；王侯通爵，越禄受之；觐聘不来，几杖扶之；逆息
> 虏胤，皇子嫔之。地益广，兵益强，僭拟益甚，侈心益昌。土
> 田名器，分割大尽，而贼夫贪心，未及畔岸，淫名越号，走兵
> 四略，以饱其志。赵、魏、燕、齐，同日而起，梁、蔡、吴、
> 蜀，蹑而和之，其余混渍轩嚣，欲相效者，往往而是。……大
> 抵生人油然多欲，欲而不得则怒，怒则争乱随之。是以教笞于
> 家，刑罚于国，征伐于天下，裁其欲而塞其争也。大历、贞元

---

① 《韩非子》卷二《二柄第七》。

之间反此，提区区之有，而塞无涯之争，是以首尾指支，几不
能相运掉也。……呜呼！大历、贞元守邦之术，永戒之哉！
（《新唐书》卷二一〇《藩镇传》序）

萨孟武先生亦说："姑息政策是求苟安无事，而结果往往适得其反，
专制政府的权威是用'力'维持的，不能依靠恩情。天子姑息臣下，
也许出于恩情，而由方镇看来，必以朝廷为软弱无力。朝廷愈姑息，
方镇愈跋扈，这是必然之势。"[1] 从代、德两朝跋扈、叛逆藩镇之多
（参阅表3），可以看出姑息政策的结果大大削弱了中央对藩镇的控
制力。

二、宪宗时中央对藩镇之强硬政策

德宗时藩镇跋扈嚣张之气焰，至宪宗而熄灭，这种转变，固然
与宪宗时中央财力较为富裕有关，更重要的是元和时中央对付藩镇
之策略措施正确，能够增加中央之威势，使藩镇畏服，恭顺者更恭
顺，跋扈者亦变为恭顺。

宪宗本人绝无姑息藩镇之思想，元和朝宰相又多敢于事功、勇
于进取者，因此宪宗在位期间对藩镇采取强硬政策，凡抗命之藩镇，
中央不惜以兵力讨伐。然而，中央以兵力讨伐藩镇，并非必然能取
得胜利，德宗建中之乱，即是中央讨伐藩镇所造成的循环战乱，结
果几乎使中央政权覆亡。宪宗对藩镇之强硬政策，用兵征讨，之所
以不致重演建中之悲剧，主要不能不归功于元和朝数位主持征讨大
局的宰相所具卓越之才能，凭借此数位宰相之才能，战略运用与用
人调度均不致发生错误，而获致数次重要战争的胜利。宪宗朝对藩
镇用兵之成功，主要由于中央策略措施之正确，略论如下：

第一，征讨先后次序之正确：宪宗讨伐违命之藩镇，自西川始，
而浙西，再淮西，再两河。首平西川刘辟之逆命，可免除中央对东
方用兵时的后顾之忧。次平浙西李锜，可确保中央财源所在地的江
淮。再讨淮西吴元济，可确立中央之权威。西川、浙西、淮西平定

---

[1] 《西游记与中国古代政治》，页40。

之后，其他跋扈藩镇慑于中央威势而自动向中央效顺，如宣武节度使韩弘在镇二十余年，"四州征赋皆为己有，未尝上供"，其后"及齐、蔡贼平，势屈而觐"。①

第二，德宗建中时采持久战，致战费庞大，中央终致财力不支。宪宗则采快速战，每次战争时间均短，中央所耗军费较少（参阅第六章第二节），在财力能够支持情况下，中央始能获得胜利，此为中央战争策略之成功。

第三，宪宗与主持征讨的宰相对战胜违命的藩镇均有坚强信心与争取最后胜利的坚毅意志。讨刘辟、李锜，中央军极为顺利，惟讨淮西吴元济，用兵时间较长，且有挫败，罢兵之议时起，赖宪宗与裴度坚持用兵，终得最后胜利。《旧唐书》卷一七〇《裴度传》：

> 改御史中丞……（元和）十年六月，王承宗、李师道俱遣刺客刺宰相武元衡，亦令刺度。是日，度出通化里，盗三以剑击度……度已堕沟中，贼谓度已死，乃舍去。居三日，诏以度为门下侍郎、同中书门下平章事。……初，元衡遇害，献计者或请罢度官以安二镇之心。宪宗大怒曰："若罢度官，是奸计得行，朝纲何以振举？吾用度一人，足以破此二贼矣。"度亦以平贼为己任。……自是诛贼之计，日闻献替，用军愈急。十一年……六月，蔡州行营唐邓节度使高霞寓兵败于铁城，中外恟骇。先是……朝臣多言罢兵赦罪为便，翰林学士钱徽、萧俛语尤切，唯度言贼不可赦。及霞寓败，宰相以上必厌兵，欲以罢兵为对。延英方奏，宪宗曰："夫一胜一负，兵家常势。若帝王之兵不合败，则自古何难于用兵，累圣不应留此凶贼。今但论此兵合用与否，及朝廷制置当否，卿等唯须要害处置。将帅有不可者，去之勿疑；兵力有不足者，速与应接，何可以一将不利，便沮成计。"于是宰臣不得措言，朝廷无敢言罢兵者，故度计得行。……十二年，李愬、李光颜屡奏破贼，然国家聚兵淮右四年，度支供饷，不胜其弊，诸将玩寇相视，未有成功，上亦病之。宰相

---

① 《旧唐书》卷一五六《韩弘传》。

李逢吉、王涯等三人以劳师弊赋，意欲罢兵，见上互陈利害。度独无言，帝问之，对曰："臣请身自督战。"明日延英重议，逢吉等出，独留度，谓之曰："卿必能为朕行乎？"度俯伏流涕曰："臣誓不与此贼偕全。"上亦为之改容。……度既受命，召对于延英，奏曰："主忧臣辱，义在必死，贼灭，则朝天有日；贼在，则归阙无期。"上为之恻然流涕。十二年八月三日，度赴淮西……时诸道兵皆有中使监阵，进退不由主将，战胜则先使献捷，偶创则凌挫百端。度至行营，并奏去之，兵柄专制之于将，众皆喜悦。军法严肃，号令画一，以是出战皆捷。……十月十一日，唐邓节度使李愬，袭破悬瓠城，擒吴元济。

此段记事极能尽其曲折原委，吾人读之，深感当时朝廷决心平乱之不易。若宪宗与裴度不能坚持到底，则吴元济、李师道将不能平定，跋扈藩镇仍将根深蒂固地继续存在，所谓"元和中兴"的局面势不能产生。

第四，宪宗时应付违命强藩，由于宰相之有识，中央处置均甚得当，尤其选将更为成功。例如元和元年选用高崇文以平刘辟，《通鉴》卷二三七元和元年九月：

> 杜黄裳建议征蜀及指受高崇文方略，皆悬合事宜。崇文素惮刘澭，黄裳使谓之曰："若无功，当以刘澭相代。"故能得其死力。及蜀平，宰相入贺，上目黄裳曰："卿之功也。"①

是则讨平刘辟实为宰相杜黄裳策划之成功。魏博节度使田弘正归顺固然有其他原因，而宰相李绛之策划亦有功焉。② 淮西吴元济之平定，宰相裴度亲至阵前，指挥处置，权归于将，"军法严肃，号令划

---

① 《旧唐书》卷一五一《高崇文传》："永贞元年冬，刘辟阻兵，朝议讨伐，宰臣杜黄裳以为独任崇文，可以成功。"《新唐书》卷一七〇《高崇文传》："刘辟反，宰相杜黄裳荐其才。"则崇文任讨刘辟统帅为杜黄裳所荐无疑。按《唐语林》卷一，则以黄裳荐刘澭与高崇文二人，而以澭为优，宪宗则主用崇文。但《唐语林》称高崇文之官职为武成节度使，实误，崇文时为长武城使，非节度使，据此则《唐语林》所记用崇文出于宪宗亦可怀疑。

② 参阅《旧唐书》卷一六四《李绛传》。

一"，其功至巨。① 裴度自言："（王）承宗敛手削地，程权束身赴阙，韩宏舆疾讨贼，此岂京师气力能制其命，只是朝廷处置能服其心。"② 裴度元和名相，所言当为不虚。

总之，元和时所以能使跋扈叛逆之藩镇归顺听命，因素虽多，而中央之策略措施得宜关系至大。孙甫《唐史论断》卷下"注意相"条云：

> 古人谓天下安，注意相；天下危，注意将。此非通论，夫天下安固注意于相，天下危亦注意于相也。相得人则将自出矣。今观唐事，大可验。德宗建中初，以两河乱，锐意平定，时得马燧、李抱真、李晟辈数将任之，竟不能平魏博、淄青之乱，反致大变者，相不得人也，所相者卢杞，无公忠之心，无经营处置之才，虽有名将，功不克成也。宪宗自即位，有复兴大业之志，首得杜黄裳陈安危之本，启其机断；继得武元衡、裴洎、李绛、裴度，谋议国事，数人皆公忠至明之人，故能选任将帅，平定寇乱。累年叛涣之地得为王土，四方之人再见太平者，相得人也。

又刘昫评宪宗时讨平违命藩镇云：

> 德宗惩建中之难，姑息藩臣，贞元季年，威令衰削。章武皇帝志捃宿愤，廷访嘉猷，始得杜邠公，用高崇文诛刘辟。中得武丞相，运筹训戎，赞成睿断。终得裴晋公，耀武伸威，竟殄两河宿盗。雄哉，章武之果断也！（《旧唐书》卷一七〇《裴度传》史臣曰）

可见史家多以为宪宗朝中央威势大增，应归功于宰相之得人。

三、穆宗时中央策略之错误与河北之复失

当宪宗末年，全国藩镇几无跋扈、叛逆者，然穆宗即位，两年

---

① 参阅《旧唐书》卷一七〇《裴度传》。

② 《全唐文》卷五三七裴度《请罢知政事疏》。

之中，河北三镇（成德、魏博、幽州）复失，从此河北三镇再未归顺中央。穆宗复失河北，一方面由于中央财力匮竭，同时也因为皇帝之"荒纵不法，执政非其人，制御乖方，河朔复乱"。[1]

长庆初河朔复乱，长庆元年七月成德节度使田弘正遇害，田弘正原为魏博节度使，为河北三镇中最先效顺中央之藩帅，元和十五年十月，成德节度使王承宗卒，弟承元不肯袭任，成德初效顺中央，诏命田弘正改镇成德，田弘正领魏博兵赴任，请留魏博兵于成德，以为护卫，朝命不允，弘正不得已归兵于魏州，魏博兵既去，军情尚未稳定的成德遂生兵乱，弘正遇害。《旧唐书》卷一一九《崔祐甫传附崔俊传》：

> 时朝廷以承元归国，命田弘正移帅镇州。弘正之行，以魏卒二千为帐下。又以常山之人久隔朝化，人情易为变扰，累表请留魏卒为纲纪，其粮赐请度支岁给。穆宗下宰臣议，俊固言魏、镇各有镇兵，朝廷无例支给，恐为事例，不可听从。弘正不获已，遣魏卒还藩，不数日而镇州乱，弘正遇害。[2]

田弘正的遇害，不仅成德为王廷凑所据，这一火种也引发起魏博、幽州的暴乱，魏博为史宪诚所据，幽州为朱克融所据。

河北三镇之复失，除中央处理田弘正亲兵之不当外，也由于中央财力不足以继续维持对河北军人之厚赏（参阅第六章第二节）及中央任命之幽州节度使张弘靖之不能适应河北习俗（参阅第七章第四节）。然而，还有一个重要原因，即是中央措施之错误。中央措施之错误约有三项：

第一为销兵政策：穆宗初即位，宰相萧俛、段文昌以为天下太平，应偃武习文，于是密诏天下销兵，销兵的结果，落籍兵卒未能改业，沦为盗贼，其后竟成为朱克融、王廷凑等强据河北三镇之资本，中央反而招募乌合之众，以击河北，终致失败。《新唐书》卷一〇一《萧俛传》：

---

[1] 《旧唐书》卷一六六《白居易传》。

[2] 参阅《旧唐书》卷一四一《田弘正传》、《新唐书》卷一四二《崔俊传》。

　　穆宗初，两河底定，俛与段文昌当国，谓四方无虞，遂议太平事，以为武不可黩，劝帝偃革尚文，乃密诏天下镇兵，十之，岁限一为逃、死，不补，[1]谓之销兵。既而籍卒逋亡，无生业，曹聚山林间为盗贼。会朱克融、王廷凑乱燕、赵，一日悉收用之。朝廷调兵不充，乃召募市人乌合，战辄北，遂复失河朔矣。

此段正说明销兵之结果，是削弱向心朝廷之藩镇的兵力，却为河北三镇所利用。当国家太平之时，军队非不可裁减，然而裁军先得为复员军人安排就业机会，使退役军人不致因退役而失业而生活无着，如果只顾裁军而不管被裁军人以后的工作与生活，则裁军的行动将招致不利于中央的后果。在德宗之时，已经有一次贸然裁军而致魏博离叛的教训，德宗初立，魏博节度使田悦听命，中央派洪经纶为黜陟使，停魏博兵四万，致使魏博兵怨恨中央。《旧唐书》卷一二七《洪经纶传》：

　　洪经纶，建中初为黜陟使。至东都，访闻魏州田悦食粮兵凡七万人，经纶素昧时机，先以符停其兵四万人，令归农亩。田悦伪顺命，即依符罢之；而大集所罢兵士，激怒之曰：“尔等在军旅，各有父母妻子，既为黜陟使所罢，如何得衣食？”遂大哭。悦乃尽出家财衣服厚给之，各令还其部伍，自此人坚叛心。[2]

被罢军士之“人坚叛心”，使德宗时魏博跋扈难制。萧俛、段文昌重蹈销兵覆辙，河北三镇复失，难辞其咎。李塨曰：“唐之萧俛、段文昌者，以两河略定，谋销兵，奏议密诏天下有兵之处，每百人，一年限八人逃死，异哉！穆宗之时，岂销兵之时哉，而逼人以逃，限人以死，自古亦未有如是之销兵者也。腐儒愚谬之极，乃至此耶，

---

　　① 《册府元龟》卷三三六《宰辅部》及《旧唐书》卷一七二《萧俛传》均作“每年百人之中限八人逃死”。《旧纪》长庆元年二月乙酉条作“每年限百人内破八人逃死”。

　　② 参阅《新唐书》卷二一〇《田悦传》，《通鉴》卷二二六建中元年二月丙申条。均作“众大哭”，乃是被罢军士大哭。

宜天下之叛乱四起而不可制也。"① 所言虽不透彻，所责则未过当。

第二为放归河北军将，使成叛乱主力。当幽州节度使刘总归朝之时，"籍其军中素难制者送归阙庭"，朱克融等均在籍中，"宰相崔植、杜元颖素不知兵，心无远虑，谓两河无虑，不复祸乱矣，遂奏刘总所籍大将，并勒还幽州，故克融为乱，复失河北矣"。②《旧唐书》卷一二九《张延赏传附张弘靖传》：

> 刘总……长庆初，累表求入朝，兼请分割所理之地，然后归朝。其意欲以幽、涿、营州为一道，请（张）弘靖理之；瀛州为一道，卢士玫理之；平、蓟、妫、檀为一道，请薛平理之。仍籍军中宿将，尽荐于阙下，因望朝廷升奖，使幽、蓟之人，皆有希美爵禄之意。及疏上，穆宗且欲速得范阳，宰臣崔植、杜元颖又不为远大经略，但欲重弘靖所授而省其事局。唯瀛、莫两州许置观察使，其他郡县悉命统之。时总所荐将校俱在京师旅舍中，久而不问，朱克融辈仅至假衣丐食，日诣中书求官，不胜其困。及除弘靖，命悉还本军。克融辈虽得复归，皆深怀觖望，其后因为叛乱。③

第三为河北三镇叛乱之后，中央出兵征讨，统制不一，宰相又不知兵，致中央兵力虽众却不能胜。《旧唐书》卷一四二《王廷凑传》：

> （王）廷凑、（朱）克融之众，不过万余，而抗官兵十五万者，良以统制不一，玩寇邀利故也。宰相崔祐甫不晓兵家，胶柱于常态，以致复失河朔。

总之，长庆初之复失河北三镇，穆宗与其时宰相应负重大责任，杜牧称："长庆兵起，自始至终，庙堂之上，指踪非其人。"④ 即指其时君臣之无能。宋祁曰："（萧）俛议销兵，宁不野哉。当此时，河

① 《阅史郄视》卷二。
·② 《旧纪》长庆元年七月。
③ 参阅《旧唐书》卷一四三《刘怦传附刘总传》，《新唐书》卷二一二《朱克融传》。
④ 《全唐文》卷七五二杜牧《上周相公书》。

朔虽挈地还天子，而悍卒顽夫开口仰食者故在，彼皆不能自返于本业者也。又朱克融等客长安，饿且死，不得一官，而俛未有措置，便欲去兵，使群臣失职，一日叫呼，其从如市，幽、魏相挺，复为贼渊，可谓见豪末而不见舆薪矣。宰相非其人，祸可既乎！"① 又曰："（崔）植辅政，当有为之时（按：崔植任相，自元和十五年八月至长庆二年二月），无经国才，履危防浅，机不知其溃而发也，手弛槛牒，纵虎狼焉，一日而亡地数千里，为天下笑。"② 范祖禹曰："宪宗平河南，开魏博，由宰相得其人也，穆宗拱手而得幽镇，不唯不能有，而并魏博失之，由宰相非其才也。其得之以相，其失之也以相，相者，治乱之所系，岂不重欤！"③ 均以河北三镇之复失归咎于长庆初之执政宰相。

四、武宗时中央不许刘稹袭任与泽潞之收复

长庆以后泽潞节度使刘悟表现跋扈，宝历元年刘悟卒，子从谏求袭，李绛以为泽潞与河北三镇不同，不可许，宰相李逢吉受从谏贿赂，竟允其请。《册府元龟》卷三三八《宰辅部》：

> 李逢吉为右仆射门下侍郎平章事，时泽潞节度使刘悟卒，遗表请以其子从谏继缵戎事，敬宗下大臣议。仆射李绛以泽潞内地，与三镇事理不同，不可许。逢吉与王守澄受其赂，曲为奏请。从谏自将作监主簿起复云麾将军（中略）充昭义节度使副大使观察等留后。④

刘从谏受镇后，泽潞一镇继续跋扈，⑤ 会昌三年从谏卒，其侄稹求袭，时李德裕为相，力主讨伐，并亲为筹划兵事战略。《旧唐书》卷一七四《李德裕传》：

> 泽路节度使刘从谏卒，军人以其侄稹擅总留后，三军请降

---

① 《新唐书》卷一〇一《萧俛传》赞曰。
② 《新唐书》卷一四二《崔植传》赞曰。
③ 《唐鉴》卷一九《穆宗》。
④ 参阅《旧唐书》卷一六一《刘悟传附子从谏传》。
⑤ 参阅《通鉴》卷二〇〇大和七年正月甲午条。

旄钺。帝与宰臣议可否，德裕曰："泽潞国家内地，不同河朔。前后命帅，皆用儒臣。顷者李抱真成立此军，身殁之后，德宗尚不许继袭，令李绒护丧归洛。泊刘悟作镇，长庆中颇亦自专，属敬宗因循，遂许从谏继袭。开成初，于长子屯军，欲兴晋阳之甲，以除君侧，与郑注、李训交结至深，外托效忠，实怀窥伺。自疾病之初，便令刘稹管兵马。若不加讨伐，何以号令四方？若因循授之，则藩镇相效，自兹威令去矣。"帝曰："卿算用兵必克否？"对曰："刘稹所恃者，河朔三镇耳。但得魏、镇不与稹同，破之必矣。请遣重臣一人，传达圣旨，言泽潞命帅，不同三镇。自艰难已来，列圣皆许三镇嗣袭，已成故事。今国家欲加兵诛稹，禁军不欲出山东。其山东三州，委镇、魏出兵攻取。"上然之，乃令御史中丞李回使三镇谕旨，赐魏、镇诏书云："卿勿为子孙之谋，欲存辅车之势。"何弘敬、王元逵承诏，耸然从命。……及王宰、石雄进讨，经年未拔泽潞，及弘敬、元逵收邢、洺、磁三州，稹党遂离，以至平殄，皆如其算。[1]

泽潞由于李逢吉之受赂，使刘从谏得以袭镇跋扈，又因李德裕之策略使刘稹未能承袭，泽潞刘悟父子世袭局面乃告结束，泽潞自此复受中央控制，此又为藩镇顺逆与宰相策略措施有密切关系的例证。

第二节　唐末中央政府驾驭藩镇策略之错误与藩镇之离心

唐末中央政府对藩镇之逐渐失去控制，约始于黄巢起事，在黄巢之变中，宰臣无能，倚藩镇以讨巢，而所倚藩镇又多无能，甚且对中央不忠。《旧唐书》卷一七八《卢携传》：

（乾符）四年，以本官同中书门下平章事。……五年，黄巢陷荆南、江西外郭及虔、吉、饶、信等州，自浙东陷福建，遂至岭南，陷广州，杀节度使李茗，遂抗表求节钺。初，王仙芝起河南，携举宋威、齐克让、曾衮等有将略，用为招讨使。及

---

① 李德裕平刘稹之策划，《会昌一品集》中之书、诏，言之甚详，以文多且长，不赘。

> 宋威杀尚君长，致贼充斥，朝廷遂以宰相王铎为都统，携深不
> 悦。浙帅崔璆等上表，请假黄巢广州节钺，上令宰臣议。携以
> 王铎为都统，欲激怒黄巢，坚言不可假贼节制，止授率府率而
> 已。与同列郑畋争论，投砚于地。由是两罢之，为太子宾客分
> 司。六年，高骈大将张璘频破贼。携素待高骈厚，常举可为统
> 帅。天子以骈立功，复召携辅政。及王铎失守，罢都统，以高
> 骈代之。

卢携之无识，举宋威等，不能平乱，即王铎为都统亦无能抗御黄巢，
《北梦琐言》卷三"王中令铎拒黄巢"条：

> 王中令铎，重德名家，位望崇显，率由文雅，非定乱之才，
> 镇渚官为都统，以御黄巢。寇兵渐近，先是，赴镇以姬妾自随，
> 其内未行，本以妒忌。忽报夫人离京在道，中令谓从事曰："黄
> 巢渐以南来，夫人又自北至，旦夕情味，何以安处？"幕僚戏
> 曰："不如降黄巢。"公亦大笑之。洎荆州失守，复把潼关。黄巢
> 差人传语曰："令公儒生，非是我敌，请自退避，无污锋刃。"于
> 是弃关，随僖皇播迁于蜀。

固然王铎"非定乱之才"，不能抗黄巢，尚忠于王室，及高骈为都统
竟玩寇误国，图谋不忠。《旧唐书》卷一八二《高骈传》：

> 广明元年夏，黄巢之党自岭表北趋江淮，由采石渡江，（骈
> 将）张璘勒兵天长欲击之。骈怨朝议有不附己者，欲贼纵横河
> 洛，令朝廷耸振。……其年冬，贼陷河洛，中使促骈讨贼，冠
> 盖相望，骈终逗挠不行。既而两京覆没，卢携死，骈大阅军师，
> 欲兼并两浙，为孙策三分之计。

由上所引三段，可知黄巢之不能平定，宰臣之愚昧，误任都统，为
一大因素，孙甫云："巢贼本负贩之民，非禄山辈，但因饥年，驱细
民劫财物，资朝夕之用耳，何至成大乱？由朝廷衰微，邪臣误计，
任高骈、宋威辈，皆奸险无节，争功忌能，玩寇弄权，养成贼势。"[①]

---

① 孙甫《唐史论断》卷下。

宋祁亦评黄巢之得以陷南京，乃"朝无人焉"。[1]

在黄巢之变中，中央对于地方政治渐失去其控制力，此后藩镇之得位，多借拥有兵力而据位，或因某一强藩支持而据位，中央政府惟有作形式上的认可而已。中央政府威势的陵替，致地方政治惟"武力"是问，谁有强大的武力控制一个地区，便成为该地区的政治领袖，中央加以承认，一旦武力削弱，另一个拥有更强武力的人物侵入这一地区，于是新侵入者便取代了政治领袖的地位，中央也转而承认这新侵入者的政治地位。这种现象使地方政治领袖不得不极力设法保持自己强大的武力，而不敢信赖中央的承认，于是中央政府借以维持全国政治秩序的政治伦理遂告破坏。此种政治伦理即古人所称之"纪纲"。政治伦理或纪纲乃维持政治名分、上下等级的工具，一旦破坏则必引起政治权位无休止的抢夺，地方离心与割据自易造成。[2] 唐宋藩镇拥兵据位与强藩所命者最多（参阅表6），而全国藩镇绝大多数对中央跋扈（参阅表3），即是政治伦理破坏的表现。

政治伦理之破坏，中央执政者之姑息乱人策略不能辞其咎，例如乾符三年正月天平军乱，"诏本军宣慰一切，无得穷诘"。[3] 广明元年二月，河东兵乱，杀节度使康传圭，朝廷遣使宣慰曰："所杀节度使，事出一时，各宜自安，勿复忧惧。"[4] 军士作乱，已犯军律，理应惩处，又杀主帅，唐律列入十恶，[5] 尤为罪大，反受朝廷宣慰，无异鼓励作乱。而且作乱者如能据有一镇，中央即会任命为节度使，

---

[1]　《新唐书》卷一八四《卢携传》赞曰。

[2]　李东阳《新旧唐书杂论》："理乱之机，岂不危哉！唐高祖、太宗之世，上下相维，内外相统，召之无敢不至，令之无敢不从。故虽以高宗之昏懦，武氏之浊乱，而天下莫有解体者，纪纲存焉耳。"是纪纲即所以维持政治名份等级之工具，人受其束缚而不自知，纪纲不存，下乃敢僭上，地方亦敢于脱离中央，张唐英谓唐末纪纲破坏，而后王建始得割据，见《蜀梼杌》自序。

[3]　《通鉴》卷二五二乾符三年正月。

[4]　《通鉴》卷二五三广明元年二月。

[5]　《唐律疏议》卷一《名例》："十恶：一曰谋反，二曰谋大逆，三曰谋叛，四曰恶逆，五曰不道，六曰大不敬，七曰不孝，八曰不睦，九曰不义（原注：谓杀本属府主、刺史、县令、见受业师、吏卒杀本部五品目上官长……）十曰内乱。"

今据《通鉴》卷二五五至二五六，举鹿晏弘为例：

> （中和三年十一月）忠武大将鹿晏弘帅所部自河中南掠襄、
> 邓、金、洋，所过屠灭，声云西赴行在。十二月，至兴元，逐
> 节度使牛勖，勖奔龙州西山，晏弘据兴元，自称留后。
>
> 四年春，正月，以鹿晏弘为兴元留后。
>
> （十一月）鹿晏弘引兵东出襄州。……晏弘引兵转掠襄、
> 邓、均、房、庐、寿，复还许州，忠武节度使周岌闻其至，弃
> 镇走，晏弘遂据许州，自称留后，朝廷不能讨，因以为忠武节
> 度使。

类似鹿晏弘之事唐末甚多，破坏政治伦理，扰乱政治秩序，反而受
到中央赐予官职的厚赏，于是藩镇焉能不轻视中央，敢于违抗中央，
恃兵跋扈。

唐末中央政府之另一重大失策，乃是当藩镇之间发生争执时不
能主持公道。唐末两个最强藩镇为宣武节度使朱全忠与河东节度使
李克用，朱全忠与李克用曾结怨，其结怨经过，《通鉴》卷二五五中
和四年五月载：

> 甲戌，李克用至汴州，营于城外；朱全忠固请入城，馆于
> 上源驿。全忠就置酒声乐、馔具皆精丰，礼貌甚恭；克用乘酒
> 使气，语颇侵之，全忠不平。薄暮，罢酒，从者皆沾醉，宣武
> 将杨彦洪密与全忠谋……发兵围驿而攻之，呼声动地。克用
> 醉……亲兵薛志勤……扶克用帅左右数人。逾垣突围，乘电光
> 而行……登尉氏门，缒城得出，监军陈景思等三百余人，皆为
> 汴人所杀。……克用妻刘氏，多智略，左右先脱归者以汴人为
> 变告，刘氏……阴召大将约束，谋保军以还。比明，克用至，
> 欲勒兵攻全忠，刘氏曰："公比为国讨贼，救东诸侯之急，今汴
> 人不道，乃谋害公，自当诉之朝廷。若擅举兵相攻，则天下孰
> 能辨其曲直？且彼得以有辞矣。"克用从之，引兵去，但移书责
> 全忠。全忠复书曰："前夕之变，仆不之知，朝廷自遣使者与杨
> 彦洪为谋。"

朱全忠欲谋杀李克用而致朱李结怨，诸书所言皆然，[①] 其曲当在朱全忠。当李克用逃归晋阳之后，屡次上表申诉，朝廷以黄巢初平，欲求姑息，只为和解。《通鉴》卷二五六中和四年七月：

> 李克用至晋阳，大治甲兵，遣榆次镇将雁门李承嗣奉表诣行在，自陈"有破黄巢大功，为朱全忠所图，仅能自免，将佐已下从行者三百余人，并牌印皆没不返。全忠仍榜东都、陕、孟，云臣已死，行营兵溃，令所在邀遮屠剿，勿令漏失，将士皆号泣冤诉，请复仇雠。臣以朝廷至公，当俟诏命，拊循抑止，复归本道。乞遣使按问，发兵诛讨，臣遣弟克勤将万骑在河中俟命。"时朝廷以大寇初平，方务姑息，得克用表，大恐，但遣中使赐优诏和解之。克用前后凡八表，称："全忠妒功疾能，阴狡祸贼，异日必为国患。惟乞下诏削其官爵，臣自帅本道兵讨之，不用度支粮饷。"上累遣杨复恭等谕指，称："吾深知卿冤，方事之殷，姑存大体。"克用终郁郁不平。时藩镇相攻者，朝廷不复为之辨曲直。由是互相吞噬，惟力是视，皆无所禀畏焉。

在中和四年以前李克用对中央恭顺，且平黄巢功第一，虽与朱全忠结怨，仍"以朝廷至公，当俟诏命"为言，对中央不可谓不尊重，其时朱全忠势力未大，朝廷未必不能制，然而朝廷却不为朱李二人辨曲直，以致使其他藩镇亦"互相吞噬，惟力是视，皆无所禀畏"，中央政府权威尽失，政治秩序遂不能维持。范祖禹评朱李结怨朝廷处置之失当云：

> 天子所以制御天下者，赏善罚恶，辨是非枉直，使人各当其所，物各安其分，而不相陵暴也。克用有复唐室之大功，而全忠辄欲杀之。蕃夷之人不敢专兵复雠，而赴诉于朝廷，是诸侯犹有尊王室之心也，为天子者宜诘其孰是孰非，直者佑之，不直者黜之，使征伐号令出于天子，则诛一镇而天下莫敢不从

---

① 参阅《新唐书》卷二一八《沙陀传》；《旧五代史》卷一《梁太祖纪一》，卷二十五《唐武皇纪一》；《新五代史》卷四《唐本纪第四》。

矣。僖宗则不然，知其直者而不恤，置其不直者而不问，是犹
一郡一县之长不能听讼，而使民以其强弱自相胜也。不惟全忠
无所忌惮，而克用心亦不服。欲两存之，乃两失之。自是以后，
藩镇擅相攻伐，不复禀命，以天子不足诉也，唐之政令不行于
藩镇，实自此始。（《唐鉴》卷二十二《僖宗》）

范祖禹所言极为中肯，朝廷处置朱李结怨之失策，不仅失去李克用
之效忠，同时确实使得其他藩镇认为"天子不足诉"，李茂贞曰：
"今朝廷但观强弱，不计是非。"① 最足以失去藩镇对中央的向心力。

"国无赏罚，虽尧舜不能为。"② 唐末中央不能为藩镇辨曲直，
即是不明赏罚，不能使善者劝，恶者惧，政治秩序必无法维持。墨
棱（C. E. Merriam）认为政府有两大支柱，即公正与秩序，公正乃
是任何政治团体的广大支持力，失去公正，不论战时与平时，均将
使其趋向衰弱。③ 唐末中央政府既不能支持公正，又不能维持秩序，
这一政府无法受到全国臣民的爱戴拥护，藩镇之割据乃是必然的
结果。

唐末强藩常干涉宰相的任免，④ 如裴枢因朱全忠之支持而再度入
相，复以全忠之怨怒而罢相；⑤ 昭宗任李磎为相，李茂贞等上言深诋
其非，昭宗不得已而罢之。⑥《唐摭言》卷六"公荐"条：

韩偓，天复初入翰林。其年冬，车驾出幸凤翔，偓有扈从
之功，返正初，上面许偓为相。奏云："陛下运契中兴，当复用
重德，镇风俗。臣座主右仆射赵崇可以副陛下是选，乞回臣之
命，授崇，天下幸甚。"上嘉叹。翌日，制用崇暨兵部侍郎王赞

① 《通鉴》卷二五九景福二年七月。
② 《新唐书》卷一二二《魏元忠传》。
③ 梅里亚姆说"Two great pillars of the state are justice and order"，又说："Justice is the
great popular support of any political group, and without it the association is weakened alike in
peace and in war。" Charles E. Merriam：*Political Power*, P. 213, P. 214.
④ 《通鉴》卷二五五中和三年七月，凤翔节度使李昌言迫宰相郑畋辞位。胡《注》
云："自是之后，朝廷进退宰相，率受制于藩镇矣。"
⑤ 参阅《新唐书》卷一四〇《裴枢传》。
⑥ 参阅《新唐书》卷一四六《李磎传》。

为相。时梁太祖在京，素闻崇之轻佻，赞复有嫌疐，驰入请见，
于上前具言二公长短。上曰："赵崇是偓荐。"时偓在侧，梁主叱
之。偓奏曰："臣不敢与大臣争。"上曰："韩偓出。"寻谪官
入闽。①

宰相之任免强藩既然得以干涉，于是宰相为求固位，多与强藩勾结。
甚且依附强藩。宰相原为中央执政的代表人物，其言行自应以中央
利益为重，然而依附强藩的结果，宰相成为强藩的附庸，为强藩作
耳目，如崔胤为相"恃（朱）全忠之势"，"天子动静皆禀之"。② 其
结果只有使中央威势更弱，及此中央实已无应付强藩政策之可言。
《旧唐书》卷一七九《崔昭纬传》：

> 昭纬进士及第，昭宗朝，历……户部侍郎、同平章事。性
> 奸纤，忌前达。内结中人，外连藩阃，属朝廷微弱，每托援以
> 凌人主。昭宗明察，心不能堪。以诱召三镇将兵诣阙，贼杀宰
> 辅内臣，帝深切齿。

崔昭纬借强藩以凌人主，全失宰相辅佐皇帝之意，而崔胤为宰相，
更为朱全忠谋篡。③ 宰相不忠，中央任听藩镇为所欲为，藩镇跋扈气
焰更盛。

第三节 宦官与藩镇

唐自中叶以后，宦官势力逐渐强大，最后竟成为亡唐原因之一。
玄宗以前，皇帝并未袒护宦官，宦官自不敢狐假虎威，玄宗以后，
遇有宦官与朝臣冲突时，皇帝有意偏护宦官，自易造成宦官气焰的
高涨。兹举玄宗前后各一相似事例为对比：

---

① 参阅《通鉴》卷二六四天复三年二月。
② 《通鉴》卷二六四天复三年二月庚辰条。
③ 崔胤屡为宰相，依附朱全忠。《旧唐书》卷一七七《崔慎由传附崔胤传》："初，朱
全忠虽窃有河南方镇，惮河朔河东，未萌问鼎之志，及得胤为乡导，乃电击潼关，始谋移
国。自古与盗合从，覆亡宗社，无如胤之甚也。"

杨汴州德干，高宗朝为万年令，有宦官恃贵宠，放鹞不避人禾稼，德干擒而杖之二十，悉拔去鹞头。宦者涕泣袒背以示于帝，帝曰："你情知此汉狞，何须犯他百姓。"竟不之问。（刘㧑《隋唐嘉话》）

宝历元年春正月辛亥，上祀南郊；还，御丹凤楼，赦天下，改元。先是鄠令崔发闻外喧嚣，问之，曰："五坊人殴百姓。"发怒，命擒以入，曳之于庭，时已昏黑，良久，诘之，乃中使也。上怒，收发，系御史台，是日，发与诸囚立金鸡下，忽有品官数十人，执挺乱捶发，破面折齿，绝气乃去；数刻而苏，复有继来求击者，台吏以席蔽之，仅免。上命复系发于台狱，而释诸囚。（《通鉴》卷二四三）

从上二例中可看出敬宗远较高宗祖护宦官，宦官受到祖护，气焰自易高涨。宦官原为皇宫内之仆役。① 宪宗称之为"家奴"。《通鉴》卷二三八元和六年十一月：

弓箭库使刘希光，受羽林大将军孙璹钱二万缗，为求方镇，事觉，赐死。事连左卫上将军、知内侍省事吐突承璀。丙申，以承璀为淮南监军。上问李绛："朕出承璀何如？"对曰："外人不意陛下遽能如是。"上曰："此家奴耳，向以其驱使之久，故假以恩私；若有违犯，朕去之轻如一毛耳。"

文宗亦自言受制于"家奴"。② 然而，正由于唐代皇帝有以宦官为"家奴"的想法，对"家奴"比之对"外臣"更为信任，甚且宦官奉使，皇帝还视为王命之代表。③

宦官之势盛始于玄宗之时，《通鉴》卷二一〇开元元年七月己巳条：

---

① 《通鉴》卷二一〇开元元年七月己巳："太宗定制内侍省不置三品官，黄衣廪食，守门传命而已。"

② 阅《通鉴》卷二四六开成四年十一月乙亥条。

③ 《通鉴》卷二二五大历十四年六月："代宗优宠宦官，奉使四方者，不禁其求取，当遣中使赐妃族还，问所得颇少，代宗不悦，以为轻我命。"

以高力士为右监门将军，知内侍省事。……上（玄宗）在藩邸，力士倾心奉之，及为太子，奏为内给事，至是以诛萧（至忠）、岑（羲）功赏之。是后宦官稍增至三千余人，除三品将军者浸多，衣绯、紫至千余人，宦官之盛自此始。

又《旧唐书》卷一八四《高力士传》：

每四方进奏文表，必先呈力士，然后进御，小事便决之。玄宗常曰："力士当上，我寝则稳。"故常止于宫中，稀出外宅。若附会者，想望风彩，以冀吹嘘，竭肝胆者多矣。宇文融、李林甫、李适之、盖嘉运、韦坚、杨慎矜、王鉷、杨国忠、安禄山、安思顺、高仙芝因之而取将相高位，其余职不可胜纪。萧宗在春宫，呼为二兄，诸王公主皆呼阿翁，驸马辈呼为爷。

肃宗即位，宦官李辅国弄权，过于高力士。《通鉴》卷二二一乾元二年四月：

太子詹事李辅国，自上（肃宗）在灵武，判元帅行军司马事，侍直帷幄，宣传诏命，四方文奏，宝印符契，晨夕军号，一以委之。及还京师，专掌禁兵，常居内宅，制敕必经辅国押署，然后施行，宰相百司非时奏事，皆因辅国关白、承旨。常于银台门决天下事，事无大小，辅国口为制敕，写付外施行，事毕闻奏。又置察事数十人，潜令于人间听察细事，即行推按；有所追索，诸司无敢拒者。御史台、大理寺重囚，或推断未毕，辅国追诣银台，一时纵之。三司、府、县鞫狱，皆先诣辅国咨禀，轻重随意，称制敕行之，莫敢违者。宦官不敢斥其官，皆谓之五郎。李揆山东甲族，见辅国执子弟礼，谓之五父。

及代宗即位，李辅国与程元振有定策功，愈加恣横，尝谓代宗曰："大家但内里坐，外事听老奴处置。"[1] 程元振"权震天下，在辅国右，凶决又过之"。[2] 除李辅国、程元振外，肃代之时弄权宦官尚有

① 《旧唐书》卷一八四《李辅国传》。
② 《新唐书》卷二〇七《程元振传》。

鱼朝恩，"恃宠含威，天宪在舌"。① 朝廷裁决，朝恩或有不预者，辄怒曰："天下事有不由我乎？"②

德宗即位之初，惩赃吏，信任文学之士张涉、薛邕，疏斥宦官，继而涉、邕以赃败，宦官得以借口曰："南牙文臣赃动至巨万，而谓我曹浊天下，岂非欺罔邪？"于是德宗心始疑文臣。③ 及朱泚之乱平定以后，德宗"颇忌宿将握兵多者，稍稍罢之"。于是宦官窦文场等始掌禁兵用事。④

元和以后，宦官权势更盛，"握兵宫闱，横制天下，天子废立，由其可否，干挠庶政"。⑤ 计自元和始，为宦官所弑者二帝（宪宗、敬宗），为宦官所立者七帝（穆宗、文宗、武宗、宣宗、懿宗、僖宗、昭宗），昭宗且一度为宦官所废。⑥ 宦官之过分专横，使皇帝深感压迫之苦，《新唐书》卷二〇七《仇士良传》：

> 开成四年，（文宗）苦风痹，少间，召宰相见延英，退坐思政殿，顾左右曰："所直学士谓谁？"曰："周墀也。"召至，帝曰："自尔所况，朕何如主？"墀再拜曰："臣不足以知，然天下言陛下尧、舜主也。"帝曰："所以问，谓与周赧、汉献孰愈？"墀惶骇曰："陛下之德，成、康、文、景未足比，何自方二主哉？"帝曰："赧、献受制强臣，今朕受制家奴，自以不及远矣。"因泣下。

又《新唐书》卷二〇八《田令孜传》：

> （田令孜）禁制天子，不得有所主断。帝（僖宗）以其专，语左右辄流涕。

此时，皇帝虽苦于受制于宦官，但却已无法自救。

---

① 《旧唐书》卷一三一《李勉传》。
② 《新唐书》卷二〇七《鱼朝恩传》。参阅苏鹗《杜阳杂编》卷上。
③ 《通鉴》卷二二六建中元年十月己亥条。
④ 阅《通鉴》卷二三一兴元元年十月。
⑤ 《旧唐书》卷一九〇下《刘蕡传》。
⑥ 参阅《旧唐书》卷一八四，《新唐书》卷二〇七、二〇八《宦者传》。

中唐以后，宦官所以能够专权骄横，原因甚多，萨孟武先生认为一是领财库，二是管枢密，三是掌禁兵。[1] 朱礼以为唐代宦官之祸难除，主要在以宦官典禁兵掌军权。[2] 司马光亦以为唐代宦官之患尤重于汉，盖"汉不握兵，唐握兵故也"。[3] 日人矢野主税则认为宦官得势有一般的原因与特殊的原因，一般的原因为：（一）宦官在宫中的地位，既是皇帝家奴，又是国家官吏，易因接近人主而握权；（二）宦官利用养子制，可延续其势力。特殊的原因为：（一）战乱可以增加宦官的势力；（二）唐末宦官自觉性之发生，利用养子扩充势力，挟持天子，以与朝臣对抗争权；（三）宦官任使职，可侵犯朝官之职权，尤以大盈库使、琼林库使更掌握国家财政经济大权；（四）宦官掌握神策军，同时以监军之地位，加强对京内外军事权力的控制；（五）枢密使、翰林学士院使由宦官充任，可获得政治上的机密；（六）唐末宦官大规模采用"假子制"，假子多是武人，可以因此获得武力。[4] 宦官得势之原因非属本文范围，兹不详论。（请参阅拙著《唐代宦官权势之研究》，台北正中书局出版）

宦官对于受中央控制之地区的藩镇，具有甚大的影响力，这些藩镇之任免大权常操之于宦官。肃代之时"李辅国乘权用事，节将除拜皆出其门"。诏任韦伦为山南东道节度使，伦不私谒辅国，致受命未行改秦州刺史。[5]《封氏闻见记》卷九《贞介》载张镐之转历方镇均因宦官之排挤：

> 中书侍郎张镐为河南节度，镇陈留。后兼统江、淮诸道，将图进取。中官络绎，镐起自布素，一二年而登宰相，正身特立，不肯苟媚，阉宦去来，以常礼接之。由是大为群阉所嫉，称其无经略才。征入，改为荆府长史。未几，又除洪府长史。

又《旧唐书》卷一六二《高瑀传》：

---

① 萨孟武先生《中国社会政治史》第三册，第八章，页188。
② 朱礼《汉唐事笺后集》卷之七。
③《通鉴》卷二六三天复三年正月，臣光曰。
④ 矢野主税《唐代宦官权势获得因由考》。
⑤《旧唐书》卷一三八《韦伦传》。

自大历已来，节制之除拜，多出禁军中尉。

又《旧唐书》卷一八四《宦者窦文场霍仙鸣传》：

窦、霍之权，振于天下，藩镇节将，多出禁军。

由上引数段，可见宦官权势之强大。

唐代宦官常利用监军制度以牵掣藩镇。唐初以御史监军，如苏珦则天朝以监察御史监河西军；① 魏元忠以殿中侍御史监李孝逸军事；② 景云时，韩琬以监察御史出监河北军；③ 至开元初，尚有御史监军。④ 及开元中，并以宦官为监军，而御史渐不再监军。⑤ 宦官监军至唐末崔胤杀韩全诲之后而止。⑥ 在玄宗之时，宦官监军，已有"权过节度"的现象，⑦ 安史之乱以后其势尤大，每每欺凌藩帅，德宗时，河东监军王定远专河军政，易置诸将，河东节度使李说不能尽从，由是有隙，定远竟以刀刺说。⑧ 义成节度使姚南仲亦苦于监军薛盈珍之扰，韩渥《金銮密记》载：

姚南仲滑州，苦于监军使薛盈珍，遣部将曹洽奏论盈珍，盈珍亦遣小使偕行，洽自度不尽言于上，至滋水驿，夜半，先杀小使乃自杀，缄遗表于囊中以冀也。

又《通鉴》卷二三五贞元十六年三月：

义成监军薛盈珍为上所宠信，欲夺节度使姚南仲军政，南仲不从，由是有隙……盈珍屡毁南仲于上，上疑之。盈珍乃遣

---

① 阅《旧唐书》卷一〇〇《苏珦传》。
② 阅《旧唐书》卷九二《魏元忠传》。
③ 阅《新唐书》卷一一二《韩琬传》。
④ 《唐文拾遗》卷十八卢兼爱《宁州丰义县令郑府君墓志》："（开元初）监军御史元公钦君器能，相邀入幕。"按《唐会要》卷六十五《内侍省》，"监军"条"垂拱三年十二月，停御史监军事，在御史台卷，神龙元年以后，始用中官为之"。时间似有疑问。
⑤ 《通典》卷二九《职官十一·监军》："隋末或以御史监军事，大唐亦然，时有其职，非常官也。开元二十年后，并以中官为之，谓之监军使。"
⑥ 阅《新唐书》卷二〇八《韩全诲传》。
⑦ 阅《旧唐书》卷一八四《高力士传》。
⑧ 阅《通鉴》卷二三五贞元十一年七月；《旧唐书》卷一四六、《新唐书》卷七八《李说传》。

小吏程务盈乘驿诬奏南仲罪。牙将曹文洽亦奏事长安，知之，晨夜兼行，追及务盈于长乐驿，与之同宿，中夜，杀之，沉盈珍表于厕中；自作表雪南仲之冤，且首专杀之罪，亦作状白南仲，遂自杀。明旦，门不启，驿吏排之入，得表、状于文洽尸旁。上闻而异之，征盈珍入朝；南仲恐盈珍谮之益深，亦请入朝。夏四月丙子，南仲至京师，待罪于金吾；诏释之，召见。上问："盈珍扰卿邪？"对曰："盈珍不扰臣，但乱陛下法耳。且天下如盈珍辈，何可胜数，虽羊杜复生，亦不能行恺悌之政，成攻取之功也。"上默然，竟不罪盈珍，仍使掌机密。

《金銮密记》与《通鉴》所记略有出入，但义成监军薛盈珍欲夺节度使姚南仲军政则同，而《通鉴》记姚南仲对德宗之言"天下如盈珍辈，何可胜数"，可见当时监军夺藩镇军政大权乃是普遍现象，非仅薛盈珍欲夺姚南仲权而已。因此，宰相萧复尝言于德宗曰："艰难以来始用宦者监军，权望太重，是曹正可委宫掖事，兵要政机，亘使参领。"德宗不从。① 宪宗时宦官监军，欲夺藩镇大权一如德宗朝，如严绶任河东节度使，"军政补署，一出监军李辅光，绶拱手而已"。② 杨于陵为岭南节度使，监军使许遂振亦"干挠军政"。③ 文宗大和三年山南西道监军杨叔元竟煽动兵乱，杀节度使李绛。④ 僖宗时桂管监军李维周强取观察防御使印，擅补知州官。⑤ 中和二年，荆南监军朱敬玖与节度使段彦谟相恶，敬玖以兵攻杀彦谟。⑥ 监军除干扰藩镇军政大权外，对州刺史亦加干扰，王正雅为汝州刺史以不堪监军之怙权而谢病免；⑦ 刘皋为盐州刺史，甚有盛名，监军使杨玄价诬奏皋谋叛，竟函首以进。⑧

---

① 《新唐书》卷一〇一《萧复传》。
② 《通鉴》卷二三七元和四年二月。
③ 《旧唐书》卷一六四《杨于陵传》。
④ 《旧唐书》卷一六四《李绛传》。
⑤ 《通鉴》卷二五二乾符三年十二月。
⑥ 《通鉴》卷二五五中和二年六月。
⑦ 《册府元龟》卷八〇五《总录部》。
⑧ 《东观奏记》卷下。

不仅监事夺取藩镇权力，中央当权之宦官亦常压制藩镇。由于宦官的不识大体，肆意恣横，常引起藩镇之不满，因为这种不满的心理而造成藩镇对中央态度转变的事例甚多，今举其大者如下：

代宗初，宦官程元振得宠弄权，忌郭子仪功高，乃留子仪于京师，[①] 又构同华节度使李怀让，怀让惧而自杀，[②] 又以山南东道节度使来瑱不从其请托，来瑱入朝，元振遂诬奏瑱与安史合谋，瑱削官爵，流播州，赐死于路。[③] 程元振所作所为对于中央与藩镇之间的关系产生重大的影响，使藩镇对中央的离心力增大，《新唐书》卷二〇七《程元振传》：

> 裴冕（按：曾任剑南节度使）与元振忤，乃摭韩颖等罪贬施州。来瑱守襄、汉有功，元振尝逶属，不应，因（王）仲升共诬杀瑱。同华节度使李怀让被构，忧甚自杀。素恶李光弼，数媒蝎以疑之。瑱等上将，冕、光弼元勋，既诛斥，或不自省，方帅骚是携解。广德初，吐蕃、党项内侵，诏集天下兵，无一士奔命者。

按据《通鉴》卷二二三广德元年十月，吐蕃入侵长安，代宗发诏征诸道兵，李光弼等忌程元振居中，"莫有至者"。京师有难而藩镇不赴援，则藩镇对中央之效忠程度必甚薄弱。除此之外，代宗初年宦官对待藩镇之不公，使中央失去对山南东道之控制力及引起仆固怀恩之叛逆。来瑱被诛，其将梁崇义遂据守襄阳，崇义跋扈，或劝其朝觐，崇义即以来瑱有功受诛为言，中央遂不能制山南东道。[④] 广德元年朔方节度使仆固怀恩之叛，起因于宦官骆奉先之诬奏怀恩谋反，怀恩于广德元年八月二十三日上代宗陈情书中即坦白指出皇帝听信宦官谗言，陷害藩镇，使藩镇畏惧自保。《全唐文》卷四三二，仆固怀恩《陈情表》：

---

① 《通鉴》卷二二二宝应元年八月己巳条。
② 阅《旧唐书》卷十一《代宗纪》广德元年六月。
③ 阅《通鉴》卷二二二广德元年正月。
④ 阅《旧唐书》卷一二一《梁崇义传》。

> 顷者来瑱受诛，朝廷不示其罪，天下忠义，从此生疑。况来瑱功业素高，人多所忌，不审圣衷独断，复为奸臣弄权，臣欲入朝，恐罹斯祸，诸道节度使皆惧，非臣独敢如此，近闻追诏数人，并皆不至，实畏中官谗口，又惧陛下损伤，岂唯是臣不忠，只为回邪在侧。

仆固怀恩有平安史之乱大功，其效忠唐室应无疑义，而一朝叛逆，实受宦官逼迫所致。

大历十年魏博节度使田承嗣拒命，时成德节度使李宝臣与承嗣有隙，上表请讨之，宝臣屡败承嗣军，擒承嗣将卢子期送京师斩之，然而由于宦官之私图己利，不识大体，羞辱宝臣，使宝臣反与承嗣勾结。《通鉴》卷二二五大历十年十月：

> 上嘉李宝臣之功（按：指擒卢子期），遣中使马承倩赍诏劳之；将还，宝臣诣其馆，遗之百缣，承倩诟詈，掷出道中，宝臣惭其左右。兵马使王武俊说宝臣曰："今公在军中新立功，竖子尚尔，况寇平之后，以一幅诏书召归阙下，一匹夫耳，不如释承嗣以为己资。"宝臣遂有玩寇之志。

河北三镇素相勾结，朝廷难以动摇，今以成德击魏博，正是给予中央一个施行各个击破策略的好机会，然而竟以宦官之不识大体，致使李宝臣由对中央效顺又转为跋扈，使田承嗣得以复振，中央失去了一个收复河北之控制权的好机会。孙甫评之曰：

> 河北自天宝末为贼所据，至宝应中始平之。仆固怀恩奏贼将之降者李宝臣、田承嗣辈分帅诸镇，遂拥强兵，署置将吏，擅其土地，不贡不觐，交相亲结，势不可破。凡十余年间，朝廷止以目前未叛为安，不能制驭也。大历十年，田承嗣叛，会李宝臣与之有隙，表请讨之。代宗遂命出师，宝臣果能与李正己破承嗣之众，擒其将归之京师。是雠怨已深，功效已著，此天赐之机，使唐统制河北也。于是时，朝廷当选贤明公勤之臣，使劳其师，恩其军，以厚礼安之，正言谕之，则前日桀黠之心

尽变，今日已成之效必尽力，乘胜破灭承嗣，魏博自归朝廷，
命贤帅守之。宝臣、正己自以有功于国，各荷恩奖，欲不效顺
不可得也，苟复跋扈，必有一先动者，别帅讨之，尤易为力，
岂非天使唐统制河北之机耶？今乃使中官刘清潭劳赐将士，所
至高会，不时进发，故恩赏失时，已沮三军之气矣，又遭中官
马承倩宣劳宝臣，尤见贪愚之人，不知廉耻，不识事宜，宝臣
遗之百缣，承倩诟詈，掷于道中，宝臣惭怒，复与承嗣相结，
正己窥之，亦不尽力，于是玩养承嗣，朝廷不能制。不数年，
河北叛乱，遂成横流之势。（《唐史论断》卷中《李宝臣为马承
倩所辱复叛》）

就当时河北情势观察，孙甫之论可谓中肯。

刘悟于穆宗时为泽潞（昭义）节度使，初时对中央恭顺，但因
受宦官刘承偕的困辱而改变其对中央之态度。《旧唐书》卷一六一
《刘悟传》：

> 穆宗即位……移镇泽潞。……时监军刘承偕颇恃恩权，常
> 对众辱悟，又纵其下乱法，悟不能平。异日有中使至，承偕宴
> 之，请悟，悟欲往。左右皆曰："往则必为其困辱矣。"军众因
> 乱，悟不止之，乃擒承偕至牙门，杀其二仆，欲并害承偕，悟
> 救之获免。朝廷不获已，贬承偕。自是悟颇纵恣，欲效河朔
> 三镇。

监军侵夺藩镇大权，如姚南仲等虽能尽量容忍，然而亦有不能容忍
者，刘悟之由恭顺而转为跋扈，宦官刘承偕应任其咎。

以上所述为宦官之不识大体，只图私利，忌害藩镇，致使藩镇
对中央由恭顺变为跋扈或叛逆。此外，当中央讨伐藩镇时，常令宦
官参预军事，其结果每使中央军队在战场上处于不利地位。兹举数
事说明如下：

贞元十五年诏讨彰义节度使吴少诚，诸道兵败，至十六年十月，
中央以无法讨平，遂赦之，中央大军围攻淮西，经岁不克，反致大

败，[1] 按《旧唐书》卷一六二《韩全义传》：

> 代韩潭为夏绥银宥节度。……吴少诚拒命，诏征十七镇之师讨之。时军无统帅，兵无多少，皆以内官监之，师之进退不由主将。（贞元）十五年冬，王师为贼所败于小溵河。德宗以（宦官窦）文场素待全义，乃用为蔡州四面行营招讨使……诸镇之师，皆取全义节度。全义将略非所长，能以巧佞财贿结中贵人，以被荐用，及师临贼境，又制在监军，每议兵出，一帐之中，中人十数，纷然争论莫决。蔡贼闻之，屡求决战。十六年五月，遇贼于溵水南广利城，旗鼓未交，诸军大溃，为贼所乘，全义退保五楼，贼对垒相望。溃兵未集，乃与监军贾英秀、贾国良等保溵水县。贼距溵水五六里而军，全义惧其凌突，退保陈州。

可见中央军所以屡败，与统帅之无能有关，而宦官监军之失误，更为战败的主要原因。

元和四年讨王承宗，以左神策中尉吐突承璀为诸道行营兵马使招讨处置等使，翰林学士白居易、度支使李元素、盐铁使李鄘、京兆尹许孟容、御史中丞李夷简、给事中吕元膺、穆质、右补阙独孤郁等极言其不可，宪宗不得已改为宣慰使，实乃将兵。结果朝廷终以师久无功，制洗雪承宗，罢诸道兵。[2] 此为宦官统率军队讨伐违命藩镇失利之例。

元和中，讨淮西吴元济，师久无功，宰相裴度自请任淮西宣慰处置使，"时诸道兵皆有中使监阵，进退不由主将，战胜则先使献捷，偶刱则凌挫百端。度至行营，并奏去之，兵柄专利之于将，众皆喜悦，军法严肃，号令画一，以是出战皆捷"。[3] 终平吴元济。可见监军惟能阻碍战争之胜利。

---

① 据《通鉴》卷二三五贞元十五年十二月，诸军讨吴少诚，"乙未，诸军自溃于小溵水"。十六年四月诸军溃于溵南广利原。七月，诸军再大败于五楼。

② 阅《通鉴》卷二三八元和四至六年有关各条；《旧唐书》卷一八四《吐突承璀传》。

③ 《旧唐书》卷一七〇《裴度传》。

长庆初，成德、幽州复叛，中央诏诸道军十五万进讨，师出无功，遂复失河北。《通鉴》卷二四二长庆二年二月：

> 诸节度既有监军，其领偏军者亦置中使监陈，主将不得专号令，战小胜，则飞驿奏捷，自以为功，不胜则迫胁主将，以罪归之；悉择军中骁勇以自卫，遣羸懦者就战，故每战多败。

可见穆宗时征讨河北失败的原因固多，宦官之干涉军事实为一重大原因。

会昌时中央讨伐昭义刘稹，中央获胜。此次讨伐违命藩镇之成功，无疑应归功于宰相李德裕策划之得宜，在李德裕之策划中，禁止监军干预战争与军政，使将帅能施其谋略，为一重大致胜原因。《通鉴》卷二四八会昌四年八月：

> 初，李德裕以"韩全义以来，将帅出征屡败，其弊有三：一者，诏令下军前，日有三四，宰相多不预闻；二者，监军各以意见指挥军事，将帅不得专进退；三者，每军各有宦者为监使，悉选军中骁勇数百为牙队，其在阵战斗者，皆怯弱之士；每战，监军自有信旗，乘高立马，以牙队自卫，视军势小却，辄引旗先走，陈从而溃。"德裕乃与枢密使杨钦义、刘行深议，约勒监军不得预军政，每兵千人听监军使取十人自卫，有功随例沾赏。二枢密皆以为然，白上行之。自御回鹘至泽潞罢兵，皆守此制。自非中书进诏意，更无他诏自中出者。号令既简，将帅得以施其谋略，故所向有功。

李德裕深知监军之弊而加预防，终能获得胜利。

仇俊卿曰："唐中叶武事不竞，监军误之也。"[1] 从韩全义讨吴少诚、唐宪宗讨王承宗任用宦官主军而败，裴度讨吴元济，李德裕讨刘稹，禁止宦官监军干预军政而胜，可见宦官监军惟有使中央挫败而已。

黄巢以后，藩镇势力强大，宦官常倚藩镇为援，欺凌天子，如田

---

[1] 仇俊卿《通史它石》。

令孜倚西川节度使陈敬瑄，"禁制天子，不得有所主断"；① 韩全诲倚
凤翔节度使李茂贞，迫使昭宗播迁。② 宦官倚赖藩镇，易使藩镇恃力
自傲，宦官欺凌天子，无异灭朝廷威势，使藩镇敢于跋扈。

　　宦官之荣辱出于皇帝，皇帝乃是中央权威之代表，宦官实应效
忠皇帝，为保卫中央威权而尽力。然而就唐代史实观察，宦官由于
私心太重，妄自作威作福，而且不识大体，不明荣辱所倚，于是，
在内则压制皇帝，盗夺王权，在外则激怒藩镇，转顺为逆，领兵则
招败取辱，削弱朝威。因此，宦官弄权用事和干预军政的结果，使
得中央的威势低落，也造成许多藩镇对中央跋扈、叛逆。

---

① 《新唐书》卷二〇八《田令孜传》。
② 阅《新唐书》卷二〇八《韩全诲传》。

|第九章|
唐代士人与藩镇

第一节　藩镇对士人之重视

　　在中国古代，政府官职为士人最热心追求的对象，此一现象之造成，原因甚多，其中主要的一个原因乃是人类企求权力欲望的驱使。霍布斯（T. Hobbes）认为人类的欲望约可分为四类，即企求权力、企求财富、企求知识，企求荣誉，而这四者可归纳到第一项，即企求权力，因为财富、知识和荣誉仅是权力的不同种类而已。[①] 在中国古代，工商业者未能普遍受到社会的尊敬，自然科学与应用技术的研究也未受到应有的重视，作为社会中最优秀分子的士人，惟有将其聪明才智运用到争夺政府官职上去，于是政治权力遂成为古代士人所企求的目标，一旦获得政治权力，财富与荣誉便随之而来，甚至可以增加知识上的权力（例如担任考官，即可收大批"门生"）。李斯曰"诟莫大于卑贱，而悲莫甚于穷困。久处卑贱之位，困苦之地，非世而恶利，自托于无为，此非士之情也"。[②] 欲脱离"卑贱之

---

　　① 霍布斯说："The Passions that most of all cause the difference of wit, are principally, the more or less desire of power, of riches, of knowledge, and of honour, all which may be reduced to the first, that is, desire of power, for riches, knowledge, and honour, are but several sorts of power." Thomas Hobbes, *Leviathan*, part 1, Chapter 8, P. 46。

　　② 《史记》卷八十七《李斯列传》。

位，困苦之地"，其方法便是出而仕宦，谋求官职。《因话录》有一段记载：

> 赵琮妻父为钟陵大将，琮以久随计不第，穷悴甚，妻族相薄，虽妻父母不能不然也。一日，军中高会，州郡请之眷设者，大将家相率列棚以观之，其妻虽贫，不能勿往，然所服故弊，众以帷隔绝之。设方酣，廉使忽驰吏召将，将甚恐。既至，廉使曰："赵琮非汝婿乎？"曰："然。"曰："已及第矣。"即授所驰书，乃榜也。将遽以榜奔归，呼曰："赵郎及第矣。"妻族大喜，即撤去帷帐，相与同席，以簪服庆遗焉。

赵琮未及第前，既"穷悴"，又为"妻族相薄，虽妻父母不能不然也"，宴会之中，其妻为众人所轻视，竟被"帷隔绝之"，此种情况，不能不谓处于"卑贱之位，困苦之地"，然而一旦及第，做官有望，于是妻族立刻改换嘴脸，而邀其妻"相与同席，以簪服庆遗焉"。赵琮的事例正可说明古代士人何以热衷于功名仕宦的主要动机。

唐代入仕之门甚多，[①] 然而士人最普遍的入仕之途厥为科举，科举实为士人正途出身，唐取士之法约有三：由学馆者曰生徒，由州县者曰乡贡（科举），由天子自诏者曰制举。《新唐书》卷四十四《选举志》：

> 唐制，取士之科，多因隋旧，然有大要有三。由学馆者曰生徒，由州县者曰乡贡，皆升于有司而进退之。其科之目，有秀才，有明经，有俊士，有进士，有明法，有明字，有明算，有一史，有三史，有开元礼，有道举，有童子。而明经之别，有五经，有三经，有二经，有学究一经，有三礼，有三传，有史科。此岁举之常选也。其天子自诏者曰制举，所以待非常之才焉。

在三种取士之途中，生徒入选，率由资荫，多流于滞滥，制举虽时

---

① 德宗时，沈既济已言当时爵禄之失有"四太"，其一即"入仕之门太多"。见《新唐书》卷四五《选举志》，《通典》卷十八《选举》。

有得人，但无定期，故天下之士咸集于乡贡科举之途。① 在乡贡诸科中，考试之范围与内容有所不同，② 而"士族所趋向，惟明经、进士二科"。③ 在明经、进士二科中，每次试士，进士及第者百分之一二，而明经及第者十分之一二。④ 进士及第较明经为难，然而士人却偏爱进士科，不由进士者，终不为美。《唐摭言》卷一"散序进士"条：

> 进士科始于隋大业中，盛于贞观、永徽之际，缙绅虽位极人臣，不由进士者，终不为美，以至岁贡常不减八九百人。其推重谓之"白衣公卿"，又曰"一品白衫"，其艰难谓之"三十老明经，五十少进士"。

封演《封氏闻见记》卷三《贡举篇》亦云：

> 当代以进士登科为登龙门，解褐多拜清紧，十数年间，拟迹庙堂。……进士张繟，汉阳王柬之曾孙也，时初落第，两手奉《登科记》顶戴之，曰："此千佛名经也。"其企羡如此。

进士科既为士人所竞求，才彦之士多集其中，李肇云："进士为时所尚久矣，是故俊义实集其中，由此出者，终身为闻人。"⑤

唐代科举，士"皆怀牒自列于州、县"⑥，人才应皆能自达，然而事实上"贡举猥滥，势门子弟，交相酬酢，寒门俊造，十弃六七"。⑦ 科举既用考试，何以会发生如此弊端？其原因乃是考试试卷并不糊名，取舍又顾及名望，于是难免不公。洪迈《容斋四笔》卷五"韩文公荐士"条云：

> 唐世科举之柄，专付之有司，既不糊名，又有交朋之厚者

---

① 参阅《文献通考》卷二九《选举二》，卷三三《选举六》，卷四一《学校二》。

② 关于各科考试内容及情形，参阅张师金鉴著《中国文官制度史》第二编第三章，页 69—70。

③ 《通典》卷十五《历代选举制（下）》。

④ 《文献通考》卷二九《选举二·举士》。

⑤ 李肇《唐国史补》卷下。

⑥ 《新唐书》卷四十四《选举志》。

⑦ 《旧唐书》卷一六四《王起传》。

为之助，谓之通榜，故其取人也畏于讥议，多公而审。亦有或胁于权势，或挠于亲故，或累于子弟，皆常情所不能免者。

考试须顾及士子闻望，故士子在应试之前不能不到处干谒，以求知名之士公荐。薛登曰："或明制才出，试遣搜剔，驱驰府寺之门，出入王公之第，上启陈诗，唯希欤睡之泽，摩顶至足，冀荷提携之恩，故俗号举人，皆称觅举，觅者自求之称也，未是人知之辞。"① 士人为求得名流推荐，常不惜卑躬屈节，求赏于先达。《文献通考》卷二十九《选举二》引江陵项氏曰：

> 风俗之弊，至唐极矣。王公大人巍然于上，以先达自居，不复求士。天下之士，什什伍伍，戴破帽，骑蹇驴，未到门百步，辄下马奉币刺，再拜以谒于典客者，投其所为之文，名之曰"求知己"。如是而不问，则再如前所为者，名之曰"温卷"。如是而又不问，则有执贽于马前自赞曰"某人上谒"者。

干谒王公名流以冀荐扬，虽韩愈、柳宗元、李观、白居易、王维等奇才之士亦曾为之，兹举白居易事以见之：

> 白尚书应举，初至京，以诗谒顾著作，顾睹姓名，熟视白公曰："米价方贵，居亦弗易。"乃披卷，首篇曰："离离原上草，一岁一枯荣。野火烧不尽，春风吹又生。"即嗟赏曰："道得个语，居即易矣。"因为之延誉，声名大振。（张固《幽闲鼓吹》）

以诗文干谒，如非特出奇秀，难被名流叹赏，因此干谒并非易事，费冠卿有诗云："萤烛不为苦，求名始辛酸。上国无交亲，请谒多少难。九月风割面，羞汗成冰片。求名俟公道，名与公道远。"② 实道出当时士人对干谒的感受。

干谒已非易事，而唐科举取人顾及闻望，闻望并无标准，名流、权门、主司均可以左右，造成不公，苏轼曰："唐之通榜，故是弊

---

① 《旧唐书》卷一〇一《薛登传》。
② 《唐文粹》卷十八费冠卿《感怀》。

法。虽有以名取人，厌伏众论之美，亦有贿赂公行，权要请托之害。"① 确为至论。

唐代科举，主司握有决定大权，然而主司常惧权门之势，对于权门子弟不敢不取，达奚珣以杨国忠之子暄及第即是一个显例：

> 杨国忠之子暄，举明经，礼部侍郎达奚珣考之，不及格，将黜落，惧国忠而未敢定。时驾在华清宫，珣子抚为会昌尉，珣遽召使，以书报抚，令候国忠，具言其状。抚既至国忠私第，五鼓初起，列火满门，将欲趋朝，轩盖如市。国忠方乘马，抚因趋入，谒于烛下，国忠谓其子必在选中，拊盖微笑，意色甚欢。抚乃白曰："奉大人命，相君之子试不中，然不敢黜退。"国忠却立，大呼曰："我儿何虑不富贵，岂藉一名，为鼠辈所卖耶！"不顾，乘马而去。抚惶骇，遽奔告于珣曰："国忠恃势倨贵，使人之惨舒，出于咄嗟，奈何以校其曲直？"因致暄于上第。（郑处诲《明皇杂录》）

文宗时，杨虞卿主贡举，取舍出其唇吻。《旧唐书》卷一七六《杨虞卿传》：

> 虞卿性柔佞，能阿附权幸以为奸利。每岁铨曹贡部，为举选人驰走取科第，占员阙，无不得其所欲，升沉取舍，出其唇吻。

有时主司为了私心而举其亲族，例如：

> 潞州沈尚书询，宣宗九载，主春闱，将欲发榜，其母郡君夫人曰："吾见近日崔、李侍郎，皆与宗盟及第，似无一家之谤，汝叨此事，家门之庆也，于诸叶中，拟放谁耶？"询曰："莫先沈光也。"太夫人曰："沈光早有声价，沈擢次之，二子科名，不必在汝，自有他人与之。吾以沈儋孤单，鲜有知者，汝其不愍，孰能见哀？"询不敢违慈母之命，遂放儋第也。（《云溪友议》卷八）

---

① 《苏东坡全集》卷四一《论学校贡举状》（熙宁四年正月）。

胡震亨云："进士科初采名望，后滋请托，至标榜与请托争途，朋甲共要津分柄。"① 至此科举已失去公平竞争之意义。科举既须干谒，主司又得徇情济私，于是对权富子弟自属有利，而孤寒幽独之士则多致沉弃，玄宗时，王冷然致书张说曰：

> 仆窃谓今之得举者，不以亲，则以势，不以贿，则以交……其不得举者，无媒无党，有行有才，处卑位之间，仄陋之下，吞声饮气。（《唐摭言》卷六"公荐"条）

玄宗以后，王冷然所言之情况并无改进痕迹，科举遂成为士人入仕的第一个难关。

唐代以前，举士即是举官，至唐，举士由礼部为之，举官由吏部为之，礼部之试及格，只能取得"进士""明经"等出身，具有任官资格，而真正授官尚须待吏部铨选。《文献通考》卷二十九《举士》：

> 唐士之及第者，未能便解褐入仕，尚有试吏部一关。韩文公三试于吏部无成，则十年犹布衣，且有出身二十年不获禄者。

然而吏部选人，待选者多，任用者少，于是仕途多滞。《新唐书》卷四十五《选举志》：

> 初，吏部岁常集人，其后三数岁一集，选人猥至，文簿纷杂，吏因得以为奸利，士至蹉跌，或十年不得官，而阙员亦累岁不补。陆贽为相，乃惩其弊，命吏部据内外员三分之，计阙集人，岁以为常。是时，河西、陇右没于虏，河南、河北不上计，吏员大率减天宝三分之一，而入流者加一，故士人二年居官，十年待选。

在武后时，吏部选人已行贿路，"赃货交易，同乎市井"。② 中宗时，郑愔掌选，贪污益多。张鷟《朝野佥载》：

---

① 胡震亨《唐诗谈丛》卷二。
② 《通典》卷十七《选举五》。

> 郑愔为吏部侍郎，掌选，赃污狼藉。引铨有选人系百钱于靴带上，愔问其故，答曰："当今之选，非钱不行。"愔默而不言。

同书又载：

> 张文成曰："乾封以前选人，每年不越数千；垂拱以后，每岁常至五万。人不加众，选人益繁者，盖有由矣。尝试论之，只如明经、进士、十周、三卫、勋散、杂色、国官、直司，妙简实材，堪入流者十分不过一二。选司考练，总是假手冒名，势家嘱请。手不把笔，即送东司，眼不识文，被举南馆。正员不足，擢补试、摄、检校之官，贿货纵横，赃污狼藉。流外行署，钱多即留。……皆不事学问，惟求财贿。是以选人冗冗，甚于羊群，吏部喧喧，多于蚁聚。

此种考试与选用不公至唐末似乎均未能改进，唐末五代之时，更是"权臣执政，公然交赂，科第差除，各有等差，故当时语云：'及第不必读书，作官何须专业。'"①

中央考选之不公与入仕之途太多，使士人欲在朝廷争取官职之愿望，实现极为困难，幸而唐代藩镇对士人十分重视，于是藩镇幕职遂成为士人仕宦之一大出路。符载曰："今四方诸侯，裂王土，荷天爵，开莲花之府者，凡五十余镇焉，以礼义相推，以宾佐相高。"②藩镇既"以宾佐相高"，遂不能不礼遇士人，招任幕职。如乌重胤历任横海、河阳等节度使，"善待宾僚，礼分同至，当时名士，咸愿依之"。③张建封为徐泗濠节度使，"礼贤下士，无贤不肖，游其门者，皆礼遇之，天下名士向风延颈，其往如归"。④李栖筠为浙西观察使，"虚心下士，幕府盛选才彦"。⑤浑瑊历任振武、郿坊、朔

---

① 《续唐诗话》卷末之五《唐末五代人语》，页14。
② 《文苑英华》卷七二六符载《送崔副使归洪州幕府序》。
③ 《旧唐书》卷一六一《乌重胤传》。
④ 《旧唐书》卷一四〇《张建封传》。参阅《新唐书》卷一五八《张建封传》，《金石萃编》卷一一三《冯宿碑》。
⑤ 《旧唐书》卷一二二《裴胄传》。

方、河中等节度使，"卑礼下士，召置幕府，得一时之人"。① 韦皋为西川节度使，"延接宾客，远近慕义，游蜀者甚多"。② 王拱为桂管观察使，爱令狐楚之才，以礼辟之，"惧楚不从，乃先闻奏而后致聘"。③ 牛僧孺初仕，以直被毁，十府奏取，"郇公士美以昭义军书记辟，凡三上请"。④ 刘隐为岭南东道节度使，收揽贤才，中原士大夫避乱，多往依之。⑤

藩镇对士人礼遇，使许多藩镇之幕府名士云集，除上所引之藩镇外，他如元稹为浙东观察使，"所辟幕职，皆当时文士"。⑥ 王智兴为徐州节度使，"幕府既开，所辟皆是名士"。⑦ 崔衍为宣歙观察使，"所择从事，多得名流"。⑧ 沈传师历湖南、江西、宣歙三镇，"所辟宾僚，无非名士"。⑨ 王质为宣歙观察使，"辟崔珦、刘蕡、裴夷直、赵晳为从事，皆一代名流"。⑩ 郑注镇凤翔，"妙选当时才俊以为宾佐"。⑪ 郑从谠为河东节度使，"开幕之盛，冠于一时。时中朝瞻望者，目太原为'小朝廷'，言名人之多也"。⑫ 甚至两河跋扈藩镇亦争取人才，如淄青自李正己至李师道，有得罪于朝者即厚纳之。⑬ 魏博节度使乐彦祯"好延儒术之士"。⑭

总之，唐代藩镇重视士人，因此藩镇常能招致大批士人，士人依附藩镇，足以使藩镇势力增强。

---

① 《全唐文》卷七九二路岩《义昌军节度使浑公神道碑》。
② 裴铏《传奇》"许栖岩"条。
③ 《旧唐书》卷一七二《令狐楚传》。
④ 《全唐文》卷七五五杜牧《唐故太子少师奇章郡开国公赠太尉牛公墓志铭》。
⑤ 《新五代史》卷六三《南汉世家》。
⑥ 《旧唐书》卷一六六《元稹传》。
⑦ 康骈《剧谈录》。
⑧ 《旧唐书》卷一八八《崔衍传》。
⑨ 《因话录》卷二。
⑩ 《旧唐书》卷一六三《王质传》。
⑪ 《旧唐书》卷一六三《卢简能传》。
⑫ 《旧唐书》卷一五八《郑从谠传》。
⑬ 《新唐书》卷二一三《李师道传》。
⑭ 《册府元龟》卷四一六《将帅部》。

第二节　士人对藩镇之依附

　　赵憬曰："大凡才能之士，名位未达，多在方镇。"[1] 权德舆亦曰："士君子之发令名，沽善价，鲜不由四征从事进者。"[2] 唐代士人初入仕途，多数从藩镇任幕职或州县职事，甚且在入仕以后亦有喜任外官者。此种现象之所以造成，主要原因约有两端：第一为藩镇之能引用士人，使士人有政治的出路；第二为个人经济的利益。兹分别略述如下：

　　藩镇对士人之重视，已如本章第一节所述，在科举困难，仕途壅滞的情形下，藩镇能引用士人，实为士人求仕的一大出路。唐代科举登科后未即得官，尚须再应吏部之选或为人论荐，然后释褐，其登第后得官甚为艰难。《十七史商榷》卷八十一"登第未即释褐"条云：

　　　　东莱吕氏云："唐制，得第后不即释褐，或再应皆中，或为人论荐，然后释褐。"此条极为中肯，如《新书·选举志》云："选未满而试文三篇，谓之宏词，试判三条，谓之拔萃，中者即授官。"此盖指登第后未得就选，故曰"选未满"，中宏词拔萃即授官，此吕氏所谓"再应皆中，然后释褐"也。昌黎上宰相书云"愈四举于礼部乃一得，三选于吏部卒无成，九品之位其可望"云云。又云："国家仕进者，必举于州县，然后升于礼部，吏部试之以绣绘雕琢之文，考之以声势之逆顺、章句之短长，中其程式者，然后得从下士之列"云云。昌黎以贞元二年始至京师，八年方及第，故历四举三选，则公自得第后于贞元九年、十一年，凡两应博学宏词试，皆被黜。……《新选举志》云："进士，甲第，从九品上；乙第，从九品下。"彼时进士初选，大约得校书郎或县尉，二者皆九品，故公望得九品之位也。……若

为人论荐得官，则散见新旧各列传者更多，不可枚举。公再应皆不中，九品之位、下士之列，信无望矣，乃伏光范门求贾耽、赵憬、卢迈辈，希其论荐得官，三上书皆不报，方去京师，东归图幕僚一席，宣武军节度使董晋辟公，始得试秘书省校书郎，为观察推官，晋卒，徐帅张建封又奏为武宁军节度推官，试协律郎，府罢，如京师，再从参调，竟无所成，直至贞元十八年方授四门博士。唐时士子登科第后得官之艰难若此。

从韩愈（昌黎）之例可见唐士人登第不易，选试困难，而得朝官论荐亦难，最后惟有投靠藩镇而得官。藩镇对于来投士人甚为重视，甚至尚未登第亦加敬重，牛僧孺未第时，往投山南东道节度使于頔，頔以事繁阙礼，僧孺一怒而去。[①] 有些士人科举未能得志，藩镇却能辟用，因之得官。例如柳公绰为山南东道节度使时，郑朗覆落，公绰首辟朗；[②] 李山甫于咸通中数举进士，不第，乃往依魏博节度使乐彦祯任幕职。[③] 又《金石续编》卷九《宣州司功参军魏邈墓志》：

> 贞元初，以乡举射策上省者五六，以贿援兼无，竟不登第，然当时称屈者众矣，其后为河阳节度使所辟，随逐戎幕。

《襄阳冢墓遗文·刘密墓志》：

> 举孝廉不中第，因与诸生谓罢，语及时之通塞，穷达之事，乃奋然起曰："大丈夫得不以画干天下而求富贵者耶，焉能久戚戚于斯而已。"遂束书东游。济汉，揖汉南节度使樊公泽，泽爱其材，表为试太常寺协律郎、兼列职于辕门之内。

士人功名未显，不得志于中央，而藩镇却辟置幕吏，"各自精求，务于

---

① 张固《幽闲鼓吹》："丞相牛公应举，知于頔相之奇俊也，特诣襄阳求知。住数月，两见，以海客遇之，牛公怒而去。去后忽召客将，问曰：'累日前有牛秀才，发未？'曰：'已去'。'何以赠之？'曰：'与之五百。''受之乎？'曰：'掷之于庭而去。'于公大恨，谓宾佐曰：'某盖事繁，有阙违者。'立命小将赍绢五百、书一函追之。曰：'未出界即领来，如已出界，即送书信。'小将于界外追及，牛公不启封，掲回。"
② 阅《旧唐书》卷一六五《柳公绰传》。
③ 阅《全唐诗话》卷五《李山甫》。

得人，将重府望"，① 竞引人才，于是士人多愿至藩镇地方政府任职。

唐代任官理论上均由吏部控制，然而中叶以后，六品以下官与诸使佐职之授任常不自吏部。诸使佐职皆由使职之长奏请勅授，与吏部不相涉，六品以下官长使职者多超权奏援，以佐职兼带，而诸道州府录事参军及长史、司马与县令、丞、簿、尉等官，地方长官亦多径奏请勅授，否则即多自差人假摄，不申官阙。② 于是吏部之权减轻，地方政府用人之权渐重，士人在中央求得一官半职既不容易，遂转至地方政府，藩镇因为之奏授，此种现象易于造成士人对中央之离心，中央政府不能不设法改善，而改善的办法，重点应在加强吏部之用人权与削减地方政府的奏授官员，宝历二年曾有令诸司诸使天下州府选限内不得奏六品以下官。《唐会要》卷七十四论选事：

> 宝历二年十二月，吏部奏，伏以吏部每年集人，及定留放，至于注拟，皆约阙员。近者入仕岁增，申阙日少，实由诸道州府所奏悉行，致令选司士子无阙，贫弱者冻馁滋甚，留滞者喧诉益繁，至有待选十余年，裹粮千余里，累驳之后，方敢望官，注拟之时，别遇勅授。私惠行于外府，怨谤归于有司。特望明立节文，令自今以后，诸司诸使天下州府，选限内不得奏六品以下官，勅旨，依奏。

然而中央此项命令似乎无实效，诸道依旧奏授官员，侵夺吏部大权，因此，武宗时诏书尚有"近日诸道奏官，其数至广，非惟有侵选部，实亦颇启幸门"之文。③

士人既能依赖藩镇而得官，其后更官至显达，例如郭子仪"幕府六十余人，后皆为将相显官"，④ 宣歙观察使崔衍之幕府"后多显于时"。⑤《金石萃编》卷一〇七高瑀撰《使院石幢记》，其末有幕佐题名：

---

① 《旧唐书》卷一三八《赵憬传》。
② 详见严耕望先生《论唐代尚书省之职权与地位》。
③ 《全唐文》卷七八武宗《加尊号后郊天赦文》。
④ 《新唐书》卷一三七《郭子仪传》。
⑤ 《新唐书》卷一六四《崔衍传》。

摄节度副使高瑀

行军司马李进贤

摄营回副使刘元鼎

节度判官谭藩

观察判□□□□寮

支度□□□营田判官何授　郭行余

节度参谋赵季黄

节度掌书记王参元　张胜□

观察推官□□□　张仲举

摄观察推官郑据

节度巡官阎颜

营田巡官摄支度据官吴植

又《八琼室金石补正》卷六十八《诸葛武侯祠堂碑》（元和四年二月廿九日），碑阴记之题名有：

剑南西川节度副大使管内支度营田观察处置（中略）等使（中略）武元衡

监军使　王良会

行军司马　裴堪

营田副使　柳公绰

观察判官　张正壹

支度判官　崔备

节度掌书记　裴度

观察支使　卢士玫

观察推官　李虚中

节度推官　杨嗣复

节度巡官　宇文籍

知度支西川院事　张植

成都县令　韦同训

华阳县令　裴俭

左厢都押衙　李文悦

……（以下均武职僚佐）

以上二题名记中之藩镇幕僚府佐，其后多至显达，所谓"今名卿贤大夫，由参佐而升者十七八，盖刷羽幕廷，而翰飞天朝"，[①] 即是士人愿任幕佐之动机。藩镇与中央执政者的关系密切，甚多藩镇系旧相出任，亦多藩镇罢镇后官至宰相，尚有藩镇由现任宰相兼领者。（参阅表33）

表33　藩镇任宰相统计表

任宰相 情形	任镇前曾任宰相者	罢镇后官至宰相者	现任宰相兼 任藩镇者
人数	九十五人	七十九人	十八人
藩镇 姓名	于琮、牛仙客、牛僧孺、元稹、王晙、王涯、王播、王缙、王玙、王铎、令狐楚、令胡绹、白敏中、吕諲、宋璟、杜元颖、杜悰、杜审权、杜暹、杜黄裳、杜鸿渐、李石、李回、李吉甫、李夷简、李光弼、李知柔、李林甫、李固言、李宗闵、李珏、李晟、李岘、李绅、李逢吉、李程、李绛、李蔚、李德裕、武元衡、李让夷、周墀、段文昌、韦贵之、夏侯孜、袁滋、徐彦若、徐商、马植、毕諴、常衮、郭子仪、曹确、陈夷行、张弘靖、张说、张嘉贞、张镐、张镒、崔日用、崔琪、崔植、崔涣、崔圆、崔铉、崔群、崔慎由、崔郸、崔龟从、路随、路岩、董晋、杨收、杨嗣复、齐映、裴休、裴度、裴冕、赵宗儒、赵隐、蒋伸、刘邺、郑畋、郑絪、郑从谠、郑肃、郑余庆、卢商、萧邺、薛讷、韩弘、魏暮、苏颋、窦易直、权德舆	于頔、牛仙客、王晙、王涯、王播、王缙、王屿、王铎、令狐楚、白敏中、宋璟、杜佑、杜悰、杜审权、杜暹、杜鸿渐、李吉甫、李夷简、李光弼、李泌、李林甫、李忠臣、李抱玉、李宗闵、李固言、李勉、李晟、李岘、李绅、李逢吉、李程、李郦、李蔚、李德裕、武元衡、来瑱、周墀、哥舒翰、夏侯孜、徐商、马植、马燧、高璩、毕諴、郭子仪、郭弘靖、张延赏、张说、张嘉贞、张镒、崔元式、崔彦昭、崔琪、崔圆、崔铉、崔慎由、崔郸、崔龟从、贾耽、杨国忠、杨嗣复、齐抗、裴休、裴坦、裴度、赵憬、刘璪、郑畋、郑朗、郑从谠、郑肃、卢杞、卢商、萧仿、萧华、萧嵩、萧复、韩弘、窦易直	牛仙客、王晙、王缙、王铎、杜鸿渐、李光弼、李林甫、李抱玉、来瑱、郭子仪、张说、崔圆、张镐、乔琳、杨国忠、萧嵩、薛讷、韩弘

说明：本表根据"唐代藩镇总表"相职栏制成。

[①] 《全唐文》卷四九二权德舆《送李十兄判官赴黔中序》。

自安史乱后，藩镇力量强大，深为中央重视，且在唐末以前，对中央恭顺之藩镇尚多，这些对中央恭顺之藩镇常以使府宾介能登朝列为荣，[①] 所以向中央推荐其幕佐乃是常事，士人任藩镇幕佐，如有心至中央任官，经藩镇之推荐，自易达成愿望，倘使藩镇系由宰相兼领或罢镇后任官宰相，则其幕佐更有被引介于中央任官之机会。

总之，由于（一）安史乱后，科举选用之艰难，士人求仕不易，而藩镇均有辟署之权，自由引用人才；（二）藩镇重视士人，[②] 士人常历使府而登朝，以至显达，于是士人为求本身之政治出路，遂多仕于藩镇，尤其以初仕者为然。

以上系就政治出路研讨士人依附藩镇之原因，其次再就个人经济因素观察士人求任外职之趋势。

在玄宗以前，士人任官，无不"重内轻外"。太宗之时，"朝廷独重内官，县令刺史，颇轻其选，刺史多是武夫勋人，或京官不称职，方始外出"。[③] 武后时，兵部尚书韦嗣立上疏言及当时重内轻外之风已盛，《全唐文》卷二三六，韦嗣立《谏滥官疏》：

> 又刺史县令，理人之首，近年已来，不存简择，京官有犯，及声望下者，方遣牧州，吏部选人，暮年无手笔者，方拟县令，此风久扇，上下同知。[④]

又纳言李峤等亦言重内轻外之情况，《唐会要》卷六十八《刺史上》：

> 长安四年三月，则天与宰相议及州县官，纳言李峤等奏曰："安人之方，须择刺史，窃见朝廷物议，莫不重内官、轻外职，每除牧伯，皆再三披诉，比来所遣外任，多是贬累之人，风俗不澄，实由于此。……"[⑤]

---

① 《旧唐书》卷一三八《赵憬传》："属者使府宾介，每有登朝，本使殊以为荣。"

② 《唐诗纪事》卷四三"于良史"条："良史为张徐州建封从事，每自吟曰：'出身三十年，发白衣犹碧，日暮倚朱门，从未污袍赤。'公因为奏章服焉。"亦是藩镇重视幕佐政治利益之一例。

③ 《全唐文》卷一五五马周《请简择县令疏》。

④ 参阅《唐会要》卷六八《刺史上》；《旧唐书》卷八八、《新唐书》卷一一六《韦嗣立传》。

⑤ 参阅《旧唐书》卷八八《韦嗣立传》。

又同书同卷：

> 神龙元年正月，举人赵冬曦上疏曰："臣闻古之择牧宰者，皆出于台郎御史，以为荣迁，何者？以为亲民之职，人命所系，故贵其位而重其人也。今则不然，京职之不称者，乃左为外任，大邑之负累者，乃降为小邑，近官之不能者，乃迁为远官。……"

及至开元时，士大夫重内轻外观念益重，郑处诲《明皇杂录》：

> 开元中，朝廷选用群官，必推精当，文物既盛，英贤出入，皆薄其外任，虽雄藩大府，由中朝冗员而授，时以为左迁。班景倩自扬州采访使入为大理少卿，路由大梁，倪若水为郡守，西郊盛设祖席。宴罢，景倩登舟，若水望其行尘，谓椽吏曰："班公是行，何异登仙乎！为之驺殿，良所甘心。"默然良久，方整回驾。

如倪若水之心理，似为当时士大夫之共同想法，人人竞为京职，外任视同流贬，备受轻视，于是造成地方政治之不良，张九龄上疏玄宗曰：

> 今刺史县令，除京辅近处雄望之州，刺史犹择其人，县令或备员而已，其余江淮陇蜀三河诸处，除大府之外，稍稍非才，但于京官之中，出为州县者，或是缘身有累，在职无声，用于牧宰之间，以为斥逐之地，或因势附会，遂忝高班，比其势衰，且无他责，又谓之不称京职，亦乃出为刺史。至于武夫流外，积资而得官，成于经久，不计于有才，诸若此流，尽为刺史，其余县令已下，固不可胜言。（《曲江张先生文集》卷十六《上封事书》）

为了改革地方不良政治，不能不重视地方官人选，因此开元八年有内外官互任之诏。《全唐文》卷三十四玄宗《铨择内外官勅》：

> 顷来朝士出牧，例非情愿，缘沙汰之色，或受此官，纵使超资，尚多怀耻，亦朝廷勋旧，暂镇外台，却任京都，无辞降屈，且希得入，众以为荣，为官择人，岂合如此，自今已后，

> 诸司清望官阙，先于牧守内精择都督刺史等要人，兼向京官中
> 简授，其台郎已下除改，亦于上佐县令中通取，俾中外迭用，
> 贤良靡遗。①

然而此一皇帝诏命并未能改正士大夫重内轻外之观念，开元十三年二月，玄宗自选尚书左丞杨承令等十一人为刺史，并命宰相、诸王及诸司长官台郎御史饯于洛滨，"供张甚盛，赐以御膳，太常具乐，内坊歌妓，上自书十韵诗赐之"。不可谓不光采荣耀，然而杨承令仍"不欲外补，意怏怏"。②

玄宗以前此种内重外轻情势之造成，主要是士人的心理作用。玄宗以前战乱（内乱）甚少，政治安定，中央的威势足以笼罩全国，任何官员的荣辱升黜均取决于中央，而且京师经济的繁荣，亦足以令全国各地人民企羡，于是仕宦者遂迷恋中央朝廷，而不愿外任。

然而，经安史之乱以后，仕宦者重内轻外的心理遂渐消失，代德以后竟有演成重外轻内之趋势，除极少数世家大族仍迷恋京职外，③ 多数仕宦者已无轻视外职之心。安史乱后，中央权势萎缩，藩镇气焰渐盛，且得辟署，用人之权遂不尽属中央。同时，中央政府在战乱之中，经济屡濒困境，肃代之时，京官有时且无俸禄，④ 生活艰苦，大历以后，元载当国，"以仕进者多乐京师，恶其逼己，乃制俸禄，厚外官而薄京官，京官不能自给，常从外官乞贷"。⑤ 至大历十二年杨绾代元载为相，奏京官俸太薄，诏加京官俸，然而虽经加

① 此一诏敕，《唐大诏令》卷一〇〇《京官都督刺史中外迭用敕》同，时间为开元八年七月；又《唐会要》卷六八《刺史上》有此敕之后半，作开元八年六月二十八日。

② 见《通鉴》卷二一二开元十三年二月及三月。

③ 《全唐诗话》卷三"杨汝士"条："唐名族重京官而轻外任，汝士建节后（按：为东川节度使），诗云：'抛却弓刀上砌台，上万楼殿翠云开。山僧见我衣裳窄，知道新从战地来。'又云：'而今老大骑官马，羞向关西道姓杨。'"可作为世家大族不愿外任而恋京师之一例。

④ 《唐会要》卷九一《内外官料钱上》："乾元元年……京官不给，仍敕度支使量闲剧，分给手力课，员外官一切无料。至二年九月五日诏：京官无俸料，桂玉之费，将何以堪？……"《旧唐书》卷一九五《回纥传》："时（永泰元年）帑藏空虚，朝官无禄。"又《旧纪》永泰二年十一月丙辰，诏曰："在京诸司官员久不请俸，颇闻艰辛。"

⑤ 《通鉴》卷二二五大历十二年四月。

俸，京官生活仍极清苦，颜鲁公为刑部尚书，竟至举家食粥。《困学纪闻》卷十四：

> 颜鲁公为刑部尚书，有举家食粥之帖。盖自元载制禄，厚外官而薄京官，京官不能自给，常从外官乞贷。杨绾既相，奏加京官俸，鲁公以绾荐，自湖州召还，意者俸虽加而犹薄欤？（翁元圻案：鲁公《乞米帖》云："拙于生事，举家食粥，来已数月，今又罄矣，实用忧煎。"）

按唐初立制，外官俸禄，降京官一等，[①] 京官俸优，亦为仕宦者乐任京职之原因，大历以后，京官俸薄，而地方擅权，"利常在外"，于是仕宦者常转而求外。[②] 肃宗时，李皋由秘书少监自抵法求贬外职。《旧唐书》卷一三一《李皋传》：

> 三迁至秘书少监……奉太妃郑氏以孝闻。上元初，京师旱，米斗直数千，死者甚多。皋度俸不足养，亟请外官，不允，乃故抵微法，贬温州长史。

《新唐书》卷一五二《姜公辅传》：

> 授右拾遗，为翰林学士。岁满当迁，上书以母老赖禄而养，求兼京兆户曹参军事。

姜公辅以京职而求兼京兆府佐职，则表示地方官禄较京官为优，公辅在德宗建中初，至宪宗元和时，白居易为左拾遗翰林学士，当改官，亦以家贫而效公辅之例，求为京兆府判司。《旧唐书》卷一六六《白居易传》：

> （元和）二年十一月，召入翰林为学士。三年五月，拜左拾遗。……五年，当改官，上谓崔群曰："居易官卑俸薄，拘于资地，不能超等，其官可听自便奏来。"居易奏曰："臣闻姜公辅为内职，求为京府判司，为奉亲也。臣有老母，家贫养薄，乞如

---

① 贞观时外官给禄，"降京官一等"，开元二十四年又厘定岁禄，"外官降一等"。均见《新唐书》卷五五《食货志五》。
② 阅《陔余丛考》卷十七"唐制内外官轻重先后不同"条。

公辅例。"于是，除京兆府户曹参军。

卢迈于德宗贞元初为吏部员外郎，以贫求为外职。《全唐文》卷五〇七权德舆撰《赠太子太傅卢公（迈）行状》：

> 转吏部员外郎……以京师食贫，诸孤衣食为念，求出为滁州刺史。

当贞元时，外重内轻之势已甚显著，仕宦者不愿任京职而求外职。《新唐书》卷一三九《李泌传》：

> 是时（贞元）州刺史月奉至千缗，方镇所取无艺，而京官禄寡薄，自方镇入八座，至谓罢权。薛邕由左丞贬歙州刺史，家人恨降之晚。崔祐甫任吏部员外，求为洪州别驾。使府宾佐有所忤者，荐为郎官。其当迁台阁者，皆以不赴取罪去。泌以为外太重，内太轻，乃请随官闲剧，普增其奉，时以为宜。而窦参多沮乱其事，不能悉如所请。

李泌之计划未能实行，外重内轻之势在贞元以后仍然存在，贞元四年所定京官俸禄，三太各二百贯文，三公各一百八十贯文，侍中、中书令各一百六十贯文，中书门下侍郎、左右仆射、太子三太各一百三十贯文，六尚书、御史大夫、太子三少各一百贯文，以下依次减少，[①] 藩镇俸禄史未详载，惟观田布为魏博节度使，"禄奉月百万"；[②] 徐申为岭南节度使，月加钱三十万。[③] 则藩镇俸禄实较三太三公为多，于是中央之高官欲求财富，多请任职藩镇。郑权为工部尚书，"以家人数多，俸入不足，求为镇守"，后得宦官之助，出为岭南节度使；[④] 沈传师常任内职，"虽有重名，每苦于饥寒，两求廉镇"。[⑤] 薛放于敬宗时，"为礼部尚书兼集贤殿学士，闺门之内，尤推孝睦，孤孀百口，苦俸薄，因召对，恳求外任。其时以节制无阙，

---

① 《唐会要》卷九一《内外官料钱上》。
② 《新唐书》卷一四八《田布传》。
③ 《全唐文》卷六三九李翱《赠司空杨公（于陵）墓志铭》。
④ 《旧唐书》卷一六二《郑权传》。
⑤ 《全唐文》卷七五六杜牧《赠吏部尚书沈公行状》。

乃授以江南西道观察使"。① 不仅藩镇禄厚，即州县官及使府僚佐俸禄亦多，如元和十三年定德、棣、沧、景四州官吏俸钱料，刺史每月一百五十千，望紧上县令每月四十千。元和十四年重定淮西州县俸禄，以蔡州为紧，刺史月俸一百八十千，申、光二州为中，刺史月俸一百五十千。② 可见刺史俸禄较中书门下侍郎、左右仆射为优。而使府僚佐，亦"俸优于台省之官"。③ 外官俸优，于是仕宦者继续营求外职，懿宗时，郑熏任尚书左丞，"纠族百口，禀不充，求外迁"。④ 僖宗时，郑綮历金、刑、右司三郎中，"家贫求郡，出为庐州刺史"。⑤ 杜牧由刺史入为郎官，生活困窘，复求外任，其上宰相书有言："作刺史，则一家骨肉，四处皆泰；为京官，则一家骨肉，四处皆困。"⑥ 任刺史而生活安泰，任京官而生活困窘，则谁不欲舍京官而求刺史？

除州县官外，藩镇对使府僚佐之辟署有时亦以钱财招引人才，如昭义节度使李抱真"闻世贤者，必欲与之游，虽小善，皆卑礼厚币数千里邀致之"。⑦ 士人为藩镇"厚币"相辟者极多，兹举数例如下：

李戡有才名，为王彦威所辟。《文苑英华》卷九五八杜牧《平卢军节度巡官李府君墓志铭》：

> 开成元年春二月，平卢军节度使王公彦威闻君名，掣卑辞于简，副以币马，请为节度巡官。

又同书卷九六二杜牧《骆处士墓志》：

> （骆峻以母丧去职）相国杜公黄裳在蒲津，相国张公弘靖在并州、大梁，浑尚书镐在易定，潘侍郎孟阳在蜀之东川，司徒

---

① 《册府元龟》卷四八《帝王部》。
② 阅《唐会要》卷九一《内外官料钱上》。
③ 《全唐文》卷六七一白居易《策林三·四十省官并俸减使职》。
④ 《新唐书》卷一七七《郑薰传》。
⑤ 《旧唐书》卷一七九《郑綮传》。
⑥ 《全唐文》卷七五三杜牧《上宰相求杭州启》。
⑦ 《新唐书》卷一三八《李抱真传》。

薛公苹在郑滑，皆挈卑词币马至门。

又同书卷九七七杜牧《赠吏部尚书崔郾行状》：

> 陕虢观察使崔公琮（按：应为淙）愿公为宾，而不乐之，挈辞载币，使者数返。

又《全唐文》卷七七八李商隐《上河东公谢聘钱启》：

> 某启，伏蒙示及赐钱三十五万以备行李，谨依荣示。

藩镇以币招致人才后，且可加其僚佐料钱，[1] 以收买士心。

总之，玄宗以后，州县官与藩镇僚佐之俸禄较京官为优，在个人经济利益的驱动下，内轻外重的倾向自易造成。

以上就个人政治出路与个人经济利益观察安史乱后士人所以乐于地方（藩镇使府与州县）而厌弃中央的原因。士人乐任外职，对中央政府确属不利，士人为中国古代社会之中坚分子，人才多出其中，如果是对中央恭顺的藩镇，尚会将其所属的人才（使府僚佐或州县官）荐之于朝，如果是对中央跋扈的藩镇，不仅不会将已得到的人才荐至朝廷，而且还要争取中央的人才，例如德宗时，两河跋扈藩镇甚多，"竞引豪英，士之喜利者多趋之，用为谋主，故藩镇日横，天子为盱食"。[2] 而士人不得志于中央者，常北游河朔，为跋扈藩镇效力，李益以久不得调，乃游燕，幽州节度使刘济辟为从事，益献刘济诗云："草绿古幽州，莺声引独游。雁归天北畔，春尽海西头。向日花偏落，驰年水不流。感恩知有地，不上望京楼。"[3] 此种失意者北走河朔，乃是当时社会之常情，[4] 河朔藩镇得这批士人的效力，实力益增，跋扈益甚，中央终无可奈何。

玄宗以后，外重内轻之形成，已有"游宦之士，至以朝廷为闲地，谓幕府为要津"的情形，[5] 及至唐末，宦官专权，朝政混乱，小

---

① 阅崔致远《桂苑笔耕集》卷十八《谢加料钱状》。
② 《新唐书》卷一三一《李石传》。
③ 见《全唐诗》第五函第三册，李益《献刘济》诗。
④ 说见陈寅恪先生《唐代政治史述论稿》上篇，页19—21。
⑤ 《唐语林》卷八。

人塞朝，"贤人遁逃，四方豪英，各附所合而奋"，[①] 不得志于中央之士人只有依附藩镇，甚至协助裴甫、庞勋、黄巢等人作乱，[②] 唐末藩镇既有强大武力，又得士人协助，不仅可以武力开拓地盘，且可借士人而建立内部政治基碍，[③] 益增加藩镇脱离唐室中央而自立的野心。唐末藩镇之强者莫不有据地自为的企图，此固然乘势图谋之行为，而士人之翼助亦为煽动强藩野心之一大原因。

---

① 《新唐书》卷一八三《毕诚传》赞曰。
② 唐末士人协助叛乱，著名者如王铎之助裴甫，周重之助庞勋，士人助黄巢者更多，参阅堀敏一《黄巢の叛乱》。
③ 如前蜀王建之立国制度一切皆韦庄所定，庄乾宁中举进士，为王建辟为掌书记。阅《蜀梼杌》卷上。

第十章

结　论

第一节　中国古代专制政体下政治权力之争取与唐代藩镇对中央各种不同态度之形成

　　罗素（B. Russell）说："权力的欲望是人性的基本部分。"① 固然，人性是多方面的，在伦理家族方面，在社会人群方面，在经济生活方面，在军事战争方面，所表现出来的人性各异，然而在政治上所表现出来的人性，其特色似为爱权。霍布斯（Hobbes）亦认为人们自然地既爱自由，又爱支配别人。② 此种爱支配别人的心理，在政治上即是爱权的表现。司马光曰："势钧位逼，虽同产至亲，不能无相倾夺。"③ 历史上为了掌权而兄弟"相倾夺"者甚多。隋炀帝与唐太宗之夺取帝位即是显例。北魏末，频岁霜旱，人掘黄鼠而食之，面无谷色，刘贵劝尔朱兆使高欢率饥民就食山东，待温饱而处分之，兆之长史慕容绍宗谏曰："不可，今四方扰扰，人怀异望，况高公雄略，又握大兵，将不可为。"兆曰："香火重誓，何所虑也。"绍宗曰："亲兄弟尚尔难信，何论香火。"④ 在政治上，"权力"的魔力超过

---

①　罗素说："Love of power, in its widest sense, is the desire to be able to produce intended effects upon the outer world, whether human or non-human. This desire is an essential part to human nature。" *Power： A New Social Analysis*，P. 274.

②　Thomas Hobbes, *Leviathan*, P. 139.

③　《通鉴》卷一八〇隋高祖仁寿四年臣光曰。

④　《北齐书》卷一《神武纪》。

"香火"，慕容绍宗之言，其后果然应验。拉斯威尔（Lasswell）认为政治生活，就狭义而言，即是争夺权力的生活。[①] 稽诸史实，其论似属可信。

政治上人性的爱权乃是一种现象，其本身不应受到是非善恶的评判。固然，由于争夺权力，曾经不断地给人类带来祸害，有时却也带来不少福利。事实上，爱权的天性，实为人类社会与历史活力之源。[②]

然而，人类爱权的天性如果毫不加抑制地任其自由发挥，必将招致永无宁息的争夺，所谓"欲而不得，则不能无求；求而无度量分界，则不能不争"，[③] 争夺而无所限制，实足以妨碍人类生活的幸福。为了合理地满足人们的权力欲，也为了求得群居生活的安乐，于是有了政治组织，同时也就产生了出命与受命的关系。浦薛凤先生说："就一般人类而言，其最普遍最深刻的企求，当不外职位、光荣和财富，亦即不外'权'、'名'和'利'三项。"[④] 出命与受命的关系所表现于外者即命令与服从，出命者有命令的权力，受命者有服从的义务，出命者须有高于受命者之地位才能使受命者服从，因此，出命者有其特殊的职位——权，出命者既有高出他人的地位，自易于获致光荣——名，出命者既可以令他人服从，自易于得致财富——利，因此，基于人性之欲望，人们遂致力于争夺具有出命权力之政治职位。

在中国古代专制政治下，最高的权力者乃是帝王，一切政治权力的来源理论上出自帝王，有强烈政治野心者遂不能不醉心于帝王宝座，宋太祖曰："天位者，众欲居之耳。"[⑤] 在有利于新王朝出现之

---

① "Political life, in the narrowest sense of the word, as a life of conflict…" Harold D. Lasswell, *Politics: Who Gets What, When, How*. P. 182.

② 罗素说："It is only by realizing that love of power is the cause of the activities that are important in social affairs that history, whether ancient or modern, can be rightly interpreted。" Russell, op. cit. P. 10.

③ 《荀子·礼论篇》。

④ 浦薛凤先生《政治权力之构成与保持》页5，载《政治大学三十周年纪念论文集》。

⑤ 《河南邵氏见闻前录》，页2。

环境下，常可证明宋太祖之言不虚。

然而，如果允许每个公民随时随地起而争夺帝位，则社会将永无宁日，政治伦理秩序亦永无法建立。为了全体人民之安乐，政治的长期安定实有必要，于是，世袭的帝王制度遂很早出现于中国历史上。世袭的帝王制度之得以延续，赖以支持的力量甚多，其中一个主要的力量乃是君臣名分观念之确立与深入人心。君臣名分观念发生于何时甚难确定，但至少在周代时已有君臣名分观念存在。周赧王三十四年，楚欲图周，赧王使东周武公谓楚令尹昭子曰："周不可图也。"昭子曰："乃图周，则无之，虽然，何不可图？"武公曰："西周之地，绝长补短，不过百里。名为天下共主，裂其地不足以肥国，得其众不足以劲兵。虽然，攻之者名为弑君。……"于是楚计辍不行。① 兹再举《左传》二例以见之：

> （周桓王十三年，王伐郑，战于繻葛，王师大败），祝聃射王中肩，王亦能军。祝聃请从之，公曰："君子不欲多上人，况敢陵天子乎？"（《左传》桓公五年）
>
> （周襄王元年）王使宰孔赐齐侯胙，曰："天子有事于文、武，使孔赐伯舅胙。"齐侯将下拜，孔曰："且有后命，天子使孔曰：以伯舅耋老，加劳赐一级，无下拜。"对曰："天威不违颜咫尺，小白余，敢贪天子之命无下拜？恐陨越于下，遗天子羞。敢不下拜？"下拜，登受。（《左传》僖公九年）

由于名分观念，遂使周衰而不亡，司马光曰："周道日衰，纲纪散坏，下陵上替，诸侯专征，大夫擅政，礼之大体什丧七八矣，然文、武之祀犹绵绵相属者，盖以周之子孙尚能守其名分故也。"因此，及至末年，"以周之地则不大于曹、滕，以周之民则不众于邾、莒，然历数百年，宗主天下，虽以晋、楚、齐、秦之强不敢加者，何哉？徒以名分尚存故也"。② 名分观念可以使政治保持较长久时间的安定，自然为古代"贤哲"们所拥护。子路问孔子曰："卫君待子而为

---

① 《通鉴》卷四周赧王三十四年。参阅《史记》卷四十《楚世家》。
② 《通鉴》卷一周威烈王二十三年。

政，子将奚先？"子曰："必也正名乎。"① 孔子将"正名"作为为政第一要务，便是要禁止大夫、诸侯僭越体制，孔子极推崇尧舜，因为尧舜时代是个"太平盛世"的时代，然而要达到"太平盛世"的理想，政治上必先求安定，而各守其位不相侵夺，乃是安定政治的保障，孔子主张"正名"，在君臣之间而言，即是加强名分观念，季氏八佾舞于庭，孔子视为"不可忍"，② 盖季氏僭越君臣之"分"也。孔子修《春秋》，在使"乱臣贼子惧"，③ 处处都在表示君臣名分之不可忽视。战国末期的法家思想更讲求严君臣之分，甚至"人主虽不肖，臣不敢侵也。④ 名分观念既受到"贤哲"们所拥护，遂在中国社会中奠基生根。

在君臣名分观念深入人心之后，臣民对于皇帝宝座觊觎之心大减，如果不是当时存在的王朝被推翻的可能性极大，臣民甚少敢以行动表示将"取而代之"。在一般情形下，臣民只能尽力争取帝位以下的各种官职，以满足其权力欲望。事实上，自秦破坏封建制度以后，政府一切官职均出自皇帝之恩赏，诗云："溥天之下，莫非王土。率土之滨，莫非王臣。"⑤ 在周代仅是有名无实，秦代以后则确有其实。只要在政治稳定、社会安宁的局面下，帝王的权威足以笼罩全国，如果臣民冀望获得"权""位"，便须设法得到帝王的恩宠，所谓"莫言贫贱即可欺，人生富贵自有时。一朝天子赐颜色，世上悠悠应始知"。⑥ 即是臣民渴望帝王恩宠以取富贵之表示。

帝王一人无法亲理全国大小政事，设官分职，事所必需。然而中国古代帝王视全国如私产，⑦ 惟恐他人争夺其产，因此，不能不处

---

① 《论语·子路》。

② 《论语·八佾》。

③ 《孟子·滕文公》。

④ 《韩非子》卷二十《忠孝第五十一》。

⑤ 《诗经·小雅·北山》。

⑥ 《唐诗纪事》卷二十一崔颢《霍将军诗》。

⑦ 《史记》卷八《高祖本纪》，高祖九年，"未央宫成。高祖大朝诸侯群臣，置酒未央前殿，高祖奉玉卮，起为太上皇寿曰：'始大人常以臣无赖，不能治产业，不如仲力。今某之业所就孰与仲多？'殿上群臣皆呼万岁，大笑为乐"。此为帝王视一国为其"业"之典型表现，其实，历代帝王心理莫不如此。

处防范。在帝王的心目中，对其"私产"与"最高权位"威胁最大者乃是功勋已高、权威已重的大臣，[①] 因此在专制政治下，帝王对臣属的猜忌成为一种通病，"自古为人臣者，望重则必危，功崇则难保"，[②] 历史上"兔死狗烹"的惨剧层出不穷，"功高不保"的例子亦属屡见，"勇略震主者身危，而功盖天下者不赏"。[③] 乃是专制政治下帝王猜忌心理所造成的必然现象。

帝王一旦对其功高权重的大臣发生猜忌，必然除之而后快。在帝王尚具权威之时，欲除去被猜忌之臣属甚为容易，臣属抗御则甚为困难，萧嵩于玄宗时为宰相，引韩休为同列，其后嵩与休不协，嵩因乞骸骨，玄宗慰曰："朕未厌卿，卿何庸去？"嵩俯伏曰："臣待罪相府，爵位已极，幸陛下未厌臣，得以乞身，如陛下厌臣，臣首领之不保，又安得自遂？"[④] 萧嵩所言"如陛下厌臣，臣首领不保"，实质上即是臣下对帝王猜忌心理之恐惧。然而，求生自保乃是人之本能，"甘受死亡者非人情故也"。[⑤] 臣属为求自保，遂常造成以武力公开叛逆、篡弑、废君等现象。

以上所述为专制政体下，个人权力欲望之满足与自保之心理，此种权力欲望之满足与自保之心理正可说明唐代藩镇所以对中央会产生恭顺、跋扈、叛逆各种不同态度之个人动机。

唐代藩镇对中央之恭顺态度，以玄宗朝最为普遍，全国无跋扈之藩镇，叛逆藩镇只有二人（安禄山身兼三镇，实为一人，参阅表3）。玄宗朝为唐代盛世，中央政府威势笼罩全国，仕宦者之重内轻外（参阅第九章第二节），正是因为皇帝的威势如日中天，一切荣达出于皇帝，任职京师，即是接近皇帝，易于获得荣达。既然玄宗

---

① 朱坚章先生说："任何专制政治之下，臣属的威名，一旦盛炽，侔于主上，其难以久居，乃是必然现象。……统治权力的稳固，既赖于人民的信念，则在其政权之下，苟有臣鼠的权势，突出于众人之上，在人民心目中建立威信，媲侔人主，对于视天下属己的皇帝，岂能容忍？"确实道出帝王不能容忍臣属对帝位之威胁的心理。见《历代篡弑之研究》第五章，页189。

② 《旧五代史》卷一二四史臣曰。

③ 《史记》卷九二《淮阴侯列传》。

④ 李德裕《次柳氏旧闻》。

⑤ 《晋书》卷四十六《刘颂传》。

朝一切荣达出于皇帝，当时又无战乱，藩镇欲企求更多的权力，惟有对皇帝恭顺，以期皇帝的拔擢，敢于跋扈者，只是自毁政治前途，不仅不能获得更多的权力，而且可能失去已得的权力，藩镇为自己着想，遂采取对中央恭顺的态度。安史之乱以后至黄巢起事，在这段时间中，江南、淮南、山南、剑南诸道（以及宪宗至僖宗间的河南道）藩镇除极少数外，大体上均属恭顺，这些地区在黄巢起事以前少有战乱，中央的控制力甚强，缺乏有利于对抗中央之客观环境，因此，这些地区的藩镇欲求满足权力欲望（暂时保持职位或调迁其他职位），必须对中央表示恭顺态度，如遇有战乱，甚至尽力效忠中央，希望以功勋而获得中央政府的奖赏，进而得到更高的职位与更大的权力。

跋扈藩镇之跋扈动机，主要亦在满足其个人权力欲望。当客观的环境有利于对抗中央时，藩镇可不必依赖中央政府的赏赐而得到权力，甚且抗拒中央的结果更能增强自己的权力，于是跋扈行为便易于产生。就时间而言，代宗、德宗、僖宗、昭宗、哀帝诸朝跋扈藩镇最多（参阅表3），代宗朝值安史之乱初平，地方武力强大，京师却常困于吐蕃之骚扰，此时中央控制地方之力量薄弱，于是一些拥有兵力的藩镇始敢于凭借其兵力违抗中央，甚且据土地擅财赋，以冀长期保持其权力；德宗朝贞元年间中央行姑息政策，跋扈违命之藩镇自擅财赋，反而常得中央之厚赏，而且德宗"不生除节帅，有物故者，先遣中使察军情"，① 无异放弃对一部分藩镇之主动任免权。代、德二朝中央能控制藩镇之"荣达"力量既小，藩镇乃敢于擅地，自求权力之巩固与扩张，连中央易于控制的山南东道与西川亦有跋扈藩镇之出现。② 僖宗时黄巢起事破坏了当时的政治秩序，中央政府不仅失去其予人"名""利"的权力，反而受制于强藩（参阅第二章第三节、第四章第二节、第五章第三节），少数强藩成为最有权力者，其他藩镇欲保持其权位，不必向中央政府效忠，只须向某一强藩效忠即可。有时，有些藩镇以地处僻远，不必依附强藩，而中

---

① 《通鉴》卷二三七元和元年正月。
② 代、德之时，山南东道之梁崇义、于頔，西川之崔宁，态度均属跋扈。

央政府亦不能加以控制，在此情况之下，唐末藩镇绝少对中央采恭顺之态度。就地区而言，安史乱后之旧河北道跋扈藩镇最多（参阅表3），尤以河北三镇（魏博、成德、幽州）为然，河北三镇自安史乱后，其地区之文化渐与唐室控制下的中原地区文化脱节，其地区之人民对中央政治隔阂而缺少向心力，任藩镇者所以获得权位，非由中央之宠任（参阅第七章第四节），中央既失任免大权，河北三镇藩帅自易于表露其跋扈态度。

藩镇之叛逆行为，其个人动机亦不外权力欲望之满足与自保之心理。当皇朝威势强盛之时，在中央控制下的藩镇欲保持其已得之权力或冀求更多之权力，唯有依赖中央政府的恩惠，所以对中央自然表示态度恭顺，然而遇到战乱炽烈之时或大乱以后，中央威势不振，对地方控制力薄弱，于是，藩镇对中央之权威性发生怀疑，进而加以轻视，甚至产生"取而代之"的心理，在这种情况下，叛逆行为自易出现。大历初，京师正苦于吐蕃之扰，剑南复有崔旰、杨子琳等作乱，中央兵少力弱，声威不振，华州节度使周智光尝杀鄜州刺史张麟，坑鄜坊节度使杜冕家属八十一人，焚坊州庐舍三千余家，中央无力制止，智光遂蔑视中央之权威，乃敢对中使余元仙曰："此去长安百八十里，智光夜眠不敢舒足，恐踏破长安城，至于挟天子令诸侯，惟周智光能之。"[1] 智光所谓"恐踏破长安城"，正表示其心目中极度蔑视中央权威，欲求更大的权力，最佳的办法乃是强夺，智光叛逆即是欲以强夺而满足权力欲望之例。唐末自黄巢起事，朝令不行于四方，藩镇欲求保持权位，或企冀更大的权力，不必仰求中央之恩赐，惟须凭借武力，于是拥有武力之藩镇遂有"自据天位"或"挟天子令诸侯"之野心，高骈为淮南节度使，见两京陷于黄巢，遂"欲兼并两浙，为孙策三分之计"，[2] 有"取而代之"的心理；邠宁节度使朱玫、凤翔节度使李昌符之立襄王煴为帝而自擅国权，[3] 邠

---

① 《通鉴》卷二二四大历元年十二月癸卯。

② 《旧唐书》卷一八二《高骈传》。

③ 参阅《通鉴》卷二五六光启二年正月以下。

宁节度使王行瑜之谋废昭宗，[①] 均是欲借废立而自揽大权。此外，亦有藩镇之叛逆，并非轻视中央权威，也未必有"取而代之"之意图，只不过借叛逆以威胁中央，迫使中央承认其强夺而来的权位，或给予其更高的官位（官位有时是增强权力的一种方法），如建中时河南河北之藩镇田悦（魏博）、王武俊（成德）、李纳（平卢淄青）等均是。[②] 在唐代叛逆藩镇中，刘涣、安禄山叛逆之时势最为特殊，刘涣之叛在开元廿二年，动机不明，[③] 安禄山之叛在天宝十四载，是时国内太平，中央威势未衰，但以精兵全在边陲，安禄山身兼平卢、范阳、河东三道节度使，手握强兵，而中原地区"时太平久，人忘战"，加以中央政府经李林甫、杨国忠之持权，"纲纪大乱"，在此种中央武备既不精，政治又混浊之情形下，禄山遂"计天下可取，逆谋日炽"。[④] 禄山之叛，显然其动机系在谋篡，换言之，其叛逆亦是为了满足更大的权力欲望。

除权力欲望之满足外，藩镇叛逆之另一大动机为藩镇个人之自保心理。在战乱中，中央对地方之安全往往失去保护的力量，藩镇不能只依靠中央之任命而维持其个人的权位与辖区内之安全，尚须凭借本镇之兵力，如果本镇兵力不足以抵抗叛逆者，为了保护自己的权位与性命，便只得依附叛逆者，于是也就成了叛逆之藩镇，许叔冀（宣武）之降于史思明，[⑤] 陈少游（淮南）之归顺李

---

① 参阅《通鉴》卷二六○乾宁二年五月，《新唐书》卷二二四下《王行瑜传》。

② 建中时，因悦等之叛，自称王号，在德宗下赦罪诏，加田悦等官爵后，即行归顺，故其叛逆乃为威胁中央以取权力，详阅《通鉴》卷二二七建中三年正月至卷二三○兴元年二月，有关诸条。

③ 刘涣两唐书无传，其谋反仅见《旧唐书》卷八《玄宗本纪》开元廿二年四月，"甲寅，北庭都护刘涣谋反，伏诛"。

④ 《新唐书》卷二二五上《安禄山传》。

⑤ 《通鉴》卷二二一乾元二年九月："史思明使其子朝清守范阳，命诸郡太守各将兵三千从己向河南，分为四道……会于汴州，李光弼方巡河上诸营，闻之，还入汴州，谓汴滑节度使许叔冀曰：'大夫能守汴州十五日，我则将兵来救。'叔冀许诺。光弼还东京。思明至汴州，叔冀与战，不胜，遂与濮州刺史董秦及其将梁浦、刘从谏、田神功等降之。"

希烈,[①] 李都（河中）之臣于黄巢,[②] 均是其例。另一种因自保心理而叛逆的情形，即藩镇在战乱中效忠李唐王朝，建立显赫功勋，却受到皇帝之猜忌，使藩镇感到疑惧，疑惧而求自保乃是人类必然的反应，然而，以臣抗君，何以自安？谋求自保的末路，遂只有走上叛逆一途了。朔方节度使仆固怀恩平安史有大功，其自诉状虽有伐功之嫌，且言辞过激，然一身屡挽唐祚于危亡，一门死王事者数十人则为事实，以宦官骆奉先进谗言于代宗，怀恩疑惧，又不敢入朝自辩，其自诉云："顷者来瑱受诛，朝廷不示其罪，天下忠义，从此生疑。况来瑱功业素高，人多所忌，不审圣衷独断，复为奸臣弄权？臣欲入朝，恐罹斯祸，诸道节度使皆惧，非臣独敢如此。近闻追诏数人，并皆不至，实畏中官谗口，又惧陛下损伤。……子仪先已被猜，臣今又遭毁黩。弓藏鸟尽，兔死犬烹，臣昔谓非，今方知实。"[③] 言虽激愤，然稽诸史籍，来瑱冤死，子仪被猜，均是事实，固然二人均系受中官之谗，但决定之权操之皇帝，代宗不能脱"猜忌功臣"之嫌，怀恩既"惧死"不敢入朝，又不能解除恐惧感，最后惟有叛逆，北走入蕃。[④] 德宗建中四年十月泾原兵乱，德宗出奔奉天，朱泚复围奉天，朔方节度使李怀光将兵赴难，解奉天之围，不能不谓忠君，然以受宰相卢杞之谗，德宗不召见，怀光怏怏，"数上表暴扬杞等罪恶，上不得已，为贬杞、赵赞、白志贞，以慰安之。又疏中使翟文秀，上之信任也，又杀之。怀光既不敢进军，迁延自疑，因谋为乱"。及兴元元年二月，诏赐怀光铁券，怀光怒曰："凡人臣反，则赐铁券，今授怀光，是使反也。"[⑤] 怀光之叛亦是疑惧而求自保心理所使然。

---

① 阅《新唐书》卷二二四上《陈少游传》。
② 阅《新唐书》卷一八七《王重荣传》。
③ 《旧唐书》卷一二一《仆固怀恩传》。
④ 孙甫亦认为仆固怀恩之叛，出于猜贰，"自为身谋"。阅《唐史论断》卷中"仆固怀恩留贼将分帅河北"。
⑤ 《旧唐书》卷一二一《李怀光传》。

总之，"恩盖天下，然后能保天下；权盖天下，然后能不失天下"，[①]唐代藩镇对中央所表现的恭顺、跋扈、叛逆与中央对地方控制力之强弱有密切关系，藩镇在其权力欲望支配下，当中央能够予夺其既有的权力或更大的权力时，藩镇对中央表现恭顺的态度，采取恭顺的态度不仅可望获得更大的权力，亦是自保其既得权力之最佳办法；当战乱方炽或中央威势衰弱之时，中央对地方政治之控制力量减少，藩镇权力之获得未必为中央所授予，藩镇权力之扩增不必出于中央之恩赐，而中央对藩镇权力之获得与扩增亦无力加以抑制，此时，藩镇跋扈、叛逆之态度便易于出现；当叛逆力量强盛之时，藩镇权位得不到中央之保护而受严重威胁时，叛逆亦常出现，倘若藩镇受到中央之猜忌而感到其权位或性命难以自保时，藩镇遂不能不采取叛逆行为。

第二节　几点综合性的认识

前文各章对于唐代藩镇与中央之关系以及藩镇对中央各种态度形成的因素，已从多方面加以分析研讨，似乎可以得到下列几点综合性的认识：[②]

一、藩镇对中央之态度常依其本身凭借（如武力、经济力量之强弱、优秀分子之依附等）、时势（如有无战乱、地区对中央之向心力、藩镇间能否相互勾结、中央控制力之大小等）、本质（如藩镇本身与中央之感情与关系等）、中央政策等因素，配合藩镇个人权力欲望与自保心理之动机而决定。动机不变而各项因素常可改变，当各项因素改变时，能满足藩镇个人权力欲望与自保心理的方法随之改

---

① 《六韬》卷二《顺启》。

② 对于藩镇与中央关系之演进，以及藩镇对中央各种态度形成的某单一因素，前文各章多已有结论，如第六章所云中央经济力量之强弱常与对藩镇控制力之大小成正比，第七章云中央与河北三镇地区文化之脱节及中央统治权之不合河北三镇习俗而致河北三镇成为半独立之政治状况，均是。

变，其对中央态度自亦改变。① 因此，藩镇对中央之态度具有可变性。

二、在中国古代专制政治下，统治权端赖"力"以维持，"力"主要可分为"物质的力"与"精神的力"。② 在"物质的力"中以"兵力"为最明显而能发生立即的效果，段秀实喻中央政府为猛虎，而

---

① 此种因因素改变而对中央态度随之改变的例子甚多，兹举同一藩镇由恭顺而叛逆、由恭顺而跋扈、由跋扈而恭顺各一例以明之。

安禄山，天宝十四载以前态度恭顺，十四载十一月叛逆。当时安禄山拥有范阳、平卢、河东三镇节钺，拥有武力愈来愈强，而中央武力愈来愈弱，禄山胡人，其军队多为胡兵，对中央向心力弱，中央政府在宰相杨国忠掌握之下，国忠与禄山不和，时在玄宗前谓禄山有异谋，禄山在此情势下不能获得更多的权力（禄山未能拜相），且有被国忠杀害的危险，在满足权力欲望与自保心理下，遂由恭顺而变为叛逆。

刘悟，元和十四至十五年十月任义成节度使，恭顺，时中央初平淮西、淄青（李师道）等跋扈藩镇，连成德、魏博二镇亦向中央效顺，中央威势鼎盛，战乱平定，义成一镇地处河南，四邻均为恭顺藩镇，素为"顺地"，中央控制力强，当此时，刘悟表示恭顺，不仅可以自保（悟为淄青李师道降将），且可望获得更高权位。悟于元和十五年十月至宝历元年九月改任昭义节度使，穆、敬二朝，悟之态度由恭顺而渐跋扈，此时河北三镇由恭顺再转为跋扈，战乱又起，中央朝政混乱，政策失误，威势不及宪宗朝之盛，而昭义一镇武力素称雄厚，地又近河北三镇，因素既有改变，悟乃敢于改恭顺为跋扈态度，以保持其权力。

李载义，宝历二年十月至大和五年正月任幽州节度使，跋扈；大和五年四月至大和七年六月任山南西道节度使，恭顺。当载义任幽州节度时，幽州有强大武力，且与中央政治关系呈半独立状态，故敢于跋扈，及任山南西道节度，地近京师，其军民对中央向心力强，四邻皆恭顺之藩镇，又乏强兵，且其时山南西道附近并无战乱，载义如仍敢跋扈，无异自毁，为了自保及满足权力欲望，惟有将态度变为恭顺。

此外，某一镇由于各项因素之改变，而使前后任藩镇之态度不同，例如平卢淄青一镇在永泰元年至元和十四年间，历任藩帅均跋扈，其所以敢于跋扈之因素大致有：（1）与跋扈之河北三镇及淮西深相勾结；（2）自李正己任藩帅以来即拥有强大兵力；（3）因不上供而经济富裕；（4）李正己之军队自东北渡海而来，其本人为高丽人，部下兵众亦为胡化集团（说见陈寅恪《唐代政治史述论稿》页28），故对中央之向心力小；（5）代、德二朝对藩镇采姑息政策，中央对地方控制力弱，威势不振。这些因素均有利地方之抗命，李正己采跋扈态度，乃可保持其政治权位，使世代相袭。及元和十四年二月，此时李师道任平卢淄青节度使，中央大军于平定淮西之后，又围攻淄青，师道为部将刘悟所杀，中央任命薛平为节度使，此时中央将师道原据之地分为郓濮、平卢、沂海三镇，平卢名号虽仍旧，辖地却大减，而淮西已归顺，少勾结之便，中央又选任向心朝廷之大臣为节帅，此等因素既与李师道以前不同，故自薛平以后至僖宗时王敬武之任，平卢一镇之藩帅均对中央恭顺。

② 专制政府的权威是用"力"来维持的，"力"又可分为"物质的力"与"精神的力"，萨师孟武有详说，见《中国社会政治史》第三册第八章第四节（页166—167），及《西游记与中国古代政治》页50。圣西门（Saint-Simon）亦说："每一个有组织的社会中有两种力量存在，一是智力与道德的运用，一是物质的控制。"见 James H. Meisel, *The Myth of the Ruling Class*. P. 58 所引。

兵力为其爪牙,[①] 实甚允当。在唐玄宗以前，由于府兵制度而造成"内重外轻"之有利于中央统治权的情势，因此在玄宗以前地方政治革命均不能成功。及府兵制度破坏以后，中央直属的兵力大为减弱，属于地方的藩镇兵力相对地增强，藩镇拥有强大兵力，乃有敢于对中央表现跋扈、叛逆之资本，缺乏强大兵力之藩镇，除非受胁于叛逆者或得其他跋扈强藩之支持，否则决不敢对中央不恭顺。[②] 然而，藩镇强大兵力的维持不能不仰赖富裕的财力，如果藩镇遵守法制，按时向中央供输赋税，则其镇内所剩财力必属有限，难以增强兵力，因此，跋扈、叛逆的藩镇必自擅财赋而不上供，以作养兵之费。藩镇之所以能自擅财赋以培养强大兵力，则不能不归因于藩镇职权之过大，"既有其土地，又有其人民，又有其甲兵，又有其财赋",[③] 且收管州郡事权，使藩镇得以视一镇若一国，其"力"既大，对中央之离心力亦渐大。同时，自玄宗之后中央武力一直甚为薄弱，所有战乱均须赖效顺的藩镇来平定，于是中央不得不对藩镇多作迁就，其结果，藩镇愈厚植其"力"，愈敢于跋扈、叛逆，及至黄巢起事以后，中央完全不能控制"兵力""财力"，而所有的"兵力""财力"均掌握在藩镇手中，中央既然失去赖以维持统治权之"物质的力"，于是全国藩镇遂相继起而表现跋扈、叛逆的态度。

三、藩镇对中央之恭顺、跋扈、叛逆与当时所处的环境有关，大体言之，在安定的局面下，藩镇对中央多表态度恭顺，而战乱却是藩镇跋扈、叛逆的温床。MacIver曾说统治者之统治臣民乃是一种神异的魔力，[④] 中国古代所谓"真命天子"亦认为系出自天授，人力

---

① 见《旧唐书》卷一二八《段秀实传》。

② 如陈少游（淮南）之叛逆系受李希烈之威胁，刘允章（东畿）之叛逆乃不敌黄巢之攻击，本身并无强大兵力，其叛逆乃受胁于其他叛逆者。

③ 《新唐书》卷五十《兵志》。

④ 麦基弗说："The man who commands may be no wiser, no abler, may be in no sense better than the average of his fellows; sometimes, by any intrinsic standard, he is inferior to them. Here is the magic of government." 古代王权常附会于神，他说："It is not then to be wondered at that in earlier times kings and chiefs were believed to be descended directly from the gods or even to be themselves incarnations of deity. This notion prevailed not only among primitive tribes but throughout the civilizations of the ancient world。" R. M. MacIver, *The Web of Government*. Chapter I. P. 13.

不能强争。一个政权之得以延续，有赖于臣民在观念上对此政权的
"权威"发生敬畏与顺服，当政治社会安定之时，臣民对已存政权之
敬畏与顺服成为流行信念（Myth），此一流行信念乃是维持中央统治
权的"精神的力"，在此一流行信念下，帝王号令确是"威侔鬼神"，
一切政治上的"荣达"操之于中央，当此时，藩镇对中央之恭顺，不
过是全国臣民对中央政府表示向心的一环而已。然而，战乱最易打
击中央的"权威"，破坏维持王朝统治权的"精神的力"。使臣民深
信帝王为"神圣不可侵犯"，乃是王朝"精神的力"得以维持的一个
重要原因，如何使臣民深信帝王为"神圣不可侵犯"？其方法固然很
多，而最具体者则为维持帝王个人与朝廷的威仪，使臣民发生畏惧
的情绪。[1] 当唐末战乱频繁，京师数遭兵灾，宫阙为乱兵烧焚，昔日
庄严神圣之地，"（宫阙）萧条，鞠为茂草"，[2]"宫城昏夜狐狸鸣啼，
无人迹"。[3] 天子又屡出奔，数及危亡，[4] 素为臣民视为神秘圣地之
宫阙破坏至此，素为臣民尊为神圣之天子困辱至此，其"神圣"与
"威仪"荡然不存，其控制臣民的"精神的力"渐告瓦解，遂造成唐
末藩镇普遍呈现跋扈、叛逆的现象。同时，在战乱中，交通之阻塞
与战场中实际的需要，使中央原有的来自地方之财源大为减少，中
央经济力量的削减，对藩镇之控制力随之减低，反之，在战乱中，
藩镇武力却易增强。可知战乱常给藩镇制造良好的反抗中央之环境，
在此环境中，藩镇受到权力欲望的鼓动，跋扈、叛逆态度自易出现。
因此，在玄宗后三次大战乱（安史之乱、建中之乱、唐末之乱）之

---

① 关于政治上的权威之维持，萨师孟武曾说："中国人喜欢说礼，礼是什么？用现
代话来说，便是政治上的权威。怎样维持政治上的权威？制定朝仪，当然不失为一个方
法，因为严肃的朝仪可以使人发生畏惧的情绪。"见《水浒传与中国社会》，页124。

② 《旧唐书》卷十九下《僖宗纪》光启元年十二月。

③ 《新唐书》卷二一八《沙陀传》。

④ 僖宗曾两度出奔，广明元年十二月黄巢攻入长安，僖宗奔兴元，再奔成都；光启
元年十二月李克用逼京师，田令孜奉僖宗出奔凤翔转兴元。昭宗前后四度离京，乾宁二年
七月李克用兵讨李茂贞，昭宗奔石门；乾宁三年七月，李茂贞逼京师，昭宗奔华州；天复
元年十一月，韩全海逼昭宗幸凤翔以避朱全忠；天祐元年正月，朱全忠逼昭宗迁都洛阳。
关于僖宗、昭宗数危于路，参阅《通鉴》卷二五四广明元年十二月，卷二五六光启二年正
月及二月，卷二六〇乾宁二年七月辛酉，卷二六二天复元年十一月壬子，卷二六四天祐元
年正月甲子及二月丙子诸条，《新唐书》卷二〇八《田令孜传》《韩全海传》。

乱中与乱后均出现大批跋扈、叛逆藩镇（参阅表 3，代宗朝、德宗朝与僖、昭、哀帝朝之藩镇态度统计），而且在战乱中，恭顺之藩镇尚易变为跋扈，可见战乱对中央之统治权最为不利。

四、君臣间之猜忌乃是专制政治之通病，"自是功高临尽处，祸来名灭不由人"，[①] 常是大臣们共同的忧虑。尤其当大乱之后，立大勋的功臣常受帝王的猜忌而被杀，兔死狗烹之惨剧，史籍不乏其例，不仅韩信、彭越之遭遇脍炙人口，即在唐代亦有功臣受猜忌之事例，安史乱事的平定，郭子仪居功最伟，代宗以其权重名大而忌之，[②] 建中之乱如无李晟，则唐室早已覆亡，贞元三年乱事平定，李泌即劝德宗"勿害功臣"。[③] 郭子仪、李晟虽其后皆得善终，但此系二人均不敢恃功自傲，功成即请罢权的关系。玄宗以后之战乱，多赖藩镇之力平定，立功者亦多属藩帅廉使（参阅表 15），藩镇心中既有乱平后被猜忌之恐惧，加之忠君观念并未深固，于是在战乱中，手握重兵的藩镇常有"留贼以自保"之事，仆固怀恩开其端，大历时成德节度使李宝臣之纵田承嗣亦是其例，[④] 唐末藩镇此种心理更强，王仙芝起事，诏以平卢节度使宋威为诸道行营招讨使，以曾元裕为副，共讨仙芝，威阴与元裕谋曰："昔庞勋灭，康承训即得罪，吾属虽成功，其免祸乎？不如留贼，不幸为天子，我不失作功臣。"故蹑贼一舍，完军顾望。[⑤] 黄巢之乱，淮南节度使高骈亦纵贼，以"自求多福"。[⑥] 乾符六年山南东道节度使刘巨容大败黄巢，或劝巨容穷追，贼可尽也，巨容曰："国家喜负人，有急则抚存将士，不爱官赏，事宁则弃之，或更得罪，不若留贼以为富贵之资。"由是巢势复振。[⑦] 由于这种藩镇"留贼以自保"的心理，使乱事常不能及早平定，有时平定后却留下祸根，其结果使中央对地方之控制力削弱，藩镇跋扈、

---

① 《云溪友议》卷八李德裕贬朱崖所作之诗。
② 参阅《通鉴》卷二二五大历十四年五月，《旧唐书》卷一二〇《郭子仪传》。
③ 《通鉴》卷二三二贞元三年六月壬寅条。
④ 阅《旧唐书》卷一四二《王武俊传》。
⑤ 《新唐书》卷二二五下《黄巢传》。
⑥ 阅《平巢事迹考》，页 5。
⑦ 《通鉴》卷二五三乾符六年十一月。

叛逆之态度则易于形成。

五、人才常可决定一个政治团体力量的强弱，所谓人才亦即"优秀分子"（elite），中国古代优秀分子多出于士人，士人之向背常能影响政治之治乱，[①] 唐代中央政府吸引士人的手段乃是实行科举制度；除士人外，另一部分优秀分子则出于武人，许多在科举不得志而有勇略者遂改从行伍，[②] 尤其战乱之中，士人不易显达，优秀分子出于武人者更多。玄宗以前，内重外轻之势至为显著，优秀分子集中于中央，及玄宗以后，由于中央仕途日渐壅滞，而藩镇却甚为重视人才，于是士人多愿依附藩镇，尤其跋扈之藩镇（如河北三镇）更是努力罗致人才，人才归之于藩镇，遂使藩镇之力量大为增强。及至黄巢起事以后，中央失去了对地方的控制力，其任命官吏的权力亦随之减小，科举制度功能全失，士人在中央已无出路，同时，战乱频仍，中央无力平定，优秀分子中的武人欲借立功以求显达，决不能效力中央，必须归附藩镇。[③]《韩非子》曰："利之所在民归之；名之所彰士死之。"[④] 陆宣公亦曰："立国之道，惟义与权，诱人之方，惟名与利。"[⑤] 中央既失去予人"名""利"之能，自无法罗致优秀分子，反之，藩镇既可予人以"名"（初为差人假摄官职，后更自行授官），又可予人以"利"（藩镇有土地人民，财力较丰），遂能取得优秀分子之效忠，优秀分子由中央转至藩镇，唐室终在"朝廷孤立，无与为谋"的情况下衰亡。[⑥]

六、经济力量之强弱对于中央对藩镇之控制力及藩镇对中央之

---

①　陶希圣说："士大夫阶级实为中国治乱之源。"（《中国社会之史的分析》，页61）盖士人即中国古代社会之优秀分子，对社会与政治有极大影响力。

②　《文献通考》卷三五《选举·吏道》："唐自中叶以后，方镇皆选列校以掌牙兵，是时四方豪杰不能以科举自达者，皆争为之，往往积功以取旌钺。虽老奸巨盗或出其中，而名卿贤将如高仙芝、封常清、李光弼、来瑱、李抱玉、段秀实之流，所得亦已多矣。"

③　《旧五代史》卷二二《牛存节传》："（存节）谓同辈曰：'天下汹汹，当择英主事之，以图富贵。'遂归于（后梁）太祖。"存节欲图富贵，不投于唐都长安，而归于朱全忠，盖唐中央政府予人富贵之能力已小，不足以投也，此正表示当时人效力藩镇而不效力唐室中央之心理。

④　《韩非子集解》卷十一《外储说》左上第三十二。

⑤　《陆宣公集》卷上《又论进瓜果人拟官状》。

⑥　王夫之《读通鉴论》卷十三《唐德宗》。

态度有密切关系，中央经济力量强大时，其对藩镇之控制力强，藩镇对中央态度多为恭顺，反之，中央经济力量薄弱时，其对藩镇控制力弱，藩镇亦多表露跋扈、叛逆之态度。李唐王朝经济以东南地区为基础，东南地区中又以江淮（即淮南道与江南道之大部分）为最重要，能控制江淮经济资源，中央政府才能弱而复振。地区经济力量之强弱常影响及藩镇之态度，西北地区玄宗以后经济力量薄弱，须仰赖中央接济，故迄昭宗以前，西北藩镇甚少敢于跋扈、叛逆。江淮地区经济富裕，当有违抗中央之资本，然而僖宗以前，江淮藩镇却少有跋扈、叛逆者，主要原因有二：一为江淮地区少有战乱，中央在江淮地区的威势一直未曾衰落；二为中央对江淮地区藩镇之选任特别注意，江淮藩镇多与中央有密切关系（参阅表22），对中央之向心力强，其效忠心理亦大。李唐王朝历安史、建中两次大乱而不覆亡，中央政府始终得到江淮物质之支持厥为一大原因。及经庞勋、王仙芝、黄巢相继起事，毕师铎、秦彦、孙儒、杨行密等之混战，江淮地区遭受破坏甚烈，[①] 不仅毁灭了中央政府赖以支持的江淮物资，而且在战乱中，江淮地区由中央任命的藩镇渐渐消失，起而代之的是拥兵强夺权位的藩镇，这些藩镇在本质上即具有抗中央性，其敢于自擅财利、切断漕运[②]、对中央跋扈不驯，甚至叛逆，乃是必然的现象。中央既失江淮经济之支持，财政无法维持，[③] 连战士

---

① 庞勋、王仙芝、黄巢起事，淮南、江南两道全受骚扰，广明元年正月乙卯诏书曰："江右、海（《大诏令》作'淮'）南，疮痍既甚，湖、湘、荆、汉，耕织屡空。……东南州府，遭贼之处，农桑失业，耕种不时。就中广州、荆南、湖南，盗贼留驻，人户逃亡，伤夷最甚。"（《旧唐书》卷十九下《僖宗纪》）其后孙儒、秦彦等之混战，江淮一带益加残破，《通鉴》卷二五九景福元年七月："先是，扬州富庶甲天下，时人称扬一、益二，及经秦（彦）、毕（师铎）、孙（儒）、杨（行密）兵火之余，江、淮之间，东西千里扫地尽失。"关于唐末扬州之衰落，参阅全汉昇先生著《唐宋时代扬州经济景况的繁荣与衰落》，载《历史语言研究所集刊》第十一本第一、二分。

② 关于唐末江淮藩镇切断漕运的情形，参阅全汉昇先生著《唐宋帝国与运河》第六章，页87—90。

③ 《通鉴》卷二五三乾符五年四月："时连岁旱、蝗，寇盗充斥，耕桑半废，租赋不足，内藏虚竭，无所佽助。兵部侍郎、判度支杨严三表自陈才短，不能济办，辞极哀切。诏不许。"可见当时中央财政已极困难。

衣粮亦不能供应，① 李唐王朝遂不能不日趋衰弱而终于灭亡。

七、维持法纪与公道（公正的裁判）乃是一个政府的要务，法纪的目的在维系政治秩序，公道的目的则是建立臣民对政府的信任与尊敬心理，失去法纪与公道，将使政府秩序陷于混乱，使臣民失去对政府的信心，政府威势必然日趋衰微。唐代宗、德宗与僖宗、昭宗、哀帝等三个时期，中央控驭藩镇均采姑息政策，所谓姑息政策即是纵容藩镇的政策，姑息政策始于允许军中推立节度使，司马光评之曰：“爵禄、废置、杀生、予夺，皆不出于上而出于下，乱之生也，庸有极乎！且夫有国家者，赏善而诛恶，故为善者劝，为恶者惩。彼为人下而杀逐其上，恶孰大焉！乃使之拥旄秉钺，师长一方，是赏之也。赏之劝恶，恶其何所不至乎！”② 在姑息政策下，既然善恶不分，于是“有功者不自保，无罪者恐见诛”，③ 而跋扈者则多受爵赏，④ 藩镇的不法行为中央均予宽恕，使忠厚恭顺者受欺凌，强悍跋扈者受尊荣，其结果，法纪荡然，政治秩序破坏，政治失去维持公道的作用，权位之得失，赏罚之标准，均以武力是赖，⑤ 在此情况之下，无怪乎代宗、德宗与僖宗、昭宗、哀帝诸朝兵变事件层出不穷（参阅表19）。法纪不存，于是人人敢于强夺权位，公道不

---

① 《通鉴》卷二五六光启元年闰三月：“初，田令孜在蜀募新军五十四都，每都千人，分隶两神策，为十军以统之。又藩牙、北司官共万余员，是时藩镇各专租税，河南、北、江、淮无复上供，三司转运无调发之所，度支惟收京畿、同、华、凤翔等数州租税，不能赡，赏赉不时，士卒有怨言。令孜患之，不知所出。”

② 《通鉴》卷二二〇乾元元年十二月“臣光曰”。

③ 范祖禹《唐鉴》卷十二《代宗》。

④ 权德舆曰：“平章事非序进宜得，比方镇带宰相，必有大忠若勋，否则强不制者，不得已与之。”（《新唐书》卷一六五《权德舆传》）中央对跋扈藩镇多赏以使相，参阅表16、17。又杨志诚为幽州节度使，跋扈，由检校工部尚书进检校吏部尚书，志诚不受，强求仆射，中央乃授之检校右仆射（阅《新唐书》卷二一二《杨志诚传》），亦是跋扈而得赏之例。

⑤ 代宗、德宗、僖宗、昭宗、哀帝诸朝，以兵力据位之藩镇均未受到中央之斥责，反为中央承认其强夺得之权位，而被强夺者所逐或所杀之旧任藩镇却常受中央政府责罚。此种承认武力强夺权位之行为，陆贽极为反对，赞尝上言于德宗曰：“若使倾夺之徒，便得代居其任，利之所在，人各有心，此源潜滋，祸必难救。非独长乱之道，亦开谋逆之端，四方诸侯，谁不解体？”（《陆宣公集》卷上《请不与李万荣汴州节度使状》）然而迄德宗之世，仍行姑息。

存，于是人人不再信任尊敬中央政府，乃敢于厚植势力以自卫，因而造成代宗、德宗与唐末僖宗、昭宗、哀帝三个时期拥兵据位藩镇（唐末更有强藩所命之藩镇，其实质亦是以兵力强取）之增多以及大量跋扈、叛逆藩镇的出现。

总之，唐代藩镇与中央之关系，因中央之控制力与当时政治、社会、经济、文化等环境而定，藩镇对中央并非必然恭顺，亦非必然跋扈、叛逆。不过，在安史之乱以后，全国逐渐普遍设镇，藩镇的职权太过广泛，遂使由藩镇所领导控制的地方政府力量大增，地位日渐重要，而代表李唐王朝的中央政府，在安史之乱以后，其权势确不及安史之乱以前未建藩镇或藩镇尚未遍设时强盛，安史之乱以后中央政府所以不能再恢复以前的权势，主要的原因乃是藩镇削夺了中央统治权的"力"（物质的与精神的）。《韩非子》曰："诸侯之博大，天子之害也。"① 地方力量的过分强大，对于中央政府总是不利的。

---

① 《韩非子集解》卷一《爱臣》第四。

| 附录一 |

唐代藩镇总表

一、唐代藩镇总表说明

（一）本表系为撰写"唐代藩镇与中央关系之研究"论文而编制。

（二）本表所指藩镇，其范围包括节度使、观察使、都防御使，及天宝以后之经略使（含安南都护）。

（三）本表系根据《新唐书》《旧唐书》《唐书合钞》《资治通鉴》《册府元龟》《唐会要》《五代会要》《旧五代史》《新五代史》《九国志》《十国春秋》《全唐文》《唐文拾遗》《唐文续拾遗》《文苑英华》《金石萃编》《八琼室金石补正》《金石录》《唐诗纪事》《重修承旨学士壁记》《登科记考》、唐人笔记小说（如《宣室志》、刘宾客《嘉话录》等）、唐人文集、《唐方镇年表》（吴廷燮）、《唐方镇年表正补》《唐仆尚丞郎表》、历史语言研究所藏拓碑等编制。在本表各栏中，各资料如无相异者，便不再注出，如有不同记载，则在表后之考释中标出，或略加考辨（新旧《唐书》错误歧异之处甚多，其经前人已考订者，不再引述。）

（四）本表人物大体以吴廷燮氏《唐方镇年表》（简称吴表）为基础，惟吴表仅列年代及藩镇姓名，而本表则增列"相职""在镇时间""任前官职""任后官职或情形""受镇原因""去镇原因""对中央态度""文武职""碑传"等项，并兼及与他镇之间之依附关系（如依附于某镇），因此本表人物虽以吴表为基础，但绝非抄袭吴表者。本表不仅项目较多，而且方镇单位及人数均较吴表为多。

（五）吴表用力之勤，不能不令人钦佩，然其中不无错误，岑仲勉氏《唐方镇年表正补》（简称岑补）已多有更正。本表编制之时，复发现吴表尚有不少错误之处，岑补未予更正订补。因此本表除采岑补（考释中注明）外，实已对吴表作一再补正之工作。尤其吴表未列都防御使，本表特予增列，是以本表藩镇人数较吴表为多。

（六）吴表共七十八镇，本表共八十六镇，较吴表多八镇。其所增之八镇中，唐随一镇吴表原并于山南东道，今为阅览方便起见，特自山南东道中析出，此外，相卫、深赵、德棣、寿庐、辰锦、天德、兴平等七镇，为吴表所无而新增列者。

（七）中国古代史书每详于中央而略于地方，地方官吏资料时感不足，尤其唐末天下大乱，"史官实录多阙，诸镇因时倔起，自非有大善恶暴著于世者不能记其始终"。（《新五代史》卷四十《李仁福传》）此乃编制藩镇年表之重大困难。复以唐末强藩割据，各求伸张势力，自行墨制除官，非仅任免无常，史无详载，且有一地二镇帅者，益增后人之困惑。本表由于史料之缺失，表中各项遂未能一一填出，惟大体言之，所缺尚不甚多，仍不难看出有唐一代藩镇人物之变更大势。

（八）本表项目说明如下：

1. 相职：以下列符号表示之。

〇 表示出任藩镇之前曾任宰相者。

● 表示使相。

※ 表示现任宰相。

△ 表示任藩镇之后而官至宰相者。

2. 姓名：指任藩镇者之姓名。唐人姓名常有更改或因避讳，或因御赐，或因义父子关系。本表对姓名曾有更改之藩镇，将其通用姓名列出，而将其他姓名以括号注出。例如骆元光受德宗赐姓名为"李元谅"，两《唐书》均有李元谅传，李元谅之名较骆元光更为通用，本表以"李元谅（骆元光）"表示之。

3. 受镇年月：指受诏命之时，如系以兵力强据者，则以实际据有之时为准。

4. 去镇年月：唐代藩镇之罢任并无正式免职之命令，有时诏命改调他职而去镇，有时朝廷任命新人选，则旧任者自然去镇；如在任期中死亡，亦是去镇。

5. 在镇时间：以"年"为单位（以阿拉伯数字表示之），如在任不足一年，则以"月"计。

6. 任前官职：指受镇前之最后官职。

7. 任后官职或情形：指去镇后的最先官职；如系在任上或虽去任而新职尚未发表时死亡则为"卒"。唐末藩镇常因战败而降于他镇，其后情形常无可考，则记作"降于□□□"。

8. 受镇原因：分为朝命、拥兵据位、袭位、强藩所命等原因。所谓"朝命"，并非指形式而言，因以兵力强据者亦往往求朝廷正式任命，本表所称朝命，系指藩镇之任命出于朝廷之意志，非朝廷被迫而为者（据此则由贿赂中央权要而得位者，其受镇原因，亦属朝命）。所谓"拥兵据位"者，指以兵力强据一地，迫使朝廷任命者。所谓"袭位"，指藩镇之得位系承袭其某一亲人之位。所谓"强藩所命"系指藩镇之得位，乃由另一有力藩镇之支持或授命。

9. 去镇原因：指藩镇罢任之原因。

10. 对中央之态度：分为叛逆、跋扈、恭顺三类。

叛逆：凡公开反对李唐王朝，或从事推翻李唐王朝，或参加附和推翻李唐王朝行动之藩镇，均属叛逆。

跋扈：凡不禀朝命，不上供，或对中央态度蛮横侮辱中央朝廷之藩镇，均属跋扈。

恭顺：凡无叛逆、跋扈之事迹，或积极对巩固中央政权尽力之藩镇，均属恭顺。

11. 文武职：指藩镇出身时系任文职或武职，但唐代文武职可以互换，例如湖南，大和元年，王公亮系进士出身，后公亮自右金吾大将军出镇湖南，是文人而换武职，本表取其原始之文职。因此，本表所谓文武职，着重于该藩镇系文人抑武人之实质，如为科举或吏道出身，则视作文职，如出身行伍，则视作武职（本表文武职一栏，除参考两《唐书》纪传外，多参考《唐诗纪事》《登科记考》、唐人笔记等数据。)

12. 碑传：指该藩镇人物在现存史料中所有之传、碑、墓志、行状等。但本表该藩镇之各栏数据，并非限于该藩镇之碑传，以碑传有时太略故也。

（九）本表不含"行营节度使"职衔者，盖行营节度使不过一行军之将帅，无土地人民，与一般节度使有别。例如广德元年七月，仆固玚为朔方行营节度使，本表未列玚名。

（十）本表所用简称如下：

1. 官名简称：

左右仆：尚书左右仆射。

左右丞：尚书左右丞。

某尚：某部尚书。

某侍：某部侍郎。

中舍：中书舍人。

中丞：御史中丞。

大御：御史大夫。

某某节度：某某节度观察等使。

某某观察：某某观察等使。

某刺：某州刺史。

某某行军司马：某某节度行军司马。

2. 书名简称：

旧某某：《旧唐书》卷某某。

新某某：《新唐书》卷某某。

旧史某某：《旧五代史》卷某某。

新史某某：《新五代史》卷某某。

旧纪：《旧唐书》本纪。

新纪：《新唐书》本纪。

《全文》：《全唐文》。

《英华》：《文苑英华》。

《册府》：《册府元龟》。

《通鉴》：《资治通鉴》。

吴表：吴廷燮先生《唐方镇年表》。

岑补：岑仲勉先生《唐方镇年表正补》。

严表：严耕望先生《唐仆尚丞郎表》。

新表：《新唐书·方镇表》。

（十一）藩镇人物编号之目的，乃为撰写论文时引用之方便。每人一号，如一人历数镇，则于号码末加 A、B、C……以别之。唐人同姓同名者甚多，倘非同一号码，而姓名雷同，则为同名异人。

二、唐代藩镇人物编号

1A 丁公著（浙东）	4 于敖（宣歙）	9 于璪（湖南）	15A 牛仙客（河西）
1B 丁公著（浙西）	5 于珇（平卢淄青）	10 支详（感化）	15B 牛仙客（朔方）
2A 丁会（河阳）	6A 于琄（山南东）	11 仇公遇（天雄）	15C 牛仙客（河东）
2B 丁会（河阳）	6B 于琄（山南东）	12 氏叔琮（鄜坊）	16 牛勗（山南西）
2C 丁会（昭义）	7A 于頔（陕虢）	13 夫蒙灵詧（安西）	17 牛蔚（山南西）
2D 丁会（昭义）	7B 于頔（山南东）	14A 牛元翼（成德）	18A 牛僧孺（鄂岳）
3 上官涗（忠武）	8 于德孙（鄂岳）	14B 牛元翼（山南东）	18B 牛僧孺（淮南）
18C 牛僧孺（东畿）	23 孔戣（岭南东）	28 元结（容管）	33A 王士真（德棣）
18D 牛僧孺（山南东）	24 孔纬（荆南）	29A 元义方（福建）	33B 王士真（成德）
18E 牛僧孺（东畿）	25A 元全柔（黔中）	29B 元义方（鄜坊）	34 王卞（振武）
19 牛丛（西川）	25B 元全柔（湖南）	30 元韶（河阳）	35 王公亮（湖南）
20A 孔温裕（忠武）	26A 元晦（桂管）	31A 元稹（浙东）	36 王元逵（成德）
20B 孔温裕（天平）	26B 元晦（浙东）	31B 元稹（鄂岳）	37 王正见（安西）
21 孔温业（宣歙）	27A 元琇（容管）	32A 元锡（福建）	38 王玄志（平卢）
22 孔戡（湖南）	27B 元琇（岭南东）	32B 元锡（宣歙）	39A 王式（安南）
39B 王式（浙东）	45 王佖（朔方）	48C 王昂（荆南）	55 王宗涤（东川）
39C 王式（感化）	46A 王君㚟（陇右）	49 王宗（山南西）	56 王宗朗（全师朗）（金州）
40 王行约（同州）	46B 王君㚟（河西）	50 王忠本（黔中）	57 王宗绾（武定）
41 王行瑜（邠宁）	46C 王君㚟（陇右）	51A 王宗侃（武信）	58 王宗瑶（武信）
42A 王仲升（淮西）	47A 王沛（泰宁）	51B 王宗侃（东川）	59A 王承元（义成）
42B 王仲升（鄜坊）	47B 王沛（忠武）	52 王宗裕（东川）	59B 王承元（鄜坊）

（续表）

43 王仲舒（江西）	48A 王昂（河中）	53 王宗贺（山南西）	59C 王承元（凤翔）
44 王安见（碛西北庭）	48B 王昂（河中）	54 王宗侃（武信）	59D 王承元（平卢淄青）
60 王承弁（安南）	66B 王忠嗣（朔方）	69A 王建（永平）	72E 王茂元（河阳）
61 王承宗（成德）	66C 王忠嗣（河东）	69B 王建（西川）	72F 王茂元（忠武）
62 王承业（河东）	66D 王忠嗣（陇右）	70 王政（山南东）	73A 王茂章（宣歙）
63 王承业（东川）	66E 王忠嗣（河西）	71 王珂（河中）	73B 王茂章（宣歙）
64A 王武俊（成德）	67A 王昱（西川）	72A 王茂元（岭南西）	74A 王彦威（平卢淄青）
64B 王武俊（幽州）	67B 王昱（河东）	72B 王茂元（容管）	74B 王彦威（忠武）
65 王叔邕（东川）	67C 王昱（西川）	72C 王茂元（岭南东）	74C 王彦威（宣武）
66A 王忠嗣（河东）	68 王拱（桂管）	72D 王茂元（泾原）	75A 王重盈（陕虢）
75B 王重盈（河中）	79B 王思礼（河西）	82C 王起（山南东）	84B 王宰（忠武）
76A 王重师（平卢淄青）	79C 王思礼（陇右）	82D 王起（东畿）	84C 王宰（河东）
76B 王重师（京畿）	79D 王思礼（昭义）	82E 王起（山南西）	84D 王宰（河阳）
77A 王重荣（河中）	79E 王思礼（河东）	83A 王翃（容管）	85 王虔休（王延贵）（昭义）
77B 王重荣（泰宁）	80 王琪（陕虢）	83B 王翃（振武）	86 王庭凑（王廷凑）（成德）
78A 王建肇（荆南）	81 王郜（义武）	83C 王翃（福建）	87A 王师范（平卢淄青）
78B 王建肇（黔中）	82A 王起（陕虢）	83D 王翃（东畿）	87B 王师范（河阳）
79A 王思礼（邠宁）	82B 王起（河中）	84A 王宰（邠宁）	88 王栖曜（鄜坊）
89 王宴平（朔方）	92F 王晙（朔方）	96 王逢（忠武）	103A 王斛斯（安西）
90 王宴实（天雄）	92G 王晙（朔方）	97 王球（容管）	103B 王斛斯（平卢）
91 王宴权（感化）	93A 王翃（山南东）	98 王倕（河西）	103C 王斛斯（幽州）
92A 王晙（朔方）	93B 王翃（京畿）	99A 王处存（义武）	104 王讽（浙东）
92B 王晙（河东）	94A 王涯（东川）	99B 王处存（河中）	105 王景崇（成德）
92C 王晙（朔方）	94B 王涯（山南西）	100 王处直（义武）	106A 王智兴（感化）
92D 王晙（幽州）	95A 王绍（王纯）（东畿）	101 王绍鼎（成德）	106B 王智兴（忠武）
92E 王晙（朔方）	95B 王绍（王纯）（感化）	102 王绍懿（成德）	106C 王智兴（河中）
106D 王智兴（宣武）	111 王源植（福建）	118A 王潜（泾原）	123A 王凝（湖南）
107 王雍（福建）	112 王敬武（平卢淄青）	118B 王潜（荆南）	123B 王凝（宣歙）
108A 王遂（宣歙）	113 王敬尧（感化）	119 王纬（浙西）	124 王龟（浙东）
108B 王遂（泰宁）	114 王宽（安南）	120 王审知（福建）	125A 王锷（容管）

（续表）

109A 王搏（湖南）	115 王质（宣歙）	121A 王璠（浙西）	125B 王锷（岭南东）
109B 王搏（浙东）	116 王潮（福建）	121B 王璠（河东）	125C 王锷（淮南）
110A 王源中（山南西）	117A 王播（西川）	122A 王缙（幽州）	125D 王锷（河中）
110B 王源中（天平）	117B 王播（淮南）	122B 王缙（河东）	125E 王锷（河东）
126 王徽（昭义）	132A 王铎（宣武）	135C 令狐楚（陕虢）	138A 令狐绚（河中）
127 王础（黔中）	132B 王铎（荆南）	135D 令狐楚（宣武）	138B 令狐绚（宣武）
128A 王玙（河中）	132C 王铎（义成）	135E 令狐楚（东畿）	138C 令狐绚（淮南）
128B 王玙（淮南）	132D 王铎（义昌）	135F 令狐楚（天平）	138D 令狐绚（凤翔）
128C 王玙（浙东）	133 王〇（湖南）	135G 令狐楚（河东）	139 司马裦礼（浙西）
129 王镇（福建）	134 令狐定（桂管）	135H 令狐楚（山南西）	140 司马逸（河西）
130 王镕（成德）	135A 令狐楚（河阳）	136 令狐绪（平卢淄青）	141 申丛（蔡州）
131 王蕴（忠武）	135B 令狐楚（宣歙）	137 令狐彰（义成）	142 石君涉（山南西）
143A 石雄（河中）	147A 白敏中（邠宁）	149D 史孝章（邠宁）	154A 田仁琬（安西）
143B 石雄（天德）	147B 白敏中（西川）	150 史思明（幽州）	154B 田仁琬（河东）
143C 石雄（河阳）	147C 白敏中（荆南）	151A 史宪忠（泾原）	155A 田布（河阳）
143D 石雄（凤翔）	147D 白敏中（凤翔）	151B 史宪忠（朔方）	155B 田布（泾原）
144 石善友（振武）	148 史元忠（幽州）	151C 史宪忠（振武）	155C 田布（魏博）
145 白志贞（浙西）	149A 史孝章（相卫）	152A 史宪诚（魏博）	156A 田牟（鄜坊）
146A 白孝德（鄜坊）	149B 史孝章（鄜坊）	152B 史宪诚（河中）	156B 田牟（天德）
146B 白孝德（邠宁）	149C 史孝章（义成）	153 史翔（山南东）	156C 田牟（感化）
156D 田牟（天平）	159 田在宾（夏绥）	165 田神玉（宣武）	173A 任迪简（义武）
156E 田牟（朔方）	160 田希鉴（泾原）	166 田蟇（安南）	173B 任迪简（天德）
156F 田牟（天平）	161 田承嗣（魏博）	167 田绪（魏博）	174 曲承裕（安南）
156G 田牟（感化）	162 田季安（魏博）	168 田缙（夏绥）	175 曲环（忠武）
156H 田牟（感化）	163 田悦（魏博）	169 田颙（宣歙）	176A 米暨（夏绥）
157A 田弘正（田兴）（魏博）	164A 田神功（平卢淄青）	170 田镒（天平）	176B 米暨（振武）
157B 田弘正（田兴）（成德）	164B 田神功（天平）	171 成沆（郭禹）（荆南）	177 安友权（安南）
158 田在宥（安南）	164C 田神功（宣武）	172 伊慎（安黄）	178 安金俊（邢洺）
179 安知建（邢洺）	183B 安禄山（幽州）	188A 朱全忠（朱温）（同州）	189 朱全昱（安南）

（续表）

180 安忠敬(陇右)	183C 安禄山(河东)	188B 朱全忠(朱温)(宣武)	190 朱玫(邠宁)
181A 安思顺(河西)	184 朱友恭(感化)	188C 朱全忠(朱温)(淮南)	191 朱希彩(幽州)
181B 安思顺(朔方)	185A 朱友裕(感化)	188D 朱全忠(朱温)(义成)	192 朱克融(幽州)
181C 安思顺(朔方)	185B 朱友裕(蔡州)	188E 朱全忠(朱温)(天平)	193 朱延寿(蔡州)
182A 安师儒(平卢淄青)	185C 朱友裕(华州)	188F 朱全忠(朱温)(天平)	194 朱叔明(朔方)
182B 安师儒(义成)	186 朱友谦(朱简)(陕虢)	188G 朱全忠(朱温)(河中)	195 朱叔夜(泾原)
183A 安禄山(平卢)	187 朱友宁(容管)	188H 朱全忠(朱温)(忠武)	196 朱忠亮(朱仕明)(泾原)
197A 朱泚(幽州)	201 朱瑾(泰宁)	206A 沈传师(湖南)	212A 吕元膺(鄂岳)
197B 朱泚(凤翔)	202 邢君牙(凤翔)	206B 沈传师(江西)	212B 吕元膺(河中)
197C 朱泚(泾原)	203 邢济(桂管)	206C 沈传师(宣歙)	213 吕休璟(安西)
198A 朱崇节(河阳)	204A 狄兼谟(河东)	207 辛京杲(湖南)	214 吕延之(浙东)
198B 朱崇节(昭义)	204B 狄兼谟(天平)	208 辛秘(昭义)	215 吕知诲(平卢)
198C 朱崇节(河阳)	204C 狄兼谟(东畿)	209 辛云京(河东)	216A 吕崇贲(邠宁)
199 朱滔(幽州)	205A 沈询(浙东)	210 辛德谦(丹延)	216B 吕崇贲(河西)
200 朱瑄(天平)	205B 沈询(昭义)	211 辛谠(岭南西)	216C 吕崇贲(岭南东)
217 吕渭(湖南)	223B 宋涯(容管)	231 何履光(岭南东)	237 吴仲孺(鄂岳)
218 吕颂(黔中)	224 宋璟(岭南东)	232 何鼎(容管)	238 吴希光(鄜坊)
219 吕諲(荆南)	225 何士干(鄂岳)	233 吴士矩(江西)	239 吴季真(岭南西)
220A 宋之悌(西川)	226 何文哲(鄜坊)	234 吴少阳(淮西)	240 吴师泰(振武)
220B 宋之悌(河东)	227 何弘敬(何重顺)(魏博)	235 吴少诚(淮西)	241A 吴凑(福建)
221 宋戎(安南)	228 何全皞(魏博)	236A 吴行鲁(西川)	241B 吴凑(陕虢)
222 宋威(平卢淄青)	229 何清朝(朔方)	236B 吴行鲁(东川)	241C 吴凑(宣武)
223A 宋涯(安南)	230 何进滔(魏博)	236C 吴行鲁(山南西)	242 吴诜(福建)
243 杜中立(义昌)	247 杜希全(朔方)	250 杜洪(鄂岳)	254D 杜悰(东川)
244 杜元颖(西川)	248A 杜亚(江西)	251 杜春(岭南西)	254E 杜悰(西川)
245 杜式方(桂管)	248B 杜亚(陕虢)	252A 杜宣猷(福建)	254F 杜悰(淮南)

（续表）

246A 杜佑（容管）	248C 杜亚（河中）	252B 杜宣猷（宣歙）	254G 杜悰（东畿）
246B 杜佑（岭南东）	248D 杜亚（淮南）	253 杜羔（振武）	254H 杜悰（西川）
246C 杜佑（陕虢）	248E 杜亚（东畿）	254A 杜悰（凤翔）	254I 杜悰（凤翔）
246D 杜佑（淮南）	249A 杜叔良（义昌）	254B 杜悰（忠武）	254J 杜悰（荆南）
246E 杜佑（感化）	249B 杜叔良（朔方）	254C 杜悰（淮南）	255 杜从政（振武）
256 杜冕（鄜坊）	261 杜确（河中）	265 杜蕴（湖南）	271B 李元淳（李长荣）（昭义）
257 杜胜（天平）	262A 杜暹（碛西北庭）	266 李上公（陕虢）	272 李元喜（安南）
258 杜黄裳（河中）	262B 杜暹（河东）	267 李之芳（西川）	273A 李元素（义成）
259 杜惀（义成）	263 杜济（东川）	268 李元谅（骆元光）（华州）	273B 李元素（浙西）
260A 杜审权（陕虢）	264A 杜鸿渐（河西）	269A 李元礼（夏绥）	274A 李公度（义武）
260B 杜审权（浙西）	264B 杜鸿渐（荆南）	269B 李元礼（朔方）	274B 李公度（朔方）
260C 杜审权（河中）	264C 杜鸿渐（浙东）	270 李元忠（曹令忠）（碛西北庭）	275A 李文悦（朔方）
260D 杜审权（忠武）	264D 杜鸿渐（西川）	271A 李元淳（李长荣）（河阳）	275B 李文悦（泰宁）
275C 李文悦（天德）	280 李平（邠宁）	286 李仍叔（湖南）	293A 李全略（王日简）（义昌）
276 李少和（江西）	281A 李巨（宣武）	287A 李回（西川）	293B 李全略（王日简）（德棣）
277A 李丕（振武）	281B 李巨（东畿）	287B 李回（湖南）	293C 李全略（王日简）（义昌）
277B 李丕（鄜坊）	282A 李弘甫（安南）	288 李存（华州）	294 李吉甫（淮南）
278A 李石（荆南）	282B 李弘甫（泾原）	289 李𬀪（福建）	295 李同捷（泰宁）
278B 李石（河东）	283 李弘源（岭南西）	290 李存孝（安敬思）（邢洺）	296A 李夷简（山南东）
278C 李石（东畿）	284 李可举（幽州）	291 李存礼（邠宁）	296B 李夷简（西川）
279 李用（邠宁）	285 李正己（李怀玉）（平卢淄青）	292 李全忠（幽州）	296C 李夷简（淮南）
297 李成式（淮南）	300 李光进（鄜坊）	302F 李光颜（忠武）	308 李位（岭南西）
298 李成庆（夏绥）	301A 李光进（阿跌光进）（振武）	302G 李光颜（义昌）	309 李抗（容管）

（续表）

299A 李光弼（河东）	301B 李光进（阿跌光进）（朔方）	302H 李光颜（河东）	310 李良（桂管）
299B 李光弼（幽州）	302A 李光颜（忠武）	303 李自良（河东）	311 李芃（河阳）
299C 李光弼（河东）	302B 李光颜（义成）	304 李行修（岭南东）	312A 李佐（陕虢）
299D 李光弼（幽州）	302C 李光颜（忠武）	305 李仲迁（义武）	312B 李佐（桂管）
299E 李光弼（朔方）	302D 李光颜（邠宁）	306 李匡威（幽州）	313A 李克用（代北）
299F 李光弼（河中）	302E 李光颜（凤翔）	307 李匡筹（幽州）	313B 李克用（河东）
314 李克修（昭义）	319D 李罕之（河阳）	323A 李坰（黔中）	327A 李泳（振武）
315 李克恭（昭义）	320A 李希言（浙东）	323B 李坰（桂管）	327B 李泳（河阳）
316 李克宁（振武）	320B 李希言（山南西）	324 李泌（陕虢）	328 李知柔（岭南东）
317 李孝昌（鄜坊）	321A 李希烈（淮西）	325A 李侃（邠宁）	329A 李林甫（河西）
318 李孝恭（延州）	321B 李希烈（平卢淄青）	325B 李侃（河东）	329B 李林甫（陇右）
319A 李罕之（东畿）	322A 李承（河中）	326A 李岵（李有裕）（泾原）	329C 李林甫（朔方）
319B 李罕之（昭义）	322B 李承（山南东）	326B 李岵（李有裕）（义昌）	330A 李承昭（福建）
319C 李罕之（昭义）	322C 李承（湖南）	326C 李岵（李有裕）（天德）	330B 李承昭（昭义）
331A 李承勋（天雄）	335B 李固言（西川）	337 李抱真（昭义）	342D 李昌巙（京畿）
331B 李承勋（泾原）	335C 李固言（河中）	338 李昌元（鄜坊）	343 李宗闵（山南西）
331C 李承勋（岭南东）	335D 李固言（东畿）	339 李昌言（夏绥）	344A 李尚隐（幽州）
332 李直臣（邠宁）	336A 李抱玉（忠武）	340 李昌言（凤翔）	344B 李尚隐（西川）
333A 李忠臣（淮西）	336B 李抱玉（昭义）	341 李昌符（凤翔）	345 李奉仙（天德）
333B 李忠臣（凤翔）	336C 李抱玉（凤翔）	342A 李昌巙（辰锦）	346 李迢（岭南东）
334 李忠顺（振武）	336D 李抱玉（山南西）	342B 李昌巙（桂管）	347A 李系（泰宁）
335A 李固言（山南西）	336E 李抱玉（凤翔）	342C 李昌巙（荆南）	347B 李系（湖南）
348A 李央（东川）	351E 李玭（凤翔）	353E 李拭（凤翔）	358C 李思谏（延州）
348B 李央（兴平）	352A 李珏（桂管）	354 李重古（邠宁）	358D 李思谏（夏绥）
349 李洧（感化）	352B 李珏（河阳）	355 李思孝（鄜坊）	359A 李彦佐（义昌）
350 李峘（西川）	352C 李珏（淮南）	356 李思恭（拓跋思恭）（夏绥）	359B 李彦佐（天平）
351A 李玭（黔中）	353A 李拭（陕虢）	357A 李思敬（鄜坊）	359C 李彦佐（感化）
351B 李玭（泰宁）	353B 李拭（浙东）	357B 李思敬（武定）	359D 李彦佐（朔方）
351C 李玭（平卢淄青）	353C 李拭（河阳）	358A 李思谏（夏绥）	359E 李彦佐（鄜坊）

（续表）

351D 李玭（岭南东）	353D 李拭（河东）	358B 李思谏（邠宁）	359F 李彦佐（朔方）
360 李彦博（鄜坊）	364B 李茂庄（山南西）	370A 李佑（夏绥）	371F 李勉（宣武）
361 李彦弼（董彦弼）（容管）	365 李茂勋（幽州）	370B 李佑（泾原）	372A 李晟（河中）
362 李彦徽（忠国）	366 李茂勋（李周彝）（鄜坊）	370C 李佑（义昌）	372B 李晟（鄜坊）
363A 李茂贞（武定）	367 李建徽（鄜坊）	371A 李勉（山南西）	372C 李晟（京畿）
363B 李茂贞（凤翔）	368A 李若初（福建）	371B 李勉（东畿）	372D 李晟（凤翔）
363C 李茂贞（山南西）	368B 李若初（浙东）	371C 李勉（江西）	373A 李岘（荆南）
363D 李茂贞（泾原）	368C 李若初（浙西）	371D 李勉（岭南东）	373B 李岘（荆南）
364A 李茂庄（天雄）	369 李只（宣武）	371E 李勉（义成）	374A 李兼（鄂岳）
374B 李兼（江西）	382 李师望（定边）	387B 李琢（平卢淄青）	389C 李绅（宣武）
375 李耽（岭南西）	383 李师道（平卢淄青）	387C 李琢（浙西）	389D 李绅（淮南）
376 李纳（平卢淄青）	384 李师稷（浙东）	387D 李琢（忠武）	389E 李绅（淮南）
377 李速（黔中）	385 李宴元（夏绥）	387E 李琢（大同）	390 李巢（湖南）
378 李荀（义成）	386A 李栖筠（山南西）	387F 李琢（河阳）	391 李都（河中）
379 李涿（安南）	386B 李栖筠（浙西）	388 李通（黔中）	392 李翔（湖南）
380 李师古（平卢淄青）	386C 李栖筠（京畿）	389A 李绅（江西）	393 李竦（鄂岳）
381 李师悦（忠国）	387A 李琢（义昌）	389A 李绅（江西）	394 李康（东川）
395 李讷（浙东）	398D 李国昌（代北）	402A 李逢吉（东川）	405A 李涵（浙西）
396 李庚（湖南）	399A 李国清（陕虢）	402B 李逢吉（山南东）	405B 李涵（京畿）
397A 李国贞（李若幽）（西川）	399B 李国清（黔中）	402C 李逢吉（山南东）	406A 李皋（湖南）
397B 李国贞（李若幽）（河中）	400A 李执方（河阳）	402D 李逢吉（宣武）	406B 李皋（江西）
397C 李国贞（李若幽）（朔方）	400B 李执方（义武）	402E 李逢吉（东畿）	406C 李皋（荆南）
398A 李国昌（鄜坊）	400C 李执方（忠武）	403A 李从易（桂管）	406D 李皋（山南东）
398B 李国昌（振武）	400D 李执方（昭义）	403B 李从易（岭南东）	407 李钧（昭义）
398C 李国昌（大同）	401 李惟简（凤翔）	404 李从晦（山南西）	408 李渤（桂管）
409A 李程（鄂岳）	410B 李巽（江西）	416 李款（江西）	423B 李景让（天平）
409B 李程（河东）	411 李众（湖南）	417 李象古（安南）	423C 李景让（山南东）
409C 李程（河中）	412 李椅（福建）	418 李朝寀（邠宁）	423D 李景让（西川）
409D 李程（宣武）	413 李钦（朔方）	419 李朝隐（岭南东）	424 李贻孙（福建）

（续表）

409E 李程(河中)	414 李词(黔中)	420 李景仁(容管)	425A 李进诚(朔方)
409F 李程(山南东)	415A 李复(容管)	421 李景略(天德)	425B 李进诚(邠宁)
409G 李程(东畿)	415B 李复(岭南东)	422 李景温(福建)	425C 李进诚(天德)
410A 李巽(湖南)	415C 李复(义成)	423A 李景让(浙西)	426 李进贤(振武)
427 李裕(湖南)	430A 李业(夏绥)	434A 李道古(黔中)	440B 李载义(山南西)
428A 李绛(河中)	430B 李业(凤翔)	434B 李道古(鄂岳)	440C 李载义(河东)
428B 李绛(东畿)	430C 李业(河东)	435 李道昌(浙西)	441 李万荣(宣武)
428C 李绛(东川)	430D 李业(义成)	436 李道枢(浙东)	442A 李福(夏绥)
428D 李绛(山南西)	430E 李业(天平)	437 李嗣周(凤翔)	442B 李福(义成)
429A 李当(湖南)	431 李汇(泾原)	438 李嗣昭(昭义)	442C 李福(宣武)
429B 李当(宣歙)	432 李蒙(岭南西)	439 李楚琳(凤翔)	442D 李福(西川)
429C 李当(山南西)	433 李翛(浙西)	440A 李载义(幽州)	442E 李福(山南东)
443A 李墉(凤翔)	446 李琼(桂管)	452B 李愿(感化)	453E 李愬(昭义)
443B 李墉(河东)	447 李绾(浙东)	452C 李愿(凤翔)	453F 李愬(魏博)
443C 李墉(淮南)	448 李演(夏绥)	452D 李愿(宣武)	454 李廓(感化)
444 李鄂(安南)	449 李暠(河东)	452E 李愿(河中)	455 李海(福建)
445A 李逊(浙东)	450 李说(河东)	453A 李愬(山南东)	456 李铦(鄜坊)
445B 李逊(山南东)	451A 李鼎(陇右)	453B 李愬(唐随)	457 李齐运(河中)
445C 李逊(忠武)	451B 李鼎(凤翔)	453C 李愬(凤翔)	458A 李蔚(宣武)
445D 李逊(凤翔)	452A 李愿(夏绥)	453D 李愬(感化)	458B 李蔚(山南东)
458C 李蔚(淮南)	461B 李璋(宣歙)	468B 李德裕(义成)	469A 李祎(朔方)
458D 李蔚(河东)	462 李澄(义成)	468C 李德裕(西川)	469B 李祎(河东)
458E 李蔚(东畿)	463 李质(江西)	468D 李德裕(山南西)	470 李锜(浙西)
459A 李播(福建)	464 李模(黔中)	468E 李德裕(浙西)	471 李峰(义成)
459B 李播(福建)	465 李适之(幽州)	468F 李德裕(浙西)	472A 李衡(湖南)
460A 李谅(桂管)	466 李鋋(浙西)	468G 李德裕(淮南)	472B 李衡(江西)
460B 李谅(岭南东)	467 李鋋(黔中)	468H 李德裕(荆南)	473 李随(宣武)
461A 李璋(湖南)	468A 李德裕(浙西)	468I 李德裕(东畿)	474A 李宪(江西)
474B 李宪(岭南东)	480A 李璲(泾原)	485A 李翱(桂管)	489B 李怀光(河中)
475 李璠(陕虢)	480B 李璲(平卢淄青)	485B 李翱(湖南)	489C 李怀光(泾原)
476 李融(义成)	480C 李璲(岭南东)	485C 李翱(山南东)	489D 李怀光(朔方)
477A 李寰(晋慈)	481 李珰(天德)	486A 李丛(桂管)	490 李怀让(华州)
477B 李寰(义昌)	482 李翼(陕虢)	486B 李丛(湖南)	491 李鹭(江西)

（续表）

477C 李褰（夏绥）	483 李炼（蘷州）	487 李璧（东川）	492 李鐶（岭南西）
478 李浚（西川）	484A 李稹（天平）	488 李怀仙（幽州）	493 李宝臣（张忠志）（成德）
479 李褒（浙东）	484B 李稹（义成）	489A 李怀光（邠宁）	494 李继忠（感义）
495A 李继密（山南西）	500B 李继颜（鄜坊）	503D 李听（义成）	504B 李瓒（桂管）
495B 李继密（武定）	501A 李继徽（杨崇本）（天雄）	503E 李听（魏博）	505 李栾（朔方）
495C 李继密（山南西）	501B 李继徽（杨崇本）（邠宁）	503F 李听（邠宁）	506 李让夷（淮南）
496 李继昭（孙德昭）（安南）	502A 李蟆（昭义）	503G 李听（感化）	507 李灵曜（宣武）
497 李继诲（周承诲）（岭南西）	502B 李蟆（凤翔）	503H 李听（凤翔）	508 李观（泾原）
498 李继塘（同州）	503A 李听（夏绥）	503I 李听（忠武）	509 李○（桂管）
499 李继勋（天雄）	503B 李听（朔方）	503J 李听（河中）	510 长孙全绪（容管）
500A 李继颜（武定）	503C 李听（河东）	504A 李瓒（福建）	511 东方逵（鄜坊）
512 邱直方（鄜坊）	518 武浑（安南）	521A 房式（陕虢）	526B 孟方立（邢洺）
513 尚可孤（京畿）	519A 季广琛（荆南）	521B 房式（宣歙）	527 孟友亮（邠宁）
514A 尚衡（感化）	519B 季广琛（浙西）	522 房宗偃（东畿）	528A 孟元阳（河阳）
514B 尚衡（平卢淄青）	520A 来瑱（山南东）	523A 房启（容管）	528B 孟元阳（昭义）
514C 尚衡（平卢淄青）	520B 来瑱（淮西）	523B 房启（桂管）	529 孟球（感化）
515 阿史那献（碛西北庭）	520C 来瑱（河西）	524 房济（容管）	530 孟彪（福建）
516 武少仪（岭南西）	520D 来瑱（陕虢）	525 房孺复（容管）	531A 孟峰（泾原）
517 武元衡（西川）	520E 来瑱（山南东）	526A 孟方立（昭义）	531B 孟峰（福建）
532 孟峰（湖南）	537 周发（忠武）	544A 周墀（江西）	548B 苻澈（河东）
533A 孟迁（邢洺）	538A 周岳（湖南）	544B 周墀（义成）	549 苗恪（山南西）
533B 孟迁（昭义）	538B 周岳（岭南西）	544C 周墀（东川）	550 南卓（黔中）
533C 孟迁（河阳）	539 周皓（丹延）	545 周怀乂（周怀乂）（天德）	551 契苾通（振武）
534A 孟简（浙东）	540 周智光（华州）	546A 周宝（泾原）	552 契苾璋（振武）
534B 孟简（山南东）	541 周敬复（江西）	546B 周宝（浙西）	553A 纥干皋（江西）
535 周元静（桂管）	542 周綝（幽州）	547 苻道昭（天雄）	553B 纥干皋（岭南东）
536 周佖（河西）	543 周鼎（河西）	548A 苻澈（邠宁）	554A 封敖（山南西）
554B 封敖（平卢淄青）	559A 姚南仲（陕虢）	564A 皇甫温（陕虢）	567 胡公素（泾原）

（续表）

555A 封常清（安西）	559B 姚南仲（义成）	564B 皇甫温（陕虢）	568 胡沐（容管）
555B 封常清（碛西北庭）	560 姚齐梧（晋慈）	564C 皇甫温（凤翔）	569 胡真（义成）
555C 封常清（幽州）	561A 范希朝（振武）	564D 皇甫温（浙东）	570A 胡证（振武）
555D 封常清（平卢）	561B 范希朝（朔方）	565A 皇甫政（福建）	570B 胡证（岭南东）
556 姚令言（泾原）	561C 范希朝（河东）	565B 皇甫政（浙东）	571 胡敬璋（延州）
557 姚合（陕虢）	562 范晖（福建）	566A 皇甫惟明（陇右）	572A 侯令仪（容管）
558 姚明剐（陕虢）	563 范传正（宣歙）	566B 皇甫惟明（河西）	572B 侯令仪（浙西）
573A 侯希逸（平卢）	575D 段文昌（西川）	580 段伯伦（福建）	584A 柳仲郢（东川）
573B 侯希逸（平卢泾青）	576A 段文楚（岭南西）	581 段文巙（义成）	584B 柳仲郢（山南西）
574A 侯固（鄜坊）	576B 段文楚（岭南西）	582A 柳公绰（湖南）	584C 柳仲郢（东畿）
574B 侯固（朔方）	576C 段文楚（天德）	582B 柳公绰（鄂岳）	584D 柳仲郢（天平）
574C 侯固（义武）	576D 段文楚（大同）	582C 柳公绰（山南东）	585 柳晟（山南西）
575A 段文昌（西川）	577 段佑（泾原）	582D 柳公绰（邠宁）	586 柳冕（福建）
575B 段文昌（淮南）	578 段彦谟（荆南）	582E 柳公绰（河东）	587 柳熹（邠宁）
575C 段文昌（荆南）	579 段秀实（泾原）	583 柳公济（义武）	588 柳韬（浙东）
589A 柏贞节（柏茂林）（邛南）	593A 韦元甫（荆南）	597B 韦有翼（陕虢）	602 韦武（晋慈）
589B 柏贞节（柏茂林）（夔州）	593B 韦元甫（江西）	598A 韦抗（西川）	603 韦武（桂管）
590 韦士宗（黔中）	593C 韦元甫（浙西）	598B 韦抗（朔方）	604 韦岫（福建）
591 韦之晋（湖南）	593D 韦元甫（淮南）	599 韦利见（岭南东）	605A 韦宙（江西）
592A 韦丹（容管）	594 韦正武（岭南西）	600A 韦弘景（陕虢）	605B 韦宙（岭南东）
592B 韦丹（东川）	595 韦正贯（岭南西）	600B 韦弘景（东畿）	606 韦昭度（西川）
592C 韦丹（晋慈）	596 韦光乘（朔方）	601A 韦长（荆南）	607A 韦陟（浙西）
592D 韦丹（江西）	597A 韦有翼（东川）	601B 韦长（平卢淄青）	607B 韦陟（东畿）
608 韦悦（岭南西）	615 韦黄裳（浙西）	621 韦贯之（湖南）	625C 韦澳（邠宁）
609 韦伦（山南东）	616A 韦温（陕虢）	622 韦廑（容管）	626A 韦悫（义成）
610A 韦皋（陇州）	616B 韦温（宣歙）	623A 韦损（义武）	626B 韦悫（鄂岳）
610B 韦皋（西川）	617 韦词（湖南）	623B 韦损（鄂岳）	627 韦偡（江西）
611 韦恭甫（河中）	618 韦绚（义武）	623C 韦损（天平）	628 韦曙（岭南东）
612 韦夏卿（东畿）	619 韦凑（河东）	624 韦绶（山南西）	629 韦蟾（鄂岳）
613 韦荷（岭南东）	620A 韦博（平卢淄青）	625A 韦澳（河阳）	630 韦瓘（桂管）
614 韦康（黔中）	620B 韦博（昭义）	625B 韦澳（平卢淄青）	631 韦让（义成）

（续表）

631 韦让（义成）	636C 郗士美（昭义）	642B 哥舒翰（河西）	646C 殷侑（义昌）
633 索勋（归义）	636D 郗士美（忠武）	643A 夏侯孜（陕虢）	646D 殷侑（天平）
634 能元皓（天平）	637 秦匡谋（黔中）	643B 夏侯孜（西川）	646E 殷侑（平天）
635A 桂仲武（安南）	638 秦宗权（蔡州）	643C 夏侯孜（河中）	646F 殷侑（山南东）
635B 桂仲武（容管）	639 秦彦（宣歙）	644 夏侯瞳（感化）	646G 殷侑（忠武）
635C 桂仲武（福建）	640 耿慎惑（容管）	645 殷仲卿（平卢淄青）	647 殷偋（福建）
636A 郗士美（黔中）	641 哥舒曜（东畿）	646A 殷侑（桂管）	648 袁高（京畿）
636B 郗士美（鄂岳）	642A 哥舒翰（陇右）	646B 殷侑（江西）	649A 殷滋（西川）
649B 殷滋（义成）	651C 乌重胤（山南西）	656A 徐彦若（凤翔）	661 唐弘实（岭南西）
649C 殷滋（山南东）	651D 乌重胤（天平）	656B 徐彦若（岭南东）	662 唐扶（福建）
649D 殷滋（荆南）	651E 乌重胤（义昌）	657 徐浩（岭南东）	663A 唐持（容管）
649E 殷滋（唐随）	652 乌崇福（安南）	658 徐晦（福建）	663B 唐持（朔方）
649F 殷滋（湖南）	653 乌汉真（平卢淄青）	659A 徐商（河中）	663C 唐持（昭义）
650 乌知义（平卢）	654A 徐申（岭南西）	659B 徐商（山南东）	664A 唐朝臣（河中）
651A 乌重胤（河阳）	654B 徐申（岭南东）	659C 徐商（荆南）	664B 唐朝臣（鄜坊）
651B 乌重胤（义昌）	655 徐俊（岭南西）	660 唐弘夫（朔方）	664C 唐朝臣（振武）
665 孙公器（岭南西）	672B 孙儒（淮南）	674B 孙储（天雄）	679D 马植（忠武）
666 孙志直（凤翔）	673A 孙简（陕虢）	675 孙玚（凤翔）	679E 马植（宣武）
667 孙惟晟（荆南）	673B 孙简（河中）	676 马阳（岭南西）	680A 马璘（邠宁）
668 孙成（桂管）	673C 孙简（东畿）	677 马殷（湖南）	680B 马璘（泾原）
669 孙揆（昭义）	673D 孙简（山南西）	678 马师素（邢洺）	681A 马举（天雄）
673E 孙简（宣武）	673E 孙简（宣武）	679A 马植（安南）	681B 马举（淮南）
671 孙范（平卢淄青）	673F 孙简（东畿）	679B 马植（黔中）	682A 马燧（河东）
672A 孙儒（河阳）	674A 孙储（邠宁）	679C 马植（天平）	682B 马燧（魏博）
683A 马总（安南）	686A 高元裕（宣歙）	692 高季兴（高季昌） （荆南）	696B 高承简（义成）
683B 马总（桂管）	686B 高元裕（山南东）	693 高武光（山南西）	696C 高承简（邠宁）
683C 马总（岭南东）	687 高正平（安南）	694 高承宗（感化）	697A 高重（湖南）
683D 马总（淮西）	688A 高仙芝（安西）	695A 高承恭（岭南西）	697B 高重（鄂岳）
683E 马总（忠武）	688B 高仙芝（河西）	695B 高承恭（邠宁）	698A 高茂卿（江西）
683F 马总（天平）	689 高宏（振武）	695C 高承恭（泰宁）	698B 高茂卿（安南）
685 高少逸（陕虢）	690 高固（邠宁）	695D 高承恭（振武）	699 高泰（黔中）
685 高少逸（陕虢）	691 高升（凤翔）	696A 高承简（泰宁）	700A 高崇文（东川）

（续表）

700B 高崇文（西川）	704C 高瑀（忠武）C	708A 高适（淮南）	710F 高骈（浙西）
700C 高崇文（邠宁）	705A 高铢（浙东）	708B 高适（西川）	710G 高骈（淮南）
701A 高湜（昭义）	705B 高铢（义成）	709 高璩（东川）	711A 高霞寓（唐随）
701B 高湜（昭义）	705C 高铢（忠武）	710A 高骈（天雄）	711B 高霞寓（振武）
702 高湘（江西）	706 高宽仁（福建）	710B 高骈（安南）	711C 高霞寓（邠宁）
703 高秦（容管）	707A 高浔（安南）	710C 高骈（天平）	712 高锴（鄂岳）
704A 高瑀（忠武）	707B 高浔（陕虢）	710D 高骈（西川）	713 高○○（夏绥）
704B 高瑀（感化）	707C 高浔（昭义）C	710E 高骈（荆南）	714 章仇兼琼（西川）
715 章彝（东川）	719 梁崇义（山南东）	726A 鹿晏弘（山南西）	732 陆象先（西川）
716 阴承本（陇右）	720 娄敬思（华州）	726B 鹿晏弘（忠武）	733 陆墉（陕虢）
717 毕諴（邠宁）	721A 鱼孟威（黔中）	727 陆弘休（桂管）	734A 康日知（深赵）
717B 毕諴（昭义）	721B 鱼孟威（桂管）	728A 陆亘（浙东）	734B 康日知（同州）
717C 毕諴（河东）	722 许叔冀（宣武）	728B 陆亘（宣歙）	734C 康日知（晋慈）
717D 毕諴（宣武）	723 许钦淡（平卢）	729 陆长源（宣武）	735 康君立（昭义）
717E 毕諴（河中）	724 常衮（福建）	730 陆庶（福建）	736A 康志睦（平卢淄青）
718 梁宰（安西）	725 常滋（荆南）	731 陆耽（泾原）	736B 康志睦（泾原）
737A 康承训（义武）	739 康传圭（河东）	745C 郭子仪（鄜坊）	749 郭昅（邠宁）
737B 康承训（岭南西）	740 康传业（鄜坊）	745D 郭子仪（邠宁）	750A 郭英乂（陇右）
737C 康承训（义成）	741 康实（宣武）	745E 郭子仪（朔方）	750B 郭英乂（陕虢）
737D 康承训（河东）	742 康怀英（泰宁）	745F 郭子仪（朔方）	750C 郭英乂（东畿）
737E 康承训（天德）	743 康艺全（鄜坊）	745G 郭子仪（河中）	750D 郭英乂（西川）
738A 康季荣（泾原）	744 郭子（日胃）（鄜坊）	746 郭行余（邠宁）	751A 郭钊（邠宁）
738B 康季荣（感化）	745A 郭子仪（朔方）	747 郭昕（安西）	751B 郭钊（河阳）
738C 康季荣（感化）	745B 郭子仪（东畿）	748 郭知运（陇右）	751C 郭钊（河中）
751D 郭钊（东川）	754 郭铨（感化）	760B 曹翔（昭义）	763C 陈少游（浙东）
751E 郭钊（西川）	755 郭瑶（蔡州）	760C 曹翔（河东）	763D 陈少游（淮南）
752A 郭虔瓘（碛西北庭）	756 曹全晸（天平）	761A 曹诚（黔中）	764 陈仁琇（容管）
752B 郭虔瓘（河西）	757 曹存实（天平）	761B 曹诚（义昌）	765 陈仙奇（淮西）
752C 郭虔瓘（安西）	758 曹汾（忠武）	762A 曹确（浙西）	766 陈正仪（黔中）
752D 郭虔瓘（碛西北庭）	759A 曹华（泰宁）	762B 曹确（河中）	767 陈夷行（河语）
752E 郭虔瓘（安西）	759B 曹华（义成）	763A 陈少游（桂管）	768 陈君奕（凤翔）
753 郭虚己（西川）	760A 曹翔（泰宁）	763B 陈少游（宣歙）	769 陈君从（鄜坊）
770A 陈君赏（平卢淄青）	775C 陈楚（河阳）	783 张公素（幽州）	790A 张弘靖（陕虢）

（续表）

770B 陈君赏（义武）	776 陈敬瑄（西川）	784 张文规（桂管）	790B 张弘靖（河中）
771 陈佻（黔中）	777 陈儒（荆南）	785 张介然（宣武）	790C 张弘靖（河东）
772 陈佩（岭南东）	778 陈璩（桂管）	786 张舟（安南）	790D 张弘靖（宣武）
773 陈商（陕虢）	779 陈岩（福建）	787 张正元（岭南西）	790E 张弘靖（幽州）
774 陈云（岭南西）	780 张九皋（岭南东）	788 张正甫（湖南）	791A 张休（江西）
775A 陈楚（义武）	781 张士陵（岭南西）	789A 张光奇（桂管）	791B 张休（岭南东）
775B 陈楚（东畿）	782 张允伸（幽州）	789B 张光奇（山南东）	792 张同（容管）
793A 张全义（河阳）	797 张廷范（感化）	801C 张延赏（荆南）	804B 张孝嵩（河东）
793B 张全义（东畿）	798A 张守珪（陇右）	801D 张延赏（西川）	805 张固（桂管）
793C 张全义（河阳）	798B 张守珪（平卢）	802A 张伯仪（安南）	806 张沼（黔中）
793D 张全义（天平）	798C 张守珪（幽州）	802B 张伯仪（岭南东）	807 张宗厚（河阳）
793E 张全义（忠武）	799 张守洁（西川）	802C 张伯仪（荆南）	808 张奉国（振武）
794 张仲方（福建）	800 张志亮（陇右）	803A 张孝忠（成德）	809 张直方（幽州）
795 张仲武（幽州）	801A 张延赏（京畿）	803B 张孝忠（义武）	810 张承奉（归义）
796 张君绪（邠宁）	801B 张延赏（淮南）	804A 张孝嵩（碛西北庭）	811 张珂（泾原）
812 张宥（西川）	818A 张茵（容管）	824 张淮深（归义）	830 张褐（天平）
813A 张茂昭（义武）	818B 张茵（岭南西）	825 张淮兴（归义）	831 张义潮（归义）
813B 张茂昭（河中）	819 张勔（安南）	826 张贾（泰宁）	832A 张敬忠（平卢）
814 张茂宗（泰宁）	820 张绍贞（西川）	827 张钧（泾原）	832B 张敬忠（河西）
815 张彦远（昭义）	821 张从训（岭南西）	828 张愔（感化）	832C 张敬忠（西川）
816 张禹谟（桂管）	822 张惟一（荆南）	829A 张煦（夏绥）	832D 张敬忠（西川）
817A 张建封（寿庐）	823A 张惟清（振武）	829B 张煦（振武）	833 张敬则（张昌）（凤翔）
817B 张建封（感化）	823B 张惟清（泾原）	829C 张煦（天德）	834 张慎思（感化）
835 张汉瑜（河阳）	840 张珪（泾原）	846B 张镐（荆南）	850 张鹏（岭南西）
836A 张说（幽州）	841A 张毅夫（江南）	846C 张镐（江西）	851 张镝（泾原）
836B 张说（河东）	841B 张毅夫（鄂岳）	847A 张镒（江西）	852 张劝（陕虢）
836C 张说（朔方）	842 张遵（岭南西）	847B 张镒（河中）	853 张瑓（荆南）
837A 张嘉贞（河东）	843 张璠（义武）	847C 张镒（义成）	854 张献甫（邠宁）
837B 张嘉贞（西川）	844 张应（安南）	847D 张镒（凤翔）	855A 张献恭（山南西）
838 张齐邱（朔方）	845 张浚（鄂岳）	848 张归霸（邢洺）	855B 张献恭（山南西）
839 张万顷（岭南东）	846A 张镐（宣武）	849 张丛（桂管）	856A 张献诚（宣武）
856B 张献诚（山南西）	861C 崔元式（河东）	863C 崔弘礼（东畿）	866D 崔安潜（东畿）
856C 张献诚（东川）	861D 崔元式（义成）	863D 崔弘礼（东畿）	866E 崔安潜（平卢淄青）

（续表）

857 张蕴琦（邠宁）	862A 崔元略（黔中）	864A 崔充（东川）	867A 崔光远（京畿）
858 张鹭（桂管）	862B 崔元略（鄂岳）	864B 崔充（东畿）	867B 崔光远（宣武）
859 崔于（福建）	862C 崔元略（东畿）	865 崔戎（泰宁）	867C 崔光远（凤翔）
860 崔日用（河东）	862D 崔元略（义成）	866A 崔安潜（江西）	867D 崔光远（西川）
861A 崔元式（湖南）	863A 崔弘礼（河阳）	866B 崔安潜（忠武）	868 崔芃（江西）
861B 崔元式（河中）	863B 崔弘礼（平天）	866C 崔安潜（西川）	869 崔罕（湖南）
870 崔杞（泰宁）	875 崔玹（宣歙）	880 崔耿（安南）	883E 崔琪（凤翔）
871 崔希逸（河西）	876 崔洪（蔡州）	881 崔涓（荆南）	884A 崔能（黔中）
872A 崔季康（义武）	877A 崔胤（河中）	882A 崔俊（湖南）	884B 崔能（岭南东）
872B 崔季康（河东）	877B 崔胤（湖南）	882B 崔俊（凤翔）	885A 崔从（陕虢）
873A 崔昭（宣歙）	877C 崔胤（岭南东）	883A 崔琪（岭南东）	885B 崔从（山南西）
873B 崔昭（浙东）	878A 崔彦昭（河阳）	883B 崔琪（感化）	885C 崔从（鄜坊）
873C 崔昭（江西）	878B 崔彦昭（河东）	883C 崔琪（凤翔）	885D 崔从（东畿）
874 崔衍（宣歙）	878B 崔彦昭（河东）	883D 崔琪（东畿）	885E 崔从（淮南）
886 崔绍（鄂岳）	892A 崔植（鄂岳）	896 崔涣（京畿）	898E 崔铉（山南东）
887 崔执柔（平卢淄青）	892B 崔植（岭南东）	897A 崔圆（西川）	898F 崔铉（荆南）
888 崔寓（河中）	893A 崔管（荆南）	897B 崔圆（东畿）	899A 崔鄢（陕虢）
889 崔寓（宣歙）	893B 崔管（东畿）	897C 崔圆（淮南）	899B 崔鄢（鄂岳）
890 崔淙（陕虢）	893C 崔管（山南西）	898A 崔铉（陕虢）	899C 崔鄢（浙西）
891A 崔咏（岭南西）	894A 崔焯（容管）	898B 崔铉（河中）	900 崔准（宣歙）
891B 崔咏（桂管）	894B 崔焯（岭南西）	898C 崔铉（淮南）	901 崔瑄（宣歙）
891C 崔咏（岭南东）	895 崔结（岭南西）	898D 崔铉（宣歙）	902A 崔群（湖南）
902B 崔群（感化）	904B 崔瑶（鄂岳）	908 崔远（岭南东）	913A 崔荛（陕虢）
902C 崔群（宣歙）	905 崔汉衡（晋慈）	909 崔瑾（湖南）	913B 崔荛（陕虢）
902D 崔群（荆南）	906A 崔宁（崔旴）（西川）	910A 崔郸（宣歙）	914 崔璩（鄂岳）
903A 崔慎由（湖南）	906B 崔宁（崔旴）（振武）	910B 崔郸（西川）	915 崔纵（东畿）
903B 崔慎由（浙西）	906C 崔宁（崔旴）（京畿）	910C 崔郸（淮南）	916A 崔璪（陕虢）
903C 崔慎由（东川）	906D 崔宁（崔旴）（朔方）	911 崔璆（浙东）	916B 崔璪（河中）
903D 崔慎由（河中）	906E 崔宁（崔旴）（鄜坊）	912A 崔穆（黔中）	917A 崔玙（宣歙）
904A 崔瑶（浙西）	907 崔碣（陕虢）	912B 崔穆（晋慈）	917B 崔玙（河中）
918A 崔龟从（宣歙）	922 崔瑾（湖南）	930 曾衮（安南）	934 浑镐（义武）
918B 崔龟从（岭南东）	923 崔○○（泰宁）	931 阳旻（容管）	935A 浑鐬（振武）
918C 崔龟从（宣武）	924 崔○○（夏绥）	932A 浑偘（泾原）	935B 浑鐬（天德）

（续表）

919 崔黯（湖南）	925 乔琳（京畿）	932B 浑侚（义昌）	936A 汤嘉惠（碛西北庭）
920 崔护（岭南东）	926 贺璙（荆南）	933A 浑瑊（振武）	936B 汤嘉惠（安西）
921A 崔蠡（鄂岳）	927 贺拔延嗣（河西）	933B 浑瑊（鄜坊）	936C 汤嘉惠（安西）
921B 崔蠡（平卢淄青）	928 贺兰进明（宣武）	933C 浑瑊（朔方）	937A 程千里（碛西北庭）
921C 崔蠡（天平）	929 曾元裕（平卢淄青）	933D 浑瑊（河中）	937B 程千里（昭义）
938 程日华（义昌）	943C 冯行袭（同州）	948B 温璋（感化）	952 彭元晖（陇右）
939 程宗楚（泾原）	944 冯河清（泾原）	948C 温璋（邠宁）	953 彭元曜（忠武）
940 程怀直（义昌）	945 冯宿（东川）	949 闵顼（湖南）	954 彭果（岭南东）
941 程怀信（义昌）	946 冯审（桂管）	950A 傅良弼（夏绥）	955 彭〇（桂管）
942A 程权（程执恭）（义昌）	947A 温造（山南西）	950B 傅良弼（义昌）	956 叶广略（岭南西）
942B 程权（程执恭）（邠宁）	947B 温造（东畿）	951A 傅毅（义武）	957 源洧（荆南）
943A 冯行袭（金州）	947C 温造（河阳）	951B 傅毅（义昌）	958A 葛从周（泰宁）
943B 冯行袭（武定）	948A 温璋（宣歙）	9951C 傅毅（鄜坊）	958B 葛从周（邢洺）
959 雷彦威（武贞）	963D 路嗣恭（河阳）	970 董昌龄（岭南西）	975 庚准（荆南）
960 雷彦恭（武贞）	964 路审中（鄂岳）	971 董重质（夏绥）	976A 敬昕（江西）
961 雷满（武贞）	965 路随（浙西）	972A 董晋（东畿）	976B 敬昕（河阳）
962A 路恕（岭南西）	966 路应（宣歙）	972B 董晋（宣武）	976C 敬昕（义成）
962B 路恕（鄜坊）	967 路璙（江西）	973 董镇（岭南西）	977 敬括（京畿）
963A 路嗣恭（江西）	968A 路岩（西川）	974A 庚承宣（陕虢）	978A 敬晦（浙西）
963B 路嗣恭（岭南东）	968B 路岩（荆南）	974B 庚承宣（泰宁）	978B 敬晦（泰宁）
963C 路嗣恭（东畿）	969 董昌（浙东）	974C 庚承宣（天平）	979 贾全（浙东）
980A 贾耽（山南西）	983C 杨元卿（宣武）	988 杨守忠（武定）	994 杨志诚（幽州）
980B 贾耽（山南东）	984 杨收（宣歙）	989 杨守贞（龙剑）	995A 杨于陵（浙东）
980C 贾耽（东畿）	985A 杨行密（淮南）	990A 杨守亮（金州）	995B 杨于陵（岭南东）
980D 贾耽（义成）	985B 杨行密（宣歙）	990B 杨守亮（山南西）	995C 杨于陵（东畿）
981 贾师顺（陇右）	985C 杨行密（淮南）	991A 杨休明（河西）	996A 杨知温（陕虢）
982 贾餗（浙西）	986 杨全玫（义昌）	991B 杨休明（碛西北庭）	996B 杨知温（山南东）
983A 杨元卿（泾原）	987A 杨守宗（金州）	992 杨汝士（东川）	996C 杨知温（荆南）
983B 杨元卿（河阳）	987B 杨守宗（忠武）	993 杨志烈（河西）	997 杨春微（岭南东）
998 杨真（京畿）	1008A 杨损（陕虢）	1008A 杨损（陕虢）	11011B 杨汉公（浙东）
999A 杨晟（感义）	1004 杨预（碛西北庭）	11008B 杨损（平卢淄青）	1011C 杨汉公（荆南）

（续表）

999B 杨晟（威戎）	1005A 杨渢（宣歙）	11008C 杨损（天平）	1011D 杨汉公（宣武）
1000 杨师立（东川）	1005B 杨渢（淮南）	1009 杨敬述（河西）	1011E 杨汉公（天平）
1001A 杨师厚（感化）	1005C 杨渢（江西）	11010A 杨嗣复（东川）	1012A 杨凭（湖南）
1001B 杨师厚（山南东）	1006 杨朝晟（邠宁）	1010B 杨嗣复（西川）	1012B 杨凭（江西）
1002 杨国忠（西川）	1007A 杨发（福建）	1010C 杨嗣复（湖南）	1013 杨戴（江西）
1003A 杨执一（河西）	1007B 杨发（岭南东）	1011A 杨汉公（桂管）	1014 杨镇（泾原）
1015 杨严（浙东）	1022 满存（感义）	1026B 盖嘉运（河西）	1031B 齐映（江西）
1016 杨袭古（碛西北庭）	1023A 畅悦（湖南）	1027 盖寓（容管）	1032 齐景胄（西川）
1017 甄亶（甄道）（幽州）	1023B 畅悦（桂管）	1028 齐抗（湖南）	1033 裴乂（福建）
1018 赫连铎（大同）	1024A 臧希让（邠宁）	1029 齐克俭（奉天）	1034 裴及（岭南西）
1019 台蒙（宣歙）	1024B 臧希让（山南西）	1030A 齐克让（泰宁）	1035 裴元裕（安南）
1020A 仆固怀恩（陇右）	1024C 臧希让（鄜坊）	1030B 齐克让（义武）	1036A 裴弘泰（黔中）
1020B 仆固怀恩（朔方）	1025 臧怀亮（平卢）	1030C 齐克让（泰宁）	1036B 裴弘泰（桂管）
1021 管崇嗣（河东）	1026A 盖嘉运（碛西北庭）	1031A 齐映（桂管）	1036C 裴弘泰（岭南西）
1036D 裴弘泰（义成）	1037F 裴休（河东）	1040C 裴行立（安南）	1045A 裴坦（江西）
1036E 裴弘泰（邠宁）	1037G 裴休（凤翔）	1041A 裴均（荆南）	1045B 裴坦（山南东）
1036F 裴弘泰（凤翔）	1037H 裴休（荆南）	1041B 裴均（山南东）	1046A 裴玢（鄜坊）
1037A 裴休（江西）	1038 裴向（陕虢）	1042A 裴仙先（岭南东）	1046B 裴玢（山南西）
1037B 裴休（湖南）	1039A 裴次元（福建）	1042B 裴仙先（幽州）	1047 裴延鲁（浙东）
1037C 裴休（宣歙）	1039B 裴次元（江西）	1043 裴佶（黔中）	1048A 裴度（淮西）
1037D 裴休（宣武）	1040A 裴行立（安南）	1044A 裴武（鄜坊）	1048B 裴度（河东）
1037E 裴休（昭义）	1040B 裴行立（桂管）	1044B 裴武（荆南）	1048C 裴度（东畿）
1048D 裴度（淮南）	1050 裴泰（安南）	1058 裴虔余（宣歙）	1064B 裴璩（浙西）
1048E 裴度（山南西）	1051 裴茂（山南东）	1059 裴宽（幽州）	1064C 裴璩（岭南东）
1048F 裴度（山南东）	1052 裴寅（江西）	1060 裴彻（鄂岳）	1065 裴俦（江西）
1048G 裴度（东畿）	1053 裴堪（江西）	1061 裴谂（宣歙）	1066A 裴识（湖南）
1048H 裴度（河东）	1054 裴冕（西川）	1062A 裴谊（江西）	1066B 裴识（泾原）
1049A 裴胄（湖南）	1055 裴腆（桂管）	1062B 裴谊（宣歙）	1066C 裴识（凤翔）
1049B 裴胄（江西）	1056 裴敦复（岭南东）	1063 裴枢（岭南东）	1066D 裴识（忠武）
1049C 裴胄（荆南）	1057 裴肃（浙东）	1064A 裴璩（宣歙）	1066E 裴识（天平）
1066F 裴识（邠宁）	1072B 赵良弼（岭南东）	1077A 赵宗儒（东畿）	1081B 赵珝（同州）
1066G 裴识（朔方）	1073A 赵昌（安南）	1077B 赵宗儒（荆南）	1082 赵国珍（黔中）
1067 裴瓒（湖南）	1073B 赵昌（安南）	1077C 赵宗儒（山南西）	1083 赵儋（鄜坊）

（续表）

1068 赵匡明（荆南）	1073C 赵昌（岭南东）	1077D 赵宗儒（河中）	1084 赵植（岭南东）
1069 赵匡凝（山南东）	1073D 赵昌（荆南）	1078 赵昶（忠武）	1085 赵憬（湖南）
1070 赵克裕（河阳）	1074 赵泚（河中）	1079 赵惠伯（河中）	1086 赵德谭（山南东）
1071 赵良金（岭南西）	1075 赵武（黔中）	1080 赵格（桂管）	1087 赵锽（宣歙）
1072A 赵良弼（浙东）	1076 赵含章（幽州）	1081A 赵珝（忠武）	1088 赵隐（浙西）
1089 赵颐贞（碛西北庭）	1094 慒实（黔中）	1098C 樊泽（山南东）	1104A 蒋系（桂管）
1090 赵骘（宣歙）	1095 论惟明（鄜坊）	1099 蔡京（岭南西）	1104B 蒋系（山南西）
1091A 赵犨（蔡州）	1096 潘孟阳（东川）	1100A 蔡袭（湖南）	1104C 蒋系（凤翔）
1091B 赵犨（泰宁）	1097A 鲁炅（山南东）	1100B 蔡袭（安南）	1104D 蒋系（山南东）
1091C 赵犨（浙西）	1097B 鲁炅（淮西）	1101 黎埴（福建）	1104E 蒋系（东畿）
1091D 赵犨（忠武）	1097C 鲁炅（忠武）	1102 黎干（桂管）	1105A 邓景山（河西）
1092 乐彦祯（乐行达）（魏博）	1098A 樊泽（山南东）	1103A 蒋伸（河中）	1105B 邓景山（平卢淄青）
1093 滕存冕（岭南西）	1098B 樊泽（荆南）	1103B 蒋伸（宣武）	1105C 邓景山（淮南）
1105D 邓景山（河东）	1112 刘公济（鄜坊）	1118C 刘沔（振武）	1120C 刘约（宣武）
1106 邓处讷（湖南）	1113 刘正臣（刘客奴）（平卢）	1118D 刘沔（河东）	1121 刘侔（河中）
1107 刘士政（桂管）	1114 刘巨容（山南东）	1118E 刘沔（义成）	1122 刘怦（幽州）
1108 刘士宁（宣武）	1115 刘巨鳞（岭南东）	1118F 刘沔（河阳）	1123 刘知俊（同州）
1109A 刘允章（鄂岳）	1116 刘存（鄂岳）	1118G 刘沔（忠武）	1124 刘昌（泾原）
1109B 刘允章（东畿）	1117 刘守文（义昌）	1119 刘旻（安南）	1125 刘昌裔（忠武）
1110 刘仁恭（幽州）	1118A 刘沔（泾原）	1120A 刘约（义昌）	1126A 刘玄佐（刘洽）（天平）
1111 刘仁遇（泰宁）	1118B 刘沔（天德）	1120B 刘约（天平）	1126B 刘玄佐（刘洽）（宣武）
1127 刘建锋（湖南）	1133A 刘崇望（感化）	1139B 刘琢（河东）	1143 刘鄩（鄜坊）
1128A 刘悟（义成）	1133B 刘崇望（东川）	1140 刘铏（宣歙）	1144A 刘邺（淮南）
1128B 刘悟（昭义）	1134 刘崇龟（岭南东）	1141 刘汉宏（浙东）	1144B 刘邺（凤翔）
1128C 刘悟（幽州）	1135 刘涣（碛西北庭）	1142A 刘潼（朔方）	1145 刘瀍（保义）
1129 刘异（邠宁）	1136 刘汇（荆南）	1142B 刘潼（湖南）	1146A 刘遵古（湖南）
1130 刘栖楚（桂管）	1137 刘源（夏绥）	1142C 刘潼（昭义）	1146B 刘遵古（邠宁）
1131 刘莒（泰宁）	1138 刘全谅（刘逸准）（宣武）	1142D 刘潼（河东）	1146C 刘遵古（东川）
1132 刘从谏（昭义）	1139A 刘琢（宣武）	1142E 刘潼（西川）	1147 刘济（幽州）

（续表）

1148 刘赞（宣歙）	1155A 郑光（平卢淄青）	1159B 郑叔则（福建）	1163C 郑涠（泰宁）
1149A 刘总（天平）	1155B 郑光（凤翔）	1160A 郑祗德（江西）	1164A 郑涓（平卢淄青）
1149B 刘总（幽州）	1155C 郑光（河中）	1160B 郑祗德（浙东）	1164B 郑涓（感化）
1150 刘隐（岭南东）	1156 郑注（凤翔）	1161 郑昌图（昭义）	1164C 郑涓（昭义）
1151 刘瞻（荆南）	1157 郑处之（宣歙）	1162A 郑畋（凤翔）	1164D 郑涓（河东）
1152 刘础（鄜坊）	1158A 郑延休（河阳）	1162B 郑畋（东畿）	1165A 郑朗（鄂岳）
1153 刘辟（西川）	1158B 郑延休（山南西）	1163A 郑涠（夏绥）	1165B 郑朗（浙西）
1154 郑元（河中）	1159A 郑叔则（东畿）	1163B 郑涠（邠宁）	1165C 郑朗（宣武）
1166A 郑涯（荆南）	1169B 郑绍业（荆南）	1174A 郑从谠（河东）	1176B 郑肃（河中）
1166B 郑涯（山南西）	1170A 郑处诲（浙东）	1174B 郑从谠（宣武）	1176C 郑肃（山南东）
1166C 郑涯（义武）	1170B 郑处诲（浙西）	1174C 郑从谠（岭南东）	1176D 郑肃（荆南）
1166D 郑涯（宣武）	1170C 郑处诲（宣武）	1174D 郑从谠（河东）	1177 郑裔绰（浙东）
1166E 郑涯（山南东）	1171 郑乾观（碛西北庭）	1175A 郑愚（桂管）	1178 郑绰（安南）
1167 郑亚（桂管）	1172A 郑绹（岭南东）	1175B 郑愚（岭南西）	1179 郑汉璋（泰宁）
1168 郑伸（鄂岳）	1172B 郑绹（东畿）	1175C 郑愚（岭南东）	1180 郑汉卿（义昌）
1169A 郑绍业（荆南）	1173 郑复（东川）	1176A 郑肃（陕虢）	1181 郑儋（河东）
1182A 郑余庆（山南西）	1188B 郑权（义昌）	1191B 钱镠（浙东）	1196A 独孤问俗（鄂岳）
1182B 郑余庆（凤翔）	1188C 郑权（邠宁）	1192A 鲍防（河东）	1196B 独孤问俗（湖南）
1183 郑瀚（山南西）	1188D 郑权（岭南东）	1192B 鲍防（京畿）	1197A 独孤云（东川）
1184 郑宪（江西）	1189 燕重旰（天德）	1192C 鲍防（福建）	1197B 独孤云（天雄）
1185 郑镒（福建）	1190A 诸葛爽（振武）	1192D 鲍防（江西）	1197C 独孤云（江西）
1186 郑熏（宣歙）	1190B 诸葛爽（夏绥）	1193 衡济（河阳）	1198 独孤损（安南）
1187 郑续（岭南东）	1190C 诸葛爽（河阳）	1194 独孤朗（福建）	1199 独孤霖（宣歙）
1188A 郑权（山南东）	1191A 钱镠（浙西）	1195 独孤峻（浙东）	1200A 穆仁裕（河阳）
1200B 穆仁裕（宣武）	1206 卫伯玉（荆南）	1212C 卢弘正（卢弘止）（宣武）	1217A 卢坦（宣歙）
1201 穆宁（鄂岳））	1207 卫晏（京畿）	1213A 卢弘宣（东川）	1217B 卢坦（东川）
1202 穆赞（宣歙）	1208 霍廷玉（西川）	1213B 卢弘宣（义武）	1218A 卢贞（福建）
1203A 卫中行（陕虢）	1209 卢士玫（幽州）	1214A 卢匡（桂管）	1218B 卢贞（岭南东）
1203B 卫中行（福建）	1210 卢正己（卢元裕）（西川）	1214B 卢匡（昭义）	1219A 卢奂（西川）
1204A 卫次公（陕虢）	1211 卢元卿（鄂岳）	1215A 卢行术（湖南）	1219B 卢奂（岭南东）

（续表）

1204B 卫次公（淮南）	1212A 卢弘正（卢弘止）（义成）	1215B 卢行术（陕虢）	1220 卢彦威（义昌）
1205 卫洙（义成）	1212B 卢弘正（卢弘止）（感化）	1216 卢杞（京畿）	1221A 卢商（浙西）
1221B 卢商（东川）	1224B 卢钧（山南东）	1226 卢群（义成）	1230B 卢简方（振武）
1221C 卢商（鄂岳）	1224C 卢钧（昭义）	1227 卢瑟（福建）	1230C 卢简方（大同）
1222A 卢耽（浙西）	1224D 卢钧（宣武）	1228A 卢潘（黔中）	1230D 卢简方（大同）
1222B 卢耽（山南东）	1224E 卢钧（河东）	1228B 卢潘（朔方）	1231A 卢简求（泾原）
1222C 卢耽（西川）	1224F 卢钧（山南西）	1229A 卢岳（陕虢）	1231B 卢简求（义武）
1222D 卢耽（山南东）	1224G 卢钧（东畿）	1229B 卢岳（容管）	1231C 卢简求（凤翔）
1223 卢从史（昭义）	1225A 卢渥（陕虢）	1229C 卢岳（桂管）	1231D 卢简求（河东）
1224A 卢钧（岭南东）	1225B 卢渥（山南西）	1230A 卢简方（义昌）	1232A 卢简辞（湖南）
1232B 卢简辞（忠武）	1236B 萧洪（鄜坊）	1242A 萧嵩（朔方）	1245B 薛元赏（天平）
1232C 卢简辞（浙西）	1237 萧佑（桂管）	1242B 萧嵩（河西）	1245C 薛元赏（昭义）
1232D 卢简辞（山南东）	1238A 萧仿（岭南东）	1243 萧寘（浙西）	1246A 薛平（义成）
1233 卢懿（凤翔）	1238B 萧仿（义成）	1244A 萧邺（荆南）	1246B 薛平（义成）
1234A 鲜于叔明（李叔明）（邛南）	1239A 萧俶（浙东）	1244B 萧邺（西川）	1246C 薛平（平卢淄青）
1234B 鲜于叔明（李叔明）（东川）	1239B 萧俶（泰宁）	1244C 萧邺（山南西）	1246D 薛平（河中）
1235 鲜于仲通（鲜于向）（西川）	1240 萧华（河中）	1244D 萧邺（河东）	1247 薛戎（浙东）
1236A 萧洪（河阳）	1241 萧复（湖南）	1245A 薛元赏（感化）	1248 薛伾（鄜坊）
1249 薛宏宗（邠宁）	1255 薛眈（东川）	1260A 薛讷（河东）	1266 薛绾（感化）
1250 薛志勤（昭义）	1256A 薛兼训（浙东）	1260B 薛讷（朔方）	1267 薛謇（福建）
1251 薛放（江西）	1256B 薛兼训（河东）	1261 薛舒（黔中）	1268 钟匡时（江西）
1252 薛珏（岭南东）	1257A 薛能（感化）	1262 薛逢（天雄）	1269 钟传（江西）
1253 薛昌朝（德棣）	1257B 薛能（感化）	1263 薛嵩（昭义）	1270A 谢肇（容管）
1254A 薛苹（湖南）	1257C 薛能（忠武）	1264 薛崿（昭义）	1270B 谢肇（安南）
1254B 薛苹（浙东）	1258 薛邕（宣歙）	1265A 薛楚玉（平卢）	1271 韩公武（鄜坊）
1254C 薛苹（浙西）	1259 薛崇（天平）	1265B 薛楚玉（幽州）	1272A 韩弘（宣武）
1272B 韩弘（河中）	1278A 韩建（华州）	1281 韩琮（湖南）	1285 韩逊（朔方）
1273A 韩充（韩璀）（鄜坊）	1278B 韩建（同州）	1282A 韩皋（鄂岳）	1286 韩潭（夏绥）

（续表）

1273B 韩充（韩璀） （义成）	1278C 韩建（忠武）	1282B 韩皋（浙西）	1287 韩遵（朔方）
1273C 韩充（韩璀） （宣武）	1278D 韩建（京畿）	1282C 韩皋（忠武）	1288 韩简（魏博）
1274 韩休琳（河东）	1278E 韩建（平卢淄青）	1282D 韩皋（东畿）	1289 韩○○（朔方）
1275 韩全义（夏绥）	1279A 韩威（安南）	1283 韩游瓌（邠宁）	1290A 阎巨源（振武）
1276 韩允中（韩君雄） （魏博）	1279B 韩威（义武）	1284A 韩滉（浙西）	1290B 阎巨源（邠宁）
1277 韩伖（桂管）	1280 韩约（安南）	1284B 韩滉（浙东）	1291A 阎济美（福建）
1291B 阎济美（浙东）	1298 归仁晦（宣歙）	1303 罗元杲（河阳）	1309 庞复（安南）
1292 戴叔伦（容管）	1299A 归融（山南西）	1304 罗弘信（魏博）	1310A 严公素（容管）
1293 魏少游（江西）	1299B 归融（东川）	1305 罗绍威（魏博）	1310B 严公素（容管）
1294 魏仲犀（山南东）	1300A 颜真卿（河中）	1306A 罗让（福建）	1311 严休复（平卢淄青）
1295 魏仲卿（朔方）	1300B 颜真卿（浙西）	1306B 罗让（江西）	1312A 严武（西川）
1296A 魏义通（黔中）	1300C 颜真卿（荆南）	1307 庞巨昭（容管）	1312B 严武（东川）
1296B 魏义通（河阳）	1301 颜证（桂管）	1308A 庞师古（感化）	1312C 严武（西川）
1297 魏暮（西川）	1302 颜庆复（东川）	1308B 庞师古（感化）	1313A 严绶（河东）
1313B 严绶（荆南）	1318A 严砺（山南西）	1322 苏颋（西川）	1325B 窦羣（湖南）
1313C 严绶（山南东）	1318B 严砺（东川）	1323A 窦易直（陕虢）	1325C 窦羣（容管）
1314 严震（山南西）	1319A 苏文建（同州）	1323B 窦易直（宣歙）	1326 窦滂（宣歙）
1315 严謩（桂管）	1319B 苏文建（邠宁）	1323C 窦易直（浙西）	1327 窦觎（淮南）
1316A 严谟（黔中）	1319C 苏文建（邠宁）	1323D 窦易直（山南东）	1328A 窦璟（鄜坊）
1316B 严谟（桂管）	1319D 苏文建（感义）	1323E 窦易直（凤翔）	1328B 窦璟（河中）
1317A 严譔（桂管）	1320 苏光荣（泾原）	1324 窦湆（定边）	1329 窦瀚（河东）
1317B 严譔（江西）	1321 苏涤（荆南）	1325A 窦群（黔中）	1330 顾少连（东畿）
1331 顾彦朗（东川）			
1332 顾彦晖（东川）			
1333 权德舆（山南西）			

三、唐代藩镇总表

目　录

京畿

编号	相职	姓名	受镇年月	去镇年月	在镇时间	任前官职	任后官职或情形	受镇原因	去镇原因	对中央态度	文武职	备注	碑传
867A		崔光远	至德1.	至德2.	2.	京兆尹	礼尚	朝命	朝命	恭顺	文	大衙兼领	见凤翔
93B	○	王翊	广德2.	大历3.6.	4	(朝官)	卒	朝命	卒	恭顺	文	大衙兼领	见山南东
896		崔涣	大历2.	大历3.8.	2	(朝官)	道刺	朝命	朝命	恭顺	文	大衙兼领	旧一○八、新一二○本传，全文七七八四穆员撰崔公墓志
977	△	敬括	大历3.	大历6.2.	3	同刺	卒	朝命	卒	恭顺	文	大衙兼领	旧一一五、新一七七本传
801A		张延赏	大历6.5.	大历6.7.	三月	河南尹	淮南节度	朝命	朝命	恭顺	文	大衙兼领	见淮南
386C		李栖筠	大历6.7.	大历11.3.	5	浙西观察	卒	朝命	卒	恭顺	文	大衙兼领	见山南西
405B		李涵	大历11.4.	大历14.	4	浙西观察	太子少傅	朝命	朝命	恭顺	文	大衙兼领	见浙西
1192B		鲍防	大历14.5.	大历14.5.	一月	河东节度	福建观察	朝命	朝命	恭顺	文	大衙兼领	见河东
925	※	乔琳	大历14.8.	大历14.11.	四月	怀刺	工尚	朝命	朝命	恭顺	文	大衙兼领	旧一二七、新一二四下本传
906C	●	崔宁	大历14.11.	建中1.	2	西川节度	右仆	朝命	朝命	恭顺	武	大衙兼领	见鄜坊
1216	△	卢杞	建中2.2.	建中2.2.	一月	中丞	宰相	朝命	朝命	恭顺	文	大衙兼领	旧一三五、新二二三下本传
648		袁高	建中2.2.	建中2.4.	三月	中丞	韶州长史	朝命	朝命	恭顺	文	大衙兼领	旧一五三、新一二○本传
1207		卫晏	建中2.3.		数月	中舍		朝命		恭顺	文	中丞兼领	

（续表）

编号	相职	姓名	受镇年月	去镇年月	在镇时间	任前官职	任后官职或情形	受镇原因	去镇原因	对中央态度	文武职	备注	碑传
998		杨真	建中 3.7.			兵部郎中		朝命		恭顺		中丞兼领	
342D		李昌巙	建中 4.10.			少府监		朝命		恭顺	武		
372C	△●	李晟	兴元 1.3.	兴元 1.	数月	河中节度	宰相	朝命		恭顺	武	1.廊坊兼领 2.参阅考释	见廊坊本传
513		尚可孤	兴元 1.3.	兴元 1.10.	数月	神策将	卒	朝命	卒	恭顺	武		旧一四四、新一一一○本传
1278D	●	韩建	天祐 1.3.	天祐 3.6.		忠武节度	平卢节度	强藩所命	强藩所命	跋扈	武	附朱全忠	见忠武
76B	●	王重师	天祐 3.			平卢节度		强藩所命		跋扈	武	附朱全忠	见平卢淄青
同州													
734B		康日知	兴元 1.1.	兴元 1.	数月	深赵观察	晋慈慈观察	朝命	朝命	恭顺	武	参阅考释	见深赵
188A		朱全忠（朱温）	中和 2.8.	中和 3.	2	黄巢降将	宣武节度	朝命	朝命	跋扈	武		见宣武
40		王行约	乾宁 1.	乾宁 2.7.	2				为李克用败走弃镇	叛逆	武	1.附李茂贞 2.参阅考释	
1319A		苏文建	乾宁 2.	乾宁 2.10.	数月		靖难节度	强藩所命	强藩所命	跋扈	武	附李克用	
498		李继瑭	乾宁 4.4.	乾宁 4.9.	六月	同州防御使		强藩所命	惧他藩而弃镇	跋扈	武	附李茂贞	
1278B	●	韩建	4.10.	天复 1.11.	5	华州节度	忠武节度	拥兵据位	强藩所命	跋扈	武		见忠武

（续表）

编号	相职	姓名	受镇年月	去镇年月	在镇时间	任前官职	任后官职或情形	受镇原因	去镇原因	对中央态度	文武职	备注	碑传
1081B		赵珝	天复1.11	天祐1.	4	忠武节度	右金吾上将军	强藩所命	自请	跋扈	武	附朱全忠	见忠武
1123	●	刘知俊	天祐1.	天祐3.	3	郑刺		强藩所命		跋扈	武	附朱全忠	旧史十三、新史四四本传
943C		冯行袭	天祐3.	天祐4.	1	金州节度	（唐亡）	强藩所命	（唐亡）	跋扈	武	1.附朱全忠 2.参阅考释	新一八六、旧史十五、全文八三六杜晓撰匡国节度冯行袭碑

华州

编号	相职	姓名	受镇年月	去镇年月	在镇时间	任前官职	任后官职或情形	受镇原因	去镇原因	对中央态度	文武职	备注	碑传
490		李怀让	上元2.	广德1.9.	3	左神武大将军	卒	朝命	自杀	恭顺	武	参阅考释	全文四一九常衮撰华州刺史李公墓志
540		周智光	广德1.10	大历2.1.	4	神策部将	潼刺	朝命	叛乱	叛逆	武	参阅考释	旧一一四、新二三四上本传
268		李元谅（骆元光）	建中4.11.	贞元9.11.	10	镇国军副使	卒	朝命	卒	恭顺	武	参阅考释	旧一四四、新一五六本传、全文六六一七张濛撰镇国军节度使李公功德颂
1278A	●	韩建	乾宁3.	天复1.11.	6	神策将	忠武节度	朝命	强藩所命	跋扈	武	参阅考释	见忠武
288		李存	天复1.11.	天复2.	数月	商刺		强藩所命		跋扈	武	1.附朱全忠 2.参阅考释	

（续表）

编号	相职	姓名	受镇年月	去镇年月	在镇时间	任前官职	任后官职或情形	受镇原因	去镇原因	对中央态度	文武职	备注	碑传
720		娄敬思	天复2.	天复3.1.	1		卒		为青州牙将张厚杀				
185C		朱友裕	天复3.2.	天祐1.10.	2	护国节度留后	卒	强藩所命	卒	跋扈	武	附朱全忠	旧史十二、新史十三本传
奉天													
1029	●	齐克俭	中和2.3.			右神策将军		朝命				参阅考释	
凤翔													
867C		崔光远	上元1.1.	上元2.1.	1	太子少保	剑南节度	朝命	朝命	恭顺	文		旧一一一、新一四一本传
451B		李鼎	上元1.12.	上元2.6.	七月	右羽林大将军	陇右节度	朝命	朝命	恭顺	武		
691		高升	上元2.	广德1.	2		（朝官）	朝命	朝命	恭顺	武		
666		孙志直	广德2.	广德2.			（入朝奉朝请）	朝命	朝命	恭顺			
336C	※	李抱玉	永泰1.1.	大历5.1.	5	泽潞节度	泽潞节度	朝命	朝命	恭顺	武	泽潞兼领	旧一三二、新一三八本传
564C		皇甫温	大历5.1.	大历5.3.	三月	陕州节度	陕州节度	朝命	朝命	恭顺	武		

（续表）

编号	相职	姓名	受镇年月	去镇年月	在镇时间	任前官职	任后官职或情形	受镇原因	去镇原因	对中央态度	文武职	备注	碑传
333B	△	李忠臣	大历 5.3.	大历 5.	数月	淮西节度	淮西节度	朝命	朝命	恭顺	武	准西兼领	旧一四五、新二二四下本传
336E	※	李抱玉	大历 6.春	大历 12.3.	7	泽潞节度	卒	朝命	卒	恭顺	武	泽潞兼领此再任	
197B	●	朱泚	大历 12.12.	建中 3.4.	5	幽州节度	太尉	朝命	朝命	恭顺	武		旧二〇〇下、新二二五中本传
847D	○	张镒	建中 3.4.	建中 4.10.	2	宰相	卒	朝命	军乱被杀	恭顺	文		旧一二五、新一五二本传
439		李楚琳	建中 4.10.	兴元 1.8.	十月	凤翔军将	左金吾大将军	拥兵据位	朝命	叛逆	武		
372D	△※○	李晟	兴元 1.8.	贞元 3.3.	3	中书令	中书令	朝命	朝命	恭顺	武		旧一三三、新一五四本传,全文五三八表度撰西平郡王李公碑
202		邢君牙	贞元 3.3.	贞元 14.3	11	凤翔都虞候	卒	朝命	卒	恭顺	武		旧一四四、新一五六本传
833		张敬则（张昌）	贞元 14.3	元和 2.6.	10	右神策将军	卒	朝命	卒	恭顺	武		旧一四四本传
443A	△	李墉	元和 2.6.	元和 4.3.	2	京兆尹	河东节度	朝命	朝命	恭顺	文		旧一五七、新一四六本传

（续表）

编号	相职	姓名	受镇年月	去镇年月	在镇时间	任前官职	任后官职或情形	受镇原因	去镇原因	对中央态度	文武职	备注	碑传
675		孙璹	元和4.	元和6.	3	（宿卫将军）	羽林大将军	朝命	朝命	恭顺	武		
401		李惟简	元和6.5.	元和13.5.	7	右金吾大将军	卒	朝命	卒	恭顺	武		
453C		李愬	元和13.7.	元和13.7.		山南东节度	武宁节度	朝命	朝命		武	未至镇即改官	新一五四、旧一三三本传
1182B	○	郑余庆	元和14.4.	元和14.	1	左仆	太子少师判国子祭酒	朝命	朝命	恭顺	文		旧一五八、新一六五本传
452C		李愿	元和14.4.	长庆1.2.	2	刑尚	宣武节度	朝命	朝命	恭顺	武		旧一三三、新一五四本传
302E	●	李光颜	长庆1.2.	长庆1.12.	十月	邠宁节度	忠武节度	朝命	朝命	恭顺	武		旧一六一、全文七一三李本传 程撰河东节度李光颜碑
445D		李逊	长庆1.12.	长庆2.1.		忠武节度	刑尚	朝命	朝命	恭顺	文	未至镇改官	旧一五、新一六三本传
882B		崔倰	长庆2.1.	长庆2.3.	三月	工尚	河南尹	朝命	朝命	恭顺	文		全文六五四元积撰赠太子少保崔公墓志,旧一一九、新一四二本传

（续表）

编号	相职	姓名	受镇年月	去镇年月	在镇时间	任前官职	任后官职或情形	受镇原因	去镇原因	对中央态度	文武职	备注	碑传
59C		王承元	长庆2.3.	大和5.11.	10	廊坊节度	平卢节度	朝命	朝命	恭顺			旧一四三、新一四八本传
1323E	○	窦易直	大和5.11.	大和7.3.	2	左仆	卒	朝命	卒	恭顺	文		旧一六七、新一五一本传
254A	△	杜悰	大和7.3.	大和7.5.	三月	京兆尹	忠武节度	朝命	丁内艰	恭顺	文		旧一四七、新一六六本传
503H		李昕	大和7.5.	大和9.9.	3	太子太保	忠武节度	朝命	朝命	恭顺	武		旧一三三、新一五四本传，全文六六三李申锡撰义成节度李公碑
1156		郑注	大和9.9.	大和9.11.	三月	工尚	处斩	朝命	朝命	恭顺	文		旧一六九、新一七九本传
768		陈君奕	大和9.11.	会昌1.	6	左神策大将军		朝命	朝命	恭顺	武		新一四八陈楚传附
1036F		裴宏泰	会昌1.	会昌6.	6	邠宁节度	太子少傅	朝命	朝命	恭顺			
143D		石雄	会昌6.	大忠1.	2	河阳节度	左龙武统军	朝命	朝命	恭顺			旧一六一、新一七○本传
883C	○	崔珙	大中2.9.	大中3.	1	守太子少保	太子少保分司	朝命	朝命	恭顺	文		旧一七七、新一八二本传
351E		李批	大中3.	大中4.	2	刑尚		朝命		恭顺	武		

（续表）

编号	相职	姓名	受镇年月	去镇年月	在镇时间	任前官职	任后官职或情形	受镇原因	去镇原因	对中央态度	文武职	备注	碑传
1155B		郑光	大中 4.	大中 5.	2	平卢节度	河中节度	朝命	朝命	恭顺	武		新二〇六本传
430B		李业	大中 5.	大中 5.	数月		河东节度	朝命	朝命	恭顺	文		附见拓本李业撰唐李贻墓志
353E		李拭	大中 5.5.	大中 6.	2	河东节度	秘书监	朝命	朝命	恭顺	文		新一四六本传
883E	○	崔珙	大中 6.	大中 8.	3	东部留守	卒	朝命	卒	恭顺	文	此再任	
1066C		裴识	大中 8.	大中 11.4.	4	泾原节度	忠武节度	朝命	朝命	恭顺	文		旧一七〇、新一七三本传
1233		卢懿	大中 11.4.	大中 11.12.	九月	吏传		朝命		恭顺	文		
1104C		蒋系	大中 11.12.	大中 13.11.	2	权知刑尚	兵尚	朝命	朝命	恭顺	文		旧一四九、新一三二本传
1231C		卢简求	大中 13.	咸通 1.8.	数月	义武节度	河东节度	朝命	朝命	恭顺	文		旧一六三、新一七七本传
1037G	○	裴休	咸通 1.8.	咸通 2.1.	六月	河东节度	户尚	朝命	朝命	恭顺	文		旧一七七、全文七六八本传、肇撰宣州新兴寺碑
147D	●○	白敏中	咸通 2.2.	咸通 4.闰6.	3	宰相	卒	朝命	卒	恭顺	文	参阅考释	旧一六六、新一九〇本传
2541	●○	杜悰	咸通 4.闰6.	咸通 10.	7	宰相	荆南节度	朝命	朝命	恭顺	文	此再任	
502B		李镇.	咸通 12.					朝命		恭顺			

（续表）

编号	相职	姓名	受镇年月	去镇年月	在镇时间	任前官职	任后官职或情形	受镇原因	去镇原因	对中央态度	文武职	备注	碑传
138D	●○	令狐绹	咸通13.	乾符6.	8	太子太保分司	卒		卒	恭顺	文		旧一七三、新一六六本传
1144B	○	刘邺	乾符6.	乾符6.冬	数月	淮南节度	左仆	朝命	朝命	恭顺	文	参阅考释	旧一七七、新一八三本传
1162A	△●○	郑畋	乾符6.12	中和1.11.	2	太子宾客	司空兼门下即太子少傅分司	朝命	兵乱被逐	恭顺	文	参阅考释	旧一七八、新一八五本传
340	●	李昌言	中和1.11	中和4.12.	3	凤翔行军司马	卒	拥兵据位	卒	跋扈	武		
341	●	李昌符	中和4.12.	光启3.5.	3	凤翔留后	伏诛	袭位	谋反	叛逆	武		
363B	●	李茂贞	光启3.8.	天祐4.	21	武定节度	（唐亡）	朝命	（唐亡）	跋扈	武		旧史一三三、新史四〇本传
656A	●	徐彦若	景福2.1.			宰相	大御	朝命			文	1.未至镇时李茂贞据凤翔不受代 2.参阅考释	
437		李嗣周	乾宁4.6.			覃王	覃王	朝命				1.原节度使李茂贞拒不受代未至镇 2.参阅考释	

（续表）

编号	相职	姓名	受镇年月	去镇年月	在镇时间	任前官职	任后官职或情形	受镇原因	去镇原因	对中央态度	文武职	备注	碑传
陇州													
610A		韦皋	建中4.11.	兴元1.8.	十月	陇右留后	左金吾卫大将军	朝命	朝命	恭顺	文		见西川
泾原													
680B		马璘	大历3.12.	大历11.12.	8	邠宁节度	卒	朝命	卒	恭顺	武	左仆射知省事兼领	见邠宁
579		段秀实	大历12.1.	建中1.2.	4	泾原节度副使	司农卿	朝命	朝命	恭顺	武		旧一二八、新一五五本传
489C		李怀光	建中1.2.	建中1.2.	一月	邠宁节度	邠宁节度	朝命	朝命	恭顺	武	1.邠宁兼领 2.参阅凤翔	见邠宁
197C	●	朱泚	建中1.2.	建中1.2.	七月	凤翔节度	凤翔节度	朝命	朝命	恭顺	武	凤翔兼领	见凤翔
531A		孟皞	建中1.8.	建中1.	数月	右丞	入朝	朝命	朝命	恭顺	文		附见旧一二七姚令言
556		姚令言	建中2.	建中4.10	3	泾原衙前兵马使	伏诛	朝命	朝命	叛逆	武		旧一二七本传
944		冯河清	建中4.10.	兴元1.4.	七月	泾原兵马留后判官	卒	朝命	为乱军所杀	恭顺	武		旧一二五、新一四七本传
160		田希鉴	兴元1.6.	兴元1.10.	四月	泾原牙将	卒	拥兵自据	伏诛	恭顺	武		旧一二五中、新二〇〇下朱泚传附传

（续表）

编号	相职	姓名	受镇年月	去镇年月	在镇时间	任前官职	任后官职或情形	受镇原因	去镇原因	对中央态度	文武职	备注	碑传
508		李观	兴元 1.10.	贞元 3.	4	右龙武大将军	少府监	朝命	朝命	恭顺	武		旧一四四、新一五六本传
1124		刘昌	贞元 4.1.	贞元 19.5.	16	宣武行营节度	卒	朝命	卒	恭顺	武		旧一五二、新一七○本传 全文撰南川郡王刘公纪功德碑 全文撰南川郡王刘九德舆撰南川道碑 王刘公神道碑
577		段佑	贞元 19.5.	元和 3.3.	5	泾原留后	右神策大将军	朝命	朝命	恭顺	武	参阅考释	旧一五二、新一七○本传
196		朱忠亮（朱仕明）	元和 3.3.	元和 8.10.	6	定平镇兵马使	卒	朝命	卒	恭顺	武		旧一五一、新一七○本传
1320		苏光荣	元和 8.10.	元和 10.春	2	神策普润镇使	卒	朝命	朝命	恭顺	武	参阅考释	
431		李汇	元和 10.春	元和 10.7.	数月	右羽林将军	卒	朝命	卒	恭顺	武		新一三六本传 七三八亚沈之撰泾原节度使李常侍墓志
118A		王潜	元和 10.7.	长庆 1.1.	6	将作监	荆南节度	朝命	朝命	恭顺	文		新一九一本传

（续表）

编号	相职	姓名	受镇年月	去镇年月	在镇时间	任前官职	任后官职或情形	受镇原因	去镇原因	对中央态度	文武职	备注	碑传
155B		田布	长庆1.1.	长庆1.8.	数月	河阳节度	魏博节度	朝命	朝命	恭顺	武		旧一四一、新一四八本传；英华九一四庚承宣撰魏博节度使田布碑
983A		杨元卿	长庆1.8.	宝历2.5.	5	右金吾卫将军	河阳节度	朝命	朝命	恭顺	武		旧一六、新一七一本传
370B		李佑	宝历2.5.	大和2.	3	金吾卫大将军	左金吾大将军	朝命	朝命	恭顺	武	参阅考释	旧一六、新二一四本传
326A		李岵（李有裕）	大和2.10.	大和3.4.	七月	金吾将军	横海节度	朝命	朝命	恭顺	武		
823B		张惟清	大和3.4.	大和7.7.	5	右金吾大将军	卒	朝命	卒	恭顺	武		
736B		康志睦	大和7.7.	大和7.11.	五月	右龙武统军	卒	朝命	卒	恭顺	武		新一四八本传
195		朱叔夜	大和7.11.	大和9.	2	左神策武城使	左武卫大将军	朝命	朝命	恭顺	武		
1118A		刘沔	大和9.6.	大和9.9.	四月	右神策大将军	振武节度	朝命	朝命	恭顺	武	参阅考释	旧一六、新一七一本传；拓本韦博撰刘沔碑

（续表）

编号	相职	姓名	受镇年月	去镇年月	在镇时间	任前官职	任后官职或情形	受镇原因	去镇原因	对中央态度	文武职	备注	碑传
72D		王茂元	大和 9.10.	开成 5.	6	岭南东节度	将作监	朝命	朝命	恭顺	武		旧一五一、新一七〇本传
1014		杨镇	开成 5.	会昌 3.	4			朝命		恭顺	武		
151A		史宪忠	会昌 3.	会昌 6.	4	陇州防御使	朔方节度	朝命	朝命	恭顺	武		新一四八传
738A		康季荣	大中 2.	大中 6.	5	右威卫大将军	武宁节度	朝命	朝命	恭顺	武	参阅考释	
1066B		裴识	大中 6.	大中 8.	3	大理卿	凤翔节度	朝命	朝命	恭顺	文		见凤翔
1231A		卢简求	大中 9.	大中 11.8.	3	寿刺	义武节度	朝命	朝命	恭顺	文		旧一六三、新一七七本传
731		陆耽	大中 11.8.	大中 11.10.	三月	盐州防御使		朝命	朝命	恭顺	武		
331B		李承勋	大中 11.10.	大中 12.5.	八月	秦成防御使	岭南节度	朝命	朝命	恭顺	武		
932A		浑福	大中 12.	咸通 1.	3	金吾大将军	金吾大将军	朝命	朝命	恭顺	文		全文七九三路岩撰义昌军节度使浑公碑
480A		李缵	咸通 1.				少府监	朝命	朝命	恭顺	武		
282B		李弘甫	咸通 5.					朝命	朝命	恭顺			
546A		周宝	乾符 1.	乾符 6.10.	6	金吾将军	镇海节度	朝命	朝命	恭顺	武		新一八六本传

（续表）

编号	相职	姓名	受镇年月	去镇年月	在镇时间	任前官职	任后官职或情形	受镇原因	去镇原因	对中央态度	文武职	备注	碑传
939		程崇楚	乾符6.10.	中和1.4.	2		卒	朝命	卒	恭顺			
567		胡公素	中和2.	中和2.2.	数月		卒	朝命	卒	恭顺			
827		张钧	中和2.2.	乾元1.2.	12	泾原大将	卒	朝命	卒	恭顺	武		
851		张镶	乾宁1.11.	乾元2.12.	2	泾原留后	卒	袭见钧位	卒		武		
840	●	张琏	乾宁2.12.	光化1.	3	泾原留后		袭父镶后		跋扈		附李茂贞	
811		张珂	光化2.1.	光化2.	数月	泾原留后		强藩所命	他镇所逐	跋扈		凤翔兼领	
363D	●	李茂贞	光化2.9.	天祐4.	9	凤翔节度	(唐亡)	拥兵据位	(唐亡)		武	凤翔	见凤翔

邠宁

编号	相职	姓名	受镇年月	去镇年月	在镇时间	任前官职	任后官职或情形	受镇原因	去镇原因	对中央态度	文武职	备注	碑传
216A		吕崇贲	至德1.7.	至德1.12.	六月	蒲刺		朝命	朝命	恭顺			旧一一〇、新一四七本传
79A		王思礼	至德1.12.	乾元2.7.	3	元帅府马军都将	兵尚	朝命	朝命	恭顺	武	兵尚兼领	旧一二〇、新一三七本传
745D	△※〇	郭子仪	上元1.1.	宝应1.2.	3	河南诸道行营元帅	朔方节度	朝命	朝命	恭顺	武		附见全文三六四张孚撰臧希晏碑
1024A		臧希让	宝应1.	宝应1.3.	数月		山南西节度	朝命	朝命	恭顺	武		
857		张蕴琦	宝应1.	广德2.	2			朝命	吐蕃陷邠州弃镇	恭顺			
146B		白孝德	广德2.	大历1.	2	鄜坊节度	太子少博	朝命	朝命	恭顺	武		旧一〇九、新一三六本传

编号	相职	姓名	受镇年月	去镇年月	在镇时间	任前官职	任后官职或情形	受镇原因	去镇原因	对中央态度	文武职	备注	碑传
680A		马璘	大历 1.2.	大历 3.12.	3	四镇行营节度使	泾原节度	朝命	朝命	恭顺	武		旧一五二、新一三八本传，全文四一九裵撰四镇北庭行营节度马公碑
489A	●	李怀光	大历 14.闰	兴元 1.3.	6	朔方都虞候	太子太保	朝命	代宗朝顺德宗朝叛逆	叛逆	武		旧一二一、新二二四上本传
1283		韩游瓌	兴元 1.4.	贞元 4.7.	5	邠宁兵马使	右龙武统军	朝命	朝命	恭顺	武	参阅考释	旧一四四、新一五六本传
854		张献甫	贞元 4.7.	贞元 12.5.	9	左金吾将军	卒	朝命	卒	恭顺	武		旧一二二、新一三三本传
1006		杨朝晟	贞元 12.5.	贞元 17.5.	6	邠宁都虞候	卒	朝命	卒	恭顺	武		旧一二二、新一五六本传
418		李朝寀	贞元 17.6.	贞元 17.6.	一月	定平镇兵马使		朝命					
690		高固	贞元 17.6.	元和 2.12.	7	邠宁兵马使	右羽林统军	拥兵据位	朝命	恭顺	武		旧一五二、新一七〇本传
700C	●	高崇文	元和 2.12.	元和 4.9.	2	西川节度	卒	朝命	卒	恭顺	武		旧一五一全文五三一费之撰南平郡王高崇文碑

（续表）

编号	相职	姓名	受镇年月	去镇年月	在镇时间	任前官职	任后官职或情形	受镇原因	去镇原因	对中央态度	文武职	备注	碑传
1290B		阎巨源	元和4.10.	元和9.12.	5	右羽林统军	卒	朝命	卒	恭顺	武		旧一五一本传
751A		郭钊	元和9.11.	元和13.	4	左金吾大将军	司农卿	朝命	朝命	恭顺	武		旧一二〇、新一三七附子仪传
942B		程权（程执恭）	元和13.6.	元和14.5.	1	横海节度	卒	朝命	卒	恭顺	武		旧一四八、新二一三程日华传附
1188C		郑权	元和13.			横海节度	原王傅	朝命	朝命		文	1.未至镇即改官 2.参阅考释	见山南东
302D	●	李光颜	元和14.5.	长庆1.2.	2	忠武节度	凤翔节度	朝命	朝命	恭顺	武		见凤翔
711C		高霞寓	长庆1.2.	宝历2.4.	6	右卫大将军	右金吾大将军	朝命	朝命	恭顺	武		旧一六二、新一四一本传
696C		高承简	宝历2.4.	大和1.8.	2	右金吾卫大将军	卒	朝命	卒	恭顺	武		旧一五一本传全文一七〇本传又金文七二四崔郾撰义成节度高公德政碑
582D		柳公绰	大和1.8.	大和2.6.	1	刑尚	刑尚	朝命	朝命	恭顺	文		旧一六五、新一六三本传
425B		李进诚	大和2.6.	大和3.	1	灵武节度		朝命		恭顺	武		

（续表）

编号	相职	姓名	受镇年月	去镇年月	在镇时间	任前官职	任后官职或情形	受镇原因	去镇原因	对中央态度	文武职	备注	碑传
1146B		刘遵古	大和 3.5.	大和 3.12.	八月	左金吾将军	东川节度	朝命	朝命	恭顺	文	参阅考释	
503F		李昕	大和 3.12.	大和 6.3.	3	太子少师	武宁节度	朝命	朝命	恭顺	武		见凤翔
527		孟友亮	大和 6.3.	大和 7.6.	2	金吾卫大将军		朝命		恭顺	武		
279		李用	大和 7.6.	开成 2.3.	4	右神策大将军	卒	朝命	卒	恭顺	武		
746		郭行余	大和 9.11	大和 9.11.		大理卿	卒	朝命	卒			1.未至镇诛官不充被杀 2.参阅考释	旧一六九、新一七九本传
332		李直臣	开成 2.3.	开成 3.	2	金吾大将军		朝命		恭顺	武		
149D		史孝章	开成 3.7.	开成 3.10	四月	右金吾大将军	卒	朝命	卒	恭顺	文		见鄜坊
749		郭旼	开成 3.10	开成 4.5.	八月	左金吾将军	卒	朝命	卒	恭顺	武		
548A		符澈	开成 4.6.	开成 5.	1	长武坡使	河东节度	朝命	朝命	恭顺	武		附见全文七一四李宗闵撰符磷碑

（续表）

编号	相职	姓名	受镇年月	去镇年月	在镇时间	任前官职	任后官职或情形	受镇原因	去镇原因	对中央态度	文武职	备注	碑传
1036E		裴弘泰	开成5.	开成5.	数月			朝命		恭顺			
84A		王宰	开成5.	会昌3.4.	3	陇州防御使	忠武节度	朝命	朝命	恭顺	武		旧一五六、新一七二 王智兴传附传 续编卷王宰记石 金石
695B		高承恭	会昌3.	会昌6.2.	4	右金吾卫大将军	招讨党项使	朝命	朝命	恭顺	武		
796		张君绪	会昌6.	大中3.	4			朝命		恭顺	武	参阅考释	
147A	△●○	白敏中	大中5.3.	大中6.4.	2	宰相	西川节度	朝命	朝命	恭顺	文		见凤翔
717A	△	毕諴	大中6.7.	大中10.10.	5	刑侍	昭义节度	朝命	朝命	恭顺	文		旧一七七、新一八三 本传
587		柳熹	大中10.	大中11.2.	数月		河南尹	朝命	朝命	恭顺			
1163B		郑涓	大中12.	大中11.2.	1	夏绥节度		朝命	朝命	恭顺			
1129		刘异	大中12.4	大中12.	数月	右卫使		朝命	朝命	恭顺	武	参阅考释	
1066F		裴识	咸通1.	咸通1.	1	天平节度	朔方节度	朝命	朝命	恭顺	文		见凤翔
625C		韦澳	咸通2.	咸通3.	2	吏侍	秘书监分司	朝命	朝命	恭顺	文		旧一五八、新一六九 本传
948C		温璋	咸通3.7.	咸通5.	3	武宁节度	京兆尹	朝命	朝命	恭顺	文	参阅考释	旧一六五、新一九一 传
1249		薛宏宗	咸通7.	咸通9.	3					恭顺			

（续表）

编号	相职	姓名	受镇年月	去镇年月	在镇时间	任前官职	任后官职或情形	受镇原因	去镇原因	对中央态度	文武职	备注	碑传
280		李平	咸通10.	咸通12.	3		卒		卒	恭顺	文		
325A		李侃	乾符1.	乾符6.2.	6		河东节度	朝命	朝命	恭顺			
291		李存礼	乾符6.	中和1.	3				朝命	恭顺		参阅考释	
354		李重古	中和1.4.	中和1.7.	四月	邠州别将		朝命			武		
190	●	朱玫	中和1.7.	光启2.12.	6	邠宁节度副使	卒	朝命	叛逆伏诛	叛逆	武	1.附李茂贞 2.参阅考释	旧一七五、新二二四下本传
41	●	王行瑜	光启3.1.	乾宁2.8.	9	邠州都将	卒	拥兵据位	削夺官爵	叛逆	武	附李克用	旧一七五、新二二四下本传
1319B	●	苏文建	乾宁2.10	乾宁3.春	数月	匡国节度	昭武节度	强藩所命		跋扈	武	参阅考释	
1319C	●	苏文建	乾宁3.秋	乾宁3.秋	数月		宁塞节度			跋扈	武	1.此再任 2.参阅考释	
358B		李思谏	乾宁3.9.	乾宁4.1.	五月	定难节度	宁塞节度			跋扈	武		
674A		孙储	乾宁4.1.			天雄节度	天雄节度	朝命	(唐亡)		文	1.未至镇为邠军所拒 2.参阅考释	新一八三孙偓传附
501B		李继徽（杨崇本）	乾宁4.7.	天祐4.	11		(唐亡)	强藩所命	(唐亡)	跋扈	武	初附李全忠中附朱全忠后附李茂贞	旧史十三、新史四〇

（续表）

鄜坊

编号	相职	姓名	受镇年月	去镇年月	在镇时间	任前官职	任后官职或情形	受镇原因	去镇原因	对中央态度	文武职	备注	碑传
745C	△※○	郭子仪	上元1.1.	宝应1.2.	3	河南诸道行营元帅	朔方河中行营元帅	朝命	朝命	恭顺	武		见邠宁
42B		王仲升	广德1.	广德1.	数月			朝命	朝命	恭顺	武		
146A		白孝德	广德2.	广德2.	2	安西北庭行营节度	邠宁节度	朝命	朝命	恭顺	武		旧一〇九，新一三六本传
256		杜冕	广德2.	永泰1.	2			朝命		恭顺			
300		李光进	永泰1.	大历4.6.	5	（朝官）	太子太保	朝命	朝命	恭顺	武		新一三六本传
1024C		臧希让	大历4.6.	大历9.9.	6	太子詹事	卒	朝命	卒	恭顺	武		见邠宁
744		郭子昂	大历9.	大历14.	6			朝命		恭顺			
238		吴希光	大历14.5.闰	大历14.	数月	右羽林大将军		朝命		恭顺	武		
906E	●	崔宁（崔旰）	大历14.11.	建中2.7.	2	西川节度	右仆	朝命	朝命	恭顺	武	京畿兼领	旧一一七，新一一四本传
933B		浑瑊	建中4.10.	兴元1.3.	数月	右金吾卫大将军	朔方节度	朝命	朝命		武	未至镇遥领节度时李建徽为鄜坊观察	见朔方
367		李建徽	建中2.7.	兴元1.3.	3	延剌		朝命	战败弃守	恭顺			

（续表）

编号	相职	姓名	受镇年月	去镇年月	在镇时间	任前官职	任后官职或情形	受镇原因	去镇原因	对中央态度	文武职	备注	碑传
372B	△●	李晟	兴元 1.3.	兴元 1.6.	四月	河中节度	司徒中书令	朝命	朝命	恭顺	武		旧一三三、新一五四本传，全文五三八裴度撰西平郡王李公碑
664B		唐朝臣	兴元 1.8.	贞元 2.7.	2	同绛节度	振武节度	朝命	朝命	恭顺	武		
1095		论惟明	贞元 2.7.	贞元 3.11.	2	右金吾大将军	卒	朝命	卒	恭顺	武		
88		王栖曜	贞元 4.1.	贞元 18.10.	15	左龙武大将军	卒	朝命	卒	恭顺	武	参阅考释	新一七〇本传
1112		刘公济	贞元 18.11.	贞元 20.1.	2	同刺	工尚	朝命	朝命	恭顺	文		附见全文五八君石表阴宗元撰先友记
1046A		裴玢	贞元 20.1.	元和 3.2.	5	鄜坊行军司马	山南西道节度	朝命	朝命	恭顺	武		旧一四六、新一一〇本传
962B		路恕	元和 3.2.	元和 6.	4	右金吾大将军	太子詹事	朝命	朝命	恭顺	文		旧一二二、新一三八本传
29B		元义方	元和 7.1.	元和 8.4.	2	京兆尹	卒	朝命	卒	恭顺	文		新二〇一本传
1248		薛伾	元和 8.4.	元和 8.7.	四月	将作监	卒	朝命	卒	恭顺	文		
1044A		裴武	元和 8.8.	元和 8.12.	五月	司农卿	京兆尹	朝命	朝命	恭顺	武		旧一四六本传
456		李锸	元和 8.12.	元和 12.	4	京兆尹	京兆尹	朝命		恭顺			

（续表）

编号	相职	姓名	受镇年月	去镇年月	在镇时间	任前官职	任后官职或情形	受镇原因	去镇原因	对中央态度	文武职	备注	碑传
1271		韩公武	元和 12.11.	元和 15.1.	3	宣武都虞候	金吾大将军	朝命	自请	恭顺	武		旧一五六、新一五八本传
1273A		韩充（韩璀）	元和 15.	长庆 2.3.	3	少府监	义成节度	朝命	朝命	恭顺	武		旧一五六、新一五八本传
59B		王承元	长庆 2.2.	长庆 2.7.	六月	义成节度	凤翔节度	朝命	朝命	恭顺	文		见凤翔
885C		崔从	长庆 2.7.	长庆 4.6.	2	左丞	吏侍	朝命	朝命	恭顺	文		旧一七七、新一一四本传
743		康艺全	长庆 4.6.	大和 1.	3	左神策大将军	右骁骑卫上将军	朝命	朝命	恭顺	武		
226		何文哲	大和 1.9.	大和 4.	3	左神策大将军		朝命		恭顺	武		
512		邱直方	大和 4.1.	大和 6.	3	左神策大将军		朝命		恭顺	武		
149B		史孝章	大和 6.9.	大和 9.8.	3	右金吾将军	义成节度	朝命	朝命	恭顺	文		旧一八一、新一四八本传全文六〇九刘禹锡撰赠右仆射史公碑
1083		赵㻋	大和 9.8.	大和 9.	数月	左神策大将军		朝命		恭顺	武		
1236B		萧洪	大和 9.10.	开成 1.7.	十月	河阳节度	流驩州	朝命	朝命	恭顺			

（续表）

编号	相职	姓名	受镇年月	去镇年月	在镇时间	任前官职	任后官职或情形	受镇原因	去镇原因	对中央态度	文武职	备注	碑传
951C		傅毅	开成1.7.	开成4.	3	左金吾卫将军		朝命		恭顺	武		
338		李昌元	开成4.4.	会昌3.	5	右羽林统军		朝命		恭顺	武		
156A		田牟	会昌3.	会昌3.7.	数月	丰刺	武宁节度	朝命	朝命	恭顺	武		旧一四一、新一四八本传
1152		刘础	会昌3.	会昌6.	4	左金吾卫大将军		朝命		恭顺	武		
769		陈君从	大中2.	大中4.	3	邠刺		朝命		恭顺	武	参阅考释	
277B		李丕	大中5.	大中6.	2	振武节度	卒	朝命	卒	恭顺	武		新二一四刘悟传附传
359E		李彦佐	大中6.	大中7.	2	太子少傅	灵武节度	朝命	朝命	恭顺	武	参阅考释	
574A		侯固	咸通1.	咸通3.	3	濠刺		朝命	朝命	恭顺	文		
1328A		窦璟	咸通7.	咸通10.	4			朝命		恭顺		参阅考释	
398A		李国昌	咸通10.	乾符1.	6	云州守捉使	振武节度	朝命	朝命	恭顺	武	参阅考释	新二一八沙陀传、旧史二一五皇纪
740		康传业	乾符1.	乾符4.	4		卒	朝命	卒	恭顺	武		新一四八附康承训传
317		李孝昌	乾符5.	中和2.	5			朝命	朝命	恭顺			

（续表）

编号	相职	姓名	受镇年月	去镇年月	在镇时间	任前官职	任后官职或情形	受镇原因	去镇原因	对中央态度	文武职	备注	碑传
511	●	东方逵	中和2.7.	光启2.	5	鄜坊留后		朝命		恭顺			
355	●	李思孝	光启2.	乾宁3.	11	夏州大将	太师致仕	拥兵据位	自请	恭顺	武		新二二〇上党项传
357A		李思敬	乾宁4.	光化2.	3	鄜坊留后	武定节度	袭兄思孝位	朝命	恭顺	武		新二二〇上党项传
500B		李继颜	光化2.	天复1.	3	凤翔将		强藩所命	强藩所命	跋扈	武	附李茂贞	
366		李茂勋（李周彝）	天复2.10.	天复2.12.	1	凤翔都将	元帅府行军司马	强藩所命	他镇所逐	跋扈	武	1.附李茂贞 2.参阅李考释	旧史一三二本传
12		氏叔琮	天复3.	天祐1.4.	2	晋刺	右龙武统军	强藩所命	强藩强命	跋扈	武	1.附朱全忠 2.参阅朱考释	旧史一一九、新史四三本传
1143		刘鄩	天祐1.6.	天祐2.2.	九月	宣武元从都押牙	右金吾大将军	强藩所命	他镇所逐	跋扈	武	附朱全忠	旧史一三三、新史二二二本传
360		李彦博	天祐3.	天祐4.	1		（唐亡）	强藩所命	（唐亡）	跋扈	武	附李茂贞	
丹延													
210		李德谦	大历1.			振武军使		朝命		恭顺	武		
539		周皓	大历4.					朝命		恭顺			
延州													
318		李孝恭	中和3.5.			保大行军司马		朝命					
358C		李思谏	乾宁4.4.			邠宁节度					武		

（续表）

编号	相职	姓名	受镇年月	去镇年月	在镇时间	任前官职	任后官职或情形	受镇原因	去镇原因	对中央态度	文武职	备注	碑传
571		胡敬璋		天祐 4.		凤翔将	（唐亡）	强藩所命	（唐亡）	跋扈	武	附李茂贞	
夏绥													
1286		韩谭	贞元 3.7.	贞元 14. 6.闰	12	左羽林大将军	太子詹事	朝命	朝命	恭顺	武		
1275		韩全义	贞元 14. 6.闰	永贞 1.8.	8	左神策行营节度	太子少保致仕	朝命	朝命	恭顺	武		旧一六三、新一四一本传
448		李演	永贞 1.10.	元和 1.	1	左骁卫将军	右卫将军	朝命	朝命	恭顺	武		
452A		李愿	元和 1.8.	元和 6.	6	左卫大将军	武宁节度	朝命	朝命	恭顺	武		见凤翔
829A		张煦	元和 6.8.	元和 8.12.	3	天德军防御使	振武节度	朝命	朝命	恭顺	武		旧一二二、新一三三本传
168		田缙	元和 8.12.	元和 14.	6	金吾卫将军	左卫大将军	朝命	朝命	恭顺	武		新二一〇本传
503A		李听	元和 14.5.	元和 15.6.	2	楚刺	朔方节度	朝命	朝命	恭顺	武	参阅考释	见凤翔
370A		李佑	元和 15.6.	长庆 4.7.	5	金吾将军	左吾将军	朝命	朝命	恭顺	武		见泾原
950A		傅良弼	长庆 4.5.	大和 2.9.	5	盐刺	横海节度	朝命	朝命	恭顺	武		新一四八本传，全文六三八李翔撰横海军节度傅公碑

（续表）

编号	相职	姓名	受镇年月	去镇年月	在镇时间	任前官职	任后官职或情形	受镇原因	去镇原因	对中央态度	文武职	备注	碑传
477C		李寰	大和2.9.	大和4.2.	2	横海节度	卒	朝命	卒	恭顺	武		新一四八本传
971		董重质	大和4.2.	大和6.	3	神策行营节度	右龙武统军	朝命	朝命	恭顺	武		旧一六一本传
339		李昌言	大和6.10.	开成1.	4	左金吾卫将军		朝命		恭顺	武	参阅考释	
1137		刘源	开成1.1.	开成3.10.	3	银刺	卒	朝命	卒	恭顺			
713		高□□	开成3.10.			右金吾卫将军		朝命					
176A		米暨	会昌5.	会昌6.	2			朝命		恭顺			
430A		李业	大中1.	大中2.	2	（朝官）		朝命	朝命	恭顺	文	参阅考释	见凤翔
924		崔□□	大中3.			大常少卿		朝命		恭顺			
442A		李福	大中5.1.	大中8.	4	右谏议大夫	义成节度	朝命	朝命	恭顺	文		旧一七二、新一三一本传
1163A		郑涯	大中8.8.	大中11.2.	3	司农卿	邠宁节度	朝命	朝命	恭顺			
159		田在宾	大中11.2.	大中13.	3	右金吾将军		朝命	朝命	恭顺	武		全文七九五孙樵撰书田将军边事
385		李㞕元	咸通6.5.	咸通10.	5	右金吾将军		朝命		恭顺	武		
269A		李元礼	乾符6.	乾符6.	1		灵武节度	朝命	朝命	恭顺			

（续表）

编号	相职	姓名	受镇年月	去镇年月	在镇时间	任前官职	任后官职或情形	受镇原因	去镇原因	对中央态度	文武职	备注	碑传
1190B		诸葛爽	广明1.10.			振武节度	降于黄巢	朝命					1.未至镇 2.参阅考释	旧一八三、新一八七本传
356	●	李思恭（拓拔思恭）	中和1.3.	大顺1.	10	宥刺	卒	朝命	卒	恭顺	武		新二二〇上党项传
358A		李思谏	大顺2.	乾宁3.9.	6		静难节度	袭兄思恭位		恭顺	武		
298	●	李成庆	乾宁3.	天祐3.	11			袭父思恭位			武		
358D		李思谏	天祐3.	天祐4.	2	宁塞节度	（唐亡）		（唐亡）		武	此再任	

朔方

编号	相职	姓名	受镇年月	去镇年月	在镇时间	任前官职	任后官职或情形	受镇原因	去镇原因	对中央态度	文武职	备注	碑传
92A	△	王晙	开元2.	开元2.	1	鸿胪少卿	河东节度	朝命	朝命	恭顺	文		旧九三、新一一一本传
1260B	○	薛讷	开元3.9.	开元4.	1	凉州大总管	致仕	朝命	朝命	恭顺	文	参阅考释	旧九三、新一一一本传
92C	△	王晙	开元4.	开元8.	5	河东节度		朝命	朝命	恭顺	文	1.此再任 2.参阅考释	
598B		韦抗	开元8.	开元8.		黄门侍郎	御史大夫	朝命	朝命	恭	文	1.未至镇 2.参阅考释	见西川

（续表）

编号	相职	姓名	受镇年月	去镇年月	在镇时间	任前官职	任后官职或情形	受镇原因	去镇原因	对中央态度	文武职	备注	碑传
92E	△	王晙	开元 8.秋	开元 9.9.	1		梓刺	朝命	朝命	恭顺	文	此三任、兵尚兼领	
836C	△※○	张说	开元 10.4.	开元 10.	数月	宰相	宰相	朝命	朝命	恭顺	文		旧七九、新一三五本传，全文二九三张公墓龄撰燕国公碑，全文二九三孙逖撰河北节度使张公遗爱碑
92F	※○	王晙	开元 11.5.	开元 11.12	八月	宰相	靺刺	朝命	朝命	恭顺	文	此四任	
1003B		杨执一	开元 12.	开元 13.	2	右金吾大将军	右卫大将军	朝命	朝命	恭顺	武		旧六二附杨恭仁传，全文二二九张说撰赠户部尚书杨君碑
92G	○	王晙	开元 14.7	开元 14.7.	一月	户尚	户尚	朝命	朝命	恭顺	文	户尚兼领此五任	
1242A	△	萧嵩	开元 14.	开元 15.闰9.	2	兵尚	兵尚	朝命	朝命	恭顺	文	兵尚兼领此任	旧九九、新一○一本传
469A		李祎	开元 15.5.	开元 24.4.	9	左金吾大将军	衢刺	朝命	朝命	恭顺	文	1.兵尚兼领 2.参阅考释	旧七六、新八○本传
15B	△※	牛仙客	开元 24.4.	开元 28.11.	5	河西节度	宰相	朝命	朝命	恭顺	文		旧一○三、新一三三本传

（续表）

编号	相职	姓名	莅镇年月	去镇年月	在镇时间	任前官职	任后官职或情形	莅镇原因	去镇原因	对中央态度	文武职	备注	碑传
596		韦光乘	开元28.	开元29.	2			朝命		恭顺			旧一〇三、新一三三
66B		王忠嗣	开元29.	天宝5.4.	6	河东节度	陇右节度	朝命	自请	恭顺	武		旧一〇三，全文三六九元本传、全文王忠嗣载撰王忠嗣碑
838		张齐邱	天宝5.12.	天宝9.8.	4		济阴太守	朝命	朝命	恭顺	文		新一九八附张后胤传
181B		安思顺	天宝9.	天宝10.	2	河西节度		朝命	朝命	恭顺	武	河西兼领	旧一〇六、新二三三上本传
329C	△※	李林甫	天宝10.1.	天宝11.4.	2	宰相	宰相	朝命	朝命	恭顺	文		
181C		安思顺	天宝11.	天宝14.11.	4	河西节度	户尚	朝命	朝命	恭顺	武	此再任	
745A	△※	郭子仪	天宝14.11.	乾元2.3.	4	朔方右厢兵马使	河南等道兵马元帅	朝命	朝命	恭顺	武		见邠宁
299E	△●	李光弼	乾元2.	上元2.	3	河东节度	河中节度	朝命	朝命	恭顺	武		旧一一〇、新一三六本传、全文三四二颜真卿撰武穆王李公碑
397C		李国贞（李若幽）	上元2.8.	宝应1.建卯	1	殿中监	宰	朝命	军乱被杀	恭顺	文	河中兼领	旧一一二、新五〇一本传、全文四五〇权德舆撰赠扬州大都督李公碑

（续表）

编号	相职	姓名	受镇年月	去镇年月	在镇时间	任前官职	任后官职或情形	受镇原因	去镇原因	对中央态度	文武职	备注	碑传
745E	△●○○	郭子仪	宝应1.建卯	宝应1.8.	六月	鄜坊节度	肃宗山陵使	朝命	朝命	恭顺	武	此再任	
1020B	●	仆固怀恩	宝应1.12.	广德1.8.	八月	陇右节度	太师	朝命	朝命	肃宗朝恭顺代宗朝叛逆	武		旧一二一、新二二四上本传
745F	△●○○	郭子仪	广德2.1.	大历14.闰	16	宰相	太尉	朝命	朝命	恭顺	武	此三任	
906D	●	崔宁（崔旰）	大历14.11.	建中2.7.	2	西川节度	右仆	朝命	朝命	恭顺	武	京畿兼领	见鄜坊
489D	●	李怀光	建中2.7.	兴元1.3.	3	邠宁节度	太子太保	朝命	朝命	叛逆	武	邠宁兼领	见邠宁
933C	●	浑瑊	兴元1.3.	兴元1.8.	六月	渭北节度	河中节度	朝命	朝命	恭顺	武		旧一三四、新一四四本传，全文四九○权德舆撰咸宁郡王浑瑊公碑
247		杜希全	兴元1.8.	贞元9.12.	10	金吾大将军	卒	朝命	卒	恭顺	武		旧一四四、新一五六本传
505		李栾	贞元10.1.	元和2.	14	朔方行军司马	户尚	朝命	朝命	恭顺			附见全文五六四韩愈撰恩国夫人墓志
561B		范希朝	元和2.4.	元和4.6.	3	右金吾大将军	河东节度	朝命	朝命	恭顺	武		旧一五一、新一七○本传

（续表）

编号	相职	姓名	要镇年月	去镇年月	在镇时间	任前官职	任后官职或情形	要镇原因	去镇原因	对中央态度	文武职	备注	碑传
45		王侁	元和4.6.	元和8.7.	5	右卫上将军	右卫上将军	朝命	朝命	恭顺	武		旧一三三、新一五四本传
301B		李光进（阿跌光进）	元和8.7.	元和10.7.	2	振武节度	卒	朝命	卒	恭顺	武		旧一六一、新一七一本传
249B		杜叔良	元和10.7.	元和15.6.	5	神策军长武城使	左领军大将军	朝命	朝命	恭顺	武		新二一一王廷凑传附传
503B		李听	元和15.6.	长庆2.2.	2	夏绥节度	河东节度	朝命	朝命	恭顺	武		见凤翔
425A		李进诚	长庆2.1.	大和2.6.	7	天德军防御使	邠宁节度	朝命	朝命	恭顺	武		
275A		李文悦	大和2.6.	大和6.7.	5	天德军使	兖海节度	朝命	朝命	恭顺	武		
89		王晏平	大和6.5.	开成1.	5	监刺	康州司户	朝命	朝命	恭顺	武		旧一五六、新一七二附王智兴传
1295		魏仲卿	开成1.5.闰	开成5.	5	神策大将军		朝命	朝命	恭顺	武		
359D		李彦佐	会昌3.10	会昌5.	3	武宁节度			朝命	恭顺	武		
229		何清朝	会昌5.	会昌6.	2			朝命		恭顺	武		
151B		史宪忠	会昌6.	大中1.	数月	泾原节度	振武节度	朝命	朝命	恭顺	武	参阅考释	见泾原
413		李钦	大中1.	大中1.	数月			朝命		恭顺	武		

（续表）

编号	相职	姓名	受镇年月	去镇年月	在镇时间	任前官职	任后官职或情形	受镇原因	去镇原因	对中央态度	文武职	备注	碑传
194		朱叔明	大中 2.	大中 5.	4		右武卫大将军分司东都	朝命	朝命	恭顺	武		
156E		田牟	大中 5.	大中 7.	3	金吾大将军	天平节度	朝命	朝命	恭顺	武		见鄜坊
359F		李彦佐	大中 7.	大中 8.	2	鄜坊节度		朝命		恭顺	武	此再任	
1142A		刘潼	大中 8.	大中 11.6.	4	右谏议大夫	郑刺	朝命	朝命	恭顺	文		新一四九本传
663B		唐持	大中 11.	大中 13.	3	给事中	昭义节度	朝命	朝命	恭顺	文		旧一○九下，新八九本传
1066G		裴识	咸通 2.	咸通 3.	2	邠宁节度	卒	朝命	卒	恭顺	文		见凤翔
274B		李公度	咸通 4.	咸通 5.	2			朝命		恭顺	文		
574B		侯固	咸通 6	咸通 9.	4			朝命		恭顺	文		
1228B		卢潘	咸通 12.	乾符 1.	4	歙刺	卒	朝命	卒	恭顺	文		
660		唐弘夫	乾符 1.	乾符 6.	6		卒	朝命	战黄巢败死	恭顺			
269B		李元礼	广明 1.	中和 3.	4	夏绥节度		朝命		恭顺	文		
1289		韩□□	光启 3.	大顺 1.	4								
1287		韩遵	大顺 2.	光化 2.	9								

（续表）

编号	相职	姓名	受镇年月	去镇年月	在镇时间	任前官职	任后官职或情形	受镇原因	去镇原因	对中央态度	文武职	备注	碑传
1285		韩述	光化 2	天祐 4	9	朔方军将	（唐亡）	拥兵据位	（唐亡）		武		旧史一三二、新史四〇本传
振武													
933A		浑瑊	大历 14.5.	大历 14.11.	七月	振武军使	左金吾卫大将军	朝命	朝命	恭顺	武		见朔方
906B	●	崔宁	大历 14.11.	建中 2.	2	西川节度	右仆	朝命	朝命	恭顺	武	1.京畿兼领 2.参阅考释	见鄜坊
83B		王翊	建中 2.3.	建中 3.7.	2	汾刺	京兆尹	朝命	朝命	恭顺	武		旧一五七、新一四三本传
255		杜从政	建中 3.	贞元 2.	4			朝命		恭顺			
664C		唐朝臣	贞元 2.7.	贞元 5.	3	鄜坊节度		朝命		恭顺	武		
561A		范希朝	贞元 6.5.	贞元 19.11.	14	宁刺	右金吾卫大将军	朝命	朝命	恭顺	武	参阅考释	见朔方
1290A		阎巨源	贞元 19.11.	元和 3.	5	振武行军司马		朝命	朝命	恭顺	武		旧一五一本传
808		张奉国	元和 3.	元和 5.	3	右金吾卫将军	左金吾卫将军	朝命	朝命	恭顺	武		全文六五四四镇撰南阳郡王赠某官碑
301A		李光进（阿跌光进）	元和 5.10.	元和 8.7.	3	代刺	灵武节度	朝命	朝命	恭顺	武		见朔方

（续表）

编号	相职	姓名	受镇年月	去镇年月	在镇时间	任前官职	任后官职或情形	受镇原因	去镇原因	对中央态度	文武职	备注	碑传
426		李进贤	元和8.	元和8.12.	数月			朝命	军乱被逐	恭顺			
829B		张煦	元和8.12.	元元9.12.	2	夏绥节度	卒	朝命	卒	恭顺	武		旧一二二、新一三三本传
570A		胡证	元和9.11.	元和13.	4	中丞	金吾大将军	朝命	朝命	恭顺	文		旧一六三、新一六四本传
711B		高霞寓	元和13.9.	元和15.	2	左卫将军	左武卫大将军	朝命	朝命	恭顺	武		见邠宁
253		杜羔	元和15.	元和15.	数月	右神策大将军	致仕	朝命	朝命	恭顺	文		新一七二本传
823A		张惟清	元和15.1.	宝历2.	7	左神策大将军		朝命		恭顺	武		
327A		张冰	大和1.9.	大和9.	8	泾原节度	河阳节度	朝命	朝命	恭顺	武	参阅考释	
1118C		刘沔	大和9.9.	会昌2.3.	7	金吾上将军	河东节度	朝命	朝命	恭顺	武		见泾原
334		李忠顺	会昌2.3.	会昌5.	4			朝命		恭顺	武		
176B		米暨	会昌6.	大中1.	2		衡州司马	朝命	朝命	恭顺		参阅考释	
151C		史宪忠	大中1.	大中2.	2	朔方节度	左龙武统军	朝命	朝命	恭顺	武		见泾原
277A		李丕	大中2.	大中4.	3	晋刺	鄜坊节度	朝命	朝命	恭顺	武		见鄜坊

（续表）

编号	相职	姓名	受镇年月	去镇年月	在镇时间	任前官职	任后官职或情形	受镇原因	去镇原因	对中央态度	文武职	备注	碑传
551		契苾通	大中 6.	大中 8.	3	右金吾卫大将军		朝命		恭顺	武		
935A		浑鐬	大中 9.	大中 10.	2	右金吾卫大将军		朝命	朝命	恭顺	武		旧一三四、新一五五本传
695D		高承恭	咸通 2.	咸通 4.	3	右金吾卫大将军		朝命		恭顺	武		
689		高宏	咸通 6.	咸通 11.	6		卒	朝命	卒				
398B		李国昌	乾符 1.	乾符 5.	5	鄜坊节度	大同节度	朝命		跋扈	武		见鄜坊
1230B		卢简方	乾符 5.4.	乾符 5.5.		大同防御使	卒	朝命	卒		文	未至镇李国昌拒受代	新一八二本传
240		吴师泰	乾符 6.	中和 1.	3			朝命					
1190A		诸葛爽	广明 1.5.			汝州防御使	夏绥节度	朝命			武	未至镇吴师泰拒受代	见夏绥
552		契苾璋	中和 1.	中和 4.	4		右武卫上将军	朝命	朝命	恭顺	武		
34		王卞	光启 1.	文德 1.	4	左神策军使		朝命		恭顺	武		
144		石善友	景福 2.	天复 2.5.	10	大同防御使		朝命	军乱被逐		武		

（续表）

编号	姓名	相职	受镇年月	去镇年月	在镇时间	任前官职	任后官职或情形	受镇原因	去镇原因	对中央态度	文武职	备注	碑传
316	李克宁		天祐1.	天祐4.	4	河东都知兵马使	（唐亡）	强藩所命	（唐亡）	跋扈	武	附李克用	旧史五〇、新史一四本传
天德													
421	李景略		贞元12.9.	贞元20.1.	8	河东行军司马	卒	朝命	卒	恭顺	文	参阅考释	旧一五二、新一七〇本传
173B	任迪简		贞元20.	元和3.	5	天德军都防御使判官	太常少卿	拥兵据位	朝命	恭顺	文	参阅考释	见义武
935B	浑鐬		元和3.	元和4.	2		袁州司户	朝命	朝命	恭顺	武	参阅考释	
829C	张煦		元和4.	元和6.8.	3		夏绥节度	朝命	朝命	恭顺	武	参阅考释	见夏绥
545	周怀义（周怀乂）		元和6.	元和9.6.	3		卒	朝命	卒	恭顺	文	参阅考释	新一八六附周宝传
1189	燕重旰		元和9.6.	元和10.2.	九月	左龙武将军	卒	朝命	军乱被杀	恭顺	武	参阅考释	
345	李奉仙		元和10.3.			右金吾将军		朝命		恭顺	武	参阅考释	
425C	李进诚			长庆2.1.			朔方节度	朝命	朝命	恭顺	武	参阅考释	
326C	李岵（李有裕）		长庆2.1.	宝历1.5.	4	晋刺	金吾卫大将军	朝命	朝命	恭顺	武	参阅考释	

（续表）

编号	相职	姓名	受镇年月	去镇年月	在镇时间	任前官职	任后官职或情形	受镇原因	去镇原因	对中央态度	文武职	备注	碑传
275C		李文悦	宝历1.5.	大和2.6.	4	右金吾将军	朔方节度	朝命	朝命	恭顺		参阅考释	
1118B		刘沔		大和末		盐剌	(侍卫将军)	朝命	朝命	恭顺	武	参阅考释	见泾原
156B		田牟		会昌3.			邠坊节度	朝命	朝命	恭顺	武	参阅考释	见邠坊
143B		石雄	会昌3.2.	会昌3.9.	八月	麟剌	晋绛行营节度副使	朝命	朝命	恭顺	武	参阅考释	见凤翔
737E		康承训	大中时	咸通2.		左神武将军	义武节度	朝命	朝命	恭顺	武	参阅考释	见义成
576C		段文楚		咸通13.5.			大同防御	朝命	朝命	恭顺		参阅考释	见岭南西
481		李珰	乾符2.10.			大同防御		朝命		恭顺			
保义													
1145		刘潬	元和1.4.	元和2.12.	2	陇右经略使	卒	朝命	卒	恭顺	武		旧一四三、新一四八本传，全文六三○吕温撰保义军节度刘公碑
东畿													
281B		李巨	乾元1.4.	乾元2.	十月	太子少师	递剌	朝命	朝命	恭顺	文		见宣武
897B	○	崔圆	乾元2.1.	乾元2.2.	二月	太子少师	削官阶	朝命	为安史军败弃镇	恭顺	文		见淮南

（续表）

编号	相职	姓名	受镇年月	去镇年月	在镇时间	任前官职	任后官职或情形	受镇原因	去镇原因	对中央态度	文武职	备注	碑传
745B	△※	郭子仪	乾元2.2.	上元1.4.	数月	朔方节度	河南道行营元帅	朝命	朝命	恭顺	武	河南道行营元帅兼	见邠宁
607B		韦陟	干元2.7.	上元1.4.	十月	礼尚	刑尚	朝命	朝命	恭顺	文	礼尚兼领	见浙西
750C		郭英乂	宝应1.10.	广德1.	1	陕西节度	右仆	朝命	朝命	恭顺	武	陕虢兼领	见陕虢
371B	△	李勉	广德1.	广德1.	数月	京兆尹	河南尹	朝命	朝命	恭顺	文	参阅考释	见义成
522		房宗偃	大历14.7.		数月	吏侍	卒	朝命	恭顺		文		
963C		路嗣恭	建中2.1.	建中2.	数月	兵尚	卒	朝命	卒	恭顺	文	兵尚兼领	见河阳
1159A		郑叔则	建中2.5.	建中3.	2	天平军节度副使	左丞	朝命	朝命	恭顺	文		见福建
641		哥舒曜	建中4.1.	贞元1.	3	左龙武大将军	河南尹	朝命	朝命	恭顺	武		新一三五本传
980C	△	贾耽	贞元1.6.	贞元2.9.	2	工尚	义成节度	朝命	朝命	恭顺	文	工尚兼领贞元二年七月加唐汝邓观察	见义成
915		崔纵	贞元2.9.	贞元5.	4	吏侍	太常卿	朝命	朝命	恭顺	文		旧一〇八、新一二〇本传
248E		杜亚	贞元5.12.	贞元12.3.	7	淮南节度	（无官）	朝命	朝命	恭顺	文	参阅考释	见陕虢

（续表）

编号	相职	姓名	莅镇年月	去镇年月	在镇时间	任前官职	任后官职或情形	受镇原因	去镇原因	对中央态度	文武职	备注	碑传
972A	○	董晋	贞元12.3.	贞元12.7.	五月	兵尚	宣武节度	朝命	朝命	恭顺	文	1.兵尚兼领 2.参阅考释	见宣武
83D		王翃	贞元12.7.	贞元18.	6	太子宾客	卒	朝命	卒	恭顺	武	参阅考释	见振武
1330		顾少连	贞元18.6.	贞元19.10.	2	吏尚	卒	朝命	卒	恭顺	文	1.兵尚兼领 2.参阅考释	新一六二本传，全文四七八杜黄裳撰东部留守顾公碑
612		韦夏卿	贞元19.10.	永贞1.12.	3	太子宾客	太子少保	朝命	朝命	恭顺	文	参阅考释	旧一六五，新一六二本传
95A		王绍（王纯）	永贞1.12.	元和1.	数月	兵尚	武宁节度	朝命	朝命	恭顺	文	参阅考释	见感化
1077A	○	赵宗儒	元和1.11.	元和3.6.	2	吏传	礼尚	朝命	朝命	恭顺	文	参阅考释	见河中
1172B	○	郑絪	元和13.	长庆1.10.	4		吏尚	朝命	朝命	恭顺	文	参阅考释	见岭南东
428B	○	李绛	长庆1.10.	长庆2.秋	数月	吏尚	东川节度	朝命	朝命	恭顺	文	参阅考释	见河中
1048C	△●○	裴度	长庆2.2.			河东节度	淮南节度	朝命	朝命		文	1.未至镇即改官 2.参阅考释	见河东
775B		陈楚	长庆2.7.	长庆2.8.	二月	义武节度	河阳节度	朝命	朝命	恭顺	武	参阅考释	见河阳
1282D		韩皋	长庆2.8.	长庆4.1.	2	左仆	卒	朝命	卒	恭顺	文	1.左仆兼领 2.参阅考释	见忠武

（续表）

编号	相职	姓名	受镇年月	去镇年月	在镇时间	任前官职	任后官职或情形	受镇原因	去镇原因	对中央态度	文武职	备注	碑传
995C		杨于陵	长庆4.	宝历2.	3	太常卿	太子少傅	朝命	朝命	恭顺	文	1.太常卿兼领 2.参阅考释	见浙东
885D		崔从	宝历2.	大和3.3.	4	太常卿	户尚	朝命	朝命	恭顺	文	参阅考释	见鄜坊
135E	○	令狐楚	大和3.3.	大和3.12.	十月	户尚	天平节度	朝命	朝命	恭顺	文	参阅考释	见天平
863C		崔弘礼	大和3.12.	大和4.4.	五月	天平节度	刑尚	朝命	朝命	恭顺	文	参阅考释	见天平
862C		崔元略	大和4.4.	大和4.10.	七月	户尚	义成节度	朝命	朝命	恭顺	文	参阅考释	见义成
863D		崔弘礼	大和4.10.	大和4.12.	三月	刑尚	卒	朝命	卒	恭顺	文	1.此再任 2.刑尚兼领	
600B		韦弘景	大和4.12.	大和5.5.	六月	刑尚	卒	朝命	卒	恭顺	文	1.刑尚兼领 2.参阅考释	
947B		温造	大和5.7.	大和5.8.	二月	兵侍	河阳节度	朝命	朝命	恭顺	文	参阅考释	见河阳
402E	○	李逢吉	大和5.8.	大和8.3.	3	宣武节度	左仆	朝命	朝命	恭顺	文	参阅考释	见宣武
1048G	△●○	裴度	大和8.3.	开成2.5.	4	山南东道节度	淮南节度	朝命	朝命	恭顺	文	此再任	
18C		牛僧孺	开成2.5.	开成3.9.	2	淮南节度	左仆	朝命	朝命	恭顺	文	参阅考释	见山南东
893B	○	崔珙	开成3.10.	会昌1.	3	左丞	山南西道节度	朝命	朝命	恭顺	文	参阅考释	见山南西
82D		王起	会昌1.	会昌1.	数月	兵尚	吏尚	朝命	朝命	恭顺	文	参阅考释	见陕虢

（续表）

编号	相职	姓名	受镇年月	去镇年月	在镇时间	任前官职	任后官职或情形	受镇原因	去镇原因	对中央态度	文武职	备注	碑传
409G	○	李程	会昌 1.			左仆	卒	朝命	卒	恭顺	文	参阅考释	见宣武
18E	○	牛僧孺	会昌 2.	会昌 4.10.	3	太子少师	太子少保分司	朝命	朝命	恭顺	文	此再任	
204C		张兼谟	会昌 4.			秘书监	卒	朝命	卒	恭顺	文	参阅考释	见天平
673C		孙简	会昌中					朝命	朝命	恭顺	文	参阅考释	见宣武
278C	○	李石	会昌 5.1.	会昌 6.	2	太子少傅分司	太子少保分司	朝命	朝命	恭顺	文	参阅考释	见河东
468I	○	李德裕	会昌 6.10.	大中 1.2.	五月	荆南节度	太子少保分司	朝命	朝命	恭顺	文	参阅考释	见义成
883D	○	崔珙		大中 6.		太子少保分司	凤翔节度	朝命	朝命	恭顺	文	参阅考释	见凤翔
335D	○	李固言	大中末			太子少师	太子太傅分司	朝命	朝命	恭顺	文	参阅考释	见河中
673F		孙简	大中末			太常卿		朝命		恭顺	文	此再任	
254G	△○	杜悰	大中 11.6.	大中 13.	3	太子太傅分司	西川节度	朝命	朝命	恭顺	文	参阅考释	见凤翔
1224G		庐钧	大中 13.			山南西节度	太子太保	朝命	朝命	恭顺	文	参阅考释	见宣武
1104E		蒋系	咸通 2.	咸通 2.	数月	山南东节度	卒	朝命	卒	恭顺	文	参阅考释	见凤翔

（续表）

编号	相职	姓名	受镇年月	去镇年月	在镇时间	任前官职	任后官职或情形	受镇原因	去镇原因	对中央态度	文武职	备注	碑传
584C		柳仲郢	咸通 2.	咸通 4.	2	虢刺	华刺	朝命	朝命	恭顺	文	参阅考释	见天平
864B		崔元	乾符 3.				卒	朝命	卒	恭顺	文	参阅考释	见东川
458E	○	李蔚	乾符 5.9.	乾符 6.8.	1	宰相	河东节度	朝命	朝命	恭顺	文	参阅考释	见宣武
1109B		刘允章		广明 1.11.			（无官）	朝命	降于黄巢	叛逆	文	参阅考释	见鄂岳
866D		崔安潜	中和 3.			太子少师	太子少师	朝命	朝命	恭顺	文	参阅考释	见忠武
1162B		郑畋	中和 3.5.	中和 5.7.		宰相	太子少保	朝命	朝命		文	1. 未至镇即改官 2. 参阅考释	见凤翔
319A		李罕之	光启 1.	光启 3.6.	3	河阳节度副使	河阳节度	朝命	朝命	跋扈	武	附诸葛爽	见河阳
793B	●	张全义	文德 1.6.	天祐 1.	17	河南尹	天平节度	拥兵据位	强藩所命	跋扈	武	附朱全忠	见忠武
陕虢													
520D	△	来瑱	乾元 2.3.	上元 1.4.	1	河西节度	山南东道节度	朝命	朝命	恭顺	武	参阅考释	旧一一四新一四四本传
750B		郭英乂	上元 1.4.	广德 1.	4	右羽林大将军	东京留守	朝命	朝命	恭顺	武		旧一一七新一三三本传全文三六九元载撰郭英乂碑
564A		皇甫温	广德 1.10.	大历 5.1.	7	神策部将	凤翔节度	朝命	朝命	恭顺	武		
564B		皇甫温	大历 5.3.	大历 9.8.	5	凤翔节度	浙东观察	朝命	朝命	恭顺	武		

（续表）

编号	相职	姓名	受镇年月	去镇年月	在镇时间	任前官职	任后官职或情形	受镇原因	去镇原因	对中央态度	文武职	备注	碑传
399A		李国清	大历 9.11.	大历 10.3.	五月	商刺	（被贬）	朝命	军乱被逐	恭顺			
248B		杜亚	大历 14.5.	大历 14.11.	七月	江西观察	河中观察	朝命	朝命	恭顺	文		旧一四六新一七三本传 全文七四九七权德舆撰杜亚碑
558		姚明扬	建中 2.11.	建中 4.	3	商刺	（入朝）	朝命		恭顺			
852		张劝	建中 4.11.	贞元 1.6.	2	陕州防御副使	卒	朝命	为兵马使达奚抱晖杀	恭顺			
324	△	李泌	贞元 1.7.	贞元 3.6.	2	左散骑常侍	宰相	朝命	朝命	恭顺	文		旧一三〇新一三九本传
312A		李佐	贞元 3.	贞元 3.	数月	鄂岳属僚	桂管观察	朝命	朝命	恭顺	文	参阅考释	全文七八穆员撰京兆少尹李公墓志
1229A		卢岳	贞元 3.10.	贞元 4.6.	数月	少府监	卒	朝命	卒	恭顺	文		全文七八穆员撰陕虢观察使卢公墓志
246C	△	杜佑	贞元 4.6.	贞元 5.12.	2	左丞	淮南节度	朝命	朝命	恭顺	文		旧一四七新一六六本传
482		李翼	贞元 5.12.	贞元 7.	2	司农卿		朝命		恭顺	文		
241B		吴凑	贞元 7.11.	贞元 8.2.	四月	福建观察	宣武节度	朝命	朝命	恭顺	文		旧一八三新一五九本传

（续表）

编号	相职	姓名	受镇年月	去镇年月	在镇时间	任前官职	任后官职或情形	受镇原因	去镇原因	对中央态度	文武职	备注	碑传
559A		姚南仲	贞元8.2.	贞元13.4.	6	同判	义成节度	朝命	朝命	恭顺	文	参阅考释	见义成
7A	△	于頔	贞元13.4.	贞元14.9.	2	大理卿	山南东道节度	朝命	朝命	跋扈	武		旧一五六、新一七二本传
890		崔崇	贞元14.9.	贞元18.	5	同判	工侍	朝命	朝命	恭顺	文	参阅考释	全文六三吕温撰博陵崔公行状
266		李上公	元和1.11.	元和2.	2	司农卿		朝命	朝命	恭顺	文		旧一七八附李蔚传
521A		房式	元和3.	元和4.12.	2	给事中	河南尹	朝命	朝命	恭顺	文		旧一一一、新一三九本传
790A	△	张弘靖	元和4.12.	元和6.2.	2	户侍	河阳节度	朝命	朝命	恭顺	文	参阅考释	见凤翔
1204A		卫次公	元和6.2.	元和8.	3	户侍	兵侍	朝命	朝命	恭顺	文		旧一五九、新一六四本传
1323A	△	窦易直	元和8.9.	元和11.冬	4	给事中	京兆尹	朝命	朝命	恭顺	文	参阅考释	见凤翔
885A		崔从	元和11.冬	元和13.	2	给事中	右丞	朝命	朝命	恭顺	文	参阅考释	见鄜坊
1038		裴向	元和13.	元和15.	3	大理卿	左散骑常侍	朝命	朝命	恭顺	文		旧一一三、新一四〇本传
1203A		卫中行	元和15.11.	长庆2.	3	华刺	右丞	朝命	朝命	恭顺	文		见天平
135C	○	令狐楚	长庆2.10.	长庆2.11.	一月	太子宾客	太子宾客分司	朝命	朝命	恭顺	文		见天平
974A		庚承宣	长庆2.11.	宝历1.	4	右丞	吏侍	朝命	朝命	恭顺	文		

（续表）

编号	相职	姓名	受镇年月	去镇年月	在镇时间	任前官职	任后官职或情形	受镇原因	去镇原因	对中央态度	文武职	备注	碑传
600A		韦弘景	宝历 2.3.	大和 2.2.	2	吏侍	左丞	朝命	朝命	恭顺	文		旧一五七、新一六一本传
82A		王起	大和 2.2.	大和 4.1.	2	兵侍	左丞	朝命	朝命	恭顺	文		旧一六四、新一六七本传
899A		崔郾	大和 4.1.	大和 5.8.	2	兵侍	鄂岳观察	朝命	朝命	恭顺	文		旧一五五、新一六六本传，全文七五五牧撰浙江西道观察使崔公行状
1176A	△	郑肃	开成 1.5.	开成 2.8.	2	右丞	吏侍	朝命	朝命	恭顺	文		旧一七六、新一八二本传
1215B		卢行术	开成 2.8.	开成 3.2.	七月	湖南观察	福王傅分司	朝命	朝命	恭顺			
673A		孙简	开成 3.2.	开成 4.7.	2	同刺	刑侍	朝命	朝命	恭顺	文		见宣武
557		姚合	开成 3.8.	开成 5.	2	给事中	秘书监	朝命	朝命	恭顺	文		新一二四本传
616A		韦温	开成 5.	会昌 3.秋	5	兵侍	吏侍	朝命	朝命	恭顺	文	参阅考释	旧一六八、新一六五、全文七五五牧撰宣州观察使韦公墓志
353A		李拭	会昌 4.	会昌 5.4.	2		册点夏斯可汗使	朝命	朝命	恭顺	文		见凤翔

（续表）

编号	相职	姓名	受镇年月	去镇年月	在镇时间	任前官职	任后官职或情形	受镇原因	去镇原因	对中央态度	文武职	备注	碑传
898A	△○	崔铉	会昌5.5.	会昌6.	2	宰相	河中节度	朝命	朝命	恭顺	文		旧一六三、新一六○本传
916A		崔璪	会昌6.	会昌6.	数月	给事中	河南尹	朝命	朝命	恭顺	文		旧一七七、新一八三附崔珙传
773		陈商	会昌6.9.	大中2.	2	礼侍		朝命	朝命	恭顺	文	参阅考释	
597B		韦有翼		大中3.			刑侍	朝命	朝命	恭顺	文	参阅考释	
643A	△	夏侯孜	大中5.	大中7.	3			朝命	朝命	恭顺	文		旧一七七、新一八二本传
685		高少逸	大中8.9.	大中9.	2	右散骑常侍	华刺	朝命	朝命	恭顺	文		旧一七七、新一七七本传
260A	△	杜审权	大中11.9.	大中12.春	数月	礼侍	刑侍	朝命	朝命	恭顺	文	参阅考释	见忠武
996A		杨知温	咸通7.	咸通9.	3	河南尹	吏侍	朝命	朝命	恭顺	文		旧一七六、新一七五附杨汝士传
913A		崔尧	咸通9.	咸通9.	数月	（朝官）	怀州司马	朝命	民乱被逐	恭顺	文	参阅考释	旧一一七、新一四四本传
907		崔碣	咸通9.	咸通10.6.	2	河南尹	太子宾客	朝命	民乱被逐	恭顺	文	参阅考释	新一二○本传
733		陆墉	乾符1.	乾符3.	3		端州司马	朝命	朝命	恭顺	文		
913B		崔尧	乾符4.春	乾符4.4.	数月	吏侍		朝命	军乱被逐	恭顺	文	此再任	

（续表）

编号	相职	姓名	受镇年月	去镇年月	在镇时间	任前官职	任后官职或情形	受镇原因	去镇原因	对中央态度	文武职	备注	碑传
1008A		杨损	乾符 4.5.	乾符 5.	2	给事中	平卢节度	朝命	朝命	恭顺	文		旧一七六、新一七四本传
707B		高浔	乾符 5.	乾符 6.2.	2		昭义节度	朝命	朝命	恭顺			全文八○九司空图撰卢渥碑
1225A		卢渥	乾符 6.	广明 1.10.	2	（朝官）	礼侍	朝命	朝命	恭顺	文		新一八七附王重荣传，全文八一○司空图撰王公河中生祠碑
75A	●	王重盈	中和 1.	光启 3.6.	7	汾刺	河中节度	朝命	朝命	跋扈	武		新一八七、旧史一四本传
80		王珙	光启 3.	光化 2.6.	12	（陕虢僚属）	卒	袭父重盈之位	军乱被杀	跋扈	参阅考释		
475		李璠	光化 2.6.	光化 2.11.	六月	陕虢都将	卒	拥兵据位	为都将朱友谦所杀	跋扈	武	附朱全忠	
186	●	朱友谦（朱简）	光化 2.11.	天祐 4.	9	陕虢都将	（唐亡）	拥兵据位	（唐亡）	跋扈	武	附朱全忠	
义成													
137		令狐彰	上元 2.5.	大历 8.1.	12	史思明降将	卒	拥兵据位	卒	恭顺	武		旧一二四、新一四八本传
371E	△●	李勉	大历 8.3.	兴元 1.	12	工尚	宰相	朝命	为李希烈败弃弃镇	恭顺	文		旧一三一、新一三一本传

（续表）

编号	相职	姓名	受镇年月	去镇年月	在镇时间	任前官职	任后官职或情形	受镇原因	去镇原因	对中央态度	文武职	备注	碑传
847C	△	张镒	建中1.冬			河中节度	宰相	朝命	朝命		文	1.未至镇 2.参阅考释	见凤翔
462		李澄	兴元1.10.	贞元2.9.	2	李希烈降将	卒	朝命	卒	恭顺	武		旧一三三、新一四一本传
980D	△	贾耽	贞元2.9.	贞元9.5.	7	东都畿唐邓汝观察	宰相	朝命	朝命	恭顺	文		旧一三八、新一六六本传，全文四七八郑余庆撰贾耽碑，全文五〇五权德舆撰贾耽塞志
476		李融	贞元9.5.	贞元10.2.	十月	郑洲	卒	朝命	卒	恭顺			
415C		李复	贞元10.3.	贞元13.4.	4	华洲	卒	朝命	卒	恭顺	文		旧一一二、新七八本传
559B		姚南仲	贞元13.4.	贞元16.4.	3	陕虢观察	右仆	朝命	朝命	恭顺	文		旧一五三、新一六二本传，全文五〇〇权德舆撰右仆射姚公碑
1226		卢群	贞元16.4.	贞元16.9.	六月	义成行军司马	卒	朝命	卒	恭顺	文	参阅考释	旧一四〇、新一四七本传
273A		李元素	贞元16.9.	元和1.10.	7	右丞	御史大夫	朝命	朝命	恭顺	文	参阅考释	旧一三三、新一四七本传，全文六一五郑滑观察使李公二州慰思碑，承宣撰

（续表）

编号	相职	姓名	受镇年月	去镇年月	在镇时间	任前官职	任后官职或情形	受镇原因	去镇原因	对中央态度	文武职	备注	碑传
649B	○	袁滋	元和1.10.	元和7.	6	吉剌	户尚	朝命	朝命	恭顺	文		旧一八五下、新一五一本传,全文五六一,韩愈撰袁氏先庙碑
1246A		薛平	元和7.8.	元和13.	6	左龙武大将军	左金吾大将军	朝命	朝命	恭顺	武		旧一二四、新一一一本传
302B		李光颜	元和13.5.	元和13.10.	六月	忠武节度	忠武节度	朝命	朝命	恭顺	武		见凤翔
1246B		薛平	元和13.10.	元和14.3.	六月	左金吾大将军	平卢节度	朝命	朝命	恭顺	武	此再任	
1128A		刘悟	元和14.2.	元和15.10.	2	淄青兵马使	昭义节度	朝命	朝命	恭顺	武		旧一六一、新二一四本传
59A		王承元	元和15.10.	长庆2.2.	2	镇冀深赵等观察处支使	郧坊节度	朝命	朝命	恭顺	武		见凤翔
1273B		韩充（韩珪）	长庆2.2	长庆2.7.	六月	郧坊节度	宣武节度	朝命	朝命	恭顺	武		见邠坊
759B		曹华	长庆2.8.	长庆3.8.	1	沧海节度	卒	朝命	卒	恭顺	武		旧一六二、新一七一本传
696B		高承简	长庆3.	宝历1.	3	沧海节度	右金吾大将军	朝命	朝命	恭顺	武		见邠宁
503D		李听	宝历1.7.	大和3.6.	5	河东节度	魏博节度	朝命	朝命	恭顺	武	参阅考释	见凤翔

（续表）

编号	相职	姓名	受镇年月	去镇年月	在镇时间	任前官职	任后官职或情形	受镇原因	去镇原因	对中央态度	文武职	备注	碑传
468B	△	李德裕	大和3.9.	大和4.10.	1	兵侍	西川节度	朝命	朝命	恭顺	文		旧一七四、新一八〇本传
862D		崔元略	大和4.9.	大和4.12.	三月	东都留守	卒	朝命	卒	恭顺	文		旧一六三、新一六〇本传
581		段嶷	大和4.12.	大和9.	5	左金吾卫大将军	右金吾卫大将军	朝命	朝命	恭顺	武		新一五三附段秀实传
149C		史孝章	大和9.8.	开成1.	1	鄜坊节度	右领军卫大将军	朝命	朝命	恭顺	文		见鄜坊
1036D		裴弘泰	开成1.4.	开成5.	5	笔刺		朝命	朝命	恭顺	文		见忠武
705B		高铢	开成5.	会昌3.	4			朝命	朝命	恭顺	文		见泾原
1118E		刘沔	会昌3.10.	会昌4.3.	六月	河东节度	河阳节度	朝命	朝命	恭顺	文	参阅考释	
976C		敬昕	会昌4.	会昌4.	1	河阳节度		朝命	朝命	恭顺	武		新一七一附敬晦传
861D	△	崔元式	会昌5.	会昌6.	2	河东节度	宰相	朝命	朝命	恭顺	文		旧一六六、新一六〇本传
544B	△	周墀	会昌6.	大中1.6.	2	江西节度	兵侍	朝命	朝命	恭顺	文		旧一七六本传全文、七五杜牧撰东川节度使周公墓志
1212A		卢弘正（卢弘止）	大中1.6.	大中3.	2	户侍	武宁节度	朝命	朝命	恭顺	文		旧一六三、新一七一本传

（续表）

编号	相职	姓名	受镇年月	去镇年月	在镇时间	任前官职	任后官职或情形	受镇原因	去镇原因	对中央态度	文武职	备注	碑传
631		韦让	大中3.6.	大中4.	2	京兆尹		朝命		恭顺	文		
626A		韦悫	大中5.10.	大中6.	2	户侍	武昌节度	朝命	朝命	恭顺	文		旧一七七、新一八四附韦保衡传
430D		李业	大中6.	大中8.	3	河东节度		朝命	朝命	恭顺	文		见夏绥
442B		李福	大中8.	咸通2.8.	8	夏绥节度	刑侍	朝命	朝命	恭顺	文		
1205		卫洙	咸通2.8.	咸通4.	3	（朝官）	卒	朝命	卒	恭顺	文		旧一五九、新一六四本传
378		李荀	咸通4.2.	咸通6.	3	左散骑常侍		朝命		恭顺			
1238B	△	萧仿	咸通6.9.	咸通9.	4	户侍	兵尚	朝命	朝命	恭顺	文		旧一七二、新一八本传
737C	●	康承训	咸通9.11.	咸通10.10.	1	右金吾大将军	河东节度	朝命	朝命	恭顺	武		新一四八本传
259		杜慆	咸通10.10.	乾符1.	6	润刺	卒	朝命	卒	恭顺	文		新一六六本传
484B		李蹡	乾符1.	乾符3.	3			朝命		恭顺			
471		李峄	乾符3.9.	乾符6.	4	太府卿		朝命		恭顺			
132C	※○	王铎	中和2.1.	中和4.10.	3	宰相	义昌节度	朝命	朝命	恭顺	文	参阅考释	新一八五本传
182B		安师儒	光启1.	光启2.11.	2			朝命	为朱全忠所陷				

（续表）

编号	相职	姓名	莅镇年月	去镇年月	在镇时间	任前官职	任后官职或情形	莅镇原因	去镇原因	对中央态度	文武职	备注	碑传
569		胡真	光启2.11.	大顺1.	4	宣武牙将	右金吾卫大将军	强藩所命	强藩所命	跋扈	武	附朱全忠	旧史一六本传
188D	●	朱全忠（朱温）	大顺1.10.	天祐4.	18	宣武节度	（唐亡）	拥兵据位	（唐亡）	跋扈	武	宣武兼任	见宣武

宣武

编号	相职	姓名	莅镇年月	去镇年月	在镇时间	任前官职	任后官职或情形	莅镇原因	去镇原因	对中央态度	文武职	备注	碑传
785		张介然	天宝14.10.	天宝14.12.	三月	卫尉卿	卒	朝命	为安禄山所杀	恭顺	文		旧一八七下、新一九一本传
473		李随	至德1.1.	至德1.2.	二月	济南太守		朝命		恭顺			
369		李祗	至德1.2.	至德1.5.	四月	河南都知兵马使	太仆卿	朝命	朝命	恭顺	文		旧七八、新八〇本传
281A		李巨	至德1.5.	至德2.8.	六月	太仆卿	宪尚	朝命	朝命	恭顺	文		旧六四、新七九本传
928		贺兰进明	至德1.10.	至德2.8.	十月	北海太守		朝命	朝命	恭顺	文		
846A	滑	张镐	至德2.8.	乾元1.5.	十月	宰相	荆州长史	朝命	朝命	恭顺	文		旧一一一、全文一三九本传，全文三三九独孤及撰张公遗爱碑，全文三三一四李华撰平原公遗德颂
867B		崔光远	乾元1.5.	乾元1.12.	八月	礼尚	魏刺	朝命	朝命	恭顺	文	参阅考释	见凤翔
722		许叔冀	乾元2.3.	乾元2.9.	七月	滑刺	战败降于史思明	朝命	降贼	叛逆			

（续表）

编号	相职	姓名	受镇年月	去镇年月	在镇时间	任前官职	任后官职或情形	受镇原因	去镇原因	对中央态度	文武职	备注	碑传
856A		张献诚	宝应1.冬	广德2.	2	安禄山降将	（朝官）	拥兵据位	朝命	恭顺	武		旧一二二、新一三三本传
164C		田神功	广德2.	大历9.1.	11	天平节度	卒	朝命	卒	恭顺	武	右仆兼领	见天平
165		田神玉	大历9.2.	大历11.5.	3	曹刺	卒	朝命	卒	恭顺	武	参阅考释	旧一二四、新一四四附田神功传
371F	△	李勉	大历11.5.			永平节度（义成）	永平节度	朝命		跋扈	文	永平兼领未至镇时李灵曜据许	见义成
507		李灵曜	大历11.6.	大历11.11.	六月	汴宋都虞候	被诛	拥兵据位	拒朝命	跋扈	武		
1126B	●	刘玄佐（刘洽）	建中2.1.	贞元8.2.	12	宋刺	卒	朝命	卒	恭顺	武		旧一四五、新二一四本传
241C		吴凑	贞元8.2.	贞元8.2.		陕虢观察	右金吾卫大将军	朝命				未至镇时刘士宁据许	旧一八三、新一五九本传
1108		刘士宁	贞元8.4.	贞元9.12.	2	汴州留后	（入朝）	拥兵据位	军乱被逐	恭顺	武		旧一四五、新二一四附刘玄佐传
441		李万荣	贞元9.12.	贞元12.7.	3	宣武节度副使	卒	拥兵据位	卒	恭顺	武		旧一四五、新二一四本传

（续表）

编号	相职	姓名	受镇年月	去镇年月	在镇时间	任前官职	任后官职或情形	受镇原因	去镇原因	对中央态度	文武职	备注	碑传
972B	●○	董晋	贞元12.7.	贞元15.2.	3	东都留守	卒		卒	恭顺	文		旧一四五、新一五一本传，全文四九权德舆撰董晋碑、全文五六二七韩愈撰董公行状
729		陆长源	贞元15.2.	贞元15.2.	一月	宣武行军司马	卒	朝命	军乱被杀	恭顺	文		旧一四五、新一五一本传
1138		刘全谅（刘逸准）	贞元15.2.	贞元15.8.	七月	宋刺	卒	朝命	卒	恭顺	武	参阅考释	旧一四五、新一五一本传
1272A	△○	韩弘	贞元15.9.	元和14.8.	21	宣武都知兵马使	宰相	拥兵据位	自请	跋扈	武		旧一五六、新一五八本传
790D	△○	张弘靖	元和14.8.	长庆1.3.	2	吏尚	卢龙节度	朝命	朝命	恭顺	文		旧一二九、新一二七本传
452D		李愿	长庆1.3.	长庆2.7.	2	凤翔节度	隋刺	朝命	军乱被逐	恭顺	武		见凤翔
1273C		韩充（韩雄）	长庆2.7.	长庆4.8.	3	义成节度	卒	朝命	卒	恭顺	武	参阅考释	见鄜坊
135D	○	令狐楚	长庆4.9.	大和2.10.	5	河南尹	户尚	朝命	朝命	恭顺	文		见天平
402D	●○	李逢吉	大和2.10.	大和5.8.	3	山南东道节度	太子太师	朝命	朝命	恭顺	文		旧一六七、新一七四本传
983C		杨元卿	大和5.8.	大和7.7.	2	河阳节度	太子太保	朝命	朝命	恭顺	武		见泾原

（续表）

编号	相职	姓名	受镇年月	去镇年月	在镇时间	任前官职	任后官职或情形	受镇原因	去镇原因	对中央态度	文武职	备注	碑传
409D	○	李程	大和 7.7.	大和 9.6.	3	左仆	河中节度	朝命	朝命	恭顺	文		旧一六七、新一三二本传
106D	●	王智兴	大和 9.6.	开成 1.7.	2	河中节度	卒	朝命	卒	恭顺	武		见忠武
389C	△	李绅	开成 1.6.	开成 5.9.	5	河南尹	淮南节度	朝命	朝命	恭顺	文		旧一七三、新一八本传，全文撰淮南节度使居易撰公家庙碑全文沈亚之撰文李绅三八沈亚之撰李绅传
74C	△	王彦威	开成 5.9.	会昌 4.	5	忠武节度	兵侍	朝命	朝命	恭顺	文	参阅考释	见忠武
673E		孙简	会昌 5.	会昌 6.	2	（朝官）	（朝官）	朝命	朝命	恭顺	文		新二○二本传
1120C		刘约	会昌 6.	会昌 6.		天平节度	卒	朝命	卒			未至镇而卒	
458A	△	李蔚	咸通 9.1.	咸通 11.11.	3	吏侍	淮南节度	朝命	朝命	恭顺	文		旧一七八、新一八本传
1174B	△	郑从谠	咸通 11.11.	咸通 12.12.	2	吏侍	岭南东节度	朝命	朝命	恭顺	文		旧一五八、新一六五本传
1298		归仁晦	咸通 12.12.	咸通 14.	2	吏侍		朝命	朝命	恭顺	文		旧一四九附归融传
132A	△●○	王铎	咸通 14.6.	乾符 2.	3	宰相	左仆	朝命	朝命	恭顺	文	参阅考释	见义成
1200B		穆仁裕	乾符 2.	乾符 6.	5								
741		康实	广明 1.	中和 3	4								

（续表）

编号	相职	姓名	受镇年月	去镇年月	在镇时间	任前官职	任后官职或情形	受镇原因	去镇原因	对中央态度	文武职	备注	碑传
188B	●	朱全忠（朱温）	中和3.4.	天祐4.	25	河中行营招讨副使	（唐亡）	朝命	（唐亡）	跋扈	武		旧史一至七、新史一至三、梁太祖本纪
忠武													
1097C		鲁炅	乾元2.4.	乾元2.6.	三月	淮西节度	卒	朝命	卒	恭顺	武	淮西兼领	旧一一四、新一四七本传
953	△	彭元曜	乾元2.6.	乾元2.9.	四月	右羽林大将军		朝命	卒	恭顺	武		
336A		李抱玉	乾元2.9.	上元2.	3	右羽林大将军	泽潞节度	朝命	朝命	恭顺	武		见凤翔
175		曲环	贞元2.7.	贞元15.8.	14	陇右行营节度	卒	朝命	卒	恭顺	武		旧一二二、新一四七本传
3		上官涗	贞元15.8.	贞元19.	4	陈许兵马使	卒	朝命	卒	恭顺	武		
1125		刘昌裔	贞元19.5.	元和8.5.	10	陈许行军司马	统军	拥兵据位	朝命	恭顺	文		旧一五一、新一七○本传全文五五五愈撰刘统军碑、全文五六五韩愈撰右龙武统军刘公墓志
1282C		韩皋	元和8.6.	元和9.10.	2	东都留守	吏尚	朝命	朝命	恭顺	文		旧一二九、新一二六本传

（续表）

编号	相职	姓名	受镇年月	去镇年月	在镇时间	任前官职	任后官职或情形	受镇原因	去镇原因	对中央态度	文武职	备注	碑传
302A		李光颜	元和 9.10.	元和 13.5.	4	忠武节度副使	义成节度	朝命	朝命	恭顺	武	参阅考释	见凤翔
683E		马总	元和 13.5.	元和 13.	数月	彰义节度	华刺	朝命	朝命	恭顺	文		旧一五七、新一六三本传
302C		李光颜	元和 13.10.	元和 14.5.	八月	义成节度	邠宁节度	朝命	朝命	恭顺	武	此再任	
636D		郗士美	元和 14.5.	元和 14.8.	四月	工尚	卒	朝命	卒	恭顺	文		旧一五七、新一四三本传
445C		李逊	元和 14.9.	长庆 1.12.	3	国子祭酒	凤翔节度	朝命	朝命	恭顺	文		见凤翔
302F	●	李光颜	长庆 1.12.	宝历 1.7.	4	凤翔节度	河东节度	朝命	朝命	恭顺	武	此三任	旧一六一、新一七一本传
47B		王沛	宝历 1.7.	大和 1.4.	2	淄青节度	卒	朝命	卒	恭顺	武		旧一六二、新一七一本传
704A		高瑀	大和 1.4.	大和 6.3.	5	太仆卿	武宁节度	朝命	朝命	恭顺	文	参阅考释	
106B	●	王智兴	大和 6.3.	大和 7.9.	2	武宁节度	河中节度	朝命	朝命	恭顺	武		旧一五六、新一七二本传
704C		高瑀	大和 7.8.	大和 8.6.	十一月	太子少傅	卒	朝命	卒	恭顺	文	此再任	
254B	△	杜悰	大和 8.6.	开成 2.12.	4	凤翔节度	工尚	朝命	朝命	恭顺	文	参阅考释	见凤翔
503I		李听	大和 9.9.	大和 9.10.		凤翔节度	天子太保分司	朝命	朝命	恭顺	武	未至镇即改官	见凤翔

（续表）

编号	相职	姓名	受镇年月	去镇年月	在镇时间	任前官职	任后官职或情形	受镇原因	去镇原因	对中央态度	文武职	备注	碑传
646G		殷侑	开成2.12.	开成3.7.	八月	太子宾客分司	卒	朝命	卒	恭顺	文		旧一六五、新一六四本传
74B		王彦威	开成3.7.	开成5.	3	卫尉卿	宣武节度	朝命	朝命	恭顺	文		旧一五七、新一六四本传
72F		王茂元	开成5.	会昌3.	4	司农卿	河阳节度	朝命	朝命	恭顺	武		见泾原
84B		王宰	会昌3.4.	会昌4.12.	2	邠宁节度	河东太保	朝命	朝命	恭顺	武		见邠宁
1118G		刘沔	会昌4.	会昌5.	2	河阳节度	太子太保	朝命	朝命	恭顺	武		见泾原
400C		李执方	会昌5.	会昌6.	2	义武节度	（朝官）	朝命	朝命	恭顺	文		
1232B		卢简辞	大中1.	大中6.	6	兵侍	山南东节度	朝命	朝命	恭顺	文		旧一六三、新一七七本传
705C		高铢	大中7.	大中9.	3		（朝官）	朝命	朝命	恭顺	文	参阅考释	旧一六八、新一七七本传
96		王逢	大中9.	大中11.	3	忠武大将		朝命	朝命	恭顺	武		旧一六一、新一七一王沛传附传
679D	○	马植	大中11.4.	大中13.	2	太子宾客分司	宣武节度	朝命	朝命	恭顺	文		旧一七六、新一八四本传
1066D		裴识	大中13.	咸通2.	3	凤翔节度	天平节度	朝命	朝命	恭顺	文		见凤翔
20A		孔温裕	咸通4.	咸通8.	5	户侍	天平节度	朝命	朝命	恭顺	文	参阅考释	新一六三本传
387D		李琢	咸通8.	咸通10.	3			朝命	朝命	恭顺	武		新一一五本传

（续表）

编号	相职	姓名	受镇年月	去镇年月	在镇时间	任前官职	任后官职或情形	受镇原因	去镇原因	对中央态度	文武职	备注	碑传
1224D		卢钧		大中4.	5	吏尚	吏尚	朝命	朝命	恭顺	文		旧一七七、新一八三本传
1212C		卢弘正（卢弘止）	大中4.	大中4.	数月	武宁节度	卒	朝命	卒	恭顺	文		见义成
1165C		郑朗	大中5.	大中5.	数月	浙西观察	工尚	朝命	朝命	恭顺	文		旧一七三、新一六三本传
918C	●○	崔龟从	大中5.11.	大中7.	2	宰相		朝命	朝命	恭顺	文	参阅考释	旧一七六、新一六○本传
1139A	△	刘瑑	大中7.	大中10.	4	河南尹	河东节度	朝命	朝命	恭顺	文		旧一七七、新一八二本传
1037D	●○	裴休	大中10.10.	大中10.冬	数月	宰相	太子少保分司	朝命	朝命	恭顺	文		见凤翔
679E	○	马植	大中11.	大中11.	数月	忠武节度	卒	朝命	卒	恭顺	文		见忠武
1166D		郑涯	大中11.8.	大中13.	3	义武节度		朝命	朝命	恭顺	文		
717D	△	毕诚	大中13.10.	咸通1.	2	河东节度	户尚	朝命	朝命	恭顺	文		见邠宁
1011D		杨汉公	咸通2.	咸通2.	数月	同刺	天平节度	朝命	朝命	恭顺	文		见天平
138B	●○	令狐绹	咸通2.	咸通3.冬	2	河中节度	淮南节度	朝命	朝命	恭顺	文		见凤翔
442C		李福	咸通3.冬	咸通4.9.	1	兵侍	户尚	朝命	朝命	恭顺	文		旧一七二、新一三一本传

（续表）

编号	相职	姓名	受镇年月	去镇年月	在镇时间	任前官职	任后官职或情形	受镇原因	去镇原因	对中央态度	文武职	备注	碑传
1103B	●○	蒋伸	咸通4.	咸通4.	数月	河中节度	太子少保分司	朝命	朝命	恭顺	文	参阅考释	旧一四九、新一三二本传
1170C		郑处晦	咸通4.	咸通8.	5	吏符	卒	朝命	卒	恭顺	文	参阅考释	旧一五八、新一六五本传
758		曹汾	咸通10.	咸通14.	5	河南尹	户符	朝命	朝命	恭顺	参阅考释		旧一七七、新一八一附曹确传
260D	●○	杜审权	乾符1.	乾符2.	2	河中节度	太子太傅分司	朝命	朝命	恭顺	文		旧一七七、新九六本传
866B		崔安潜	乾符3.	乾符5.1.	3	江西观察	西川节度	朝命	朝命	恭顺	文		旧一七七、新一一四本传
1257C		薛能	乾符5.	广明1.9.	3	感化节度	卒	朝命	军乱被杀	恭顺	文	参阅考释	
537		周岌	广明1.11.	中和4.11.	4	许州大将		拥兵据位	惧鹿晏弘而弃镇	跋扈	武		
726B		鹿晏弘	中和4.11.	光启2.7.	3	山南西节度	卒	拥兵据位	战死	跋扈	武		
987B		杨守宗	光启3.5.	德1.	2	扈驾都头	卒	朝命	为秦宗权所执杀	恭顺	武		新一八六附杨守亮传
131		王蕴	文德1.11	文德1.	数月			朝命		恭顺	武		

（续表）

编号	相职	姓名	受镇年月	去镇年月	在镇时间	任前官职	任后官职或情形	受镇原因	去镇原因	对中央态度	文武职	备注	碑传
1091D	●	赵犨	龙纪 1.3.	龙纪 1.	数月	浙西节度	卒	朝命	卒	跋扈	武	附朱全忠	新一八九、旧史一四本传
1078	●	赵昶	大顺 1.	乾宁 2.	6	忠武留后	卒	袭兄擢位	卒	跋扈	武	附朱全忠	新一八九、旧史一四本传
1081A	●	赵翊	乾宁 2.	天复 1.11.	7	忠武行军司马	匡国节度	龚叔昶位	强藩所命	跋扈	武	附朱全忠	新一八九、旧史一四本传
1278C	●	韩建	天复 1.11.	天祐 1.3.	3	华州节度	佑国节度	强藩所命	强藩所命	跋扈	武	附朱全忠	旧史一五、新史四〇本传
188H	●	朱全忠（朱温）	天祐 1.3.	天祐 1.10.	数月	宣武节度	宣武节度	拥兵据位	自请	跋扈	武	1.宣武兼领 2.参阅考释	见宣武
793E	●	张全义	天祐 1.10.	天祐 4.	3	天平节度	（唐亡）	强藩所命	（唐亡）	跋扈	武	附朱全忠	旧史六三、新史四五本传

天平

编号	相职	姓名	受镇年月	去镇年月	在镇时间	任前官职	任后官职或情形	受镇原因	去镇原因	对中央态度	文武职	备注	碑传
634		能元皓	乾元 2.	宝应 1.	4	安史降将		朝命		恭顺	武		旧一二四、新一四四本传
164B		田神功	宝应 1.5.	宝应 1.	数月	淄青节度	汴宋节度	朝命	朝命	恭顺	武	参阅考释	见宣武
1126A	●	刘玄佐（刘洽）	建中 3.	兴元 1.	3	宋亳节度	宋亳节度	朝命	朝命	恭顺	武	未兼领	见宣武
683F	●	马总	元和 14.3.	长庆 2.	4	华刺	户尚	朝命	朝命	恭顺	文	参阅考释	见宣武

（续表）

编号	相职	姓名	受镇年月	去镇年月	在镇时间	任前官职	任后官职或情形	受镇原因	去镇原因	对中央态度	文武职	备注	碑传
1149A		刘总	长庆1.3.			幽州节度	卒	朝命	卒		武	未至镇而卒	见幽州
651D	●	乌重胤	长庆2.10.	大和1.5.	5	山南西节度	横海节度	朝命	朝命	恭顺	武		旧一六一、新一七一本传
863B		崔弘礼	大和1.	大和3.	3	华刺	东都留守	朝命	朝命	恭顺	文		旧一六三、新一六四本传 拓本王潘撰崔弘礼墓志
135F	○	令狐楚	大和3.12.	大和6.2.	3	东都留守	河东节度	朝命	朝命	恭顺	文		旧一七二、新一六六本传全文○八刘禹锡撰令狐楚家庙碑
646D		殷侑	大和6.2.	大和9.1.	3	刑尚	刑尚	朝命	朝命	恭顺	文		旧一六五、新一六四本传
974C		庾承宣	大和9.1.	大和9.7.	七月	太常卿	卒	朝命	卒	恭顺	文		
646E		殷侑	大和9.7.	大和9.	数月	刑尚	刑尚	朝命	朝命	恭顺	文	此再任	
110B		王源中	大和9.12.	开成3.11.	3	刑尚	卒	朝命	卒	恭顺	文		新一六四本传
359B		李彦佐	开成3.11.	会昌1.	4	沧州节度	武宁节度	朝命	朝命	恭顺	武		新一九七本传
1245B		薛元赏	会昌1.	会昌3.	3	武宁节度	京兆尹	朝命	朝命	恭顺	文	参阅考释	新一九七本传
204B		狄兼谟	会昌3.	会昌4.	2	益王傅	秘书监	朝命	朝命	恭顺	文	参阅考释	旧八九、新一七五本传

（续表）

编号	相职	姓名	受镇年月	去镇年月	在镇时间	任前官职	任后官职或情形	受镇原因	去镇原因	对中央态度	文武职	备注	碑传
1120B		刘约	会昌 4.	会昌 6.	3	义昌节度	宣武节度	朝命	朝命	恭顺			旧一一七、新一四四本传
921C		崔蠡	会昌 6.	大中 1.	2	平卢节度	左丞	朝命	朝命	恭顺			旧一一七、新一四四本传
156D		田牟	大中 1.	大中 4.	4	武宁节度	右金吾将军	朝命	朝命	恭顺	武		见郳坊
679C	○	马植	大中 3.4.	大中 3.4.		宰相	常刺	朝命	朝命	恭顺	文	1.未至镇改官 2.参阅考释	见忠武
423B		李景让	大中 5.	大中 6.	2	左丞	山南东节度	朝命	朝命	恭顺	文		旧一八七下、新一七七本传
623C		韦损	大中 6.	大中 8.	3	刑尚		朝命	朝命	恭顺	文	此再任	
156F		田牟	大中 8.	大中 8.	数月	灵武节度	武宁节度	朝命	朝命	恭顺	武		
670		孙景商	大中 9.	大中 11.	3	刑侍		朝命	朝命	恭顺			新一八三附孙偓传
430E		李业	大中 11.	大中 12.	2			朝命	朝命	恭顺	文	参阅考释	
257		杜胜	大中 12.12.	大中 13.	1	户侍	卒	朝命	卒	恭顺	文		新一六九附杜黄裳传
1066E		裴识	咸通 1.	咸通 1.	数月	忠武节度	邠宁节度	朝命	朝命	恭顺	文		见凤翔
484A		李积	咸通 1.	咸通 2.	2			朝命	朝命		文		

（续表）

编号	相职	姓名	受镇年月	去镇年月	在镇时间	任前官职	任后官职或情形	受镇原因	去镇原因	对中央态度	文武职	备注	碑传
1011E		杨汉公	咸通2.	咸通3.	2	宣武节度	卒	朝命	卒	恭顺	文		旧一七六、新一七五本传
584D		柳仲郢	咸通5.	咸通6.	2	华刺	卒	朝命	卒	恭顺	文		旧一六五、新一六三本传
170		田牟	咸通6.	咸通7.	2		兵侍	朝命	朝命	恭顺			新一四八附田布传
20B		孔温裕	咸通8.	咸通10.	3	东都留守	兵侍	朝命	朝命	恭顺	文	参阅考释	见忠武
710C		高骈	咸通10.	乾符2.1.	6	右金吾大将军	西川节度	朝命	朝命	恭顺	武	参阅考释	旧一八二、新二二四下本传
1259		薛崇	乾符2.	乾符4.1.	3		卒	朝命	为王仙芝所杀	恭顺			
830		张杨	乾符4.	乾符6.3.	3	华刺	卒	朝命	卒	恭顺	文	参阅考释	旧一七八本传
1008C		杨损	乾符6.	乾符6.		平卢节度	卒	朝命	卒	恭顺	文	1.未至镇而卒 2.参阅考释	见陕虢
756		曹全晸	广明1.5.	中和1.10.	2	淄刺	卒	朝命	与贼战死	恭顺			
757		曹存实	中和1.	中和2.	2	天平留后	卒	袭叔父全晸位	为韩简所败死				
200	●	朱瑄	中和2.	乾宁4.	16	天平都将	卒	拥兵据位	为朱全忠所败被执杀	跋扈	武	参阅考释	旧一八二三、旧史四二五本传

（续表）

编号	相职	姓名	受镇年月	去镇年月	在镇时间	任前官职	任后官职或情形	受镇原因	去镇原因	对中央态度	文武职	备注	碑传
188E	●	朱全忠（朱温）	光化1.3.	天祐1.3.	6	宣武节度		拥兵据位	自请	跋扈	武	宣武兼领	见宣武
793D	●	张全义	天祐1.	天祐1.	数月	东畿（佑国）节度	忠武节度	强藩所命	强藩所命	跋扈	武		见忠武
188F	●	朱全忠（朱温）	天祐1.	天祐4.	4	宣武节度	（唐亡）	拥兵自据	（唐亡）	跋扈	武	宣武兼领此再任	

泰宁（兖海）

编号	相职	姓名	受镇年月	去镇年月	在镇时间	任前官职	任后官职或情形	受镇原因	去镇原因	对中央态度	文武职	备注	碑传
108B		王遂	元和14.2.	元和14.7.	六月	淄青四面行营供军使	卒	朝命	军乱被杀	恭顺	文		旧一六二、新一一六本传
759A		曹华	元和14.7.	长庆2.8.	3	棣刺	义成节度	朝命	朝命	恭顺	武		见义成
696A		高承简	长庆2.8.	长庆3.	1	沂刺	义成节度	朝命	朝命	恭顺	武		见郓宁
47A		王沛	长庆3.8.	宝历1.7.	2	忠武副使	忠武节度	朝命	朝命	恭顺	武		见忠武
814		张茂宗	宝历1.7.	大和4.	6	右金吾大将军	左金吾卫大将军	朝命	朝命	恭顺	武		旧一四一、新一四八本传
295		李同捷	大和1.5.			横海节度副使	诏削官爵	朝命		恭顺	武	1.不受诏未至镇 2.参阅本考释	旧一四三、新二一三本传
974B		庾承宣	大和4.11.	大和6.	2	左丞	吏侍	朝命	朝命	恭顺	文		

（续表）

编号	相职	姓名	受镇年月	去镇年月	在镇时间	任前官职	任后官职或情形	受镇原因	去镇原因	对中央态度	文武职	备注	碑传
275B		李文悦	大和6.6.	大和8.3.	2	灵武节度	卒	朝命	卒	恭顺	武		
865		崔戎	大和8.3.	大和8.6.	四月	华刺	卒	朝命	卒	恭顺	文		旧一六二、新一五九本传
870		崔珙	大和8.6.	开成2.	4	将作监		朝命	朝命	恭顺			
826		张贾	开成2.7.	开成5.	4	太府卿	鸿胪卿	朝命	朝命	恭顺			
351B		李玭	会昌1.	会昌2.	2	金吾大将军		朝命	朝命	恭顺	武		
695C		高承恭	会昌6.	大中1.	2	西南面招讨党项使		朝命	朝命	恭顺	武		
1239B		萧俶	大中4.	大中6.	3	太子宾客分司	太子宾客	朝命	朝命	恭顺	文		旧一七二本传
978B		敩晦	大中7.	大中9.	3	浙西观察	太子宾客分司	朝命	朝命	恭顺	文		新一七七本传
1131		刘皋	大中12.	大中13.	2			朝命		恭顺			
1163C		郑渎	咸通1.	咸通2.	2					恭顺			
1179		郑汉璋	咸通6.	咸通9.	4			朝命		恭顺	武		
760A		曹翔	咸通9.	咸通13.	5	陇刺		朝命		恭顺	武		
923		崔□□	乾符1.	乾符2.	2								

（续表）

编号	相职	姓名	受镇年月	去镇年月	在镇时间	任前官职	任后官职或情形	受镇原因	去镇原因	对中央态度	文武职	备注	碑传
1030A		齐克让	乾符 3.1.	乾符 5.	3	左金吾大将军		朝命	朝命	恭顺	武		
347A		李系	乾符 5.	乾符 6.	2		湖南观察	朝命		恭顺			
1030C		齐克让	乾符 6.	光启 2.	8	（朝官）		朝命	为天平牙将朱瑾所逐	恭顺	武	此再任	
77B		王重荣	光启 3.			河中节度	河中节度	朝命			武	1.未至镇不奉绍 2.参阅考释	见河中
201		朱瑾	光启 2.	乾宁 4.	12	天平牙将	寿刺	拥兵自据	为宣武军败弃武镇	跋扈	武		旧一八三、新史四二、九国志二本传
1091B		赵犨	文德 1.			蔡州节度	蔡州节度	朝命	朝命		武	1.未至镇朱瑾据之 2.参阅考释	见忠武
958A		葛从周	乾宁 4.	天复 3.10.	7	宣武大将	左金吾上将军	强藩所命	强藩所命	跋扈	武	1.附朱全忠 2.参阅考释	旧史一六、新史薛廷珪撰本传 拓本薛廷珪撰葛从周碑
742		康怀英	天复 3.10.	天祐 2.	2	宣武将		强藩所命	强藩所命	跋扈	武	1.附朱全忠 2.参阅考释	旧史二三、新史二二本传

（续表）

编号	相职	姓名	受镇年月	去镇年月	在镇时间	任前官职	任后官职或情形	受镇原因	去镇原因	对中央态度	文武职	备注	碑传
1111		刘仁遇	天祐2.4.	天祐4.	3	棣刺	（唐亡）	强藩所命	（唐亡）	跋扈		附朱全忠	

感化（武宁）

编号	相职	姓名	受镇年月	去镇年月	在镇时间	任前官职	任后官职或情形	受镇原因	去镇原因	对中央态度	文武职	备注	碑传
514A		尚衡	乾元2.3.	乾元2.4.	一月	郓刺	青淄节度	朝命	朝命	恭顺			旧一三四、新一四八本传
349		李洧	建中3.3.	建中3.8.	六月	徐刺	卒	朝命	卒	恭顺			旧一四〇、新一五八本传
694		高承崇	建中3.	兴元1.5.	3	徐刺	卒	朝命	卒	恭顺		参阅考释	
817B		张建封	贞元4.11.	贞元16.5.	12	庐漤寿观察	卒	朝命	卒	恭顺	文		旧一四〇、新一五八本传
246E	●	杜佑	贞元16.5.	贞元16.		淮南节度	淮南节度	朝命	原藩拒代	恭顺	文	1.未至镇时张愔据徐州 2.淮南兼领 3.参阅考释	见淮南
828		张愔	贞元16.11.	元和1.11.	7	（徐州属官）	工尚	袭父建封位	自请	恭顺			旧一四〇、新一五八附张建封传
95B		王绍（王纯）	元和1.11.	元和6.	5	东都留守	兵尚	朝命	朝命	恭顺	文		旧一二三、新一四九本传，全文六四六李绛撰王绍碑
452B		李愿	元和6.10.	元和13.7.	7	夏州节度	荆尚	朝命	朝命	恭顺	武		见凤翔
453D		李愬	元和13.7.	元和15.9.	3	凤翔节度	昭义节度	朝命	朝命	恭顺	武		见凤翔

（续表）

编号	相职	姓名	受镇年月	去镇年月	在镇时间	任前官职	任后官职或情形	受镇原因	去镇原因	对中央态度	文武职	备注	碑传
902B	○	崔群	元和15.9.	长庆2.3.	2	御史大夫	秘书监分司	朝命	兵乱被逐	恭训	文		旧一五九、新一六五本传
106A	●	王智兴	长庆2.3.	大和6.3.	10	武宁节度副使	忠武节度	拥兵据位	朝命	恭顺	武		见忠武
503G		李听	大和6.3.	大和6.3.		邠宁节度	太子太保	朝命	朝命		武	1.未至镇自辞 2.参阅考释	
704B		高瑀	大和6.3.	大和7.1.	十月	忠武节度	刑尚	朝命	朝命	恭顺	文		见忠武
883B	△	崔珙	大和7.1.	开成1.	4	岭南节度	右金吾大将军	朝命	朝命	恭顺	文		见凤翔
1245A		薛元赏	开成1.12.	会昌1.	5	京兆尹	天平节度	朝命	朝命	恭顺	文	参阅考释	见天平
359C		李彦佐	会昌1.	会昌3.	3	天平节度	晋绛诸军行营招讨使	朝命	朝命	恭顺	武	参阅考释	
156C		田牟	会昌3.7.	大中1.	4	鄜坊节度	天平节度	朝命	朝命	恭顺	武	参阅考释	见鄜坊
454		李廓	大中2.	大中3.5.	2	刑侍		朝命	军乱被逐	恭顺	文		旧一六七、新一三一附李程传
1212B	卢弘正（卢弘止）	卢弘正（卢弘止）	大中3.5.	大中4.	2	义成节度	宣武节度	朝命	朝命	恭顺	文		见义成
1164B		郑涓	大中4.	大中6.	3	平卢节度	昭义节度	朝命	朝命	恭顺			

（续表）

编号	相职	姓名	受镇年月	去镇年月	在镇时间	任前官职	任后官职或情形	受镇原因	去镇原因	对中央态度	文武职	备注	碑传
738B		康季荣	大中6.	大中8.	3	泾原节度		朝命	朝命	恭顺	武		
156G		田牟	大中8.	大中11.	4	天平节度		朝命	朝命	恭顺	武	此再任	
738C		康季荣	大中11.	大中13.4.	3	金吾大将军		朝命	军乱被逐	恭顺	武	此再任	
156H		田牟	大中13.4.	咸通2.	3	宣歙观察	卒	朝命	卒	恭顺	武	此三任	
948B		温璋	咸通2.	咸通3.7.	2	宣歙观察	邠宁节度	朝命	军乱被逐	恭顺	文		见邠宁
39C		王式	咸通3.8.	咸通3.8.	一月	浙东观察	左金吾大将军	朝命	朝命	恭顺	文	参阅考释	新一六七本传
529		孟球	咸通5.4.	咸通6.	2	晋刺		朝命		恭顺	文		
1266		薛绾	咸通6.7.	咸通7.	2	右卫大将军		朝命		恭顺	武		
879		崔彦曾	咸通7.	咸通9.10.	3	大仆卿	卒	朝命	为庞勋所因杀	恭顺	文		旧一七, 新一一四本传
91		王晏权	咸通10.1.	咸通10.	数月	神武大将军		朝命	朝命	恭顺	武		新一四八附康承训传
644		夏侯瞳	咸通11.	咸通11.	1		工尚	朝命		恭顺			
754		郭铨	咸通12.	咸通13.	2		工尚	朝命		恭顺			
1257A		薛能	咸通14.	乾符5.	6	京兆尹	工尚	朝命	朝命	恭顺	文	参阅考释	
1257B		薛能	乾符5.	乾符5.	数月	工尚	忠武节度	朝命	朝命	恭顺	文	此再任	

（续表）

编号	相职	姓名	受镇年月	去镇年月	在镇时间	任前官职	任后官职或情形	受镇原因	去镇原因	对中央态度	文武职	备注	碑传
10		支详	乾符5.	中和1.8.	3		（入朝）	朝命	为别将时溥所逐	恭顺			
632	●	时溥	中和1.8.	景福2.4.	12	武宁大将	卒	拥兵据位	为朱全忠庞师古将所杀	跋扈	武		旧一八二、新一八八、旧史一三本传
1133A	△●○	刘崇望	景福1.2.			宰相	太常卿	朝命			文	1.未至镇时溥拒代 2.参阅考释	旧一七九、新九〇本传
1308A		庞师古	景福2.4.	景福2.4.	一月	宣武大将	天平节度留后	强藩所命	强藩所命	跋扈	武	附朱全忠	旧史一三、新一本传
797		张廷范	乾宁1.6.	乾宁2.	2	宋刺	（朝官）	强藩所命	强藩所命	跋扈	武	1.附朱全忠 2.参阅考释	新二二三下附蒋玄晖传
185A		朱友裕	乾宁2.	乾宁4.	2	许刺	天平节度留后	强藩所命	强藩所命	跋扈	武	1.附朱全忠 2.参阅考释	见华州
1308B		庞师古	乾宁4.3.	乾宁4.11.	九月	天平节度留后	卒	强藩所命	伐杨行密举军皆没	跋扈	武	附朱全忠此再任	
113		王敬尧	乾宁4.11.	天复3.	6	颖刺	右龙武统军	强藩所命	强藩所命	跋扈	武	附朱全忠	旧史一二〇、新史四三本传
184		朱友恭	天复3.5.	天祐1.3.	数月	颖刺	右龙武统军	强藩所命	强藩所命	跋扈	武	附朱全忠	新二二三下、旧史一九本传

（续表）

编号	相职	姓名	受镇年月	去镇年月	在镇时间	任前官职	任后官职或情形	受镇原因	去镇原因	对中央态度	文武职	备注	碑传
1001A		杨师厚	天祐1.3.	天祐2.8.	2	齐刺	山南东道节度留后	强藩所命	强藩所命	跋扈	武	附朱全忠	旧史二二二、新史二二本传
834		张镇思	天祐2.11.	天祐4.	2	左龙武统军	（唐亡）	强藩所命	（唐亡）	跋扈	武	1.参阅考释 2.……	旧史一一五本传
平卢淄青													
1105B		邓景山	至德1.	至德2.	2		淮南节度	朝命	朝命	恭顺	文		见河东
514B		尚衡	乾元2.4.	上元1.	2	徐刺		朝命	朝命	恭顺			
645		殷仲卿	上元1.	上元2.	2			朝命		恭顺		参阅考释	淄沂节度
514C		尚衡	上元1.	上元1.	数月	兵侍		朝命		恭顺		此再任	
164A		田神功	宝应1.	宝应1.	数月	徐刺	兖郓节度（天平）	朝命	朝命	恭顺	武		见天平
573B		侯希逸	宝应1.	永泰1.7.	4	平卢节度	右仆	拥兵据位	为部将李正己所逐	恭顺	武		旧一二四、新一四四本传
285 ●		李正己（李怀玉）	永泰1.7.	建中2.8.	17	平卢大将	卒	拥兵据位	卒	跋扈	武	1.未至镇时李纳据淄青 2.参阅考释	旧一二四、新二一三本传
321B		李希烈	建中3.7.			淮西节度	淮西节度	朝命			武		见淮西

（续表）

编号	相职	姓名	受镇年月	去镇年月	在镇时间	任前官职	任后官职或情形	受镇原因	去镇原因	对中央态度	文武职	备注	碑传
376	●	李纳	达中 3.	贞元 8.5.	11	曹刺	卒	袭父正己位	卒	叛逆	武		旧一二四、新二一三本传
380	●	李师古	贞元 8.8.	元和 1.闰6.	14	青刺	卒	袭父纳位	卒	跋扈	武		旧一二四、新二一三本传
383		李师道	元和 1.8.	元和 14.2.	13	平卢节度副使	卒	袭兄师古位	为部将刘悟所杀	跋扈	武		旧一二四、新二一三本传
1246C		薛平	元和 14.3.	宝历 1.	7	义成节度	左仆	朝命	朝命	恭顺	武		见义成
736A		康志睦	宝历 1.4.	大和 5.	7	右神策大将军	右龙武统军	朝命	朝命	恭顺	武		见泾原
59D		王承元	大和 5.11.	大和 7.12.	3	凤翔节度	卒	朝命	卒	恭顺			见凤翔
1311		严休复	大和 7.12.	大和 8.	1	河南尹		朝命	朝命	恭顺	文		
74A		王彦威	大和 9.2.	开成 1.7.	2	司农卿	户侍	朝命	朝命	恭顺	文		见忠武
770A		陈君赏	开成 1.7.	开成 3.	2	金吾卫大将军	右羽林统军	朝命	朝命	恭顺	武	参阅考释	
601B		韦长	开成 4.7.	开成 5.	2	河南尹		朝命	朝命	恭顺			
653		乌汉真	会昌 1.	会昌 2.	2		金吾将军	朝命	朝命	恭顺	武		附见旧一〇五张守珪传,旧二〇〇上史思明传
351C		李丕	会昌 3.	会昌 4.	2			朝命	朝命	恭顺	武		

（续表）

编号	相职	姓名	受镇年月	去镇年月	在镇时间	任前官职	任后官职或情形	受镇原因	去镇原因	对中央态度	文武职	备注	碑传
921B		崔蠡	会昌 5.	会昌 6.	2		天平节度	朝命	朝命	恭顺	文		见天平
1155A		郑光	大中 1.	大中 3.	3	金吾大将军	凤翔节度	朝命	朝命	恭顺	武		见凤翔
1164A		郑涓	大中 3.	大中 4.	2		武宁节度	朝命	朝命	恭顺	文		
671		孙范	大中 4.	大中 6.	3	太府卿		朝命	朝命	恭顺	文		旧一九〇中、新二〇二附孙逖传
620A		韦博	大中 6.	大中 9.	4	卫尉卿	昭义节度	朝命	朝命	恭顺	文		见昭义
387B		李琢	大中 9.9.	大中 12.	4	金吾将军	浙西观察	朝命	朝命	恭顺	武		见忠武
136		令狐绪	大中 12.	大中 13.	2			朝命	朝命	恭顺	文		旧一七二、新一六六附令狐楚传
625B		韦澳	大中 13.	咸通 2.	3	河阳节度	户侍	朝命	朝命	恭顺	文		见邠宁
554B		封敖	咸通 2.	咸通 3.	2	国子祭酒	户尚	朝命	朝命	恭顺	文		旧一六八、新一七七本传
480B		李璲	咸通 4.	咸通 4.	1	少府监		朝命		恭顺	武	参阅考释	
887		崔执柔	咸通 5.											
5		于珪	咸通 11.	咸通 13.	3		凉王府长史分司	朝命	朝命	恭顺	文	参阅考释	
222		宋威	咸通 14.	乾符 5.9.	6	卒		朝命	卒	恭顺	文		

（续表）

编号	相职	姓名	受镇年月	去镇年月	在镇时间	任前官职	任后官职或情形	受镇原因	去镇原因	对中央态度	文武职	备注	碑传
929		曾元裕	乾符 5.9.	乾符 5.	数月	诸道行营招讨使		朝命	朝命	恭顺		参阅考释	
1008B		杨损	乾符 5.	乾符 6.	2	陕虢观察	天平节度	朝命	朝命	恭顺	文		见陕虢
182A		安师儒	乾符 6.	中和 2.9.	4				为部将王敬武所逐				
112	●	王敬武	中和 2.10.	龙纪 1.10.	7	平卢大将	卒	拥兵据位	卒	叛逆	武		新一八七本传
866E	●	崔安潜	龙纪 1.10.			太子少师	太子少傅	朝命	原藩拒代		文	未至镇时王师范据平卢	见忠武
87A	●	王师范	龙纪 1.10.	天祐 2.2.	16	平卢节度留后	河阳节度	袭父敬武位	为朱全忠所逐举族西迁	跋扈	文		见河阳
76A		王重师	天祐 2.	天祐 3.	2	颍刺	佑国节度	强藩举命	强藩举命	跋扈	武	附朱全忠	旧史一一九、新史二二本传
1278E	●	韩建	天祐 3.6.	天祐 4.	1	佑国节度	（唐亡）	强藩举命	（唐亡）	跋扈	武	附朱全忠	见忠武

淮西

编号	相职	姓名	受镇年月	去镇年月	在镇时间	任前官职	任后官职或情形	受镇原因	去镇原因	对中央态度	文武职	备注	碑传
520B	△	来瑱	至德 1.	乾元 1.	2	山南东节度	殿中监	朝命	朝命	恭顺	武	参阅考释	见陕虢
1097B		鲁炅	乾元 2.4.	乾元 2.6.	三月	京兆尹	卒	朝命	卒	恭顺	武		见忠武

（续表）

编号	相职	姓名	受镇年月	去镇年月	在镇时间	任前官职	任后官职或情形	受镇原因	去镇原因	对中央态度	文武职	备注	碑传
42A		王仲昇	乾元2.9.	宝应1.	3	右羽林大将军	右羽林大将军	朝命	为史朝义败被掳	恭顺	武		见鄜坊
333A	△●	李忠臣	宝应1.	大历14.3.	17	神策军兵马使	宰相	朝命	为李希烈所逐	恭顺	武		旧一四五、新二二四下本传
321A	●	李希烈	大历14.5.	贞元2.4.	7	淮西左厢都虞候	卒	拥兵据位	为牙将陈仙奇所杀	代宗朝恭顺德宗朝叛逆	武		旧一四五、新二二五中本传
765		陈仙奇	贞元2.7.	贞元2.7.	四月	淮西牙将	卒	拥兵据位	为兵马使吴少诚所杀	恭顺	武		旧一四五本传
235	●	吴少诚	贞元2.7.	元和4.11.	24	淮西兵马使	卒	拥兵据位	卒	跋扈	武		旧一四五、新二二四本传
234		吴少阳	元和4.11.	元和9.9.	5	淮西节度副使	卒	拥兵据位	卒	跋扈	武		旧一四五、新二二四本传
1048A	△※○	裴度	元和12.7.	元和12.	数月	宰相	宰相	朝命	朝命	恭顺	文		见河东
683D		马总	元和12.11.	元和13.5.	六月	刑侍	忠武节度	朝命	朝命	恭顺	文		见忠武

蔡州（奉国）

编号	相职	姓名	受镇年月	去镇年月	在镇时间	任前官职	任后官职或情形	受镇原因	去镇原因	对中央态度	文武职	备注	碑传
638		蔡宗权	中和2.	中和3.5.	2	蔡刺	降于黄巢	拥兵据位	战败降于黄巢	叛逆	武		旧二〇〇下、新二二五下本传

（续表）

编号	相职	姓名	受镇年月	去镇年月	在镇时间	任前官职	任后官职或情形	受镇原因	去镇原因	对中央态度	文武职	备注	碑传
1091A		赵犨	光启1.8.			陈刺	泰宁节度	朝命			武	1.未至镇时蔡宗权据蔡道路阻兵 2.参阅考释	见忠武
141		申丛	文德1.12.	龙纪1.1.	二月	蔡州将	卒	拥兵据位	为蔡将郭璠所杀	跋扈	武		
755		郭璠	龙纪1.			蔡州将		拥兵据位		跋扈	武	参阅考释	
876	●	崔洪		光化2.2.					为蔡将崔景思等劫徙杨州	跋扈	武	附朱全忠	
185B		朱友裕		天复1.		许刺	护国节度留后	强藩所命	强藩所命	跋扈	武	附朱全忠	见华州
193		朱延寿	天复2.3.			寿州团练使	寿州团练使	强藩所命	强藩所命	跋扈	武	1.未至镇时朱全忠据有蔡州 2.附杨行密 3.参阅考释	新一八九、旧史十七、九国志三本传

河东

编号	相职	姓名	受镇年月	去镇年月	在镇时间	任前官职	任后官职或情形	受镇原因	去镇原因	对中央态度	文武职	备注	碑传
1260A	※	薛讷	先天1.	开元2.	3	幽州都督	削官爵	朝命	防边战败	恭顺	文		见朔方
92B	△	王晙	开元2.	开元4.	3	朔方节度	朔方节度	朝命	朝命	恭顺	文		见朔方

（续表）

编号	相职	姓名	受镇年月	去镇年月	在镇时间月	任前官职	任后官职或情形	受镇原因	去镇原因	对中央态度	文武职	备注	碑传
837A	△	张嘉贞	开元4.	开元8.	5	秦州都督	宰相	朝命	朝命	恭顺	文		旧九九、新一三七本传
836B	△○	张说	开元8.	开元9.9.	2	幽州节度	宰相	朝命	朝命	恭顺	文		见朔方
860	○	崔日用	开元10.	开元10.	数月	汝刺	卒	朝命	卒	恭顺	文		旧九九、新一二一本传
619		韦凑	开元11.	开元11.12.	数月	汾刺	卒	朝命	卒	恭顺	文	参阅考释	旧一〇一、全文九九本传；原节度使韦凑碑
804B		张孝嵩	开元12.	开元14.	3		卒	朝命	卒	恭顺	文		旧一〇三本传
449		李暠	开元15.	开元18.	4	兵侍	太常卿	朝命	朝命	恭顺	文		旧一一二、新七八本传
220B		宋之悌	开元18.			剑南节度		朝命		恭顺	武		
262B	○	杜暹	开元19.	开元20.	2	荆州长史	户尚	朝命	朝命	恭顺	文		旧九八、新一二六本传
469B		李祎	开元20.	开元24.	5	朔方节度	衡刺	朝命	朝命	恭顺	文	兵尚兼领	见朔方
67B		王昱	开元24.	开元25.	2		太仆卿	朝命	朝命	恭顺	文		见朔方
15C	※○	牛仙客	开元27.4.	开元28.11.	3	宰相	宰相	朝命	朝命	恭顺	文	1.遥领 2.参阅考释	见朔方
66A		王忠嗣	开元28.	开元29.	2	河东节度副使	朔方节度	朝命	朝命	恭顺	武		见朔方

（续表）

编号	相职	姓名	受镇年月	去镇年月	在镇时间	任前官职	任后官职或情形	受镇原因	去镇原因	对中央态度	文武职	备注	碑传
154B		田仁琬	开元29.	天宝1.	2	安西节度	舒刺	朝命	朝命	恭顺	武		旧一〇三附见王忠嗣传、全文三〇五徐安贞撰易州刺史田公德政碑
66C		王忠嗣	天宝4.	天宝5.4.	2	朔方节度	陇右节度	朝命	朝命	恭顺	武	朔方兼领此再任	
1274		韩休琳	天宝9.	天宝10.	2		左羽林将军	朝命	朝命	恭顺	武		见幽州
183C		安禄山	天宝10.	天宝14.	5	范阳节度	削官爵	朝命	叛逆	叛逆	武	范阳兼领	见朔方
299A	△	李光弼	至德1.1.	至德1.3.	三月	（朝官）	范阳节度	朝命	朝命	恭顺	武		
62		王承业	至德1.	至德1.	数月	右羽林大将军		朝命	朝命	恭顺	武		
299C	△※	李光弼	至德1.8.	乾元2.7.	4	范阳节度	朔方节度	朝命	朝命	恭顺	武	此再任	
79E		王思礼	乾元2.7.	上元1.2.	2	兵尚	卒	朝命	卒	恭顺	武	兵尚兼领	见邠宁
1021		管崇嗣	上元1.2.	上元1.	数月	鸿胪卿		朝命	朝命	恭顺	武		
1105D		邓景山	上元2.9.	宝应1.建卯月	六月	左丞	卒	朝命	军乱被杀	恭顺	文		旧一一〇、新一四一本传
209	●	辛云京	宝应1.	大历3.8.	7	河东都知兵马使	卒	拥兵据位	卒	恭顺	武		旧一一〇、新一四七本传

（续表）

编号	相职	姓名	受镇年月	去镇年月	在镇时间	任前官职	任后官职或情形	受镇原因	去镇原因	对中央态度	文武职	备注	碑传
122B	△涤○	王缙	大历3.8.	大历5.4.	2	宰相	宰相	朝命	朝命	恭顺	文		旧一一八、新一四五本传
1256B		薛兼训	大历5.7.	大历11.	7	浙东观察		朝命	朝命	恭顺			
1192A		鲍防	大历12.3.	大历14.5.	3	河阳行军司马	京畿观察	朝命	朝命	恭顺	文		旧一四六、新一五九本传、全文四七八三穆员撰鲍防墓碑
682A	△●	马燧	大历14.5.	贞元3.6.	9	河阳三城镇守使	宰相	朝命	朝命	恭顺	武		旧一三四、新一五五本传、全文五〇七权德舆撰北平郡王马公行状
303		李自良	贞元3.6.	贞元11.5.	8	左龙武将军	卒	朝命	卒	恭顺	武		旧一四六、新一五九本传
450		李说	贞元11.5.	贞元16.10.	6	河东行军司马	卒	朝命	卒	恭顺	文		旧一四六、新一四八本传
1181		郑儋	贞元16.10.	贞元17.8.	十月	河东行军司马	卒	朝命	卒	恭顺	文		全文五六二韩愈撰河东节度使郑公碑
1313A		严绶	贞元17.8.	元和4.3.	8	河东行军司马	右仆	朝命	朝命	恭顺	文		旧一四六、新一五九本传
443B	△	李鄘	元和4.3.	元和4.	数月	凤翔节度	刑尚	朝命	朝命	恭顺	文		旧一五七、新一四六本传

（续表）

编号	相职	姓名	受镇年月	去镇年月	在镇时间	任前官职	任后官职或情形	受镇原因	去镇原因	对中央态度	文武职	备注	碑传
561C		范希朝	元和4.6.	元和5.	2	灵盐节度	右龙武统军	朝命	朝命	恭顺	武		见朔方本传
125E	●	王锷	元和5.11.	元和10.12.	6	河中节度	卒	朝命	卒	恭顺	武		旧一五一、新一七〇本传
790C	●○	张弘靖	元和11.1.	元和14.5.	4	宰相	吏尚	朝命	朝命	恭顺	文		见宣武
1048B	△●○	裴度	元和14.5.	长庆2.2.	3	宰相	东都留守	朝命	朝命	恭顺	文		旧一七〇、新一七三本传
503C		李听	长庆2.2.	宝历1.闰7.	4	灵武节度	义成节度	朝命	朝命	恭顺	武		见凤翔
302H	●	李光颜	宝历1.7.	宝历2.9.	2	忠武节度	卒	朝命	卒	恭顺	武		见凤翔
409B	●○	李程	宝历2.9.	大和4.3.	4	宰相	河中节度	朝命	朝命	恭顺	文		见宣武
582E		柳公绰	大和4.3.	大和6.3.	2	刑尚	兵尚	朝命	朝命	恭顺	文		见邠宁
135G	○	令狐楚	大和6.2.	大和7.6.	2	天平节度	吏尚	朝命	朝命	恭顺	文		见天平
440C	●	李戴义	大和7.6.	开成2.4.	4	山南西道节度	卒	朝命	卒	恭顺	武	参阅考释	旧一八〇、新二一二本传
121B		王潘	大和9.11.			广尚	卒	朝命	为仇士良所杀			未至镇，即以甘露之变被杀	
1048H	△○	裴度	开成2.5.	开成3.12.	2	东都留守	宰相	朝命	朝命	恭顺	文	此再任	见浙西

（续表）

编号	相职	姓名	受镇年月	去镇年月	在镇时间	任前官职	任后官职或情形	受镇原因	去镇原因	对中央态度	文武职	备注	碑传
204A		狄兼谟	开成 3.12.	开成 5.	2	兵侍	左丞	朝命	朝命	恭顺	文		见天平
548B		符澈	开成 5.	会昌 2.3.	2	邠宁节度		朝命	朝命	恭顺	武	参阅考释	见邠宁
1118D		刘沔	会昌 2.3.	会昌 3.10.	2	振武节度	义成节度	朝命	朝命	恭顺	武	参阅考释	见泾原
278B	●○	李石	会昌 3.10.	会昌 4.3.	六月	荆南节度	太子少傅分司	朝命	兵乱被逐	恭顺	文		旧一七二、新一三一本传
861C	△	崔元式	会昌 4.3.	会昌 4.12.	十月	河中节度	义成节度	朝命	朝命	恭顺	文		见义成
84C		王宰	会昌 4.12.	大中 4.	6	忠武节度	河阳节度	朝命	朝命	恭顺	武		见邠宁
353D		李拭	大中 4.9.	大中 5.1.	五月	河阳节度	凤翔节度	朝命	朝命	恭顺	文		见凤翔
430C		李业	大中 5.1.	大中 6.	2	凤翔节度	郑滑节度	朝命	朝命	恭顺	文		见凤翔
1224E		卢钧	大中 6.7.	大中 9.7.	3	太子少师	左仆	朝命	朝命	恭顺	文		见宣武
1164D		郑涓	大中 9.9.	大中 10.	2	昭义节度		朝命	朝命	恭顺	文		
1139B	△	刘瑑	大中 10.	大中 11.12.	2	宣武节度	户侍	朝命	朝命	恭顺	文		见宣武
717C	△	毕諴	大中 11.12.	大中 13.	2	昭义节度	宣武节度	朝命	朝命	恭顺	文		见邠宁
1037F	○	裴休	大中 13.10.	咸通 1.8.	十月	昭义节度	凤翔节度	朝命	朝命	恭顺	文		见凤翔
1231D		卢简求	咸通 1.8.	咸通 4.1.	3	凤翔节度	太子少师致仕	朝命	朝命	恭顺	文		见凤翔
1142D		刘潼	咸通 4.1.	咸通 7.3.	4	昭义节度	西川节度	朝命	朝命	恭顺	文		见朔方

（续表）

编号	相职	姓名	受镇年月	去镇年月	在镇时间	任前官职	任后官职或情形	受镇原因	去镇原因	对中央态度	文武职	备注	碑传
1174A	△	郑从谠	咸通 7.3.	咸通 10.12.	4	吏侍	吏侍	朝命	朝命	恭顺	文		见宣武
737D	●	康承训	咸通 10.12.	咸通 11.1.	一月	义成节度	蜀王传	朝命	朝命	恭顺	武		见义成
878B	△	崔彦昭	咸通 11.1.	咸通 14.	4	河阳节度	兵侍	朝命	朝命	恭顺	文	参阅考释	见河阳
1244D	●○	萧邺	咸通 14.11.	乾符 1.	数月	右仆	卒	朝命	朝命	恭顺	文		新一八二本传
1329		窦瀚	乾符 1.3.	乾符 5.6.	5	京兆尹		朝命	朝命	恭顺	武		
760C		曹翔	乾符 5.6.	乾符 5.9.	四月	昭义节度	卒	朝命	卒	恭顺			
872B		崔季康	乾符 5.11.	乾符 6.2.	四月	河东宣慰使	卒	朝命	兵乱被杀	恭顺			
325B		李侃	乾符 6.2.	乾符 6.5.	四月	邠宁节度	（入朝）	朝命	朝命	恭顺			
458D	●○	李蔚	乾符 6.8.	乾符 6.闰10.	数月	东都留守	卒	朝命	卒	恭顺	文		见宣武
739		康传圭	乾符 6.11.	广明 1.2.	四月	河东行军司马	卒	朝命	军乱被杀	恭顺			
1174D	△●○	郑从谠	广明 1.2.	中和 3.7.	4	宰相	宰相	朝命	朝命	恭顺	文	此再任	
313B	●	李克用	中和 3.8.	天祐 4.	25	代北节度	（唐亡）	朝命	（唐亡）	跋扈	武		新二一八附沙陀传，旧史二五五皇纪，新史四后唐庄宗纪

（续表）

编号	相职	姓名	受镇年月	去镇年月	在镇时间	任前官职	任后官职或情形	受镇原因	去镇原因	对中央态度	文武职	备注	碑传
大同													
1230C		卢简方		咸通5.11.		江刺	义昌节度	朝命		恭顺	文	参阅考释	见振武
576D		段文楚	咸通13.5.	乾符5.2.	6	天德都防御使	卒	朝命	为李克用所杀	恭顺		参阅考释	见岭南西
1230D		卢简方	乾符5.2.			大仆卿	振武节度	朝命			文	未至镇时李克用据大同此再任	
398C		李国昌	乾符5.4.			振武节度	遁漠北	朝命			武	1. 未至镇，时李克用据大同，李国昌不愿代之 2. 参阅考释	见郓坊
387E		李琢	广明1.4.	广明1.11.	八月	大仆卿	河阳节度	朝命	朝命	恭顺	武		见忠武
1018		赫连铎	广明1.	大顺2.	12	阴山府都督	遁入吐浑	朝命	为李克用败弃镇		武		附见新三一八沙陀传 新史七四吐浑传
代北													
313A		李克用	中和2.	中和3.	2		河东节度	朝命	朝命	跋扈	武		见河东
398D		李国昌	中和3.8.	光启3.	5	振武节度	卒	朝命	卒	跋扈	武		见郓坊

（续表）

河中

编号	相职	姓名	受镇年月	去镇年月	在镇时间	任前官职	任后官职或情形	受镇原因	去镇原因	对中央态度	文武职	备注	碑传
1300A		颜真卿	至德2.	乾元1.	2		饶刺	朝命	朝命	恭顺	文		旧一二八、新一五四本传，全文三○九孤垣撰颜真卿墓志，全文五一四殷亮撰颜鲁公行状
1074	△○	赵泚	乾元1.9.	乾元2.	数月	冯翊太守	右羽林大将军	朝命	朝命	恭顺	武		
128A		王玙	乾元2.7.	上元1.	数月	刑尚	宰相	朝命	朝命	恭顺	文	参阅考释	旧一三○、新一○九本传
888		崔寓	上元1.2.	上元1.2.	一月	右丞		朝命		恭顺	文	参阅考释	
1240	△	萧华	上元1.4.	上元1.	数月	右丞	宰相	朝命	朝命	恭顺	文		
48A		王昂	上元1.8.	上元2.	数月	将作监	（朝官）	朝命	朝命	恭顺	武		旧一一八本传
299F	△●○	李光弼	上元2.3.	上元2.8.	数月	朔方节度	河南副元帅	朝命	朝命	恭顺	武		见朔方
397B		李国贞（李若幽）	上元2.8.	宝应1.2.	七月	殿中监	卒	朝命	兵乱被杀	恭顺	文	参阅考释	见朔方
48B		王昂	宝应1.	广德1.	1	（朝官）	（朝官）	朝命	朝命	恭顺	武	此再任	
745G	△●○	郭子仪	广德2.1.	大历14.	16	宰相	太尉	朝命	朝命	恭顺	武	朔方兼领	见邠宁

（续表）

编号	相职	姓名	受镇年月	去镇年月	在镇时间	任前官职	任后官职或情形	受镇原因	去镇原因	对中央态度	文武职	备注	碑传
489B		李怀光	大历14.闰5.	大历14.11.	七月	朔方都虞候	邠宁节度	朝命	朝命	恭顺	武	1.邠宁兼领 2.参阅考释	见邠宁
248C		杜亚	大历14.11.	建中1.8.	十月	陕州长史（陕虢都防御）	睦刺	朝命	朝命	恭顺	文		见陕虢
847B	△	张镒	建中1.冬	建中1.冬	一月	吏侍	许虢节度	朝命	朝命	恭顺	文	参阅考释	
1079		赵惠伯	建中2.1.	建中2.	数月	河南尹		朝命	朝命	恭顺	文		
322A		李承	建中2.7.	建中2.9.	三月	同刺	山南东道节度	朝命	朝命	恭顺	文	参阅考释	旧一一五、新一四三本传
457		李齐运	建中2.11.	建中4.12.	2	陕州长史	宗正卿	朝命	朝命	恭顺	文	参阅考释	旧一三五、新一六七本传
372A	△●	李晟	兴元1.2.	兴元1.4.	三月	神策节度	京畿鄜坊节度	朝命	朝命	恭顺	武	参阅考释	见鄜坊
664A		唐朝臣	兴元1.4.	兴元1.8.	五月	陕虢防遏节度	鄜坊节度	朝命	朝命	恭顺	武		
933D	●	浑瑊	兴元1.8.	贞元15.12.	16	朔方节度	卒	朝命	卒	恭顺	武		见朔方
261		杜确	贞元15.12.	贞元18.3.	3	同刺	卒	朝命	卒	恭顺	武		
1154		郑元	贞元18.3.	元和2.1.	5	河中行军司马	左丞	朝命	朝命	恭顺	文		旧一四六本传

（续表）

编号	相职	姓名	受镇年月	去镇年月	在镇时间	任前官职	任后官职或情形	受镇原因	去镇原因	对中央态度	文武职	备注	碑传
258	●○	杜黄裳	元和2.1.	元和3.9.	2	宰相	卒	朝命	卒	恭顺	文		旧一四七、新一六九本传
125D		王锷	元和3.9.	元和5.10.	3	左仆	河东节度	朝命	朝命	恭顺	武		见河东
813B	●	张茂昭	元和5.10.	元和6.2.	五月	义武节度	卒	朝命	卒	恭顺	文		见义武
790B	△	张弘靖	元和6.2.	元和9.6.	4	陕虢观察	宰相	朝命	朝命	恭顺	文		见宣武
1077D	○	赵宗儒	元和9.7.	元和11.	2	御史大夫	兵尚	朝命	朝命	恭顺	文		旧一六七、新一五一本传
212B		吕元膺	元和12.	元和14.6.	3	东都留守	史侍	朝命	朝命	恭顺	文		旧一五四、新一六二本传
428A	○	李绛	元和14.6.	元和15.6.	1	兵尚	兵尚	朝命	朝命	恭顺	文		旧一六四、新一五二本传
1272B	△※○	韩弘	元和15.6.	长庆2.9.	3	宰相	宰相	朝命	朝命	恭顺	武		见宣武
751C		郭钊	长庆2.9.	长庆4.6.	2	河东节度	兵尚	朝命	朝命	恭顺	武		见邠宁
452E		李愿	长庆4.6.	宝历1.6.	1	左金吾大将军	卒	朝命	卒	恭顺	武		见凤翔
1246D		薛平	宝历1.6.	大和4.3.	5	户尚	太子太保	朝命	朝命	恭顺	武		见义成
152B		史宪诚	大和3.6.			魏博节度	卒	朝命	卒		武	1.未至镇,尚未离魏博即以军乱被杀 2.参阅考释	见魏博

（续表）

编号	相职	姓名	受镇年月	去镇年月	在镇时间	任前官职	任后官职或情形	受镇原因	去镇原因	对中央态度	文武职	备注	碑传
409C	●○	李程	大和4.3.	大和6.7.	3	河东节度	左仆	朝命	朝命	恭顺	文		见宣武
82B	●	王起	大和6.7.	大和7.7.	1	户尚	兵尚	朝命	朝命	恭顺	文		见陕虢
106C	●	王智兴	大和7.9.	大和9.5.	2	忠武节度	宣武节度	朝命	朝命	恭顺	武		见忠武
409E	○	李程	大和9.6.	开成1.闰5.	1	宣武节度	左仆	朝命	朝命	恭顺	文	此再任	
503J	△	李听	开成1.闰5.	开成4.闰1.	3	太子太保分司	太子太保	朝命	朝命	恭顺	武		见凤翔
1176B		郑肃	开成4.闰1.	开成5.	2	吏侍	太常卿	朝命	朝命	恭顺	文		见陕虢
673B		孙简	会昌1.	会昌2.	2	吏侍	左丞	朝命	朝命	恭顺	文		见宣武
335C	○	李固言	会昌2.	会昌3.11.	数月	太子少师	太子少师	朝命	朝命	恭顺	文		旧一七三、新一八二本传
767	●○	陈夷行	会昌2.	会昌4.	2	左仆	卒	朝命	卒	恭顺	文	参阅考释	旧一七三、新一八一本传
861B	△	崔元式	会昌3.	会昌4.	数月	湖南观察	河东节度	朝命	朝命	恭顺	文		见义成
143A		石雄	会昌4.3.	会昌4.12.	十月	晋绛行营节度	河阳节度	朝命	朝命	恭顺	武	参阅考释	见凤翔
611		韦恭甫	会昌5.							恭顺			
898B	△○	崔铉	会昌6.	大中3.	4	陕虢观察	御史大夫	朝命	朝命	恭顺	文		见陕虢
916B		崔璪	大中3.4.	大中5.	3	兵侍	左丞	朝命	朝命	恭顺	文		见凤翔

（续表）

编号	相职	姓名	受镇年月	去镇年月	在镇时间	任前官职	任后官职或情形	受镇原因	去镇原因	对中央态度	文武职	备注	碑传
1155C		郑光	大中 5.	大中 7.	3	凤翔节度	右羽林统军	朝命	朝命	恭顺	武		见凤翔
659A	△	徐商	大中 7.	大中 10.	4	左丞	山南东道节度	朝命	朝命	恭顺	文	参阅考释	旧一七九附徐彦若传，新一一三本传，全文七二四李骘撰徐襄州碑
917B		崔珙	大中 10.	大中 13.	4	宣歙观察	卒	朝命	朝命	恭顺	文		旧一七七，新一八二附崔珙本传
138A	●○	令狐绹	大中 13.12.	咸通 2.	2	宰相	宣武节度	朝命	朝命	恭顺	文		见凤翔
1103A	●○	蒋伸	咸通 3.1.	咸通 4.	2	宰相	宣武节度	朝命	朝命	恭顺	文		见宣武
717E	●○	毕諴	咸通 4.10.	咸通 4.12.	三月	兵尚	卒	朝命	卒	恭顺	文		见邠宁
903D	○	崔镇由	咸通 5.	咸通 5.11.	数月	华洲	吏尚	朝命	朝命	恭顺	文		旧一七七，新一一四本传
643C	●○	夏侯孜	咸通 5.11.	咸通 10.1.	5	宰相	太子少保公司	朝命	朝命	恭顺	文		见陕虢
260C	●○	杜审权	咸通 11.1.	乾符 1.	5	左仆	忠武节度	朝命	朝命	恭顺	文		见忠武
762B	○	曹确	乾符 3.	乾符 3.	3	镇海节度	卒	朝命	卒	恭顺	文		旧一七七，新一八一本传
1121		刘邺	乾符 3.	乾符 4.10.	2				兵乱被逐				

（续表）

编号	相职	姓名	受镇年月	去镇年月	在镇时间	任前官职	任后官职或情形	受镇原因	去镇原因	对中央态度	文武职	备注	碑传
1328B		窦璟	乾符 4.11.	乾符 5.	数月	河中宣慰制置使						参阅考释	
391	●	李都	乾符 5.9.	广明 1.	3	卢尚	太子少傅	朝命	兵乱被逐	叛逆	文		附见旧一八二、新一八七王重荣传
77A	●	王重荣	广明 1.11.	光启 3.6.	7	河中都虞候	卒	朝命	兵乱被杀	跋扈	武		旧一八二、新一八七本传
99B		王处存	光启 1.5.			义武节度	义武节度	朝命	原藩拒代	跋扈	武	未至镇时王重荣据河中拒代	见义武
75B	●	王重盈	光启 3.6.	乾宁 2.1.	8	陕虢节度	卒	袭兄重荣位	卒	跋扈	武		新一八七王重荣传附传，全文见八一〇司空图撰琅琊王公河中生祠碑
71	●	王珂	乾宁 2.1.	天复 1.2.	7	河中行军司马	降于朱全忠	袭叔重盈位	为朱全忠所执	跋扈	武		新一八七、旧史十四本传
877A	△●〇	崔胤	乾宁 2.3.			宰相	宰相	朝命	原藩拒代		文	1. 未至镇，时王珂据河中 2. 参阅考释	见湖南
188G	●	朱全忠（朱温）	天复 1.2.	天祐 4.	7	宣武节度	（唐亡）	拥兵据位	（唐亡）	跋扈	武	宣武兼领	见宣武

（续表）

编号	相职	姓名	受镇年月	去镇年月	在镇时间	任前官职	任后官职或情形	受镇原因	去镇原因	对中央态度	文武职	备注	碑传
晋慈													
734C		康日知	兴元1.			奉诚军节度（同州）	卒	朝命	卒	恭顺	武	参阅考释	见深赵
905		崔汉衡	贞元4.7.	贞元11.6.	7	兵尚	卒	朝命	卒	恭顺	文		旧一二三、新一四三本传
560		姚齐梧	贞元11.6.			绛刺		朝命		恭顺			
912B		崔穆	贞元12.10.			少府监		朝命		恭顺			
602		韦武	贞元15.	永贞1.冬	6	绛刺	兵侍	朝命	朝命	恭顺	文	参阅考释	新九八本传，唐文拾遗二七吕温撰银青光禄大夫京兆尹韦公碑
592C		韦丹	元和1.1.	元和2.1.	1	东川节度	江西观察	朝命	朝命	恭顺	文		见江西
477A		李夔	长庆2.9.	大和1.11.	6	晋刺	横海节度	朝命	朝命	恭顺	武		见夏绥
昭义													
937B		程千里	至德1.	至德2.9.	2	河东节度副使	卒	朝命	为贼将蔡希德所擒	恭顺	武		旧一八七下、新一九三本传
79D		王思礼	至德2.	乾元1.	3	兵尚	兵尚	朝命	朝命	恭顺	武	兵尚兼领	见邠宁
336B	兼	李抱玉	宝应1.	大历12.3.	16	郑陈节度（忠武）	卒	朝命	卒	恭顺	武		见凤翔

（续表）

编号	相职	姓名	受镇年月	去镇年月	在镇时间	任前官职	任后官职或情形	受镇原因	去镇原因	对中央态度	文武职	备注	碑传
1263		薛嵩	广德 1.闰	大历 8.1.	10	史朝义降将	卒	拥兵据位	卒	恭顺	武	自广德元年，薛嵩为相卫节度号相卫昭义	旧一二四、新一一一本传，拓本程浩撰薛嵩碑
1264		薛崿	大历 8.1.	大历 10.1.	2	（昭义属官）	入朝	袭兄离位	兵乱被逐	恭顺			旧一二四、新一一一附薛嵩传
330B		李承昭	大历 10.2.	大历 11.2.	2	华州		朝命	朝命	恭顺			
337	●	李抱真	大历 11.12.	贞元 10.6.	18	泽潞行军司马	卒	朝命	卒	恭顺	武		旧一三二、新一三八本传，全文四四六李德公德政碑晋撰李抱真墓志文七八四穆员撰
85		王虔休（王延贵）	贞元 10.7.	贞元 15.3.	5	昭义步军都虞候	卒	朝命	卒	恭顺	武		旧一三二、新一四七本传
271B		李元淳（李长荣）	贞元 15.3.	贞元 20.7.	6	河阳节度	卒	朝命	卒	恭顺	武		
1223		卢从史	贞元 20.8	元和 5.4.	6	昭义兵马使	驩州司马	朝命	朝命	跋扈	武		
528B		孟元阳	元和 5.4.	元和 6.	1	河阳节度	右羽林统军	朝命	朝命	恭顺	武		见河阳

（续表）

编号	相职	姓名	受镇年月	去镇年月	在镇时间	任前官职	任后官职或情形	受镇原因	去镇原因	对中央态度	文武职	备注	碑传
636C		郁士美	元和6.3.	元和12.8.	7	河南尹	工尚	朝命	朝命	恭顺	文		见忠武
208		辛秘	元和12.8.	元和15.12.	2	河南尹	卒	朝命	朝命	恭顺	文		旧一五七、新一四三本传，全文六八二牛僧孺撰昭义军节度使辛公碑
453E	●	李愬	元和15.9.	元和15.10.	二月	武宁节度	魏博节度	朝命	朝命	恭顺	武		见凤翔
1128B	●	刘悟	元和15.10.	宝历1.9.	5	义成节度	卒	朝命	卒	宪宗朝恭顺穆朝敬朝跋扈	武	参阅考释	见义成
1132	●	刘从谏	宝历1.9.	会昌3.4.	20	昭义节度留后	卒	袭父悟位	卒	跋扈			旧一六一、新二一四本传
1224C		卢钧	会昌4.8.	会昌5.	2	山南东道节度	户尚	朝命	朝命	恭顺	文		见宣武
400D		李执方	大中1.	大中2.	2			朝命		恭顺			
1245C		薛元赏	大中3.	大中6.	4	袁王传	卒	朝命	卒	恭顺	文		见天平
1164C		郑涓	大中6.	大中9.	4	武宁节度	河东节度	朝命	朝命	恭顺	文		
620B		韦博	大中9.	大中10.	2	淄青节度	卒	朝命	卒	恭顺	文		新一七七本传
717B	△	毕諴	大中10.10.	大中11.	2	邠宁节度	河东节度	朝命	朝命	恭顺	文		见邠宁

（续表）

编号	相职	姓名	受镇年月	去镇年月	在镇时间	任前官职	任后官职或情形	受镇原因	去镇原因	对中央态度	文武职	备注	碑传
1037E	○	裴休	大中11.12.	大中13.10.	2	太子少保分司	河东节度	朝命	朝命	恭顺	文		见凤翔
663C		唐持	咸通1.	咸通2.	2	朔方节度	卒	朝命	卒	恭顺	文		见朔方
1142C		刘潼	咸通3.	咸通4.1.	2	左散骑常侍	河东节度	朝命	朝命	恭顺	文		见朔方
205B		沈询	咸通4.	咸通4.12.	数月	（朝官）	卒	朝命	兵乱被杀	恭顺	文		旧一四九、新一三二本传
502A		李蠙	咸通5.1.	咸通7.	3	京兆尹		朝命		恭顺			
1214B		卢匡	咸通9.						朝命		恭顺	文		
701A		高湜	咸通13.	咸通14.	2	兵侍		朝命	朝命	恭顺	文		旧一六八、新一七七本传
815		张彦远	咸通14.	乾符1.	2		大理卿	朝命	朝命	恭顺	文		
701B		高湜	乾符1.	乾符2.10.	2		连州司马	朝命	兵乱被逐	恭顺	文	此再任	
760B		曹翔	乾符2.10.	乾符5.6.	3	左金吾大将军	河东节度	朝命	朝命	恭顺	武		
407		李钧	乾符5.	乾符5.12.	数月		卒	朝命	为李克用败死	恭顺			
707C		高浔	乾符6.1.	中和1.8.	3	陕虢观察	卒	朝命	为部将成麟所杀	恭顺			

（续表）

编号	相职	姓名	受镇年月	去镇年月	在镇时间	任前官职	任后官职或情形	受镇原因	去镇原因	对中央态度	文武职	备注	碑传
526A		孟方立	中和1.9.	中和3.10.	3	泽州游奕使	邢洺节度	拥兵据位	迁镇邢州	跋扈	武		旧一八七、旧史六三、新史四四本传
1161		郑昌图	中和2.	中和2.	数月	兵侍		朝命	为孟方立所逐	恭顺	文	参阅考释	
126	●	王徽	中和2.12.			右仆	大明宫留守京畿安抚使	朝命			文	1.未至镇孟方立据昭义 2.参阅考释	新一八五本传
314		李克修	中和3.10.	大顺1.3.	7	左营军使	卒	强藩所命	卒	跋扈	武	附李克用	新二一八附沙陀传、旧史五○、新史一四本传
315		李克恭	大顺1.3.	大顺1.5.	三月	河东决胜军使	卒	强藩所命	军乱被杀	跋扈	武	附李克用	新二一八附沙陀传、旧史五○、新史一四本传
198B		朱崇节	大顺1.5.	大顺1.6.	一月	河阳节度	河阳节度	强藩所命	强藩所命	跋扈	武	1.未附朱全忠 2.参阅考释	
669		孙揆	大顺1.6.	大顺1.7.	一月	京兆尹	卒	强藩所命	强藩所命，为李克用所执	跋扈	文	附朱全忠	新一九三本传
735		康君立	大顺1.9.	乾宁1.9.	4	河东将	卒	强藩所命	为李克用所杀	跋扈	武	附李克用	旧史五五本传

（续表）

编号	相职	姓名	受镇年月	去镇年月	在镇时间	任前官职	任后官职或情形	受镇原因	去镇原因	对中央态度	文武职	备注	碑传
1250		薛志勤	乾宁 1.9.	光化 1.12.	5	云刺	卒	强藩所命	卒	跋扈	武	附李克用	旧史五五本传
319C		李罕之	光化 2.1.	光化 2.6.	六月	河东将	河阳节度	强藩所命	强藩所命	跋扈	武	先附李克用后附朱全忠	见河阳
2C		丁会	光化 2.6.			河阳节度	河阳节度	强藩所命			武	1. 未至镇，时李克用据潞 2. 附朱全忠 3. 参阅考释	旧史五九，新史四四本传
533B		孟迁	光化 3.9.	天复 1.3.	七月	汾刺	河阳节度	强藩所命	降于朱全忠	跋扈		附李克用	见河阳
2D		丁会	天复 1.闰	天祐 3.12.	6	河阳节度	降于李克用	强藩所命	降于李克用	跋扈	武	1. 先附朱全忠后附李克用 2. 此再任	
438		李嗣昭	天祐 3.	天祐 4.	2	河东将	（唐亡）	强藩所命	（唐亡）	跋扈	武	附李克用	旧史五二，新史三六本传

河阳

编号	相职	姓名	受镇年月	去镇年月	在镇时间	任前官职	任后官职或情形	受镇原因	去镇原因	对中央态度	文武职	备注	碑传
963D		路嗣恭	建中 2.1.	建中 2.5.	五月	兵尚	卒	朝命	卒	恭顺	文	兵尚兼领	旧一二三，新一三八本传

（续表）

编号	相职	姓名	受镇年月	去镇年月	在镇时间	任前官职	任后官职或情形	受镇原因	去镇原因	对中央态度	文武职	备注	碑传
311		李芃	建中2.5.	贞元1.8.	5	河阳节度副使	卒		朝命	恭顺	文		旧一三二、新一四七本传
271A		李元淳（李长荣）	贞元12.	贞元15.3.	4	右神策将	昭义节度	朝命	朝命	恭顺	武		
1193		衡济	贞元15.3.	贞元20.	6	河阳节度押衙		朝命		恭顺	武		
30		元韶	永贞1.2.	永贞1.9.	八月	河阳行军司马	卒	朝命	卒	恭顺			
528A		孟元阳	永贞1.9.	元和5.4.	5	陕刺	昭义节度	朝命	朝命	恭顺	武		旧一五二、新一七○本传
651A		乌重胤	元和5.4.	元和13.11.	9	昭义都知兵马使	横海节度	朝命	朝命	恭顺	武		旧一六一、新一七一本传
135A	△	令狐楚	元和13.11	元和14.7.	九月	华刺	宰相	朝命	朝命	恭顺	文		见天平
1296B		魏义通	元和14.7.	元和15.1.	七月	黔中观察	右龙武统军	朝命	朝命	恭顺			
155A		田布	元和15.1.	长庆1.1.	1	左金吾将军	泾原节度	朝命	朝命	恭顺	武		见泾原
751B		郭钊	长庆1.1.	长庆2.8.	2	刑尚	河中节度	朝命	朝命	恭顺	武	参阅考释	见邠宁
775C		陈楚	长庆2.8.	长庆3.	2	东都留守	左羽林统军	朝命	朝命	恭顺	武	参阅考释	旧一四一、新一四八本传

（续表）

编号	相职	姓名	受镇年月	去镇年月	在镇时间	任前官职	任后官职或情形	受镇原因	去镇原因	对中央态度	文武职	备注	碑传
863A		崔弘礼	长庆3.	宝历2.	4	河南尹	华刺	朝命	朝命	恭顺	文		见天平
983B		杨元卿	宝历2.5.	大和5.8.	6	泾原节度	宣武节度	朝命	朝命	恭顺	武		见泾原
947C		温造	大和5.8.	大和8.11.	4	东都留守	御史大夫	朝命	朝命	恭顺	文		旧一六五、新九一本传
1236A		萧洪	大和8.11.	大和9.10.	1	左金吾卫大将军	鄜坊节度	朝命	朝命	恭顺		参阅考释	
327B		李泳	大和9.	开成2.6.	3	振武节度	澧州长史	朝命	军乱被逐	恭顺	武		
400A		李执方	开成2.6.	会昌3.	6	左金吾卫将军	义成节度	朝命	朝命	恭顺			
72E		王茂元	会昌3.4.	会昌3.9.	六月	忠武节度	卒	朝命	卒	恭顺	武		见泾原
976B		敬昕	会昌3.9.	会昌4.	1	河南尹	义成节度	朝命	朝命	恭顺	文		见义成
1118F		刘沔	会昌4.2.	会昌4.	数月	义成节度	忠武节度	朝命	朝命	恭顺	武		见凤翔
143C		石雄	会昌4.12.	会昌6.	3	河中节度	凤翔节度	朝命	朝命	恭顺	武		见凤翔
352B	○	李珏	大中2.	大中3.	2	户尚	史尚	朝命	朝命	恭顺	文	参阅考释	旧一七三、新一八二本传
353C		李拭	大中3.	大中4.	2	浙东观察	河东节度	朝命	朝命	恭顺	文		见邠宁
84D		王宰	大中4.	大中7.	4	河东节度	太子少保分司	朝命	朝命	恭顺	武		见凤翔
625A		韦澳	大中11.	大中13.	3	京兆尹	平卢节度	朝命	朝命	恭顺	文		见邠宁

（续表）

编号	相职	姓名	受镇年月	去镇年月	在镇时间	任前官职	任后官职或情形	受镇原因	去镇原因	对中央态度	文武职	备注	碑传
878A	△	崔彦昭	咸通10.	咸通12.	3	户侍	河东节度	朝命	朝命	恭顺	文	参阅考释	旧一七八、新一八三本传
1200A		穆仁裕	咸通12.	乾符1.	4			朝命		恭顺			
1158A		郑延休	乾符1.1.	乾符6.	6	左丞		朝命		恭顺	文		
387F		李琢	广明1.11.	广明1.11.	一月	代北都统	某刺	朝命	朝命（坐逗挠）	恭顺	武	参阅考释	见忠武
1303		罗元杲	广明1.11.	广明1.12.	一月	神策将		朝命	为黄巢将诸葛爽所败弃镇	恭顺	武		
1190C	●	诸葛爽	中和1.2.	光启2.10.	6	黄巢降将	卒	拥兵据位	卒	跋扈	武		见夏绥
672A		孙儒	光启2.12.	光启3.5.	六月	忠武决胜指挥使	（为盗贼）	拥兵据位	为李罕之败走弃镇	跋扈	武		新一八本传
319B	●	李罕三	光启3.6.	文德1.2.	九月	东畿观察	泽刺	拥兵据位	为张全义败走	跋扈	武	附李克用	新一八七、旧史四一本传
793A		张全义	文德1.2.	文德1.4.	二月	河南尹	河南尹	拥兵据位	强藩所命	跋扈	武	1.附朱全忠 2.参阅考释	见忠武
2A		丁会	文德1.4.	文德1.	数月	宣武大将	宣武大将	强藩所命	强藩所命	跋扈	武	1.附朱全忠 2.参阅考释	旧史五九、新史四四本传
807		张宗厚	龙纪1.	龙纪1.	数月	宣武大将		强藩所命	强藩所命	跋扈	武	附朱全忠	

（续表）

编号	相职	姓名	受镇年月	去镇年月	在镇时间	任前官职	任后官职或情形	受镇原因	去镇原因	对中央态度	文武职	备注	碑传
198A		朱崇节	龙纪1.	大顺1.5.	2	宣武大将	昭义节度	强藩所命	强藩所命	跋扈	武	1.附朱全忠 2.参阅考释	
198C		朱崇节	大顺2.5.	大顺2.	数月	昭义节度		强藩所命		跋扈	武	1.附朱全忠 2.此再任	
1070		赵克裕	大顺2.	景福1.	2	郑刺	（贬官）	强藩所命	以送款李克用为朱全忠奏贬	跋扈	武	附朱全忠	旧史一五本传
793C	●	张全义	景福1.5.	乾宁3.	5	佑国（东畿）节度	佑国（东畿）节度	强藩所命	强藩所命	跋扈	武	1.附朱全忠 2.此再任 3.参阅考释	
2B		丁会	乾宁4.	天复1.	5	宣武大将	昭义节度	强藩所命	强藩所命	跋扈	武	此再任	
319D		李罕之	光化2.6.	天复1.	数月	昭义节度	卒	强藩所命	卒	跋扈	武	1.附朱全忠 2.未至镇而卒 3.此再任	
533C		孟迁	天复1.	天复1.	数月	昭义节度	卒	强藩所命	为氏叔琮所杀	跋扈	武	附朱全忠	新一八七，附孟方立传
835	●	张汉瑜	天复3.	天祐2.	3			强藩所命		跋扈	武	附朱全忠	
87B		王师范	天祐2.3.	天祐4.	3	平卢节度	（唐亡）	强藩所命	（唐亡）	跋扈	文	附朱全忠	新一八七，旧史一三，新史四二本传

（续表）

编号	相职	姓名	受镇年月	去镇年月	在镇时间	任前官职	任后官职或情形	受镇原因	去镇原因	对中央态度	文武职	备注	碑传
相卫													
149A		史孝章	大和 3.6.			魏博副使	右金吾卫将军	朝命			文	参阅考释	见鄜坊
邢洺													
526B		孟方立	中和 3.10.	龙纪 1.6.	6	昭义节度	卒	拥兵据位	为李克用败自杀	跋扈	武	参阅考释	见昭义
533A		孟迁	龙纪 1.6.	大顺 1.	数月	洺刺		拥兵据位	为李克用所败而降	跋扈			见河阳
178		安金俊	大顺 1.2.	大顺 1.2.	一月	河东将	卒	强藩所命	卒	跋扈	武	附李克用	
179		安知建	大顺 1.2.	大顺 2.3.	2	河东将	叛降于汴	强藩所命	强藩所命	跋扈	武	附李克用	
290		李存孝（安敬思）	大顺 2.3.	乾宁 1.3.	3	邠刺	卒	强藩所命	为李克用杀	跋扈	武	先附李克用后附朱全忠	旧史五三、新史三六本传
678		马师素	乾宁 1.3.	光化 1.5.	5	河东将		强藩所命	为葛从周败弃镇	跋扈	武	附李克用	
958B		葛从周	光化 1.5.	光化 2.	2	泰宁节度	泰宁节度	强藩所命	强藩所命	跋扈	武	附朱全忠泰宁兼领	见泰宁
848		张归霸	光化 2.	天复 1.	3	宣武将	莱刺	强藩所命	强藩所命	跋扈	武	1.附朱全忠 2.参阅考释	旧史十六、新史二二本传

（续表）

成德

编号	相职	姓名	受镇年月	去镇年月	在镇时间	任前官职	任后官职或情形	受镇原因	去镇原因	对中央态度	文武职	备注	碑传
493	●	李宝臣（张忠志）	宝应1.10.	建中2.1.	19	史思明降将	卒	拥兵据位	卒	跋扈	武		旧一四二、新二一一本传，全文四四〇王佑撰成德节度李公纪功碑
803A		张孝忠	建中2.9.	建中3.2.	六月	易刺	易定节度（义武）	朝命	朝命	恭顺	武		旧一四一、新一四八本传，全文四九六武德彝撰义武张公遗爱碑
64A	●	王武俊	建中3.2.	贞元17.6.	20	成德兵马使	卒	拥兵据位	卒	叛逆	武	参阅考释	旧一四二、新二一一本传
33B	●	王士真	贞元17.7.	元和4.3.	8	成德节度副使	卒	袭父武位	卒	跋扈	武		旧一四二、新二一一本传
61		王承宗	元和4.9.	元和15.10.	12	成德都知兵马使	卒	袭士真位	卒	跋扈	武		旧一四二、新二一一本传
157B	●	田弘正	元和15.10.	长庆1.7.	九月	魏博节度	卒	朝命	军乱被杀	恭顺	武		见魏博
14A		牛元翼	长庆1.8.	长庆2.2.	七月	深刺	山南东道节度使	朝命	兵乱被逐	恭顺	武	参阅考释	新一四八本传

（续表）

编号	相职	姓名	受镇年月	去镇年月	在镇时间	任前官职	任后官职或情形	受镇原因	去镇原因	对中央态度	文武职	备注	碑传
86		王庭凑（王廷凑）	长庆2.2.	大和8.11.	13	成德衙将	卒	拥兵据位	卒	穆敬朝跋扈文宗朝叛逆	武		旧一四二、新二一一本传
36	●	王元逵	大和8.11.	大中8.冬	20	成德都知兵马使	卒	袭父庭凑位	卒	跋扈	武	参阅考释	旧一四二、新二一一王廷凑传附传
101		王绍鼎	大中9.1.	大中11.8.	3	成德节度副使	卒	袭父元逵位	卒	跋扈			旧一四二、新二一一王廷凑传附传
102		王绍懿	大中11.8.	咸通7.3.	10	成德节度留后	卒	袭兄绍鼎位	卒	跋扈		参阅考释	旧一四二、新二一一王廷凑传附传
105	●	王景崇	咸通7.6.	中和3.1.	17	成德都知兵马使	卒	袭叔绍懿位	卒	跋扈		参阅考释	旧一四二、新二一一、新史五三本传
130		王镕	中和3.2.	天祐4.	25	成德节度副使	（唐亡）	袭父景崇位	（唐亡）	跋扈		先附用李克用后附朱全忠	旧一四二、新二一一王廷凑传附传、旧史五四、新史三九本传

深赵

编号	相职	姓名	受镇年月	去镇年月	在镇时间	任前官职	任后官职或情形	受镇原因	去镇原因	对中央态度	文武职	备注	碑传
734A		康日知	建中3.2.	兴元1.1.	2	赵刺	奉诚节度（同州）	朝命	朝命	恭顺	武	参阅考释	新一四八本传

（续表）

编号	相职	姓名	受镇年月	去镇年月	在镇时间	任前官职	任后官职或情形	受镇原因	去镇原因	对中央态度	文武职	备注	碑传
德棣													
33A		王士真	贞元1.	贞元1.	1	成德节度副使	成德节度副使	拥兵据位	自请废镇	跋扈	武	参阅考释	见成德
1253		薛昌朝	元和4.9.	元和4.10.	一月	德刺	右武卫将军	朝命	为成德王承宗所执	恭顺	武	参阅考释	
293B		李全略（王日简）	长庆2.2.	长庆2.3.	二月	横海节度	横海节度	朝命	合德棣入横海	恭顺	武	参阅考释	见义昌
义昌（横海）													
938		程日华	兴元1.	贞元2.5.	3	沧刺	卒	朝命	卒	跋扈	武		旧一四三、新二一三本传
940		程怀直	贞元2.5.	贞元11.9.	10	沧景留后	左龙武统军	袭父日华位	为大将程怀信所逐	跋扈	武		旧一四三、新二一三附程日华传
941		程怀信	贞元11.10.	永贞1.7.	10	横海兵马使	卒	拥兵据位	卒	跋扈	武		新二一三附程日华传
942A		程权（程执恭）	永贞1.7.	元和13.3.	13	横海节度副使	邠宁节度	袭父怀信位	自请	跋扈	武		见邠宁
1188B		郑权	元和13.3.	元和13.	数月	华刺	邠宁节度	朝命	朝命	恭顺	文		见山南东
651B		乌重胤	元和13.11.	长庆1.10.	3	河阳节度	山南西道节度	朝命	朝命	恭顺	武		见天平

（续表）

编号	相职	姓名	受镇年月	去镇年月	在镇时间	任前官职	任后官职或情形	受镇原因	去镇原因	对中央态度	文武职	备注	碑传
249A		杜叔良	长庆1.10.	长庆2.1.	四月	深冀行营节度	归剌	朝命	朝命	恭顺	武		新二——附王廷凑传
293A		李全略（王日简）	长庆2.1.	长庆2.2.	二月	德剌	德棣节度	朝命	朝命	恭顺	武		旧一四三、新二一二本传
302G	●	李光颜	长庆2.2.	长庆2.3.	二月	忠武节度	忠武节度	朝命	朝命	恭顺	武	忠武兼领	见凤翔
293C		李全略（王日简）	长庆2.3.	宝历2.4.	5	德棣节度	卒	朝命	卒	恭顺	武	此再任	
651E	●	乌重胤	大和1.5.			天平节度	卒	朝命	卒		武	1.未至镇即卒 2.此再任 3.参阅考释	
477B		李寰	大和1.11.	大和2.9.	十月	保义节度（晋慈）	夏绥节度	朝命	朝命	恭顺	武		见夏绥
950B		傅良弼	大和2.9.	大和3.5.		夏绥节度	卒	朝命	卒		武		见夏绥
370C		李佑	大和2.11.	大和3.5.	七月	右金吾卫大将军	卒	朝命	卒	恭顺	武	未至镇卒于途	见泾原
326B		李岵（李有裕）	大和3.5.			泾原节度	永剌	朝命	朝命	恭顺	武	1.未至镇 2.参阅考释	
951B		傅毅	大和3.5.	大和3.	数月	义武节度		朝命	朝命	恭顺	武		

（续表）

编号	相职	姓名	受镇年月	去镇年月	在镇时间	任前官职	任后官职或情形	受镇原因	去镇原因	对中央态度	文武职	备注	碑传
646C		殷侑	大和3.7.	大和6.2.	3	卫尉卿	刑尚	朝命	朝命	恭顺	文		见天平
359A		李彦佐	大和6.	开成3.11.	7	右羽林将军	天平节度	朝命	朝命	恭顺	武		
1120A		刘约	开成3.11.	会昌4.	7	沧景节度副使	天平节度	朝命	朝命	恭顺			
387A		李琢	大中3.	大中8.	6	洺刺	金吾将军	朝命	朝命	恭顺	武		见忠武
243		杜中立	大中8.	大中13.	6	司农卿	卒	朝命	卒	恭顺	文		新一七二本传
932B		浑偏	咸通2.	咸通5.秋	4	金吾大将军	卒	朝命	朝命	恭顺	文		见泾原
1230A		卢简方	咸通5.11.	咸通13.7.	8	大同防御使	太仆卿	朝命	朝命	恭顺	文		新一八二本传
1180		郑汉卿	咸通13.	乾符1.	3		卒	朝命	卒	恭顺			新二〇六本传
986		杨全玫	广明1.	光启1.7.	6		（奔幽州）		军乱放逐	叛逆			
132D	●	王铎	中和4.8.			义成节度	卒	朝命	为乐从训所杀		文	1.未至镇而卒 2.参阅考释	见义成
761B		曹诚	光启1.7.			保銮都将		朝命			武	1.未至镇 2.参阅考释	
1220		卢彦威	光启1.7.	光化1.3.	13	义昌牙将	拜汴州	拥兵据位	为刘守文败弃镇	叛逆	武		

（续表）

编号	相职	姓名	受镇年月	去镇年月	在镇时间	任前官职	任后官职或情形	受镇原因	去镇原因	对中央态度	文武职	备注	碑传
1117		刘守文	光化 1.3.	天祐 4.	10	卢龙大将	（唐亡）	拥兵据位	（唐亡）	跋扈	武	附李克用	新二一二附刘仁恭传，旧史一三五，新史三九附刘守光传
魏博													
161	●	田承嗣	广德 1.闰 1.	大历 13.9.	16	史思明降将	卒	拥兵据位	卒	跋扈	武	参阅考释	旧一四一、新二一〇本传，全文四四四表抗撰魏博节度使田公碑
163		田悦	大历 13.9.	兴元 1.4.	6	魏博中军兵马使	卒	袭伯承嗣位	为田绪所杀	代宗朝跋扈德宗朝叛逆	武		旧一四一、新二一〇本传
682B	●	马燧	建中 3.5.			河东节度	河东节度	朝命			武	1.未至镇时田悦拒代 2.参阅考释	见河东
167	●	田绪	兴元 1.4.	贞元 12.4.	12	魏博行军司马	卒	袭族兄悦位	卒	跋扈	武		旧一四一、新二一〇本传，全文六六一五邱绛撰田绪碑
162	●	田季安	贞元 12.8.	元和 7.8.	16	魏博节度副使	卒	袭父绪位	卒	跋扈	武		旧一四一、新二一〇本传

（续表）

编号	相职	姓名	受镇年月	去镇年月	在镇时间	任前官职	任后官职或情形	受镇原因	去镇原因	对中央态度	文武职	备注	碑传
157A	●	田弘正（田兴）	元和7.10.	元和15.10.	8	魏博都知兵马使	成德节度	拥兵据位	朝命	恭顺	武		旧一四一、新一四八本传，全文六五四元稹撰沂国公魏博德政碑，全文六五六元稹撰沂国公墓志
453F	●	李愬	元和15.10.	长庆1.	数月	昭义节度	太子少保	朝命	朝命	恭顺	武		见凤翔
155C		田布	长庆1.8.	长庆2.1.	六月	泾原节度	卒	朝命	兵乱自杀	恭顺	武		见泾原
152A	●	史宪诚	长庆2.1.	大和3.6.	8	魏博中军先锋兵马使	河中节度	拥兵据位	自诣	跋扈	武		旧一八一、新二一〇本传
503E		李听	大和3.6.			义成节度	太子少师	朝命			武	1.未至镇时何进滔据魏博拒命 2.参阅滔考释	见凤翔
230	●	何进滔	大和3.7.	开成5.11.	11	魏博衙内都知兵马使	卒	拥兵据位	卒	跋扈	武		旧一八一、新二一〇本传
227	●	何弘敬（何重顺）（何重霸）	开成5.12.	咸通7.6.	26	魏博兵马留后	卒	袭父进滔位	卒	跋扈			旧一八一、新二一〇附何进滔传

（续表）

编号	相职	姓名	受镇年月	去镇年月	在镇时间	任前官职	任后官职或情形	受镇原因	去镇原因	对中央态度	文武职	备注	碑传
228	●	何全皞	咸通7.7.	咸通11.8.	5	魏博左司马	卒	袭父弘敬位	兵乱被杀	跋扈		—	旧一八一、新二一〇 附何进滔传
1276	●	韩允中（韩君雄）	咸通11.8.	乾符1.11.	5	魏博大将	卒	拥兵据位	卒	跋扈	武	参阅考释	旧一八一、新二一〇本传
1288	●	韩简	乾符1.12.	中和3.2.	9	魏博节度副使	卒	袭父允中位	兵乱被杀	跋扈	武		旧一八一、新二一〇 附韩允中本传
1092	●	乐彦祯（乐行达）	中和3.2.	文德1.2.	5	澶刺	卒	拥兵据位	兵乱被杀	跋扈	武		旧一八一、新二一〇本传
1304	●	罗弘信	文德1.4.	光化1.9.	11	魏博大将	卒	拥兵据位	卒	跋扈	武		旧一八一、新二一〇本传
1305	●	罗绍威	光化1.11.	天祐4.	10	魏博节度副使	（唐亡）	袭父弘信位	（唐亡）跋扈	跋扈	文	附朱全忠	新二一〇、旧史十四，新史三九本传

幽州

编号	相职	姓名	受镇年月	去镇年月	在镇时间	任前官职	任后官职或情形	受镇原因	去镇原因	对中央态度	文武职	备注	碑传
1017		甄萱（甄道一）	开元1.2.	开元3.	3	夏州都督	夏州都督	朝命	朝命	恭顺	武	参阅考释	全文三二七张说撰 广州都督甄公碑
836A	△〇	张说	开元6.	开元8.	3	岳刺	天兵军节度	朝命	朝命	恭顺	文		见朔方
92D	△	王晙	开元8.9.	开元8.	数月	兵尚	朔方节度	朝命	朝命	恭顺	文	兵尚兼领	见朔方
1042B		裴伷先	开元9.			（朝官）		朝命		恭顺	文		新一一七本传
344A		李尚隐	开元15.12.	开元17.	3			朝命		恭顺	文		见西川

（续表）

编号	相职	姓名	受镇年月	去镇年月	在镇时间	任前官职	任后官职或情形	受镇原因	去镇原因	对中央态度	文武职	备注	碑传
1076		赵含章	开元18.5.	开元20.6.	3		流濮州	朝命	朝命	恭顺			新一一一附薛讷传
1265B		薛楚玉	开元20.	开元21.	2			朝命	朝命	恭顺	武		旧一〇五、新一三三本传
798C		张守珪	开元21.	开元27.6.	7	陇右节度	栝刺	朝命	朝命	恭顺	武	平卢兼领	旧九九、新一三三本传
465		李适之	开元27.12.	开元29.	2	御史大夫	刑尚	朝命	朝命	恭顺	文		旧九九、新一三一本传
103C		王斛斯	开元29.7.	天宝1.	1	平卢节度		朝命	朝命	恭顺	武		
1059		裴宽	天宝1.10.	天宝3.3.	2	陈留太守	户尚	朝命	朝命	恭顺	文		旧二〇〇上、新一三本传
183B		安禄山	天宝3.3.	天宝14.11.	12	平卢节度	削官爵	朝命	叛变	叛逆	武		旧二〇〇上、新二二五上本传
555C	△	封常清	天宝14.11.			安西节度	卒	朝命	诏命诛斩		武	1.未至镇时安禄山据镇 2.参阅方考释	旧一〇四、新一三五本传
299B		李光弼	至德1.3.	至德1.8.		河东节度	宰相	朝命	朝命	恭顺	武	未至镇时安禄山据镇	见朔方
150		史思明	至德2.12.	乾元1.4.	五月	安禄山降将	削官爵	拥兵据位	叛变	叛逆	武		旧二〇〇上、新二二五上本传

（续表）

编号	相职	姓名	受镇年月	去镇年月	在镇时间	任前官职	任后官职或情形	受镇原因	去镇原因	对中央态度	文武职	备注	碑传
299D	△※○	李光弼	乾元1.	乾元2.		河东节度	朔方节度	朝命	朝命		武	未至镇时史思明据镇此再任	
488	●	李怀仙	广德1.闰1.	大历3.6.	6	史思明降将	卒	拥兵据位	为朱希彩所杀	跋扈	武		旧一四三、新二一二本传
122A	△※○	王缙	大历3.闰6.	大历3.8.	三月	宰相	宰相	朝命	朝命	恭顺	文		见河东
191		朱希彩	大历3.11.	大历7.	5	幽州兵马使	卒	拥兵据位	军乱被杀	跋扈	武		旧一四三、新二一二附李怀仙传
197A	●	朱泚	大历7.10.	建中2.7.	10	幽州节度留后	太尉	拥兵据位	自请	跋扈	武	参阅考释	旧二○○下、新二二二中本传
199		朱滔	建中2.7.	贞元1.6.	4	幽州节度留后	卒	袭兄泚位	卒	叛逆	武		旧一四三、新二一二本传
64B	●	王武俊	兴元1.2.			成德节度	成德节度	朝命			武	1.未滔据镇时朱滔据镇 2.成德兼领 3.参阅考释	见成德
1122		刘怦	贞元1.7.	贞元1.9.	三月	涿刺	卒	拥兵据位	自请	跋扈	武		旧一四三、新二一二本传

（续表）

编号	相职	姓名	受镇年月	去镇年月	在镇时间	任前官职	任后官职或情形	受镇原因	去镇原因	对中央态度	文武职	备注	碑传
1147	●	刘济	贞元 1.9.	元和 5.7.	26	权知卢龙军府事	卒	袭父怀位	为子总毒死	跋扈	文		旧一四三、新二一二、全文五〇五德舆撰刘济墓志，本传
1149B	●	刘总	元和 5.9.	长庆 1.3.	11	幽州行营都知兵马使	天平节度	袭父济位	自请	跋扈	武		旧一四三、新二一二，本传
790E	●○	张弘靖	长庆 1.3.	长庆 1.7.	五月	宣武节度	太子宾客分司	朝命	军乱被逐	恭顺	文		见宣武
1209		卢士玫	长庆 1.3.	长庆 1.8.	六月	京兆尹	太子宾客分司	朝命	军乱被囚	恭顺	文		旧一六二、新一四七，本传
1128C	●	刘悟	长庆 1.7.			昭义节度	昭义节度	朝命			武	1.未至镇时朱克融据镇 2.参阅考释	见义成
192	●	朱克融	长庆 1.12.	宝历 2.5.	5	幽州都知兵马使	卒	拥兵据位	军乱被杀	跋扈	武		旧一八〇、新二一二，本传
440A	●	李载义	宝历 2.10.	大和 5.1.	5	幽州衙前都知兵马使	太保	拥兵据位	兵乱被逐	跋扈	武		见河东

（续表）

编号	相职	姓名	受镇年月	去镇年月	在镇时间	任前官职	任后官职或情形	受镇原因	去镇原因	对中央态度	文武职	备注	碑传
994		杨志诚	大和5.4.	大和8.11.	4	幽州节度后院副兵马使	流领外被诛	拥兵据位	兵乱被逐	跋扈	武		新二一一本传
148		史元忠	大和8.11.	会昌1.9.	7	幽州兵马使	卒	拥兵据位	兵乱被杀	跋扈	武		新二一一本传
795	●	张仲武	会昌1.10.	大中3.	8	雄武军使	卒	拥兵据位	卒	跋扈	武		旧一八○、新二一一本传
809		张直方	大中3.6.	大中3.闰11.	六月	幽州节度副使	金吾大将军	袭父仲武位	兵乱被逐	跋扈	武		旧一八○、新附张仲武传
542		周綝	大中3.11.	大中4.9.	十月	幽州牙将	卒	拥兵据位	卒	跋扈	武		旧一八○、新二一一本传
782	●	张允伸	大中4.11.	咸通13.1.	22	幽州都知兵马使	卒	拥兵据位	卒	跋扈	武		旧一八○、新二一一本传
783	●	张公素	咸通13.4.	乾符2.6.	4	平剌	复州司户参军	拥兵据位	兵乱被逐	跋扈	武		旧一八○、新二一一本传
365		李茂勋	乾符2.8.	乾符3.3.	八月	卢龙大将	左仆致仕	拥兵据位	自请	跋扈	武		旧一八○附李可举传、新二一一本传
284	●	李可举	乾符3.5.	光启1.6.	9	卢龙节度副使	卒	袭父茂勋位	兵乱被杀	跋扈	武		旧一八○本传、新二一二附李茂勋传

（续表）

编号	相职	姓名	受镇年月	去镇年月	在镇时间	任前官职	任后官职或情形	受镇原因	去镇原因	对中央态度	文武职	备注	碑传
292		李全忠	光启1.7.	光启2.8.	2	卢龙大将	卒	拥兵据位	卒	跋扈	武		旧一八〇、新二一二本传
306		李匡威	光启2.8.	景福2.3.	7	卢龙节度留后	奔成德	袭父全忠位	兵乱被逐	跋扈	武		旧一八〇、新二一二附李全忠传
307		李匡筹	景福2.3.	乾宁1.12.	2	幽州兵马留后	奔沧州	拥兵据位	为李克用败弃沧州	跋扈	武		旧一八〇、新二一二附李全忠传
1110	●	刘仁恭	乾宁2.1.	天祐4.	13	河东大将	（唐亡）	拥兵据位	（唐亡）	跋扈	武	1.附李克用 2.参阅考释	新二一二本传,旧史一三五,新史三九附刘守光传

平卢

832A		张敬忠	开元7.闰7.					朝命		恭顺	文		
723		许钦澹	开元8.4.	开元9.	2			朝命		恭顺	文		
1025		臧怀亮	开元10.	（开元13以后）		羽林卫大将军	致仕	朝命	朝命	恭顺	武		全文三六五李邕撰羽林大将军臧公墓志
1265A		薛楚玉	开元18.	开元20.	3			朝命	朝命	恭顺	武		新一一一附薛讷传
798B		张守珪	开元21.	开元27.6.	7	陇右节度	括刺	朝命	朝命	恭顺	武	参阅考释	见幽州
650		乌知义	开元27.	开元28.	2	平卢军使		朝命	朝命	恭顺	武	参阅考释	新二一二九本传
103B		王斛斯	开元28.	开元29.	2	幽州节度		朝命	朝命	恭顺	武		

（续表）

编号	相职	姓名	受镇年月	去镇年月	在镇时间	任前官职	任后官职或情形	受镇原因	去镇原因	对中央态度	文武职	备注	碑传
183A		安禄山	开元29.7.	天宝14.11.	14	幽州节度副使	削官爵	朝命	叛变	叛逆	武	幽州兼领	见幽州
555D		封常清	天宝14.11.			安西节度	卒	朝命	诏命诛斩		武	1.未至镇时安禄山拒命考释 2.参阅考释	见幽州
215		吕知诲	天宝14.	至德1.	数月	平卢节度副使	降于安禄山	朝命	降于安禄山	玄宗朝恭顺肃宗朝叛逆	武		旧一四五附刘全谅传
1113		刘正臣（刘客奴）	至德1.4.	至德1.	数月	平卢军将	卒	朝命	为部将王玄志杀	恭顺	武		旧一四五、新一五一本传
38		王玄志	至德2.	乾元1.冬	2	安东都护	卒	拥兵据位	卒	恭顺	武		旧一二四附侯希逸传
573A		侯希逸	乾元2.	宝应1.	4	平卢裨将	平卢淄青节度	拥兵据位	为房琯所逐	恭顺	武		旧一二四、新一四四本传

义武

编号	相职	姓名	受镇年月	去镇年月	在镇时间	任前官职	任后官职或情形	受镇原因	去镇原因	对中央态度	文武职	备注	碑传
803B	●	张孝忠	建中3.2.	贞元7.3.	10	成德节度	卒	朝命	卒	恭顺	武		见成德

（续表）

编号	相职	姓名	受镇年月	去镇年月	在镇时间	任前官职	任后官职或情形	受镇原因	去镇原因	对中央态度	文武职	备注	碑传
813A	●	张茂昭（张升云）	贞元7.7.	元和5.10.	20	（义武属官）	河中节度	袭父孝忠位	朝命	恭顺	文		旧一四一一四八本传，新一四五〇五本传；全文五五〇德舆撰河中节度使张公墓志
173A		任迪简	元和5.10.	元和8.	3	义武行军司马	工传	朝命	朝命	恭顺	文	参阅考释	旧一八五下，新一七〇本传
934		浑镐	元和9.6.	元和11.12.	3	义武节度副使	循剌	朝命	朝命	恭顺	武	参阅考释	旧一三四，新一五五本传
775A		陈楚	元和11.12.	长庆2.6.	6	诸卫大将军	东都留守	朝命	朝命	恭顺	武		见河阳
583		柳公济	长庆2.6.	大和3.3.	7	易剌	卒		卒	恭顺			
951A		傅毅	大和3.3.			河东兵马使	横海节度	朝命			武	未至镇义武三军不受	
843		张璠	大和3.3.	开成3.9.	10	义武都知兵马使	卒	拥兵据位	卒		武		
305		李仲迁	开成3.9.			易剌		朝命				未至镇义武三军不受	
1279B		韩威	开成3.11.			蔡剌		朝命				1.未至镇自辞 2.参阅考释	

（续表）

编号	相职	姓名	受镇年月	去镇年月	在镇时间	任前官职	任后官职或情形	受镇原因	去镇原因	对中央态度	文武职	备注	碑传
770B		陈君赏	开成3.	会昌3.	5	神策军使		朝命		恭顺	武	参阅考释	
400B		李执方	会昌3.	会昌5.	3	河阳节度	忠武节度	朝命	朝命	恭顺			
1213B		卢弘宣	会昌5.1.	大中1.	3	秘书监	工尚	朝命	朝命	恭顺	文		新一九七本传
623A		韦损	大中1.	大中2.	2			朝命	朝命	恭顺	文		
274A		李公度	大中2.	大中8.	7			朝命	朝命	恭顺			
1166C		郑涯	大中9.9.	大中11.8.	2	太子宾客	宣武节度	朝命	朝命	恭顺	文	参阅考释	
1231B		卢简求	大中11.8.	大中13.	3	泾原节度	凤翔节度	朝命	朝命	恭顺	文		见泾原
737A		康承训	咸通2.	咸通4.4.	3	天德军防御使	岭南西道节度	朝命	朝命	恭顺	武		见义成
618		韦约	咸通4.	咸通7.	4	灵武节度		朝命		恭顺	文		
574C		侯固	咸通10.					朝命	朝命	恭顺	文	参阅考释	
872A		崔季康	咸通14.					朝命		恭顺			
99A	●	王处存	乾符6.11.	乾宁2.10.	16	定州制置使	卒	朝命	卒		武		旧一八二、新一八六本传
1030B		齐克让	光启1.5.			泰宁节度	泰宁节度	朝命			武	未至镇即王处存拒命	
81	●	王郜	乾宁2.10.	光化3.10.	5	义武节度副使	奔晋阳	拥兵据位	为王处存所逐				旧一八二、新一八六附王处存传

（续表）

编号	相职	姓名	受镇年月	去镇年月	在镇时间	任前官职	任后官职或情形	受镇原因	去镇原因	对中央态度	文武职	备注	碑传
100		王处直	光化3.10.	天祐4.	8	义武兵马使	（唐亡）	拥兵据位	（唐亡）	跋扈	武	附朱全忠	旧一八二、新一八六、旧史四五本传
山南东道													
1097A		鲁炅	至德1.	至德1.	数月	上洛太守	京兆尹	朝命	朝命	恭顺	武	参阅考释	见忠武
520A	△	来瑱	至德1.	至德1.	数月	颍川太守	淮西节度	朝命	朝命	恭顺	武		见陕镇
1294		魏仲犀	至德2.1.			将作监		朝命		恭顺			
93A		王翊	乾元2.		数月	商剌	北蕃宣慰使	朝命	朝命	恭顺	文	参阅考释	旧一五七、新一四三附王翃传
70		王政	乾元2.8.	乾元2.8.	数月		饶州长史	朝命	军乱被逐	恭顺			
789B		张光奇	乾元2.8.			司农少卿		朝命				时襄州为康楚元所据未至镇	
153		史翙	乾元2.12.	上元1.4.	五月	御史大夫	卒	朝命	军乱被杀	恭顺			
609		韦伦	上元1.			陇剌	秦州防御使	朝命	朝命			1. 未至镇，为李辅国忌改官 2.参阅考释	
520E	※	来瑱	上元1.4.	广德1.1.	3	陕镇节度	长流播州赐死	朝命	朝命	恭顺	武	此再任	

（续表）

编号	相职	姓名	受镇年月	去镇年月	在镇时间	任前官职	任后官职或情形	受镇原因	去镇原因	对中央态度	文武职	备注	碑传
1051		裴茂	宝应1.4.			山南东道行军司马	卒	朝命	被诛		文	1.未至镇,即被诛 2.参阅考释	旧一一四本传
719	●	梁崇义	广德1.3.	建中2.9.	19	襄州右兵马使	卒	拥兵袭位	为淮西节度使李希烈所杀	跋扈	武		旧一二二、新二二四上本传
322B	△	李承	建中2.9.	建中3.11.	2	晋绛观察	湖南观察	朝命	朝命	恭顺	文	参阅考释	见河中
980B		贾耽	建中3.11.	兴元1.1.	2	淮南节度	工尚	朝命	朝命	恭顺	文		见义成
1098A		樊泽	兴元1.1.	贞元3.闰5.	3	山南东道行军司马	荆南节度	朝命	朝命	恭顺	文		旧一二二、新一五九本传
406D		李皋	贞元3.闰5.	贞元8.2.	5	荆南节度	卒	朝命	卒	恭顺	文		旧一三一、新八〇本传,全文五六一韩愈撰曹王碑,拓本樊泽曹王李皋墓志
1098C		樊泽	贞元8.2.	贞元14.9.	7	荆南节度	卒	朝命	卒	恭顺	文	此再任	
7B	△●	于頔	贞元14.9.	元和3.9.	10	陕虢观察	宰相	朝命	朝命	跋扈	武		见陕虢
1041B	●	裴均	元和3.9.	元和6.4.	3	右仆	卒	朝命	卒	恭顺	文		新一〇八本传
296A	△	李夷简	元和6.4.	元和8.1.	2	户侍	西川节度	朝命	朝命	恭顺	文		新一三一本传
649C	○	袁滋	元和8.	元和9.9.	2	户尚	荆南节度	朝命	朝命	恭顺	文	参阅考释	见义成

（续表）

编号	相职	姓名	受镇年月	去镇年月	在镇时间	任前官职	任后官职或情形	受镇原因	去镇原因	对中央态度	文武职	备注	碑传
1313C		严绶	元和9.9.	元和10.11.	2	荆南节度	太子少保	朝命	朝命	恭顺	文		见河东
445B		李逊	元和10.10.	元和11.7.	九月	户侍	太子宾客分司	朝命	朝命	恭顺	文	参阅考释	见凤翔
1188A		郑权	元和11.7.	元和11.12.	六月	河南尹	华刺	朝命	朝命	恭顺	文		旧一六二、新一五九本传
453A		李愬	元和12.11.	元和13.5.	六月	唐邓节度	凤翔节度	朝命	朝命	恭顺	武	参阅考释	见凤翔
534B		孟简	元和13.5.	元和14.	2	户侍	太子宾客分司	朝命	朝命	恭顺	文		旧一六三、新一六〇本传
402B	△〇	李逢吉	元和15.1.	长庆2.3.	3	东川节度	兵尚	朝命	朝命	恭顺	文		见宣武
14B		牛元翼	长庆2.2.	长庆3.5.	2	成德节度	卒	朝命	卒	恭顺	武		见成德
582C		柳公绰	长庆3.5.	宝历2.12.	4	左丞	刑尚	朝命	朝命	恭顺	文		见邠宁
402C	●〇	李逢吉	宝历2.12.	大和2.10.	2	宰相	宣武节度	朝命	朝命	恭顺	文	此再任	见凤翔
1323D	●〇	宝易直	大和2.10.	大和4.9.	2	宰相	左仆	朝命	朝命	恭顺	文		见凤翔
1048F	△●〇	裴度	大和4.9.	大和8.3.	4	宰相	东都留守	朝命	朝命	恭顺	文		见河东
82C		王起	大和8.	大和9.8.	2	兵尚	兵尚	朝命	朝命	恭顺	文		见陕虢
485C		李翱	大和9.8.	开成1.	1	户侍	卒	朝命	卒	恭顺	文		旧一六〇、新一七七本传
646F		殷侑	开成1.7.	开成2.3.	九月	刑尚	太子宾客分司	朝命	朝命	恭顺	文		见忠武

（续表）

编号	相职	姓名	受镇年月	去镇年月	在镇时间	任前官职	任后官职或情形	受镇原因	去镇原因	对中央态度	文武职	备注	碑传
409F	○	李程	开成2.3.	开成4.	3	左仆		朝命	朝命	恭顺	文		见宣武
18D	●○	牛僧孺	开成4.8.	会昌1.7.	2	左仆	太子少师	朝命	朝命	恭顺	文		旧一七二、新一七四本传，全文七三○李珏撰牛僧孺碑，七五五杜牧撰牛僧孺墓志
1224B		卢钧	会昌1.7.	会昌4.8.	3	户侍	昭义节度	朝命	朝命	恭顺	文		见宣武
1176C		郑肃	会昌4.	会昌5.7.	1	兵尚	宰相	朝命	朝命	恭顺	文		见陕虢
1232D		卢简辞	大中1.	大中2.	2	忠武节度	衢刺	朝命	朝命	恭顺	文		见忠武
686B		高元裕	大中2.7.	大中6.夏	4	吏尚	吏尚	朝命	朝命	恭顺	文		旧一七七、新一七七本传，全文七六四萧邺撰高元裕碑
423C		李景让	大中6.	大中10.	5	天平节度	吏尚	朝命	朝命	恭顺	文		见天平
659B	△	徐商	大中10.	咸通1.	4	河中节度	御史大夫	朝命	朝命	恭顺	文		见河中
1104D		蒋系	咸通1.春	咸通2.	2	兵尚	东都留守	朝命	朝命	恭顺	文		见凤翔
1166E	●	郑涯	咸通2.10.	咸通3.冬	1	御史大夫		朝命		恭顺	文	参阅考释	
898E	●○	崔铉	咸通3.5.	咸通5.	2	淮南节度	荆南节度		朝命	恭顺	文	参阅考释	见陕虢
458B	△	李蔚	咸通6.	咸通7.	2	太常卿	吏侍		朝命	恭顺	文	参阅考释	见宣武
1222B		卢耽	咸通8.	咸通9.9.	2	西川节度			朝命	恭顺	文		

（续表）

编号	相职	姓名	受镇年月	去镇年月	在镇时间	任前官职	任后官职或情形	受镇原因	去镇原因	对中央态度	文武职	备注	碑传
1045B	△	裴坦	咸通10.	咸通11.	2			朝命	朝命	恭顺	文		新一八三本传
1222D	●	卢耽	咸通12.7.	咸通13.	数月	兵尚		朝命	朝命	恭顺		1.此再任 2.参阅考释	
6A	○	于琮	咸通13.2.	咸通13.	数月	宰相	普王傅分司	朝命	朝命	恭顺	文		旧一四九、新一〇四本传
996B		杨知温	咸通13.	咸通14.11.	2			朝命	朝命	恭顺	文		见陕虢
6B	●○	于琮	咸通14.11.	乾符3.	3	太子少傅	右仆	朝命	朝命	恭顺	文	1.此再任 2.参阅考释	
442E	●	李福	乾符3.	乾符6.	4	东都留守	太子太傅	朝命	朝命	恭顺	文		见夏绥
1114		刘巨容	乾符6.10.	中和4.11.	6	山南东道行军司马	出奔成都	朝命	为秦宗权所败	跋扈	武		新一八六本传
1086		赵德諲	中和4.	景福2.2.	9	秦宗权骁将	卒	拥兵据位	卒	跋扈	武		新一八六本传
1069	●	赵匡凝	景福2.2.	天祐2.1.	13	唐刺	奔广陵	袭父德諲位	为朱全忠所逐	恭顺	武	附朱全忠	新一八六、旧史十七、新史四〇本传
1001B		杨师厚	天祐2.11.	天祐4.	2	感化节度	（唐亡）	强藩所命	（唐亡）	跋扈	文	附朱全忠	见感化

唐隋

编号	相职	姓名	受镇年月	去镇年月	在镇时间	任前官职	任后官职或情形	受镇原因	去镇原因	对中央态度	文武职	备注	碑传
711A		高霞寓	元和10.10.	元和11.6.	八月	右羽林将军	归刺	朝命	朝命	恭顺	武	参阅考释	见邠宁

（续表）

编号	相职	姓名	受镇年月	去镇年月	在镇时间	任前官职	任后官职或情形	受镇原因	去镇原因	对中央态度	文武职	备注	碑传
649E	○	袁滋	元和11.7.	元和11.12.	六月	荆南节度	抚刺	朝命	朝命	恭顺	文	参阅考释	见义成
453B		李愻	元和11.12.	元和12.11.	1	宫苑使	山南东节度	朝命	朝命	恭顺	武		见凤翔
兴平													
348B		李夆	至德1.	上元2.	6		东川节度	朝命	朝命	恭顺		参阅考释	
金州													
990A		杨守亮	光启2.6.	光启3.1.	七月	鹿晔都将	山南西节度	朝命	朝命	恭顺	武	参阅考释	见山南西
987A		杨守宗	光启3.1.	光启3.	数月	鹿晔都头	鹿晔都头	朝命	朝命	恭顺	武		见忠武
943A		冯行袭	光化1.1.	天祐2.9.	8	昭信防御使	匡国节度	拥兵据位	为王建所败弃镇	跋扈	武	1.附朱全忠 2.参阅考释	见同州
56		王宗朗（全师朗）	天祐2.9.	天祐3.5.	九月	金州将		强藩所命	废镇	跋扈	武	1.附王建 2.参阅考释	
山南西道													
386A		李栖筠	乾元1.	乾元2.	2	吏部员外郎南曹	太子中允	朝命	朝命	恭顺	文		新一四六本传
320B		李希言	乾元2.	上元1.	2	浙东观察		朝命		恭顺	文		

（续表）

编号	相职	姓名	受镇年月	去镇年月	在镇时间	任前官职	任后官职或情形	受镇原因	去镇原因	对中央态度	文武职	备注	碑传
693		高武光	上元2.	宝应1.	2		绛刺	朝命	朝命	恭顺	武		全文四四四四卢虔撰晋州刺史高公碑
371A	△	李勉	宝应1.	宝应1.	数月	大理卿	大理少卿	朝命	党项寇梁州弃镇走	恭顺	文		见义成
1024B		臧希让	宝应1.	广德1.	2	河中行军司马	太子詹事	朝命	朝命	恭顺	武		见邠宁
856B		张献诚	广德2.	大历3.4.	5	邠宁节度	（朝官）	朝命	朝命	恭顺	武		见宣武
855A		张献恭	大历3.4.	大历4.	2	右羽林将军	户尚	朝命	朝命	恭顺	武		旧一二二、新一三三本传
336D	※	李抱玉	大历5.1.	大历6.2.	2	泽潞节度	泽潞节度	朝命	朝命	恭顺	武	泽潞兼领	见凤翔
855B		张献恭	大历6.	大历14.	9			朝命	朝命	恭顺	武	此再任	
980A	△	贾耽	大历14.11.	建中3.11.	3	鸿胪卿	山南东道节度	朝命	朝命	恭顺	文		见义成
1314	●	严震	建中3.11.	贞元15.6.	17	兴刺	卒	朝命	卒	恭顺	文		旧一一七本传;新一五五○五权德舆撰山南西道节度使严公墓志
1318A		严砺	贞元15.7.	元和1.9.	7	山南西道都虞候	东川节度	朝命	朝命	恭顺	武		旧一一七本传,全文四四九七权德舆撰东川节度严公碑

（续表）

编号	相职	姓名	受镇年月	去镇年月	在镇时间	任前官职	任后官职或情形	受镇原因	去镇原因	对中央态度	文武职	备注	碑传
585		柳晟	元和 1.9.	元和 3.	2	将作监	将作监	朝命	朝命	恭顺	文		旧一八三、新一五九本传，全文七三八沈亚之撰赠太子少保柳公行状
1046B		裴玢	元和 3.2.	元和 7.2.	4	鄜坊节度	卒	朝命	朝命	恭顺	武		见河中
1077C	○	赵宗儒	元和 7.1.	元和 9.3.	3	刑尚	御史大夫	朝命	朝命	恭顺	文		见河中
1182A	○	郑余庆	元和 9.3.	元和 11.	3	太子少傅	太子少师	朝命	朝命	恭顺	文		见凤翔
1333	○	权德舆	元和 11.10.	元和 13.8.	2	刑尚	卒	朝命	卒	恭顺	文		旧一四八、新一六五本传，全文五○五韩愈撰故相权公碑
885B		崔从	元和 13.8.	长庆 1.10.	4	右丞	左丞	朝命	朝命	恭顺	文		见鄜坊
651C		乌重胤	长庆 1.10.	长庆 2.10.	1	横海节度	天平节度	朝命	朝命	恭顺	武	参阅考释	见天平
624		韦绶	长庆 2.闰 10.	长庆 3.8.	十月	礼尚	卒	朝命	卒	恭顺	文		旧一六二、新一六○本传
1048E	△●○	裴度	长庆 3.8.	宝历 2.2.	3	右仆	宰相	朝命	朝命	恭顺	文		见河东
94B	△○	王播	宝历 2.2.	大和 1.3.	3	礼尚	太常卿	朝命	朝命	恭顺	文		旧一六九、新一六七本传
428D	○	李绛	大和 1.3.	大和 4.2.	2	太常卿	卒	朝命	军乱被杀	恭顺	文		见河中
947A		温造	大和 4.2.	大和 5.4.	2	右丞	兵侍	朝命	朝命	恭顺	文		见河阳

（续表）

编号	相职	姓名	受镇年月	去镇年月	在镇时间	任前官职	任后官职或情形	受镇原因	去镇原因	对中央态度	文武职	备注	碑传
440B	●	李载义	大和 5.4.	大和 7.6.	3	太保	河东节度	朝命	朝命	恭顺	武		见河东
343	△●○	李宗闵	大和 7.6.	大和 8.10.	2	宰相	宰相	朝命	朝命		文		旧一七六、新一七四本传
468D	△●○	李德裕	大和 8.10.			宰相	兵尚	朝命	朝命	恭顺	文	未至镇即改官	见义成
110A		王源中	大和 8.11.	大和 9.10.	1	礼尚	刑尚	朝命	朝命	恭顺	文		见天平
335A	△○	李固言	大和 9.9.	开成 1.4.	八月	宰相	宰相	朝命	朝命	恭顺	文		见河中
135H	○	令狐楚	开成 1.4.	开成 2.11.	2	左仆	卒	朝命	卒	恭顺	文		见天平
1183		郑瀚	开成 2.11.	开成 4.闰 1.	2	刑尚	户尚	朝命	朝命	恭顺	文	参阅考释	旧一五八、新一六五本传
1299A		归融	开成 4.2.	会昌 1.	2	吏侍	东川节度	朝命	朝命	恭顺	文		旧一四九本传
893C		崔琯	会昌 1.	会昌 3.	3	东都留守	卒	朝命	卒	恭顺	文		旧一七七、新一八二本传
673D		孙简	会昌 3.	会昌 4.	2	（朝官）	太常卿	朝命	朝命	恭顺	文		见宣武
82E	●	王起	会昌 4.4.	大中 1.	3	左仆	卒	朝命	卒	恭顺	文	参阅考释	见宣武
1166B		郑涯	大中 1.	大中 3.	3			朝命	朝命	恭顺	文		见平卢
554A		封敖	大中 4.	大中 8.	5	吏侍	左散骑常侍	朝命	朝命	恭顺	文		见平卢
1104B		蒋系	大中 8.	大中 11.9.	3	左丞	刑尚	朝命	朝命	恭顺	文		见凤翔

（续表）

编号	相职	姓名	受镇年月	去镇年月	在镇时间	任前官职	任后官职或情形	受镇原因	去镇原因	对中央态度	文武职	备注	碑传
1224F	●	卢钧	大中11.9.	大中13.	3	太子太师	东都留守	朝命	朝命	恭顺	文		见宣武
584B		柳仲郢	大中13.	咸通1.	2	户尚	雷刺	朝命	朝命	恭顺	文		见天平
549		苗恪	咸通1.11.	咸通2.	2	户侍		朝命		恭顺	文		
404		李从晦	咸通3.9.	咸通5.	3	工侍		朝命		恭顺			新七八附襄邑王神符传
1244C	○	萧邺	咸通5.2.	咸通8.	4	西川节度	户尚	朝命	朝命	恭顺	文		见河东
429C		李当	咸通9.	咸通11.	3	宣歙观察	吏侍	朝命	朝命	恭顺	文		
49		王宗	咸通12.	乾符1.	4	神策将		朝命	朝命	恭顺	武		旧一八二、新一八六附王处存传
17		牛蔚	乾符2.	乾符4.	3	（朝官）	刑尚	朝命	朝命	恭顺	文	参阅考释	旧一七二、新一七四本传
236C		吴行鲁	乾符5.	乾符6.	2	神策将		朝命	朝命	恭顺	武		
1158B		郑延休	乾符6.	广明1.	2	（朝官）		朝命	朝命	恭顺	文		
16		牛勖	广明1.4.	中和3.12.	4	神策将	弃龙州		为忠武大将晏弘逐		武		
726A		鹿晏弘	中和3.11.	中和4.11.	1	忠武大将	忠武节度	拥兵据位	为禁兵败弃镇	骏慢			
142		石君涉	光启1.	光启2.3.	2			朝命	弃镇	骏慢	武	附朱玫	

（续表）

编号	相职	姓名	受镇年月	去镇年月	在镇时间	任前官职	任后官职或情形	受镇原因	去镇原因	对中央态度	文武职	备注	碑传
1225B		卢渥	光启2.3.	光启3.	数月	左丞	太常卿	朝命	朝命	恭顺	文		见陕虢
990B	●	杨守亮	光启3.1.	景福1.8.	6	金商节度	奔阆州卒	朝命	为李茂贞败奔	跋扈	武		新一八六本传
495A		李继密	景福1.	景福2.	2	（凤翔属官）	武定节度	强藩所命	强藩所命	跋扈	武	附李茂贞	
363C	●	李茂贞	景福2.10.	乾宁2.	3	凤翔节度	凤翔节度	拥兵据位	自请	跋扈	武	1.凤翔兼领 2.参阅考释	见凤翔
364B		李茂庄	乾宁2.	光化1.	4	天雄节度	卒	强藩所命	卒	跋扈	武	附李茂贞	
495C		李继密	光化1.5.	天复2.8.	5	武定节度	（凤翔属官）	强藩所命	为西川王建所败弃镇	跋扈	武	1.附李继密 2.此再任	
53		王宗贺	天复2.8.	天祐2.	3	西川指挥使	（西川属官）	强藩所命	强藩所命	跋扈	武	附王建	

感义（兴凤）

编号	相职	姓名	受镇年月	去镇年月	在镇时间	任前官职	任后官职或情形	受镇原因	去镇原因	对中央态度	文武职	备注	碑传
999A	●	杨晟	光启2.1.	光启2.5.	五月	神策指挥使	威戎节度	朝命	为朱玫败走弃镇	跋扈	武	见威戎	
1022		满存	光启2.12.	景福1.7.	6	金吾将军	奔兴元	朝命	为李茂贞败弃镇	跋扈	武	参阅考释	新一八六附杨守亮传
1319D		苏文建	乾宁4.			静难节度		强藩所命		跋扈	武	附李克用	

（续表）

编号	相职	姓名	受镇年月	去镇年月	在镇时间	任前官职	任后官职或情形	受镇原因	去镇原因	对中央态度	文武职	备注	碑传
494		李继忠		天复2.		凤翔将	弃凤翔	强藩所命	为王建败镇	跋扈		附李茂贞	
武定（洋州）													
363A	●	李茂贞	光启3.1.	光启3.8.	八月	扈跸都头	凤翔节度	朝命	朝命	跋扈	武		见凤翔
988		杨守忠	文德1.	景福1.	5	神策将		朝命	为西川将李简败走	跋扈	武		新一八六附杨守亮传
495B		李继密	景福1.7.	光化1.5.	7	山南西节度	山南西节度	强藩所命	强藩所命	跋扈	武	附李茂贞	
500A		李继颜	光化1.	光化2.	2	（凤翔属官）	保大军节度	强藩所命	强藩所命	跋扈	武	1.附李茂贞 2.参阅考释	
357B		李思敬	光化2.	天复2.	4	保大节度	降于王建	朝命	败降于王建	跋扈	武		见鄜坊
943B		冯行袭	天祐1.			金州节度	金州节度	朝命			武	1.未至镇时王建据武定 2.金州兼领 3.参阅考释	见同州
57		王宗绾	天祐时			西川将		强藩所命		跋扈	武	附王建	
荆南													
957		源洧	至德1.	至德1.	数月	襄刺	卒	朝命	卒	恭顺	文		新一二七本传

（续表）

编号	相职	姓名	受镇年月	去镇年月	在镇时间	任前官职	任后官职或情形	受镇原因	去镇原因	对中央态度	文武职	备注	碑传
1136		刘汇	至德1.	至德1.	数月	左散骑常侍	盛王傅	朝命	朝命	恭顺	文		旧一○三、新一三三附刘子玄传
373A	△	李岘	至德1.	至德1.11.	数月	长沙太守	扶风太守	朝命	朝命	恭顺	文		旧一一二、新一三三本传,全文三三一李华撰李岘本传
519A		季广琛	乾元1.	乾元1.5.	数月		赴河南行营	朝命	朝命	恭顺	文		
846B	○	张镐	乾元1.	乾元1.	数月	河南节度	太子宾客	朝命	朝命	恭顺	文		见宣武
593A		韦元甫	乾元1.	乾元1.	数月		江西观察	朝命	朝命	恭顺	文	参阅考释	见淮南
264B	△	杜鸿渐	乾元1.	乾元2.9.	1	河西节度	湖刺	朝命	张嘉延破荆州浙弃城走	恭顺	文	参阅考释	见浙东
822		张惟一	乾元2.	上元1.	2	华刺		朝命		恭顺	文		
219	○	吕諲	上元1.8.	宝应1.	3	太子宾客	卒	朝命	卒	恭顺	文		旧一八五下、新一四○本传
373B	△○	李峘	宝应1.	广德1.8.	2	吏侍	宗正卿	朝命	朝命	恭顺	文	此再任	
1300C		颜真卿	广德1.8.	广德1.10.	三月	吏侍	右丞	朝命	朝命	恭顺	文		见河中
1206		卫伯玉	广德1.冬	大历11.2.	13	右羽林大将军	卒	朝命	卒	恭顺	武	参阅考释	旧一一五、新一四一本传

（续表）

编号	相职	姓名	受镇年月	去镇年月	在镇时间	任前官职	任后官职或情形	受镇原因	去镇原因	对中央态度	文武职	备注	碑传
48C		王昂	大历5.6.			殿中监	检校刑尚知省事	朝命			武	未至镇时卫伯玉讽将士留己	见河中
801C	△	张延赏	大历11.4.	大历14.11.	4	淮南节度	西川节度	朝命	朝命	恭顺	文		见淮南
975		庾准	建中1.3.	建中2.2.	1	司农卿	左丞	朝命	朝命	恭顺	文		旧一一八、新一四五本传
342C		李昌巙	建中2.2.	建中3.	1	桂管观察	少府监	朝命	朝命	恭顺	武		
802C		张伯仪	建中3.3.	贞元1.	3	岭南节度	右龙武统军	朝命	为李希烈败走弃镇	恭顺	武		新一三六本传
406C		李皋	贞元1.4.	贞元3.闰5.	3	江西节度	山南东道节度	朝命	朝命	恭顺	文		见山南东
1098B		樊泽	贞元3.闰5.	贞元8.2.	5	山南东道节度	山南东道节度	朝命	朝命	恭顺	文		见山南东
1049C		裴胄	贞元8.2.	贞元19.5.	12	江西观察	卒	朝命	卒	恭顺	文		见江西
1041A		裴均	贞元19.5.	元和3.4.	5	荆南行军司马	右仆	朝命	朝命	恭顺	文		见山南东
1073D		赵昌	元和3.4.	元和4.	2	岭南节度	太子宾客	朝命	朝命	恭顺	文		旧一五一、新一七〇本传
1077B	○	赵宗儒	元和4.	元和6.	2	户尚	刑尚	朝命	朝命	恭顺	文		见河中

（续表）

编号	相职	姓名	受镇年月	去镇年月	在镇时间	任前官职	任后官职或情形	受镇原因	去镇原因	对中央态度	文武职	备注	碑传
1313B		严绶	元和6.3.	元和9.9.	4	右仆	山南东道节度	朝命	朝命	恭顺	文		见河东
649D	○	袁滋	元和9.9.	元和11.7.	2	山南东节度	唐随节度	朝命	朝命	恭顺	文		
1044B		裴武	元和11.7.	长庆1.	5	华刺	司农卿	朝命	朝命	恭顺	文		见义成
118B		王播	长庆1.1.	大和3.2.	9	泾原节度	卒	朝命	卒	恭顺	文		见泾原
902D	○	崔群	大和3.2.	大和4.3.	2	兵尚	太常卿	朝命	朝命	恭顺	文		见武宁
575C	●○	段文昌	大和4.3.	大和6.11.	3	淮南节度	西川节度	朝命	朝命	恭顺	文		见淮南
893A		崔珙	大和6.12.	大和8.	2	右丞	兵侍	朝命	朝命	恭顺	文		见山南西
601A		韦长	大和8.	开成3.1.	5	御史大夫	河南尹	朝命	朝命	恭顺	文		
278A	●○	李石	开成3.1.	会昌3.9.	6	宰相	河东节度	朝命	朝命	恭顺	文		见河东
1166A		郑准	会昌4.	会昌6.	3	兵侍	东都留守	朝命	朝命	恭顺	文		
468H	●○	李德裕	会昌6.4.	会昌6.9.	六月	宰相	卒	朝命	卒	恭顺	文		见义成
1176D	●○	郑肃	会昌6.9.	大中3.	4	宰相	卒	朝命	朝命	恭顺	文	参阅考释	见陕虢
1011C		杨汉公	大中6.	大中8.	4	户侍	工尚	朝命	朝命	恭顺	文		见天平
1321		苏涤	大中8.5.	大中11.	3	户侍	太常卿	朝命	朝命	恭顺	文		
147C	△●○	白敏中	大中11.1.	大中13.12.	3	西川节度	宰相	朝命	朝命	恭顺	文		见凤翔

（续表）

编号	姓名	相职	受镇年月	去镇年月	在镇时间	任前官职	任后官职或情形	受镇原因	去镇原因	对中央态度	文武职	备注	碑传
1244A	萧邺	●○	大中13.11.	咸通3.	4	宰相	西川节度	朝命	朝命	恭顺	文		见河东
1037H	裴休	○	咸通3.	咸通5.	3	（朝官）	卒	朝命	卒	恭顺	文		见凤翔
898F	崔铉	●○	咸通6.	咸通9.	4	山南东节度	卒	朝命	卒	恭顺	文		见陕虢
659C	徐商	●○	咸通10.6.	咸通10.	数月	宰相	（朝官）	朝命	朝命	恭顺	文	参阅考释	见河中
254J	杜悰	○	咸通10.	咸通14.7.	4	凤翔节度	卒	朝命	卒	恭顺	文		见凤翔
1151	刘瞻	●○	咸通11.9.			宰相	康刺	朝命	朝命		文	1.未至镇即改官 2.参阅考释	旧一七、新一八一本传
968B	路岩	○	咸通14.11.			西川节度	新剌	朝命	朝命	恭顺	文	未至镇即改官	旧一七、新一八四本传
881	崔涓		乾符1.	乾符3.	3	西川节度	卒	朝命	卒	恭顺	文		新一八三本传
996C	杨知温		乾符3.	乾符5.1.	2		卒	朝命	卒	恭顺	文		见陕虢
710E	高骈		乾符5.1.	乾符5.6.	六月	西川节度	镇海节度	朝命	朝命	恭顺	武		见天平
132B	王铎	△●○	乾符6.4.	乾符6.12.	九月	宰相	太子宾客分司	朝命	朝命	恭顺	文	参阅考释	见义成
725	常滋		广明1.1.	广明1.	数月	工侍		朝命		恭顺			
1169A	郑绍业		广明1.4.	中和1.	2	（朝官）		朝命	朝命	恭顺	文		新一八六附陈儒传

（续表）

编号	相职	姓名	受镇年月	去镇年月	在镇时间	任前官职	任后官职或情形	受镇原因	去镇原因	对中央态度	文武职	备注	碑传
578		段彦谟	中和1.	中和2.6.	2	荆南将	卒	拥兵据位	为荆南监军所杀		武		附见新一八六陈儒传
1169B	●	郑绍业	中和2.8.			兵侍	工尚	朝命			文	未至镇，逗留军监不进，时据军朱敬玫据镇，此再任	
777		陈儒	中和2.12.	光启1.1.	3	荆南监军押牙	卒	拥兵据位	为荆南行军司马张瓌逐杀	跋扈	武		新一八六本传
853		张瓌	光启1.1.	光启3.12.	3	荆南行军司马	卒	拥兵据位	为秦宗权将赵德諲所杀	跋扈	武		
78A		王建肇	文德1.	文德1.	数月	荆南将	黔中观察	拥兵据位	为成汭所逐	叛逆	武		附见新一九○成汭传
171	●	成汭（郭禹）	文德1.	天复3.5.	16	归剌	卒	拥兵据位	为杨行密败死	跋扈	武		新一九○、旧史十七本传
24	△○	孔纬	大顺2.1.			宰相	均剌	朝命	朝命		文	1.未至镇即改官 2.参阅考释	旧一七九、新一六三本传

（续表）

编号	相职	姓名	受镇年月	去镇年月	在镇时间	任前官职	任后官职或情形	受镇原因	去镇原因	对中央态度	文武职	备注	碑传
667		孙儒晟	景福2.			宣威都头	宣威都头	朝命			武	1.未至镇时成汭据荆南 2.参阅考释	
1068		赵匡明	天复3.10.	天祐2.9.	2	忠义军将	奔成都	拥兵据位	为许将杨师厚败走弃镇	恭顺	武		新一八六、旧史十七,新史四一附赵匡凝传
926		贺瑰	天祐3.	天祐3.	数月	曹刿	宣武左厢步军都指挥使	强藩所命	强藩所命	跋扈	武	附朱全忠	旧史三三、新史三三本传
692		高季兴（高季昌）	天祐3.10.	天祐4.	2	颍州防御使	（唐亡）	强藩所命	（唐亡）	跋扈	武	附朱全忠	旧史一三三本传
夔州													
483		李炼	至德2.			卫尉少卿		朝命		恭顺			
589B		柏贞节（柏茂林）	大历1.			刊刺		朝命		恭顺	武	参阅考释	
陇右													
748		郭知运	开元2.秋	开元9.10.	8	伊吾军使	卒	朝命	卒	恭顺	武	参阅考释	旧一〇三、全文三三一本传,新一三三本传 说撰赠凉州都督郭君碑

（续表）

编号	相职	姓名	受镇年月	去镇年月	在镇时间	任前官职	任后官职或情形	受镇原因	去镇原因	对中央态度	文武职	备注	碑传
46A		王君㚟	开元9.10.	开元12.	4	右卫副率	河西节度	朝命	朝命	恭顺	武	参阅考释	见河西
180		安忠敬	开元12.	开元14.11.	3	松州都督	卒	朝命	卒	恭顺	武		全文三三○张说撰河西节度安公碑
46C		王君㚟	开元15.	开元15.闰9.	数月	河西节度	卒	朝命	卒	恭顺	武	河西兼领此再任	
800		张志亮	开元15.12.					朝命		恭顺			
798A		张守珪	开元17.	开元21.	5	瓜州都督	幽州长史（河北节度）	朝命	朝命	恭顺	武		见幽州
981		贾师顺	开元21.	开元21.	数月	瓜州常乐令	领军将军	朝命	朝命	恭顺	武		旧一一○三附王君㚟传
716		阴承本	开元22.					朝命		恭顺			
329B	△※○	李林甫	开元26.2.	天宝1.	5	宰相	宰相	朝命	朝命	恭顺	文	1.遥领 2.参阅考释	见朔方
566A		皇甫惟明	天宝1.	天宝5.	5		播川太守	朝命	朝命	恭顺	武		
66D		王忠嗣	天宝5.	天宝6.	2	朔方节度	汉阳太守	朝命	朝命	恭顺	武	河西兼领	见朔方
642A	△	哥舒翰	天宝6.11.	天宝14.	9	陇右节度副使	太子太保	朝命	朝命	恭顺	武		见河西
79C		王思礼	至德1.5.	至德1.7.	三月	兵尚	兵尚	朝命	朝命	恭顺	武	1.兵尚兼领 2.参阅考释	见邠宁

（续表）

编号	相职	姓名	受镇年月	去镇年月	在镇时间	任前官职	任后官职或情形	受镇原因	去镇原因	对中央态度	文武职	备注	碑传
952		彭元晖	至德1.7.			陇右兵马使		朝命		恭顺	武	参阅考释	
750A		郭英乂	至德2.	上元1.		凤翔大守	羽林大将军	朝命	朝命	恭顺	武		见陕虢
451A		李鼎	上元2.6.			凤翔节度	陷于吐蕃	朝命	陷于吐蕃	恭顺			
1020A		仆固怀恩	宝应1.			朔方节度副使	朔方节度	朝命	朝命		武	1.未至镇即改官 2.参阅考释	见朔方

天雄（秦成）

编号	相职	姓名	受镇年月	去镇年月	在镇时间	任前官职	任后官职或情形	受镇原因	去镇原因	对中央态度	文武职	备注	碑传
1262		薛逖	大中6.1.			陇右防御使		朝命		恭顺			
331A		李承勋		大中11.10.		泾原节度		朝命	朝命	恭顺	武	参阅考释	
710A		高骈	咸通初			右神策都虞候（宿卫将军）		朝命	朝命	恭顺	武		见天平
90		王晏实	咸通4.2.			右金吾将军	卒	朝命	卒	恭顺	武		新一七二附王晏宰传
681A		马举	咸通6.5.			神策大将军		朝命	朝命	恭顺	武		
1197B		独孤云	咸通11.			东川节度		朝命		恭顺	文		

（续表）

编号	相职	姓名	受镇年月	去镇年月	在镇时间	任前官职	任后官职或情形	受镇原因	去镇原因	对中央态度	文武职	备注	碑传
11		仇公遇	乾符时							恭顺			
364A	●	李茂庄	龙纪1.	乾宁2.	7	同州节度	山南西节度	强藩所命	强藩所命	跋扈	武	附李茂贞	
501A		李继徽（杨崇本）	乾宁2.	乾宁4.7.	3		静难节度（邠宁）		强藩所命	跋扈	武	附李茂贞	见邠宁
674B		孙储	乾宁4.					朝命			文	1.未至镇时天雄为李茂贞所据 2.参阅考释	见邠宁
499		李继劻	天复时					强藩所命	强藩所命	跋扈		附李茂贞	
547	●	符道昭	天复3.2.			（宣武属官）	（宣武属官）	强藩所命			武	1.未至镇，时天雄为李茂贞所据 2.附朱全忠 3.参阅考释	旧史一一、新史一一本传

归义

编号	相职	姓名	受镇年月	去镇年月	在镇时间	任前官职	任后官职或情形	受镇原因	去镇原因	对中央态度	文武职	备注	碑传
831		张义潮	大中5.	咸通8.2.	17	沙刺	右神武统军	拥兵据位	朝命	恭顺	武		
824	●	张淮深	咸通9.	大顺1.	23	（归义属官）	卒	袭族义潮	卒	恭顺	武	参阅考释	

（续表）

编号	相职	姓名	受镇年月	去镇年月	在镇时间	任前官职	任后官职或情形	受镇原因	去镇原因	对中央态度	文武职	备注	碑传
825		张淮兴	大顺 1.	大顺 2.	2	（归义属官）	卒	袭兄淮深位	卒	恭顺		参阅考释	
633		索勋		（景福时）		（归义属官）	卒					参阅考释	
810		张承奉	乾宁 1.	天祐 4.	14	归义节度副使	（唐亡）	拥兵据位	（唐亡）			参阅考释	
河西													
927		贺拔延嗣	景云 2.4.	景云 2.	数月			朝命		恭顺			
140		司马逸	景云 2.							恭顺		参阅考释	
1003A		杨执一	开元 2.4.	开元 3.	2	汾刺	许刺	朝命	朝命	恭顺	武		见朔方本传
752B		郭虔瓘	开元 3.	开元 4.	2	安西都护	安西都护	朝命	朝命	恭顺	武	参阅考释	旧一〇三、新一三三本传
1009		杨敬述	.	开元 9.				朝命	朝命	恭顺	武		
832B		张敬忠	开元 11.4.	开元 12.	1		剑南节度	朝命	朝命	恭顺	文		见西川
46B		王君㚟	开元 12.4.	开元 15.闰 9.	4	陇右节度	卒	朝命	为回纥所杀	恭顺	武		旧一〇三、全文二三九张本传，全文二二九撰右羽林大将军王公碑

（续表）

编号	相职	姓名	受镇年月	去镇年月	在镇时间	任前官职	任后官职或情形	受镇原因	去镇原因	对中央态度	文武职	备注	碑传
1242B	△※	萧嵩	开元15.闰9.	开元17.	3	兵尚	宰相	朝命	朝命	恭顺	文		见朔方
15A	△	牛仙客	开元17.	开元24.	8	凉州别驾	朔方节度	朝命	朝命	恭顺	文		见朔方
871		崔希逸	开元24.	开元26.5.	3	陕剌	河南尹	朝命	朝命	恭顺	武		
329A	△○※	李林甫	开元26.5.	开元28.	3	宰相	宰相	朝命	朝命	恭顺	文		见朔方
1026B		盖嘉运	开元28.6.	开元29.	2	碛西节度		朝命		恭顺	武	参阅考释	
98		王倕		天宝2.				朝命	朝命	恭顺			
566B		皇甫惟明	天宝5.1.	天宝5.1.	一月	陇右节度	播川太守	朝命	朝命	恭顺	武	陇右兼领	
66E		王忠嗣	天宝5.1.	天宝6.10.	2	朔方节度	汉阳太守	朝命	朝命	恭顺	武		见朔方
181A		安思顺	天宝6.11.	天宝11.	6		朔方节度	朝命	朝命	恭顺	武		
688B		高仙芝	天宝10.1.			安西节度	右羽林大将军	朝命			武	1. 未至镇，时安思顺讽群胡留己 2.参阅考释	旧一〇四、新一三五本传
642B	△	哥舒翰	天宝12.	天宝14.12.	3	陇右节度	太子太保	朝命	朝命	恭顺	武	陇右兼领	旧一〇四、新一三五本传
1105A		邓景山	至德1.	至德1.	数月	兵尚	兵尚	朝命	朝命	恭顺	文		见河东
79B		王思礼	至德1.	至德1.	数月	兵尚	兵尚	朝命	朝命	恭顺	武	兵尚兼领	见邠宁

（续表）

编号	相职	姓名	受镇年月	去镇年月	在镇时间	任前官职	任后官职或情形	受镇原因	去镇原因	对中央态度	文武职	备注	碑传
536		周佖	至德 1.7.	至德 2.1.	七月	河西兵马使	卒	朝命	为九姓商胡所杀	恭顺	武		
264A	△	杜鸿渐	至德 2.5.	乾元 1.	数月	武部侍郎	荆南节度	朝命	朝命	恭顺	文	参阅考释	见浙东
520C	△	来瑱	乾元 2.			殿中监	陕虢观察	朝命	朝命		武	未至镇，即改官	见陕虢
216B		吕崇贲	乾元 2.				卒	朝命	朝命	恭顺			
993		杨志烈	大历 1.	永泰 1.10.				朝命	为沙陀所杀	恭顺			
991A		杨休明	大历 2.	大历 2.	2		北庭都护	朝命	朝命	恭顺			
543		周鼎	大历 2.	大历 11.	10		卒	朝命	河西陷吐蕃鼎战死	恭顺			

安西

编号	相职	姓名	受镇年月	去镇年月	在镇时间	任前官职	任后官职或情形	受镇原因	去镇原因	对中央态度	文武职	备注	碑传
213		吕休璟		开元 3.				朝命		恭顺			
752C		郭虔瓘	开元 3.11.	开元 3.	数月		河西节度	朝命	朝命	恭顺	武	1.北庭兼领 2.参阅考释	见河西
752E		郭虔瓘	开元 5.	开元 5.	数月	河西节度	卒	朝命	卒	恭顺	武	此再任	
936B		汤嘉惠	开元 5.			北庭都护	北庭都护	朝命	朝命	恭顺			
936C		汤嘉惠	开元 18.					朝命		恭顺			

（续表）

编号	相职	姓名	受镇年月	去镇年月	在镇时间	任前官职	任后官职或情形	受镇原因	去镇原因	对中央态度	文武职	备注	碑传
103A		王斛斯	开元21.12.				右羽林将军	朝命	朝命	恭顺	武		
154A		田仁琬	开元28.3.	开元29.	2	易刺	河东节度	朝命	朝命	恭顺	武		见河东
13		夫蒙灵詧	开元29.	天宝6.12.	7		（入朝）	朝命	朝命	恭顺	武		
688A		高仙芝	天宝6.12.	天宝10.1.	4	四镇节度副使	河西节度	朝命	朝命	恭顺	武		见河西
37		王正见	天宝10.1.	天宝11.	2		卒	朝命	卒	恭顺			
555A		封常清	天宝11.12.	天宝14.11.	3	安西行军司马	范阳节度	朝命	朝命	恭顺	文		见幽州
718		梁宰	天宝14.				卒	朝命					
747		郭昕	宝应1.	（建中以后）	（20以上）		卒	朝命	卒	恭顺			旧一二〇、新一三七附郭子仪传

碛西北庭

编号	相职	姓名	受镇年月	去镇年月	在镇时间	任前官职	任后官职或情形	受镇原因	去镇原因	对中央态度	文武职	备注	碑传
515		阿史那献	先天1.11.			（宿卫将军）	安抚招慰十姓可汗使	朝命		恭顺	武		旧一九四下、新二一五下附阿史那弥射传
752A		郭虔瓘	开元1.	开元3.	3	（军将）	河西节度	朝命	朝命	恭顺	武		见河西
936A		汤嘉惠	开元3.	开元4.	2		安西都护	朝命	朝命	恭顺		参阅考释	
752D		郭虔瓘	开元4.	开元5.	2	河西节度	卒	朝命	卒	恭顺	武	此再任	

（续表）

编号	相职	姓名	受镇年月	去镇年月	在镇时间	任前官职	任后官职或情形	受镇原因	去镇原因	对中央态度	文武职	备注	碑传
804A		张孝嵩	开元6.					朝命	朝命	恭顺	文	参阅考释	见河东
262A	△	杜暹	开元12.3.	开元14.9.	3	给事中	宰相	朝命	朝命	恭顺	文		见河东
1089		赵颐贞	开元14.12.					朝命		恭顺			
1171		郑乾观	开元19.										
1135		刘涣		开元22.4.			卒		被诛	叛逆			
1026A		盖嘉运	开元22.	开元28.6.	7		河西陇右节度	朝命	朝命	恭顺	武		
44		王安见	天宝7.										
937A		程千里		天宝13.3.		安西副都护	金吾大将军	朝命	朝命	恭顺	武		见昭义
555B		封常清	天宝13.3.	天宝14.	2	安西都护	安西都护	朝命	朝命	恭顺	文		见幽州
1004		杨预	乾元2.			瓜州都督		朝命		恭顺	武		
991B		杨休明	大历2.			河西西节度	卒	朝命	卒	恭顺			
270		李元忠（曹令忠）	大历6.	贞元2.5.	16		卒	朝命	卒				附见旧一二〇郭子仪传，新一三七郭锬传
1016		杨袭古	贞元2.5.	贞元5.	4	伊西北庭节度留后		朝命	为吐蕃所攻弃镇				

（续表）

编号	相职	姓名	受镇年月	去镇年月	在镇时间	任前官职	任后官职或情形	受镇原因	去镇原因	对中央态度	文武职	备注	碑传
西川													
732	○	陆象先	开元 1.	开元 2.	2	宰相	河中尹	朝命	朝命	恭顺	文	参阅考释	旧八八、新一一六本传
598A		韦抗	开元 3.	开元 4.	2	左庶子	黄门侍郎	朝命	朝命	恭顺	文	参阅考释	旧九二、新一二三本传，全文二一五八苏颋撰韦抗碑
1032		齐景胄		开元 6.		少府监		朝命		恭顺			
478		李濬	开元 8.	开元 8.	1	潞刺	卒	朝命	卒	恭顺	文		旧一八五下、新一四二本传
1208		霍廷玉	开元 10.	开元 10.	1	左骁骑卫将军		朝命		恭顺			
1322	○	苏颋	开元 11.	开元 12.	2	礼尚	礼尚	朝命	朝命	恭顺	文	礼尚兼领	旧八八、新一二五本传
837B	○	张嘉贞	开元 12.春	开元 12.7.	数月	户尚	台刺	朝命	朝命	恭顺	文		见河东
832C		张敬忠	开元 12.	开元 13.	2	河西节度	河南尹	朝命	朝命	恭顺	文		附见新一一一张仁愿传
799		张守洁	开元 14.	开元 15.	2	卒	卒	朝命	卒	恭顺	文		
220A		宋之悌	开元 16.	开元 18.	3	右羽林将军	河东节度	朝命	朝命	恭顺	武		

（续表）

编号	相职	姓名	受镇年月	去镇年月	在镇时间	任前官职	任后官职或情形	受镇原因	去镇原因	对中央态度	文武职	备注	碑传
832D		张敬忠	开元19.	开元19.	1			朝命		恭顺	文	1.此再任 2.参阅考释	
1219A		卢奂	开元20.	开元20.	1	（朝官）	（朝官）	朝命	朝命	恭顺	文	参阅考释	旧九八、新一二六本传
67A		王昱	开元21.	开元22.	2			朝命	朝命	恭顺	文		
344B		李尚隐	开元24.	开元25.	2	户尚	户尚	朝命	朝命	恭顺	文	1.户尚兼领 2.参阅考释	旧一八五下、新一三〇本传
67C		王昱	开元26.	开元26.9.	数月	太仆卿	栝刺	朝命	朝命	恭顺	文	此再任	
812		张宥	开元26.	开元27.10.	1	华刺	光禄卿	朝命	朝命	恭顺	文		
714		章仇兼琼	开元27.12.	天宝5.5.	7	剑南团练副使		朝命	朝命	恭顺	武		
820		张绍贞	天宝2.				右丞	朝命	朝命	恭顺	文	1.未至镇即改官 2.参阅考释	旧一六三附见张均传
753		郭虚已	天宝5.8.	天宝7.	3	户侍	工尚	朝命	朝命	恭顺	文	参阅考释	
1235		鲜于仲通（鲜于向）	天宝8.	天宝10.	3	剑南节度行军司马	司农卿	朝命	朝命	恭顺	文		旧一二二、新一四七附见李叔明传三四三全文三颜真卿撰兆尹鲜于公碑

（续表）

编号	相职	姓名	受镇年月	去镇年月	在镇时间	任前官职	任后官职或情形	受镇原因	去镇原因	对中央态度	文武职	备注	碑传
1002	△※	杨国忠	天宝 10.11.	天宝 14.	5	兵侍	宰相	朝命	朝命	恭顺	文	遥领	旧一〇六、新二〇六本传
897A	△※	崔圆	天宝 14.12.	至德 1.	2	剑南节度留后	宰相	朝命	朝命	恭顺	文		见淮南
350		李峘	至德 1.10.	至德 2.	数月	武侍	户尚	朝命	朝命	恭顺	文	参阅考释	旧一一二、新八〇本传
1210		卢正己（卢元裕）	至德 2.	乾元 1.	1	大理卿	（朝官）	朝命	朝命	恭顺	文		全文四二〇常衮撰太子宾客卢君墓志，全文五一一郭雄撰忠孝寺碑
267		李之芳	乾元 1.	乾元 2.	1	黄门侍郎		朝命		恭顺	文		
1054	〇	裴冕	乾元 2.6.	上元 1.	数月	右仆	右仆	朝命	朝命	恭顺	文		旧一一三、新一四〇本传，全文三六九元载撰裴冕碑
397A		李国贞（李若幽）	上元 1.3.	上元 2.	1	京兆尹	殿中监	朝命	朝命	恭顺	文		见朔方
867D		崔光远	上元 2.2.	上元 2.10.	九月	凤翔节度	卒	朝命	卒	恭顺	文		见凤翔
1312A		严武	上元 2.10.	宝应 1.	数月	绵刺	兵侍	朝命	朝命	恭顺	文		旧一一七、新一二九本传
708B		高适	宝应 1.2.	广德 2.1.	2	彭刺	刑侍	朝命	朝命	恭顺	文	参阅考释	见淮南

（续表）

编号	相职	姓名	受镇年月	去镇年月	在镇时间	任前官职	任后官职或情形	受镇原因	去镇原因	对中央态度	文武职	备注	碑传
1312C		严武	广德 2.1.	永泰 1.4.	2	黄门侍郎	卒	朝命	卒	恭顺	文	此再任	
750D		郭英乂	永泰 1.5.	永泰 1.闰10.	七月	右仆	卒	朝命	为兵马使崔旰所杀	恭顺	武		见陕虢
264D	△※○	杜鸿渐	大历 1.2.	大历 2.6.	2	宰相	宰相	朝命	朝命	恭顺	文		见浙东
906A	●	崔宁（崔旰）	大历 2.7.	大历 14.11.	13	西川行军司马	京畿观察	拥兵据位	朝命	跋扈	武		见鄜坊
801D	△●	张延赏	大历 14.11.	贞元 1.	6	荆南节度	宰相	朝命	朝命	恭顺	文		见淮南
610B	●	韦皋	贞元 1.6.	永贞 1.8.	21	左金吾大将军	卒	朝命	卒	恭顺	文		旧一四○、新一五八本传
649A	●○	袁滋	永贞 1.10.			宰相	吉刺	朝命			文	未至镇时刘辟据镇滋惧不敢进	见义成
1153		刘辟	永贞 1.12.	元和 1.1.	二月	西川行军司马	被斩	拥兵据位	为高崇文讨擒	跋扈	文		旧一四○、新一五八本传
700B		高崇文	元和 1.9.	元和 1.10.	二月	东川节度	邠宁节度	朝命	朝命	恭顺	武		见邠宁
517	△●●○	武元衡	元和 2.10.	元和 8.	6	宰相	宰相	朝命	朝命	恭顺	文		旧一五八、新一五二本传
296B	△	李夷简	元和 8.1.	元和 13.	6	山南东节度	御史大夫	朝命	朝命	恭顺	文		见山南东
117A	△	王播	元和 13.1.	长庆 1.2.	4	礼尚	刑尚	朝命	朝命	恭顺	文		见淮南

（续表）

编号	相职	姓名	受镇年月	去镇年月	在镇时间	任前官职	任后官职或情形	受镇原因	去镇原因	对中央态度	文武职	备注	碑传
575A	●○	段文昌	长庆1.2.	长庆3.	3	宰相	刑尚	朝命	朝命	恭顺	文		见淮南
244	●○	杜元颖	长庆3.10.	大和3.12.	7	宰相	韶刺	朝命	朝命	恭顺	文		旧一六三、新九六本传
751E		郭钊	大和3.12.	大和4.10.	十月	东川节度	太常卿	朝命	朝命	恭顺	武	参阅考释	见邠宁
468C	△	李德裕	大和4.10.	大和6.	3	义成节度	兵尚	朝命	朝命	恭顺	文		见义成
575D	●○	段文昌	大和6.11.	大和9.2.	3	荆南节度	卒	朝命	卒	恭顺	文	此再任	
1010B	△	杨嗣复	大和9.2.	开成2.10.	3	东川节度	户尚	朝命	朝命	恭顺	文		见湖南
335B	●○	李固言	开成2.10.	会昌1.	5	宰相	右仆	朝命	朝命	恭顺	文		见河中
910B	●○	崔郸	会昌1.11.	大中1.	6	宰相	湖南观察	朝命	朝命	恭顺	文		见宣歙
287A	●○	李回	大中1.8.	大中2.1.	六月	宰相	湖南观察	朝命	朝命	恭顺	文		见湖南
254E	●○	杜悰	大中2.2.	大中6.	5	东川节度	淮南节度	朝命	朝命	恭顺	文		见凤翔
147B	△●○	白敏中	大中6.4.	大中11.1.	5	邠宁节度	淮南节度	朝命	朝命	恭顺	文		见凤翔
1297	●○	魏謩	大中11.2.	大中11.	数月	宰相	吏尚	朝命	朝命	恭顺	文	参阅考释	旧一七六、新九七本传
423D	△○	李景让	大中12.5.	大中13.	2	御史大夫	吏尚	朝命	朝命	恭顺	文		见天平
254H	●○	杜悰	大中13.	咸通1.10.	2	东都留守	右仆	朝命	朝命	恭顺	文	此再任	
643B	△●○	夏侯孜	咸通1.10.	咸通3.7.	2	宰相		朝命	朝命	恭顺	文		见陕镇
1244B	●	萧邺	咸通3.	咸通5.2.	2	荆南节度	山南西观察	朝命	朝命	恭顺	文		见河东

（续表）

编号	相职	姓名	受镇年月	去镇年月	在镇时间	任前官职	任后官职或情形	受镇原因	去镇原因	对中央态度	文武职	备注	碑传
442D	●	李福	咸通 5.2.	咸通 7.	3	刑尚	蕲王傅	朝命	朝命	恭顺	文		见夏绥
1142E		刘潼	咸通 7.3.	咸通 9.	3	河东节度	卒	朝命	卒	恭顺	文		见朔方
1222C		卢珫	咸通 9.9.	咸通 11.	2	山南东节度		朝命	朝命	恭顺			
236A		吴行鲁	咸通 11.5.	咸通 12.	1	彭刺		朝命	朝命	恭顺	武		
968A	●○	路岩	咸通 12.4.	咸通 14.11.	3	宰相	荆南节度	朝命	朝命	恭顺	文		见荆南
19		牛丛	咸通 14.11.	乾符 2.	2	睦刺	太常卿	朝命	朝命	恭顺		参阅考释	旧一一七三、新一七四本传
710D		高骈	乾符 2.1.	乾符 5.1.	3	天平节度	荆南节度	朝命	朝命	恭顺	武		见天平
866C		崔安潜	乾符 5.	广明 1.3.	3	忠武节度	太子宾客分司	朝命	朝命	恭顺	文		见忠武
776	●	陈敬瑄	广明 1.3.	大顺 2.10.	12	左金吾大将军	卒	朝命	为王建所执	跋扈	武	1. 文德 1. 6. 已另命韦昭度为西川 敬瑄不受代 至大顺二年乃为王建所执 2. 参阅考释	新二二四下本传

（续表）

编号	相职	姓名	受镇年月	去镇年月	在镇时间	任前官职	任后官职或情形	受镇原因	去镇原因	对中央态度	文武职	备注	碑传
606	△●○	韦昭度	文德1.6.			宰相	东都留守	朝命	原藩拒代		文	未至镇时陈敬瑄据镇拒代	旧一七九、新一八五本传
69B	●	王建	大顺2.10.	天祐4.	17	永平节度	（唐亡）	拥兵据镇	（唐亡）	跋扈	武	参阅考释	旧史一三六本传，新史六三前蜀世家
邛南													
589A		柏贞节（柏茂林）	大历1.2.	大历1.	数月	邛刺	夔忠防御使	朝命	朝命	恭顺	武	参阅考释	
1234A		鲜于叔明（李叔明）		大历3.		太子右庶子	东川节度	朝命	朝命	恭顺	文		见东川
定边													
382		李师望	咸通9.6.	咸通10.10.	2	凤翔少尹	（入朝）	朝命	朝命	恭顺	文		
1324		窦滂	咸通10.10.	咸通11.1.	数月	太府少卿	巂州司户	朝命	南诏入寇游弈镇逃	恭顺			
永平													
69A		王建	文德1.12.	大顺2.10.	3	璧刺	西川节度	拥兵据镇	自请	跋扈	武		见西川
威戎													
999B		杨晟	文德1.12.	乾宁1.5.	6	感义节度	卒	拥兵据镇	为王建败死	跋扈	武		新一八六本传

（续表）

编号	相职	姓名	受镇年月	去镇年月	在镇时间	任前官职	任后官职或情形	受镇原因	去镇原因	对中央态度	文武职	备注	碑传
东川													
348A		李奂	上元2.	上元2.3.	数月	兴平节度		朝命	梓刺段子璋叛免奂镇沦	恭顺			
1312B		严武	上元2.	上元2.	数月	西川节度	西川节度	朝命	朝命	恭顺	文	西川兼领	见西川
715		章彝	宝应1.	广德1.	2			朝命	朝命	恭顺			附见旧——七严武传
856C		张献诚	大历1.2.	大历1.	数月	山南西节度	山南西节度	朝命	朝命	恭顺	武	山南西兼领	见宣武
263		杜济	大历1.	大历3.	2	东西川副元帅判官	给事中	朝命	朝命	恭顺	文		全文三四四颜真卿撰东川节度使杜公碑,全文三四四颜真卿撰东川节度使杜公墓志
1234B		鲜于叔明（李叔明）	大历3.5.	贞元2.4.	18	邛南防御使	右仆	朝命	朝命	恭顺	文		旧一二三、新一四七本传,全文四三二于邵撰东川节度使鲜于公经武颂
65		王叔邕	贞元2.4.	贞元18.	16	东川兵马使		朝命	朝命	恭顺			

（续表）

编号	相职	姓名	受镇年月	去镇年月	在镇时间	任前官职	任后官职或情形	受镇原因	去镇原因	对中央态度	文武职	备注	碑传
394		李康	贞元18.3.	永贞1.1.	3	东川行军司马	卒	朝命	为西川刘辟所败被杀	恭顺			
592B		韦丹	永贞1.12.	元和1.1.	二月	右谏议大夫	晋绛观察	朝命	朝命	恭顺	文		见江西
700A		高崇文	元和1.3.	元和1.9.	七月	右神策行营节度	西川节度	朝命	朝命	恭顺	武		见邠宁
1318B		严砺	元和1.9.	元和4.3.	3	山南西道节度	卒	朝命	卒	恭顺	武		见山南西西
1096		潘孟阳	元和4.	元和8.8.	5	华刺	户侍	朝命	朝命	恭顺	文		旧一六三、新一六〇本传
1217B		卢坦	元和8.8.	元和12.9.	5	户侍	卒	朝命	朝命	恭顺	文		见宣歙
402A	△○	李逢吉	元和12.9.	元和15.1.	3	宰相	山南东节度	朝命	朝命	恭顺	文		见宣武
94A	△○	王涯	元和15.1.	长庆2.秋	3	吏侍	御史大夫	朝命	朝命	恭顺	文	参阅考释	见山南西
428C	○	李绛	长庆2.秋	宝历1.4.	3	东都留守	左仆	朝命	朝命	恭顺	文		见河中
751D		郭钊	宝历1.3.	大和3.12.	5	兵尚	西川节度	朝命	朝命	恭顺	武		见邠宁
1146C		刘遵古	大和4.1.			邠宁节度		朝命		恭顺	文		

（续表）

编号	相职	姓名	受镇年月	去镇年月	在镇时间	任前官职	任后官职或情形	受镇原因	去镇原因	对中央态度	文武职	备注	碑传
1010A	△	杨嗣复	大和 7.7.	大和 9.2.	2	左丞	西川节度	朝命	朝命	恭顺	文		见湖南
945		冯宿	大和 9.春	开成 1.12.	2	兵侍	卒	朝命	卒	恭顺	文		旧一六八、新一七七本传，全文六六四三王起撰东川节度冯公碑
992		杨汝士	开成 1.12.	开成 4.9.	3	兵侍	吏侍	朝命	朝命	恭顺	文		旧一七六、新一七五本传
1173		郑复	开成 4.9.	会昌 1.	2	京兆尹		朝命	朝命	恭顺			
1299B		归融	会昌 1.	会昌 2.	2	山南西节度		朝命	朝命	恭顺	文		见山南西
1213A		卢弘宣	会昌 3.	会昌 4.	2	刑侍	秘书监	朝命	朝命	恭顺	文	参阅考释	见浙西武
1221B	△	卢商	会昌 4.6.	会昌 6.5.	2	户侍	兵侍	朝命	朝命	恭顺	文		见凤翔
254D	△○	杜悰	会昌 6.	大中 2.2.	2	左仆	西川节度	朝命	朝命	恭顺	文	参阅考释	见义成
544C	○	周墀	大中 3.4.	大中 5.2.	2	宰相	卒	朝命	卒	恭顺	文		见天平
584A		柳仲郢	大中 5.	大中 9.10.	5	河南尹	吏侍	朝命	朝命	恭顺	文		
597A		韦有翼	大中 9.11.	大中 12.1.	3	兵侍	吏侍	朝命	朝命	恭顺	文		
903C	○	崔慎由	大中 12.1.	咸通 3.	5	宰相	华刺	朝命	朝命	恭顺	文		见河中
1255		薛耽	咸通 3.春	咸通 3.秋	数月	（朝官）		朝命	朝命	恭顺	文		

（续表）

编号	相职	姓名	受镇年月	去镇年月	在镇时间	任前官职	任后官职或情形	受镇原因	去镇原因	对中央态度	文武职	备注	碑传
709	△	高璩	咸通3.8.	咸通6.4.	3	兵侍	宰相	朝命	朝命	恭顺	文		旧一七一、新一七七本传
63		王承业	咸通6.	咸通6.	数月			朝命	朝命	恭顺			
1197A		独孤云	咸通7.	咸通11.	5			朝命	朝命	恭顺	文		
1302		颜庆复	咸通11.2.	咸通12.	2	左神武将军		朝命	朝命	恭顺	武		
864A		崔充	咸通13.	乾符2.4.	4	户侍	河南尹	朝命	朝命	恭顺	文		旧一五八附崔群传
236B		吴行鲁	乾符2.	乾符4.	3	东川兵马使		朝命	朝命	恭顺	武		
487		李璧	乾符4.					朝命		恭顺			
1000	●	杨师立	广明1.4.	中和4.1.	4	神策军将	被杀	朝命	拒命为高仁厚所杀	跋扈	武		附见新一八九高仁厚传
684		高仁厚	中和4.6.	光启2.3.	2	眉刺	卒	朝命	为陈敬瑄所杀	恭顺	武		新一八九本传
1331	●	顾彦朗	光启3.1.	大顺2.10.	5	右卫大将军	卒	朝命	卒	跋扈	武		新一八六本传
1332		顾彦晖	大顺2.12.	乾宁4.10.	6	汉刺	卒	袭兄彦朗位	为王建所败被杀	跋扈	武		新一八六本传

（续表）

编号	相职	姓名	受镇年月	去镇年月	在镇时间	任前官职	任后官职或情形	受镇原因	去镇原因	对中央态度	文武职	备注	碑传
1133B	●○	刘崇望	乾宁4.			兵尚	兵尚	朝命	原藩拒代		文	1.未至镇时王宗涤据东川 2.参阅王建考释	见武宁
55	●	王宗涤（华洪）	乾宁4.10.	天复1.4.	4	西川将		强藩所命	自清	跋扈	武	1.附王建 2.参阅王建考释	九国志六本传
52		王宗裕	天复1.4.	天复2.	2	西川马步使		强藩所命	强藩所命	跋扈	武	1.附王建 2.参阅王建考释	九国志六本传
51B		王宗侃	天复2.	天祐4.	5	武信（遂州）节度	（唐亡）	强藩所命	（唐亡）	跋扈	武	1.附王建 2.参阅王建考释	九国志六本传

龙剑

编号	相职	姓名	受镇年月	去镇年月	在镇时间	任前官职	任后官职或情形	受镇原因	去镇原因	对中央态度	文武职	备注	碑传
989		杨守贞	光启2.	景福1.8.	7	神策将	卒	拥兵据位	为李茂员所败弃镇	跋扈	武		新一八六附杨守亮传

武信（遂州）

编号	相职	姓名	受镇年月	去镇年月	在镇时间	任前官职	任后官职或情形	受镇原因	去镇原因	对中央态度	文武职	备注	碑传
51A		王宗侃	光化2.6.	天复2.	4	西川大将	东川节度	强藩所命	强藩所命	跋扈	武	1.附王建 2.参阅王建考释	见东川
58		王宗瑶	天复2.	天祐1.	3	嘉刺	西川大将	强藩所命	强藩所命	跋扈	武	1.附王建 2.参阅王建考释	九国志六本传
54		王宗侃	天祐1.	天祐4.	4	眉州团练使	（唐亡）	强藩所命	（唐亡）	跋扈	武	1.附王建 2.参阅王建考释	九国志六本传

（续表）

编号	相职	姓名	受镇年月	去镇年月	在镇时间	任前官职	任后官职或情形	受镇原因	去镇原因	对中央态度	文武职	备注	碑传
淮南													
297		李成式	至德1.	至德1.	数月		大理卿	朝命	朝命	恭顺			
708A		高适	至德1.12.	至德2.	1	谏议大夫	太子少詹事	朝命	朝命	恭顺	文		旧一一一、新一四三本传
1105C		邓景山	至德2.	上元1.11.	4	青齐节度	左丞	朝命	为宋刺刘展所败城陷	恭顺	文	参阅考释	见河东
128B	○	王玙	上元2.	上元2.	数月	宰相	浙东观察	朝命	朝命	恭顺	文		见河中
897C	○	崔圆	上元2.2.	大历3.6.	8	汾刺	卒	朝命	卒	恭顺	文	左仆兼领	旧一○八、新一四○本传 云卿撰赠太子太师崔公庙碑
593D		韦元甫	大历3.闰6.	大历6.8.	4	右丞	卒	朝命	卒	恭顺	文		旧一一五本传
801B	△	张延赏	大历6.8.	大历8.	3	御史大夫	荆南节度	朝命	朝命	恭顺	文		旧一二九、新一二七本传 云卿撰张延赏碑，全文四四○一韩 全文二二六赵赞撰张延赏碑

（续表）

编号	相职	姓名	受镇年月	去镇年月	在镇时间	任前官职	任后官职或情形	受镇原因	去镇原因	对中央态度	文武职	备注	碑传
763D	●	陈少游	大历 8.10.	兴元 1.12.	12	浙东观察	卒	朝命	卒	代宗朝恭顺德宗朝叛逆	文		见宣歙
248D		杜亚	兴元 1.12.	贞元 5.12.	5	刑侍	东都留守	朝命	朝命	恭顺	文		见陕虢
1327		窦觎	贞元 5.10.	贞元 5.11.	一月	户侍	卒	朝命	卒	恭顺	文		旧一八三本传
246D	△●	杜佑	贞元 5.12.	贞元 19.3.	14	陕虢观察	宰相	朝命	朝命	恭顺	文		见陕虢
125C		王锷	贞元 19.3.	元和 3.9.	6	淮南节度副使	左仆	朝命	朝命	恭顺	文	参阅考释	见河东
294	△●○	李吉甫	元和 3.9.	元和 5.	3	宰相	宰相	朝命	朝命	恭顺	文		旧一四八、新一四六本传
443C	△	李鄘	元和 5.12.	元和 12.10.	7	刑尚	宰相	朝命	朝命	恭顺	文		见河东
1204B		卫次公	元和 12.10.	元和 13.10.	1	左丞	卒	朝命	朝命	恭顺	文		见陕虢
296C	●○	李夷简	元和 13.7.	长庆 2.3.	4	宰相	右仆	朝命	朝命	恭顺	文		见山南东
1048D	△●○	裴度	长庆 2.3.			东都留守	宰相	朝命	朝命	恭顺	文	未至镇即改官	见河东

（续表）

编号	相职	姓名	受镇年月	去镇年月	在镇时间	任前官职	任后官职或情形	受镇原因	去镇原因	对中央态度	文武职	备注	碑传
117E	△●○	王播	长庆2.3.	大和1.6.	6	宰相	宰相	朝命	朝命	恭顺	文	参阅考释	旧一六四、新一六七本传，全文撰王播碑宗闵撰王播碑
575B	●○	段文昌	大和1.6.	大和4.3.	2	御史大夫	荆南节度	朝命	朝命	恭顺	文		旧一六七、新八九本传
885E		崔从	大和4.3.	大和6.11.	3	太子宾客分司	卒	朝命	卒	恭顺	文		见鄜坊
18B	●○	牛僧孺	大和6.12.	开成2.5.	5	宰相	东都留守	朝命	朝命	恭顺	文		见山南东
468G	△○	李德裕	开成2.5.	开成5.9.	4	浙西观察	宰相	朝命	朝命	恭顺	文		见义成
389D	△	李绅	开成5.9.	会昌2.2.	2	宣武节度	宰相	朝命	朝命	恭顺	文		见宣武
254C		杜悰	会昌2.	会昌4.7.	3		宰相	朝命	朝命	恭顺	文		见凤翔
389E	●○	李绅	会昌4.闰7.	会昌6.7.	2	宰相	卒	朝命	卒	恭顺	文	此再任	
506	●○	李让夷	会昌6.7.	大中1.	2	司空	卒	朝命	卒	恭顺	文		旧一七六、新一八一本传
910C	●○	崔郸	大中1.	大中3.	3	西川节度	卒	朝命	卒	恭顺	文		见宣歙
352C	○	李珏	大中3.	大中6.5.	4	吏尚	卒	朝命	卒	恭顺	文	参阅考释	见河阳
254F	△○	杜悰	大中6.	大中9.7.	4	西川节度	太子太傅分司	朝命	朝命	恭顺	文	此再任	

（续表）

编号	相职	姓名	受镇年月	去镇年月	在镇时间	任前官职	任后官职或情形	受镇原因	去镇原因	对中央态度	文武职	备注	碑传
898C	●○	崔铉	大中9.7.	咸通3.	8	宰相	山南东道节度	朝命	朝命	恭顺	文		见陕虢
138C	●○	令狐绚	咸通3.冬	咸通10.2.	7	宣武节度	太子大保分司	朝命	朝命	恭顺	文		见凤翔
681B		马举	咸通10.2.	咸通11.	2	左卫大将军		朝命		恭顺	武		
458C	△	李蔚	咸通11.12.	乾符1.4.	4	宣武节度	吏尚	朝命	朝命	恭顺	文	参阅考释	见宣武
1144A	●○	刘邺	乾符1.10.	乾符6.10.	5	宰相	凤翔节度	朝命	朝命	恭顺	文		见凤翔
710G	●	高骈	乾符6.10.	光启3.9.	8	镇海节度	卒	朝命	为宣歙观察秦彦所杀	叛逆	武		见天平
188C		朱全忠	光启3.11.			宣武节度	宣武节度	朝命	杨行密拒命		武	1.宣武兼领 2.未至镇行密据淮南 3.参阅考释	见宣武
985A		杨行密	光启3.11.	文德1.3.	三月	淮南行军司马	宣歙观察	拥兵据位	为孙儒败走淮南	跋扈	武		见宣歙
672B		孙儒	文德1.6.	景福1.6.	4	蔡崇权贼将	卒	拥兵据位	为淮南将田頵所杀	跋扈	武		见河阳

（续表）

编号	相职	姓名	受镇年月	去镇年月	在镇时间	任前官职	任后官职或情形	受镇原因	去镇原因	对中央态度	文武职	备注	碑传
985C	●	杨行密	景福1.8.	天祐2.10.	14	宣歙观察	卒	拥兵据位	卒	跋扈	武	此再任	
1005B	●	杨渥	天祐2.10.	天祐4.	2	宣歙观察	（唐亡）	袭父行密位	（唐亡）	跋扈			见宣歙
寿卢													
817A		张建封	兴元1.12.	贞元4.11.	4	寿刺	徐泗观察	朝命	朝命	恭顺	文	参阅考释	见感化
安黄（奉义）													
172		伊慎	贞元15.4.	永贞1.12.	7	安刺	右仆	朝命	朝命	恭顺	武		旧一五一、新一一七○本传，全文四九七权德舆撰赠太子太保伊公碑
浙西													
607A		韦陟	至德1.	至德2.	2	吴郡太守	御史大夫	朝命	朝命	恭顺	文		旧九二、新一二二本传
139		司空袭礼	至德2.					朝命		恭顺			
615		韦黄裳	乾元1.12.	乾元2.	数月	升刺		朝命	朝命	恭顺	文		
1300B		颜真卿	乾元2.6.	上元1.	数月	饶刺	刑侍	朝命	朝命	恭顺	文		见河中
572B		侯令仪	上元1.1.	上元1.11.	十一月	杭刺	流康州	朝命	刘展叛升州土谋应乃弃镇	恭顺	文		

（续表）

编号	相职	姓名	受镇年月	去镇年月	在镇时间	任前官职	任后官职或情形	受镇原因	去镇原因	对中央态度	文武职	备注	碑传
519B		李广琛	上元 2.1.	永泰 1.	5	温刺		朝命		恭顺			
593C		韦元甫	永泰 1.11.	大历 3.1.	3	常刺		朝命	朝命	恭顺	文		见淮南
386B		李栖筠	大历 3.2.	大历 6.8.	4	常刺	右丞	朝命	朝命	恭顺	文	参阅考释	见山南西
405A		李涵	大历 7.2.	大历 11.4.	5	兵侍	御史大夫兼京畿观察	朝命	朝命	恭顺	文		旧一三六、新七八本传
435		李道昌	大历 11.	大历 13.	3	浙西观察留后			朝命	恭顺	文		
1284A	●	韩滉	大历 14.11.	贞元 3.2.	8	晋刺	卒	朝命	卒	恭顺	文		旧一二九、新一二六本传，全文五〇二顾况撰韩滉行状
145		白志贞	贞元 3.2.	贞元 3.7.	六月	果刺	卒	朝命	卒	恭顺	文		旧一三五、新一六六本传
119		王纬	贞元 3.8.	贞元 14.7.	11	给事中	卒	朝命	卒	恭顺	文		旧一四六、新一五九本传
368C		李若初	贞元 14.9.	贞元 15.1.	五月	浙东观察	卒	朝命	卒	恭顺	文		旧一四六、新一四九本传

（续表）

编号	相职	姓名	受镇年月	去镇年月	在镇时间	任前官职	任后官职或情形	受镇原因	去镇原因	对中央态度	文武职	备注	碑传
470		李锜	贞元 15.2.	元和 2.10.	9	常刺	被杀	朝命	反叛	德宗朝恭顺 宪宗朝叛逆	文		旧一一二、新二二四上本传
273B		李元素	元和 2.10.	元和 3.	数月	御史大夫	国子祭酒	朝命	朝命	恭顺	文		见义成
1282B		韩皋	元和 3.2.	元和 5.	3	武昌节度	户尚	朝命	朝命	恭顺	文		见忠武
1254C		薛苹	元和 5.8.	元和 10.	6	浙东观察	左散骑常侍	朝命	朝命	恭顺	文		旧一八五下、新一六四本传，全文四九权德舆撰江西道观察使薛公先庙碑
433		李翛	元和 11.10.	元和 14.3.	3	京兆尹	卒	朝命	卒	恭顺	文		旧一六二、新二〇六本传
1323C	△	窦易直	元和 14.5.	长庆 2.9.	4	宣歙观察	吏侍	朝命	朝命	恭顺	文		
468A	△	李德裕	长庆 2.9.	大和 3.7.	7	中丞	兵侍	朝命	朝命	恭顺	文		见义成
B		丁公著	大和 3.7.	大和 6.8.	4	礼尚	太常卿	朝命	朝命	恭顺	文		旧一八八、新一六四本传
121A		王璠	大和 6.8.	大和 8.	3	左丞	右丞	朝命	朝命	恭顺	文		旧一六九、新一七九本传
468E	△○	李德裕	大和 8.11.	大和 9.4.	六月	兵尚	太子宾客分司	朝命	朝命	恭顺	文	此再任	

（续表）

编号	相职	姓名	受镇年月	去镇年月	在镇时间	任前官职	任后官职或情形	受镇原因	去镇原因	对中央态度	文武职	备注	碑传
982	△	贾餗	大和9.4.			京兆尹	宰相	朝命	朝命		文	未至镇即改官	旧一六九、新一七九本传
965	●○	路随	大和9.4.	大和9.7.	四月	宰相	卒	朝命	卒	恭顺	文	参阅考释	旧一五九、新一四二本传
899C		崔郾	大和9.7.	开成1.10.	2	鄂岳观察	卒	朝命	卒	恭顺	文		见忠武
468F	△○	李德裕	开成1.11.	开成2.5.	七月	太子宾客分司	淮南节度	朝命	朝命	恭顺	文	此三任	旧一七六、新一八二本传
1221A	△	卢商	开成2.	会昌1.	5	苏刺	刑侍	朝命	朝命	恭顺	文	参阅考释	
1232C		卢简辞	会昌2.	会昌5.	4	湖南观察	兵侍	朝命	朝命	恭顺	文		见天平
423A		李景让	会昌6.9.	大中1.	2	左散骑常侍	左丞	朝命	朝命	恭顺	文		见宣武
1165B	△	郑朗	大中2.	大中5.	4	鄂岳观察	宣武节度	朝命	朝命	恭顺	文		见宣武
978A		敬晦	大中5.	大中7.	3	刑侍	泰宁节度	朝命	朝命	恭顺	文		见泰宁
904A		崔瑶	大中7.	大中8.	2	礼侍	鄂岳观察	朝命	朝命	恭顺	文	参阅考释	旧一五、新一六三附崔郾传
903B	△	崔慎由	大中8.	大中10.	3	刑侍	户侍	朝命	朝命	恭顺	文	参阅考释	见河中
1243		萧寘	大中10.8.	大中12.	3	户侍	户尚	朝命	朝命	恭顺	文		新一〇一附萧复传
387C		李琢	大中12.	大中12.	数月	平户节度		朝命	朝命	恭顺	武		见忠武

（续表）

编号	相职	姓名	受镇年月	去镇年月	在镇时间	任前官职	任后官职或情形	受镇原因	去镇原因	对中央态度	文武职	备注	碑传
1170B		郑处诲	大中 12.12.	咸通 3.	4	浙东观察	吏传	朝命	朝命	恭顺	文	参阅考释	见宣武
1222A		卢珽	咸通 3.					朝命	朝命	恭顺	文	参阅考释	
260B	●○	杜审权	咸通 4.5.	咸通 10.	7	宰相	左仆	朝命	朝命	恭顺	文		见忠武
762A	●○	曹确	咸通 11.3.	乾符 1.	4	宰相	河中节度	朝命	朝命	恭顺	文		见河中
1088	●○	赵隐	乾符 1.2.	乾符 2.	2	宰相	大常卿	朝命	朝命	恭顺	文	参阅考释	旧一七八、新一八二本传
1064B		裴璩	乾符 3.2.	乾符 5.	3			朝命	朝命	恭顺			
710F		高骈	乾符 5.6.	乾符 6.10.	2	荆南节度	淮南节度	朝命	朝命	恭顺	武		见天平
546B	●	周宝	乾符 6.10.	光启 3.12.	9	泾原节度	卒	朝命	为节将刘浩等逐出奔而死	恭顺	武		见泾原
1091C		赵犨	文德 1.			秦宁节度	忠武节度	朝命	朝命		武	1.未至镇，时坚守陈州抗秦宗权 2.参阅考释	
466		李筵	景福 2.闰			耀德都头	耀德都头	朝命			武	1.未至镇，时孙儒乱江淮 2.参阅考释	

（续表）

编号	相职	姓名	受镇年月	去镇年月	在镇时间	任前官职	任后官职或情形	受镇原因	去镇原因	对中央态度	文武职	备注	碑传
1191A	●	钱镠	景福 2.闰	天祐 4.	15	武胜防御使	（唐亡）	朝命	（唐亡）	跋扈	武		旧史一三三本传，新史一三七吴越世家，全文七四○七钱武肃王碑，全文八五李琪撰吴越王钱公生祠碑，全文八五李磎撰吴越武肃王碑，吴越国王碑，全文皮八叶光吴越武肃王庙碑，全九国武肃王庙碑

忠国（湖州）

编号	相职	姓名	受镇年月	去镇年月	在镇时间	任前官职	任后官职或情形	受镇原因	去镇原因	对中央态度	文武职	备注	碑传
381		李师悦	乾宁 3.	乾宁 3.11.	数月	湖刺	卒		卒	跋扈	文	参阅考释	新一八六附周宝传
362		李彦徽	乾宁 3.11.	乾宁 4.9.	十一月	绵刺	奔淮南		为钱镠败弃镇	跋扈		参阅考释	

浙东

编号	相职	姓名	受镇年月	去镇年月	在镇时间	任前官职	任后官职或情形	受镇原因	去镇原因	对中央态度	文武职	备注	碑传
320A		李希言	至德 2.	乾元 1.	2	礼侍	山南西节度	朝命	朝命	恭顺			
1195		独孤峻	乾元 1.	乾元 2.	2	陈刺	金吾大将军	朝命	朝命	恭顺	文		附见新一三五封常清传
214		吕延之	乾元 2.6.	上元 1.	2	明刺	卒	朝命	丁忧	恭顺			
1072A		赵良弼	上元 1.10.	上元 1.	数月	庐刺	岭南节度	朝命	朝命	恭顺			新一一六○附吕渭传

（续表）

编号	相职	姓名	受镇年月	去镇年月	在镇时间	任前官职	任后官职或情形	受镇原因	去镇原因	对中央态度	文武职	备注	碑传
264C	△	杜鸿渐	上元1.	上元2.春	数月	湖刺	户侍	朝命	朝命	恭顺	文		旧一〇八，新一二六本传，全文三六九元载撰杜鸿渐碑，全文四二一杨炎撰河西节度使杜公碑
128C	○	王玙	上元2.	宝应1.	2	淮南节度	太子少保	朝命	朝命	恭顺	文		见河中
1256A		薛兼训	宝应1.	大历5.7.	9	殿中监	河东节度	朝命	朝命	恭顺	文		
763C		陈少游	大历5.9.	大历9.10.	5	宣歙观察	淮南节度	朝命	朝命	恭顺	文		见宣歙
564D		皇甫温	大历9.8.	大历11.	2	陕虢观察	卒	朝命	卒	恭顺	武		
873B		崔昭	大历11.7.	大历14.	4	宣歙观察		朝命	朝命	恭顺	文		
1284B	●	韩滉	建中1.	建中2.	1	浙西观察	卒	朝命	卒	恭顺	文	1.浙西兼领 2.参阅考释	见浙西
565B		皇甫政	贞元3.2.	贞元13.3.	11	宣刺	太子宾客	朝命	朝命	恭顺	文		
368B		李若初	贞元13.3.	贞元14.9.	2	福建观察	浙西观察	朝命	朝命	恭顺	文		见浙西
1057		裴肃	贞元14.9.	贞元18.	4	常刺	卒	朝命	朝命	恭顺	文		旧一七，新一八三附裴休传
979		贾全	贞元18.1.	永贞1.10.	4	常刺	卒	朝命	卒	恭顺	文		

（续表）

编号	相职	姓名	受镇年月	去镇年月	在镇时间	任前官职	任后官职或情形	受镇原因	去镇原因	对中央态度	文武职	备注	碑传
995A		杨于陵	永贞 1.10.	元和 2.2.	2	华刺	户侍	朝命	朝命	恭顺	文		旧一六四、新一六三九李木传，全文六三九李翱撰右仆射致杨仕公墓志
1291B		阎济美	元和 2.4.	元和 2.10.	七月	福建观察	右散骑常侍	朝命	朝命	恭顺	文		旧一八五下、新一五九木传
1254B		薛苹	元和 3.1.	元和 5.8.	3	湖南观察	浙西观察	朝命	朝命	恭顺	文		见浙西
445A		李逊	元和 5.8.	元和 9.9.	5	衢刺	京兆尹	朝命	朝命	恭顺	文	参阅考释	见凤翔
534A		孟简	元和 9.9.	元和 12.1.	3	给事中	工侍	朝命	朝命	恭顺	文		见山南东
1247		薛戎	元和 12.1.	长庆 1.9.	5	常刺	卒	朝命	朝命	恭顺	文		旧一一五、新一六三韩愈撰越州刺史薛公墓志，全文六四四元稹撰赠左散骑常侍薛公碑
1A		丁公著	长庆 1.10.	长庆 3.	2	工侍	河南尹	朝命	朝命	恭顺	文	参阅考释	见浙西
31A	○	元稹	长庆 3.8.	大和 3.9.	7	同刺	左丞	朝命	朝命	恭顺	文		旧一六六、新一七四木传，全文六五九白居易撰武昌军节度使元公墓志

（续表）

编号	相职	姓名	受镇年月	去镇年月	在镇时间	任前官职	任后官职或情形	受镇原因	去镇原因	对中央态度	文武职	备注	碑传
728A		陆亘	大和3.9.	大和7.闰7.	4	苏刺	宣歙观察	朝命	朝命	恭顺	文		见宣歙
389B	△	李绅	大和7.7.	大和9.5.	2	太子宾客	太子宾客分司	朝命	朝命	恭顺	文		见宣武
705A		高铢	大和9.5.	开成4.闰1.	4	给事中	刑侍	朝命	朝命	恭顺	文		见忠武
436		李道枢	开成4.闰1.	开成4.3.	三月	苏刺	卒	朝命	卒	恭顺			
1239A		萧俶	开成4.3.	会昌2.	3	楚刺	左散骑常侍	朝命	朝命	恭顺	文		见泰宁
384		李师稷	会昌2.2.	会昌4.	3	楚刺		朝命		恭顺			
26B		元晦	会昌5.3.	大中1.	2	桂管观察	入朝（朝官）	朝命	朝命	恭顺	文		见天平
1011B		杨汉公	大中1.	大中2.2.	1	桂管观察		朝命	朝命	恭顺	文		见凤翔
353B		李试	大中2.2.	大中3.10.	2	京兆尹	河阳节度	朝命	朝命	恭顺	文		
479		李褒	大中3.	大中6.8.	3	礼侍	入朝	朝命	朝命	恭顺	文		
395		李讷	大中6.8.	大中9.7.	4	华刺	朗刺	朝命	军乱被逐	恭顺	文	参阅考释	新一六二本传
205A		沈询	大中9.9.	大中12.6.	3	礼侍	户侍	朝命	朝命	恭顺	文		见昭义
1170A		郑处诲	大中12.7.	大中12.12.	六月	刑侍	浙西观察	朝命	朝命	恭顺	文		见宣武
1160B		郑祗德	大中13.	咸通1.1.	1	太子宾客	（朝官）	朝命	朝命	恭顺		参阅考释	

（续表）

编号	相职	姓名	受镇年月	去镇年月	在镇时间	任前官职	任后官职或情形	受镇原因	去镇原因	对中央态度	文武职	备注	碑传
39B		王式	咸通1.1.	咸通3.	3	安南都护	武宁节护	朝命	朝命	恭顺	文		见武宁
1177		郑薰缜	咸通3.3.	咸通4.	2	秘书监	太子少保	朝命	朝命	恭顺	文		新一六五本传
1015		杨严	咸通5.9.	咸通8.2.	3	（朝官）	邵刺	朝命	朝命	恭顺	文		旧一七、新一八四本传
104		王讽	咸通8.2.	咸通11.	4	户符		朝命	朝命	恭顺		参阅考释	
447		李绍	咸通11.5.	咸通13.11.	3	中舍	入朝	朝命	朝命	恭顺	文		
124		王龟	咸通13.11.	乾符1.	2	同刺	卒	朝命	为盗所杀	恭顺	文		旧一六四、新一六七本传
1047		裴延鲁	乾符1.6.	乾符3.	3	中舍		朝命		恭顺	文		
911		崔璆	乾符4.12.	乾符6.	2	右谏议大夫		朝命	为黄巢所执	恭顺	文		旧一五五附崔郾传
588		柳韬	乾符6.11.	广明1.	1	给事中	奔台州	朝命	朝命	恭顺			
1141		刘汉宏	广明1.11.	光启2.12.	7	宿刺		朝命	为杭刺董昌败走弃镇	跋扈	武		新一九〇本传
969	●	董昌	光启3.1.	乾宁3.4.	10	杭刺	卒	拥兵据位	为浙西钱镠所杀	叛逆	武		新二二五下本传

（续表）

编号	相职	姓名	受镇年月	去镇年月	在镇时间	任前官职	任后官职或情形	受镇原因	去镇原因	对中央态度	文武职	备注	碑传
109B	△●○	王搏	乾宁3.			宰相	宰相	朝命		跋扈	文	1.未至镇，时钱镠据浙东 2.参阅考释	新一一六本传
1191B	●	钱镠	乾宁3.10.	天祐4.	12	镇海节度	（唐亡）	拥兵据位	（唐亡）	跋扈	武	镇海兼领	见浙西
福建													
330A		李承昭	上元2.	大历7.11.	12		礼尚	朝命	朝命	恭顺			全文三九○独孤及撰福州都督府新学碑
412		李椅	大历7.11.	大历10.9.	3	华刺	卒	朝命	卒	恭顺	文		
565A		皇甫政	大历10.			（福建属官）	江西观察	朝命	朝命	恭顺	文	参阅考释	
706		高宽仁	大历中					朝命		恭顺	文	参阅考释	
1192C		鲍防	大历14.12.	建中1.	2	京畿观察	江西观察	朝命	朝命	恭顺	文		见河东
724	○	常衮	建中1.5.	建中4.1.	3	潮刺	卒	朝命	卒	恭顺	文		旧一一九、新一一五○本传
531B		孟皞	建中4.3.	兴元1.	2	左散骑常侍	卒	朝命	卒	恭顺	文		见泾原
107		王雄	兴元1.							恭顺			

（续表）

编号	相职	姓名	受镇年月	去镇年月	在镇时间	任前官职	任后官职或情形	受镇原因	去镇原因	对中央态度	文武职	备注	碑传
1227		卢瑗	贞元1.1.	贞元2.7.	2	饶刺	卒	朝命	卒	恭顺	文		旧一二六本传
242		吴诜	贞元3.3.	贞元4.4.	2	凤翔陇右元帅副兵马使	涪刺	朝命	兵乱被逐	恭顺	武		
241A		吴凑	贞元4.5.	贞元7.	4	太子宾客	陕虢观察	朝命	朝命	恭顺	文		见陕虢
1159B		郑叔则	贞元7.7.	贞元8.4.	十月	信刺	卒	朝命	卒	恭顺	文		全文七八四穆员撰福建观察使郑公墓志
83C		王翃	贞元8.5.	贞元11.	3	大理卿	太子宾客	朝命	朝命	恭顺	武	参阅考释	见振武
368A		李若初	贞元11.2.	贞元13.3.	3	衢刺	浙东观察	朝命	朝命	恭顺	文		见浙西
586		柳冕	贞元13.3.	永贞1.	8	婺刺	卒	朝命	卒	恭顺	文		新一三二，旧一四九本传
1291A		阎济美	永贞1.春	元和2.4.	3	婺刺	浙东观察	朝命	朝命	恭顺	文		见浙东
730		陆庶	元和2.	元和3.	2			朝命	朝命	恭顺			
29A		元义方	元和4.4.	元和6.	2	商刺	京兆尹	朝命	朝命	恭顺	文		见鄜坊
1039A		裴次元	元和6.2.	元和8.11.	3	太府卿	河南尹	朝命	朝命	恭顺	文		
1267		薛謇	元和8.11.	元和10.	3	泗刺	卒	朝命	卒	恭顺	文		全文六○九刘禹锡撰福建观察使薛公碑

（续表）

编号	相职	姓名	受镇年月	去镇年月	在镇时间	任前官职	任后官职或情形	受镇原因	去镇原因	对中央态度	文武职	备注	碑传
32A		元锡	元和10.	元和14.6.	5	（州刺）	宣歙观察	朝命	朝命	恭顺	文		附见新一八三裴坦传，全文六五元稹撰福建观察使裴公墓志
1033		裴乂	元和14.	长庆3.	5	郑刺	卒	朝命	朝命	恭顺	文		旧一六五本传
658		徐晦	宝历1.	宝历2.1.	1	中舍	工侍	朝命	朝命	恭顺	文	参阅考释	旧一六五本传
1203B		卫中行	宝历2.1.			国子祭酒		朝命		恭顺	文		
1194		独孤朗	大和1.8.		3	工侍	卒	朝命	卒		文	未至镇而卒	旧一六八、新一六二本传，全文三三九李翱撰福建观察使独孤公墓志
794		张仲方	大和1.8.	大和3.	3	谏议大夫	太子宾客	朝命	朝命	恭顺	文	参阅考释	旧一七一、新一三六本传，全文六七八白居易撰张仲方墓志
635C		桂仲武	大和4.3.	大和5.	2	卫尉卿	卒	朝命	卒	恭顺	文		
1306A		罗让	大和5.7.	大和8.	3	给事中	散骑常侍	朝命	朝命	恭顺	文	见江西	
580		段伯伦	大和8.7.	开成1.	2	右金吾卫大将军	太仆卿	朝命	朝命	恭顺	武	参阅考释	旧一二八、新一五三附段秀实传
662		唐扶	开成1.5.	开成4.11.	4	中舍	卒	朝命	卒	恭顺	文		旧一九〇下、新八九本传

（续表）

编号	相职	姓名	受镇年月	去镇年月	在镇时间	任前官职	任后官职或情形	受镇原因	去镇原因	对中央态度	文武职	备注	碑传
289		李扴	开成4.闰			司农卿	司农卿	朝命	谏官论之不可罢之			未至镇即改官	
1218A		卢贞	开成4.闰	开成5.	2	大理卿		朝命		恭顺	文		
1101		黎埴	会昌1.					朝命		恭顺	文	参阅考释	
647		殷侪	大中2.					朝命		恭顺			
859		崔于	大中3.	大中5.	3			朝命		恭顺			
424		李贻孙	大中5.	大中7.	3			朝命		恭顺			
111		王颖植	大中7.							恭顺			
1007A		杨发	大中10.	大中12.1.	2	刺	岭南东节度	朝命		恭顺	文	参阅考释	旧一七七,新一八四本传
129		王镇	大中12.1.	咸通2.	4	右街使		朝命	朝命	恭顺		参阅考释	
252A		杜宣猷	咸通2.	咸通6.1.	5		宣歙观察	朝命	朝命	恭顺			
459A		李播	咸通6.	咸通6.	数月			朝命		恭顺			
504A		李瓒	咸通6.	咸通8.	3	中舍		朝命	朝命	恭顺	文		旧一七六,新一七四本传
422		李景温	咸通8.	咸通10.	3	谏议大夫	华刺	朝命	朝命	恭顺	文		旧一八七下附李景让,新一七本传
530		孟彪	咸通11.			太仆卿		朝命		恭顺	武		
455		李海	乾符2.4.	乾符2.	数月	河南尹		朝命		恭顺			

（续表）

编号	相职	姓名	受镇年月	去镇年月	在镇时间	任前官职	任后官职或情形	受镇原因	去镇原因	对中央态度	文武职	备注	碑传
459B		李潘	乾符3.	乾符3.6.	数月			朝命	朝命	恭顺		此再任	
604		韦岫	乾符3.	乾符5.12.	3	泗刺		朝命	为黄巢所败弃镇	恭顺	文		新一九一七本传
1185		郑镒	乾符6.	中和4.12.	6			朝命	为团练副使陈岩所逐	恭顺			
779		陈岩	中和4.12.	大顺2.	8	福建团练副使	卒	拥兵据位	卒		武		拓本黄璞撰福建观察使陈岩墓志
562		范晖	大顺2.	景福2.5.	3	福建都将	卒	拥兵据位	为王潮所杀		武		
116		王潮	景福2.5.	乾宁4.12.	5	泉刺	卒	拥兵据位	卒	跋扈	武		新一九○本传，旧史一三四，新史六八附王审知传
120	●	王审知	乾宁4.12.	天祐4.	11	福建观察副使	（唐亡）	袭王潮位	（唐亡）	跋扈	武	参阅考释	新一九○，旧史一三四，全文八四忠懿王德政碑，琅琊忠懿王德政碑，全文八九钱昱撰忠懿王庙碑

（续表）

编号	相职	姓名	受镇年月	去镇年月	在镇时间	任前官职	任后官职或情形	受镇原因	去镇原因	对中央态度	文武职	备注	碑传
江西													
627		韦儇	乾元1.	乾元1.	1					恭顺			
593B		韦元甫	乾元2.	上元2.	3	荆南节度		朝命	朝命	恭顺	文		见淮南
791A		张休	宝应1.3.	宝应1.5.	三月	润刺	岭南节度	朝命	朝命	恭顺	武		全文四〇九崔祐甫撰洪州都督张公遗爱碑
846C	○	张镐	宝应1.	广德2.7.	3	抚刺	卒	朝命	卒	恭顺	文		见宣武
371C	△	李勉	广德2.9.	大历2.4.	3	中丞	京兆尹	朝命	朝命	恭顺	文		见义成
1293		魏少游	大历2.	大历6.12.	5	刑侍	卒	朝命	卒	恭顺	文		
963A		路嗣恭	大历7.1.	大历13.12.	7	户尚知省事	兵尚	朝命	朝命	恭顺	文		见河阳
248A		杜亚	大历13.12.	大历14.5.	六月	给事中	陕虢观察	朝命	朝命	恭顺	文		见陕虢
847A	△	张镒	大历14.	建中1.	数月	寿刺	吏侍	朝命	朝命	恭顺	文		见凤翔
873C		崔昭	建中1.	建中1.4.	数月		册回纥可汗使	朝命	朝命	恭顺			
1192D		鲍防	建中1.4.	建中3.	3	福建观察	右散骑常侍	朝命	朝命	恭顺	文		
406B		李皋	建中3.10.	贞元1.4.	3	湖南观察	荆南节度	朝命	朝命	恭顺	文		见山南东
374B		李兼	贞元1.4.	贞元6.	6	鄂岳观察		朝命		恭顺	文		

（续表）

编号	相职	姓名	受镇年月	去镇年月	在镇时间	任前官职	任后官职或情形	受镇原因	去镇原因	对中央态度	文武职	备注	碑传
1049B		裴胄	贞元 7.1.	贞元 8.2.	2	湖南观察	荆南节度	朝命	朝命	恭顺	文		旧一二二、新一三〇本传
472B		李衡	贞元 8.2.	贞元 8.7.	六月	湖南观察	给事中	朝命	朝命	恭顺	文		附见新一四九刘晏传
1031B	○	齐映	贞元 8.7.	贞元 11.7.	3	桂管观察	卒	朝命	卒	恭顺	文		旧一三六、新一五〇本传
967		路璲	贞元 11.8.	贞元 13.9.	3	楚刺	卒	朝命	卒	恭顺			
410B		李巽	贞元 13.9.	永贞 1.11.	9	湖南观察	兵侍	朝命	朝命	恭顺	文		旧一二三、新一四九本传，全文四六权德舆撰湖南观察使李公遗爱碑，全文五〇权德舆撰李巽墓志
1012B		杨凭	永贞 1.11.	元和 2.	2	湖南观察	左散骑常侍	朝命	朝命	恭顺	文		旧一四六、新一六〇本传
592D		韦丹	元和 2.1.	元和 5.	4	晋慈观察	卒	朝命	卒	恭顺	文		新一九七本传，全文五六一六韩愈撰江西观察韦公墓志，全文七五四四杜牧撰江西观察使韦公遗爱碑

（续表）

编号	相职	姓名	受镇年月	去镇年月	在镇时间	任前官职	任后官职或情形	受镇原因	去镇原因	对中央态度	文武职	备注	碑传
276		李少和	元和5.6.	元和6.	1	大府卿	（贬官）	朝命	朝命	恭顺			
868		崔戎	元和6.8.	元和7.11.	2	常剌		朝命	卒	恭顺	文		
1053		裴谌	元和7.	元和9.	3	同剌		朝命	朝命	恭顺			
1039B		裴次元	元和9.	元和15.	7	东都副留守	卒	朝命	卒	恭顺			
43		王仲舒	元和15.6.	长庆3.11.	4	中舍	卒	朝命	卒	恭顺	文		旧一九〇下、新一六一本传，全文五六二韩愈撰王仲舒碑，全文六三韩愈撰王仲舒墓志
389A	△	李绅	长庆3.			中丞	户侍	朝命	朝命		文	1.未至镇，即改官 2.参阅考释	见宣武
1251		薛放	长庆3.11.	宝历1.1.	2	礼尚	卒	朝命	卒	恭顺	文		旧一五五、新一六四本传
646B		殷侑	宝历1.3.	宝历2.	2	桂管观察	大理卿	朝命	朝命	恭顺	文	参阅考释	见天平
474A		李宪	宝历2.8.	大和2.10.	3	大府卿	岭南节度	朝命	朝命	恭顺	文		旧一三三、新一五四本传
206B		沈传师	大和2.10.	大和4.9.	2	右丞	宣歙观察	朝命	朝命	恭顺	文		见宣歙

（续表）

编号	相职	姓名	莅镇年月	去镇年月	在镇时间	任前官职	任后官职或情形	莅镇原因	去镇原因	对中央态度	文武职	备注	碑传
1062A		裴谊	大和4.9.	大和7.4.	4	大理卿	宣歙观察	朝命	朝命	恭顺	文		新一五九本传
233		吴士矩	大和7.4.	开成1.	3	同刺	秘书监	朝命	朝命	恭顺	文	参阅考释	旧一八八、新一九七本传
1306B		罗让	开成1.2.	开成2.4.	2	左散骑常侍	卒	朝命	卒	恭顺	文		见义成
976A		敬昕	开成2.4.	开成4.9.	3	中舍	河南尹	朝命	朝命	恭顺	文		
416		李款	开成4.9.		3	苏刺	漕王传	朝命	朝命	恭顺	文	参阅考释	旧一七一附李甘传 新一一八本传
1037A	△	裴休	会昌1.	会昌3.	3	中舍	湖南观察	朝命	朝命	恭顺	文		见凤翔
544A	△	周墀	会昌4.	会昌6.	3	华刺	义成节度	朝命	朝命	恭顺	文		见义成
553A		纥干臬	大中1.	大中3.	3	中舍		朝命	朝命	恭顺	文		
1065		裴俦	大中3.	大中4.	2	大理卿	秘书监致仕	朝命	朝命	恭顺			
541		周敬复	大中4.12.	大中7.	3	华刺	右丞	朝命	朝命	恭顺	文		
1160A		郑祗德	大中8.	大中9.12.	2		太子宾客分司	朝命	朝命	恭顺			
841A		张毅夫	大中10.	大中11.4.	2		京兆尹	朝命	朝命	恭顺	文		旧一六三附张正甫传
1184		郑苑	大中11.4.	大中12.6.	2	中舍		朝命	军乱被逐	恭顺	文		
605A		韦宙	大中12.10.	咸通2.	4	光禄卿	岭南节度	朝命	朝命	恭顺	文		新一九七本传

（续表）

编号	相职	姓名	受镇年月	去镇年月	在镇时间	任前官职	任后官职或情形	受镇原因	去镇原因	对中央态度	文武职	备注	碑传
1052		裴黄	咸通 2.	咸通 2.	数月			朝命		恭顺	文		旧一一三、新一四〇附裴向传
1045A	△	裴坦	咸通 2.	咸通 5.	4	礼侍		朝命	朝命	恭顺	文		见山南东
1317B		严譔	咸通 6.5.	咸通 8.	3	桂管观察	赐死	朝命	朝命	恭顺	文		新一五八本传
491		李骘	咸通 9.5.	咸通 11.	3	中舍	卒	朝命	卒	恭顺	文		
1013		杨戭	咸通 12.	咸通 13.	2			朝命		恭顺	文		
866A		崔安潜	咸通 13.	乾符 2.	4	（朝官）	忠武节度	朝命	朝命	恭顺	文		见忠武
1197C		独孤云	乾符 2.	乾符 3.5.	2		太子少傅	朝命	朝命	恭顺	文		
702		高湘	乾符 4.	乾符 5.3.	2	中舍		朝命	为王仙芝余党所败弃镇	恭顺	文		旧一六八、新一七本传
463		李质	乾符 5.	乾符 6.	2			朝命	为钟传所逐	恭顺	文		
698A		高茂卿	广明 1.	中和 2.5.	3	抚刺	安南都护	朝命		恭顺	文		
1269	●	钟传	中和 2.7.	天祐 3.4.	24	（江西属官）	卒	拥兵据位	卒	跋扈	武		新一九〇本传，旧史十七附杜洪传
1268		钟匡时	天祐 3.4.	天祐 3.9月	数月		被杨渥所虏	袭父传位	被淮南杨渥所虏	跋扈			新一九〇附钟传

（续表）

编号	相职	姓名	受镇年月	去镇年月	在镇时间	任前官职	任后官职或情形	受镇原因	去镇原因	对中央态度	文武职	备注	碑传
1005C	●	杨渥	天祐 3.9.	天祐 4.	2	淮南节度	（唐亡）	拥兵据位	（唐亡）	跋扈		淮南兼领	见宣歙
宣歙													
1157		郑灵之	乾元 1.	上元 1.11.	3	中丞		朝命	为刘展所败弃镇	恭顺			
1140		刘铝	上元 2.							恭顺		参阅考释	
763B		陈少游	大历 1.12.	大历 5.9.	4	桂管观察	浙东观察	朝命	朝命	恭顺	文		旧一二六、新二三四上本传
873A		崔昭	大历 5.	大历 11.7.	6	右散骑常侍	浙东观察	朝命	朝命	恭顺		参阅考释	
1258		薛邕	大历 11.	大历 14.	3	（刺史）	左丞	朝命	朝命	恭顺	文		全文九九○大唐宣州刺史薛公去思碑
1148		刘赞	贞元 3.8.	贞元 12.6.	9	常刺	卒	朝命	卒	恭顺	文		旧一三六、新一三三本传
874		崔衍	贞元 12.6.	永贞 1.8.	10	虢刺	工尚	朝命	朝命	恭顺	文		旧一八八本传
1202		穆赞	永贞 1.8.	永贞 1.11.	四月	常刺	卒	朝命	卒	恭顺	文		旧一五五、新一六三本传
966		路应	永贞 1.12.	元和 5.	5	常刺	左散骑常侍	朝命	朝命	恭顺	文		新一三八本传、全文五六二韩愈撰襄阳郡王路公碑

（续表）

编号	相职	姓名	莅镇年月	去镇年月	在镇时间	任前官职	任后官职或情形	莅镇原因	去镇原因	对中央态度	文武职	备注	碑传
1217A		卢坦	元和5.	元和5.冬	数月	右庶子	刑侍	朝命	朝命	恭顺	文		旧一五三本传，全文四九七权德舆撰东川节度使卢公碑，全文六四○李翱撰卢坦传
521B		房式	元和5.12.	元和7.8.	2	河南尹	卒	朝命	卒	恭顺	文		见陕虢
563		范传正	元和7.8.	元和10.	4	苏刺	光禄卿	朝命	朝命	恭顺	文		旧一八五下，新一七二本传
108A		王遂	元和11.11.	元和13.7.	2	司农卿	淄青四面行营营军供军使	朝命	朝命	恭顺	文	参阅考释	见泰宁
1323B	△	窦易直	元和13.6.	元和14.5.	1	金刺	浙西观察	朝命	朝命	恭顺	文		见天平
32B		元锡	元和14.			福建观察		朝命	朝命	恭顺	文		
135B	○	令狐楚	元和15.7.			宰相	衡刺	朝命	朝命	恭顺	文	未至镇即改官	见凤翔
902C	○	崔群	长庆3.	大和1.1.	5	华刺	兵尚	朝命	朝命	恭顺	文		见武宁
4		于敖	大和1.1.	大和4.8.	4	户侍	卒	朝命	卒	恭顺	文	参阅考释	旧一四九，新一○四本传

（续表）

编号	相职	姓名	受镇年月	去镇年月	在镇时间	任前官职	任后官职或情形	受镇原因	去镇原因	对中央态度	文武职	备注	碑传
206C		沈传师	大和4.9.	大和7.4.	3	江西观察	吏侍	朝命	朝命	恭顺	文		旧一四九、新一三三本传，英华九七杜牧撰沈传师行状
1062B		裴谊	大和7.4.	大和7.	数月	江西观察		朝命		恭顺			
728B		陆亘	大和7.闰7.	大和8.9.	2	浙东观察	卒	朝命	卒	恭顺	文		旧一六三、新一五九本传
115		王质	大和8.9.	开成1.12.	3	河南尹	卒	朝命	卒	恭顺	文	参阅考释	旧一六三、新一六四本传，全文六二○九刘禹锡撰王质碑
910A	△	崔郸	开成2.1.	开成4.3.	3	吏侍	太常卿	朝命	朝命	恭顺	文		旧一五、新一六三本传
918A	△	崔龟从	开成4.4.	会昌4.	6	户侍	岭南节度	朝命	朝命	恭顺	文		见宣武
616B		韦温	会昌4.	会昌5.	2	吏侍	卒	朝命	卒	恭顺	文		见陕虢
686A		高元裕	会昌5.5.	大中1.	3	左丞	吏尚	朝命	朝命	恭顺	文		见山南东
1037C	△	裴休	大中1.	大中3.	3	湖南观察	礼尚	朝命	朝命	恭顺	文		见凤翔
1061		裴谂	大中3.	大中4.	2	工侍	兵侍	朝命	朝命	恭顺	文		旧一七○、新一七二本传
21		孔温业	大中4.12.	大中8.	4	吏侍	太子宾客	朝命	朝命	恭顺	文	参阅考释	旧一五四、新一六三本传

（续表）

编号	相职	姓名	受镇年月	去镇年月	在镇时间	任前官职	任后官职或情形	受镇原因	去镇原因	对中央态度	文武职	备注	碑传
917A		崔峋	大中8.	大中10.	3	兵侍	河中节度	朝命	朝命	恭顺	文		见河中
1186		郑薰	大中10.	大中12.7.	3	河南尹	棣王府长史分司	朝命	为都将康全泰所逐	恭顺	文		新一七七本传
898D	○●	崔铉	大中12.8.	大中12.	数月	淮南节度		朝命	朝命	恭顺	文	淮南兼领	见陕虢
948A		温璋	大中12.11.	咸通2.	4	未刺	武宁节度	朝命	朝命	恭顺	文		见邠宁
900		崔准	咸通2.	咸通3.	2			朝命		恭顺			
901		崔道	咸通4.	咸通5.	2			朝命		恭顺			
252B		杜宣猷	咸通6.1.	咸通7.	2	福建观察	卒	朝命	卒	恭顺			
984	○	杨收	咸通7.10.	咸通8.6.	八月	宰相	端州司马	朝命	朝命	恭顺	文		旧一七八、新一八四本传
429B		李当	咸通8.	咸通9.	2	河南尹	山南西道节度	朝命	朝命	恭顺	文	参阅考释	
1064A		裴璩	咸通9.	咸通10.	2	同刺		朝命		恭顺	文		
1090		赵骘	咸通11.	咸通11.	1		卒	朝命	卒	恭顺	文		旧一八、新一八二附赵隐传
1199		独孤霖	咸通12.	咸通13.	2			朝命		恭顺	文		
461B		李璋	咸通13.7.	咸通14.	2	左丞	卒	朝命	卒	恭顺	文		旧一六四、新一五二附李绛传
889		崔㴋	咸通14.						朝命		恭顺			

（续表）

编号	相职	姓名	受镇年月	去镇年月	在镇时间	任前官职	任后官职或情形	受镇原因	去镇原因	对中央态度	文武职	备注	碑传
123B		王凝	乾符4.	乾符5.8.	2	河南尹	卒	朝命	卒	恭顺	文		旧一六五、新一四一本传,全文八八○七司空图撰王公凝遗事,全文八一○司空图撰王凝行状
875		崔璆	乾符5.								文		
1058		裴虔余	广明1.11.	中和2.	2	华刺		朝命		恭顺			
1326		窦潏	中和2.	中和2.	数月	池刺		朝命	为和州刺史秦彦逐	恭顺			
639		秦彦	中和2.11.	光启3.5.	5	和刺	入扬州为杨行密败死	拥兵据位	自请	跋扈	武		旧一八二、新二二四下本传
1087		赵锽	光启3.5.	龙纪1.6.	3	池刺	卒	强藩所命	为杨行密杀	跋扈		附秦彦	
985B		杨行密	龙纪1.6.	景福1.8.	4	淮南节度	淮南节度	拥兵据位	自请	跋扈	武		新一八八、旧史六四、新史六一本传
169	●	田頵	景福1.8.	天复3.12.	12	淮南马步军都虞候	卒	强藩所命	为杨行密杀	跋扈	武		新一八九、旧史一七本传

（续表）

编号	相职	姓名	受镇年月	去镇年月	在镇时间月	任前官职	任后官职或情形	受镇原因	去镇原因	对中央态度	文武职	备注	碑传
1019		台濛	天复3.	天祐1.8.	数月	涟水制置使	卒	强藩所命	卒	跋扈	武	附杨行密	九国志一本传
1005A		杨渥	天祐1.8.	天祐2.11.	2	淮南牙内诸军使	淮南节度使	强藩所命	强藩所命	跋扈		附杨行密	新一八八附杨行密传,旧史一三四,新史六六本传
73A		王茂章（王景仁）	天祐2.	天祐3.	2	润州团练使	镇东节度副使	强藩所命	为杨渥所败弃镇	跋扈	武	附杨行密	新一八八附杨行密传,旧史二三,新史二三本传
73B	●	王茂章（王景仁）	天祐3.12.	天祐4.		两浙行军司马	（唐亡）	强藩所命			武	1.附钱镠 2.末至镇时宣州为杨渥所密所据 3.参阅考释	新一八八附杨行密传,旧史二三,新史二三本传

鄂岳

编号	相职	姓名	受镇年月	去镇年月	在镇时间月	任前官职	任后官职或情形	受镇原因	去镇原因	对中央态度	文武职	备注	碑传
1201		穆宁	永泰1.	大历3.	4	库部郎中	虔州司马	朝命	朝命	恭顺	文		旧一五五,新一六三本传,全文七二八员撰秘书监致仕穆员撰元堂志
1196A		独孤问俗	大历4.	大历7.	4	寿刺		朝命	朝命	恭顺	文		

（续表）

编号	相职	姓名	受镇年月	去镇年月	在镇时间	任前官职	任后官职或情形	受镇原因	去镇原因	对中央态度	文武职	备注	碑传
237		吴仲孺	大历8.4.	大历13.	6	太仆卿		朝命		恭顺			
374A		李兼	建中4.	贞元1.4.	4	秘书监	江西观察	朝命	朝命	恭顺	文	参阅考释	
1211		卢元卿	贞元1.4.	贞元2.	2			朝命		恭顺	文		
393		李竦	贞元3.1.	贞元4.6.	2	户侍	卒	朝命	卒	恭顺	文		附见全文五二〇梁肃撰李史鱼墓志
225		何士幹	贞元4.6.	贞元18.	14	谏议大夫	卒	朝命	卒	恭顺	文		
1168		郑伸	贞元18.3.			蕲刺	国子祭酒	朝命	朝命	恭顺	文	参阅考释	八琼室金石补正卷六十八郑伸碑
1282A		韩皋	永贞1.5.	元和3.2.	3	右丞	镇海节度	朝命	朝命	恭顺	文		见忠武
636B		郗士美	元和3.春	元和5.12.	3	京兆尹	河南尹	朝命	朝命	恭顺	文		见忠武
212A		吕元膺	元和5.12.	元和8.10.	3	中丞	左丞	朝命	朝命	恭顺	文		见河中
582B		柳公绰	元和8.10.	元和11.	4	湖南观察	给事中	朝命	朝命	恭顺	文		见邠宁
434B	△	李道古	元和11.	元和13.	2	黔中观察	宗正卿	朝命	朝命	恭顺	文		旧一三一、新八〇本传，全文五六三韩愈撰李道古墓志
409A		李程	元和13.6.	长庆2.	5	礼侍	吏侍	朝命	朝命	恭顺	文	参阅考释	见宣武
862B		崔元略	长庆2.12.	长庆4.	2	黔中观察	大理卿	朝命	朝命	恭顺	文	参阅考释	见义成
892A	○	崔植	长庆4.	长庆4.10.	数月	刑尚	岭南节度	朝命	朝命	恭顺	文	参阅考释	旧一一九、新一四二本传

（续表）

编号	相职	姓名	受镇年月	去镇年月	在镇时间	任前官职	任后官职或情形	受镇原因	去镇原因	对中央态度	文武职	备注	碑传
18A	△●○	牛僧孺	宝历1.1.	大和4.1.	5	宰相	宰相	朝命	朝命	恭顺	文		见山南东本传
31B	○	元稹	大和4.1.	大和5.7.	2	左丞	卒	朝命	卒	恭顺	文	参阅考释	见浙东
899B		崔郾	大和5.8.	大和9.7.	4	陕虢观察	浙西观察	朝命	朝命	恭顺	文		见陕虢
697B		高重	大和9.7.	开成3.5.	3	国子祭酒	兵侍	朝命	朝命	恭顺	文		新九五本传
712		高锴	开成3.5.	开成5.	3	吏侍	卒	朝命	卒	恭顺	文		旧一六八、新一七七本传
921A		崔蠡	开成5.	会昌2.	3	华卿		朝命	朝命	恭顺	文		见天平
1165A	△	郑朗	会昌5.	大中1.	3	户侍	浙西观察	朝命	朝命	恭顺	文		见宣武
1221C	○	卢商	大中1.3.	大中3.	3	宰相	户尚	朝命	朝命	恭顺	文		见浙西
623B		韦损	大中4.	大中6.	3		刑尚	朝命	朝命	恭顺	文		
626B		韦澳	大中6.	大中7.	2	郑滑观察	卒	朝命	卒	恭顺	文	参阅考释	见义成
904B		崔瑶	大中8.	大中11.	3	浙西观察	卒	朝命	卒	恭顺	文		见浙西
841B		张毅夫	大中12.1.	咸通1.	3	京兆尹		朝命	朝命	恭顺	文	参阅考释	见江西
8		于德孙	咸通2.	咸通5.	4	（朝官）		朝命	朝命	恭顺	文		
914		崔瑑	咸通7.	咸通9.	3	（朝官）	卒	朝命	卒	恭顺			
1109A		刘允章	咸通9.	乾符1.	7	礼侍	（朝官）	朝命	朝命	恭顺	文		旧一五三、新一六〇本传

（续表）

编号	相职	姓名	受镇年月	去镇年月	在镇时间	任前官职	任后官职或情形	受镇原因	去镇原因	对中央态度	文武职	备注	碑传
629		韦蟾	乾符1.	乾符4.	4	（朝官）		朝命	王仙芝陷鄂州蟠弃镇	恭顺	文		旧一八九下附韦徵传
886		崔绍	乾符6.	中和4.3.	6		卒	朝命	卒	恭顺			新——一四附崔彦曾传
1060	△〇	裴彻	中和1.			宰相	检校兵尚判度支	朝命	道路阻兵		文	未至镇，时黄巢为乱道路阻兵	
964		路审中	中和4.3.	光启2.12.	3	杭刺		拥兵据位	为安陆戍帅周通所改弃镇	跋扈	武		
250		杜洪	光启2.12.	天祐2.2.	19	岳刺	卒	拥兵据位	为杨行密败死	跋扈		1.附朱全忠 2.参阅考释	新一九〇、旧史十七本传
845	〇	张濬	大顺2.1.			宰相	连刺	朝命	朝命		文	1.未至镇，即改官 2.参阅考释	旧一七九、新一八五本传
1116		刘存	天祐2.2.	天祐3.	2	淮南将	卒	强藩所命	为马殷执系	跋扈	武	附杨行密	九国志一本传

湖南

编号	相职	姓名	受镇年月	去镇年月	在镇时间	任前官职	任后官职或情形	受镇原因	去镇原因	对中央态度	文武职	备注	碑传
532		孟嶰	广德2.	大历1.	3			朝命		恭顺		参阅考释	

（续表）

编号	相职	姓名	受镇年月	去镇年月	在镇时间	任前官职	任后官职或情形	受镇原因	去镇原因	对中央态度	文武职	备注	碑传
591		韦之晋	大历 2.	大历 4.	3		卒	朝命	卒	恭顺	文	参阅考释	旧一一五、新一四一本传
922		崔瓘	大历 4.7.	大历 5.4.	十月	澧刺	卒	朝命	为兵马使臧玠所杀	恭顺	文	参阅考释	新一四七本传
207		辛京杲	大历 5.5.	大历 14.	10	羽林大将军	（朝官）	朝命	朝命	恭顺	武		新一四七本传
1196B		独孤问俗	大历 14.	大历 14.	数月			朝命		恭顺		参阅考释	
1241	△	萧复	大历 14.闰	建中 1.	数月	常刺	同刺	朝命	朝命	恭顺	文	参阅考释	旧一二五、新一○一本传
406A		李棸	建中 1.4.	建中 3.10.	3	衡刺	江西节度	朝命	朝命	恭顺	文		见山南东
322C		李承	建中 3.11.	建中 4.7.	十月	山南东节度	卒	朝命	卒	恭顺	文	参阅考释	见河中
1085	△	赵憬	建中 4.12.	贞元 2.	3	湖南观察副使	给事中	朝命	朝命	恭顺	文		旧一三八、新一五○本传，全文四九八德舆撰赠太子太傅赵公碑
25B		元全柔	贞元 2.4.	贞元 3.	1	黔中观察	太子宾客	朝命	朝命	恭顺			
1023A		畅悦	贞元 3.5.	贞元 3.	数月	左丞	太子左庶子	朝命	朝命	恭顺			
1049A		裴胄	贞元 3.闰	贞元 7.1.	4	国子司业	江西观察	朝命	朝命	恭顺	文		见江西

（续表）

编号	相职	姓名	受镇年月	去镇年月	在镇时间	任前官职	任后官职或情形	受镇原因	去镇原因	对中央态度	文武职	备注	碑传
472A		李衡	贞元7.1.	贞元8.1.	1	常刺	江西观察	朝命	朝命	恭顺	文		见江西
1028	△	齐抗	贞元8.3.	贞元8.	数月	苏刺	给事中	朝命	朝命	恭顺	文		旧一三六、新一二八本传，全文四九九权德舆撰齐成公碑
410A		李巽	贞元8.12.	贞元13.9.	5	给事中	江西观察	朝命	朝命	恭顺	文		见江西
217		吕渭	贞元13.9.	贞元16.7.	3	礼刺	卒	朝命	卒	恭顺	文		旧一三七、新一六○本传
133		王口	贞元16.8.			河中尹		朝命		恭顺			
1012A		杨凭	贞元18.9.	永贞1.11.	4	太常少卿	江西观察	朝命	朝命	恭顺	文		见江西
1254A		薛苹	永贞1.11.	元和3.1.	3	虢刺	浙东观察	朝命	朝命	恭顺	文		见浙西
411		李众	元和3.	元和6.	4	京兆尹	恩王傅	朝命	朝命	恭顺			
1325B		窦群	元和3.10.			中丞	黔中观察	朝命	朝命		文	1.未至镇即改官 2.参阅考释	旧一五五、新一七五本传，全文七六一褚藏言撰窦群传
582A	○	柳公绰	元和6.6.	元和8.10.	3	中丞	鄂岳观察	朝命	朝命	恭顺	文		见邵宁
788		张正甫	元和8.10.	元和11.	3	苏刺	河南尹	朝命	朝命	恭顺	文		旧一六二本传
621	○	韦贯之	元和11.9.	元和12.9.	1	吏侍	太子宾客分司	朝命	朝命	恭顺	文		旧一五八本传
649F	○	袁滋	元和12.9.	元和13.6.	十月	抚刺	卒	朝命	卒	恭顺	文		见义成

（续表）

编号	相职	姓名	受镇年月	去镇年月	在镇时间	任前官职	任后官职或情形	受镇原因	去镇原因	对中央态度	文武职	备注	碑传
882A		崔俊	元和 13.	元和 14.	2	苏刺	户侍	朝命	朝命	恭顺	文		见凤翔
902A	○	崔群	元和 14.12.	元和 15.6.	七月	宰相	吏侍	朝命	朝命	恭顺	文		见武宁
22		孔戣	元和 15.7.	长庆 3.1.	3	大理卿	少府监	朝命	朝命	恭顺	文	参阅考释	旧一五四、新一六三本传
206A		沈传师	长庆 3.6.	宝历 2.	3	中舍	右丞	朝命	朝命	恭顺	文		见宣歙
1146A		刘遵古	宝历 2.1.	大和 1.	2	卫尉卿		朝命		恭顺	文		
35		王公亮	大和 1.11.	大和 2.	1	右金吾大将军		朝命		恭顺	文		
617		韦词	大和 3.10.	大和 4.12.	2	中舍	卒	朝命	卒	恭顺	文		
697A		高重	大和 4.12.	大和 7.	3	同刺	（朝官）	朝命	朝命	恭顺	文		见鄂岳
485B		李翔	大和 7.	大和 8.12.	2	桂管观察	刑侍	朝命	朝命	恭顺	文		见山南东
286		李仍叔	大和 8.12.	大和 9.	数月	宗正卿		朝命		恭顺			
1215A		卢行术	大和 9.8.	开成 2.8.	2	苏刺	陕虢观察	朝命	朝命	恭顺	文		
392		李翊	开成 2.6.	开成 4.	3	给事中	浙西观察	朝命		恭顺	文		
1010C	○	杨嗣复	开成 5.8.	会昌 1.3.	八月	宰相	潮刺	朝命	朝命	恭顺	文		旧一七六、新一七四本传
1232A		卢简辞	会昌 1.	会昌 2.	2	（朝官）	浙西观察	朝命	朝命	恭顺	文		见忠武
861A	△	崔元式	会昌 2.	会昌 3.	2	（朝官）	河中节度	朝命	朝命	恭顺	文		见义成

（续表）

编号	相职	姓名	莅镇年月	去镇年月	在镇时间	任前官职	任后官职或情形	受镇原因	去镇原因	对中央态度	文武职	备注	碑传
1037D	△	裴休	会昌 3.	大中 1.	5	江西观察	宣歙观察	朝命	朝命	恭顺	文		见凤翔
287B	○	李回	大中 2.1.	大中 2.9.	九月	西川节度	贺刺	朝命	朝命	恭顺	文	参阅考释	旧一七三、新一三一本传
1066A		裴识	大中 2.	大中 5.	4	司农卿	大理卿	朝命	朝命	恭顺	文	参阅考释	见凤翔
919		崔黯	大中 5.	大中 6.	2	谏议大夫		朝命	朝命	恭顺	文	参阅考释	旧一一七、新一四四本传
903A	△	崔慎由	大中 6.	大中 7.	2	（朝官）	刑侍	朝命	朝命	恭顺	文	参阅考释	见河中
429A		李当	大中 8.	大中 10.	3	中舍	户侍	朝命	朝命	恭顺	文	参阅考释	
869		崔罕	大中 10.	大中 10.	数月	京兆尹		朝命		恭顺	文		
265		杜蕴	大中 11.	大中 11.	1			朝命		恭顺			
1281		韩琮	大中 12.	大中 12.5.	数月			朝命	军乱被逐	恭顺			
1100A		蔡袭	大中 12.	咸通 3.2.	5	右金吾将军	安南都护	朝命	朝命	恭顺	武		
1142B		刘潼	咸通 3.	咸通 3.	数月	郑刺	左散骑常侍	朝命	朝命	恭顺	文		见朔方
461A		李璋	咸通 4.	咸通 5.	2	（朝官）	宣歙观察	朝命	朝命	恭顺	文		
486B		李丛	咸通 9.8.	咸通 10.	2	桂管观察		朝命	朝命	恭顺	文		见宣歙
9		于瑰	咸通 10.	咸通 13.5.	4		袁刺	朝命	朝命	恭顺	文		

（续表）

编号	相职	姓名	受镇年月	去镇年月	在镇时间	任前官职	任后官职或情形	受镇原因	去镇原因	对中央态度	文武职	备注	碑传
123A		王凝	咸通13.	咸通14.	2	商刺	兵符	朝命	朝命	恭顺	文		见宣歙
396		李庾	咸通14.	乾符1.	2		卒	朝命	卒	恭顺	文		
1067		裴瓒	乾符1.7.	乾符3.	3	礼侍	河南尹	朝命	朝命	恭顺	文		
909		崔璯	乾符3.	乾符5.3.	3	礼侍	卒	朝命	军乱被逐	恭顺	文		旧一五五、新一六三附崔郾传
347B		李系	乾符6.5.	乾符6.11.	七月	泰宁节度	莽朗州	朝命	为黄巢败弃镇	恭顺			
390		李巢	乾符6.	广明1.	2		卒	朝命	为黄巢所杀	恭顺			
427		李裕	广明1.	中和1.12.	2			朝命	为安南戍将闵顼逐	恭顺			
949		闵顼	中和1.12.	光启2.6.	5	江西将	卒	拥兵据位	为淮西将黄皓所杀	跋扈	武		新一八六附邓处讷传
538A		周岳	光启2.6.	景福2.12.	8	衡刺	卒	拥兵据位	为邓处讷所杀	跋扈	武		新一八六附邓处讷传
1106		邓处讷	景福2.12.	乾宁1.5.	六月	邵刺	卒	拥兵据位	为刘建锋所杀	跋扈	武		新一八六、九国志十一本传
1127		刘建锋	乾宁1.5.	乾宁3.4.	2	孙儒部将	卒	拥兵据位	军乱被杀	跋扈	武		新一九〇本传

（续表）

编号	相职	姓名	受镇年月	去镇年月	在镇时间	任前官职	任后官职或情形	受镇原因	去镇原因	对中央态度	文武职	备注	碑传
109A	○△	王抟	乾宁 1.10.			宰相	宰相	朝命	原藩拒代		文	1. 未至镇，时刘建锋据镇 2. 参阅考释	见浙东
677	●	马殷	乾宁 3.4.	天祐 4.	12	邵剌	（唐亡）	拥兵据位	（唐亡）	跋扈	武		新一九〇附建锋传，旧史一三三本传，新史六六楚世家
877B	○●△	崔胤	乾宁 3.7.			宰相	宰相	朝命			文	1. 未至镇即改官 2. 参阅考释	旧一七七，新二二三下本传

武贞

编号	相职	姓名	受镇年月	去镇年月	在镇时间	任前官职	任后官职或情形	受镇原因	去镇原因	对中央态度	文武职	备注	碑传
961	●	雷满	光化 1.	天复 1.12.	4	荆南牙将	卒	拥兵据位	卒	跋扈	武	光化元年设镇，雷满据朗州始于中和元年	新一八六，旧史七十，新史四一本传
959		雷彦威	天复 1.			（武贞属官）		袭父满位	为弟彦恭所逐	跋扈			新一八六附雷满传
960		雷彦恭		天祐 4.		（武贞属官）	（唐亡）	袭兄彦威位	（唐亡）	跋扈			新一八六，旧史十七，新史四一附雷满传

（续表）

编号	相职	姓名	受镇年月	去镇年月	在镇时间	任前官职	任后官职或情形	受镇原因	去镇原因	对中央态度	文武职	备注	碑传
黔中													
1082		赵国珍	天宝13	大历1.	13		工尚	朝命	朝命	恭顺	武	参阅考释	旧一一五本传，新二二二下附南蛮传
1261		薛舒	大历1.	大历10.4.	10	溪刺	卒	朝命	卒	恭顺	文	参阅考释	全文三七五韦建谯黔州刺史薛舒碑
399B		李国清	大历12.2.	大历14.	3	朗刺		朝命		恭顺			
388		李通	建中1.5.			右金吾大将军		朝命		恭顺	武		
25A		元全柔	建中2.9.	贞元2.	5	杭刺	湖南观察	朝命	朝命	恭顺			
464		李模	贞元2.3.	贞元4.8.	3	司农卿	雅王傅	朝命	朝命	恭顺			新七八附襄邑恭王神符传
377		李速	贞元5.3.	贞元5.	数月	大理卿	卒	朝命	卒	恭顺			
218		吕颁	贞元5.	贞元8.	4	（朝官）	给事中	朝命	朝命	恭顺	文	参阅考释	
912A		崔穆	贞元8.5.	贞元10.	3	光禄少卿		朝命	朝命	恭顺			
127		王础	贞元11.1.	贞元15.6.	5	秘书少监	卒	朝命	卒	恭顺	文		旧一九七附东谢蛮传，新二二二下附南蛮传
590		韦士宗	贞元15.8.	贞元17.3.	2	洋刺		朝命	军乱被逐	恭顺		参阅考释	
1043		裴佶	贞元17.4.	贞元17.11.	3	谏议大夫	同刺	朝命	朝命	顺恭	文		新一二七本传

（续表）

编号	相职	姓名	受镇年月	去镇年月	在镇时间	任前官职	任后官职或情形	受镇原因	去镇原因	对中央态度	文武职	备注	碑传
636A		郁士美	贞元20.8.	元和2.	3	房刺	京兆尹	朝命	朝命	恭顺	文		见忠武
414		李词	元和2.6.	元和3.	2	商刺	宗正卿	朝命	朝命	恭顺	文		
1325A		窦群	元和3.10.	元和6.9.	3	湖南观察	开刺	朝命	朝命	恭顺	文		见湖南
884A		崔能	元和6.9.	元和8.4.	2	蜀刺	永刺	朝命	朝命	恭顺	文		旧一一七、七、新一一四本传
434A		李道古	元和8.10.	元和11.	4	宗正少卿	鄂岳观察	朝命	朝命	恭顺	文		见鄂岳
1296A		魏义通	元和11.	元和14.	3		河阳节度	朝命	朝命	恭顺			
1316A		严谟	元和14.3.	长庆1.	2	商刺	秘书监	朝命	朝命	恭顺			
862A		崔元略	长庆1.1.	长庆2.12.	2	左散骑常侍	鄂岳观察	朝命	朝命	恭顺	文		见义成
1036A		裴弘泰	大和1.8.	大和5.	4	大府卿	桂管观察	朝命	朝命	恭顺			
766		陈正仪	大和5.2.	大和8.	4	安刺		朝命		恭顺			
351A		李玭	大和9.5.	开成3.	4	金吾大将军	金吾大将军	朝命	朝命	恭顺	武		
806		张沼	开成3.10.	开成5.	3	少府监		朝命		顺恭	文		
679B	△	马植	会昌1.	会昌6.	6	安南都护	大理卿	朝命	朝命	恭顺	文	参阅考释	
614		韦康	大中1.			蔡刺		朝命						见忠武
550		南卓		大中8.				朝命	朝命	恭顺	文		
1228A		卢潘		咸通7.				朝命	朝命	恭顺			

（续表）

编号	相职	姓名	受镇年月	去镇年月	在镇时间	任前官职	任后官职或情形	受镇原因	去镇原因	对中央态度	文武职	备注	碑传
721A		鱼孟威	咸通 7.	咸通 9.	3		桂管观察	朝命	朝命	恭顺			
637		秦匡谋	咸通 10.	咸通 14.6.	5	濠刺	卒	朝命	南诏叛弃城弃荆南为杜悰奏斩	恭顺	武	参阅考释	
323A		李玚	乾符 1.	乾符 5.	5	大理卿		朝命		恭顺	文		
699		高湜	乾符 5.						朝命		恭顺			
771		陈佑	中和 3.	中和 4.	2					恭顺			
1094		楷实	光启 1.	龙纪 1.	5			朝命		恭顺			
78B		王建肇	龙纪 1.	乾宁 3.5.	8	荆南节度	降于王建	拥兵据位	为成汭所败弃镇	叛逆	武		见荆南
761A		曹诚	景福 2.4.				临阵都头	（宿卫）	朝命			武	1.未至镇时王建肇据镇 2.参阅考释	
467		李铤	乾宁 2.				（朝官）	京兆尹	朝命			文	1.未至镇时王建肇据镇 2.参阅考释	
1075		赵武	乾宁 3.5.	天复 2.10.	7	荆南将		强藩所命		跋扈	武	附成汭	
50		王宗本	天复 3.	天祐 3.	4	西川开道都指挥使		强藩所命		跋扈	武	附王建	

（续表）

编号	相职	姓名	受镇年月	去镇年月	在镇时间	任前官职	任后官职或情形	受镇原因	去镇原因	对中央态度	文武职	备注	碑传
辰锦													
342A	○△	李昌夔	大历4.	大历8.9.	5	海剌	桂管观察	朝命	朝命	恭顺	武	参阅考释	
岭南东道													
224		宋璟	开元3.	开元4.12.	2	睦剌	刑尚	朝命	朝命	恭顺	文	参阅考释	旧九六、新一二六本传，全文二二六张说撰宋公碑，全文三三四三颜真卿撰宋璟碑
1042A		裴伷先		开元8.		桂剌	（贬官）	朝命	朝命	恭顺	文	参阅考释	新一一七本传
419		李朝隐	开元21.	开元22.	2	太常卿	卒	朝命	卒	恭顺	文	参阅考释	旧一〇〇、新一二九本传
1115		刘巨鳞	天宝4.4.	天宝4.			（贬官）	朝命	朝命	恭顺		参阅考释	
1056		裴敦复	天宝4.5.			刑尚	淄川太守	朝命	朝命		文	1.未至镇，逗留不之官 2.参阅考释	
954		彭果	天宝6.3.	天宝6.3.	2	光禄少卿	长流溱溪郡	朝命	朝命	恭顺	文	参阅考释	
1219B		卢奂	天宝6.3.	天宝10.	5	晋陵太守	右丞	朝命	朝命	恭顺	文	参阅考释	旧九八、新一二六本传

（续表）

编号	相职	姓名	受镇年月	去镇年月	在镇时间	任前官职	任后官职或情形	受镇原因	去镇原因	对中央态度	文武职	备注	碑传
780		张九皋		（天宝末）		襄阳太守	殿中监	朝命	朝命	恭顺	文	参阅考释	旧九九、新一二六附张九龄传，全文三五五萧昕撰张九皋碑
231		何履光	至德1.					朝命		恭顺			
599		韦利见	乾元1.	乾元1.9.	数月	中丞	弃城走	朝命	为大食国波斯国兵众所攻	恭顺			
839		张万顷	乾元1.10.	乾元2.	2	濮刺		朝命	朝命	恭顺		参阅考释	
1072B		赵良弼	上元1.冬	宝应1.	3	浙东节度	龙标县尉	朝命	朝命	恭顺			
791B		张休	宝应1.	广德1.11.	2	江西观察	太子宾客	朝命	官置吕大一作乱弃镇	恭顺	武		见江西
997		杨春微		大历2.		同刺	卒	朝命	卒	恭顺			
657		徐浩	大历2.5.	大历3.冬	2	工侍	史传	朝命	朝命	恭顺	文		旧一三七、新一六○本传，全文四四○张武撰赠太子少师徐公碑
371D	△	李勉	大历3.10.	大历7.	4	京兆尹	工尚	朝命	朝命	恭顺	文		见义成
216C		吕崇贲	大历7.10.	大历8.9.	1	大府卿	卒	朝命	为部将哥舒晃所杀	恭顺			

（续表）

编号	相职	姓名	受镇年月	去镇年月	在镇时间	任前官职	任启官职或情形	受镇原因	去镇原因	对中央态度	文武职	备注	碑传
963B		路嗣恭	大历 8.10.	大历 12.	4	江西观察	江西观察	朝命	朝命	恭顺	文	江西兼领	见河阳
802B		张伯仪	大历 12.5.	建中 3.3.	5	安南都护	荆南节度	朝命	朝命	恭顺	武		见荆南
27B		元琇	建中 3.3.	兴元 1.	2	容管经略	户侍	朝命	朝命	恭顺	文		新一四九附刘晏传
246B		杜佑	兴元 1.3.	贞元 3.3.	3	饶刺	左丞	朝命	朝命	恭顺	文		见陕虢
415B		李复	贞元 3.3.	贞元 8.	6	容管经略	宗正卿	朝命	朝命	恭顺	文		见义成
1252		薛珏	贞元 8.9.	贞元 11.1.	3	太子宾客	卒	朝命	卒	恭顺	文		旧一八五下、新一四三本传
125B		王锷	贞元 11.1.	贞元 17.	7	容管经略	荆尚	朝命	朝命	恭顺	武	参阅考释	见河东
1084		赵植	贞元 17.5.	贞元 18.	2	工侍	卒	朝命	卒	恭顺	文		旧一七〇、新一八二本传
654B		徐申	贞元 18.8.	元和 1.3.	4	邕管经略	卒	朝命	卒		文		新一四三本传，全文五〇三权德舆撰太子少保徐公墓志，全文六三九李翱撰徐申行状
1073C		赵昌	元和 1.3.	元和 3.4.	3	安南经略	荆南节度	朝命	朝命	恭顺	文		见荆南
995B		杨于陵	元和 3.4.	元和 5.	2	户侍	吏侍	朝命	朝命	恭顺	文		见浙东
1172A	○	郑絪	元和 5.3.	元和 8.	4	太子宾客	工尚	朝命	朝命	恭顺	文		旧一五九、新一六五本传

（续表）

编号	相职	姓名	受镇年月	去镇年月	在镇时间	任前官职	任后官职或情形	受镇原因	去镇原因	对中央态度	文武职	备注	碑传
683C		马总	元和8.12.	元和11.	3	桂管观察	刑侍	朝命	朝命	恭顺	文		见忠武
891C		崔咏	元和12.	元和12.7.	数月		卒	朝命	卒	恭顺			
23		孔戣	元和12.7.	元和15.9.	4	国子祭酒	吏侍	朝命	朝命	恭顺	文	参阅考释	旧一七九、新一六三本传，全文见文五六三韩愈撰左丞孔公墓志
884B		崔能	元和15.9.	长庆3.	3	将作监	卒	朝命	卒	恭顺	文	参阅考释	见黔中
1188D		郑权	长庆3.4.	长庆4.10.	2	工尚	卒	朝命	卒	恭顺	文	见山南东	
892B	○	崔植	长庆4.10.	宝历2.	3	鄂岳观察	户尚	朝命	朝命	恭顺	文		见鄂岳
570B		胡证	宝历2.11.	大和2.10.	2	户尚	卒	朝命	卒	恭顺	文		见振武
474B		李宪	大和2.10.	大和3.7.	十月	江西观察	卒	朝命	卒	恭顺	文		见江西
920		崔护	大和3.7.	大和4.	2	京兆尹	卒	朝命	卒	恭顺	文		
460B		李谅	大和5.2.	大和7.	2	桂管观察	卒	朝命	卒	恭顺	文		
883A	△	崔珙	大和7.1.			大府卿	武宁节度	朝命	朝命	恭顺	文	未至镇即改官	见凤翔
72C		王茂元	大和7.1.	大和9.	3	左金吾卫大将军	泾原节度	朝命	朝命	恭顺	武		见泾原
403B		李从易	大和9.4.	开成1.12.	2	桂管观察	卒	朝命	卒	恭顺	武		
1224A		卢钧	开成1.12.	开成5.11.	4	华刺	户侍	朝命	朝命	恭顺	文		见宣武
918B	△	崔龟从	会昌4.	会昌5.	2	宣歙观察		朝命	朝命	恭顺	文		见宣武

（续表）

编号	相职	姓名	莅镇年月	去镇年月	在镇时间	任前官职	任后官职或情形	受镇原因	去镇原因	对中央态度	文武职	备注	碑传
1218B		卢贞	会昌 5.	会昌 6.	2	河南尹		朝命		恭顺	文	参阅考释	
351D		李班	大中 1.	大中 2.	2			朝命	朝命	恭顺	武		
304		李行修	大中 2.	大中 3.	2		卒	朝命	朝命	恭顺			
595		韦正贯	大中 3.	大中 5.7.	3	同刺	卒	朝命	卒	恭顺	文		新一五六八本传，全文 七六四萧邺撰岭南节度使韦公碑
553B		纥干臮	大中 5.	大中 8.	4	工侍	庆王府长史分司	朝命	朝命	恭顺	文		
628		韦曙	大中 9.	大中 12.1.	4	苏刺	卒	朝命	卒	恭顺			
480C		李璲	大中 12.		一月	金吾卫大将军		朝命	朝命		武	1.未至镇即改官 2.参阅考释	
1007B		杨发	大中 12.3.	大中 12.4.		福建观察	黎刺	朝命	为都将王公襄所逼	恭顺	文		见福建
331C		李承勋	大中 12.5.	大中 13.	2	泾原节度		朝命	朝命	恭顺	武		
1238A	△	萧仿	大中 13.	咸通 1.	2	（朝官）	右散骑常侍	朝命		恭顺	文		见义成
605B	●	韦宙	咸通 2.	咸通 8.	7	江西观察	卒	朝命	卒	恭顺	文		见江西
1175C		郑愚	咸通 8.	咸通 12.	5	礼侍		朝命		恭顺	文	参阅考释	

（续表）

编号	相职	姓名	受镇年月	去镇年月	在镇时间	任前官职	任后官职或情形	受镇原因	去镇原因	对中央态度	文武职	备注	碑传
1174C	△	郑从谠	咸通 12.12.	乾符 1.5.	3	宣武节度	刑尚	朝命	朝命	恭顺	文		见宣武
613		韦荷	乾符 1.5.	乾符 3.	3	吏侍		朝命	朝命	恭顺			
346		李迢	乾符 4.	乾符 6.9.	3		卒	朝命	为黄巢杀	恭顺			
1187		郑续	乾符 6.	光启 2.	8			朝命		恭顺	文		
1064C		裴璩	光启 3.	龙纪 1.	3			朝命		恭顺	文		旧一七九、新九〇本传
1134		刘崇龟	大顺 1.	乾宁 2.	6	户侍	卒	朝命	朝命	恭顺	文		
772	●	陈璠	景福 2.6.			捧日都头		朝命			武	1.未至镇 2.参阅考释	
328	●○	李知柔	乾宁 2.7.	光化 3.	6	宰相	卒	朝命	卒	恭顺	文		新八一本传
877C	○●△	崔胤	光化 3.2.			吏尚	宰相	朝命	朝命		文	1.未至镇即改官 2.参阅考释	见湖南
656B	○●	徐彦若	光化 3.9.	天复 1.	2	宰相	卒	朝命	卒	恭顺	文	参阅考释	见凤翔
908	○△	崔远	天复 1.			吏尚	兵尚	朝命			文	1.未至镇，逗留不进 2.参阅考释	旧一七七、新一八二本传
1150	●	刘隐	天复 1.	天祐 4.	7	清海行军司马兼节度副使	（唐亡）	拥兵据位	（唐亡）	跋扈	武		新史六五南汉世家

（续表）

编号	相职	姓名	受镇年月	去镇年月	在镇时间	任前官职	任后官职或情形	受镇原因	去镇原因	对中央态度	文武职	备注	碑传
1063	○●△	裴枢	天复3.2.			宰相	宰相	朝命	朝命		文	1.未至镇即改官 2.参阅考释	旧一一三、新一四〇本传
岭南西道（邕管）													
665		孙公器	贞元9.7.	贞元10.	2	信剌	卒	朝命	卒	恭顺	文	参阅考释	旧一九〇中、新二〇二附孙逖传
973		董镇	贞元10.9.	贞元10.	数月	袁剌		朝命	朝命	恭顺	文		
516		武少仪	贞元11.1.	贞元12.	2	卫尉卿		朝命	朝命	恭顺	文		
774		陈云	贞元13.6.	贞元14.	1	衡剌		朝命		恭顺	文		
251		杜春	贞元14.7.			吉剌		朝命		恭顺			
654A		徐申	贞元17.	贞元18.8.	2	沧景行军司马	岭南东节度	朝命	朝命	恭顺	文		见岭南东
787		张正元	贞元18.8.	贞元18.8.		岭南节度掌书记		朝命		恭顺	文		
962A		路恕	永贞1.8.	元和2.	3	道剌	右金吾大将军	朝命	朝命	恭顺	文		见鄜坊
1071		赵良金	元和2.	元和5.	4			朝命		恭顺	武		
891A		崔咏	元和5.8.	元和8.12.	4	邓剌	桂管观察	朝命	朝命	恭顺	文		
676		马平阳	元和8.12.	元和10.	2	夔剌		朝命	朝命	恭顺	文		

（续表）

编号	相职	姓名	受镇年月	去镇年月	在镇时间	任前官职	任后官职或情形	受镇原因	去镇原因	对中央态度	文武职	备注	碑传
655		徐俊	元和10.3.	元和10.	数月	长安县令		朝命		恭顺			
781		张士陵	元和10.	元和11.9.	2	虔刺	卒	朝命	卒	恭顺	文	参阅考释	拓本张士阶撰邑州刺史张士陵墓志
608		韦悦	元和11.	元和13.	2			朝命		恭顺			
308		李位	元和13.5.	元和13.6.	一月	泉刺	卒	朝命	卒	恭顺	文		柳河东文集卷二邕管经略使李公墓志
594		韦正武	元和14.7.	元和15.2.	八月	永刺		朝命	废邑管	恭顺			
895		崔结	长庆2.6.	长庆2.	数月	安南副使		朝命		恭顺			
842		张遵	大和1.4.		数月	邕刺		朝命		恭顺			
72A		王茂元		大和2.4.	数月		容管经略	朝命	朝命	恭顺		参阅考释	见经原
970		董昌龄	大和8.4.	大和8.			叙州司户	朝命	朝命	恭顺			
239		吴季真	大和9.7.	大和9.	2	宿刺		朝命		恭顺			
1036C		裴弘泰	大和9.7.	开成1.	2	吉刺		朝命		恭顺			
695A		高承恭	开成1.9.	开成3.	3	寿刺		朝命	朝命	恭顺	武		
661		唐弘实	开成3.11.			宋刺	卒	朝命	卒	恭顺			
1034		裴岌		大中2.		司农卿		朝命		恭顺			
576A		段文楚		大中12.			右金吾将军	朝命	朝命	恭顺	武		新一五三附段秀实传
432		李蒙	大中12.	咸通2.	4		卒	朝命	卒	恭顺			

（续表）

编号	相职	姓名	受镇年月	去镇年月	在镇时间	任前官职	任后官职或情形	受镇原因	去镇原因	对中央态度	文武职	备注	碑传
283		李弘源	咸通2.	咸通2.	数月		建州司户	朝命	朝命	恭顺			
576B		段文楚	咸通2.	咸通3.2.	1	殿中监	威卫将军分司	朝命	朝命	恭顺	武	此再任	
1099		蔡京	咸通3.5.	咸通3.8.	四月	太仆卿	崖州司户	朝命	军乱被逐	恭顺	文		
1175B		郑愚	咸通3.8.	咸通4.	数月	桂管观察		朝命	朝命	恭顺	文		
737B		康承训	咸通4.4.	咸通5.7.	2	义武节度	右武卫大将军分司	朝命	朝命	恭顺	武		见义成
818B		张茵	咸通5.7.	咸通6.	2	容管经略		朝命		恭顺			
375		李玭	咸通6.	咸通10.	4		卒	朝命	卒	恭顺			
850		张鹏	咸通7.	咸通12.		羽林将军		朝命		恭顺	武		
211		辛谠	乾符1.	乾符6.	6	泗刺	卒	朝命	卒	恭顺	文		旧一八七下、新一九三本传
821		崔从训	中和2.9.	中和2.9.		容管经略		朝命	军乱被逐	恭顺			
894B		崔焯						朝命	朝命	恭顺			
538B		周岳	大顺2.			湖南观察	湖南观察	朝命			武	1.未至镇，拒命 2.参阅考释	见湖南
1093		滕存免	景福1.	乾宁4.	6	岭南西道留后		朝命		恭顺	武		

（续表）

编号	相职	姓名	受镇年月	去镇年月	在镇时间	任前官职	任后官职或情形	受镇原因	去镇原因	对中央态度	文武职	备注	碑传
492		李鐬	乾宁 4.			（宿卫）		朝命		恭顺	武		
497		李继海（周承诲）	天复 1.1.			宿卫将军	宿卫将军	朝命	道路阻兵	顺	武	1. 未至镇，时道路阻兵 2.参阅考释	
956		叶广略		天祐 4.		岭南西留后	（唐亡）	拥兵据位	（唐亡）			参阅考释	

容管

编号	相职	姓名	受镇年月	去镇年月	在镇时间	任前官职	任后官职或情形	受镇原因	去镇原因	对中央态度	文武职	备注	碑传
764		陈仁琇	至德 1.					朝命		恭顺			
309		李抗	至德 2.					朝命		恭顺			
572A		侯令仪	乾元 1.					朝命		顺			
640		耿慎惑	上元 1.					朝命		恭顺			
28		元结	大历 1.	大历 5.	5	道刺	卒	朝命	朝命	恭顺	文	参阅考释	新一四三本传，全文三四四颜真卿撰容州都督元君墓志
510		长孙全绪	大历 5.	大历 5.	数月			朝命	朝命	恭顺	武	参阅考释	
83A		王翊	大历 5.	大历 14.3.	10	朗刺	河中少尹	朝命	朝命	顺	武	参阅考释	见振武
246A	△	杜佑	大历 14.	建中 1.	2	抚刺	工部度支郎中	朝命	朝命	恭顺	文		见陕虢

（续表）

编号	相职	姓名	受镇年月	去镇年月	在镇时间	任前官职	任后官职或情形	受镇原因	去镇原因	对中央态度	文武职	备注	碑传
1229B		卢岳	建中1.	建中2.2.	1	湖南观察副使	桂管观察	朝命	朝命	恭顺	文		见陕镇
27A		元琇	建中2.春	建中3.3.	1		岭南节度	朝命	朝命	恭顺	文		见岭南东
415A		李复	建中4.	贞元3.5.	5	荆南行军司马	岭南节度	朝命	朝命	恭顺	文		见义成
1292		戴叔伦	贞元4.7.	贞元5.5.	1	抚刺	卒	朝命	朝命	恭顺	文		新一四三本传、全文、五〇二权德舆撰容州刺史戴公墓志
125A		王锷	贞元5.夏	贞元10.	5	江州少尹	岭南节度	朝命	朝命	恭顺	文	参阅考释	见河东
525		房孺复	贞元10.6.	贞元13.8.	4	辰刺	卒	朝命	卒	恭顺	文		旧一一一、新一三九本传
524		房济	贞元13.10.	贞元16.	4	滁刺		朝命		恭顺			
592A		韦丹	贞元17.	永贞1.5.	5	司封郎中	河南少尹	朝命	朝命	恭顺	文		见江西
523A		房启	永贞1.5.	元和8.4.	8	万年县令	桂管观察	朝命	朝命	恭顺	文		新一三九本传、全文、五六三韩愈撰清海郡公房公墓碣
1325C		窦群	元和8.4.	元和9.	2	开刺	卒	朝命	朝命	恭顺	文		见湖南
931		阳旻	元和10.	元和15.7.	6	易刺	卒	朝命	卒	恭顺	文		新一五六本传
1310A		严公素	长庆1.12.	长庆2.11.	1	容管留后		朝命	朝命	恭顺	武	参阅考释	

（续表）

编号	相职	姓名	受镇年月	去镇年月	在镇时间	任前官职	任后官职或情形	受镇原因	去镇原因	对中央态度	文武职	备注	碑传
635B		桂仲武	长庆2.11.	宝历1.11.	3	安南都护	太子宾客	朝命	朝命	恭顺	文	参阅考释	
1310B		严公素	宝历1.11.	大和1.	2	殿中少监		朝命		恭顺	武	此再任	
72B		王茂元	大和2.4.	大和6.	5	邕管经略	金吾将军	朝命	朝命	恭顺	武		见泾原
568		胡沐	大和9.11.			左神策将军		朝命		恭顺	武		
420		李景仁	会昌2.					朝命		恭顺	文		附见旧一七一李景俭传
622		韦瓘	会昌6.					朝命		恭顺			
663A		唐持	大中3.			工部郎中	给事中	朝命	朝命	恭顺	文		
97		王球		大中11.5.				朝命	军乱被逐	恭顺			
223B		宋涯	大中11.6.			安南都护		朝命		恭顺	武		
818A		张茵		咸通5.7.			岭南西节度	朝命	朝命	恭顺		参阅考释	
703		高骈	乾符3.	乾符2.				朝命		恭顺		参阅考释	
792		张同	乾符3.	乾符5.	3			朝命	朝命	恭顺		参阅考释	
1270A		谢肇	广明1.				邕管经略	朝命		恭顺			
894A		崔焜	中和1.					朝命	朝命	恭顺			
232		何鼎	中和3.					朝命		恭顺	文		

（续表）

编号	相职	姓名	受镇年月	去镇年月	在镇时间	任前官职	任后官职或情形	受镇原因	去镇原因	对中央态度	文武职	备注	碑传
1027		盖寓	乾宁2.12.			河东大将	河东大将	强藩所命	道路阻兵		武	1.未至镇，道路阻兵 2.参阅考释	旧史五五本传
361	●	李彦弼	天复1.1.			盐州都将	（宿卫）	朝命	道路阻兵		武	1.未至镇，道路阻兵 2.参阅考释	
1307		庞巨昭	天复昭	天祐4.			（唐亡）	拥兵据位	（唐亡）			1.未至镇，时庞巨昭据容州 2.附朱全忠 3.参阅考释	
187		朱友宁	天复3.2.			宣武将	宣武将	强藩所命	原藩拒代		武		新五代史十三本传

桂管

789A		张光奇	至德1.	永泰1.				朝命	朝命	恭顺		参阅考释	
203		邢济	上元2.			金吾将军		朝命		恭顺	武		
763A		陈少游	大历1.12.		6	陇右行军司马	宣歙观察	朝命	朝命		文	1.未至镇即改官 2.参阅考释	见宣歙
310		李良		大历2.				朝命	山獠陷州城弃镇走	恭顺			

（续表）

编号	相职	姓名	受镇年月	去镇年月	在镇时间	任前官职	任后官职或情形	受镇原因	去镇原因	对中央态度	文武职	备注	碑传
1102		黎幹	大历5.5.	大历8.	4	刑侍	京兆尹	朝命	朝命	恭顺	文		旧一一一本传,拓本,字文遐撰黎幹墓志
342B		李昌巙	大历8.9.	建中2.2.	8	辰锦观察	荆南节度	朝命	朝命	恭顺	武		
1229C		卢岳	建中2.2.	贞元3.	7	容管经略	少府监	朝命	朝命	恭顺	文		见陕虢
312B		李佐	贞元3.	贞元4.	1	陕虢观察	京兆少尹	朝命	朝命	恭顺	文		见陕虢
1023B		畅悦	贞元4.1.	贞元4.6.	六月	太子左庶子	卒	朝命	朝命	恭顺			
668		孙成	贞元4.7.	贞元5.5.	1	苏刺	卒	朝命	卒	恭顺	文	参阅考释	新二〇三,旧一一九〇本传,拓本孙绰撰桂州刺史孙成墓志
1055		裴腆	贞元5.6.	贞元7.	2	光禄卿	卒	朝命	卒	恭顺	文		
1031A	〇	齐映	贞元7.5.	贞元8.7.	2	衡刺	江西观察	朝命	朝命	恭顺	文		见江西
68		王拱	贞元8.			桂管留后		朝命		恭顺			
603		韦武	贞元19.2.	贞元20.	2	桂管防御		朝命		恭顺			
1301		颜证	贞元20.12.					朝命		恭顺			
509		李门	元和5.							恭顺			
523B		房启	元和8.4.	元和8.7.	四月	容管经略	太仆少卿	朝命	朝命	恭顺	文		见容管
683B		马总	元和8.7.	元和8.12.	六月	安南都护	岭南节度	朝命	朝命	恭顺	文		见忠武
891B		崔咏	元和8.12.	元和11.	3	邕管经略		朝命	朝命	恭顺			

（续表）

编号	相职	姓名	受镇年月	去镇年月	在镇时间	任前官职	任后官职或情形	受镇原因	去镇原因	对中央态度	文武职	备注	碑传
1040B		裴行立	元和12.	元和15.2.	4	安南都护	安南都护	朝命	朝命	恭顺	武		新一二九本传
245		杜式方	元和15.12.	长庆2.3.	3	大仆卿	卒	朝命	卒	恭顺	文		旧一一七、新一六六附杜佑传
1316B		严谟	长庆2.5.	长庆4.	3	秘书监	卒	朝命	卒	恭顺			
646A		殷侑	长庆4.	宝历1.1.	数月	谏议大夫	江西观察	朝命	朝命	恭顺	文	参阅考释	见天平
408		李绅	宝历1.1.	宝历2.	2	给事中	太子宾客	朝命	朝命	恭顺	文		旧一七一、新一一八本传
1130		刘栖楚	大和1.1.	大和1.8.	八月	京兆尹	卒	朝命	卒	恭顺	文	参阅考释	旧一五四本传，芒洛冢墓遗文卷中李逢吉撰桂管观察使刘栖楚墓志
1237		萧祐	大和1.9.	大和2.8.	1	谏议大夫	卒	朝命	卒	恭顺	文		旧一六八、新一六六本传
460A		李谅	大和4.7.	大和5.2.	八月	京兆尹	岭南节度	朝命	朝命	恭顺	文		
1036B		裴弘泰	大和5.2.	大和5.12.	十一月	黔中观察	饶刺	朝命	朝命	恭顺	文		
485A		李翱	大和5.12.	大和7.	2	郑刺	湖南观察	朝命	朝命	恭顺	文		见山南东
403A		李从易	大和7.6.	大和9.4.	2	左金吾卫将军	岭南节度	朝命	朝命	恭顺	文		

（续表）

编号	相职	姓名	受镇年月	去镇年月	在镇时间	任前官职	任后官职或情形	受镇原因	去镇原因	对中央态度	文武职	备注	碑传
1277		韩佽	大和9.9.	开成2.3.	2	给事中	卒	朝命	卒	恭顺	文		旧一〇一、新一八一本传
1315		严篸	开成2.3.	开成4.10.	3	楚刺	卒	朝命	卒	恭顺			旧一六八、新一七七本传
946		冯审	开成4.9.	开成5.	1	谏议大夫	国子祭酒	朝命	朝命	恭顺	文		见河阳
352A	○	李珏	开成5.8.	会昌1.3.	八月	太常卿	昭刺	朝命	朝命	恭顺	文	参阅考释	见凤翔
1104A		蒋系	会昌1.	会昌2.	2	谏议大夫	唐刺	朝命	朝命	恭顺	文		
26A		元晦	会昌3.	会昌5.3.	3	右谏议大夫	浙东观察	朝命	朝命	恭顺	文		见天平
1011A		杨汉公	会昌5.	大中1.	2	苏刺	浙东观察	朝命	朝命	恭顺	文		旧一七八、新一八五附郑畋传
1167		郑亚	大中1.2.	大中2.2.	1	给事中	循刺	朝命	朝命	恭顺	文	参阅考释	新一六二本传、金石正卷六一韦瓘题记
630		韦瓘	大中2.3.	大中2.冬	数月	楚刺	太仆卿分司	朝命	朝命	恭顺	文	参阅考释	
858		张鹭	大中3.	大中3.	1	弘文馆直学士	卒	朝命		恭顺	文	参阅考释	
134		令狐定	大中4.	大中6.	3	安刺	卒	朝命	卒	恭顺	文	参阅考释	旧一七二、新一六六附令狐楚传
784		张文规	大中6.	大中8.	3	安刺	卒	朝命	卒	恭顺	文		旧一二九、新一二二本传

（续表）

编号	相职	姓名	受镇年月	去镇年月	在镇时间	任前官职	任后官职或情形	受镇原因	去镇原因	对中央态度	文武职	备注	碑传
805		张固	大中9.					朝命		恭顺			
727		陆弘休	大中12.							恭顺			
1175A		郑愚	咸通3.	咸通3.	2	（朝官）	岭南西节度	朝命	朝命	恭顺	文		
1080		赵格	咸通3.	咸通4.				朝命		恭顺			
1317A		严譔	咸通5.	咸通6.5.	2		镇南节度（江西）	朝命	朝命	恭顺	文		见江西
1214A		卢匡	咸通6.	咸通7.	2			朝命	朝命	恭顺			
486A		李丛	咸通7.	咸通9.6.	3			朝命	朝命	恭顺			
721B		鱼孟威	咸通9.	咸通12.	4	黔中观察	湖南观察	朝命	朝命	恭顺			
849		张丛	咸通13.					朝命		恭顺			
504B		李骘	乾符2.	乾符3.12.	2	（朝官）	（贬官）	朝命	军乱被逐	恭顺	文		见福建
816		张禹谟	乾符3.12.	乾符5.	3	右谏议大夫		朝命		恭顺			
323B		李峒	乾符5.					朝命		恭顺	文		
778		陈瑑	光启1.	乾宁1.	10			朝命		恭顺			
955		彭□	乾宁1.	乾宁1.	数月								

（续表）

编号	相职	姓名	受镇年月	去镇年月	在镇时间	任前官职	任后官职或情形	受镇原因	去镇原因	对中央态度	文武职	备注	碑传
535		周元静	乾宁1.	乾宁2.12.	2		卒		为安州防御使家晟所袭杀				
1107		刘士政	乾宁2.12.	光化3.10.	5	安州指挥使	降于马殷	拥兵据位	为马殷所败降	跋扈	武		新史六六附马殷传，九国志十一本传
446		李琼	光化3.	天祐4.	8	湖南将	（唐亡）	强藩所命	（唐亡）	跋扈	武	附马殷	

安南

编号	相职	姓名	受镇年月	去镇年月	在镇时间	任前官职	任后官职或情形	受镇原因	去镇原因	对中央态度	文武职	备注	碑传
802A		张伯仪	大历2.7.	大历12.	10	杭刺	岭南节度	朝命	朝命	恭顺	武		见荆南
652		马崇福	大历12.4.	贞元4.	11	商刺		朝命	卒	恭顺	武		
844		张应	贞元4.4.	贞元5.	1	吉刺	卒	朝命	卒	恭顺	武	参阅考释	
1309		庞复	贞元5.3.	贞元5.	数月	资刺		朝命		恭顺	武		
687		高正平	贞元6.	贞元7.4.	2		卒	朝命	卒	恭顺	武		
1073A		赵昌	贞元7.7.	贞元18.	11	祠部员外郎	国子祭酒	朝命	朝命	恭顺	文	参阅考释	见荆南
1050		裴泰	贞元18.5.	贞元19.2.	十月			朝命	为州将王季元所逐	恭顺	文		
1073B		赵昌	贞元20.3.	元和1.4.	3	国子祭酒	岭南节度	朝命	朝命	恭顺	文	此再任	
786		张舟	元和1.4.	元和5.	5	安南经略副使	卒	朝命	卒	恭顺	文		柳河东文集卷三安南都护张舟墓志

（续表）

编号	相职	姓名	受镇年月	去镇年月	在镇时间	任前官职	任后官职或情形	受镇原因	去镇原因	对中央态度	文武职	备注	碑传
683A		马总	元和 5.7.	元和 8.7.	3	虔刺	桂管观察	朝命	朝命	恭顺	文		见忠武
819		张勋	元和 8.7.			江刺		朝命	朝命	恭顺		未至镇、而免官	
1040A		裴行立	元和 8.8.	元和 12.	5	蕲刺	桂管观察	朝命	朝命	恭顺	武		见桂管
417		李象古	元和 13.	元和 14.10.	2	衡刺	卒	朝命	军乱被杀	恭顺			旧一三一、新八○本传，拓本王仲周撰安南都护李象古墓志
635A		桂仲武	元和 14.10.	元和 15.	数月	唐刺	容管观察	朝命	朝命	恭顺	文	参阅考释	
1040C		裴行立	元和 15.2.	元和 15.7.	六月	桂管观察	卒	朝命	朝命	恭顺	武	此再任	
60		王承弁	长庆 2.1.	长庆 2.	数月	夔刺	卒	朝命	朝命	恭顺			
272		李元喜	长庆 2.9.			万刺		朝命		恭顺			
1280		韩约	大和 1.1.	大和 2.9.	2	虔刺	大府卿	朝命	军乱被逐	恭顺	武		新一七九本传
1178		郑绰	大和 5.10.			绵刺		朝命		恭顺			
1119		刘旻	大和 7.5.			邛刺		朝命		恭顺			
1279A		韩威	大和 8.12.			楼刺		朝命				未至镇、自辞职	
166		田群（田早）	大和 9.1.	大和 9.	1	楼刺	卒	朝命	卒	恭顺		参阅考释	旧一四一、新一四八附田弘正传
679A	△	马植	开成 1.9.			饶刺	黔中观察	朝命	朝命	恭顺			见忠武

（续表）

编号	相职	姓名	受镇年月	去镇年月	在镇时间	任前官职	任后官职或情形	受镇原因	去镇原因	对中央态度	文武职	备注	碑传
518		武浑		会昌 3.11.				朝命	军乱被逐	恭顺			
1035		裴元裕		大中 2.				朝命		恭顺			
158		田在宥	大中 3.					朝命	朝命	恭顺			旧一四一附田布传
880		崔珙		大中 6.				朝命		恭顺			
379		李㻅		大中 9.				朝命	朝命	恭顺			
282A		李弘甫	大中 10.	大中 11.	2		宗正卿	朝命	朝命	恭顺			
223A		朱涯	大中 11.4.	大中 11.6.	数月	右千牛卫大将军	容管经略	朝命	朝命	恭顺	武		
39A		王式	大中 12.1.	大中 13.	2	康王傅分司	浙东观察	朝命	朝命	恭顺	文		见武宁
444		李鄁	大中 13.	咸通 1.12.	2		儋州司户	朝命	南诏陷交趾	恭顺			
114		王宽	咸通 2.6.	咸通 3.2.	七月	盐州防御使		朝命	朝命	恭顺			
1100B		蔡袭	咸通 3.2.	咸通 4.1.	1	湖南观察	卒	朝命	南诏陷交趾蔡袭溺海死	恭顺	武		
221		宋戎	咸通 4.7.	咸通 5.	1	行交州刺史		朝命	南诏陷交趾	恭顺	武		

（续表）

编号	相职	姓名	受镇年月	去镇年月	在镇时间	任前官职	任后官职或情形	受镇原因	去镇原因	对中央态度	文武职	备注	碑传
710B		高骈	咸通 5.7.	咸通 9.8.	5	骁卫将军	右金吾大将军	朝命	朝命	恭顺	武	参阅考释	见天平
707A		高浔	咸通 9.8.	广明 1.				朝命	军乱被逐	恭顺	武		
930		曾衮				江西观察							
698B		高茂卿	中和 2.										
1270B		谢肇	中和 4.										
177		安友权	乾宁 4.								武		
496		李继昭（孙德昭）	天复 1.			左神策军指挥使	左神策军指挥使	朝命			武	1. 未至镇，道路阻兵 2. 参阅考释	
189		朱全昱	天祐 1.				太师致仕	强藩所命	强藩所命			1. 未至镇，道路阻兵 2. 参阅考释	旧史十二、新史十四本传
1198	●○	独孤损	天祐 2.3.			宰相	抚刺	朝命			文	1. 未至镇，道路阻兵 2. 参阅考释	
174	●	曲承裕		天祐 4.			（唐亡）	拥兵据位	（唐亡）			参阅考释	

四、唐代藩镇总表考释

京　畿

浑瑊　吴表表八，京畿建中四年李昌夔、浑瑊。"浑瑊"条下引旧纪十月己巳加浑瑊渭南北金商节度使。按艺文印书馆据清乾隆武英殿刊本景印《旧唐书》卷十二《德宗本纪上》，建中四年十月，无加浑瑊渭南北金商节度使之记载。建中四年十月丁未，泾原兵变，戊申，德宗至奉天，"己酉，元帅都虞候浑瑊以子弟家属至，乃以瑊为行在都虞候"，其后，旧纪并无浑瑊改官记载。至兴元元年正月丙申，"以浑瑊为行在都知兵马使"，三月"己亥，以行在都知兵马使浑瑊检校左仆射同平章事灵州大都督充朔方节度使、邠宁振武永平奉天行营副元帅"，据此浑瑊实未为京畿观察使。

李晟　吴表京畿无李晟，按新一五四、旧一三三《李晟传》，《全唐文》五三八裴度《赠太师李公神道碑》均言为京畿鄜坊节度使，《通鉴》二三〇兴元元年三月"丁亥，以李晟兼京畿渭北鄜坊丹延节度使"（旧纪在丙戌），吴表京畿兴元元年三月为尚可孤，按旧传"尚可孤以神策之旅屯七盘，皆禀晟节度"，或晟将京畿节度让可孤。

同　州

康日知　吴表无康日知，按新一四八《康日知传》"徙日知奉诚军节度使"，《通鉴》二二九兴元元年正月"前深赵观察使康日知为同州刺史奉诚军节度使（胡注：以赵州与王武俊，故徙康日知，乾元初，以同州为匡国节度使，今又为奉诚军）"。

李茂庄　吴表文德元年至龙纪元年著李茂庄。按新表乾宁二年升同州为匡国节度使。《合钞》云在乾宁元年，今从《合钞》。李茂庄任同州时尚非节度使，其名应删，王行约之任应自乾宁元年始。

王行约　两《唐书》无传，新二二四下《王行瑜传》"及弟同州节度使行实请讨杨守亮于山南……克用悉兵度河问行瑜等罪，行实弃同州"，旧一七五《王行瑜传》及《通鉴》均作王行约，按《通鉴》二六〇乾宁二年七月"戊午，行约弃同州走，己未，至京师，行约弟行实，时为左军指挥使，率众与行约大掠西市"，是则行实乃行约之弟，新传行约、行实误相互换。

冯行袭　吴表无冯行袭。按旧五代史十五、新五代史四二《冯行袭传》，均言曾为匡国节度使，旧五代史传"天祐元年兼领洋州节度使，太祖之伐荆襄，行袭令其子勗以舟师会于均房，预收复功，迁匡国军节度使"。《通鉴》二六五天祐三年五月"以武定节度使冯行袭为匡国节度使"，是与旧五代史行袭传相合。

华　州

李怀让　怀让之卒，《通鉴》系广德元年六月，《全唐文》四一九常衮撰《华州刺史李公墓志》云"广德元年九月三日薨于华州军府。"旧纪与《通鉴》同，今从墓志。

李元谅　吴表建中四年骆元光，兴元元年至贞元二年空白，贞元三年至九年李元谅，按《通鉴》一三一，兴元元年五月有镇国节度使骆元光，其后并无改官记载。旧一四四本传及旧纪俱云贞元四年春兼陇右节度使，则兴元元年至贞元二年不应空白，李元谅此时实在任。

王重简　吴表中和三年至光启元年著王重简。按新表此时未置节度，只为华州刺史兼潼关军使，未能视作方镇，今删去。

韩建　吴表光启三年至天复元年著韩建。按新表建中四年置潼关节度使，贞元九年废镇，只置华州刺史兼潼关军使，光化元年复置镇国军节度使于华州。考旧纪乾宁三年九月"丙午，制以镇国节度使韩建检校太尉兼中书令充修复宫阙京畿制置催促诸道纲运等使"。是则乾宁三年已有镇国军节度使之名，若以其时情势观之，乾宁三年七月，昭宗避李茂贞之逼，丙申，车驾至华州，至光化元年八月己未车驾自华州还京师（旧纪、《通鉴》）。华州置节度，当在乾宁三年，其光化元年车驾还京后乃置节度之可能性较小。吴表韩建之名始于光启三年，时实为华刺，未能作为方镇，今改建始于乾宁三年。

李存　朱全忠于天复元年十一月至华州，韩建降于全忠，全忠以建为忠武节度，以李存权知华州，时天子出奔凤翔，存之命当出于全忠。

奉 天

齐克俭　吴表中和元年至三年著齐克俭，据岑补克俭于中和二年三月始任奉天节度，克俭不知何时罢镇。

凤 翔

白敏中　旧一六六《白敏中传》"（咸通）三年罢相为河中尹河中晋绛节度使"。按旧传此条全误。考新《宰相表》咸通二年二月"庚戌，敏中检校司徒兼中书令凤翔节度使"。《通鉴》亦同。新一一九白敏中传"咸通二年南蛮扰边，召敏中入议，许挟扶升殿，固求免，乃出为凤翔节度使"。是敏中咸通二年罢相后乃出凤翔非河中。吴表不误。

刘邺　吴表无刘邺，按旧一七七《刘邺传》"（由淮南节度）除凤翔尹凤翔陇右节度使，以疾辞，拜左仆射"。新传略同。据《通鉴》高骈代邺镇淮南在乾符六年十月，邺改凤翔，辞凤翔改左仆，十二月乃以郑畋为凤翔节度，邺受凤翔节度之拜不及两月。

郑畋　新一八五、旧一七八有传，按旧传郑畋离镇以暴病。新传则为李昌言所逐，《通鉴》与新传同，旧传误。（参见赵翼《陔余丛考》卷十二"新旧唐书有彼此互异者，今据《通鉴》纲目、唐鉴、贞观政要、五代史、北梦琐言等书稍为订正于后"中"郑畋被逐"条。）

徐彦若　吴表无徐彦若，按《通鉴》二五九，景福二年正月"凤翔节度使李茂贞自请镇兴元，诏以茂贞为山南西道兼武定节度使，以中书侍郎同平章事徐彦若同平章事充凤翔节度使，又割果阆二州隶武定军，茂贞欲兼徐凤翔，不奉诏"。是彦若有诏命而未得至镇也。

李嗣周　吴表无李嗣周。按《通鉴》二六一乾宁四年六月乙卯"以覃王嗣周为凤翔节度使。……覃王赴镇，李茂贞不受代，围覃王于奉天"。是李嗣周有诏命，为李茂贞拒代。

泾 原

李怀光　吴表建中元年段秀实下注引李怀光兼泾原，表中未列名，今增列。

段祐　旧一五二、新一七〇有传，新传、旧纪、《全唐文》七三七沈亚之临泾城碑均作段祐，旧传作段佐，误。

苏光荣　吴表误为"朱光荣"，旧一五七《韦弘景传》"普润镇使苏光荣为泾原节度使"，与旧纪宪宗元和八年十月戊戌条合，足证是"苏"，非"朱"。

李祐　赵明诚《金石录》卷二九跋尾十九"唐李祐墓志"跋尾云，以墓志考祐历官"以平蔡功超授左神武将军，从徐州李愬平李师道，迁左金吾卫将军，帅绥银夏，迁户部尚书兼左金吾大将军遂为齐德沧景等州节度使以卒，盖未尝为少詹事帅泾原领剑南节度也"。按旧一六一本传"宝历初入为右金吾大将军，寻以吐蕃入寇，出为泾州刺史泾原节度使，太和初，讨李同捷迁检校户部尚书沧州刺史沧德景节度使"。新二一四本传亦云为泾原，旧纪亦以宝历二年五月甲戌以金吾卫大将军李祐为泾原节度使，今从两唐书。

刘沔　旧一六一、新一七一有传，旧传未言为泾原，旧纪、新传皆言自神策大将军为泾原节度使，徙振武，是旧传漏缺。

康季荣　吴表季荣二任泾原，岑补云："季荣再任，断应删却。"

邠　宁

韩游瓌　旧一四四作遊瓌。

郑权　吴表无权。旧一六二、新一五九郑权传，均言权为横海节度，沧州刺史李宗奭数违命，权效奏，诏追之，宗奭以州兵留己自解，宪宗更以乌重胤代权，沧人惧，共逐宗奭，宗奭还京师，有诏斩以徇，徙权节度邠宁，或讼宗奭为权所诬，左迁原王傅。按元和十三年程权已镇邠宁，郑权虽有邠宁之命，然未至镇，故程权仍在邠宁。

刘遵古　吴表无遵古，今据岑补增列。

郭行余　旧一六九、新一七九有传。按行余与李训善，训欲诛宦官，乃用行余为邠宁节度使，不数日，有甘露之变，事败被诛。参见《通鉴》二四五，大和九年十一月，按时李用在邠宁未改任，行余实未至镇，李用亦未罢镇。

张君绪　吴表会昌六年大中元年著李业，据岑补，业未镇邠，应删，君绪镇邠殆始会昌六年。

刘异　吴表大中十四年，咸通元年著刘异，今据岑补删去十三年以下之任。

温璋　吴表咸通六年著温璋，今据岑补删去，璋之任终咸通
五年。

李存礼　旧五代史五十一"薛王存礼武皇子，同光三年封，庄
宗败，不知所终"。当非邠宁节度使李存礼。

王行瑜　新二二四下、旧一七五有传。新传，行瑜为李克用败，
悉族奔庆州，为麾下斩于路，然已先有诏削官爵。

苏文建　今据岑补，苏文建二度为邠宁。

孙储　《英华》四五八吴融《授孙储秦州节度使》制："昨以邠
土奥区，逾时阙帅，俾专旗鼓，用息烽烟，而属十乘未临，三军献
状，既闻陈请，须议改移。"则孙储由邠改天雄系邠军不受，吴表邠
宁乾宁四年正月李思谏为宁塞，七月天雄李继徽为邠宁，则孙储在
二李之间。

鄜　坊

王栖曜　旧一五二、新一七〇有传。两传云栖曜卒于贞元十九
年，旧纪、《通鉴》皆以栖曜卒于贞元十八年十月己酉，《通鉴》所记
较详，从之。

陈君从　吴表大中六至七年著陈君从，今据岑补移置大中二年
至四年。

李彦佐　吴表大中二年至四年著李彦佐，岑补疑在大中六年，
与陈君从易位。

窦璟　吴表咸通七至十年著窦瀚，其考证则云"当为窦璟"。自
相矛盾，今据考证改为窦璟。

李国昌　《旧五代史》二十五《武皇纪》、《新五代史》卷四《庄
宗本纪》均未言国昌为鄜坊。今据新二一八《李国昌传》及《北梦琐
言》，新传由蔚州刺史云州守捉使以平庞勋功进大同军节度使，改鄜
坊。今依《通鉴》国昌为大同在振武任后。

李茂勋　乃李茂贞之从弟，后降于朱全忠，改名周彝，非李可
举之父也。

氏叔琮　旧五代史一九、新五代史四三有传。旧传言天复元年

除晋州节度使，考新方镇表无晋州节度使，新传云为晋州刺史，从之。

夏 绥

李听 旧一三三、新一五四有传。按《全唐文》六二三宋申锡《李公德政碑》，听虽由荫补，而从军旅，故新传文宗曰："付之兵不疑，退处散地不怨，惟听为可。"

李昌言 据旧纪大和六年十月"壬子，以左金吾卫将军李昌言检校左散骑常侍充夏绥银宥节度使"。按此人与凤翔节度使非一人。《通鉴》二五四中和元年十月"（凤翔行军司马李昌言）引军还袭府城，（节度使）郑畋登城与士卒言，其众皆下马罗拜曰：相公诚无负我曹。畋曰：行军苟能戢兵爱人，为国灭贼，亦可以顺守矣。乃以留务委之，即日西赴行在"。中和元年与大和六年相距四十余年，二李昌言当非一人。

李业 吴表无李业，据岑补增列。

诸葛爽 吴表广明元年著诸葛泰，引《通鉴》，按《通鉴》二五三广明元年十月以诸葛爽为夏绥，则"泰"字系"爽"之误。

朔 方

王晙 吴表开元五年至九年著王晙，今据岑补王晙之任应自开元四年至八年，韦抗继任，八年秋晙复任朔方。

薛讷 吴表开元三至五年著薛讷，据岑补开元四年王晙已继任、五年讷不在任。

韦抗 吴表无韦抗，据岑补增列。

李祎 吴表开元十年著信安王祎，开元十五至二十四年著信安王祎，是祎再任朔方。据岑补考证，开元十年祎未任朔方，名应删。

史宪忠 吴表会昌六年著史宪忠，按新一四八《史宪忠》传称，大中初徙振武，则大中元年应著史宪忠，以与振武相衔接。

振 武

崔宁 吴表无崔宁，旧一一七《崔宁传》，宁时为振武节度，然以杨炎忌宁，振武仍置留后，自得奏事。是宁不可缺漏，吴表大历十四至建中元年著张光晟，建中元至二年著彭令芳，均系留后，宁既在任；留后不当列名，删去。建中二年至三年著王翊，虽亦为留后，然建中二年七月宁已去任，则振武无节度，留后王翊可列名。

范希朝 《册府》三七四贞元末，希朝入觐"拜检校右仆射兼右金吾卫大将军"。

李泳 吴表大和至七年著李泳，考证云无罢镇年月。又吴表四河阳，大和九年著李泳，注引《册府》元龟"初任振武节度，转为河阳"。则泳任振武当延至大和九年（吴表大和八年空白，九年九月刘沔任振武，或系继泳之任）。

李业 吴表会昌五至六年著李业。今依岑补删去。

米暨 吴表会昌六年至大中元年著米暨，注引《宣室志》。又吴表朔方大中元年著米暨，注引补录纪传。所引两书所记之事相同，《宣室志》以振武米暨赂李德裕五百羊。而补录纪传则称灵武帅米暨赂李德裕五百羊。两者书衔必有一误，如从《宣室志》则补录纪传误，不可两从。今从《宣室志》，则暨灵武之任当删。

天 德

吴表无天德一镇，今新增。

李景略 旧纪贞元十二年"九月甲午，以河东行军司马李景略为丰州刺史，天德军丰州西受降城都防御使"。旧纪贞元二十年正月"丙申，天德军防御团练使丰州刺史李景略卒，以其判官任迪简代领其任"。旧一五二《李景略传》："大历末，寓居河中，阖门读书，李怀光为朔方节度，招在幕府……以景略为丰州刺史兼御史大夫天德军西受降城都防御使。……贞元二十年卒于镇。"

任迪简 迪简继李景略任，见前李景略条引旧纪贞元二十年正月丙申条。又旧一八五下《任迪简传》："及（李）景略卒，众以迪简长者，议请为帅，监军使闻之，拘迪简于别室，军众连呼而至，发户扃取之，表闻。德宗使察焉，具以军情奏，除丰州刺史天德军使。……追入拜太常少卿。"迪简去任时间，据《唐书合钞》八十四《方镇表》，但《合钞》云迪简迁工部侍郎，两传均言入为太常少卿，迪简为工侍乃在罢义武后，《合钞》误。

浑镦 旧一三四《浑镦传》："元和初，出为丰州刺史天德军使，坐赃贬袁州司户，宪宗思咸宁之勋，比例从轻，（元和）五年，征为袁王傅。"则铖为天德在元和五年前，按元和五年以前惟任迪简罢镇后有缺，铖当是继迪简之任者。

张煦　旧纪元和六年八月"乙丑，以天德军防御使张煦为夏州刺史夏绥银等州节度使"。

周怀义　怀义之受任时间据《唐书合钞》八十四。又旧纪元和九年六月"戊寅，以天德军经略使周怀义卒，废朝一日"。按时天德军所置为都防御使，非经略使。考新一八六《周宝传》："父怀义，通书记，擢累检校工部尚书天德西城防御使，以徙城事，不为宰相李吉甫所助，以忧死。"怀义即旧纪之"怀乂"，是为防御，非经略也。

燕重旰　旧纪元和九年六月"丙戌，以左龙武将军燕重旰为丰州刺史天德军丰州二受降城都防御押蕃落等使"。又旧纪元和十年二月"壬戌，河东防秋将刘辅杀丰州刺史燕重旰"。

李奉仙　旧纪元和十年"三月壬申朔，以右金吾将军李奉仙为丰州刺史天德军西城中城都防御使"。未知何时罢任。

李进诚　旧纪长庆二年正月庚子，"以天德军防御使李进诚兼灵州刺史充朔方灵盐定远城等州节度使"。未知何时拜任。

李岵　旧纪长庆二年正月庚子，"以晋州刺史李岵为丰州刺史充天德军丰州东西受降城都防御使。宝历元年五月李文悦代（《合钞》八十四）"。

李文悦　旧纪宝历元年五月"庚午，以右金吾将军李文悦为丰州刺史天德军防御使"。旧纪大和二年六月辛巳"以天德军使李文悦为灵武节度使"。

刘沔　旧一六一《刘沔传》："历盐州刺史天德军防御使……大和末……移授振武节度使。"按沔为振武节度在会昌二年，系由泾原节度移授。依旧纪，沔于大和九年六月以右神策大将军出为泾原节度，其天德任后或入朝为神策将军。

田牟　牟不知何时任。会昌二年四月牟见在任（旧纪）。

石雄　旧纪会昌三年二月"以麟州刺史天德行营副使石雄为银青光禄大夫检校左散骑常侍崖（？当作丰）州刺史御史大夫充丰州

西城中城都防御本管押蕃落等使"。旧纪会昌三年九月，讨泽潞刘稹，以李彦佐为泽潞西南面招讨使，"以天德军石雄为彦佐之副"。

康承训　新一四八《康承训传》："累左神武军将军，宣宗擢为天德军防御使……擢义武节度使。"

段文楚　不知何时任镇。旧纪咸通十三年五月"以天德（都）防御使检校左散骑常侍段文楚为云州刺史大同军防御使"。

李珰　旧纪乾符二年十月"以前大同军及云朔都防御营田供军等使李珰检校左散骑常侍丰州刺史充天德军丰州西城中城都防御使"。不知何时罢任。

东　畿

李勉　吴表据旧传广德元年著李勉，按沈炳震《唐书合钞》八十三《方镇表》京畿栏，广德二年"置京畿观察使，以御史中丞兼之，李勉拜"。考旧传作"都畿观察使"，"都畿"乃"东都畿"之简称，非京畿也。《文苑英华》四〇六《授李勉河南尹制》，"咨尔尹京之任御史中丞东都畿内观察使李勉，才茂宗枝……可守河南尹兼御史中丞"。则是东畿之明证，旧传："明年，罢（河南）尹，以中丞归西台。"盖勉出为东畿带中丞之衔，非真任中丞，及罢河南尹，始真归任中丞，沈表误。按李勉任由中丞出为江西观察在广德二年九月，其为东畿必早于广德二年，又宝应元年勉山南西观察任，吴表东畿李勉之任置于广德元年，是也。

薛珏　吴表贞元元年著薛珏。按旧一八五下、新一四三《薛珏传》，珏为河南尹，未为东都留守。考旧纪贞元元年六月"壬午，以工部尚书贾耽兼御史大夫东都留守都畿汝州防御使，以汴州刺史薛珏为河南尹"。是明言珏为河南尹，河南尹不兼东畿防御使，东畿防御使乃由东都留守兼充，此时贾耽正同日得东畿诏命，珏未为东畿防御，事甚明显，是则薛珏无东畿之任，吴表误。

杜亚　吴表无杜亚。按亚贞元五年十二月辛未，由淮南节度为东都留守畿汝州防御使。（旧纪，旧一四六、新一七二《杜亚传》，《全唐文》四九七权德舆撰《杜公神道碑》）其后以董晋代亚为东都留守（旧传、新传）。杜亚罢留守于贞元十二年三月，其卒在贞元十四年五月甲子，然罢东都留守后，并未再授官（神道碑、新传、旧传）。

董晋　吴表无董晋。旧一四五《董晋传》"（贞元）九年夏改礼部尚书、兵部尚书，东都留守东都畿汝州都防御使"（新一五一《董晋传》略同）。据严表卷十七兵尚董晋条，晋以贞元十二年三月十六日戊申以兵尚充东都留守，七月乙未改宣武节度（权德舆《董晋碑》同）。

王翊　旧一五七《王翊传》："入为太子宾客，贞元十二年检校礼部尚书代董晋为东都留守。"旧纪贞元十二年七月"以太子宾客王翊为东都留守判东都尚书省事东畿汝都防御使"。旧传："贞元十八年卒。"翊卒时在任上。

顾少连　吴表无顾少连。按少连贞元十八年六月癸巳，由吏尚换兵尚充东都留守。贞元十九年十一月卒。见旧纪、新一六二《顾少连传》，《全唐文》四七八杜黄裳撰《顾公神道碑》、严表卷十七兵尚顾少连条。

韦夏卿　吴表无韦夏卿。旧纪贞元十九年"十月乙未，以太子宾客韦夏卿为东都留守，东都畿汝都防御使"。旧一六五《韦夏卿传》："东都留守，太子少保卒。"（新一六二《韦夏卿传》）

王绍　吴表无王绍。按永贞元年十二月庚子，绍由兵部出为东都留守，改武宁节度（阅旧纪、旧一二三、新一四九《王绍传》、《全唐文》六四六李绛撰《王绍碑》，严表卷十七兵尚王绍条）。

赵宗儒　吴表无赵宗儒。按宗儒元和元年十一月庚戌，由吏侍出为东都留守东畿汝防御使（旧纪、两传、严表卷十吏侍赵宗儒条）。元和三年六月由东都留守迁礼尚（旧传、严表卷十五礼尚赵宗儒条），新表元和三年罢东都畿汝都防御使。旧纪元和三年六月"甲戌，以河南尹郑余庆为东都留守"。已不兼都防御使，今不列余庆。

郑絪　吴表无郑絪，今据旧一五九《郑絪传》增。并见严表、吏尚、郑絪条。絪元和九年在工尚任，后转太常，两传未言外任，当仍在朝，絪之出为东都，史无确年，新表元和十三年："复置东都畿汝州都防御使，兼东都留守如故。"

李绛　吴表无李绛，今据旧一六四、新一五二《李绛传》，严表卷九吏尚李绛条增。

裴度 吴表无裴度。按度两为东畿都防御使，首任在长庆二年二月丁亥，由河东节度为东都留守（旧纪、《通鉴》），三月壬子，度由河东至京师，改淮南节度（旧纪、《通鉴》），是度未至东都即改官。再任在大和八年三月庚午，由山南东节度改任，开成二年五月乙丑，改河东节度（旧纪）。

陈楚 吴表无陈楚。旧一四一、新一四八《陈楚传》，无东畿之任，惟据旧纪楚在义武节度、河阳节度之间历东都留守。

韩皋 吴表无韩皋。旧一二九《韩皋传》："其年（长庆二年）以本官（左仆）东都留守。"皋任镇罢镇时间见严表卷五左仆韩皋条。

杨於陵 吴表无杨於陵。旧一六四《杨於陵传》："长庆初，拜太常卿充东都留守，年高拜章辞位。宝历二年授检校右仆射兼太子太傅。"《全唐文》六三九李翱撰《右仆射致仕杨公墓志》作"蕲汝都防御使"，即东畿汝都防御使，例由东都留守兼领。按於陵始任东畿，旧传称在"长庆初"，考长庆二年至四年正月，韩皋在东畿任上，则於陵之任不能早过长庆四年正月，是旧传所言"长庆初"，当作"长庆末"。

崔从 吴表无崔从。今据旧一七七、新一一四《崔从传》增入，由太常卿出。旧纪，大和三年三月壬辰"以前东都留守崔从为户部尚书"（严表同）。

令狐楚 吴表无令狐楚。旧一七二《令狐楚》传："（大和）三年三月检校兵部尚书东都留守东畿汝都防御使"，旧纪在三月辛巳，严表由户尚出。旧纪大和三年十二月，"己丑，以东都留守令狐楚检校右仆射天平军节度使"。

崔弘礼 吴表无崔弘礼，按新一六四、旧一六三《崔弘礼传》，均言两度为东都留守，并见旧纪、严表卷十九刑尚崔弘礼条。

崔元略 吴表无崔元略，元略以户尚出为东都留守畿汝都防御使，阅旧一六三《崔元略传》、旧纪、严表卷十一户尚崔元略条。

韦弘景 吴表无韦弘景。今据旧一五七、新一一六《韦弘景传》

及严表卷十七刑尚韦弘景条增。

温造　吴表无温造。旧一六五《温造传》："（大和）五年四月，入为兵部侍郎，以耳疾求退，七月，检校户部尚书东都留守判东都尚书省事东畿汝防御使。"（新九十一《温造传》略同）旧纪大和五年七月，"辛丑，以兵部侍郎温造检校户部尚书为东都留守"。八月壬申，造改河阳节度。

李逢吉　吴表无李逢吉。旧纪大和五年八月，"壬申，以河阳三城怀州节度使杨元卿为宣武军节度使，代李逢吉，以逢吉检校司徒兼太子太师充东都留守，代温造，以温造为河阳三城怀州节度使"。旧纪大和八年三月庚午，"以东都留守李逢吉检校司徒右仆射"。据严表，逢吉入为左仆。

牛僧孺　吴表无牛僧孺。按新一七四《牛僧孺传》："（僧孺为淮南节度）开成初，表解剧镇，以检校司空为东都留守。……三年，召为尚书左仆射。……（会昌元年）下迁太子少保，进少师。明年，以太子太傅留守东都……黜为太子少保分司东都。"《全唐文》七二〇李珏撰《故丞相太子少师赠太尉牛公神道碑》："拜检校司空东都留守……俄以左仆射征……降授太子少师，时议不平，又还检校司徒兼太子太保，俄又改太傅，再临东郊。"《全唐文》七五五杜牧撰《唐故太子少师奇章郡开国公赠太尉牛公墓志》："（开成二年）除检校司空留守东都，明年，拜左仆射。……（会昌元年）罢为太子少师，未几检校司徒兼太子少保，明年，以检校官兼太子太傅留守东都。刘稹以上党叛，诛死。……自十月至十二月，公凡三贬。"足证牛僧孺两度任东都留守。僧孺第一度为东都留守，旧纪有明文："（开成二年五月）辛未，诏以前淮南节度使牛僧孺为检校司空东都留守。……（开成三年九月）戊寅，以东都留守牛僧孺为左仆射。"其第二度为东都留守，依新传、墓志，当在会昌二年，其罢任，据《通鉴》，在会昌四年十月，贬太子少保分司、再贬汀州刺史，十二月，再贬循州长史，与墓志三贬之说相合。

崔珙　吴表无崔珙。旧一七七《崔珙传》："（开成）三年，检校户部尚书判东都尚书省事东都留守东畿汝都防御使。会昌中，迁银青光禄大夫检校吏部尚书兴元尹充山南西道节度使。"（新一八二《崔珙传》略同）旧纪开成三年"十月，乙酉，以尚书左丞崔珙检校户部尚书充东都留守"。（严表同）

王起　吴表无王起。起于会昌元年，由兵尚出为东都留守，同年入迁吏尚，见旧一六四、新一六七《王起传》，严表卷十七兵尚王起条及卷九吏尚王起条。

李程　吴表无李程。按旧一六七《李程传》："（开成）二年三月，检校司徒，出为襄州刺史山南东道节度使，卒。"考新一三一《李程传》，程由"山南东道节度再为仆射"。据严表，李程三为左仆，在山南东节度之任后，第三度为左仆，当非如旧传所称在山南东道任上卒。新传："武宗立，为东都留守，卒。"程会昌元年二月尚在左仆任，严表或稍后出为东都留守，不知卒于何时。

狄兼谟　吴表无狄兼谟。按新一一五《狄兼谟传》："以秘书监归洛阳，迁东都留守卒。"

孙简　吴表无孙简。据新二〇二《孙简传》增，按《芒洛冢墓遗文》四编第六卷有孙詹墓志："烈考府君讳简……两任东都留守。"

李石　吴表无李石。旧纪会昌五年正月，"以前太原节度使检校司空李石以本官充东都留守"。按会昌四年正月，太原兵乱，逐节度使李石，三月以石为太傅分司（《通鉴》），则石任东都留守，已非太原节度使衔。石罢留守不知何时，但会昌六年三月尚在任（旧纪）。旧一七二《李石传》："畿汝都防御使，以太子少保分司卒。"

李德裕　吴表无李德裕。德裕盖会昌六年十月由荆南节度改东都留守，大中元年二月，为太子少保分司东都。（旧纪，旧一七四、新一八〇《李德裕传》，《通鉴》）

崔珙　吴表无崔珙。按新一八二《崔珙传》，罢凤翔节度后为太子少师分司东都，就拜留守，复节度凤翔。

李固言　吴表无李固言。按旧一七三《李固言传》。"宣宗即位，累授检校司徒东都留守东畿汝都防御使，大中末以太常卿孙简代之。"拜太子太傅分司东都卒。

杜悰　吴表无杜悰。按旧纪大中十一年六月，太子太傅分司杜惊为东都留守。

卢钧　吴表无卢钧。按新一八二《卢钧传》由山南西道为东都留守。

蒋系　吴表无蒋系。据新一三二《蒋系传》增。

柳仲郢　吴表无柳仲郢。今据旧一六五、新一六三《柳仲郢传》增。

崔充　吴表无崔充。旧一五九《崔群传》："子充……终东都留守。"按乾符二年二月充由东川改河南尹，其为东都，当在河南尹后。

李蔚　吴表无李蔚。按旧一七八《李蔚传》："迁检校司空东都留守东畿汝都防御使。"新《宰相表》在乾符五年九月（《通鉴》同）。乾符六年八月甲子由东都留守改河东节度（《通鉴》）。

刘允章　吴表无刘允章。按旧一五三《刘允章传》："后迁东都留守，黄巢犯洛阳，允章不能拒，贼不之害，坐是废于家。"允章任东都之时不确知，旧纪广明元年"十一月辛亥朔，己巳，贼陷东都，留守刘允章率分司官属迎谒之"。

崔安潜　吴表无崔安潜。按新一一四《崔安潜传》："僖宗避贼剑南，召为太子少师，王铎任都统，表以自副，铎解兵，安潜复为少师东都留守。青州王敬武卒，诏拜平卢节度使。"旧纪中和三年五月"王铎罢行营都统"。新纪在二月，则安潜当于中和三年为东都留守。又新传云改平卢节度，时在大顺二年，安潜早已不在留守之任，实由太子少师改平卢节度也。

郑畋　吴表无郑畋。按新纪，中和三年五月"郑畋为司徒东都留守……七月，郑畋罢"。新、旧传均未言畋为东都留守，只云罢相后授太子少保，盖畋实未至东都也。

陕　虢

来瑱　旧纪乾元二年三月丙申"以河西节度副使来瑱为陕州刺史充虢华节度潼关防御团练等使"。（沈氏《合钞》同）按《通鉴》二二一乾元二年三月丙申作"河西节度使"。考来瑱任官至德元年为襄邓节度，二年为淮西节度，乾元二年改河西节度使（吴表河西有来瑱），其非副使甚明，旧纪误。

李齐运　吴表大历十四至建中二年著李齐运，据新表大历十四年废陕西防御观察使，至建中四年始复置。旧纪建中二年十一月"丁丑，以陕州长史李齐（运）为河中尹充河中晋绛防御观察使"。未言齐运为陕虢观察或节度。吴表误以陕州长史即为陕虢观察或节度，本表删去齐运。

李佐　《全唐文》七八四穆员撰《京兆少尹李公墓志铭》："表公为倅者，荆南、江西、鄂岳三府，上以鄂岳请命先至，除检校户部郎中兼侍御史充都团练使。按唐都团练使例由观察使兼领，佐既为鄂岳府僚，都团练使之衔恐有误。

姚南仲　旧一五三《姚南仲传》："贞元十五年，代李复为郑滑节度使。"旧纪、《通鉴》均系贞元十三年四月庚辰，旧传误。

崔淙　吴表作崔琮。据行状应作"淙"，吴表去镇年月依严表更正。

窦易直　吴表易直罢任在元和十年，据岑补易直罢陕虢改京兆尹在十一年十一月后。

崔从　吴表崔从之任自元和十年至十三年，据岑补自十二年始任。

韦温　吴表韦温罢镇在会昌四年，据严表吏侍，会昌三年韦温"秋冬由陕虢观察入迁"。

陈商　吴表大中元至二年著陈商。据严表卷十六礼侍，陈商会昌六年九、十月由礼侍出为陕虢观察使，崔璪之罢任亦当在会昌六年。

韦有翼　吴表大中四年著韦有翼。据严表卷二十刑侍，韦有翼"大中初（盖三年），由陕虢观察使入迁刑侍"。

杜审权　吴表大中十一至十三年著杜审权。按严表刑侍，大中十二年"春由陕虢观察入迁"。审权之任陕虢在大中十二年春为止。

崔尧　吴表咸道九年、十年著崔尧，今据岑补、严表，崔尧两次镇陕虢，初镇在咸道九年罢任，再镇乃乾符四年春由吏侍出，四月，兵乱被逐。

崔碣　吴表乾符三、四年著崔碣，今据岑补改为咸道九、十年。

王珙　新一八七《王重荣传》附传，旧五代史一四有传，按旧五代史传云："代伯父重霸为陕州节度使。"新传、《通鉴》均以珙代其父重盈。又旧五代史传、新传未言为使相，唐会要昭宗使相有王珙。

义成

张镒　吴表无张镒。旧一二五《张镒传》："除河中晋绛都防御观察使，到官数日，改汴滑节度观察使汴州刺史兼御史大夫，以疾辞，逗留于中路，征入养疾私第。"新一五二《张镒传》略同，是镒有诏命而未至镇，应增入。

卢群　吴表贞元十五年、十六年均为姚南仲、卢群，十五年卢群下引《唐会要》贞元十五年九月义成军节度使卢群卒，辍朝。按《会要》卷二十五《辍朝》贞元十五年条："其年九月，义成军节度使卢群卒，辍朝，故事，节度使卒，从旨先废朝，然后除代，至是先除尚书右丞李光（按为'元'之讹）素，然后辍朝。"据严表卷八辑考二下李元素条，断《唐会要》卢群之卒年为误前一年。又据严表卷二，贞元十六年四月廿一己丑，姚南仲由义成节度入迁右仆，李元素九月九日甲辰由右丞出为义成节度，则姚南仲在贞元十六年四月方卸义成节度之任，卢群之任在贞元十六年四月至九月。

李元素　《通鉴》贞元十六年"九月癸卯，义成节度使卢群薨。甲戌，尚书左丞李元素代之"。按旧传、严表，李元素自右丞出镇义成。

李听　旧一三三、新一五四有传。旧传："（长庆）四年七月转滑州刺史义成军节度使。"按旧纪宝历元年闰七月壬辰听改义成。考《全唐文》六二三宋申锡《李公德政碑铭》："宝历元祀，公朝京师，敬宗皇帝引对便殿……改拜义成军节度使。"则旧传改义成之年月误。

刘沔　旧一六一、新一七一有传。旧传以沔二为义成，实误。阅河东刘沔条。

王铎　旧一六四、新一八五有传。按铎于中和二年二月以宰相权知义成节度使。三年正月检校司徒中书令出为义成节度使，见严表卷十二辑考四下王铎条。

宣　武

崔光远　吴表至德元年有崔光远，乾元元年、二年崔光远。按旧一一一、新一四一《崔光远传》至德元载光远在京畿，为京兆尹，降于安禄山，复归顺，未为河南，光远至德元年之任应删。新、旧传均以光远由河南改魏州刺史充魏州节度使，代萧华之任。考新表魏州置节度在广德元年，光远于乾元元年十二月为魏州刺史，实无节度之衔。旧九九《萧华传》亦仅称为魏刺，未为魏州节度使。

田神玉　旧一二四《田神功传》："弟神玉自曹州刺史权汴州留后，大历十年正月加检校兵部郎中兼御史中丞为汴州刺史知汴州节度观察留后事。"按神玉系继兄神功知汴宋事，神功卒于大历九年正月。据旧纪、《通鉴》神玉为汴宋留后均在大历九年二月己丑，旧传误。

李忠臣　吴表大历十一至十四年著李忠臣，十四年至建中二年著李勉。按新表宣武大历十一年废镇，汴州隶淮西，复改属永平。及建中二年始复置宋颍节度使。兴元元年徙治汴州。在大历十一至建中二年间实无宣武一镇，故李忠臣、李勉之名应删。吴表于淮西大历十一至十四年已有李忠臣。永平（义成）大历八至兴元元年亦著李勉，更不应于宣武列名。

刘全谅　旧一四五《刘全谅传》，"贞元十五年二月卒"。按旧纪、《通鉴》载全谅为宣武在贞元十五年二月己丑（旧纪作乙丑），卒于八月庚辰，旧传误。

李愿　旧一三三、新一五四有传。旧传："长庆二年二月检校司空兼汴州刺史宣武军节度使。"旧纪以长庆元年三月癸丑为宣武，宣武张弘靖改幽州。今从旧纪。

王彦威　吴表开成五至会昌五年著王彦威。据严表会昌四年兵侍有王彦威，则彦威去宣武当在四年。

郑朗　吴表大中四至五年著郑朗，又吴表五浙西大中二至五年著郑朗，则朗于大中四、五两年既在宣武又在浙西，按此二镇非相连，而《英华》蒋伸《授郑朗宣武制》，乃由浙西改镇宣武，非兼两镇，则吴表自相矛盾可知。岑补云："余按《英华》四五六伸授郑光河中、郑朗汴州同制，今（吴）表四，河中于五年始著郑光，是相差一年而自相违也。"今以朗罢浙西在大中五年，则任宣武亦在大中五年。

蒋伸 吴表咸通四年至五年著蒋伸，五年下注引"新表五月戊戌，伸为太子少保分司东都"。吴表考证云："伸罢镇年月日见新《宰相表》，按伸既罢相，表例应不见，今纪其罢镇，误入也。"新表误入伸罢相后之事，确有不当，故沈氏《合钞》已删。然新表所称"伸为太子少保分司东都"，未必即于该月罢镇。据严表卷三吏侍，咸通三年郑处诲"是年由检校刑尚出为宣武节度"。处诲既至镇，伸自当罢任。唐人每有罢官后隔若干时日始命他职，伸任太子少保分司在五年五月，而其罢宣武当在四年。

郑处诲 吴表咸通五至八年著郑处诲。据严表，处诲于四年由吏侍出镇宣武。

王铎 《册府》三二二："王铎咸通十一年为礼部尚书平章事加吏部尚书。乾符元年正月以检校左仆射同平章事充宣武军节度使。"（吴表为咸通十四年）"二年复为右仆射平章事"（严表为左）。

忠 武

李光颜 旧一六一、新一七一有传。旧传光颜历镇顺序：忠武—义成—邠宁—凤翔—忠武（兼横海）—河东。新传则三为忠武，其历官顺序：忠武—义成—忠武—邠宁—忠武（兼横海）—河东。按光颜三为忠武，其年月均见于旧纪，是旧传误漏忠武第二任。

高瑀 旧纪大和七年八月戊申"以刑部尚书高瑀为忠武军节度使"。据严氏《旧唐书本纪拾误》："刑部尚书"应作"太子少傅"。

杜悰 按新旧传未言悰两为忠武，据旧纪观之，李听于大和九年九月庚申为忠武，十月乙亥改太子太保分司，则听实未至镇，唐代惯例罢官，并无正式罢免命令（除削职外），仅有改官命令，是则听受任忠武，而悰尚无改官之命，悰仍在镇，未受代，及听改官，悰遂继续其任。

王逢 旧一六一、新一七一《王沛传》附传。据两传逢曾为忠武都知兵马使，又领陈许兵七千伐刘稹，则是忠武大将。

孔温裕 新一六三《孔戣传》："温裕，仕为天平节度使。"旧一五四《孔巢父传》"温裕位京兆尹天平节度使"。温裕为忠武，据吴表及严表。

曹汾 吴表咸通十年至乾符元年著曹汾。据严表咸通十四年汾已在户侍任，汾去镇当在咸通十四年。

薛能 按《全唐诗话》卷五薛能条："复节度徐州，徙忠武。广明元年，徐兵赴溵水，经许，能以前帅徐，军吏怀恩，馆之州内，许军惧徐人见袭，大将周岌因众怒逐能，自称留后，能全家遇害。"

朱全忠 吴表天祐元年至二年著朱全忠，天祐元年下注引《通鉴》"闰六月癸丑以全忠为忠武节度使"。考《通鉴》二六五天祐元年无闰六月，而六月癸丑条"全忠引兵自大梁西讨茂贞等"，非吴氏所引。按《通鉴》二六四天祐元年四月乙卯"以全忠为护国宣武宣义忠武四镇节度使"。则全忠兼忠武在四月非六月。又吴表天祐二年下注引《通鉴》"十月丁酉复以全忠为天平"。考《通鉴》此系元年之事，吴表误系于二年，全忠亦在元年十月去镇。

天 平

田神功 吴表宝应元年著田神功。广德二年又著田神功。新表宝应元年废兖郓节度使，建中三年复置曹濮都团练观察使。广德二年神功何能在任。按《通鉴》考异，神功于宝应元年五月自淄青移天平。

马总 长庆元年三月癸丑幽州节度使刘总为天平节度，然未至天平而卒；时马总尚未离天平，乃继续任镇。至长庆二年十月乌重胤代任，马总入朝为户尚。是则本表马总不作再任，而作一次任镇。

薛元赏 吴表会昌元年至二年著薛元赏，据岑补元赏罢任在三年。

狄兼谟 吴表会昌二至四年著狄兼谟，据岑补兼谟之任始会昌三年。

马植 吴表大中三年田牟条注引《通鉴》马植为天平，贬常州，按未至镇。本表仍列马植。

李业 吴表无业。今据岑补增列。惟岑补云"业似由八年至十一年镇天平，最少亦十一年业镇天平也。（孙）景商在镇年分，断应再考"。按拓本蒋伸撰《天平节度使孙景商墓志》，以大中九年由刑侍出为天平，是景商在镇年代无误，业或由义成换他官，十一年方移镇天平。吴表十二年秋，或即十一、十二年为业之所任。

孔温裕　吴表咸通八年至十一年著孔温裕。然按咸通十年冬高骈已任天平，则温裕必无十一年之任。

高骈　吴表据《通鉴》考异，由金吾改天平，旧一八二、新二二四下《高骈传》由安南迁天平。

张褐　旧一七八《张褐传》"乾符三年，出为华州刺史，其年冬，检校吏部尚书郓州刺史天平军节度观察等使"。按《通鉴》二五三乾符四年正月"黄巢陷郓州，杀节度使薛崇"。褐继薛崇之任，当在四年初也。

杨损　吴表未列杨损，据旧一七六《杨损传》，损有天平之命，然未至天平而卒。

朱瑄　《旧五代史》卷十三《朱瑄传》："光启初魏博韩允中攻郓，（曹）全晸为其所害，瑄据城自若，三军推为留后。"按韩允中所败者乃曹存实，非全晸，亦非光启中，当在中和二年。阅《通鉴》二五五僖宗中和二年十月"韩简攻郓"条考异。

泰　宁（兖海）

李同捷　吴表兖海无李同捷。年表六义昌大和元年有李同捷。按同捷求袭其父李全略横海节度使之位，朝廷以同捷为兖海节度使，以乌重胤为横海，同捷拒命不受，实未至兖海，然则捷虽据横海，诏命授兖海，则同捷名不应列于横海（义昌），今删去，改列兖海。

王重荣　吴表无王重荣，按重荣有泰宁之命，不奉诏，故未至镇（《通鉴》）。

赵犨　吴表无赵犨。按新一八九、旧五代史十四《赵犨传》，均言秦宗权乱平，改泰宁节度使，然不离陈州而兼领。又《旧五代史》十四《赵昶传》言"犨遥领泰宁军节度使"。《册府》三八六《将帅部》："赵犨为蔡州节度，抗秦宗权有功）文德元年，蔡州平，朝廷议勋，以犨检校司徒充泰宁军节度使。"按其时朱瑾据泰宁，而犨依朱全忠，虽有名号，实未至镇。

葛从周　吴表以葛从周去泰宁任在天祐二年二月，据岑补当在天复三年十月。

康怀英　吴表无康怀英，今据岑补增列。

感　化（武宁）

高承宗　承宗卒于兴元元年五月，子明应知军事。新表兴元元年废徐沂观察使，徐州隶于淄青平卢，至贞元四年复置，张建封任为徐泗濠节度，是则明应只为徐州刺史，非有节度或观察使衔，不能视作方镇，故本表不列明应。

杜佑　吴表未著杜佑。按张建封卒，子愔据徐州，诏以淮南节度杜佑兼领徐泗节度，然佑实未至徐州。《通鉴》二三五贞元十六年五月，"徐州乱兵为张愔表求旄节，朝廷不许，加淮南节度使杜佑同平章事，兼徐濠泗节度使，使讨之，佑大具舟舰，遣牙将孟准为前锋，济淮而败，佑不敢进，泗州刺史张伾出兵攻埇桥，大败而还。朝廷不得已，除愔徐州团练使"。

李听　旧一三三《李听传》："大和六年转武宁军节度使，时听有苍头为徐州将，不欲听至，听先使亲吏慰劳徐人，为苍头所杀。听不敢进，固以疾辞，用为太子太保。"是知未至镇。参见新一五四《李听传》。

薛元赏　吴表薛元赏罢镇在开成五年，今据岑补当在会昌元年。

李彦佐　吴表开成五至会昌三年著李彦佐。按彦佐会昌元年尚在天平任，安能于开成五年在感化，今彦佐由天平改感化定于会昌元年。

田牟　牟三任感化。吴表牟初任始于会昌四年，据岑补，当在三年七月。

王式　新一六七有传。传云式至武宁诛银刀军之乱，"会诏降武宁为团练，罢归，终左金吾大将军"。《通鉴》二五〇咸通三年八月，式处置武宁后，身诣京师，按吴表四河阳，咸通三年至五年有王式。新传未言式为河阳。《通鉴》咸通三年至五年亦无河阳王式之记载，未知吴表何据，故式河阳之任删。

曹翔　吴表咸通十年著曹翔，下无注，考证又无翔。按咸通十年翔仍在兖海观察任，必无感化之命，吴表自相矛盾，今删去。

薛能　吴表未言薛能两为感化。今据严表卷二十一工尚薛能条，由京兆出为感化，入为工尚，再为感化，徙忠武。

刘崇望　吴表无刘崇望。按景福元年二月，崇望由宰相出为武宁节度，时溥拒代，崇望未至镇，阅《通鉴》、新表。

张廷范　吴表廷范景福二年至乾宁三年。按乾宁二年朱友裕为武宁，则廷范当于乾宁二年去任。又据《通鉴》二五九乾宁元年"六月甲午，以宋州刺史张廷范为武宁节度使，从朱全忠之请也"。则景福二年，廷范尚未在任。

朱友裕　吴表武宁无友裕。《旧五代史》十二《郴王友裕传》："乾宁二年加检校司空寻为武宁军节度留后，四年，太祖下东平，改天平军留后。"《新五代史》十三《友裕传》"（友裕在武宁，败朱瑾而不追）太祖（朱全忠）大怒，夺其兵属庞师古"。则庞师古系继友裕之任者。

张慎思　《旧五代史》十五《张慎思传》："天祐元年授左龙武统军，其冬除许州匡国军节度使，明年十一月权知徐州武宁军两使留后。"按旧纪天祐二年十一月庚午"左龙武统军张慎思为武宁留后"。考匡国节度使隶同州非许州。吴表匡国无慎思，故慎思为武宁当从旧纪。

平卢淄青

殷仲卿　仲卿为淄沂沧德棣等州节度使，此时另有青登节度使尚衡，上元二年淄沂等五州并入青登，废淄沂节度。淄沂未另单独成一表，故附于平卢淄青。

李希烈　吴表无李希烈。按《通鉴》二二七建中三年七月"甲辰，以淮宁节度使李希烈兼平卢淄青兖郓登莱齐州节度使，讨李纳"。时李纳据有淄青，希烈未至镇。

陈君赏　吴表开成元至四年著陈君赏。今据岑补，三年君赏去任。

李璲　吴表咸通三至四年著李璲。今据岑补璲任在四年。

于琄　两唐书无传，琄贬官见《通鉴》二五二咸通十三年五月甲申，又称琄乃于琮之兄。考新一〇四、旧一四九《于敖传》，均云敖子四人，球、珪、璨、琮。旧传称"皆登进士第"。而无玥名，疑玥或球、珪所更名。

曾元裕　吴表无曾元裕。乾符五年宋威，注引《通鉴》，曾元裕为平卢节度使，应增。

淮　西

来瑱　吴表至德二载著来瑱。按瑱由山南东节度改淮西节度，罢山南东在至德元载，则任淮西亦在至德元载。

吴元济　吴表元和十至十二年著吴元济。按元济欲求袭父少阳之位，非但未得朝廷默许，反被朝廷正式出兵讨伐，朝廷未授元济节钺，而置彰义军节度使治唐州，将淮西之申光蔡等州并入，以袁滋任之，因此，元济未能视作唐之藩镇，应删去。

袁滋　吴表元和十一、十二年著袁滋，今删去。见本考释唐随袁滋条。

蔡　州

赵犫　吴表无赵犫。《通鉴》二五六光启元年八月"诏以（陈州刺史赵）犫为蔡州节度使"。按新一八九《赵犫传》："中和五年擢彰义节度使。"旧五代史十四《赵犫传》："（中和）五年八月除犫为蔡州节度使。"考两传时秦宗权仍乱淮蔡，犫据守陈州，未至蔡州。

郭璠　吴表龙纪元年至大顺元年著李璠。按《通鉴》二五八龙纪元年正月："壬子，蔡将郭璠，杀申丛，送秦宗权于汴。"考异曰："新旧纪五代纪传皆云郭璠杀申丛，而实录云李璠，误也。李璠乃槛送宗权者。"是则吴表误郭璠为李璠。

朱延寿　吴表无朱延寿。按《通鉴》二六三天复二年三月："朱延寿为奉国节度使。"胡注："遥领耳。"

河　东

韦凑　旧一〇一《韦凑传》："转汾州刺史，（开元）十年拜太原尹兼节度支度营田大使，其年卒。"按《全唐文》九九三《唐太原节度使韦凑神道碑》："（开元）十一年转汾州刺史，其年又迁太原尹仍充太原以北节度大使。……其年十二月九日薨于太原之官舍。"是则旧纪以凑迁太原节度及卒，均早一年，应以碑为正。

崔隐甫　吴表开元十二年著崔隐甫。按旧一八五下《崔隐甫传》云："迁刑部尚书，母忧去官。（开元）二十一年起复太原尹（吴表考证误为十一年）仍为河东采访处使，复为刑部尚书兼河南尹。"是吴表系年误。又天宝以前采访处置使不算藩镇，故崔隐甫删去。其时河东节度乃李祎，亦可见开元时采访使未必兼节度也。

牛仙客　旧一〇三、新一三三有传。受镇年月，吴表引旧纪开元二十六年二月乙卯，以牛仙客遥领河东，严表兵尚开元二十七年牛仙客，四月二十八己丑由侍中遥领河东节度使，迁兵尚仍兼侍中领节度。

李载义　新二一二、旧一八〇《李载义传》，皆以载义出镇河东，卒于镇。据旧纪大和七年六月乙巳任河东，开成二年四月庚申卒（新传作开成三年卒，旧传则作二年）。又旧纪大和九年十一月丁巳以户部尚书判度支王璠为（略）河东节度使，壬戌，被诛，璠未至镇。按唐官惯例除削职外，罢官无诏命，或以改官命令明之，或以他人代任而作罢官，既未代载义，载义亦无改官之命，故仍任河东至卒。

苻澈　吴表作"符"。据《全唐文》七一四李宗闵撰《苻磷神道碑》作"苻"。

刘沔　旧一六一、新一七一有传。按旧传："授振武节度使……移沔河东节度使、检校尚书左仆射、太原尹北京留守，诏与张仲武协力招抚回鹘，竟破房寇，迎（太和）公主还宫，以功进位检校司空，寻改滑州刺史义成军节度使，（会昌）四年潞帅刘从谏卒，子稹匿丧，擅主留务，要求旌钺……遂复授沔太原节度充潞州北面招讨使，沔与张仲武不协，方征兵幽州，乃移沔为郑滑节度使。"据此则沔两为河东，两为义成，其历镇：振武—河东—义成—河东—郑滑（义成）。考新传沔历镇为：泾原—振武—河东—义成—河阳—忠武，如以旧纪、《通鉴》排比观之，沔历镇如下：

大和九年六月己亥，右神策大将军—泾原（旧纪）。

大和九年九月乙亥，泾原—振武（旧纪）。

会昌二年三月庚申，振武—河东（旧纪、《通鉴》）。

会昌三年十月辛未，河东—义成（旧纪、《通鉴》）。

会昌四年三月戊寅，义成—河阳（《通鉴》、刘沔碑作二月二十五日）

又刘沔与张仲武不协，《通鉴》系会昌三年十月，非四年（新传以刘从谏卒于四年，误，实为三年四月）。

此均证沔未二为河东，二为义成。

崔彦昭　旧一七八《崔彦昭传》，咸通十二年正月由河阳节度改河东节度。考旧纪彦昭改河东在十一年正月，接康承训之任，旧传"十二年"，为"十一年"之误。

李存勖　吴表河东有李存勖。按《旧五代史》二十六《唐武皇纪下》、《新五代史》四《唐本纪》均以克用卒于天祐五年正月辛卯，而朱全忠早于天祐四年四月篡唐，则李存勖在唐实未尝为河东节度使。

大　同

卢简方　吴表无卢简方。按简方三为大同都防御使（旧纪咸通十四年），今只知简方两度为大同之年月。又段文楚为李克用所杀，诏以卢简方代之。旧纪系咸通十三年十二月，《通鉴》系乾符五年二月，今从《通鉴》。

段文楚　吴表无段文楚。按旧纪咸通十三年五月，"以天德防御使检校左散骑常待段文楚为云州刺史大同军防御使"。又旧纪同年十二月"李国昌小男克用，杀云中防御使段文楚，据云中，自称防御留后"。《通鉴》记李克用杀段文楚在乾符五年二月，今从《通鉴》。

李国昌　乾符中，李克用杀段文楚，自为大同防御留后，朝廷以振武国昌为大同，国昌与克用均不受代，是国昌未至大同也。阅《通鉴》二五三僖宗乾符五年四月，以振武李国昌为大同节度使条及考异。

河　中

王玙　旧一三〇、新一〇九《王玙传》均作乾元三年七月兼蒲同等州节度使。今据沈炳震考证，当在乾元二年七月，又据严表由刑尚外迁。

崔寓　吴表据旧纪作"崔寓"。严耕望先生《旧唐书本纪拾误》云，应作"崔寓"。

李国贞　旧纪作"国祯"，碑作"国贞"，今从碑。

李怀光　吴表大历十四年至兴元元年李怀光。按据旧纪大历十四年十一月丁丑杜亚为河中观察，怀光虽驻兵河中，应作去任。

张镒　吴表无张镒。旧一二五《张镒传》云镒除河中防御观察使，到官数日改汴滑。虽在镇甚短，仍应列名。

李承　旧纪作"李丞"。然两传、《通鉴》，《册府》均作"李承"，旧纪恐误。

李齐运　吴表未著李齐运。旧纪建中四年十二月己巳以河中尹李齐运为宗正卿。按旧一三五、新一六七《李齐运传》乃为京兆尹再改宗正卿。《通鉴》二三〇兴元元年四月乙巳，以前河中尹李齐运为京兆尹，是齐运为河中甚明。

李晟　吴表河中无李晟。按旧一三三、新一五四《李晟传》，均言晟为河中。《通鉴》二三〇兴元元年二月乙丑"加李晟河中同绛节度使，上犹以为薄，丙寅，又加同平章事"。三月"丁亥以李晟兼京畿渭北鄜坊丹延节度使"。又旧纪兴元元年四月己巳（《通鉴》作乙巳）以唐朝臣为河中，则李晟在四月方罢河中，专任京畿鄜坊，负收复京师之责。

史宪诚　吴表无史宪诚。《英华》九一六《邠宁庆等州节度使史孝章神道碑》："考宪诚，早以武勇绝人，积功至魏博节度使，终于河中晋绛慈隰等州节度观察使检校司空兼侍中河中尹。"按据《通鉴》，宪诚有由魏博改河中之诏命，然尚未离魏博即因军乱被杀。

陈夷行　吴表夷行之任始会昌二年。据严表，夷行会昌三年由左仆出镇河中。

石雄　旧一六一、新一七一有传。旧传雄以丰州刺史天德防御使改河中。《通鉴》、新传皆由晋绛行营节度使为河中。

徐商　据严表，商于大中七年由左丞出为河中。

窦璟　吴表咸通十年夏侯孜、窦璟。今据岑补删去窦璟，璟镇河中在乾符四、五年。

崔胤 吴表无崔胤。按《通鉴》二六〇乾宁二年三月，"王珙、王瑶请朝廷命河中帅，诏以中书侍郎同平章事崔胤同平章事，充护国节度使"。（旧纪、新宰相表同）同年七月，崔胤复为中书侍郎同平章事（《通鉴》、新纪、新宰相表）。考其时王珂据河中，依附李克用，克用正兵临京师，声势强大，胤不得至镇。

晋 慈

康日知 吴表兴元元年至贞元元年著康日知。沈炳震《唐书合钞》八十三《方镇表》京畿栏，贞元四年"康日知卒，罢奉诚军节度使"。按奉诚军乃指同州（见《通鉴》二二九兴元元年正月康日知为奉诚军节度使条胡注），兴元元年八月日知已改任晋慈，不在奉诚任矣。沈氏未加细辨。又如据吴表日知终于贞元元年，如据沈表则卒于贞元四年，不知孰是。

韦武 吴表贞元十五年至元和元年著韦武。按依吴表韦武在晋首尾八年，《吕衡州集·京兆尹韦公碑》"居晋郡六年"。又碑云"今上征为切部侍郎"。宪宗即位在永贞元年八月四日，如以韦武贞元十五年冬为晋慈，贞元元年冬入为兵侍则在镇正为六年。

昭 义

刘悟 旧一六一、新二一四有传。长庆元年七月悟曾改幽州卢龙，旋复授昭义，悟实未离昭义，阅两传及《通鉴》二四二长庆元年七月庚申条。

郑昌图 两唐书无传。新一八五《王徽传》"帝以兵部侍郎郑昌图权守潞"。《通鉴》二五五中和二年，孟方立据邢州，请以儒臣镇之，都统王铎"以郑昌图知朝廷军事……昌图至潞州，不三月而去，方立遂迁昭义军于邢州，自称留后"。并参阅考异。

王徽 吴表昭义无王徽。按新传："（孟方立据邢洺磁三州）昭义所隶惟泽一州，帝以兵部侍郎郑昌图权守潞，士心多附方立，昌图不能制，朝廷以大臣镇抚，即授徽检校尚书左仆射同中书门下平章事领昭义节度使，李克用亦争泽潞，徽商朝廷力未能以兵抗之，奉表固辞，诏可。"是徽已有诏命而未行求罢也。参见《通鉴》二三五中和二年十二月"孟方立既杀成麟"条及考异。

朱崇节 吴表无崇节。今据岑补及《英华》四五七《授朱崇节河阳节度使制》增列。

丁会 《旧五代史》五九、《新五代史》四四有传。据《通鉴》光化二年六月朱全忠以河阳丁会为昭义，然会未离河阳，潞州陷于李克用，是会有命而未至镇（参考释河阳丁会条），及天复元年三月朱全忠复潞州，又以河阳丁会为昭义。又会加使相，见《旧五代史》传。《唐会要》及《通鉴》未言，似未实加使相。

张归霸 吴表光化三年著张归霸。按归霸应为邢洺，已与昭义分镇，归霸在昭义之名应删。

河 阳

雍希颜 吴表贞元元年至四年著雍希颜。据新表贞元元年至十二年间河阳废节度使。希颜名应删。李长荣之任应始于贞元十二年。

郭钊 新一三七有传，旧一二〇附《郭子仪传》。新旧传均言由司农卿出为河阳。严表以刑尚兼司农卿出镇河阳。

陈楚 新传由河阳入为左羽林统军，旧传入为龙武统军。

萧洪 吴表作"萧琪"（景杜堂本及《廿五史补编》本），按旧纪及沈氏《合钞》均作"萧洪"，吴表误。

李珏 吴表会昌六年至大中三年李珏。按旧一七三《李珏传》"大中二年崔铉、白敏中逐李德裕，徽入朝，为户部尚书，出为河阳节度使"。新一八二《李珏传》："以太子宾客分司东都迁河阳节度使。"今据严表大中二年由户尚出为河阳。

王式 吴表咸通三至五年有王式。今删，参阅本考释武宁王式条。

崔彦昭 吴表彦昭之任始于咸通九年。据严表，彦昭以十年由户侍出镇河阳。

李琢 旧一五四《李琢传》："徙河阳三城，坐逗留下迁刺史。"《通鉴》二五四广明元年十一月乙卯，以琢为河阳，丁卯，黄巢陷东都，田令孜以神策将罗元杲为河阳，未言及琢。

张全义 吴表景福元年张全义始任河阳节度。按《通鉴》二五七文德元年二月，河南尹张全义攻陷河阳，李罕之出走，全义"遂兼领河阳节度使"。四月，朱全忠"表丁会为河阳留后，复以张全义为河南尹"。是全义已于文德元年领河阳节度。

丁会　吴表丁会三为河阳。《旧五代史》五九、《新五代史》四四《丁会传》均未详言会历官经过。吴表景福元年张全义任河阳，至三年始罢，其间未言去镇，然景福二年在张全义任镇之中夹有丁会，未知何所据，今删去。又光化二年六月李罕之为河阳，丁会为昭义，罕之未至河阳而薨于怀州，丁会仍未去镇，至天复元年始真改昭义。

朱崇节　吴表龙纪元年至大顺二年著朱崇节。吴表考证云崇节再镇河阳。据岑补崇节于大顺元年五月改任昭义。二年五月复任河阳，惟两任之间不知何人任镇。

张全义　《旧五代史》六十三、《新五代史》四十五《张全义传》，仅言全义攻李罕之，自兼河阳节度使，及朱全忠以丁会领河阳，全义乃迁为河南尹，未言再二度领河阳，今全据吴表。

相　卫

史孝章　吴表无相卫一镇。按新表大和三年，"置相卫澶三州节度使，治相州，寻罢，相州复隶魏博"。是则相卫乃自魏博分出，置而即罢。考《通鉴》二四四大和三年六月"辛酉……分相卫澶三州，以史孝章为节度使。……八月壬子，以（何）进滔为魏博节度使，复以相卫澶三州归之"。盖史孝章乃魏博节度使史宪诚之子，性忠顺，文宗以宪诚为河中节度，而分魏博之相卫澶三州别为一镇，以孝章为节度使，孝章未至相州，魏人乱，宪诚遇害，孝章遂未至镇（新一四八《史孝章传》）。

邢　洺

孟方立　吴表中和四年至龙纪元年著孟方立。按孟方立由昭义移邢洺，昭义一镇方立去任在中和三年十月，则邢洺之始任亦应起于中和三年十月。

张归霸　吴表昭义光化三年有张归霸。《旧五代史》十六、《新五代史》二二《张归霸传》，只言为知邢州事。按天复元年二昭义军合为一，昭义归霸之名删去。又天复元年邢洺既并入昭义，天复二年以后，邢洺一镇便废。吴表张归霸任至天复三年，天复三年至天祐三年著牛存节，今均删去。

成　德

王武俊　新二一一、旧一四二有传。按武俊建中三年二月授恒冀观察使，武俊不满而叛，兴元元年授成德节度使，实则武俊建中三年已据成德。

牛元翼　旧纪长庆元年八月"己卯，以深州刺史本州团练使牛元翼充深冀节度使。十月……戊辰，以深冀节度使牛元翼为镇州大都督府长史充成德军节度冀深赵等州观察使"。按深冀实成德之二州，长庆元年八月不过为对抗王庭凑而临时设镇，实仍可视为成德，因此牛元翼合深冀与成德二任为一，故其任前官职为深刺。

王元逵　旧一四二、新二一一有传。旧传以元逵大中十一年二月卒。新传以大中八年死。《通鉴》二四九大中九年正月甲申，成德军奏节度使王元逵薨，则元逵之卒应在大中八年，旧传误。

王绍懿　旧一四二《王庭凑传》附传："绍鼎卒，三军立绍懿，数月疾笃，召景崇，谓之曰……言讫而卒。"似绍懿任成德仅数月。按新二一一《王元逵传》附传、《通鉴》均以绍懿卒于咸通七年，绍懿之任成德在大中十一年十一月，即绍懿在镇实十年。

王景崇　旧一四二、新二一一《王庭凑传》附传，旧传以中和二年卒，《通鉴》与新传均以中和三年卒，从《通鉴》。新传云："嗣节度凡十四年。"有误，景崇领镇凡十七年。

深　赵

康日知　吴表无深赵。《通鉴》二二七建中三年二月甲子，"康日知为深赵都团练观察使"。《通鉴》二二九兴元元年正月"辛卯，以王武俊为恒冀深赵节度使……前深赵观察使康日知为同州刺史奉诚军节度使"。考新表建中三年，"罢成德军节度，置恒冀都团练观察使，治恒州，深赵都团练观察使治赵州"。恒冀乃成德一镇，深赵别为一镇，应另表列。又新表兴元元年"废恒冀深赵二观察，复置成德军节度使领恒冀赵深四州，治恒州"。是康日知罢深赵观察后，深赵一镇即废。吴表康日知惟有晋慈之任，实误。康日知除任晋慈观察外，在此之前，并历深赵观察与奉诚（同州）节度二镇，不可略也。

德　棣

王士真　吴表无德棣一镇。旧一四二《王武俊传》附传"（士真）德宗还京进位检校兵部尚书充德州刺史德棣观察使"。按新六六《方镇表》贞元元年置德棣二州都团练守捉使，同年，成德军节度增领德棣二州。是则士真在贞元元年为德棣。及德棣罢，士真仍领成德副使。

薛昌朝　吴表无德棣一镇。按新二一一《王士真传》。士真死，子承宗求袭，请上德棣二州。乃"以德州刺史薛昌朝为保信军节度使，统德棣……诏未至，承宗驰骑劫而归囚之"。及后赦承宗，"昌朝归京师授右武卫将军"（旧一四二《王武俊传》略同）。又按昌朝两《唐书》无传。

李全略　吴表无德棣一镇。按旧纪十六《穆宗纪》长庆二年正月"庚戌，以德州刺史王日简为沧州刺史充横海军节度沧德棣观察等使。……二月……癸未……以横海军节度使李全略为德州刺史德棣等州节度。……三月……己未……以德棣节度使李全略复为沧州节度使，仍合沧景德棣为一镇"。新六六《方镇表》横海，长庆元年"置德棣二州观察处置使"，二年"罢德棣二州观察处置使"。又吴表大和元年著李同捷，今同捷删去，见兖海。

义　昌（横海）

乌重胤　旧一六一、新一七一有传。重胤两为横海，第二任由天平改调横海，制出旬日，重胤卒，是未至任，参阅旧纪。

李岵　旧纪大和三年三月"丙申，横海军节度使李祐卒，以泾原节度使李岵为齐德等州节度使，改名有裕。丁酉，以前义武军节度使傅毅为沧州刺史横海军节度使"。齐德节度实横海节度，新方镇表横海，大和三年"罢横海节度更置齐德节度使治德州，寻废，复置，更号齐沧德节度使"。丙申之次日即丁酉，岵受命只一日，即由傅毅接任，岵必未至镇，惟原因不明。

王铎　旧一六四、新一八五有传。铎由义成赴义昌，行至高鸡泊为乐从训所杀害，是未至镇。旧传云"时光启四年十二月"，光启实中和之误。

曹诚　吴表无曹诚，岑补据《通鉴》应增曹诚，未至镇。

魏　博

田承嗣　旧一四一《田承嗣传》大历十三年九月卒，新二一〇《田承嗣传》作大历十四年卒，旧纪、《通鉴》均作十四年二月癸未卒。《全唐文》四四四裴抗撰《田承嗣神道碑》称"大历十三年春二月构天伦之戚，茹痛而疾，秋九月甲午薨"。应以碑为正。

马燧　吴表无马燧。《册府》三八五德宗初，"诏加（马）燧魏州大都督府长史兼魏博贝等州节度观察招讨等使"。又《通鉴》二二七建中三年七月甲辰，"以河东节度使马燧兼魏博澶相节度使"。时田悦拒命，燧实未至镇。

李听　吴表无李听。旧一三三《李听传》，魏博节度使史宪诚被杀，诏听以义成兼领魏博节度使，魏军不纳听，且败听，御史中丞温造劾之。罢听为太子少师。新一五四略同。

韩允中　新二二〇本传作"允中"，旧一八一本传作"允忠"。

幽　州

甄亶　吴表作"甄道一"。据《全唐文》二二七张说撰《唐故广州都督甄公碑》"君讳亶，字道一"。

封常清　吴表无封常清。按《通鉴》二一七天宝十四年十一月甲子，安禄山反，"壬申，常清为范阳平卢节度"。（旧纪则作"甲戌"）时安禄山据范阳，常清实未至，十二月被杀。

朱泚　吴表大历七至九年著朱泚，泚于九年九月入朝，然未罢幽州节度，至建中二年乃罢，虽大历九至建中二年幽州实际由朱滔控制，然名仍为留后，兄泚既在，留后不当见表，今将泚罢任延至建中二年七月，滔继泚之任。

王武俊　吴表无王武俊。《通鉴》二三〇兴元元年二月辛酉，加王武俊同平章事兼幽州卢龙节度使。《通鉴》二三一兴元元年五月武俊表让幽州卢龙节度使。盖时朱滔叛幽州，武俊以成德节度使名义兼领幽州而已。

刘悟　旧一六一、新二四有传。旧传幽州军乱囚张弘靖，诏以悟移镇幽州，"悟以州方乱，未克进讨，请授之节钺，徐图之，乃复以悟为泽潞节度"。《通鉴》二四长庆元年七月庚申，略同。是悟实未至幽州，未离昭义也。

刘仁恭　吴表天祐四年著刘仁恭、刘守光。按守光为仁恭子，弑父自称节度使。《通鉴》二六六后梁开平元年三月甲辰，"唐昭宣帝降御札禅位于梁"。而守光弑父在此之后（亦三月），时唐祚已止。故守光不可视作唐之藩镇。

平　卢

张守珪　吴表，开元廿一年张守珪，廿二年至廿六年乌知义。按新一三三、旧一〇三《张守珪传》，言自陇右改"幽州长史兼御史中丞营州都督河北节度副大使"，俄加河北采访处置使。新表开元五年"营州置平卢军使"，七年"升平卢军使为平卢军节度使"，八年"幽州节度兼本军州经略大使并节度河北诸军大使"，廿年幽州节度使兼河北采访处置使"。可知守珪乃兼平卢幽州二镇，按新旧传均未言罢平卢之时，旧传"廿六年守珪裨将赵堪白真陀罗等假以守珪之命，逼平卢军使乌知义，令率骑邀叛奚余众于湟水之北"。是则廿六年守珪尚在平卢节度使任，乌知义尚为平卢军使，未得为节度也。廿七年守珪贬括刺，乌知义方得继任。吴表廿二年乌知义条所引，均足证乌知义廿七、廿八年之为节度使也。

乌知义　吴表开元廿二至廿六年著乌知义，考知义为平卢节度在开元廿七至廿八年，参见平卢张守珪条。

封常清　吴表无封常清。按《通鉴》二一七天宝十四年十一月甲子安禄山反，"壬申（旧纪为甲戌），以常清为范阳平卢节度"。时安禄山阻兵范阳，常清未至镇，十二月常清被杀。

义　武

任迪简　旧一八五下、新一七〇有传。吴表元和九年著任迪简、浑镐。严表工侍任迪简元和八年在任，是其去镇当不能晚过八年。

陈楚　《册府》六七一《牧守部》长庆二年七月，楚由义武改东都留守，"居守之任，政事成用旧德或用故相，未尝以武将而当保釐之重"。是出身武将。

韩威　吴表开成三至四年著韩威，据岑补，威未至镇。

陈君赏　吴表开成五年至会昌三年著陈君赏，据岑补君赏始任在开成三年。

郑涯　旧纪大中九年三月"以吏部侍郎郑涯检校礼部尚书兼定州刺史御史大夫义武军节度易定观察处置北平军等使"。按《英华》四五二有《玉堂遗范》之《授郑涯义武军节度使制》："银青光禄大夫守太子宾客分司东都（略）郑涯……可检校礼部尚书（略）充义武军节度易定等州观察处置北平军等使。"制末注……大中九年九月十四日，旧纪恐误。

侯固　吴表咸通七年至十年著侯固，岑补指正固于咸通六年至九年已在灵武任，当不能兼任义武。今侯固义武之任只著咸通十年，以与灵武相衔接。

山南东

鲁炅　吴表无鲁炅。按新表至德元载"襄阳南阳二郡皆置防御守捉使，寻升南阳防御为节度使"。至德二载"废南阳节度使，升襄阳防御使为山南东道节度使"。旧一一四《鲁炅传》"（天宝）十五载正月，拜炅上洛太守，未行，迁南阳太守本郡守捉仍充防御使，寻兼御史大夫充南阳节度使"。其使衔之转换与新表正相符合。（新一四七《鲁炅传》作"山南节度使"，乃至德二载之使衔。）据旧一一四《来瑱传》，瑱系代鲁炅者，则瑱名之前应增鲁炅。

王翊　旧一五七、新一四三《王翊传》均言乾元中翊为山南东道节度观察等使，吴表无翊，据吴表乾元二年八月王政以后，张光奇，史翙、来瑱、梁崇义相继，其间无中断处，故翊为山南东道应在王政之前。

韦伦　吴表无韦伦。按《册府》四〇六"韦伦，肃宗乾元三年自陇州刺史拜襄邓等十州节度使，时李辅国秉权用事，节将除拜，皆出其门，伦既朝廷公用，又不私竭辅国，由是未行，改秦州刺史兼御史中丞防御使"。是伦有诏命，未至镇而已。

裴茂　吴表无裴茂。按《通鉴》二二二宝应元年建卯月："上召山南东道节度使来瑱赴京师，瑱乐在襄阳，其将士亦爱之，乃讽所部将吏上表留之，行及邓州复令还镇。荆南节度使吕谔、淮西节度使王仲昇，及中使往来者，言瑱曲收众心，恐久难制，上乃割商金均房别置观察使，令瑱止领六州，会谢钦让围王仲昇于申州数月，瑱怨之，按兵不救，仲昇竟败没，行军司马裴茙谋夺瑱位，密表瑱倔强难制，请以兵袭取之，上以为然，癸巳，以瑱为淮西河南十六州节度使，外示宠任，实欲图之，密敕以茙代瑱为襄邓等州防御使。……（五月）来瑱闻徙淮西，大惧，上言淮西无粮，请俟收麦而行，又讽将吏留己。上欲姑息无事，壬寅，复以瑱为山南东道节度使。……（六月）襄邓防御使裴茙屯谷城……己巳，陈兵于谷水北，瑱以兵逆之，问其所以来，对曰：尚书不受朝命故来，若受代，谨当释兵。瑱曰：吾已蒙恩，复留此镇，何受代之有？因取敕及告身示之，茙惊惑，瑱与副使薛南阳纵兵夹击，大破之，追擒茙于申口，送京师赐死。"旧一一四《裴茙传》《来瑱传》略同。是则裴茙已有诏命，惟未至镇耳。

李承　旧纪作"李丞"，两传、《通鉴》均作"李承"，旧纪恐误。

袁滋　吴表元和八至九年著袁滋，元和十一年又著袁滋，按元和十一年滋实任唐随邓节度，今将唐随一镇另行表列。

李逊　《通鉴》二三九元和十一年七月以高霞寓兵败，左迁李逊为恩王傅，新一六二、旧一五五《李逊传》均云左授太子宾客分司又降为恩王傅，《通鉴》失书太子宾客分司。

李愬　旧一三三、新一五四有传。按元和十一年十二月愬为唐邓随节度使，（唐邓系由山南东道分出）十二年十一月愬为山南东，新表废唐邓随节度使以唐邓随三州还隶山南东道。是愬实由唐邓改山南东。

郑涯　据岑补涯罢任在咸通三年冬。

崔铉　据岑补，铉始任在咸通三年冬。

李蔚　吴表无李蔚。按旧一七八《李蔚传》"拜京光尹太常卿，寻以本官同平章事加中书侍郎与卢携、郑畋同辅政，罢相（沈炳震考异，同平章事等二句疑当在下文乾符四年上），出为襄州刺史山南东道节度使"。严表以蔚于咸通七八年间入为吏侍。

卢耽　吴表耽任在咸通六至九年，今以六至七年乃李蔚在任，耽应为八至九年。

于琮　据岑补琮再镇山南东始于咸通十四年十一月。

唐　随

高霞寓　吴表唐随邓并入山南东。按元和十年十月讨淮西吴元济，析山南东为两节度使，唐随乃自山南东道所分出，自是独立一镇，如仍与山南东合并表列，易于混淆不清，故今单独表列之。唐随一镇乃因时设置，至元和十二年吴元济平，废镇，唐随邓三州并入山南东道。

袁滋　吴表山南东道元和十年著袁滋，淮西元和十一年亦著袁滋。按元和十年冬讨吴元济，临时析山南东道为二，设唐随观察，至十一年唐随邓三州并入彰义节度，寻又以唐随邓三州别置节度使（见新表），是唐随邓隶于彰义之时甚短，而彰义乃吴元济所据，纵使袁滋为彰义节度之时，理所仍在唐州，故本表视袁滋为唐随节度，淮西袁滋之名删去，以免重覆。

兴　平

李奂　吴表无兴平一镇。按新六十七《方镇表》至德元载，"置兴平节度使，领上洛、安康、武当、房陵四郡，治上洛郡"，《唐书合钞》九十《方镇表》山南东道至德元载同，"李奂拜"。又《合钞》同卷上元二年，"李奂迁东川，废兴平节度使"。

金　州

杨守亮　吴表无杨守亮。按《通鉴》二五六光启二年六月，"以扈跸都将杨守亮为金商节度京畿制置使"。光启三年正月"金商节度使杨守亮为山南西道节度使"。

冯行袭　吴表光化元年至天祐三年著冯行袭。按据《通鉴》二六五天祐二年九月行袭为王宗贺所败弃镇。

王宗朗　吴表无王宗朗。按《通鉴》二六五天祐二年九月，"王宗贺等攻冯行袭，所向皆捷，丙子，行袭弃金州，奔均州。其将全师朗以城降，王建更常师朗姓名曰王宗朗，补金州观察使"。又《通鉴》二六五天祐三年五月丙子，"废戎昭军"。

山南西

乌重胤 旧一六一、新一七一有传。新传"长庆末以检校司徒同中书门下平章事为山南西道节度使"。按重胤为山南西在长庆元年十月（旧纪、《通鉴》），又旧纪长庆四年十二月庚寅加天平节度使乌重胤同平章事。《唐会要》卷一穆宗朝使相无乌重胤，敬宗朝乃有重胤，长庆四年正月廿六日敬宗即位，故十二月乃属敬宗朝，新传年代与官衔均误。

郑澣 旧一五八作"郑瀚"，按澣于"开成四年闰正月以户部尚书征，诏下之日，卒于兴元"。（旧传）

王起 旧一六四、新一六七有传。旧传以会昌四年秋出为山南西道节度使，严表据《通鉴》作会昌四年四月。

牛蔚 旧一七二、新一七四有传。按旧传"历工礼刑三尚书，咸通末检校兵部尚书兴元尹山南西道节度使，在镇三年"。则由刑尚出任，严表系牛蔚为刑尚在乾符五年，又旧传咸通实误，吴表已考之。

李茂贞 吴表茂贞为山南西仅列于景福二年，其后又为李继密，按《通鉴》二五九景福二年正月"凤翔节度使李茂贞自请镇兴元，诏以茂贞为山南西道兼武定节度使"。茂贞意求兼凤翔山南西二镇，乃不奉诏，是则茂贞必自领山南西，又据吴表李继密景福二年改武定，则似不兼为山南西，茂贞任山南西当至李茂庄继任为止。

感 义

满存 《通鉴》二五六光启二年九月"金吾将军满存与邠军战"，十二月，"戊寅，诸军拔凤州，以满存为凤州防御使"。满存由金吾为凤州。

武 定（洋州）

李继颜 吴表光化元年著李继密、李继颜、李思敬。按继颜由武定改保大节度（鄜坊），吴表表一鄜坊，李继颜始任于光化二年，则武定之去任必亦为二年，又李思敬系由保大节度改武定，吴表一鄜坊，李思敬终任亦为光化二年，则武定必不能元年已在任也。今以光化二年为李继颜、李思敬互相换镇之时。

冯行袭　吴表无冯行袭。按《旧五代史》十五《冯行袭传》："诏升金州为节镇，以戎昭军为额，即以行袭为节度使……天祐元年兼领洋州节度使。"洋州即武定军，自天复二年九月李思敬以洋州降于王建后，洋州即由李茂贞之控制转而受王建之控制，行袭虽有洋州节度之名，未必至洋州也。《通鉴》二六五天祐二年九月"王宗贺等攻冯行袭，所向皆捷，丙子，行袭弃金州，奔均城"。是行袭天祐二年尚在金州。又《通鉴》二六五天祐三年五月丙子，"以武进节度使冯行袭为匡国节度使"。胡注："冯行袭自均州徙同州。"足证行袭确有武定（洋州）之命，但未至镇，乃由均州徙同州也。

荆　南

韦元甫　吴表考证，元甫之任在张镐后，而年表列镐前，予以更正。

杜鸿渐　新一二六、旧一〇八《杜鸿渐传》，《全唐文》三六九元载《故相国杜鸿渐碑》均未言张嘉延袭破荆州，鸿渐弃城后之情况，据《嘉泰会稽志》上元元年由湖刺为浙东，鸿渐弃荆南后，或被贬为湖刺。

卫伯玉　大历五年伯玉丁忧，诏以王昂代理，伯玉讽将士留己，复诏伯玉节度荆南，（新一四一《卫伯玉传》）据此伯玉未离荆南而王昂未至荆南，故本表卫伯玉不视作再任。

郑肃　旧一七六《郑肃传》"宣宗即位，德裕罢知政事，肃亦罢相，复为河中节度使，以疾辞拜太子太保卒"。按新一八二《郑肃传》"宣宗即位迁中书郎，罢为荆南节度使，卒"。新宰相表与新传合，是肃未二度为河中，旧传河中乃荆南之误。

徐商　旧一七九徐商传"（咸通）六年罢相，检校右仆射江陵尹荆南节度观察等使"，按六年商入相，其出为荆南据严耕望先生《旧唐书本纪拾误》，应在十年六月。新旧传未言商为使相，《通鉴》二五一咸通十年六月"以中书侍郎同平章事徐商同平章事充荆南节度使"。新宰相表咸通十年"六月癸卯，商检校右仆射平章事荆南节度使"。

刘瞻　吴表无瞻。按咸通十一年八月，同昌公主薨，懿宗捕太医韩绍宗等送诏狱，逮系宗族数百人，瞻上书论陈，懿宗大怒，即日罢瞻相位，检校刑部尚书同平章事荆南节度使，再贬康州刺史（旧一七七、新一八一《刘瞻传》）。严表卷十九刑尚，以瞻罢相出为荆南节度使在咸通十一年九月七日。则刘瞻任荆南当在杜悰任时。惟未至镇。

王铎　旧一六四、新一八五有传。按旧传"（乾符）五年以铎守司徒门下侍郎同平章事兼江陵尹荆南节度使"，《册府》三二二亦作五年，新传作六年，《通鉴》据实录以铎出镇荆南系六年四月，今从《通鉴》。铎贬太子宾客分司《通鉴》系乾符六年十二月。

孔纬　吴表无孔纬。新一六三《孔纬传》，纬由宰相出为荆南乃由附会张濬；旧一七九《孔纬传》，坐附张濬出为荆南，"未离阙下，再贬均州刺史"。

孙惟晟　吴表无孙惟晟。今据旧纪增列，惟晟未至镇，仍留宿卫。

夔　州

柏贞节　吴表无柏贞节。按《英华》四〇九有常衮《授柏贞节夔忠等州防御使制》。（在授杜济东川防御使制后）"敕（柏茂）（略）邛州刺史御史中丞邛南防御使（略）柏贞节……充夔忠万归涪等州都防御使。"新表广德二年"（林）置夔忠涪防御使"。《杜诗镜铨》卷十五有"览柏中丞兼子侄数人除官制词因述父子兄弟四美载歌诗纶"诗，《杜诗博议》注："年谱，公至夔州，时柏中丞为夔州都督，公为作谢上表，柏都督乃柏茂林，中丞其兼官也。"此书作于大历元年，时杜甫在夔州，故柏茂林（即贞节）之任夔州至迟亦在大历元年。

陇　右

杨矩　吴表开元元年至二年著杨矩。按据新表及《通鉴》开元二年始置陇右节度使，首任为郭知运。矩则为鄯州都督，其名应删。

郭知运　新一三三、旧一〇三有传。《文苑英华》九〇七有张说《赠凉州都督上柱国太原郡开国公郭君碑》。按新传由临洮军使为陇右，旧传及碑以伊吾军使为陇右。

　　王君㚟　新一三三、旧一〇三有传。吴表王君㚟为陇右在开元九年、十年，河西在开元十二年至十五年，则王君㚟于开元十一年未为方镇，按据新旧传观之，君㚟均未有离陇右河西之事，《全唐文》二二九张说《右羽林大将军王公神道碑》"既督陇右兼统河西，绾塞垣之十军，佩节制之两印"，亦未有离陇右河西之事，万斯同《唐方镇十道节度使表》开元九年至十五年王君㚟兼陇右河西两镇，吴表陇右王君㚟开元十年条引《册府元龟》"开元十二年四月陇右节度使王君㚟破吐蕃来献戎捷"，则君㚟开元十二年未离陇右也。吴表开元十一、十二年臧怀恪引《颜鲁公集·故右武卫将军臧公碑》"充河源军使兼陇右节度副大使关西兵马使"，按新表陇右开元十五年条："陇右节度使副使兼关西兵马使。"新表系年每有错误（见新表考证）。既关西兵马使即陇右节度副使兼领，则怀恪碑"副大使"应为"副使"之误。又新表陇右节度治鄯州，其前任郭知运乃以节度使兼鄯州都督，怀恪碑未言为鄯州都督，仅为河源军使，亦证怀恪为陇右节度副使，非副大使也。

　　臧怀恪　吴表开元十一年至十二年著臧怀恪。按怀恪未为节度使。说见前王君㚟条。

　　李林甫　吴表无李林甫。按林甫于开元廿六年正月壬辰，以宰相遥领陇右节度副大使知节度事，天宝元年停知节度（新宰相表、《通鉴》、旧传、严表）。吴表开元廿六至廿七年著杜希望，希望乃留后，既有节度使，留后不列名。吴表开元廿八至廿九年有盖嘉运，时嘉运为河西节度，亦应删。

　　王思礼　吴表无王思礼。按《通鉴》二一八至德元年五月，以王思礼为河西陇右节度使，七月陇右除彭元晖，思礼乃罢。

　　彭元晖　吴表无彭元晖。按旧纪至德元年七月，"陇右兵马使彭元晖为陇右节度使"。（《通鉴》二一八同但作"彭元耀"）

　　仆固怀恩　吴表无仆固怀恩。按旧一二一、新二二四上《仆固怀恩传》，均言代宗立，拜陇右节度使，未行，改朔方。

天　雄（秦成）

李承勋　吴表作"李成勋"，按《通鉴》作"李承勋"，李光弼之孙。

孙储　储新一八三附《孙偓传》：太略，只云"历天雄节度使"，《文苑英华》有储秦州节度制，是储确有天雄之命。按天雄一镇，自龙纪元年即为李茂贞势力控制，储之前任李茂庄、李继徽，储之后有李继勋，皆李茂贞之亲人，考《通鉴》及旧纪，无李茂贞失去对秦州控制之记载，则储之任天雄，恐仅有诏命，而不能至镇，储受镇罢镇史无明确年月，吴表乾宁四年至光化三年著孙储，臆度而已。

苻道昭　吴表无苻道昭。按《通鉴》二六四天复三年二月，"（朱）全忠表苻道昭同平章事，充天雄节度使，遣兵援送之秦州，不得至而还"。胡注："岐兵塞道，故不得至。"

归　义

张淮深　《通鉴》作"惟深"实误，据敦煌石窟《张氏勋德记》应作"淮深"，乃义潮侄（见苏莹辉《敦煌学概要》）。两《唐书》无传，又苏莹辉《敦煌学概要》第一章瓜沙史事，以张淮深史事可能为：咸通八年二月至十三年八月知归义军节度留后，十三年八月以后以户部尚书充河西节度，乾符元年至中和四年之间曾加官丞相。又据日人藤枝晃《沙州归义军节度使始末》（载《东方学报》第十二册、十三册），列有张议潮世系表如下：（数字为节度使在任时代之公元纪年）

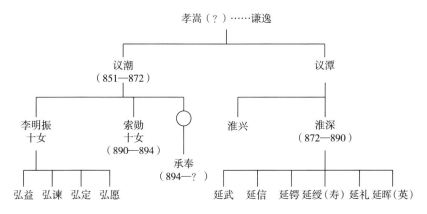

按藤枝晃表与苏氏之说大体相同，只"义潮"作"议潮"，及淮兴未任节度使。又以义潮任节度至咸通十三（872）年，其实义潮早于咸通八年离镇。

张淮兴　吴表无张淮兴。据苏莹辉《敦煌学概要》下编第一章瓜沙史事补。

索勋　勋为张义潮子婿，景福二年或乾宁元年，沙州政变，勋为李明振所杀。见苏莹辉《敦煌学概要》下编第一章瓜沙史事。

张承奉　两《唐书》无传。吴表承奉为归义始于光化三年，依苏莹辉《敦煌学概要》下编第一章，当在乾宁元年继索勋。承奉由政变而得位。

河　西

司马逸　吴表无司马逸。按《金石萃编》六十九《凉州卫大云寺古刹功德碑》："时有明牧，右武将军右御史中丞内供奉持节西河（按河西之误）诸君（按君乃军之误）节度大使赤水军大使九姓大使监秦凉州仓库使检校凉州都督河内司马名逸。"碑末有"大唐景云二年"。

郭虔瓘　吴表无郭虔瓘，按新一三三《郭虔瓘传》，开元三、四年间曾为河西节度使。

郭知运　吴表开元九年有郭知运，考新一三三、旧一〇三《郭知运传》，《文苑英华》九〇七张说《郭君碑》，均未言为河西，未知吴表何据。岑补云河西开元郭知运应删。

萧炅　吴表开元廿六年著萧炅。按萧炅系河西节度留后，时节度使为李林甫兼领（见严表卷三），炅不应列名。

盖嘉运　吴表开元廿八年盖嘉运，廿九年王倕，按《通鉴》二一五开元廿九年"十二月乙巳，吐蕃屠达化县，陷石城堡，盖嘉运不能御"。嘉运尚未离任。

高仙芝　吴表无高仙芝。按《通鉴》二一六天宝十年正月，"安西节度使高仙芝入朝……寻以仙芝为河西节度使，代安思顺，思顺讽群胡割耳劓面请留己，制复留思顺于河西"。参阅旧一〇四、新一三五《高仙芝传》。

杜鸿渐　吴表河西至德二载至乾元二年杜鸿渐。又吴表荆南乾元元年至二年著杜鸿渐。鸿渐未兼两镇，则吴表乾元元年至二年必有一误。按旧一〇八《杜鸿渐传》"两京平，迁荆州大都督府长史荆南节度使"。两京平在至德二载十月，则鸿渐或在乾元元年初离河西任，改荆南。

安　西

郭虔瓘　吴表开元三年著郭虔瓘，按新一三三《郭虔瓘传》云两为安西都护。

碛西北庭

郭虔瓘　新一三三、旧一〇三有传。吴表北庭郭虔瓘之任甚乱，不可晓，按依新传两为安西，据新表安西先天元年，"北庭都护领伊西节度等使"，则虔瓘即两为北庭。

张孝嵩　旧一〇三《郭虔瓘传》："以疾卒，其后又以张嵩为安西都护，以代虔瓘……（开元）十年转太原尹，卒官，俄又以黄门侍郎杜暹代嵩为安西都护。""张嵩"似即《册府》所称之"张孝嵩"。

西　川

陆象先　吴表无陆象先，据岑补增列。

韦抗　吴表无韦抗，据岑补增列。

张敬忠　敬忠再任西川，据岑补。

卢奂　吴表无奂，按吴表考证："卢奂，《会要》杜暹为户部尚书，奂自益州长史入朝，按暹以开元廿年自太原入为户部尚书，旧传参旧纪玄宗北巡事，奂镇益当在是年。"表中应增入奂名。

李尚隐　《英华》四五二《授李尚隐户部尚书益州长史剑南节度采访使制》，由太子詹事"守户部尚书兼益州大都督府长史持节剑南节度营田副大使兼节度采访处置使"，依严表似在户尚又兼剑南。

张绍贞　吴表绍贞为剑南西川在开元廿三、廿四年，按严表卷八辑考二下右丞张绍贞条，则以绍贞在天宝二年为剑南，实未之任，即改右丞，时章仇兼琼正在剑南，无碍也，吴表六置于开元廿年，实误。

郭虚己　吴表以虚己去镇在天宝八载，据严表卷四，虚己天宝七载已在工尚任。

李峘　据严表卷十八兵侍李峘条，至德元年"十月，迁蜀郡太守剑南节度使"。则崔圆当亦在此时罢任。

高适　《唐诗纪事》卷廿三高适条云："代崔光远为西川节度使，广德中召还为右散骑常侍。"按崔光远卒，严武代为西川节度，《杜工部草堂诗笺》已明言，《通鉴》所记西川节度之事迹，亦可证光远后为严武，高适乃继武之任者。又据严表，广德二年适由西川迁刑侍，再迁左散骑常侍。

郭钊　新一三七有传，旧一二〇《郭子仪传》附传，按钊系先由东川兼领，复移镇西川。

魏谟　吴表大中十一年至十二年著魏谟，据严表，十一年谟已入为吏尚。又新宰相表大中十一年二月辛巳魏谟检校户尚平章事西川节度使（旧纪同），然新九七《魏谟传》，以谟大中十年出为西川，新传误。

牛丛　新一七四有传，旧一七二《牛僧孺传》附传作蘩。

陈敬瑄　龙纪元年诏敬瑄移雅州安置，时敬瑄仍据西川，至大顺二年方为王建所执，今以大顺二年为敬瑄罢镇之时。

王建　建之受诏在龙纪元年，但其时陈敬瑄仍在西川，至大顺二年建攻陷成都，始实有之，今以大顺二年为建任镇之始。

邛　南

柏贞节（柏茂林）　吴表大历元年著柏茂林。据岑仲勉先生《唐集质疑》，柏茂林后改名贞节，由邛南改夔州都防御使，见《文苑英华》卷四〇九常衮《授柏贞节夔忠等州防察使制》。

东　川

王涯　吴表元和十五至长庆三年著王涯，长庆三年至宝历元年著李绛。按绛长庆二年七月已由东都留守改东川（陈楚于长庆二年七月继绛而任东都），涯亦当于此时罢东川之任。旧一六九《王涯传》云："三年，入为御史大夫。"此处所言"三年"，未必为长庆三年，或言在镇三年也。纵以此"三年"为"长庆三年"，而涯罢东川亦可能在长庆二年，以秋罢镇，次年始至京而授御史大夫也。

卢弘宣　新传云，迁京兆尹刑部侍郎，拜东川，徙义武。《通鉴》会昌五年正月，弘宣自秘书监为义武。考《文苑英华》易定李执方忠武、秘书监卢弘宣易定节度使同制，则弘宣由东川入为秘书监，再出为义武。

杜悰　吴表悰为东川在会昌五年，今据严表在六年或大中元年。

刘崇望　吴表无崇望。旧一七九、新九〇《刘崇望传》，均言曾由第二任兵尚出为东川节度使同平章事，时王建已攻下东川，顾彦晖自杀，建以王宗涤知东川留后，崇望未至镇而还。

王宗涤　两《唐书》及两《五代史》无传，事见《通鉴》及《新五代史》六三《前蜀世家》、《旧五代史》一三六《王建传》，按《通鉴》二六二光化三年"六月癸亥，加东川节度使王宗涤同平章事"。

王宗裕　吴表天复元年至天祐元年王宗裕，按《九国志》卷六《王宗裕传》未言何年罢镇，然据《王宗瑶传》"天复中授武信军节度使"，又《王宗佶传》自武信移镇梓州，似宗瑶接宗佶之任，则宗佶亦在天复中为东川，宗裕必在是时罢任。

王宗佶　吴表王宗佶天祐二年至四年，然考《九国志》卷六《王宗瑶传》"天复中授武信军节度使"，接王宗佶之任，则宗佶改东川当在天复中。

武　信（遂州）

王宗佶　两《唐书》、两《五代史》无传，事见《通鉴》。《九国志》卷六《王宗佶传》"乾宁中，（王）建克绵州（应为遂州），以宗佶为兵马留后，寻加检校太傅，知节度事，未几移镇梓州"，则宗佶任武信应至天复二年改东川时为止。参见东川王宗裕条。

王宗瑶　吴表无王宗瑶，《九国志》卷六《王宗瑶传》"天复中授武信军节度使"。

王宗侃　吴表无王宗侃，《九国志》卷六《王宗侃传》"迁眉州团练使，未几授武信军节度使，（王）建开国，以宗侃有佐命功……"

淮　南

邓景山　吴表至德二年至上元二年著邓景山，按旧纪上元元年

（乾元三年）十一月乙巳宋刺刘展陷扬州，景山弃镇，当作离任。

王锷　旧一五一、新一七〇有传。旧传"元和二年来朝，真拜左仆射"，严表锷入为左仆在元和三年九月十日。

王播　旧一六四、新一六七有传，《全唐文》七一四李宗闵《赠太尉太原公神道碑》云"公用相印为淮南节度使"，两传未言领使相。

李珏　据严表珏卒于大中六年五月，旧纪以大中六年七月丙辰卒，旧一七三《李珏传》以大中七年卒，均误。

李蔚　旧纪咸通十一年十二月："以吏部侍郎郑从谠检校户部尚书兼外（汴）州刺史御史大夫充宣武军节度使代李蔚，以蔚检校吏部尚书扬州大都督府长史兼淮南节度副大使兼节度事。"旧纪乾符元年四月，"以前淮南节度使李蔚为吏部尚书"。旧一七八《李蔚传》："咸通十四年转扬州大都督府长史淮南节度副大使知节度事。乾符三年，受代，百姓诣阙乞留一年，从之，四年，复为吏部尚书。"是旧纪与旧传迟三年，然据《通鉴》乾符元年十月刘邺已为淮南，蔚必不在淮南，旧传误，当从旧纪。

朱全忠　吴表无朱全忠，《通鉴》二五七光启三年十一月"朝廷以淮南久乱，闰月，以朱全忠兼淮南节度使东南面招讨使"。按时杨行密已据扬州拒命，全忠实未至淮南。

寿　庐

张建封　吴表无寿庐一镇，按新六五《方镇表》兴元元年"废徐海沂密都团练观察使"。"寿州别置观察使"。旧一四〇《张建封传》："代崔昭牧寿阳……兴元元年十二月，乃加兼御史大夫充濠寿庐三州都团练观察使。"新一五八《张建封传》同。吴表张建封只任徐泗一镇，实漏寿庐之任，今增列。

浙　西

李栖筠　吴表大历三年至七年李栖筠，按栖筠六年八月丙子已任御史大夫，吴表七年当删栖筠之名。

路随　新一四二作"路隋"。

卢商　吴表开成二至五年著卢商。据严表卷廿刑侍卢商，"会昌初，由浙西观察使入迁刑侍，迁京兆尹，时约元二年"。按吴表会昌元年缺人，或即卢商在任。

崔瑶　吴表崔瑶之任在大中七至九年，按崔慎由大中八年已任浙西，瑶当于八年罢任。

崔慎由　吴表崔慎由之任在大中九至十年，据严表卷廿刑侍崔慎由条，"大中八或七年由湖南观察使入迁刑侍，出为浙西观察使"。按严表大中八年孙景商已继任刑侍，则慎由出镇浙西至迟在大中八年。

郑处诲　吴表郑处诲之任自大中十三年至咸通二年。据《嘉泰会稽志》，处诲任浙西在大中十二年十二月，又据严表卷十吏侍郑处诲条，"咸通三年，由浙西观察使入迁吏侍"。

卢耽　吴表卢耽继郑处诲之任，处诲在咸通三年始罢镇，则耽亦当在三年至任，较吴表迟一年。

赵隐　吴表赵隐之任在乾符元至三年，据岑补，隐去镇当在二年。

赵犨　吴表无赵犨，按新一八九、《旧五代史》十四《赵犨传》均言犨由泰宁改浙西，仍守陈州，未至任。

李铤　吴表无李铤。铤虽有诏命，实未至镇，见《通鉴》二五九景福二年闰月条。

忠　国（湖州）

李师悦　吴表文德元年至乾宁二年著赵师悦。按新一八六《周宝传》："初黄巢平，时溥遣小史李师悦上符玺，拜湖州刺史，昭宗时迁忠国军节度使。"新一八八《杨行密传》亦作"李师悦"。又《通鉴》二六〇乾宁三年十一月，"湖州刺史李师悦求旌节，诏置忠国军于湖州，以师悦为节度使，赐告身旌节者未入境，戊子，师悦卒，杨行密表师悦子前绵州刺史彦徽知州事"。是各书均作"李师悦"。又新表，忠国军节度使治湖州，其置在文德元年，观《通鉴》所云"湖州刺史李师悦求旌节"，则是有诏置忠国节度，但并未授师悦，及乾宁三年始授之，是则乾宁三年以前师悦未能算作方镇，今以师悦之始任自乾宁三年。

李彦徽　吴表乾宁三至四年著赵彦徽。按彦徽姓李（说见前李师悦条），《通鉴》二六一乾宁四年九月"湖州刺史李彦徽欲以州附于杨行密，其众不从，彦徽奔广陵"，是弃镇也，湖南遂为钱镠所有。吴表引《嘉泰吴兴志》，则以钱镠陷湖州，彦徽出奔淮南。

浙　东

韩滉　吴表大历十四至贞元三年著韩滉。按新表大历十四年废浙东观察使，并入浙西。建中元年复置浙东观察使。二年复废，并入浙西。贞元三年复置浙东观察使。韩滉卒于贞元三年二月，自大历十四年起即在浙西任，其兼为浙东观察应为建中元至二年一段时间。

李逊　旧纪由常刺擢浙西观察，旧一五五、新一六二《李逊传》均言由衢刺擢浙西观察。《全唐文》六六一白居易《浙东观察使李逊授京兆尹制》，逊由浙东观察为京兆尹，新旧传均以逊入为给事中，有误。

丁公著　旧一八八、新一六四有传。新传公著，自工侍为浙西，徙河南尹，迁礼尚，出为浙东，则公著先为浙西，再为浙东。旧传则以公著两为浙西，无浙东之任。按吴表据旧纪及白居易授公著浙东制，以公著于长庆元年十月为浙东，严表卷四工侍，长庆元年丁公著，十月九日壬申检校左骑出为浙东观察。是则两传均有误，今从吴表、严表。

李讷　新一六二《李讷传》"为浙东观察使……为下所逐，贬朗州刺史"，据《嘉泰会稽志》及《通鉴》，贬潮州刺史，新传误。

郑祗德　依《嘉泰会稽志》，祗德自浙东为礼部尚书，《通鉴》则以祗德入为宾客。

王讽　吴表据《嘉泰会稽志》作"王沨"，据严表吏侍王讽条云应作"王讽"。

王搏　吴表无王搏。《册府元龟》三二二，乾宁"三年五月，（搏）自门下侍郎兼户部尚书出为检校尚书左仆射同平章事充镇东军节度等使，八月复入相"。按时镇东节度董昌僭号，浙西钱镠攻斩昌而据有其地，搏虽有诏命而未至镇。

福　建

皇甫政　《全唐文》三九〇独孤及《福州都督府新学碑铭》：大历十年九月福建观察使李椅卒，"判官膳部员外郎兼侍御史安定皇甫政"。立新学碑，则政或由判官而为观察。《全唐文纪事》卷二十七引崔祐甫《广丧朋友议》："殿中侍御史安定皇甫政，字公理，故尚书左丞之子，交行兼茂，不忝前列。"是出身文人。

高宽仁　吴表无高宽仁。按《全唐文》三三七有颜真卿《送福建观察使高宽仁序》："江西贵溪高君宽仁，初举明经，历任中外，克勤职务，政绩昭著，升福建观察使。"无年月之记，约在大历中。

王翃　新一四三《王翃传》，由福建观察徙东都留守，旧一五七《王翃传》"入为太子宾客，贞元十二年检校礼部尚书代董晋为东都留守"。旧传较详从旧传。

徐晦　吴表长庆四年徐晦，按旧一六五《徐晦传》"宝历元年出为福建观察使"，则晦之任自宝历元年始。

张仲方　吴表大和元年至四年著张仲方，按旧一七一《张仲方传》"（大和）三年入为太子宾客"。吴表张仲方大和四年应删。

段伯伦　吴表作段伦，旧纪作段百伦，新一五三、旧一二八《段秀实传》，子伯伦，累官福建观察使。

黎埴　与丧作"黎植"，今据岑补更正为"黎埴"。

杨发　吴表大中十至十一年著杨发，按旧纪大中十二年正月杨发改岭南东，吴表误。

王镇　吴表大中十一年至咸通二年著王镇，据旧纪，镇乃大中十二年正月出任福建，吴表误。

王审知　《旧五代史》一三四《王审知传》未言在唐为使相，《新五代史》六八《闽世家》、新一九〇《王潮传》均言审知在唐已为使相，《通鉴》审知加使相系光化三年二月壬申。

江　西

皇甫侁　吴表至德二载著皇甫侁、元载。按新表乾元元年始置洪吉都团练观察使。皇甫侁为江东采访使，元载为豫章防御使，均未能算方镇。

李绅　吴表无李绅。旧一七三、新一八一《李绅传》皆言绅由御史中丞为江西观察使。入谢日，改户侍，是未至镇也。

殷侑　旧传自江西为卫尉卿，旧纪宝历二年十二月"壬戌，以前江西观察使殷侑为大理卿"。今从旧纪。

吴士矩　新一五九《吴士矩传》云贬蔡州别架，据吴表引《册府》，其贬在开成二年，距去江西任已一年，而称"前秘书监"，则士矩当由江西入为秘书监，一年后，在江西贪脏事觉，乃贬蔡州别驾。

李款　吴表引旧纪作"李颖"，按旧一七一《李甘传》"有李款者……开成中累官至谏议大夫，出为苏州刺史，迁洪州刺史江西观察使"。新一一八《李款传》："李款，字言源……累迁江西观察使。"旧纪"颖"乃"款"之误。

李钰　吴表开成五年至会昌元年著李钰，钰实未任江西，今删去，详阅桂管李钰条。

杨隆演　吴表天祐四年著杨隆演。考《新五代史》六十一《杨隆演传》、《旧五代史》一三四《杨渭（即隆演）传》，均未言为江西，按杨渥自兼江西，史有明文，而无去兼任之记载，以渥个性之专横，未必肯以隆演自代，未知吴表何所据，今删去。

宣　歙

刘铦　吴表无刘铦，据岑补增。惟时间当在上元元年，岑补以为铦之任在上元二年，时宣歙已废镇（参阅本文第一章"方镇建置沿革表"）。

崔昭　《英华》四〇九常衮《授崔昭宣州团练使制》，"守右散骑常侍博陵县开国子崔昭……可使持节宣州诸军事宣州刺史兼御史中丞充宣歙池等州都团练守捉及观察处置等使"。是由右散骑常待出任。

王遂　旧纪由司农卿出为宣歙，新一一六、旧一六二《王遂传》均言由柳刺擢宣歙，今从旧纪。

于敖　新一〇四、旧一四九有传。旧传"转工部侍郎迁刑部出为宣歙观察使"。按严表于敖大和元年由户侍出为宣歙。

王质　《英华》九一七刘禹锡撰《宣州观察使王质神道碑》，开成元年十二月八日薨于位，旧纪开成二年正月丙寅宣州观察使王质卒，应以碑为正。

孔温业　新一六三《孔温业传》"擢进士第，大中时为吏部侍郎求外迁"，未言何镇，旧一五四《孔巢父传》"温业登进士第，大中后历位通显"，未言出任方镇。温业为宣歙，吴表系大中五年，据严表卷三吏侍孔温业，大中四年十二月外迁，温业未为他镇，则四年十二月外迁当为宣歙，今从严表。

李当　《八琼室金石补正》卷六十李当等诗并魏深书事题朝阳洞："寻出尹河南，移宣□（歙），镇褒斜。"则李当由宣歙转山南西。

王茂章　吴表未言王茂章二次为宣歙。按茂章为杨渥所败，弃镇逃附钱镠，镠以茂章为两浙行军司马，更名景仁。天祐三年十二月乙酉，钱镠表荐景仁，诏以景仁领宁国（宣歙）节度使。然时宣歙为杨渥所据，景仁虽有诏命，遥领而已（《通鉴》二六五天祐三年十二月乙酉条及胡注）。

鄂　岳

李兼　吴表李兼之任始于建中三年。据新表，建中四年始复置鄂州观察，兼之任应始于四年。

郑伸　吴表作郑绅，据旧纪，按宰相世系表郑氏，有"伸，字君舒，鄂岳观察使"。又《八琼室金石补正》卷六十八《国子祭酒郑伸碑》，"公讳伸，字君舒……贞元十八年授朝散大夫鄂州刺史兼御史□丞鄂□□□□□□□□□□□□□□□□□□□□□□国子祭酒"。则"绅"应作"伸"，伸罢镇后入为国子祭酒。又碑云"志学之岁试太子典设郎"。出身文职。

李程　吴表元和十三年至长庆元年著李程，据严表程在长庆二年由鄂岳观察入为吏侍，程之任当终于长庆二年。

崔元略　吴表长庆二至三年著崔元略，旧一六三《崔元略传》，元略于长庆四年入为大理卿。

崔植　吴表长庆三至四年著崔植。按崔元略长庆四年始罢，植之任镇必不能在三年。

元稹 《英华》九三七白居易《右仆射河南元公墓志铭》："在鄂三载"，实误，严表稹自左丞出鄂在大和四年正月，至大和五年七月廿三日卒，不及二载。

崔瑶 吴表崔瑶之任在大中九至十一年由浙西调任，按瑶离浙西任在大中八年，其接鄂岳亦当提早至八年。

于德孙 吴表无德孙，今据岑补增列。

杜洪 新一九〇、《旧五代史》十七有传，《旧五代史》以洪被杨行密所执被杀事在天复二年，据新纪及《通鉴》均作天祐二年。

张瀎 吴表无张瀎。张瀎新一八五、旧一七九有传。瀎由右仆射同平章事出为鄂岳观察使，旧纪在大顺元年十二月，新表在二年正月庚申，今从新表。又按《通鉴》二五八大顺二年正月庚申，张瀎出为鄂岳，旋贬连刺，未至镇。

湖 南

孟皞 吴表作孟士源，今据岑补及《元和姓纂四校记》改为孟皞。

韦之晋 按韦之晋两《唐书》无传。《全唐文纪事》卷廿七引崔祐甫《广丧朋友议》称"故湖南观察韦大夫之晋"。

崔瓘 新旧传作"瓘"，《文苑英华》四〇八有常衮《授崔灌湖南观察使制》，作"灌"，《通鉴》亦作"灌"。

独孤问俗 吴表无独孤问俗，今据岑补增列。

李承 吴表作"李丞"，《通鉴》、《册府》两传均作"李承"。

窦群 吴表无群，按旧一五五窦群传，群诬李吉甫，"宪宗怒，将诛群等，吉甫救之，出为湖南观察使，数日，改黔州刺史黔州观察使"。是虽有湖南之命，旋改黔中，未至镇。

孔戣 新一六三《孔戣传》，"擢明经……拜京兆尹，再迁为湖南观察使，召授右散骑常侍京兆尹"，旧一五四《孔巢父传》附传，"大理卿出为潭州刺史湖南观察使……入为右散骑常侍拜京兆尹"。按旧纪戣以大理卿出镇，与旧传同，今从旧纪。

李回 新一三一《李回传》"贬湖南观察使，俄以太子宾客分司东都给事中还，制谓责回薄，遂贬贺州刺史徙抚州长史"。旧一七三《李回传》："湖南观察使，再贬抚州刺史。"《通鉴》二四八大中二年"秋九月甲子，再贬……湖南观察使李回为贺州刺史"。今从《通鉴》。

裴识　旧传迁寿州刺史，大中初改潭州刺史充湖南观察使。新传改司农卿，进湖南观察使，入拜大理卿。今从新传。

崔黯　吴表咸通六年至八年著崔黯，今据岑补移置于大中五、六年，崔慎由则后移一年，大中六年接崔黯之任。

崔慎由　吴表大中五至七年著崔慎由，据岑补慎由始任湖南在大中六年。

李当　《八琼室金石补正》卷六十李当等诗并魏深书题朝阳洞："公尝自中书舍人乘廉车问俗湖南，他日宣皇帝注意急征……除户部侍郎。"是由中舍出为湖南，入为户侍。

王搏　吴表无王搏，据旧纪乾宁元年"十月庚寅以中书侍郎平章事王搏为湖南节度使"，时刘建锋据湖南，搏未至镇，复为宰相，参阅严表卷三。

崔胤　吴表无崔胤，据岑补、新宰相表、新纪增列。

黔　中

赵国珍　吴表，黔中始于至德元载，赵国珍。按新二二二下，南蛮传"有赵国珍，天宝中战有功，阁罗叛，宰相杨国忠兼领剑南节度使，以国珍有方略，授黔中都督，屡败南诏，护五溪十余年，天下方乱，其部独宁，终工部尚书"。旧一一五《赵国珍传》"天宝中以军功累迁黔府都督兼本管经略等使，时南蛮阁罗凤叛，宰臣杨国忠兼领剑南节度遥制其务，屡丧师徒，中书舍人张渐荐国珍有武略，习知南方地形，遂奏用之"。新表开元二十六年已置五溪诸州经略使。《通鉴》卷二一六天宝九载，南诏王阁罗凤反，天宝十载十一月丙午，以杨国忠遥领剑南节度使，天宝十三载六月，剑南留后李宓为阁罗凤大败，死者前后几二十万人。是则赵国珍为黔中经略使，当在天宝十三载。又吴表国珍去任系宝应元年，其后任薛舒，按《全唐文》三七五韦建《黔州刺史薛舒神道碑》，舒"以大历十年四月二十五日薨于溪州之公馆……领藩镇者十年"。则舒应以大历初任黔中。严表工尚，赵国珍系大历初，三年，卒官，盖薛舒以大历元年接任黔督，与国珍入为工尚，时间吻合，且旧《国珍传》"在五溪凡十余年"，如依吴表自至德元载至宝应元年，仅七年，如自天宝十三载至宝应元年亦不过九年，唯有自天宝十三载始至大历元年共十三载，是则赵国珍应自天宝十三载始至大历元年卸任，大历元年薛舒始继任。

薛舒　两《唐书》无传。《全唐文》三七五韦建《黔州刺史薛舒神道碑》，舒以宝应初为黔中，然碑又云大历十年卒，在镇十年，则舒任黔中实应在大历元年，参见黔中赵国珍条。

吕颂　吴表贞元五年至八年著张濛，岑补云，张濛乃吕颂之误，今据岑补更正。

韦士宗　《册府》六七一《牧守部》"裴佶迁谏议大夫，会黔中观察使韦士文惨酷驭下，为夷獠所逐，俾佶代之，酋渠自化"。旧纪贞元十七年三月"己巳黔中观察使韦士宗复为三军所逐"。黔中兵卒多由夷獠召募，是士宗当为军士所逐。

韦康　吴表大中元年著韦□，据岑补作韦康。

秦匡谋　尉迟枢《南楚新闻》："太傅汾国公杜悰，节度江陵，咸通十四年黔南廉使秦匡谋以蛮寇大举，兵力不敌来奔，既谒见公，公怒其不趋庭……遣系之，发函与韦相保云：秦匡谋擅弃城池，不能死王事，请诛之，韦以悰国之元臣，兼素有旧恩，遂奏请依悰处置，敕既降，悰乃亲临都市监戮。"

曹诚　吴表无曹诚。按《通鉴》二五九景福二年闰四月，"以扈跸都头曹诚为黔中节度使"。时王建肇据黔中，诚未至镇。（见《通鉴》胡注）

李铤　吴表无李铤。今据岑补增列。按王建肇时据黔中，吴表考证引《翰苑群书》："乾宁二年李铤自黔南节相（？）改授京兆尹。"又乾宁二年下注引《册府元龟·帝王部》，"乾宁二年十一月，以前大理卿李埙为黔中宣慰使，制曰：'今闻黔巫易帅之时……'"则乾宁二年确有易帅之事，然王建肇仍未去镇，（《通鉴》乾宁三年五月见在任）或李铤有诏命而王建肇拒不受代耶？

辰 锦

李昌巙 吴表无辰锦一镇。按新表大历四年"置辰溪巫锦业五州都团练守捉观察处置使，治辰州"。又旧纪大历八年九月"戊戌，以辰锦观察使李昌巙为桂州刺史桂管防御观察使"。考《英华》四〇九有常衮《授李昌岠辰锦等州团练使制》，在授独孤问俗鄂岳等州团练使制之后，时约在大历四、五年，与李昌巙正相衔接。唐人姓名用字常有别字，如"宏""弘"之互用，"崔淙"亦写作"崔琮"，"张君绪"旧书有时作"景绪"，有时作"钦绪"（阅岑补邠宁张君绪条），只以字形或字音相近而互用，故"李昌岠"与"李昌巙"字形相近，时间相接，或为一人也。

岭南东道

宋璟 吴表无宋璟。《合钞》卷九十四《方镇表》岭南先天元年至开元四年著宋璟。按旧九十六《宋璟传》："拜御史大夫，坐事出为睦州刺史，转广州都督仍为五州经略使。"（新一二四《宋璟传》略同）考《通鉴》二一一开元三年正月，"御史大夫宋璟坐监朝堂杖人，杖轻，贬睦州刺史"。则璟任广州不能早过开元三年正月，合钞不知何据。今姑作开元三年璟入为刑尚，据严表在开元四年十二月。

裴伷先 吴表无裴伷先。按新一一七《裴伷先传》："迁秦桂广三州都督，坐累且诛，赖宰相张说右之免官，久之擢范阳节度使。"《通鉴》载伷先自广州下狱事在开元十年十一月，然据旧《王毛仲传》，开元九年伷先已为幽州节度使，则任广州必在九年之前。今姑作八年。

李朝隐 吴表无李朝隐。旧一〇〇《李朝隐传》："转太常卿，（开元）二十一年兼判广州事，仍摄御史大夫充岭南采访处置使。明年，卒于岭外。"（新一二九略同）

刘巨鳞 吴表无刘巨鳞。按旧纪天宝三载"夏四月，南海太守刘巨鳞击败海贼"。巨鳞两《唐书》无传，旧九十八《卢奂传》："刘巨鳞彭果相替为太守五府节度，皆坐赃钜万而死。"则巨鳞当被贬死。

裴敦复　吴表无裴敦复。《通鉴》二一五天宝四载（四月）"乙巳，以刑部尚书裴敦复充岭南五府经略等使，五月壬申，敦复坐逗留不之官，贬淄川太守"。《通鉴》无"四月"二字，据严表补。

彭果　吴表无彭果。《通鉴》二一五天宝四载五月乙巳，贬岭南五府经略使裴敦复，"以光禄少卿彭果代之"。旧纪天宝六载"月戊戌，南海太守彭果坐赃决杖，长流凑溪郡"。

卢奂　吴表无卢奂。旧九十八、新一二六本传皆云奂代彭果之任。奂入朝为右丞，据严表在天宝十年前后。

张九皋　吴表无张九皋。新一二六《张九龄传》："弟九皋，亦有名，终岭南节度使。"《全唐文》三五五萧昕著《岭南五府节度经略采访处置等使张公碑》："迁襄阳郡太守……除南海太守兼五府节度经略采访处置等使。……秩满迁殿中监。……以天宝十四载四月二十日疾亟薨于西京。"今从碑。《合钞》九十四云"张九章未详何年拜"，九章为九皋之兄，未任广州，见旧九十九《张九龄传》，《合钞》误。

张万顷　旧纪卷十乾元元年十月乙未"以濮州刺史张方须为广州都督五府节度使"。方须，《册府》作万顷，盖方与万（萬）、须与顷相近，易于笔误，未知孰是，今从吴表作万顷。

王锷　旧传，迁岭南节度使凡八年，误，实为七年。

孔戣　新一六三、旧一七九有传。旧传："（元和）十二年岭南节度使崔咏卒，三军请帅，宰相奏拟皆不称旨，因入对，上谓裴度曰：尝有上疏论南海进蚶菜者，词甚忠正，此人何在？卿第求之。度退访之，或曰：祭酒孔戣尝论此事。度征疏进之，即日授广州刺史兼御史大夫岭南节度使。"（新传较略）参见《全唐文》五六三韩愈《尚书左丞孔公墓志铭》。

崔能　旧一七七《崔慎由传》："兄能……拜将作监，长庆四年九月出为广州刺史御史大夫岭南节度使，卒。"按长庆四年九月郑权在岭南东任，十月郑权卒，崔植为岭南东（旧纪）。能之任岭南东应从旧纪在元和十五年九月。

卢贞　《唐诗纪事》四十九卢贞："会昌五年为河南尹"，则贞或由河南尹改岭南节度。

李璲　吴表无李璲。今据岑补增列。

郑愚　据严表郑愚于咸通八年罢礼侍出为岭南东节度。

陈珮　吴表无陈珮。按《英华》四五七有陆扆《授陈珮广州节度使制》。《通鉴》二五九景福二年六月"以捧日都头陈珮为岭南东道节度使，并同平章事。……令赴镇"。胡注："后四人不闻至镇，盖各有分据者，四人不得而赴也。"考景福二年岭南东乃刘崇龟任镇，崇龟无跋扈之迹，《北梦琐言》崇龟受代归阙而道中卒，则景福二年当无拒代之事，陈珮之不至镇，不可归因崇龟。

崔胤　吴表无崔胤。今据岑补、新宰相表、新二二三下《崔胤传》补列。

徐彦若　旧一七九《徐彦若传》出为清海在光化二年九月，考《通鉴》在三年九月，今从《通鉴》。

崔远　吴表无崔远。旧一七七、新一八二《崔远传》，亦未言远为岭南东节度。按《册府元龟》二二三《僭伪部》，天复元年岭南东道节度使徐彦若薨，手表奏刘隐为节度观察两使留后，"昭宗未之许，命宰相崔远为节度使，远行及江陵，闻岭表多盗，惧隐违诏，迟留不进，会远复入相，乃诏以隐为留后"。据严表卷九吏尚崔远条："光化三年四月，由中书侍郎兼工尚同中书门下平章事迁兼吏尚，仍中书侍郎平章事。九月二十一日丙午，罢守吏尚，时阶光禄大夫，不知何时卸。"其后天祐元年远复为兵尚，又迁中书侍郎同中书门下平章事。（旧纪、《通鉴》、新宰相表、严表卷十七。）而天复元年至天祐元年间远之经历如何，新旧纪传及《通鉴》均未言及，今据《册府》所载，则远天复元年后之行迹晓然可明，盖远天复元年自吏尚（严表天复元年吏尚阙员）出为岭南东节度使，既逗留道路，复还京师，再随昭宗幸洛，为兵尚同平章事。是崔远实有岭南东诏命而未至镇也。

裴枢　吴表无裴枢。按旧纪天复三年二月，"以吏部尚书平章事裴枢检校右仆射同平章事兼广州刺史清海军节度岭南东道观察等使"。同月，"以新除广州节度使裴枢为门下侍郎吏部尚书平章事监修国史"，盖枢未至镇，由朱全忠之荐复为相。

岭南西道 （邕管）

孙公器　《芒洛冢墓遗文》四编第六卷有《孙詹墓志》："大父府君讳公器……终于邕管经略招讨等使。"

张士陵　吴表无张士陵，据岑补增列。历史语言研究所藏有拓本《张士陵墓志》。

桂仲武　吴表长庆二年至宝历二年著桂仲武，据岑补，应删。

王茂元　旧一五二、新一七〇有传。两传未言茂元为邕管，旧纪大和元年四月以前亳州刺史张遵为邕管经略使，大和二年四月壬午以邕管经略使王茂元为邕管经略使，则茂元之任当在大和元年四月以后，吴表宝历二年、大和元年有王茂元，未言所据，当删。参见岑补。

周岳　吴表无周岳，据岑补增列。然岳仍在湖南任，观当时情势，朝廷未能制湖南，授岳邕管，恐欲罢其权，岳自不乐南徙，似未至邕管。

李继诲　吴表无李继诲。按《通鉴》二六二天复元年正月"庚寅，以周承诲为岭南西道节度使，赐姓名李继诲……同平章事，与李继昭俱留宿卫"。是未至镇。

叶广略　《通鉴》二六五天祐三年正月"辛未，以权知宁远留后庞巨昭，岭南西道留后叶广略，并为节度使"。胡注："二人皆能保据本道，因而命之。"因此视作拥兵据位。

容　管

元结　吴表大历元年著元结，二年至五年空白，六年著长孙全绪。按《全唐文》三四四颜真卿《唐故容州都督兼御史中丞本管经略使元君表墓碑铭》"大历四年夏四月，拜左金吾卫将军兼御史中丞管使如故，君矢死陈乞者再三，优诏褒许，七年正月朝京师，上深礼重，方加位秩，不幸遇疾，中使临问相望，夏四月庚午薨"。则元结于大历七年朝京师，及卒尚未改他官，旧一五七《王翃传》，翃大历五年为容管，是则元结当在大历四年四月至五年之间卸任，然以墓碑推测，如结在四年卸任，而二年后方至京师，似无此事，以五年卸之可能性较大。

长孙全绪　吴表长孙全绪系大历六年，按依旧一五七《王翃传》，全绪为容管在元结与王翃之间，翃在大历五年出任，全绪亦应在五年。全绪两《唐书》无传，考旧《王翃传》全绪虽为容管，然寄理藤梧两州，故其任命必出朝延。

王翃　吴表大历六年著长孙全绪、王翃。按旧一五七《王翃传》，"大历五年迁容州刺史容管经略使"。则二人之交接当在五年。

王锷　《册府》六八〇《牧守部》："王锷为容管经略使，凡八年，溪洞安之。"按吴表贞元五年至十年著王锷，锷前任戴叔伦贞元五年五月受代，锷后任房孺复以贞元十年六月受任，则锷在容管首末六年，如以锷于贞元十一年正月丙申受任岭南节度使为离任计，首末亦止七年，《册府》恐误。

严公素　吴表长庆元年至大和元年著严公素，然据旧纪公素两任容管，岑补以公素初任当为长庆元年十二月丙寅至长庆二年十一月，由桂仲武接任，再任为宝历元年十一月癸未，继仲武任。

桂仲武　吴表无桂仲武，岑补认为仲武邕管之任应为容管之误。吴表仲武邕管之任删去，今增于容管。

张茵　吴表咸通三至四年著张茵，按《通鉴》二五〇咸通五年七月"以容管经略使张茵为岭南西道节度使"。茵之罢容管在五年七月。

高秦　吴表引旧纪作高溱，按艺文本《旧唐书》卷十九下《僖宗纪》乾符二年二月，"容管经略使高秦"。

张同　吴表咸通十二年至十三年著张同，岑补改在乾符三至五年。

盖寓　《通鉴》二六〇乾宁二年十二月乙未，"以河东大将盖寓领容管观察使"。胡注："遥领也。"按寓未至镇因道路阻兵，自京师而南，属朱全忠、王建势力范围，寓依李克用，当无法南下也。

李彦弼　吴表无彦弼，据岑补、《通鉴》二六二至二六三、旧纪天复元年正月、《唐大诏令》卷五《改元天复赦》，增列李彦弼。彦弼未至镇，留宿卫，其未至镇原因诸书未详，观当时情势，朱全忠、李茂贞攻伐不已，诏命不出城门，似属方镇阻兵，故彦弼虽有诏命，而未能至镇也。（李继昭、李继诲同类情形）

朱友宁　吴表无朱友宁。按《通鉴》二六四天复三年二月，"朱友宁领宁远节度使"。胡注："宁远军，容州时为庞巨昭所据。"

桂　管

邢济　吴表上元年年至永泰元年著邢济，按《通鉴》二二二上元二年三月"术士长塞镇将朱融与左武卫将军窦如玢等谋奉嗣岐王珍作乱，金吾将军邢济告之"。则济之任桂管当在上元二年三月以后，元年邢济之名应删。

陈少游　吴表无陈少游。考旧一二六、新二二四上《陈少游传》，《通鉴》二二四大历元年十二月条，均以少游由陇右行军司马为桂管观察，少游以岭外遐远，贿中官求近地，旋改宣歙观察，是少游有桂管之命，惟未至镇耳。

孙成　旧纪贞元元年十月，"桂管观察御史中丞孙晟卒"。按旧一九〇中《孙成传》："转苏州刺史，贞元四年改桂州刺史桂管观察使，五年卒。"（新二〇二《孙成传》同）则孙晟、孙成实为一人。历史语言研究所藏有拓本孙绛撰《唐桂州刺史孙成墓志》，卒于贞元五年五月二十一日。应以墓志为正。

殷侑　吴表无殷侑，据岑补增列。

刘栖楚　《册府》一五三《帝王部》，刘栖楚"任京兆尹，附权怙宠，旦夕俟大用，因诣中书，请属吏，词气强厉，忤宰相，韦处厚不堪其傲，既而面折，栖楚遂陈牒请告归第，帝闻之，立出栖楚为桂管都防御观察使"。旧一五四本传，"刘栖楚出于寒微，为吏……改京兆尹……常以词气凌宰相韦处厚，遂出为桂州观察使，逾年卒，时大和元年九月"。按《芒洛冢墓遗文》卷中有李逢吉撰《桂管都防御观察等使刘栖楚墓志》，以栖楚卒于八月，今从墓志。

李珏　新一八二《李珏传》"为文宗山陵使……罢为太常卿，终以议所立贬江西观察使，再贬昭州刺史"。按旧一七三《李珏传》，"武宗即位之年九月与杨嗣复俱罢相，出为桂州刺史桂管观察使，（会昌）三年长流骦州"。两传互有不同。考旧十八上《武宗纪》卷首开成五年八月"中书侍郎同平章事李珏检校兵部尚书桂州刺史充桂管防御观察等使"。《通鉴》二四六开成五年八月"庚午，门下侍郎同平章事李珏坐为山陵使龙𬭶陷，罢为太常卿"。会昌元年三月"初知枢密刘弘逸、薛季稜有宠于文宗，仇士良恶之，上（按谓武宗）之立，非二人及宰相意，故杨嗣复出为湖南观察使，李珏出为桂管观察使"。新宰相表开成五年"八月庚午，珏贬太常卿"。合诸书观之，珏开成五年罢相后当为太常卿，旋出为桂管观察使，新传为江西观察使，有误。吴廷燮氏未考新传之误，故年表五江西开成五年至会昌六年亦列李珏，当删去。参阅岑补及《八琼室金石补正》卷七十四华景洞李珏等题名引《潜研堂跋尾》。

郑亚 新一八五、旧一七八《郑畋传》附传，均以亚为德裕幕客，德裕罢相，亚出为桂管，坐吴湘狱不能直，贬循州刺史。

韦瓘 《八琼室金石补正》卷六十一韦瓘题记："太仆卿分司东都韦瓘……余大和中以中书舍人谪官康州，逮今十六年，去冬罢楚州刺史……今年三月，有桂州之命……才经数月……闻改此官。"按新一六二《韦瓘传》云："终桂管观察使"，与题记不同，应以题记为正。

张鹭 吴表无张鹭，据岑补增列。

令狐定 据岑补，令狐定大中四年始任

安 南

张应 吴表据旧纪作张庭，今据岑补更为张应。

高正平 吴表贞元六年著高正平。按旧纪贞元七年四月，"己未，安南首领杜英翰叛，攻都护府，都护高正平忧死"。是正平之任应终于七年四月。

桂仲武 吴表元和十五年著桂仲武，按旧纪元和十五年二月甲午，裴行立由桂管再任安南，然旧纪元和十五年六月，"安南都护桂仲武诛贼首杨清，收复安南府"，则六月行立虽有诏命，尚未至任，故仲武仍在任。

田群　旧纪大和元年正月，"以前棣州刺史田早为安南都护"，沈炳震云："新书作田群。"按旧一四一《田弘正传附田群传》"群……历棣州刺史安南都护"。群乃田弘正子，新一四八《田群传》未言为安南，按新宰相世系表田弘正子早、牟、布、章，又新一六七《王式传》："故（安南）都护田早作木栅"，亦作早，未知孰是，参阅岑仲勉《续金石证史》田雍文条。

高骈　《通鉴》二五一咸通九年八月高骈由安南入为右金吾大将军，旧一八二、新二二四下《高骈传》，均未言入为金吾，仅以安南迁天平节度使，今从《通鉴》。

李继昭　吴表无李继昭，按继昭以平刘季述之乱功而诏授静海节度，然未至镇，仍留宿卫，事见《通鉴》。

朱全昱　吴表无，《通鉴》二六五天祐二年二月戊戌"以安南节度使同平章事朱全昱为太师致仕。全昱，全忠之兄也，憨朴无能，先领安南，全忠自请罢之"。《新五代史》十四《朱全昱传》则作岭南西道节度使，《旧五代史》十二《广王全昱传》未言为节度使，今姑从《通鉴》，置于天祐元年，考其时情势，全忠无力控制安南，安南乃曲承裕所据，天祐二年三月独孤损除静海节度尚无法赴镇，全昱当系有命而未至镇也。

独孤损　吴表无独孤损，按《通鉴》二六五天祐二年三月"戊寅，以门下侍郎同平章事独孤损同平章事充静海节度使（胡注：罢独孤损政事耳，静海军治交州，在岭海之外，损安得至邪）"。《通鉴》同年十月乙丑"李振亦言于朱全忠曰：朝廷所以不理，良由衣冠浮薄之徒，紊乱纲纪，且王欲图大事，此曹皆朝廷之难制者也，不若尽去之。全忠以为然，癸酉，贬独孤损为棣州刺史"。按损罢相命为静海节度，亦由朱全忠之授意。

曲承裕　《通鉴》二六五天祐三年正月，"乙丑，加静海军节度使曲承裕同平章事（胡注：曲承裕乘乱据有安南）"。

附录二

参考书目①

甲、中文部分

《尚书》　台北艺文印书馆刊本

《诗经》　台北艺文印书馆刊本

《左传》　台北艺文印书馆刊本

《论语》　台北艺文印书馆刊本

《孟子》　台北艺文印书馆刊本

《说文解字诂林》　丁福保编　商务印书馆刊本

《史记》　司马迁撰　台北艺文印书馆据清乾隆武英殿刊本景印本

《汉书》　班固撰　台北艺文印书馆据清乾隆武英殿刊本景印本

《后汉书》　范晔撰　台北艺文印书馆据清乾隆武英殿刊本景印本

《三国志》　陈寿撰　台北艺文印书馆据清乾隆武英殿刊本景印本

《晋书》　房玄龄等撰　台北艺文印书馆据清乾隆武英殿刊本景印本

《魏书》　魏收撰　台北艺文印书馆据清乾隆武英殿刊本景印本

《北齐书》　李百药撰　台北艺文印书馆据清乾隆武英殿刊本景印本

《隋书》　魏徵等撰　台北艺文印书馆据清乾隆武英殿刊本景印本

《旧唐书》　刘昫等撰　台北艺文印书馆据清乾隆武英殿刊本景印本

《新唐书》　欧阳修等撰　台北艺文印书馆据清乾隆武英殿刊本景印本

---

① （附记）本参考书目限于本论文所引用或参考者。

《唐书合钞》　沈炳震撰　史语所藏本

《新唐书纠谬》　吴缜撰　知不足斋丛书本

《旧五代史》　薛居正等撰　开明书局铸版本

《新五代史记》　欧阳修撰　开明书局铸版本

《资治通鉴（附考异）》　司马光撰胡三省注　启明书局刊本

《通鉴地理通释》　王应麟撰　学津讨原本

《通志》　郑樵撰　新兴书局刊本

《九国志》　路振撰　商务印书馆丛书集成初编本

《蜀梼杌》　张唐英撰　学海类编本

《平巢事迹考》　撰人不详　学海类编本

《安禄山事迹》　姚汝能纂　学海类编本

《江南别录》　陈彭年撰　学海类编本

《三楚新录》　周羽翀撰　学海类编本

《十国春秋》　吴任臣撰　台北国光书局刊本

《贞观政要》　吴兢撰　四库备要本

《唐方镇年表》　吴廷燮撰　景杜堂刻本

《唐方镇年表考证》　吴廷燮撰　开明书店二十五史补编本

《唐将相大臣年表》　万斯同撰　开明书店二十五史补编本

《唐边镇十道节度使表》　万斯同撰　开明书店二十五史补编本

《唐边镇年表》　万斯同撰　开明书店二十五史补编本

《唐藩镇年表》　黄大华撰　开明书店二十五史补编本

《唐六典》　唐玄宗敕撰　扫叶山房本

《通典》　杜佑撰　四库善本丛书初编史部本

《文献通考》　马端临撰　台北新兴书局刊本

《唐会要》　王溥撰　世界书局刊本

《五代会要》　王溥撰　世界书局刊本

《唐律疏义》　长孙无忌等撰　商务印书馆国学基本丛书本

《历代兵制》　陈傅良撰　墨海金壶本

《登科记考》　徐松撰　南菁书院丛书第一集本

《翰林志》　李肇撰　知不足斋丛书本

《承旨学士院记》　元稹撰　知不足斋丛书本

《翰林院故事》　韦执谊撰　知不足斋丛书本

《重修承旨学士院壁记》　丁居晦撰　知不足斋丛书本

《唐折冲府考》　劳经原撰罗振玉补　百爵斋丛刊本

《册府元龟》　王钦若等编　中华书局刊本

《职官分纪》　孙逢吉撰　四库全书珍本初集本

《历代制度详说》　吕祖谦撰　续金华丛书本

《玉海》　王应麟编　台北华联书局影印本

《元和郡县志》　李吉甫撰　岱南阁丛书本

《太平寰宇记》　乐史撰　台北文海出版社刊本

《读史方舆纪要》　顾祖禹撰　台北新兴书局刊本

《嘉泰会稽志》　施宿等撰　嘉庆戊辰重镌、采鞠轩藏版

《吴地记》　陆广微撰　五朝小说大观本

《金石录》　赵明诚撰　行素草堂金石丛书本

《金石萃编》　王昶编　台北国风出版社刊本

《金石续编》　陆耀通编　双白燕堂刊本

《八琼宝金石补正》　陆增祥编　吴兴刘氏希古楼刊本

《宝刻丛编》　陈思撰　十万卷楼丛书本

《襄阳冢墓遗文》　罗振玉编　史语所藏本

《芒洛冢墓遗文》　罗振玉编　史语所藏本

唐碑拓本　史语所藏本千唐志碑拓

《唐国史补》　李肇撰　世界书局刊本

《大唐新语》　刘肃撰　台北新兴书局印行笔记小说大观续编本

《因话录》　赵璘撰　世界书局刊本

《云溪友议》　范摅撰　世界书局刊本

《唐摭言》　王定保撰　世界书局四部刊要本

《唐语林》　王谠撰　世界书局四部刊要本

《东观奏记》　裴庭裕撰　台北新兴书局印行笔记小说大观本

《钓矶立谈》　钓矶闻客撰　台北新兴书局印行笔记小说大观续编本

《隋唐嘉话》　刘𫗧撰　唐人说荟本

《次柳氏旧闻》　李德裕撰　五朝小说大观本

《刘宾客嘉话录》　韦绚撰　唐人说荟本

《明皇杂录》　郑处晦撰　唐人说荟本

《幽闲鼓吹》　张固撰　五朝小说大观本

《玉泉子》　撰人不详　唐人说荟本

《南楚新闻》　尉迟枢撰　唐人说荟本

《剧谈录》　康骈撰　唐人说荟本

《宣室志》　张读编　唐人说荟本

《桂苑丛谈》　冯翊子撰　唐人说荟本

《朝野金载》　张𬸦撰　唐人说荟本

《开元天宝遗事》　王仁裕撰　五朝小说大观本

《杜阳杂编》　苏鹗撰　唐人说荟本

《金銮密记》　韩渥撰　五朝小说大观本

《龙城录》　柳宗元撰　五朝小说大观本

《卓异记》　李翱撰　五朝小说大观本

《明皇十七事》　李泌撰　五朝小说大观本

《李邺侯外传》　李繁撰　五朝小说大观本

《唐阙史》　高彦休撰　商务印书馆丛书集成初编本

《北梦琐言》　孙光宪撰　商务印书馆丛书集成初编本

《传奇》　裴铏撰　世界书局刊本

《河南邵氏闻见前录》　邵伯温撰　商务印书馆丛书集成初编本

《太平广记》　李昉编　台北新兴书局印行笔记小说大观续编本

《唐鉴》　范祖禹撰　商务印书馆丛书集成初编本

《唐史论断》　孙甫撰　学海类编本

《唐书直笔》　吕夏卿撰　择是居丛书本

《新旧唐书杂论》　李东阳撰　学海类编本

《新旧唐书互证》　赵绍祖撰　南务印书馆丛书集成初编本

《十七史商榷》　王鸣盛撰　商务印书馆丛书集成初编本

《读通鉴论》　王夫之撰　商务印书馆国学基本丛书本

《涉史随笔》　葛洪撰　商务印书馆丛书集成初编本

《通史它石》　仇俊卿撰　商务印书馆丛书集成初编本

《阅史郄视》　李塨撰　商务印书馆丛书集成初编本

《星阁史论》　赵青黎撰　商务印书馆丛书集成初编本

《读史剩言》　秦笃辉撰　商务印书馆丛书集成初编本

《九畹史论》　翟蔼撰　商务印书馆丛书集成初编本

《唐藩镇指掌》　张玄羽撰　四明卢氏抱经楼藏本昆山赵诒琛重刊

《荀子》　荀况撰　台北艺文印书馆刊本

《六韬》　四部丛刊初编本

《韩非子集解》　王先谦集解　商务印书馆国学基本丛书本

《苏氏演义》　苏鹗撰　函海本

《容斋随笔五集》　洪迈撰　商务印书馆万有文库本

《困学纪闻》　王应麟撰　世界书局读书札记丛刊本

《日知录》　顾炎武撰　商务印书馆万有文库荟要本

《十驾斋养新录》　钱大昕撰　商务印书馆万有文库荟要本

《陔馀丛考》　赵翼撰　湛贻堂藏版、乾隆庚戌刻本

《廿二史札记》　赵翼撰　世界书局四部刊要本

《封氏闻见记》　封演撰　商务印书馆丛书集成初编本

《尚书故实》　李绰撰　五朝小说大观本

《春明退朝录》　宋敏求撰　商务印书馆丛书集成初编本

《石林燕语》　叶梦得撰　商务印书馆丛书集成初编本

《云麓漫钞》　赵彦卫撰　世界书局四部刊要本

《汉唐事笺前后集》　朱礼撰　南城胡氏借琅嬛馆影钞元至正刊本道
　　光二年山阴李铦桥覆版

《玉溪生年谱会笺》　张采田撰　求恕斋丛书本

《唐大诏令集》　宋敏求编　适园丛书本

《文苑英华》　李昉等编彭叔夏辨证　台北华文书局刊本

《唐文粹》　姚铉编　世界书局刊本

《全唐文》　董诰等编　台北汇文书局刊本

《唐文拾遗》　陆心源辑　台北文海出版社刊本

《唐文续拾遗》　陆心源辑　台北文海出版社刊本

《全唐诗》　曹寅等编　刊行者不详政治大学图书馆藏本

《唐诗纪事》　计有功撰　四部丛刊初编集部本

《全唐诗话》　尤袤撰　商务印书馆万有文库第二集本

《续唐诗话》　沈炳巽撰　清乾隆间归安沈氏清稿本"中央图书馆"
　　藏善本

《全唐文记事》　陈鸿墀撰　世界书局刊本

《唐诗谈丛》　胡震亨撰　商务印书馆丛书集成初编本

《杜诗镜铨》　杜甫撰　望三益斋镌板、同治十一年八月重刻

《高常侍集》　高适撰　台北广文书局刊本

《元次山文集》　元结撰　四部丛刊初编集部本

《吕和叔文集》　吕温撰　四部丛刊初编集部本

《元氏长庆集》　元稹撰　四部丛刊初编集部本

《白氏长庆集》　白居易撰　四部丛刊初编集部本

《樊川文集》　杜牧撰　四部丛刊初编集部本

《刘蜕集》　刘蜕撰　四部丛刊初编集部本

《李相国论事集》　李绛撰　商务印书馆丛书集成简编本

《桂苑笔耕集》　崔致远撰　四部丛刊初编集部本

《陆宣公集》　陆贽撰　台北艺文印书馆刊本

《会昌一品集》　李德裕撰　畿辅丛书本

《岑嘉州诗》　岑参撰　台北广文书局刊本

《苏东坡全集》　苏轼撰　中华书局四部备要本

《抱经堂文集》　卢文弨撰　商务印书馆丛书集成初编本

《中西交通史（第二册）》方豪著　现代国民基本知识丛书第一辑

《中国历代创业帝王》　王寿南著　嘉新文化基金会研究论文第六种

《唐宋帝国与运河》　全汉昇著　史语所专刊

《历代篡弑之研究》　朱坚章著　嘉新文化基金会研究论文第二十种

《隋唐史》　岑仲勉著　史语所藏书

《唐史余沈》　岑仲勉著　史语所藏书

《唐史考辨》　李树桐著　台湾中华书局印行

《唐代农民问题研究》　吴章铨著　中国学术著作奖助委员会丛书之五

《中国通史》　金兆丰著　中华书局印行

《中国文化史》　柳诒徵著　正中书局印行

《历代屯垦研究》　唐启宇著　正中书局印行

《中国文官制度史》　张金鉴著　现代国民基本知识丛书第三辑

《唐史》　章群著　现代国民基本知识丛书第一辑

《隋唐制度渊源略论稿》　陈寅恪著　史语所印行

《唐代政治史述论稿》　陈寅恪著　史语所印行

《中国社会之史的分析》　陶希圣著　新生命书局印行

《中国政治制度史》　曾繁康著　现代国民基本知识丛书第一辑

《中国年历总谱》　董作宾著　香港大学出版社出版

《中国历代地方行政区划》　杨予六著　现代国民基本知识丛书第
　　五辑

《邹文海先生政治科学文集》　邹文海著　邹文海先生六十华诞受业
　　学生庆祝会印行

《唐代政教史》　刘伯骥著　台湾中华书局印行

《国史大纲》　钱穆著　商务印书馆印行

《唐代财政史》　鞠清远著　商务印书馆印行

《中国通史要略》　缪凤林著　商务印书馆印行

《隋唐五代史》　蓝文徵著　商务印书馆印行

《中国社会政治史》　萨孟武著　著者自刊本

《西游记与中国古代政治》　萨孟武著　台湾大学法学院出版

《水浒传与中国社会》　萨孟武著　台北三民书局印行

《唐代文化史》　罗香林著　商务印书馆印行

《敦煌学概要》　苏莹辉著　中华丛书

《中国地方行政制度史》　严耕望著　史语所专刊之四十五

《唐仆尚丞郎表》　严耕望著　史语所专刊之三十六

《中国历史地理——唐代篇》　严耕望著　现代国民基本知识丛书第
　　二辑